한 권으로 끝내는

코딩테스트

#네카라쿠배 취업을 위한 완벽 가이드

한 권으로 끝내는

윤성환 지음

코딩 테스트

with 파이썬

〈최신 기출문제 완벽 분석〉

상상아카데미

저자 서문

어려서부터 수학과 알고리즘 문제 해결에 관심이 많았습니다. 고등학교 때까지는 수학 경시대회에 나가는 것을 좋아했고, 대학교 이후에는 소프트웨어 개발 및 알고리즘을 이용한 문제 해결에 관심이 많았습니다. 삼성전자에서 20여 년간 스마트폰 소프트웨어를 개발하였고, 개발하는 동안 사내 임직원을 대상으로 소프트웨어와 알고리즘을 강의하였습니다. 알고리즘 강의는 임직원 코딩테스트 통과에 필요한 자료구조와 기초/중급/고급 알고리즘을 다루었습니다. 현재는 고등학교에서 소프트웨어를 지도하는 교육자의 길을 걷고 있습니다.

처음 학교에 와서 프로그래밍, 자료 구조, 알고리즘을 가르치기 시작했을 때 학생들에게 소프트웨어를 가르치는 게 쉽지 않다는 것을 알게 되었습니다. 수업을 진행하면서 느낀 점은 쉬운 개념부터 어려운 개념까지 모두 쉽게 설명해야 함과 동시에 프로그래밍 실습을 통해 배운 내용을 체계적으로 연습하는 단계가 필요함을 느꼈습니다.

대기업의 코딩테스트를 통과하려면 프로그래밍, 자료구조 및 알고리즘을 모두 이해하고 활용할 수 있어야 합니다. 특히, 알고리즘은 여러 가지 개념과 논리적 문제 해결 능력이 필요하기 때문에 단시간에 능력을 향상하기 어렵습니다.

이러한 이유로 저는 20년간의 소프트웨어 개발 경험/지식, 교직 생활 경험을 바탕으로 프로그래밍 문제를 풀어볼 수 있는 준랩 온라인 저지를 개발하였습니다. 학생들은 준랩을 통해 수업에서 배운 내용을 적용하여 자신의 수준에 맞는 알고리즘 문제를 풀어볼 수 있습니다. 더불어 준랩을 통해 대회를 개최하여 학생들이 선의의 경쟁을 하면서 동기부여가 되고 문제 해결 능력을 키울 수 있습니다. 최종적으로는 준랩에 있는 문제들을 고등학교 3년간 모두 해결하여 대학교 입학 직후 대기업에 입사할 수 있는 코딩 실력을 갖출 수 있도록 학생들을 지도하고 있습니다.

또한, 제가 가지고 있는 소프트웨어 개발 지식/경험, 교직 경험, 그리고 준랩을 학교 학생들뿐만이 아니라 더 많은 분께 공유하고 싶다는 생각이 들었는데, 때마침 출판사에서 책을 쓰자는 제안이 들어와 이렇게 책을 쓰게 되었습니다.

준랩에 있는 모든 문제는 저자가 직접 만들었습니다. 단계별로 풀어볼 수 있도록 기본/대학/대기업/올림피아드 수준의 문제를 만들었습니다.

이 책에는 코딩테스트 통과에 필요한 문제들을 준랩에서 선별하여 집필하였습니다. 카카오, 삼성전자의 코딩테스트 기출 문제를 풀 수 있도록 기초 문제부터 중급, 고급 문제까지 단계별로 문제를 구성하였습니다.

기초 문제는 입출력 함수, 변수와 자료형, 배열, 제어문, 함수와 같은 프로그래밍 언어를 사용하여 해결할 수 있으며, 중급 문제는 스택, 큐, 딕셔너리와 같은 기본 자료형과 완전 탐색, 구현, 수학과 같은 기본 알고리즘으로 해결할 수 있습니다. 마지막으로 고급 문제는 누적 합, 이진 탐색, 너비 우선 탐색, 최단 경로, 동적 계획법, 트리와 같은 고급 알고리즘을 사용하여 해결할 수 있습니다.

코딩테스트 문제 해결을 위해서 시간 복잡도는 중요한 요소입니다.

시간 복잡도는 알고리즘의 수행 시간을 입력의 크기 n에 대한 수식으로 표현하는 것을 의미합니다. 기초 문제는 시간 복잡도를 고려하지 않아도 해결할 수 있는 문제지만, 중급 문제는 시간 복잡도 개념을 이해하고 해결해야 하며, 고급 문제는 시간 복잡도 개념을 완벽히 이해하고 가장 효율적인 알고리즘을 설계하고 구현해야 해결할 수 있는 문제들입니다.

이 책이 코딩테스트 시험을 준비하며 체계적인 알고리즘을 공부하는 이들에게 많은 도움이 되었으면 합니다. 취업을 준비하는 기간에 이 책을 보는 것도 좋지만, 학교생활 내내 꾸준히 보면 더 좋습니다. 취업 이후 개발자가 되어도 이 책을 보면 성장하는 데 큰 도움이 될 수 있을 것입니다.

초등학생부터 고등학생의 독자들이 이 책을 본다면, 고등학교를 졸업하기 전에 이 책을 마스터한다는 목표로 본다면 이상적일 것입니다. 대학생 독자들은 1학년 때부터 졸업할 때까지 이 책에 나오는 문제를 여러 번 반복해서 풀어보고, 대학교 졸업할 때까지 준랩에 있는 모든 문제를 풀어보는 것을 목표로 하면 좋은 결과를 얻을 수 있을 것입니다.

책을 출간하기 위해 많은 노력을 하였지만, 부족한 부분이 있을 수 있습니다. 이 점은 양해를 바라며 추후 나오는 수정사항이나 데이터파일은 상상아카데미 홈페이지(www.sangsangaca.com) 자료실을 통해 제공할 예정이니 참고하기를 바랍니다.

이 책이 나오기까지 많은 도움이 있었습니다. 소프트웨어를 함께 개발한 삼성전자 동료들과 많은 피드백과 동기를 부여해준 우리 학교 학생, 교사로서 학생들을 지도할 수 있도록 지원해준 단국대학교부속소프트웨어고등학교에 감사를 드립니다. 또한, 알고리즘 실력 향상에 많은 도움이 된 백준 온라인 저지와 책을 출간하는 데 큰 힘이 되어준 상상아카데미에도 감사의 말씀을 드리고 싶습니다.

마지막으로 누군가를 도울 수 있는 사람이 되기까지 변함없는 지지를 보내준 나의 영원한 동반자인 아내와 아들딸들, 그리고 조건 없는 사랑을 주시는 부모님께 무한한 감사와 함께 이 책을 바칩니다.

2023년 7월
저자 윤성환

준랩(https://joonlab.net)은 단계별로 알고리즘 문제를 풀어볼 수 있도록 저자가 직접 만든 온라인 저지 사이트이며, 준랩에 있는 모든 문제들은 저자가 직접 만들었습니다.

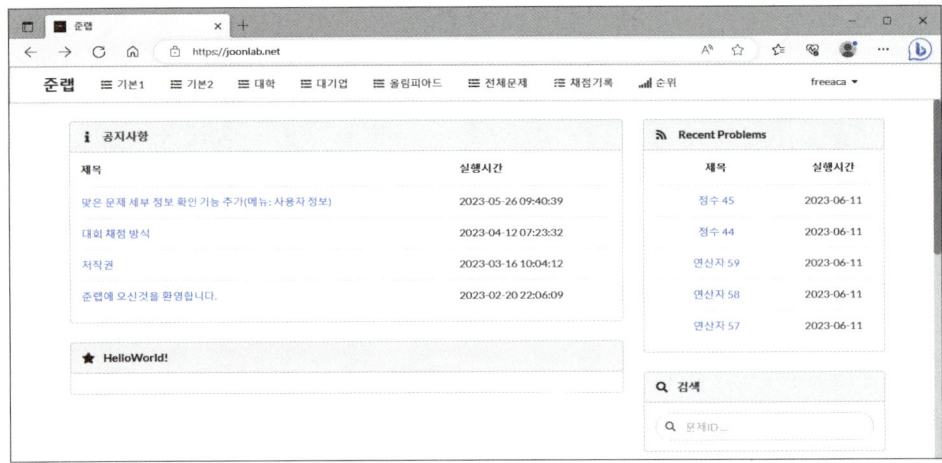

준랩의 메인 화면

난이도별로 구분한 [기본/대학/대기업/올림피아드] 단계의 문제들

● 기본

단계의 문제는 입출력 함수, 변수와 자료형, 배열, 제어문, 함수와 같은 프로그래밍 언어를 사용하여 해결할 수 있는 문제입니다.

● 대학

단계의 문제는 스택, 큐, 딕셔너리와 같은 기본 자료형과 완전 탐색, 구현, 수학과 같은 기본 알고리즘으로 해결할 수 있는 문제입니다.

● 대기업

단계의 문제는 누적 합, 이진 탐색, 너비 우선 탐색, 최단 경로, 동적 계획법, 트리와 같은 고급 알고리즘을 사용하여 해결할 수 있는 문제입니다.

● 올림피아드

단계의 문제는 위에 언급한 프로그래밍 언어, 자료 구조, 알고리즘 지식을 모두 응용하여 해결해야 하는 최고 난이도 문제입니다.

유형별로 분류된 문제들

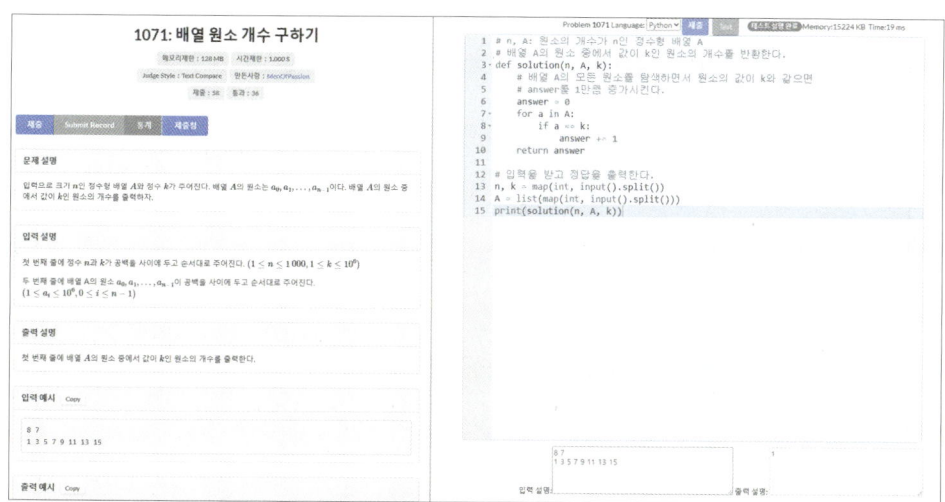

문제 제출 및 테스트 화면

1 코딩테스트의 이해

기업에서 개발자의 소양을 보는 방법은 이전에 진행한 프로젝트, 기술면접 등 여러 가지가 있을 수 있다. 하지만 개발자의 개발 실력을 단기간에 평가하기는 매우 어렵다. 이런 평가 수단 중 단기간에 개발자의 소양을 평가하는 방법이 코딩테스트다.

코딩테스트는 주어진 시간 내에 사고력이 필요한 문제를 프로그래밍 언어로 구현해야 한다. 이런 이유로 코딩테스트는 프로그래밍 능력, 사고력 등을 테스트할 수 있다.

코딩테스트에서 주어진 문제는 파이썬(Python), 자바(JAVA), C, C++와 같은 프로그래밍 언어로 구현할 수 있으며, 그중에서도 간결한 문법, 다양한 라이브러리 함수가 지원되는 파이썬을 주로 이용한다. 코딩테스트에 필요한 파이썬 기본 문법은 부록에서 설명하고 있다.

코딩테스트란 무엇인가?
[Chapter 1]에서는 코딩테스트에 대한 이해와 중요성에 대해 설명하고, 알고리즘의 중요성에 대해서도 간략하게 살펴봅니다.

 1 배열 숫자를 모아서 처리하기

배열(Array)은 같은 자료형을 갖는 여러 원소(데이터)를 하나의 변수 이름으로 모아 놓은 데이터의 집합으로, 하나의 자료 뒤에 하나의 자료가 존재하는 선형 자료 구조이다. 참고로 하나의 자료 뒤에 여러 개의 자료가 존재하는 비선형 자료 구조에는 그래프, 트리가 있다. 배열은 연속적인 메모리 공간에 순차적으로 데이터를 저장한다. 일반적으로 **배열은 같은 데이터 타입들의 원소로만 이루어지지만, 파이썬은 다른 데이터 타입이어도 한 배열에 담을 수 있다.** 배열은 주로 숫자를 모아서 처리할 때 사용한다. 파이썬에서는 배열을 리스트라고 부른다. 일반적으로 배열을 선언할 때 크기를 정하면 배열의 크기가 고정되지만, 파이썬의 리스트에서는 프로그램 동작 중에 동적으로 배열의 크기를 조절할 수 있다.

핵심 알고리즘의 이해
[Chapter 2]부터 [Chapter 7]까지는 코딩테스트를 수행하는 데 필요한 핵심 알고리즘에 대해 알아봅니다.

🖳 실력 확인하기

2-1-1	배열 원소 개수 구하기

난이도 ★☆☆☆   시간제한 1초   메모리제한 128MB

실습   준혁(1071번)
더 풀어보기   백준온라인저지(1087번, 10871번)

입력으로 크기 n인 정수형 배열 A와 정수 k가 주어진다. 배열 A의 원소는 $a_0, a_1, \cdots, a_{n-1}$이다. 배열 A의 원소 중에서 값이 k인 원소의 개수를 출력하자.

입력
첫 번째 줄에 정수 n과 k가 공백을 사이에 두고 순서대로 주어진다.
두 번째 줄에 배열 A의 원소 $a_0, a_1, \cdots, a_{n-1}$이 공백을 사이에 두고 순서대로 주어진다.

출력

실력 확인하기
실제 코딩테스트 문제와 같이 난이도, 시간제한, 메모리제한 등을 주어 준람을 통해 문제를 풀어볼 수 있도록 하였으며, 유사문제는 백준온라인저지를 통해 더 풀어볼 수 있도록 하였습니다.
또한, 문제에 대한 해설과 자료 구조, 알고리즘, 소스 코드 예시를 제공하여 문제를 해결하는 과정도 설명하였습니다.

더 생각하기 (준랩 1077번)

그렇다면 **홀수 번째 문자열**을 구하려면 어떻게 할까?

문자열의 첫 번째 문자부터 마지막 문자까지 홀수 번째 문자를 탐색하면서 문자열 B를 만들어간다. 즉 첫 번째 문자인 A[0]부터 인덱스를 2씩 증가하면서 문자열 B를 만들어 간다.

소스 코드로 보면 다음과 같다.

```
def solution(A):
    B = A[::2]
    return B
```

더 생각하기

[실력 확인하기] 문제를 해결하고, 한 발 더 나아가 해당 문제를 응용한 질문을 제시하고 그 해결 방법에 대해 알아봅니다.

한눈에 보는
자료 구조

</> 배열

1. 배열은 여러 개의 데이터를 하나의 변수 이름으로 모아 놓은 데이터의 집합이다.

2. 배열은 주로 숫자를 모아서 처리할 때 사용된다.

3. 1차원 배열은 하나의 행으로 구성된다. 배열의 크기가 n이면 0 ~ n-1을 인덱스로 하여 배열 원소에 접근할 수 있다.

4. 2차원 배열은 두 개 이상의 행으로 구성된다. 행 번호와 열 번호로 배열 원소에 접근할 수 있다.

5. 반복문을 이용하여 1차원 배열의 모든 원소를 탐색하거나 변경할 수 있다.

한눈에 보는 알고리즘

핵심 알고리즘의 각 챕터의 마무리에는 해당 알고리즘에 대한 내용을 한눈에 볼 수 있도록 정리하였습니다.

9-1 개인정보 수집 유효기간

난이도 ★☆☆☆   **시간제한** 10초   **메모리제한** 1024MB   **2023 KAKAO BLIND RECRUITMENT**

문제 설명

고객의 약관 동의를 얻어서 수집된 1~n번으로 분류되는 개인정보 n개가 있다. 약관 종류는 여러 가지 있으며 각 약관마다 개인정보 보관 유효기간이 정해져 있다. 당신은 각 개인정보가 어떤 약관으로 수집됐는지 알고 있다. 수집된 개인정보는 유효기간 전까지만 보관 가능하며, 유효기간이 지났다면 반드시 파기해야 한다.

예를 들어, A라는 약관의 유효기간이 12달이고, 2021년 1월 5일에 수집된 개인정보가 A약관으로 수집되었다면 해당 개인정보는 2022년 1월 4일까지 보관 가능하며 2022년 1월 5일부터 파기해야 할 개인정보이다.

당신은 오늘 날짜로 파기해야 할 개인정보 번호들을 구하려 한다.

• 모든 달은 28일까지 있다고 가정한다.

다음은 오늘 날짜가 2022.05.19일 때의 예시이다.

약관 종류	유효기간		번호	개인정보 수집 일자	약관 종류
A	6달		1	2021.05.02	A

실전 문제 & 기출 문제

[Chapter 8] 실전 문제에서는 최신 코딩테스트 경향을 분석하여 만든 문제와 그 해결 과정을 알아봅니다.

[Chapter 9] 기출 문제에서는 카카오와 삼성에서 출제한 최신 코딩테스트 기출 문제와 그 해결 과정을 알아봅니다.

학습 로드맵 ≫

1단계

하나 이상의 프로그래밍 언어(C언어, 파이썬, 자바 등) 사용법을 숙지하고, 코딩테스트가 무엇인지 개념을 파악합니다. 이 책은 파이썬을 기준으로 설명하고 있습니다.

챕터 가이드 챕터1, 부록A, 부록B, 부록C   **준랩 가이드** 기본 단계

2단계

자료 구조 개념을 이해하고 프로그래밍 언어에서 제공하는 자료 구조 라이브러리를 이용하여 문제를 완벽하게 해결합니다.

챕터 가이드 챕터2, 챕터3, 챕터4   **준랩 가이드** 대학 단계

3단계

기본 알고리즘부터 고급 알고리즘까지 개념을 이해하고 활용하여 문제를 완벽하게 해결합니다. 이 단계의 문제를 모두 해결할 수 있으면 코딩테스트에 통과할 수 있습니다.

챕터 가이드 챕터5, 챕터6, 챕터7, 챕터8   **준랩 가이드** 대기업 단계

기출 문제 풀어보기

문제를 풀기 위한 모든 지식과 문제 해결 능력을 바탕으로 기출 문제에 도전합니다. 문제를 풀어보면서 막히면 다시 한번 전 단계에서 정리했던 부분들을 복습하면서 계속해서 풀어보는 것이 중요합니다.

챕터 가이드 챕터9   **준랩 가이드** 올림피아드 단계

차례

Part 1

핵심
알고리즘의
이해

## Chapter 1

코딩테스트란 무엇인가

1 코딩테스트의 이해

기업에서 개발자의 소양을 보는 방법은 이전에 진행한 프로젝트, 기술면접 등 여러 가지가 있을 수 있다. 하지만 개발자의 개발 실력을 단기간에 평가하기는 매우 어렵다. 이런 평가 수단 중 단기간에 개발자의 소양을 평가하는 방법이 코딩테스트다.

코딩테스트는 주어진 시간 내에 사고력이 필요한 문제를 프로그래밍 언어로 구현해야 한다. 이런 이유로 코딩테스트는 프로그래밍 능력, 사고력 등을 테스트할 수 있다.

코딩테스트에서 주어진 문제는 파이썬(Python), 자바(JAVA), C, C++와 같은 프로그래밍 언어로 구현할 수 있으며, 그중에서도 간결한 문법, 다양한 라이브러리 함수가 지원되는 파이썬을 주로 이용한다. 코딩테스트에 필요한 파이썬 기본 문법은 부록에서 설명하고 있다.

사고력이 필요한 문제는 알고리즘과 자료 구조를 이용하여 해결할 수 있다. 문제를 해결하기 위한 자료 구조를 정의하고, 정의된 자료 구조를 이용하여 문제를 해결하는 알고리즘을 설계한다. 자료 구조는 자료를 효율적으로 저장하고, 관리하기 위해 사용된다. 좋은 자료 구조를 이용하면 프로그램 실행시간이 단축되고 메모리 사용량을 줄일 수 있다. 알고리즘이란 주어진 문제를 해결하기 위해 입력을 받아 원하는 출력을 만들어내는

표 1-1 국내외 온라인 저지 사이트

구분	이름	사이트
국내	백준 온라인 저지(BOJ)	https://www.acmicpc.net/
	프로그래머스(Programmers)	https://programmers.co.kr/
	코드업(CodeUp)	https://codeup.kr/
	SW Expert Academy	https://swexpertacademy.com
	준랩(JoonLab)	https://joonlab.net
해외	코드포스(Codeforces)	https://codeforces.com/
	릿코드(Leetcode)	https://leetcode.com/
	탑코더(TopCoder)	https://www.topcoder.com/
	코드셰프(CodeChef)	https://www.codechef.com/
	해커랭크(HackerRank)	https://www.hackerrank.com/

과정을 기술한 것이다. 알고리즘은 유한한 시간 내에 올바른 답을 산출해야 한다. 알고리즘 수행 시간은 점근적 표기법을 이용하여 나타내고, 대표적인 방식이 빅오(Big-O)다.

코딩테스트가 중요해 짐에 따라 온라인으로 코딩테스트 문제를 풀어볼 수 있는 온라인 저지 사이트가 늘어나고 있다. 온라인 저지란 코딩테스트 유형의 프로그래밍 문제를 해결한 다음, 소스 코드를 제출하고 온라인으로 채점 받을 수 있는 사이트이다. 현재 많은 사이트가 운영되고 있고, 많이 사용하는 사이트를 〈표 1-1〉에 나타냈다.

국내에서는 백준 온라인 저지에서 가장 많은 사용자가 활동하고 있으며, 해외에서는 코드포스에서 세계적으로 실력 있는 사용자들이 많이 활동하고 있다.

⚙2 온라인 코딩테스트

기업에서 진행하는 코딩테스트는 주로 온라인을 통해 진행하는데, 이를 온라인 코딩테스트라 한다. 온라인 코딩테스트는 많은 응시자가 인터넷을 활용하여 정해진 시간에 주어진 여러 문제를 푸는 방식이다.

삼성 등 일부 기업은 직접 온라인 코딩테스트 시스템을 구축하여 제공하고 있으며,

그림 1-1 2022년 카카오 코딩테스트 문제 목록

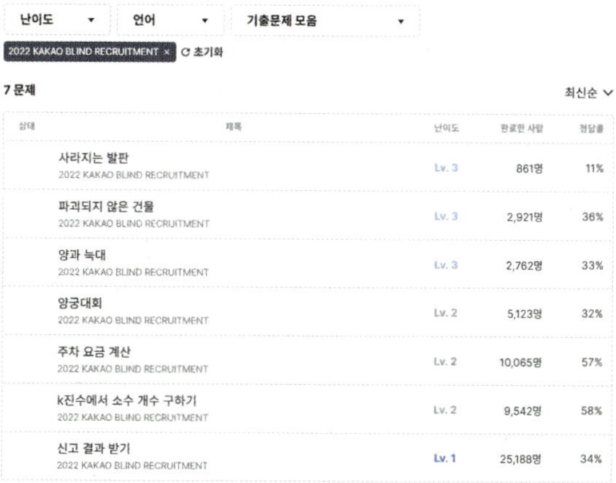

그렇지 않은 기업은 백준 온라인 저지나 프로그래머스와 같은 온라인 저지 시스템에 문제를 출제하여 응시자가 해당 시스템에서 응시할 수 있는 환경을 제공한다.

온라인 코딩테스트는 정해진 시간에 응시자가 온라인 저지 사이트에 접속하여 문제를 읽고 정답을 소스 코드로 제출한다. 응시자는 온라인 저지 사이트에서 전체 문제 목록을 확인할 수 있다. 〈그림 1-1〉은 2022년 카카오 코딩테스트 문제 목록이다.

응시자는 풀고자 하는 문제를 클릭하여 문제를 확인할 수 있다. 문제를 클릭하면 문제 설명, 제한 사항, 입출력 예, 입출력 예 설명 등을 확인할 수 있다. 〈그림 1-2〉는 2022년 카카오 코딩테스트 'k진수에서 소수 개수 구하기' 문제의 문제 설명, 제한 사항,

그림 1-2 2022년 카카오 코딩테스트 k진수에서 소수 개수 구하기 문제

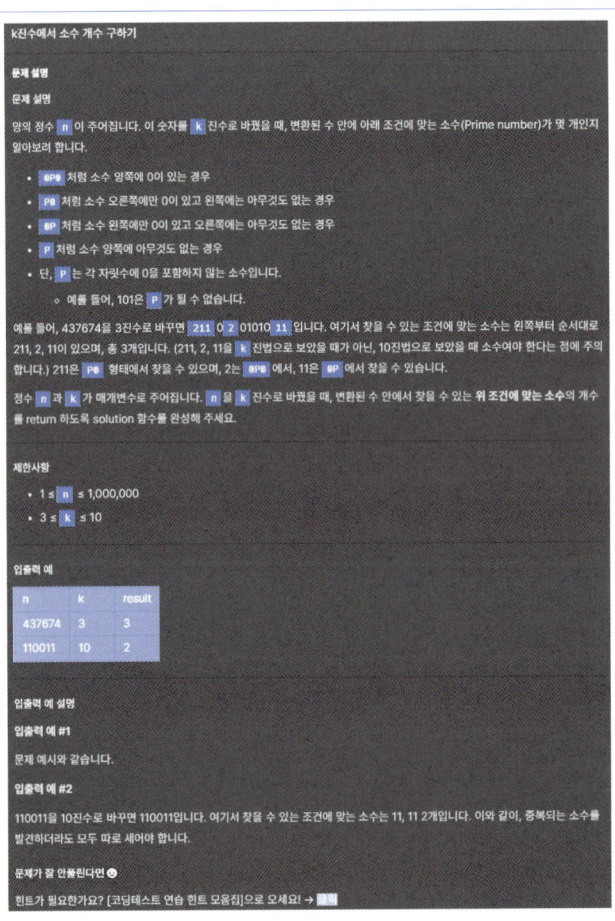

입출력 예, 입출력 예 설명 화면이다.

문제 설명에는 해결에 필요한 내용이 적혀있기 때문에 꼼꼼히 읽어서 내용을 정확히 이해하는 것이 중요하다. 문제 설명을 정확히 이해하지 못하면, 잘못된 소스 코드를 작성하게 되어 해당 문제를 틀리거나 디버깅을 통한 소스 코드 수정에 많은 시간이 소요될 수 있다. 따라서 문제 설명을 꼼꼼히 읽는 습관을 지니면 좋다. 문제 설명과 입출력 예에 있는 예제를 통해서 내가 이해한 내용이 맞는지 확인해야 한다. 입출력 예에 주어진 입력에 대해서 내가 이해한 데로 문제를 해결하여 입출력 예에 주어진 출력이 나오면 이해했다고 볼 수 있다. 문제 난이도가 올라갈수록 입출력 예에 주어지지 않은 예제도 생각하여 문제를 해결해야 한다.

문제를 이해한 후 자료 구조와 알고리즘을 설계하고 프로그래밍 언어로 프로그래밍한다. 작성한 소스 코드를 온라인 저지 시스템에 제출하면 실행 결과와 채점 결과를 확인할 수 있다. 실행 결과는 주어진 입력에 대한 소스 코드의 결과와 정답이 일치하는지 알려준다. 입력은 문제 설명에 주어지지 않는다. 입력에 대한 출력이 정답과 일치해야 점수를 얻을 수 있다. 점수는 맞힌 입력 갯수를 기반으로 산출된다.

```
solution.py

1   def is_prime(number):
2       i = 2
3       while i * i <= number:
4           if number % i == 0:
5               return False
6           i += 1
7       return False if number == 1 else True
8
9   def solution(n, k):
10      answer = 0
11      str_n = ''
12      while n > 0:
13          str_n = str(n % k) + str_n
14          n //= k
15
16      for num in str_n.split('0'):
17          if num == '':
18              continue
```

실행 결과

테스트 11   통과 (0.04ms, 10.3MB)
테스트 12   통과 (0.02ms, 10.3MB)
테스트 13   통과 (0.03ms, 10.3MB)
테스트 14   통과 (0.03ms, 10.4MB)
테스트 15   통과 (0.02ms, 10.2MB)
테스트 16   통과 (0.04ms, 10.2MB)

채점 결과
정확성: 100.0
합계: 100.0 / 100.0

정리하면 온라인 코딩테스트는 문제를 정확히 이해하고, 이를 바탕으로 자료 구조와 알고리즘을 설계한 후 프로그래밍 언어로 구현하는 작업이다. 하지만 실제 코딩테스트에서는 생각보다 시간이 부족하기 때문에 준비하면서 빠른 시간에 정확히 문제를 풀수 있도록 많은 연습을 해야 한다.

이번에는 코딩테스트를 연습할 수 있는 국내 대표 온라인 저지 시스템인 백준 온라인 저지에 대해서 알아보자.

백준 온라인 저지

백준 온라인 저지는 우리나라에서 가장 유명한 온라인 저지 사이트이다. 백준 온라인 저지에서 프로그래밍 문제를 풀고 온라인으로 채점 받을 수 있다. 백준 온라인 저지에는 코딩테스트에 필요한 문제 이외에도 올림피아드, 경진대회 등 여러 종류의 문제가 있다. 코딩테스트를 준비하기 위해서는 알고리즘 종류와 문제 난이도를 고려하여 문제를 풀어야 한다. [문제]-[알고리즘 분류] 탭을 클릭하면 알고리즘 분류별 문제를 확인할 수 있으며, 이 책에서 다루고 있는 알고리즘 종류를 선택해서 문제를 풀어볼 수 있다.

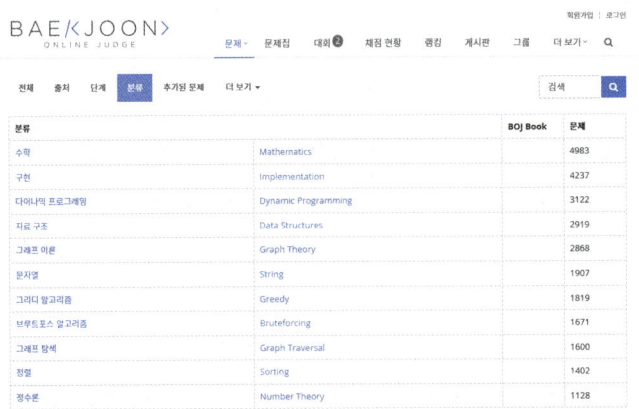

위 화면에서 자료 구조를 클릭하면 다음과 같이 자료 구조와 관련된 문제들이 나온다.

문제	문제 제목	정보	맞힌 사람	제출	정답 비율
9012	괄호	다국어	53349	159601	45.330%
10828	스택		52928	205527	37.323%
1920	수 찾기		39738	197257	29.897%
10773	제로	다국어	36855	66811	67.526%
10845	큐		35818	99799	49.044%
2164	카드2		33010	79605	51.242%
1874	스택 수열		32095	121208	37.023%

위 화면에서 중간에 있는 문제 10845번 '큐'를 클릭하면 문제 화면이 나오고 소스 코드를 제출하여 문제를 풀 수 있다. 문제 화면에는 문제 설명, 입력, 출력, 예제 입력, 예제 출력, 출처, 알고리즘 분류 등이 나온다.

그림 1-3 문제 10845번 '큐'

| 10845번 | 제출 | 맞힌 사람 | 숏코딩 | 재채점 결과 | 채점 현황 | 강의 ▾ | 질문 게시판 |

큐

시간 제한	메모리 제한	제출	정답	맞힌 사람	정답 비율
0.5 초 (추가 시간 없음)	256 MB	99799	45718	35818	49.044%

문제

정수를 저장하는 큐를 구현한 다음, 입력으로 주어지는 명령을 처리하는 프로그램을 작성하시오.

명령은 총 여섯 가지이다.

- push X: 정수 X를 큐에 넣는 연산이다.
- pop: 큐에서 가장 앞에 있는 정수를 빼고, 그 수를 출력한다. 만약 큐에 들어있는 정수가 없는 경우에는 -1을 출력한다.
- size: 큐에 들어있는 정수의 개수를 출력한다.
- empty: 큐가 비어있으면 1, 아니면 0을 출력한다.
- front: 큐의 가장 앞에 있는 정수를 출력한다. 만약 큐에 들어있는 정수가 없는 경우에는 -1을 출력한다.
- back: 큐의 가장 뒤에 있는 정수를 출력한다. 만약 큐에 들어있는 정수가 없는 경우에는 -1을 출력한다.

입력

첫째 줄에 주어지는 명령의 수 N (1 ≤ N ≤ 10,000)이 주어진다. 둘째 줄부터 N개의 줄에는 명령이 하나씩 주어진다. 주어지는 정수는 1보다 크거나 같고, 100,000보다 작거나 같다. 문제에 나와있지 않은 명령이 주어지는 경우는 없다.

출력

출력해야하는 명령이 주어질 때마다, 한 줄에 하나씩 출력한다.

다음의 문제 화면에서 상단에 있는 '제출' 버튼을 클릭하면 다음과 같이 소스 코드를 제출하여 채점할 수 있다.

그림 1-4 문제 10845번 '큐'에 대한 소스 코드

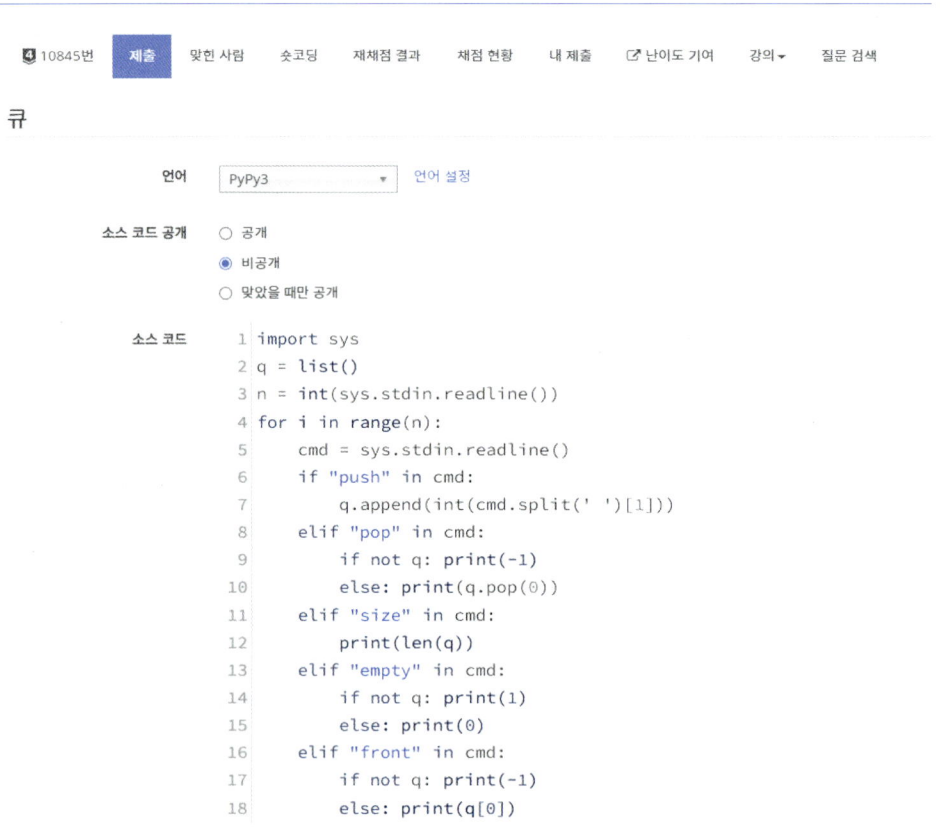

그림 1-5 문제 10845번 '큐'에 대한 소스 코드 제출 결과

제출 번호	아이디	문제	결과	메모리	시간	언어
47137189	MenOfPassion	🔲 10845	맞았습니다!!	116612 KB	188 ms	PyPy3 / 수정

이번에는 문제를 난이도 별로 풀어보는 방법을 알아보자. solved.ac 사이트에서는 백준 온라인 저지에 있는 문제를 난이도별로 분류하여 사용자가 난이도별로 문제를 풀어

볼 수 있게 해준다.

문제는 Bronze, Silver, Gold, Platinum, Diamond 5단계로 분류된다. Bronze는 코딩 입문자용으로 코딩테스트를 처음 준비하는 독자는 Bronze 문제부터 푸는 것을 권장한다. 프로그래밍 언어를 잘 알고 기본 알고리즘 문제를 풀기 원하는 독자는 Silver 등급 문제를 풀면 된다. Bronze와 Silver 문제를 어렵지 않게 풀 수 있는 독자는 고수들이 풀 수 있는 Gold 문제에 도전해 보기 바란다. Gold 문제까지 풀 수 있는 독자는 코딩테스트를 어렵지 않게 통과할 수 있다고 본다.

solved.ac 사이트에서 [문제]-[레벨] 탭을 클릭하면 아래와 같이 난이도별로 분류된 화면을 볼 수 있다.

Bronze I을 클릭하면 다음과 같이 Bronze I 문제 목록을 확인할 수 있다.

이때 문제를 푼 사람 수 기준으로 내림차순 정렬해서 푼 사람이 많은 문제부터 차근차근 풀어보면 실력향상에 도움이 된다.

그림 1-6 난이도별로 분류된 화면

레벨	미해결	해결	전체	진행도
모든 문제	모두 보기	모두 보기	모두 보기	
Unrated	6,235	18	6,253	
Bronze V	16	82	98	
Bronze IV	91	54	145	
Bronze III	289	183	472	
Bronze II	621	226	847	
Bronze I	448	161	609	
Silver V	417	182	599	
Silver IV	509	201	710	
Silver III	508	190	698	
Silver II	542	193	735	
Silver I	546	193	739	
Gold V	607	209	816	
Gold IV	711	232	943	
Gold III	752	177	929	
Gold II	718	140	858	
Gold I	640	122	762	

그림 1-7 Bronze I 레벨의 문제 목록

Bronze I

정렬 — ID 레벨 제목 **푼 사람 수 ↓** 평균 시도 시프트 마음대로

#	제목		해결	평균 시도
1110	더하기 사이클		81,480	2.15
1546	평균		71,408	2.04
4344	평균은 넘겠지		63,371	2.78
1157	단어 공부		56,050	2.55
1193	분수찾기		35,220	1.96
2775	부녀회장이 될테야		33,343	1.77
2609	최대공약수와 최소공배수		33,327	1.69
1924	2007년		31,566	2.08
10989	수 정렬하기 3 STANDARD		31,288	4.26
11653	소인수분해		27,447	1.92
2309	일곱 난쟁이		26,732	2.35
2748	피보나치 수 2		24,851	2.51
1934	최소공배수		21,808	1.72

백준 온라인 저지에는 많은 사용자들이 질문하고 답변하는 게시판이 있다. 문제가 이해되지 않거나 풀이법이 생각나지 않을 때는 게시판에 질문을 올려서 다른 사용자로부터 도움을 받을 수 있다. 백준 온라인 저지에는 고수들이 많이 있다. 랭킹 탭을 눌러보면 1등부터 고수들의 아이디를 확인할 수 있다. 독자분들도 많은 문제를 해결하여 고수가 되는 기쁨을 누려보기 바란다.

⚙{3} 코딩테스트 환경구축

코딩테스트는 온라인에서 문제가 제공되고 온라인으로 소스 코드를 제출할 수 있으므로 온라인 개발 환경에서 코딩테스트를 준비하는 것이 좋다. 현재 많이 사용되는 온라인 웹 IDE(Integrated Development Environment, 통합 개발 환경)를 두 가지 소개한다. 본인에게 맞는 IDE를 선택해서 연습해 보자.

리플릿(Repl.it)

온라인으로 간단하게 파이썬 소스 코드를 작성하고 결과를 확인할 수 있는 유용한 무료 통합 개발환경이다. 소스 코드를 파일로 작성 후 Run을 클릭하여 전체 소스 코드를 수행할 수 있다. Console 창에 명령어를 입력하여 한줄 한줄 실행 결과를 확인할 수도 있다.

그림 1-8   리플릿의 IDE 화면

온라인 GDB(onlinegdb.com)

온라인 GDB는 온라인으로 파이썬 이외에도 C, C++, Java 통합 개발 환경을 제공해준다. 소스 코드를 파일로 작성 후 Run을 실행하여 전체 소스 코드를 수행할 수 있다.

그림 1-9   온라인 GDB의 IDE 화면

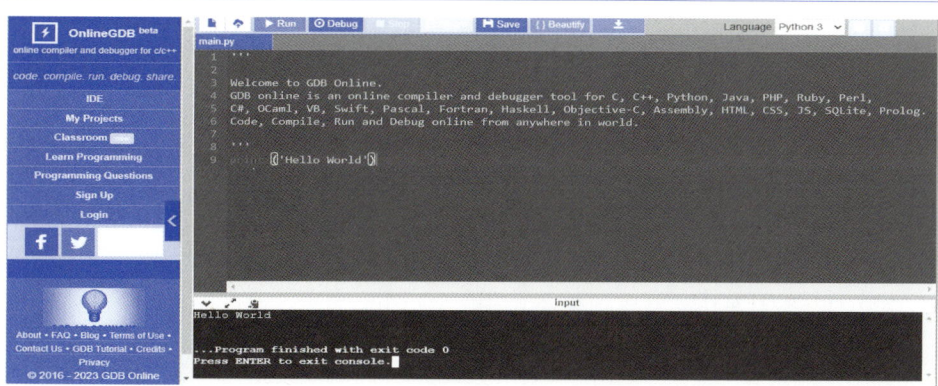

4 알고리즘과 복잡도

    1절에서 언급한 데로 알고리즘이란 주어진 문제를 해결하기 위해 입력을 받아 원하는 출력을 만들어내는 과정을 기술한 것이다. 알고리즘이 입력을 받아서 출력을 만들어 낼 때까지 소요되는 시간과 메모리를 각각 시간복잡도와 공간복잡도라고 한다. 시간복잡도와 공간복잡도는 입력의 크기 n에 대한 식으로 나타낸다. 대부분의 경우 코딩테스트에서는 알고리즘이 소요하는 메모리보다는 소요 시간이 중요하기 때문에 이 책에서는 시간복잡도만 다룬다.

알고리즘 수행 시간 분석의 중요성

    알고리즘이 소요하는 수행 시간을 분석하면 알고리즘이 입력의 크기 n에 대해서 어느 정도의 시간이 소요되는지 미리 짐작할 수 있다. 백만 명의 인구를 생년월일 순으로 정렬하는 코딩테스트 문제를 생각해 보자. 입력의 크기 n은 백만이 된다. 이 문제를 n에 비례하는 알고리즘을 작성하면 백만에 비례하는 시간이 소요된다. 이 문제를 nlogn에 비례하는 알고리즘을 작성하면 백만 $\times$ log백만 = 대략 2천만에 비례하는 시간이 소요된다. 이 문제를 n^2에 비례하는 알고리즘을 작성하면 백만 $\times$ 백만 = 10^{12}에 비례하는 시간이 소요된다. 일반적으로, 코딩테스트 환경에서 알고리즘이 10^8번의 연산을 수행하는 데 1초가 소요된다고 가정한다. 따라서 n과 nlogn에 비례하는 알고리즘은 1초 이내에 결과를 얻을 수 있지만, n^2에 비례하는 알고리즘은 10,000초 이후에 결과를 얻을 수 있다. 대부분의 코딩테스트 문제의 시간제한은 10초 이내이기 때문에 n^2에 비례하는 알고리즘은 시간 초과가 발생하여 정답으로 인정되지 않는다. 이와 같은 이유로 제한된 시간 내에 알고리즘이 결과를 출력해야 하는 코딩테스트 문제에서 본인이 설계한 알고리즘 수행 시간을 분석하는 것은 매우 중요하다.

알고리즘 수행 시간

    알고리즘 수행 시간을 이해하기 위해 몇 가지 알고리즘에 대한 수행 시간을 입력의 크기 n으로 나타내 보자.

```
def algo(A, n):
    k = n // 2
    return A[k]
```

이 알고리즘은 n/2를 내림한 값을 계산하여 A[n/2] 값을 return하는 일을 한다. 입력의 크기 n에 관계없이 일정한 시간(상수 시간)이 소요된다.

```
def algo(A, n):
    sum = 0
    for i in range(n):
        sum = sum + A[i]
    return sum
```

이 알고리즘은 배열 A[0..n−1]의 모든 원소를 더하는 작업을 수행한다. for 루프는 n번 반복수행되고 나머지 부분은 상수시간이 소요된다. 따라서 알고리즘의 수행 시간은 n에 비례한다.

```
def algo(A, n):
    sum = 0
    for i in range(n)
        for j in range(n):
            sum = sum + A[i] * A[j]
    return sum
```

이 알고리즘은 배열 A[0..n−1]의 모든 원소 쌍의 곱을 더하는 알고리즘이다. for 루프가 중첩되어서 n^2번 반복되고 나머지 부분은 상수시간이 소요된다. 따라서 알고리즘의 수행 시간은 n^2에 비례한다.

이번에는 자기호출(재귀) 함수의 수행 시간을 분석해 보자.

```python
def algo(n):
    if n==1:
        return 1
    return n + algo(n - 1)
```

이 알고리즘은 1부터 n까지의 합을 반환하는 일을 한다. algo() 함수에 있는 if문, return문, 더하기는 상수 시간이 소요되기 때문에 algo() 함수의 수행 시간은 algo() 함수의 총 호출 횟수에 비례한다. algo(n)은 algo(n−1)을 호출하고, algo(n−1)은 algo(n−2)를 호출하고, … , algo(2)는 algo(1)을 호출하고, algo(1)은 1을 반환하기 때문에 algo(n)부터 algo(1)까지 총 n번의 algo() 함수가 호출된다. 따라서 알고리즘의 수행 시간은 n에 비례한다.

⚙️5 빅오 표기법

알고리즘 수행 시간은 입력의 크기 n이 무한히 큰 경우를 가정하여 n에 대한 점근적 표기법으로 나타낸다. 점근적 표기법은 빅오, 세타, 오메가 세 가지가 있고 일반적으로 빅오가 가장 많이 사용된다. 이 책에서는 빅오 표기법에 대해 알아본다.

알고리즘 수행 시간이 입력의 크기 n에 대해 O(n)이라면 (O는 빅오라고 읽음) 기껏해야 n에 비례하는 시간이 소요됨을 의미한다. 즉, O(n)은 점근적 증가율이 n을 넘지 않는 모든 함수의 집합이다. 예를 들어, O(n)은 3n+3, n−2, 0.5n+10, 10 등을 모두 포함한다.

코딩테스트에서 자주 등장하는 빅오 표기법을 표로 정리하였다. 위쪽에 있을수록 더 빠른 시간복잡도이다.

빅오 표기법	설명
O(1)	상수 함수
O(logn)	로그 함수
O($\sqrt{n}$)	루트 함수
O(n)	선형 함수
O(nlogn)	선형 로그 함수
O(n^2)	이차 함수
O(n^3)	삼차 함수
O(2^n)	지수 함수
O(n!)	계승 함수

빅오 시간복잡도의 빠르기는 다음과 같다.

$$O(1) > O(\text{logn}) > O(\sqrt{n}) > O(n) > O(\text{nlogn}) > O(n^2) > O(n^3) > O(2^n) > O(n!)$$

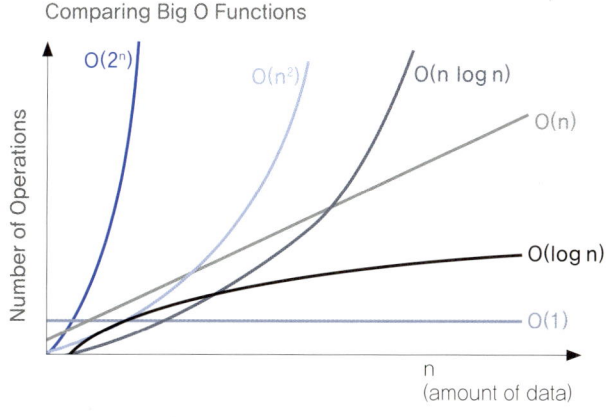

O(1)은 입력의 크기 n에 상관없이 상수 시간이 소요되는 알고리즘이다. 최고의 성능을 나타내는 알고리즘이다. 배열의 특정 위치를 참조하거나 수식으로 정답을 구하는 알고리즘이 여기에 속한다.

O(logn)은 입력의 크기 n에 대해 logn에 비례하는 시간이 소요되는 알고리즘이다. 매

우 큰 n에 대해서도 알고리즘 성능이 크게 영향을 받지 않는 편이라서 매우 좋은 알고리즘에 속한다. 입력의 크기를 반씩 줄여나가는 이진 탐색이 여기에 속한다.

$O(\sqrt{n})$은 입력의 크기 n에 대해 $\sqrt{n}$에 비례하는 시간이 소요되는 알고리즘이다. 매우 큰 n에 대해서도 알고리즘 성능이 크게 영향을 받지 않는 편이라서 매우 좋은 알고리즘에 속한다. 소수 판별 알고리즘이 여기에 속한다.

O(n)은 입력의 크기 n에 대해 n에 비례하는 시간이 소요되는 알고리즘이다. 이러한 알고리즘을 선형 시간 알고리즘이라 부른다. 정렬되지 않은 리스트에서 최대 또는 최솟값을 찾는 알고리즘이 여기에 해당된다. 즉, 모든 리스트 값을 한 번씩 참조해야 한다. 코딩테스트에 주어지는 문제는 O(n) 시간복잡도로 해결할 수 있다.

O(nlogn)은 입력의 크기 n에 대해 nlogn에 비례하는 시간이 소요되는 알고리즘이다. 병합 정렬, 퀵 정렬등 효율이 좋은 알고리즘이 여기에 속한다. 코딩테스트에 주어지는 대부분의 문제는 O(nlogn) 시간복잡도로 해결할 수 있다.

$O(n^2)$은 입력의 크기 n에 대해 n^2에 비례하는 시간이 소요되는 알고리즘이다. 선택 정렬, 버블 정렬, 삽입 정렬 같은 비효율적인 정렬 알고리즘이 이에 해당한다. n이 10,000 정도 되는 코딩테스트 문제를 $O(n^2)$으로 해결할 수 있다.

$O(n^3)$은 입력의 크기 n에 대해 n^3에 비례하는 시간이 소요되는 알고리즘이다. 세 개의 반복문이 중첩된 알고리즘이 이에 해당한다. n이 500 정도 되는 코딩테스트 문제를 $O(n^3)$으로 해결할 수 있다.

빅오 표기법	코딩테스트 통과 기준(n의 근사값)
O(1)	모든 n
O(logn)	모든 n
$O(\sqrt{n})$	모든 n
O(n)	모든 n
O(nlogn)	10,000,000
$O(n^2)$	10,000
$O(n^3)$	500
$O(2^n)$	25
O(n!)	11

O(2^n)은 입력의 크기 n에 대해 2^n에 비례하는 시간이 소요되는 알고리즘이다. 피보나치의 수를 재귀로 계산하는 알고리즘이 이에 해당된다. n이 25보다 큰 코딩테스트 문제는 O(2^n)으로 해결하기 어렵다.

O($n!$)은 입력의 크기 n에 대해 $n!$에 비례하는 시간이 소요되는 알고리즘이다. 여기에 언급된 시간복잡도 중에서 가장 느리다. n이 11보다 큰 코딩테스트 문제는 O($n!$)로 해결하기 어렵다. n개 원소의 모든 순열을 검사해야 하는 알고리즘이 여기에 해당된다.

자료 구조

코딩테스트 준비는 자료 구조를 자유자재로 다루는 것부터 시작하자. 숫자를 모아서 처리하는 **배열**, 문자를 모아서 처리하는 **문자열**, 문자열과 숫자를 한 쌍으로 처리하는 **딕셔너리(사전)**, 데이터를 추가한 순서대로 처리하는 **큐**를 정복하자.

⚙️① 배열 숫자를 모아서 처리하기

배열(Array)은 같은 자료형을 갖는 여러 원소(데이터)를 하나의 변수 이름으로 모아 놓은 데이터의 집합으로, 하나의 자료 뒤에 하나의 자료가 존재하는 선형 자료 구조이다. 참고로 하나의 자료 뒤에 여러 개의 자료가 존재하는 비선형 자료 구조에는 그래프, 트리가 있다. 배열은 연속적인 메모리 공간에 순차적으로 데이터를 저장한다. 일반적으로 배열은 같은 데이터 타입들의 원소로만 이루어지지만, 파이썬은 다른 데이터 타입이어도 한 배열에 담을 수 있다. 배열은 주로 숫자를 모아서 처리할 때 사용한다. 파이썬에서는 배열을 리스트라고 부른다. 일반적으로 배열을 선언할 때 크기를 정하면 배열의 크기가 고정되지만, 파이썬의 리스트에서는 프로그램 동작 중에 동적으로 배열의 크기를 조절할 수 있다.

예를 들어, 학생 100명의 알고리즘 성적을 관리하는 프로그램을 작성하는 경우를 생각해보자. 배열을 사용하지 않는 경우 정수형 변수 100개가 필요하지만, 배열을 사용하는 경우 한 개의 변수를 사용하여 효율적으로 프로그램을 작성할 수 있다.

그림 2-1 정수형 변수 100개 vs. 배열 변수 1개

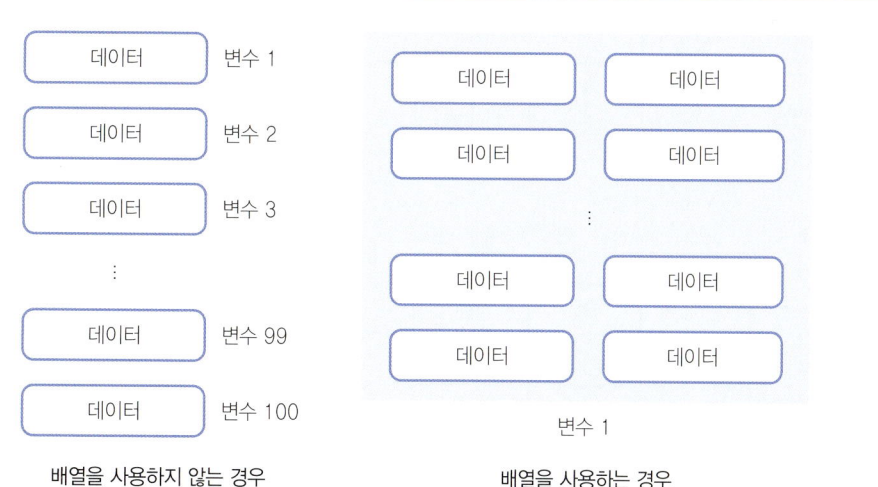

배열을 사용하지 않는 경우   배열을 사용하는 경우

배열은 하나의 행으로 구성된 1차원 배열과 두 개 이상의 행으로 구성된 2차원 배열로 구분된다. 1학년 학생 100명의 알고리즘 점수를 1차원 배열로 작성하면 〈그림 2-2〉와 같다. 부연 설명을 하면 각각의 점수는 배열 요소 또는 원소(element)라 하고, 배열에서의 위치를 가리키는 열 번호는 인덱스(index)라고 한다. 인덱스는 언제나 0부터 시작하고 범위는 $0 \sim n-1$을 가진다. 여기서 n은 배열의 크기를 나타낸다.

다음의 2차원 배열을 살펴보자. 〈그림 2-3〉은 학년당 100명의 학생이 있는 학교의 전체학년 학생의 알고리즘 점수를 작성한 것이다. 행 번호는 학년에 대응되고 열 번호는 해당 학년의 학생 번호에 대응된다.

이렇듯 배열을 사용하면 다차원의 데이터를 효율적으로 관리할 수 있고, 인덱스를 통해 빠른 접근이 가능하다. 하지만 사용 전에 크기를 미리 지정하는 경우 메모리가 낭비될 수 있고, 여러 번의 복사 과정이 필요한 경우 데이터의 삽입과 삭제가 느리다는 단점이 있다. 반면 파이썬에서는 배열의 최대길이를 지정하지 않기 때문에 데이터를 추가하고 삭제하기 편리해서 코딩테스트에 유리하다.

배열의 인덱스에 접근하는 데 소요되는 시간은 O(1)이다. 데이터를 배열의 중간에 삽입하려면 뒷부분에 있는 데이터를 한 칸씩 shift한 후에 데이터를 넣어야 하기 때문에

그림 2-2 1차원 배열: 1학년 학생 100명의 알고리즘 점수

0	80	85	78	95	...	87	
열 번호 (index)		0	1	2	3		99

그림 2-3 2차원 배열: 전체학년 학생 300명의 알고리즘 점수

2	75	85	80	80	...	100	
1	90	87	92	100	...	80	
0	80	85	78	95	...	87	
열 번호		0	1	2	3		99

O(n) 시간이 소요된다. 이와는 반대로 파이썬의 리스트 끝에 데이터를 삽입하는 것은 O(1) 시간이 소요된다. 마찬가지로 배열에서 데이터를 삭제하는 작업 또한 삭제한 뒤, 뒷부분 데이터들을 한 칸씩 shift해야 하기 때문에 삽입과 마찬가지로 O(n) 시간이 소요된다. 이와는 반대로 파이썬의 리스트 끝에서 데이터를 삭제하는 것은 O(1)이 걸린다. 배열의 장점은 구현이 쉽고, 참조를 위한 추가 메모리가 필요 없고, 연속적이므로 메모리 관리가 편리하고, 인덱스를 통한 빠른 검색 등이 있다. 배열의 단점은 배열의 크기를 변경할 수 없고 사용하지 않은 공간으로 인한 메모리 낭비 등이 있다. 파이썬의 리스트는 이런 단점을 보완하였다. 배열은 데이터 개수가 정해져 있거나, 삽입/삭제 작업이 적거나, 배열에 저장된 데이터를 검색하는 작업이 많을 때 사용하면 좋다.

배열은 코딩테스트에서 가장 많이 사용되는 자료 구조이기 때문에 자유자재로 사용할 수 있어야 한다. 이 절에서는 주로 배열 원소를 탐색하고 갱신하는 문제가 주어진다. 다음 [실력 확인하기]의 문제를 통해 배열과 관련된 문제를 준랩을 통해 풀어보자. 제시된 문제들로 부족할 때는 '백준온라인저지'에서 엄선한 유사 문제를 제공하고 있으니 참고하도록 한다.

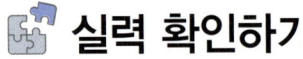 **실력 확인하기**

난이도 ★☆☆☆ 시간제한 1초 메모리제한 128MB

실습   준랩(1071번)
더 풀어보기   백준온라인저지(10807번, 10871번)

입력으로 크기 n인 정수형 배열 A와 정수 k가 주어진다. 배열 A의 원소는 $a_0, a_1, \cdots, a_{n-1}$이다. 배열 A의 원소 중에서 값이 k인 원소의 개수를 출력하자.

> **입력**

첫 번째 줄에 정수 n과 k가 공백을 사이에 두고 순서대로 주어진다.
두 번째 줄에 배열 A의 원소 $a_0, a_1, \cdots, a_{n-1}$이 공백을 사이에 두고 순서대로 주어진다.

> **출력**

첫 번째 줄에 배열 A의 원소 중에서 값이 k인 원소의 개수를 출력한다.

> **제한 사항**

$1 \le n \le 1{,}000$
$1 \le a_i \le 1{,}000{,}000 \ (0 \le i \le n-1)$
$1 \le k \le 1{,}000{,}000$

예제 입력 1

```
8 7
1 3 5 7 9 11 13 15
```

예제 출력 1

```
1
```

예제 입력 2

```
8 1
1 1 1 1 3 3 1 2
```

예제 출력 2

```
5
```

문제해설

크기가 n인 정수형 배열 A와 정수 k가 주어진다. 배열 A의 원소 중에서 값이 k인 원소의 개수를 출력하는 문제다.

예제 입력 1은 n = 8, k = 7, A = [1, 3, 5, 7, 9, 11, 13, 15]다. 1차원 배열 A에서 값이

7인 원소는 A[3] 한 개이므로 정답은 1이다. 예제 입력 2는 n=8, k=1, A=[1, 1, 1, 1, 3, 3, 1, 2]다. 1차원 배열 A에서 값이 1인 원소는 A[0], A[1], A[2], A[3], A[6] 다섯 개 이므로 정답은 5이다. 1차원 배열의 모든 원소를 순서대로 탐색하면서 원소값을 비교하는 게 핵심이며 다음과 같은 순서로 문제를 해결해 보자.

자료 구조

- 정수: n, k
- 정수형 1차원 배열: A

알고리즘

- 배열 A의 모든 원소를 첫 번째 원소부터 마지막 원소까지 순서대로 탐색한다.
- 현재 탐색 중인 원소의 값이 k와 같은 원소의 개수를 구한다.

소스 코드 예시

```python
# n, A: 원소의 개수가 n인 정수형 배열 A
# 배열 A의 원소 중에서 값이 k인 원소의 개수를 반환한다.
def solution(n, A, k):
    # 배열 A의 모든 원소를 탐색하면서 원소의 값이 k와 같으면
    # answer를 1만큼 증가시킨다.
    answer = 0
    for a in A:
        if a == k:
            answer += 1
    return answer

# 입력을 받고 정답을 출력한다.
n, k = map(int, input().split())
A = list(map(int, input().split()))
print(solution(n, A, k))
```

배열 단일 업데이트

난이도 ★☆☆☆　**시간제한** 1초　**메모리제한** 128MB

실습	준랩(1072번)
더 풀어보기	백준온라인저지(11023번, 15596번, 1292번)

크기 n인 정수형 배열 A가 주어진다. 배열 A의 원소는 a_0, a_1, ⋯, a_{n-1}이다.

입력으로 i, j, k가 주어지면 배열 A의 i번째 원소 a_i부터 j번째 원소 a_j에 k를 곱하는 연산을 수행하자.

연산을 수행한 후 배열 A의 모든 원소의 합을 출력하자.

입력

첫 번째 줄에 n이 주어진다.

두 번째 줄에 배열 A의 원소 a_0, a_1, ⋯, a_{n-1}이 공백을 사이에 두고 순서대로 주어진다.

세 번째 줄에 i, j, k가 공백을 사이에 두고 순서대로 주어진다.

출력

첫 번째 줄에 연산을 수행한 후 배열 A의 모든 원소의 합을 출력한다.

제한 사항

$1 \leq n \leq 10,000$

$1 \leq a_i \leq 10,000 \ (0 \leq i \leq n-1)$

$0 \leq i \leq j \leq n-1$

$1 \leq k \leq 10$

예제 입력 1

```
8
1 1 1 1 1 1 1 1
0 4 2
```

예제 출력 1

```
13
```

연산 수행 결과

```
2 2 2 2 2 1 1 1
```

문제해설

크기 n인 정수형 배열 A와 정수 i, j, k가 주어진다. 배열 A의 i번째 원소부터 j번째 원소에 k를 곱하는 연산을 수행한 후 배열 A의 모든 원소의 합을 출력하는 문제다.

예제 입력 1은 n=8, A=[1, 1, 1, 1, 1, 1, 1, 1], i=0, j=4, k=2다. 1차원 배열 A에 대하여 원소 A[0]부터 A[4]에 2를 곱하면 A=[2, 2, 2, 2, 2, 1, 1, 1]이 된다. 변경된 1차원 배열 A의 모든 원소의 합은 2+2+2+2+2+1+1+1=13이므로 정답은 13이다. 1차원 배열의 모든 원소를 순서대로 탐색하면서 배열 구간을 갱신하고 합계를 계산하는 게 핵심이며 아래와 같은 순서로 문제를 해결해 보자.

자료 구조

- 정수: i, j, k, n
- 정수형 배열: A

알고리즘

- 배열 A의 원소 A[i]부터 A[j]까지 순서대로 탐색한다.
- 현재 탐색 중인 원소의 값을 k배 증가시킨다.
- 배열 A의 모든 원소의 합을 구한다.

소스 코드 예시

```python
# n, A: 원소의 개수가 n인 정수형 배열 A
# i, j, k: 배열 A의 i번째 원소부터 j번째 원소에 k를 곱하는 연산 수행
# 연산을 수행한 후 배열 A의 모든 원소의 합을 반환한다.
def solution(n, A, i, j, k):
    # 배열 A의 i번째 원소부터 j번째 원소에 k를 곱하는 연산을 수행한다.
    for idx in range(i, j + 1):
        A[idx] = A[idx] * k

    return sum(A)


# 입력을 받고 정답을 출력한다.
n = map(int, input().split())
```

```
A = list(map(int, input().split()))
i, j, k = map(int, input().split())
print(solution(n, A, i, j, k))
```

2-1-3 두 배열 원소 크기 비교

난이도 ★☆☆☆ **시간제한** 1초 **메모리제한** 128MB

실습 준랩(1073번)
더 풀어보기 백준온라인저지(4101번, 1330번)

n개의 정수가 저장된 배열 A와 B가 주어진다. 배열 A의 원소는 a_0, a_1, ⋯, a_{n-1}이다. 배열 B의 원소는 b_0, b_1, ⋯, b_{n-1}이다. i = 0, 1, 2, ⋯, n−1에 대하여 배열 A의 원소 a_i와 배열 B의 원소 b_i를 차례대로 비교한다. 이렇게 비교한 결과 A의 원소가 더 큰 경우의 수를 a, B의 원소가 더 큰 경우의 수를 b라고 하자. a가 b보다 더 크면 1을, 그렇지 않으면 0을 출력하자.

입력

첫 번째 줄에 배열 A의 n개의 원소가 첫 번째 원소부터 마지막 원소까지 공백을 사이에 두고 순서대로 주어진다.

두 번째 줄에 배열 B의 n개의 원소가 첫 번째 원소부터 마지막 원소까지 공백을 사이에 두고 순서대로 주어진다.

출력

첫 번째 줄에 a가 b보다 더 크면 1을, 그렇지 않으면 0을 출력한다.

제한 사항

$1 \leq n \leq 10{,}000$, $1 \leq a_i, b_i \leq 1{,}000{,}000$ $(0 \leq i \leq n - 1)$

예제 입력 1
```
1 2 3 4
1 1 3 4
```

예제 출력 1
```
1
(a = 1, b = 0)
```

예제 입력 2
```
1 2 3 4
1 3 2 4
```

예제 출력 2
```
0
(a = 1, b = 1)
```

문제해설

크기 n인 정수형 배열 A와 B가 주어진다. 배열 A의 원소가 더 큰 경우의 수 a, 배열 B의 원소가 더 큰 경우의 수 b를 구하고 비교하는 문제다.

예제 입력 1은 n=4, A=[1, 2, 3, 4], B=[1, 1, 3, 4]다. A[1]>B[1]이므로 a=1, A의

Chapter 2 자료 구조 43

원소보다 더 큰 B의 원소가 없으므로 b=0이다. 따라서 a>b가 성립하기 때문에 정답은 1이다. 예제 입력 2는 n=4, A=[1, 2, 3, 4], B=[1, 3, 2, 4]다. A[2]>B[2]이므로 a=1, A[1]<B[1]이므로 b=1이다. 따라서 a>b가 성립하지 않기 때문에 정답은 0이다. 두 개의 1차원 배열의 모든 원소를 순서대로 탐색하면서 원소값을 비교하는 게 핵심이며 아래와 같은 순서로 문제를 해결해 보자.

자료 구조

- 정수: a, b
- 정수형 배열: A, B

알고리즘

- 배열 A, B의 모든 원소 a_i, b_i를 순서대로 탐색한다.
- $a_i > b_i$인 원소의 수를 a, $a_i < b_i$인 원소의 수를 b에 저장한다.
- a > b이면 1을 출력하고 a ≤ b이면 0을 출력한다.

소스 코드 예시

```python
# A, B: 각각 n개의 정수가 저장된 1차원 배열
# a > b이면 1, 그렇지 않으면 0을 반환한다.
def solution(A, B):
    a, b = 0, 0
    for x, y in zip(A, B):
        if x > y:
            a += 1
        elif x < y:
            b += 1
    return int(a > b)

# 입력을 받는다.
A = map(int, input().split())
```

```
B = map(int, input().split())
print(solution(A, B))
```

2-1-4 2차원 배열 원소 개수 구하기

난이도 ★☆☆☆ 시간제한 1초 메모리제한 128MB

실습   준랩(1074번)
더 풀어보기   백준온라인저지(2438번, 2439번, 2738번, 2566번)

크기가 n x n인 정수형 2차원 배열 A가 주어진다. 배열 A의 원소는 a_{00}, a_{01}, ⋯, a_{n-1n-1}이다.
입력으로 k가 주어지면 배열 A의 원소 중에서 값이 k인 원소의 개수를 출력하자.

입력

첫 번째 줄에 n과 k가 공백을 사이에 두고 순서대로 주어진다.

두 번째 줄부터 n개의 줄에 걸쳐 배열 A의 첫 번째 행부터 마지막 행까지 순서대로 주어진다. 한 줄
에는 하나의 행이 첫 번째 열의 수부터 마지막 열의 수까지 공백을 사이에 두고 순서대로 주어진다.

출력

첫 번째 줄에 배열 A의 원소 중에서 값이 k인 원소의 개수를 출력한다.

제한 사항

$1 \le n \le 100$

$1 \le a_{ij} \le 1,000,000$ $(0 \le i, j \le n-1)$

$1 \le k \le 1,000,000$

예제 입력 1

```
4 7
1 1 1 1
1 1 1 1
1 1 2 3
1 1 2 1
```

예제 출력 1

```
0
```

예제 입력 2

```
4 1
1 1 1 1
1 1 1 1
1 1 2 3
1 1 2 1
```

예제 출력 2

```
13
```

문제해설

크기가 n×n인 정수형 2차원 배열 A와 정수 k가 주어진다. 2차원 배열 A의 원소 중에서 값이 k인 원소의 개수를 출력하는 문제이다.

예제 입력 1은 n=4, k=7, A=[[1, 1, 1, 1], [1, 1, 1, 1], [1, 1, 2, 3], [1, 1, 2, 1]]이다. 2차원 배열 A에서 값이 7인 원소는 없으므로 정답은 0이다. 예제 입력 2는 n=4, k=1, A=[[1, 1, 1, 1], [1, 1, 1, 1], [1, 1, 2, 3], [1, 1, 2, 1]]이다. 2차원 배열 A에서 값이 1인 원소는 A[0][0], A[0][1], A[0][2], A[0][3], A[1][0], A[1][1], A[1][2], A[1][3], A[2][0], A[2][1], A[3][0], A[3][1], A[3][3] 열세 가지이므로 정답은 13이다. 2차원 배열의 모든 원소를 순서대로 탐색하면서 비교하는 게 핵심이며 아래와 같은 순서로 문제를 해결해 보자.

자료 구조

- 정수: n, k
- 정수형 2차원 배열: A

알고리즘

- 배열 A의 모든 원소를 첫 번째 원소부터 마지막 원소까지 순서대로 탐색한다.
- 현재 탐색 중인 원소의 값이 k인 원소의 수를 구한다.

소스 코드 예시

```python
# n, A: 크기가 n x n인 정수형 2차원 배열 A
# 2차원 배열 A의 원소 중에서 값이 k인 원소의 개수를 반환한다.
def solution(n, A, k):
    # 2차원 배열 A의 원소 중에서 값이 k인 원소의 개수를 구한다.
    answer = 0
    for i in range(n):
        for j in range(n):
```

```
            if A[i][j] == k:
                answer += 1

        return answer

# 입력을 받고 정답을 출력한다.
n, k = map(int, input().split())
A = list(list(map(int, input().split())) for _ in range(n))
print(solution(n, A, k))
```

2-1-5 2차원 배열 단일 업데이트

난이도 ★☆☆☆ **시간제한** 1초 **메모리제한** 128MB

실습　　준랩(1075번)
더 풀어보기　백준온라인저지(2440번, 2441번, 2563번)

크기가 n x n인 정수형 2차원 배열 A가 주어진다. 배열 A의 원소는 a_{00}, a_{01}, …, a_{n-1n-1}이다.

입력으로 i1, j1, i2, j2, k가 주어지면, 행 번호가 i1 ~ i2이고 열 번호가 j1 ~ j2인 배열 A의 모든 원소에 k를 곱하는 연산을 수행한다. 연산을 수행한 후 배열 A의 모든 원소의 합을 출력하자.

입력

첫 번째 줄에 n이 주어진다.

두 번째 줄부터 n개의 줄에 걸쳐 배열 A의 첫 번째 행부터 마지막 행까지 순서대로 주어진다. 한 줄에는 하나의 행이 첫 번째 열의 수부터 마지막 열의 수까지 공백을 사이에 두고 순서대로 주어진다.

다음 줄에 i1, j1, i2, j2, k가 공백을 사이에 두고 순서대로 주어진다.

출력

첫 번째 줄에 연산을 수행한 후 배열 A의 모든 원소의 합을 출력한다.

제한 사항

$1 \leq n \leq 100$

$1 \leq a_{ij} \leq 10{,}000$ $(0 \leq i, j \leq n-1)$

$0 \leq i1 \leq i2 \leq n - 1$

$0 \leq j1 \leq j2 \leq n - 1$

$1 \leq k \leq 10$

예제 입력 1

```
4
1 1 1 1
1 1 1 1
1 1 1 1
1 1 1 1
0 0 1 1 2
```

예제 출력 1

```
20
```

질의 처리 결과

```
2 2 1 1
2 2 1 1
1 1 1 1
1 1 1 1
```

문제해설

크기가 n×n인 정수형 2차원 배열 A와 정수 i_1, j_1, i_2, j_2, k가 주어진다. 행 번호가 i_1 ~ i_2이고 열 번호가 j_1 ~ j_2인 2차원 배열 A의 모든 원소에 k를 곱한 후 2차원 배열 A의 모든 원소의 합을 출력하는 문제다.

예제 입력 1은 n=4, A=[[1, 1, 1, 1], [1, 1, 1, 1], [1, 1, 1, 1], [1, 1, 1, 1]], i_1=0, j_1=0, i_2=1, j_2=1, k=2이다. 행 번호가 0 ~ 1이고 열 번호가 0 ~ 1인 2차원 배열 A의 원소에 2를 곱하면 A=[[2, 2, 1, 1], [2, 2, 1, 1], [1, 1, 1, 1], [1, 1, 1, 1]]이 된다. 변경된 2차원 배열 A의 모든 원소의 합은 2+2+1+1+2+2+1+1+1+1+1+1+1+1+1+1 =20이므로 정답은 20이다. 2차원 배열의 모든 원소를 순서대로 탐색하면서 배열 구간을 갱신하고 합계를 계산하는 게 핵심이며 아래와 같은 순서로 문제를 해결해 보자.

자료 구조

- 정수: n, i_1, j_1, i_2, j_2, k
- 정수형 2차원 배열: A

알고리즘

- 행 번호 i를 i_1부터 i_2까지 탐색한다.
- 열 번호 j를 j_1부터 j_2까지 탐색한다.
- A[i][j]의 값을 k배 증가시킨다.
- 행 번호 i를 0부터 n−1까지 탐색하면서 모든 행에 있는 원소의 합을 구한다.

소스 코드 예시

```
# n, A: 크기가 n x n인 정수형 2차원 배열 A
# i1, j1, i2, j2, k: 행 번호가 i1 ~ i2이고 열 번호가 j1 ~ j2인
# 배열 A의 원소에 k를 곱하는 연산을 수행.
# 연산을 수행한 후 배열 A의 모든 원소의 합을 반환한다.
```

```python
def solution(n, A, i1, j1, i2, j2, k):
    # 행 번호가 i1 ~ i2, 열 번호가 j1 ~ j2인
    # 배열 A의 모든 원소에 k를 곱하는 연산을 수행한다.
    for i in range(i1, i2 + 1):
        for j in range(j1, j2 + 1):
            A[i][j] = A[i][j] * k

    # 배열 A의 모든 원소의 합을 행 단위로 계산한다.
    answer = 0
    for i in range(n):
        answer += sum(A[i])

    return answer

# 입력을 받고 정답을 출력한다.
n = int(input())
A = list(list(map(int, input().split())) for _ in range(n))
i1, j1, i2, j2, k = map(int, input().split())
print(solution(n, A, i1, j1, i2, j2, k))
```

⚙2 **문자열** **문자를 모아서 처리하기**

문자열(String)은 문자들을 모아 놓은 문자들의 집합을 의미한다. 문자열은 문자를 저장하고 있는 자료형으로 이해할 수 있다. 문자열은 주로 알파벳이나 숫자와 같은 아스키 문자를 모아서 처리할 때 사용한다. 문자열은 여러 문자로 이루어진 문자의 그룹을 하나의 자료로 취급하여 메모리에 연속적으로 저장하는 자료 구조이다. 파이썬에서 문자열은 큰따옴표(") 또는 작은따옴표(')로 생성할 수 있다.

전공 교과 목록을 관리하는 프로그램을 작성하는 경우를 생각해 보자. 문자열을 사용하지 않는 경우에는 문자당 변수 한 개가 필요하지만, 문자열을 사용하는 경우에는 한 개의 문자열 변수를 사용하여 효율적으로 프로그램을 작성할 수 있다.

문자열은 하나의 행으로 구성된 1차원 배열과 유사하게 문자들을 하나의 행에 나열한 형태이다. 알고리즘 교과의 교과명 'Algorithm'을 문자열로 작성하면 다음과 같다. 인덱스는 관리하는 문자의 위치에 대응된다. 인덱스는 0부터 시작하고 범위는 0 ~ n-1을 가진다. 여기서 n은 문자열의 크기를 나타낸다.

파이썬에서는 여러 개의 문자열을 연결하기(concatenation), 문자열 길이 구하기, 문자열 인덱싱 및 슬라이싱 등을 지원한다. 문자열 인덱싱은 인덱스로 문자열에 있는 문자로 접근하는 것을 의미하고, 문자열 슬라이싱은 문자열에서 연속된 여러 개의 문자로

그림 2-4 문자형 변수 9개 vs. 문자열 변수 1개

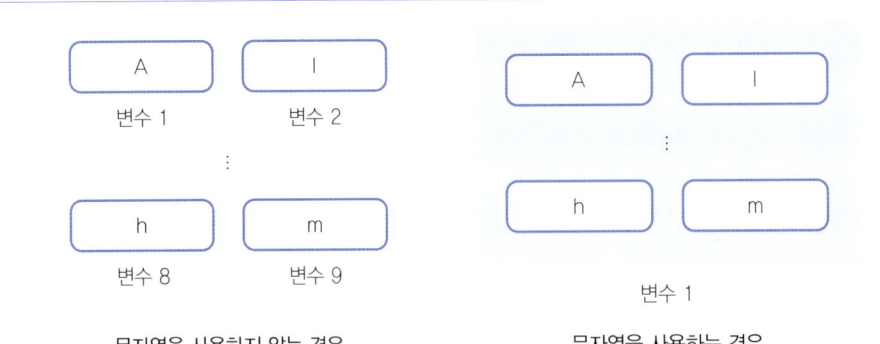

그림 2-5　Algorithm 교과의 교과명

0	A	l	g	o	...	m
색인 (index)	0	1	2	3		8

접근하는 것을 의미한다.

　문자열은 사용자 아이디, 주차장의 입/출차 기록, 음식 이름, 사용자 정보 등 알고리즘을 작성할 때 자주 사용되는 자료 구조다. 이 절에서는 주로 문자열 원소 탐색, 대소 문자 구분 및 변환, 문자열 끝에 문자 더하기, 특정 문자 변환, 특정 형태의 문자열 파싱 관련 문제가 주어진다.

　다음 [실력 확인하기]의 문제를 통해 문자열과 관련된 문제를 준랩을 통해 풀어보자. 제시된 문제들로 부족할 때는 '백준온라인저지'에서 엄선한 유사 문제를 제공하고 있으니 참고하도록 한다.

실력 확인하기

난이도 ★☆☆☆   시간제한 1초   메모리제한 128MB

실습   준랩(1076번)
더 풀어보기 백준온라인저지(10808번, 10809번, 9086번)

알파벳 대소문자로 구성된 문자열 A가 주어진다. 문자열 A에서 홀수 번째에 있는 문자를 모두 제거한 후 남은 문자를 기존 순서를 유지하면서 이어 붙인 문자열을 B라고 하자. 예를 들어, 문자열 A='aAbBc'에서 첫 번째 문자 'a', 세 번째 문자 'b', 다섯 번째 문자 'c'를 제거한 후 남은 문자 'A', 'B'를 순서대로 이어 붙인 문자열 'AB'가 문자열 B이다. 입력으로 문자열 A가 주어지면 문자열 B를 출력하자.

입력

첫 번째 줄에 문자열 A가 주어진다.

출력

첫 번째 줄에 문자열 B를 출력한다.

제한 사항

3 ≤ 문자열 A 길이 ≤ 1,000

예제 입력 1	예제 출력 1
ABabC	Bb

예제 입력 2	예제 출력 2
ababbC	bbC

문제해설

알파벳 대소문자로 구성된 문자열 A가 주어진다. 문자열 A에서 홀수 번째에 있는 문자를 모두 제거한 후 짝수 번째 문자를 기존 순서대로 이어 붙인 문자열 B를 출력하는 문제다. 예제 입력 1은 A = 'ABabC'이다. 홀수 번째 문자는 첫 번째 문자 'A', 세 번째 문자 'a', 다섯 번째 문자 'C'이다. 홀수 번째 문자를 제거한 후 남은 문자는 두 번째 문자 'B', 네 번째 문자 'b'이고 기존 순서를 유지하고 이어 붙이면 문자열 'Bb'가 된다. 따라서 정답은 문자열 'Bb'이다.

예제 입력 2는 A = 'ababbC'이다. 홀수 번째 문자는 첫 번째 문자 'a', 세 번째 문자 'a', 다섯 번째 문자 'b'이다. 홀수 번째 문자를 제거한 후 남은 문자는 두 번째 문자 'b', 네 번째 문자 'b', 여섯 번째 문자 'C'이고 기존 순서를 유지하고 이어 붙이면 문자열 'bbC'가 된다. 따라서 정답은 문자열 'bbC'이다. 문자열의 짝수 번째 문자만 탐색하면서 문자열로 만드는 게 핵심이며 다음과 같은 순서로 문제를 해결해 보자.

자료 구조

• 문자열: A

알고리즘

• 문자열 A의 A[1], A[3], ⋯ 문자로 구성된 새로운 문자열을 만든다.

소스 코드 예시

```python
# A: 알파벳 대소문자로 구성된 문자열
# 문자열 A에서 홀수 번째 문자를 모두 제거한 후 남은 문자열을
# 기존 순서를 유지하면서 이어 붙인 문자열을 반환한다.
def solution(A):
    # 두 번째 문자 A[1]부터 인덱스를 2씩 증가하면서 문자열 B를 만들어 간다.
    B = A[1::2]
    return B


# 입력을 받고 정답을 출력한다.
A = input()
print(solution(A))
```

그렇다면 **홀수 번째 문자열**을 구하려면 어떻게 할까?

문자열의 첫 번째 문자부터 마지막 문자까지 홀수 번째 문자를 탐색하면서 문자열 B를 만들어간다. 즉 첫 번째 문자인 A[0]부터 인덱스를 2씩 증가하면서 문자열 B를 만들어 간다.

소스 코드로 보면 다음과 같다.

```python
def solution(A):
    B = A[::2]
    return B
```

대문자 제거하기

난이도 ★☆☆☆ **시간제한** 1초 **메모리제한** 128MB

실습 준랩(1078번)
더 풀어보기 백준온라인저지(2675번, 2743번, 11654번)

알파벳 대소문자로 구성된 문자열 A가 주어진다. 문자열 A에서 모든 대문자를 제거한 후 남은 문자를 기존 순서를 유지하면서 이어 붙인 문자열을 B라고 하자.
입력으로 문자열 A가 주어지면 문자열 B를 출력하자.

입력

첫 번째 줄에 문자열 A가 주어진다.

출력

첫 번째 줄에 문자열 B를 출력한다.

제한 사항

3 ≤ 문자열 A 길이 ≤ 1,000
문자열 A에는 1개 이상의 소문자가 존재한다.

예제 입력 1	예제 출력 1
ABabC	ab

예제 입력 2	예제 출력 2
abCcAabC	abcab

문제해설

알파벳 대소문자로 구성된 문자열 A가 주어진다. 문자열 A에서 대문자를 제거한 후 남은 소문자를 기존 순서대로 이어 붙인 문자열을 출력하는 문제다.

예제 입력 1은 A = 'ABabC'이다. 문자열 A에서 대문자는 첫 번째 문자 'A', 두 번째 문자 'B', 다섯 번째 문자 'C'이다. 대문자를 제거한 후 남은 소문자는 세 번째 문자 'a', 네 번째 문자 'b'이고 기존 순서를 유지하고 이어 붙이면 문자열 'ab'가 된다. 따라서 정답은 문자열 'ab'이다.

예제 입력 2는 A = 'abCcAabC'이다. 문자열 A에서 대문자는 세 번째 문자 'C', 다섯 번째 문자 'A', 여덟 번째 문자 'C'이다. 대문자를 제거한 후 남은 소문자는 첫 번째 문자 'a', 두 번째 문자 'b', 네 번째 문자 'c', 여섯 번째 문자 'a', 일곱 번째 문자 'b'이고 기존 순서를 유지하고 이어 붙이면 문자열 'abcab'가 된다. 따라서 정답은 문자열 'abcab'이다. 문자열의 소문자만 탐색하면서 문자열을 만드는 게 핵심이며 다음과 같은 순서로 문제를 해결해 보자.

자료 구조

- 문자열: A

알고리즘

- 문자열 A의 모든 문자를 첫 번째 문자부터 마지막 문자까지 순서대로 탐색한다.
- 현재 탐색 중인 문자가 소문자인지 확인하면서 소문자로만 구성된 문자열을 만든다.

소스 코드 예시

```
# A: 알파벳 대소문자로 구성된 문자열
# 문자열 A에서 모든 대문자를 제거한 후 남은 소문자를
# 기존 순서대로 이어 붙인 문자열을 반환
def solution(A):
    # 문자열 A의 모든 문자 a를 탐색하면서 문자열 B를 만든다. (B: 정답 문자열 저장)
    B = ''
    for a in A:
        # 문자열 A의 모든 원소 a 중에서 소문자만 문자열 B에 포함한다.
        if a.islower():
            B += a
    return B


# 입력을 받고 정답을 출력한다.
```

```
A = input()
print(solution(A))
```

더 생각하기 (준랩 1079번)

그렇다면 **소문자를 제거**하려면 어떻게 할까?

문자열 A의 첫 번째 문자부터 마지막 문자까지 순서대로 탐색한다. 현재 탐색 중인 문자는 문자열 변수 a에 저장되어 있다. a가 대문자면 문자열 B의 끝에 a를 이어 붙인다.

소스 코드로 보면 다음과 같다.

```
def solution(A):
    B = ''
    for a in A:
        if a.isupper():
            B += a
    return B
```

소문자를 대문자로 바꾸기

난이도 ★☆☆☆   시간제한 1초   메모리제한 128MB

실습   준랩(1080번)
더 풀어보기   백준온라인저지(4458번, 11721번, 2744번)

알파벳 대소문자로 구성된 문자열 A가 주어진다. 문자열 A의 모든 소문자를 해당 소문자에 대응하는
대문자로 치환한 문자열을 문자열 B라고 하자.
입력으로 문자열 A가 주어지면 문자열 B를 출력하자.

입력

첫 번째 줄에 문자열 A가 주어진다.

출력

첫 번째 줄에 문자열 B를 출력한다.

제한 사항

3 ≤ 문자열 A 길이 ≤ 1,000

예제 입력 1	예제 출력 1
ABabC	ABABC

예제 입력 2	예제 출력 2
AAABBB	AAABBB

문제해설

알파벳 대소문자로 구성된 문자열 A가 주어진다. 문자열 A에서 소문자를 해당 소문
자에 대응하는 대문자로 치환한 문자열을 출력하는 문제다.

예제 입력 1은 A = 'ABabC'이다. 문자열 A에서 소문자는 세 번째 문자 'a', 네 번째 문
자 'b'이다. 문자열 A에서 세 번째 문자를 'A', 네 번째 문자를 'B'로 치환하면 문자열 B
= 'ABABC'가 된다. 따라서 정답은 문자열 'ABABC'이다.

예제 입력 2는 A = 'AAABBB'이다. 문자열 A에는 소문자가 없으므로 문자열 A가 정답

이다. 따라서 정답은 문자열 'AAABBB'이다. 문자열에서 소문자를 대문자로 변환하는 upper() 함수를 사용하는 게 핵심이며 다음과 같은 순서로 문제를 해결해 보자.

자료 구조

- 문자열: A

알고리즘

- 문자열 A의 upper() 함수를 이용하여 소문자를 대문자로 변환한다.

소스 코드 예시

```
# A: 알파벳 대소문자로 구성된 문자열
# 문자열 A의 모든 소문자를 해당 소문자에 대응하는 대문자로 치환한 문자열을 반환
def solution(A):
    B = A.upper()
    return B


# 입력을 받고 정답을 출력한다.
A = input()
print(solution(A))
```

더 생각하기 (준랩 1081번)

그렇다면 **대문자를 소문자로** 바꾸려면?
lower() 함수를 이용하여 문자열 A에 있는 모든 대문자를 해당 대문자에 대응하는 소문자로 변환한다. 소스 코드로 보면 다음과 같다.

```
def solution(A):
    B = A.lower()
    return B
```

특정 대문자를 소문자로 바꾸기

난이도 ★★☆☆　　시간제한 1초　　메모리제한 128MB

실습　　　준랩(1082번)
더 풀어보기　백준온라인저지(11720번, 1152번, 1157번)

알파벳 대소문자로 구성된 문자열 A가 주어진다. 한 개 이상의 알파벳 대문자가 공백으로 구분된 문자 목록 B가 주어진다. 문자 목록 B에는 중복된 대문자가 존재하지 않는다. 문자 목록 B에 존재하는 모든 대문자 b에 대하여, 문자열 A에 존재하는 대문자 b를 대응하는 소문자로 치환한 문자열을 C라고 하자. 입력으로 문자열 A와 문자 목록 B가 주어지면 문자열 C를 출력하자.

입력

첫 번째 줄에 문자열 A가 주어진다.
두 번째 줄에 문자 목록 B가 주어진다.

출력

첫 번째 줄에 문자열 C를 출력한다.

제한 사항

3 ≤ 문자열 A 길이 ≤ 100,000
1 ≤ 문자 목록 B에 있는 대문자의 개수 ≤ 26
문자 목록 B에는 중복된 대문자가 존재하지 않는다.

예제 입력 1
```
ABabC
A
```

예제 출력 1
```
aBabC
```

예제 입력 2
```
ABabC
A B D
```

예제 출력 2
```
ababC
```

문제해설

알파벳 대소문자로 구성된 문자열 A, 중복이 없는 알파벳 대문자가 공백으로 구분된 문자 목록 B가 주어진다. 문자 목록 B에 존재하는 모든 대문자에 대해, 문자열 A에 존재하는 해당 대문자를 해당 대문자에 대응하는 소문자로 치환한 문자열을 출력하는 문제다.

예제 입력 1은 A = 'ABabC', B = 'A'이다. 문자 목록 B에 있는 대문자 'A'에 대하여 문자열 A의 첫 번째 문자 'A'를 소문자 'a'로 치환하면 A = 'aBabC'가 된다. 따라서 정답은 문자열 'aBabC'이다. 예제 입력 2는 A = 'ABabC', B = 'A B D'이다. 문자 목록 B에 있는 대문자 'A'에 대해 문자열 A의 첫 번째 문자 'A'를 소문자 'a'로 치환하면 A = 'aBabC'가 된다. 문자 목록 B에 있는 대문자 'B'에 대해 문자열 A의 두 번째 문자 'B'를 소문자 'b'로 치환하면 A = 'ababC'가 된다. 문자 목록 B에 있는 대문자 'D'는 문자열 A에 존재하지 않기 때문에 문자열 A는 변경되지 않는다. 따라서 정답은 문자열 'ababC'이다. 문자 목록 B에서 대문자를 순서대로 탐색하면서 replace() 함수를 이용하여 소문자로 치환하는 게 핵심이며 아래와 같은 순서로 문제를 해결해 보자.

자료 구조

 • 문자열: A, B

알고리즘

 • 문자 목록 B에 있는 모든 대문자 b를 탐색한다.
 • 문자열 A의 replace()함수를 이용하여 A에 있는 대문자 b를 b에 대응하는 소문자로 치환한다.

소스 코드 예시

```
# A: 알파벳 대소문자로 구성된 문자열
# B: 알파벳 대문자를 원소로 갖는 1차원 배열
# 배열 B에 존재하는 모든 대문자 b에 대해
# 문자열 A에 존재하는 대문자 b를 b에 대응하는 소문자로 치환한 문자열을 반환
def solution(A, B):
```

```
    # 배열 B에 있는 모든 대문자 b를 탐색한다.
    for b in B:
        # 문자열 A에 존재하는 대문자 b를 b에 대응하는 소문자로 치환한다.
        A = A.replace(b, b.lower())
    return A


# 입력을 받고 정답을 출력한다.
A = input()
B = list(map(str, input()))
print(solution(A, B))
```

> ### 더 생각하기 (준랩 1083번)
>
> 그렇다면 **특정 소문자를 대문자로** 바꾸려면?
> 배열 B에 저장된 첫 번째 소문자부터 마지막 소문자까지 순서대로 탐색한다. 현재 탐색 중인 소문
> 자는 문자열 변수 b에 저장된다. replace() 함수를 이용하여 문자열 A에 존재하는 소문자 b를 b에
> 대응하는 대문자로 치환한다. 소스 코드로 보면 다음과 같다.
>
> ```
> def solution(A, B):
>     for b in B:
>         A = A.replace(b, b.upper())
>     return A
> ```

공부한 시간의 합

난이도 ★★☆☆ **시간제한** 1초 **메모리제한** 128MB

실습 준랩(1084번)
더 풀어보기 백준온라인저지(10821번, 10822번, 2908번, 5622번)

한 명의 학생이 n일 동안 공부한 시간 목록이 공백으로 구분된 문자열 A가 주어진다. 하루 동안 공부한 시간은 시:분 형태의 문자열로 주어지고 시, 분 모두 길이가 2인 문자열이다. 학생이 n일 동안 공부한 전체 시간을 시:분 형태의 문자열로 출력하자. 시는 길이가 2 이상인 문자열, 분은 길이가 2인 문자열로 출력하자.

입력

첫 번째 줄에 n일 동안 공부한 시간 목록이 공백으로 구분된 문자열 A가 주어진다.

출력

첫 번째 줄에 공부한 전체 시간을 시:분 형태로 출력한다. 시는 길이가 2 이상인 문자열, 분은 길이가 2인 문자열로 출력한다.

제한 사항

$1 \leq n \leq 10,000$
$00 \leq$ 시 ≤ 23
$00 \leq$ 분 ≤ 59

예제 입력 1

```
00:10 01:50
```

예제 출력 1

```
02:00
```

예제 입력 2

```
00:00 23:00 23:00 23:30 23:30 23:00
```

예제 출력 2

```
116:00
```

문제해설

n일 동안 공부한 시간 목록이 공백으로 구분된 문자열 A로 주어진다. 문자열 A에 주어진 공부한 시간의 합을 시:분 형태로 출력하는 문제다.

예제 입력 1은 n = 2, A = '00:10 01:50'이다. 2일간 공부한 전체 시간은 00:10 + 01:50

= 02:00이다. 따라서 정답은 02:00이다. 예제 입력 2는 n = 6, A = '00:00 23:00 23:00 23:30 23:30 23:00'이다. 6일간 공부한 전체 시간은 00:00 + 23:00 + 23:00 + 23:30 + 23:30 + 23:00 = 116:00이다. 따라서 정답은 116:00이다. 시:분 형태의 문자열과 분 단위 정수를 서로 변환하는 게 핵심이며 아래와 같은 순서로 문제를 해결해 보자.

자료 구조

- 정수: n
- 문자열: A

알고리즘

- 문자열 A에 저장된 모든 시간 t를 첫 번째 시간부터 마지막 시간까지 순서대로 탐색한다.
- 현재 탐색 중인 시간 t의 모든 합을 구한다. t를 분 단위로 환산하여 시간 합을 분 단위로 구한다.
- 분 단위로 구한 시간 합을 시:분 형태로 변환한다.

소스 코드 예시

```python
# '시:분' 형태의 문자열 s를 분 단위 정수로 변환하여 반환한다.
def parse_log(s):
    return int(s[0:2]) * 60 + int(s[3:5])


# A: n일 동안 공부한 시간 목록을 저장한 1차원 배열
# n일 동안 공부한 시간 합계를 '시:분' 형태의 문자열로 반환한다.
def solution(A):
    # total_time: n일 동안 공부한 시간 합계 (단위: 분)
    total_time = 0

    # A에 저장된 시간 목록을 순서대로 탐색하면서 total_time을 구한다.
```

```python
    # 현재 탐색 중인 시간이 분 단위로 변환되어 t에 저장된다.
    for t in map(parse_log, A):
        total_time += t

    # total_time을 시간과 분 단위로 변환
    hour = total_time // 60
    minute = total_time % 60

    # 시간은 최소 두 자리 이상, 분은 두 자리로 표현한다.
    ret = ''
    if hour < 100:
        ret = '%02d:%02d'%(hour, minute)
    else:
        ret = '%d:%02d'%(hour, minute)
    return ret

# 입력을 받고 정답을 출력한다.
A = list(input().split())
print(solution(A))
```

TIP 배열과 문자열에 대해 더 알아보자

1. 배열은 C언어에서 주로 사용되는 용어이며, 파이썬에서는 배열 대신 리스트라는 용어를 사용한다.
2. 배열은 숫자 이외에도 문자열, 사전, 큐, 사용자 정의 자료형 등 여러 가지 자료를 모아서 처리할 수 있다.
3. C언어에서는 하나의 배열에 같은 자료형의 데이터만 저장할 수 있다.
4. 파이썬에서는 하나의 리스트에 서로 다른 자료형의 데이터를 저장할 수 있다.

3 딕셔너리 문자열과 숫자를 한 쌍으로 처리하기

우리는 '이름' : '홍길동', '생일' : '12월 31일', '출판사' : '상상아카데미', '저자' : '윤성환'과 같은 대응 관계를 표현해야 할 때가 있다. 또는 영한사전처럼 'people' : '사람', 'baseball' : '야구', 'name' : '이름'과 같은 관계를 표현해야 할 때도 있다. 파이썬에서는 이러한 대응 관계를 딕셔너리(Dictionary)를 이용하여 나타낼 수 있다. 딕셔너리는 단어 그대로 사전이라는 의미이며, 데이터를 {키(key): 값(value)} 형식으로 저장할 수 있는 자료 구조다. 예컨대 위에서 '이름', '생일', '출판사', '저자', 'people', 'baseball', 'name'은 키(key)에 해당되고 '홍길동', '12월 31일', '상상아카데미', '윤성환', '사람', '야구', '이름'은 값(value)에 해당된다.

딕셔너리는 배열이나 리스트처럼 순차적으로(sequential) 해당 요솟값을 구하지 않고 키를 통해 값을 얻는다. 이것이 딕셔너리의 가장 큰 특징이다. people이라는 단어의 뜻을 찾기 위해 사전의 내용을 순차적으로 모두 검색하는 것이 아니라 people이라는 단어가 있는 곳만 펼쳐 보는 것이다. 주로 문자열과 숫자를 한 쌍으로 처리할 때 사용하고 문자열을 key, 숫자를 value로 지정한다. 리스트처럼 가변(mutability) 데이터 타입이기 때문에 사전을 선언한 후에 자유롭게 새로운 키에 값을 추가하거나 기존 키의 값을

그림 2-6 서울 시민 이름 변수 + 전화번호 변수 vs. 서울 시민 사전 변수

삭제하거나 변경할 수 있다. 동일한 타입의 키값만 사용하도록 제한하는 다른 언어와는 달리 동적 언어인 파이썬에서는 키로 해시가 가능한(hashable) 모든 데이터를 사용할 수 있고, 값에 대해서는 아무런 제한 없이 어떤 데이터도 보관할 수 있다. 사전은 해시 테이블(Hash Table)을 이용하여 key와 value를 빠르게 관리한다. 해시 테이블은 각각의 key 값에 해시함수를 적용해 배열의 고유한 index를 생성하고, 이 index를 활용해 값을 저장하거나 검색하는 자료 구조다.

"딕셔너리는 주로 어떤 것을 표현하는 데 사용할까?"라는 의문이 들 수 있다. 서울 시민의 이름과 전화번호를 관리하는 프로그램을 작성하는 경우를 생각해 보자. 사전을 사용하지 않는 경우 서울 시민 이름 변수와 전화번호 변수를 분리해서 관리하는 비효율이 발생하지만, 사전을 사용하는 경우 한 개의 사전 변수를 사용하여 서울 시민 이름으로 전화번호를 찾거나 서울 시민을 추가 및 삭제하는 동작을 효율적으로 작성할 수 있다.

예를 들어, 서울 시민 100명의 이름, 전화번호를 사전으로 작성하면 〈그림 2-7〉과 같다. 이름이 key, 전화번호가 value에 대응된다.

딕셔너리를 이용하여 사람들의 특기를 표현할 수 있다. 예를 들어, '김연아' : '피겨 스케이팅', '김하성' : '야구', '손흥민' : '축구', '귀도' : '파이썬', '상상아카데미' : '출판', '윤성환' : '책쓰기'와 같이 사람별 특기를 표현할 수 있다. 손흥민의 특기를 알고 싶을때는 '손흥민'이라는 키로 접근하면 된다. 물론, 손흥민의 특기가 변경되면 '손흥민'의 값을 변경된 특기로 변경할 수 있다.

여기서 주의해야 할 점은 키에는 리스트가 올 수 없다는 것이다. 키값은 immutable(불변한) 객체 타입이 와야 한다. 그러므로 mutable(변할 수 있는) 객체 타입인 리스트 자료 구조는 딕셔너리의 키가 될 수 없다. 또한, 키값은 중복될 수 없다. 동일한 키를 추

그림 2-7 서울 시민 100명의 {이름: 전화번호}

(김봄 : 02-111-1111)		(한봄 : 02-999-1111)
(김여름 : 02-111-2222)	...	(한여름 : 02-999-2222)
(김가을 : 02-111-3333)		(한가을 : 02-999-3333)
(김겨울 : 02-111-4444)		(한겨울 : 02-999-4444)

가하면 기존의 키와 값이 나중에 추가된 키와 값으로 변경된다. 키값은 고유해야 정확히 그 데이터에 접근할 수 있기 때문이다. 딕셔너리 자료 구조는 {사용자 아이디: 관리 번호}, {요리: 요리를 주문한 손님 수}, {프로그래밍 언어: 관리 번호}, {음식 이름: 관리 번호}와 같이 주로 문자열과 숫자를 쌍으로 처리할 때 사용된다. 이번 절에서는 물건 정보 만들기, 학생 정보 만들기, 사전 자료 구조를 리스트로 변환하기, 접두사 정보 만들기 관련 문제가 주어진다.

다음 [실력 확인하기]의 문제를 통해 딕셔너리와 관련된 문제를 준랩을 통해 풀어보자. 제시된 문제들로 부족할 때는 '백준온라인저지'에서 엄선한 유사 문제를 제공하고 있으니 참고하도록 한다.

실력 확인하기

2-3-1 물건값 계산

난이도 ★★☆☆ **시간제한** 1초 **메모리제한** 128MB

실습 준랩(1085번)
더 풀어보기 백준온라인저지(5089번)

n개의 서로 다른 종류의 물건을 파는 가게에서 m개의 물건을 구매하려고 한다. 가게에는 물건이 무수히 많으므로 같은 종류의 물건을 여러 개 구매할 수 있다. 가게에 있는 n개의 서로 다른 종류의 물건 정보 A와 구매하고자 하는 m개의 물건 정보 B가 주어지면 구매하려는 물건값의 합을 출력하자.

입력

첫 번째 줄에 n과 m이 공백을 사이에 두고 순서대로 주어진다.

두 번째 줄부터 n개의 줄에 걸쳐 물건 정보 A가 첫 번째 물건부터 마지막 물건까지 순서대로 주어진다. 한 줄에는 하나의 물건 정보가 물건 이름을 나타내는 문자열과 물건 가격을 나타내는 정수가 공백을 사이에 두고 순서대로 주어진다. 물건 이름은 알파벳 소문자로 이루어져 있다.

다음 줄에 구매하려는 물건 정보 B가 주어진다. 구매하려는 m개의 물건 이름이 공백을 사이에 두고 주어진다. 중복된 물건 이름이 존재할 수 있고 가게에서 판매하는 물건만 주어진다.

출력

첫 번째 줄에 구매하려는 물건 가격의 합을 출력한다.

제한 사항

1 ≤ n, m ≤ 100,000
1 ≤ 물건 이름 길이 ≤ 100
1 ≤ 물건 가격 ≤ 100,000

예제 입력 1

```
5 7
aaa 100
bbb 200
ccc 300
ddd 400
eee 500
aaa aaa bbb ccc ddd eee eee
```

예제 출력 1

```
2100
```

문제해설

가게에서 판매하는 n개의 물건 정보와 구매하려는 m개의 물건 정보가 주어진다. 구매하려는 m개 물건의 물건 가격의 합을 출력하는 문제다.

예제 입력 1은 n = 5, m = 7, A = [['aaa', 100], ['bbb', 200], ['ccc', 300], ['ddd', 400], ['eee', 500]], B = ['aaa', 'aaa', 'bbb', 'ccc', 'ddd', 'eee', 'eee']이다. 구매하려는 물건의 물건 가격의 합은 100 + 100 + 200 + 300 + 400 + 500 + 500 = 2100이다. 물건 정보 A를 파이썬 사전 자료 구조로 변환하고 사용하는 게 핵심이며 다음과 같은 순서로 문제를 해결해 보자.

자료 구조

- 정수: n, m
- 문자열 배열: A
- 문자열: B
- 딕셔너리: D

알고리즘

- 배열 A의 모든 원소 x_i, y_i를 첫 번째 원소부터 마지막 원소까지 순서대로 탐색한다. x_i는 i번째 원소의 물건 이름, y_i는 i번째 원소의 물건 가격이다.
- 현재 탐색 중인 원소 x_i, y_i를 이용하여 딕셔너리 D를 만든다. 딕셔너리 D의 키(key)는 물건 이름 x_i, 값(value)은 물건 가격 y_i 이다.
- 문자열 B에 저장된 모든 원소 b를 첫 번째 원소부터 마지막 원소까지 순서대로 탐색한다.
- 현재 탐색 중인 원소 b의 물건 가격의 합을 구한다. b의 물건 가격은 딕셔너리 D를 이용하여 D[b]로 얻을 수 있다.

소스 코드 예시

```python
# n, A: 가게에서 판매하는 물건 목록 정보
# m, B: 구매하려는 물건 목록 정보
def solution(n, A, m, B):
    # D: {key = 물건 이름, value = 물건 가격} 형태의 딕셔너리.
    # A에 저장된 물건 목록 정보를 이용하여 D를 만든다.
    D = { }
    for name, cost in A:
        D[name] = int(cost)

    # B에 저장된 모든 물건의 물건 가격의 합을 구한다.
    answer = 0
    for name in B:
        answer += D[name]

    return answer

# 입력을 받고 정답을 출력한다.
n, m = map(int, input().split())
A = list(list(input().split()) for _ in range(n))
B = list(input().split())
print(solution(n, A, m, B))
```

학생 이름 출현 횟수

난이도 ★★☆☆   **시간제한** 1초   **메모리제한** 128MB

실습   준랩(1088번)
더 풀어보기   백준온라인저지(10816번, 14425번)

n개의 학생 이름이 공백으로 구분된 문자열 S가 주어진다. S에는 중복된 학생 이름이 존재할 수 있다. 하나의 학생 이름은 알파벳 소문자로 이루어져 있다. S에 포함된 각각의 학생 이름에 대하여 S에 포함된 횟수를 구하여 학생 이름 기준으로 오름차순으로 출력하자.

입력

첫 번째 줄에 문자열 S가 주어진다.

출력

문자열 S에 포함된 각각의 학생 이름 정보를 학생 이름 기준으로 오름차순으로 출력한다.
한 명의 학생 이름 정보는 학생 이름과 해당 학생 이름의 출현 횟수이며, 공백을 사이에 두고 순서대로 한 줄에 출력한다.

제한 사항

$1 \leq n \leq 10,000$
$10 \leq$ 문자열 S의 길이 $\leq 100,000$
$1 \leq$ 하나의 학생 이름 길이 ≤ 10

예제 입력 1

```
aaa aaa bbb ccc aaa ccc
```

예제 출력 1

```
aaa 3
bbb 1
ccc 2
```

문제해설

n개의 학생 이름이 공백으로 구분된 문자열 S가 주어진다. S에 포함된 각각의 학생 이름에 대하여 학생 이름과 해당 학생 이름의 출현 횟수를 학생 이름 기준으로 오름차순으로 출력하는 문제다.

예제 입력 1은 n=6, S='aaa aaa bbb ccc aaa ccc'다. 문자열 S에서 학생 이름 'aaa'는

3회, 'bbb'는 1회, 'ccc'는 2회 출현한다. 학생 이름 기준으로 오름차순으로 출력하면 예제 출력 1과 같다. 학생 이름 정보 S를 파이썬 사전 자료 구조로 변환하고 결과를 람다 함수를 이용하여 정렬하는 게 핵심이며 아래와 같은 순서로 문제를 해결해 보자.

자료 구조

- 정수: n
- 문자열: S
- 딕셔너리: D

알고리즘

- 문자열 S에 저장된 모든 학생 이름 s_i를 첫 번째 학생부터 마지막 학생까지 순서대로 탐색한다.
- 현재 탐색 중인 s_i를 이용해서 딕셔너리 D를 만든다. 딕셔너리 D의 키는 학생 이름 s_i, 값은 학생 이름 s_i의 출현 횟수이다.
- 딕셔너리 D를 [학생 이름, 출현 횟수]를 원소로 갖는 배열로 변환하고, 변환된 배열을 학생 이름 기준으로 오름차순으로 정렬한다.

소스 코드 예시

```
# S: 학생 이름이 공백으로 구분된 문자열
def solution(S):
    # D: {key = 학생 이름, value = 출현 횟수} 형태의 딕셔너리.
    # S에 저장된 학생 이름을 순서대로 처리하면서 D를 만든다.
    D = { }
    for s in S.split():
        if s in D:
            D[s] += 1
        else:
            D[s] = 1
```

```python
    # answer: [학생 이름, 출현 횟수]를 원소로 갖는 1차원 배열
    # 학생 이름 기준으로 오름차순으로 정렬한다.
    answer = list(D.items())
    answer.sort(key = lambda x: x[0])
    return answer

# 입력을 받고 정답을 출력한다.
S = input()
A = solution(S)
for name, value in A:
    print(name, value)
```

학생 이름 찾기

난이도 ★★☆☆   시간제한 1초   메모리제한 128MB

실습   준랩(1089번)
더 풀어보기   백준온라인저지(1764번, 15098번, 10815번, 1269번)

n개의 학생 이름이 공백으로 구분된 문자열 A가 주어진다. 문자열 A에는 중복된 학생 이름이 존재하지 않는다. m개의 학생 이름이 공백으로 구분된 문자열 B가 주어진다. 문자열 B에는 중복된 학생 이름이 존재할 수 있다. 하나의 학생 이름은 알파벳 소문자로 이루어져 있다.

문자열 A에 포함된 학생 이름 중에서 문자열 B에 존재하지 않는 학생 이름을 오름차순으로 출력하자. 문자열 A에 포함된 학생 이름 중에서 문자열 B에 존재하지 않는 학생 이름이 1개 이상 존재하는 입력만 주어진다.

입력

첫 번째 줄에 문자열 A가 주어진다.
두 번째 줄에 문자열 B가 주어진다.

출력

문자열 A에 저장된 학생 이름 중에서 문자열 B에 존재하지 않는 학생 이름을 오름차순으로 출력한다. 한 줄에 하나의 학생 이름을 출력한다.

제한 사항

$1 \leq n, m \leq 100,000$

$10 \leq$ 문자열 A의 길이, 문자열 B의 길이 $\leq 1,000,000$

$1 \leq$ 하나의 학생 이름 길이 ≤ 10

문자열 A에 포함된 학생 이름 중에서 문자열 B에 존재하지 않는 학생 이름이 1개 이상 존재한다.

예제 입력 1

```
aaa bbb ccc ddd eee fff
aaa ddd ddd aaa eee
```

예제 출력 1

```
bbb
ccc
fff
```

예제 입력 2

```
aaa bbb ccc ddd eee fff
aaa ggg ggg fff aaa aaa
```

예제 출력 2

```
bbb
ccc
ddd
eee
```

문제해설

    n개의 학생 이름이 공백으로 구분된 문자열 A와 m개의 학생 이름이 공백으로 구분된 문자열 B가 주어진다. 문자열 A에 포함된 학생 이름 중에서 문자열 B에 존재하지 않는 학생 이름을 오름차순으로 출력하는 문제다.

    예제 입력 1은 n = 6, A = 'aaa bbb ccc ddd eee fff', m = 5, B = 'aaa ddd ddd aaa eee'이다. 문자열 A에 포함된 학생 이름은 'aaa', 'bbb', 'ccc', 'ddd', 'eee', 'fff' 이고 문자열 B에 포함된 학생 이름은 'aaa', 'ddd', 'ddd', 'aaa', 'eee'이다. 문자열 A에는 포함되고 문자열 B에는 포함 안 된 학생 이름은 'bbb', 'ccc', 'fff'이고 오름차순으로 출력하면 예제 출력 1과 같다. 예제 입력 2는 n = 6, A = 'aaa bbb ccc ddd eee fff', m = 6, B = 'aaa ggg ggg fff aaa aaa'이다. 문자열 A에 포함된 학생 이름은 'aaa', 'bbb', 'ccc', 'ddd', 'eee', 'fff'이고 문자열 B에 포함된 학생 이름은 'aaa', 'ggg', 'ggg', 'fff', 'aaa', 'aaa'이다. 문자열 A에는 포함되고 문자열 B에는 포함 안 된 학생 이름은 'bbb', 'ccc', 'ddd', 'eee'이고 오름차순으로 출력하면 예제 출력 2와 같다. 학생 이름 정보 B를 파이썬 사전 자료 구조로 변환하고 학생 이름 정보 A에서 사전에 없는 학생 이름을 찾는 게 핵심이며 다음과 같은 순서로 문제를 해결해 보자.

자료 구조

- 정수: n, m
- 문자열: A, B
- 딕셔너리: D

알고리즘

- 문자열 B에 있는 모든 학생 b_i를 첫 번째 학생부터 마지막 학생까지 순서대로 탐색한다.
- 현재 탐색 중인 b_i를 이용해서 딕셔너리 D를 만든다. 딕셔너리 D의 키는 학생 이름 b_i, 값은 학생 이름 b_i의 출현 횟수이다.
- 문자열 A에 있는 모든 학생 a_i를 첫 번째 학생부터 마지막 학생까지 순서대로 탐색

한다.

- 현재 탐색 중인 a_i중에서 딕셔너리 D에 존재하지 않는 모든 a_i를 배열로 만들고, 만들어진 배열을 오름차순으로 정렬한다.

소스 코드 예시

```python
# A: n개의 학생 이름이 공백으로 구분된 문자열
# B: m개의 학생 이름이 공백으로 구분된 문자열
def solution(A, B):
    # D: {key = 학생 이름, value = 출현 횟수} 형태의 사전.
    # B에 저장된 학생 이름을 순서대로 처리하면서 D를 만든다.
    D = { }
    for b in B:
        if b in D:
            D[b] += 1
        else:
            D[b] = 1

    # A에 저장된 학생 이름 중에서 D에 없는 학생 이름을 answer에 넣는다.
    answer = []
    for a in A:
        if a not in D:
            answer.append(a)
    answer.sort()
    return answer

# 입력을 받고 정답을 출력한다.
A = list(input().split())
B = list(input().split())
C = solution(A, B)
for c in C:
    print(c)
```

비슷한 전화번호 표시

난이도 ★★☆☆ **시간제한** 1초 **메모리제한** 128MB

실습 준랩(1090번)
더 풀어보기 백준온라인저지(18679번, 11478번)

n개의 전화번호가 공백으로 구분된 문자열 A가 주어진다. 문자열 A에는 중복된 전화번호가 존재할 수 있다. 추가로, 하나의 전화번호 B가 주어진다. 전화번호는 문자 '1' ~ 문자 '9'로 이루어진 문자열이다. 문자열 A에 포함된 전화번호 중에서 전화번호 B와 다르면서 B를 접두사로 갖는 전화번호의 개수를 출력하자. 전화번호 T의 접두사는 T의 첫 번째 문자부터 한 개 이상의 연속된 문자로 구성된 부분 문자열을 의미한다. 예를 들어, 전화번호 T='1234'의 접두사는 전화번호 '1', '12', '123', '1234'이다.

입력

첫 번째 줄에 문자열 A가 주어진다.

두 번째 줄에 전화번호 B가 주어진다

출력

문자열 A에 포함된 전화번호 중에서 전화번호 B와 다르면서 B를 접두사로 갖는 전화번호의 개수를 출력한다.

제한 사항

$1 \le n \le 100{,}000$

$2 \le$ 문자열 A 길이 $\le 1{,}000{,}000$

$2 \le$ 하나의 전화번호 길이 ≤ 10

전화번호는 문자 '1' ~ 문자 '9'로 이루어진 문자열이다.

예제 입력 1

```
12 121 123 1234 134 135 21 2134
12
```

예제 출력 1

```
3
```

예제 입력 2

```
111 112 1111 121 13 21 22 23 24 31 119
11
```

예제 출력 2

```
4
```

예제 입력 3

```
11 111 112 1111 121 13 21 22 23 24 31 119
1234
```

예제 출력 3

```
0
```

문제해설

 n개의 전화번호가 공백으로 구분된 문자열 A와 하나의 전화번호 B가 주어진다. 문자열 A에 포함된 전화번호 중에서 전화번호 B와 다르면서 B를 접두사로 갖는 전화번호의 개수를 출력하는 문제다.

 예제 입력 1은 A = '12 121 123 1234 134 135 21 2134', B = '12'이다. A에 포함된 전화번호는 '12', '121', '123', '1234', '134', '135', '21', '2134'이다. A에 포함된 전화번호에 대해 자기 자신을 제외한 접두사는 다음과 같다. '12'의 접두사는 {'1'}, '121'의 접두사는 {'1', '12'}, '123'의 접두사는 {'1', '12'}, '1234'의 접두사는 {'1', '12', '123'}, '134'의 접두사는 {'1', '13'}, '135'의 접두사는 {'1', '13'}, '21'의 접두사는 {'2'}, '2134'의 접두사는 {'2', '21', '213'}이다. B = '12'를 접두사로 갖는 전화번호는 '121', '123', '1234' 세 개다. 따라서 정답은 3이다. 예제 입력 2는 A = '111 112 1111 121 13 21 22 23 24 31 119', B = '11'이다. B = '11'을 접두사로 갖는 전화번호는 '111', '112', '1111', '119' 네 개다. 따라서 정답은 4이다. 예제 입력 3은 A = '11 111 112 1111 121 13 21 22 23 24 31 119', B = '1234'이다. B = '1234'를 접두사로 갖는 전화번호는 A에 존재하지 않는다. 따라서 정답은 0이다. A에 저장된 전화번호에 대하여 자기 자신을 제외한 접두사를 파이썬 사전 자료 구조로 변환하고 사전에 저장된 전화번호 B의 정보를 출력하는 게 핵심이며 다음과 같은 순서로 문제를 해결해 보자.

자료 구조

- 정수: n
- 문자열: A, B
- 딕셔너리: D

알고리즘

- 문자열 A에 있는 모든 전화번호 a_i를 첫 번째 전화번호부터 마지막 전화번호까지 순서대로 탐색한다.
- 현재 탐색 중인 a_i에 대하여 자기 자신을 제외한 모든 접두사 x_i를 탐색한다.

- 현재 탐색 중인 x_i를 이용하여 딕셔너리 D를 만든다. 딕셔너리 D의 키는 접두사 x_i, 값은 접두사 x_i의 출현 횟수이다.
- D를 이용하여 문자열 B의 출현 횟수를 구한다.

소스 코드 예시

```python
# A: n개의 전화번호가 공백으로 구분되어 저장된 문자열
# B: 하나의 전화번호가 저장된 문자열
# 문자열 A에 포함된 전화번호 중 문자열 B를
# 자기 자신을 제외한 접두사로 갖는 전화번호의 개수를 반환한다.
def solution(A, B):
    # D: {key = 자기 자신을 제외한 전화번호 접두사, value = 출현 횟수} 형태의
    # 딕셔너리. 문자열 A에 저장된 모든 전화번호를 탐색하면서 탐색 중인
    # 전화번호에 대해 자기 자신을 제외한 접두사를 이용하여 D를 만든다.
    # 참고로, D[B]만 필요하기 때문에 딕셔너리가 아닌 정수형 변수를 사용하여
    # x가 B와 같을 때만 관리하면 효율적이다. 하지만 딕셔너리 연습을 위해 D를
    # 사용한다.
    D = { }
    for phone in A:
        # 전화번호 phone의 모든 접두사의 출현 횟수를 1만큼 증가시킨다.
        # 전화번호 phone은 제외
        for i in range(len(phone) - 1):
            x = phone[:i + 1]
            if x in D:
                D[x] += 1
            else:
                D[x] = 1

    # 문자열 A에 포함된 전화번호 중 문자열 B를
    # 자기 자신을 제외한 접두사로 갖는 전화번호가 없으면 0을 반환한다.
    if B in D:
        return D[B]
    else:
```

```
        return 0

# 입력을 받고 정답을 출력한다.
A = list(input().split())
B = input()
print(solution(A, B))
```

가장 많이 나온 수 찾기

난이도 ★★☆☆ **시간제한** 1초 **메모리제한** 128MB

실습   준랩(1091번)
더 풀어보기   백준온라인저지(1920번)

n개의 양의 정수가 저장된 배열 A가 주어진다. 배열 A에는 같은 수가 여러 개 존재할 수 있다.
배열 A에서 출현 횟수가 가장 많은 수를 오름차순으로 출력하자.

입력

첫 번째 줄에 배열 A의 크기 n이 주어진다.

두 번째 줄에 배열 A에 저장된 n개의 양의 정수가 빈칸을 사이에 두고 순서대로 주어진다.

출력

첫 번째 줄에 배열 A에서 출현 횟수가 가장 많은 수를 빈칸을 사이에 두고 오름차순으로 출력한다.

제한 사항

$1 \le n \le 1{,}000{,}000$

$1 \le$ 배열 A의 원소 $\le 1{,}000{,}000{,}000$

예제 입력 1

```
3
1 2 3
```

예제 출력 1

```
1 2 3
```

예제 입력 2

```
3
1 2 1
```

예제 출력 2

```
1
```

예제 입력 3

```
5
3 3 1 1 2
```

예제 출력 3

```
1 3
```

문제해설

n개의 양의 정수가 저장된 배열 A에서 출현 횟수가 가장 많은 수를 오름차순으로 출력하는 문제다.

예제 입력 1은 n = 3, A = [1, 2, 3]이다. 수 1이 한 번, 2가 한 번, 3이 한 번 출현했다.

출현 횟수의 최댓값은 1이다. 1회 출현한 수는 1, 2, 3이고 1, 2, 3을 오름차순으로 출력하면 예제 출력 1과 같다. 예제 입력 2는 n = 3, A = [1, 2, 1]이다. 수 1이 두 번, 2가 한 번 출현했다. 출현 횟수의 최댓값은 2이다. 2회 출현한 수는 1이므로 정답은 예제 출력 2와 같다. 예제 입력 3은 n = 5, A = [3, 3, 1, 1, 2]이다. 수 1이 두 번, 2가 한 번, 3이 두 번 출현했다. 출현 횟수의 최댓값은 2이다. 2회 출현한 수는 1, 3이고 1, 3을 오름차순으로 출력하면 예제 출력 3과 같다. 배열의 원소를 순서대로 탐색하면서 {수: 수의 출현 횟수} 형태의 파이썬 사전 자료 구조를 만드는 게 핵심이며 다음과 같은 순서로 문제를 해결해 보자.

자료 구조

- 정수: n
- 정수형 배열: A
- 딕셔너리: D

알고리즘

- 배열 A의 모든 원소 a_i를 첫 번째 원소부터 마지막 원소까지 순서대로 탐색한다.
- 현재 탐색 중인 a_i를 이용하여 딕셔너리 D를 만든다. 딕셔너리 D의 키는 수 a_i, 값은 수 a_i의 출현 횟수이다.
- 딕셔너리 D의 값 중에서 최댓값을 구한다. 딕셔너리 D의 값이 앞에서 구한 최댓값과 같은 모든 키를 배열에 저장하고, 배열을 오름차순으로 정렬한다.

소스 코드 예시

```
# n, A: n개의 양의 정수가 저장된 1차원 배열 A
# 배열 A에서 출현 횟수가 가장 많은 수를 오름차순으로 저장한 배열을 반환한다.
def solution(n, A):
    # D: {key = 수, value = 수의 출현 횟수}
```

```python
    # mx: D에서 출현 횟수의 최댓값을 저장
    # 배열 A의 모든 원소에 대한 출현 횟수를 D에 반영한다.
    mx = 0
    D = { }
    for a in A:
        if a in D:
            D[a] += 1
        else:
            D[a] = 1
        mx = max(mx, D[a])


    # D[key]=mx인 모든 key를 answer에 저장한다.
    answer = [ ]
    for key, value in D.items():
        if value == mx:
            answer.append(key)
    answer.sort()
    return answer

# 입력을 받고 정답을 출력한다.
n = int(input())
A = list(map(int, input().split()))
B = solution(n, A)
for b in B:
    print(b, end = ' ')
```

 # 큐 데이터를 추가한 순서대로 처리하기

큐(queue)는 컴퓨터 과학 분야에서 쓰이는 컴퓨터의 기본적인 자료 구조의 한 가지로 스택과 함께 많이 볼 수 있는 자료 구조다. 큐는 먼저 넣은 데이터를 먼저 꺼낼 수 있는 선입선출(First-In, First-Out) 구조를 가진다. 영어 단어 큐(queue)는 표를 사러 일렬로 늘어선 사람들로 이루어진 줄을 말하기도 하며, 먼저 줄을 선 사람이 먼저 나갈 수 있는 상황을 연상하면 된다. 나중에 집어넣은 데이터가 먼저 나오는 스택(Last-In, First-Out)과는 반대되는 개념이다. 프린터의 출력 처리나 윈도 시스템의 메시지 처리기, 프로세스 관리 등 데이터를 입력된 시간 순서대로 처리해야 할 필요가 있는 상황에서 큐가 이용된다. 큐는 어떠한 작업/데이터를 순서대로 실행/사용하기 위해 대기 시킬 때 사용한다.

큐는 삽입(Enqueue)과 삭제(Dequeue) 기능을 제공한다. 삽입은 큐의 맨 뒤에 자료를 넣는 것을, 삭제는 큐의 맨 앞에서 자료를 꺼내는 것을 의미한다. front는 데이터를 삭제할 수 있는 맨 앞의 위치를 가리킨다. back은 데이터를 삽입할 수 있는 맨 뒤의 위치를 가리킨다. 큐가 꽉 차서 더는 자료를 넣을 수 없는 경우(Enqueue할 수 없는 경우)를 오버플로우(Overflow), 큐가 비어 있어 자료를 꺼낼 수 없는 경우(Dequeue할 수 없는 경우)를 언더플로우(Underflow)라고 한다.

파이썬에서는 기본 라이브러리에 큐가 포함되어 있다. 또한, 리스트를 이용하여 큐를 구현할 수도 있다. 참고로 큐와 유사한 우선순위 큐(Priority Queue)가 있는데, 말 그대로 원소들에게 우선순위를 매겨서 넣을 때의 순서와 상관없이 뺄 때는 우선순위가 높은

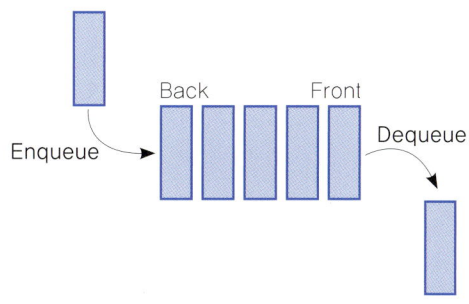

그림 2-8   학교 식당 입구를 나타내는 큐 자료 구조

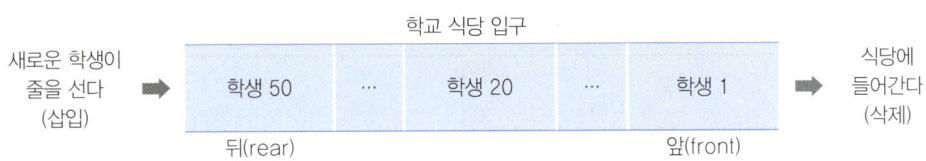

원소부터 빼내는 것이다.

큐의 예를 알아보자. 학생들이 학교 식당 입구에 줄을 서서 식사하는 프로그램을 작성하는 경우를 생각해 볼 수 있다. 새로운 학생이 학교 식당 입구에 줄을 서는 동작(삽입, Enqueue)과 줄을 선 학생이 식사하기 위해 식당에 들어가는 동작(삭제, Dequeue) 두 가지 작업이 큐에서 이루어진다.

> 참고로, 스택은 나중에 넣은 데이터를 먼저 꺼내는 후입선출(Last-In, First-Out) 구조를 가진 자료 구조다. 데이터를 넣는 것을 푸시(Push)라고 하고 반대로 가장 나중에 넣은 데이터를 꺼내는 것을 팝(Pop)이라고 한다.

학생이 줄을 서고, 줄을 선 학생이 식당에 들어가는 일련의 연산을 살펴보자. 중간에 새치기는 없다고 가정하고, 학생 1 대기→학생 2 대기→학생 1명 입장→학생 3 대기→학생 1명 입장→학생 4 대기를 실행하면 다음과 같다.

그림 2-9   큐의 삽입과 삭제가 이루어지는 과정

학생 1 삽입 ➡				학생 1	
학생 2 삽입 ➡			학생 2	학생 1	
				학생 2	➡ 학생 1 삭제
학생 3 삽입 ➡			학생 3	학생 2	
				학생 3	➡ 학생 2 삭제
학생 4 삽입 ➡			학생 4	학생 3	

이번 절에서는 정수 삽입 및 삭제, 튜플 삽입 및 삭제, 큐의 크기, 덱을 이용한 큐 구현 관련 문제가 주어진다.

다음 [실력 확인하기]의 문제를 통해 큐와 관련된 문제를 준랩을 통해 풀어보자. 제시된 문제들로 부족할 때는 '백준온라인저지'에서 엄선한 유사 문제를 제공하고 있으니 참고하도록 한다.

실력 확인하기

여러 명의 학생이 식사하기 위하여 학교 식당을 향해 달려가고 있다. 학교 식당에 도착한 학생은 식당 입구에 줄을 서서 대기한다. 학교 식당에 먼저 도착한 학생이 나중에 도착한 학생보다 식당 입구의 앞쪽에서 대기한다. 식사는 1인분씩 준비된다. 식사 1인분이 준비되면 식당 입구의 맨 앞에서 대기 중인 학생 1명이 식당으로 들어가서 식사를 시작한다. 식사를 시작한 학생은 항상 식사를 마친다.

학생이 학교 식당에 도착하고 식사가 준비되는 n개의 정보가 저장된 A가 주어진다. A에 저장된 첫 번째 정보부터 n번째 정보까지 순서대로 처리한 다음, 식당 입구에 줄을 서서 대기하는 학생 수가 최대가 되었던 순간의 학생 수와 이때 식당 입구의 맨 뒤에 대기 중인 학생의 번호를 출력하자. 대기하는 학생 수가 최대인 경우가 여러 번이라면 맨 뒤에 줄 서 있는 학생의 번호가 가장 작은 경우를 출력하자.

A에 저장된 n개의 정보는 아래 두 가지 유형으로 구분된다. 첫 번째가 유형 1, 두 번째가 유형 2이다.

- 1 a: 학생 번호가 양의 정수 a인 학생 1명이 학교 식당에 도착하여 식당 입구의 맨 뒤에 줄을 서기 시작한다.
- 2: 식사 1인분이 준비되어 식당 입구의 맨 앞에서 대기 중인 학생 1명이 식사를 시작한다.

식사 1인분이 준비될 때는 식당 입구에서 대기 중인 학생이 항상 존재한다. 식당 입구에 줄을 서서 대기하였으나 식사가 준비 안 된 학생은 식사를 못 한다.

입력

첫 번째 줄에 n이 주어진다.

다음 줄부터 n개의 줄에 걸쳐 한 줄에 하나의 정보가 주어진다. 주어지는 정보는 유형 1, 2중 하나이다.

출력

첫 번째 정보부터 n번째 정보까지 순서대로 처리한 다음, 식당 입구에 줄을 서서 대기하는 학생 수가 최대가 되었던 순간의 학생 수와 이때 식당 입구의 맨 뒤에 대기 중인 학생의 번호를 빈칸을 사이에 두고 순서대로 출력한다. 대기하는 학생 수가 최대인 경우가 여러 번이라면 맨 뒤에 줄 서 있는 학생의 번호가 가장 작은 경우를 출력한다.

제한 사항

$1 \leq n \leq 100,000$

A에는 유형 1, 유형 2만 저장되어 있다.

$1 \leq a \leq n$, 모든 양의 정수 a의 값은 서로 다르다.

예제 입력 1	예제 출력 1
5 1 2 1 1 2 1 3 2	2 1

문제해설

학생이 학교 식당에 도착하고 식사가 준비되는 n개의 정보가 주어진다. 첫 번째 정보부터 n번째 정보까지 순서대로 처리한 경우, 식당 입구에 줄을 서서 대기하는 학생 수가 최대가 되었던 순간의 학생 수와 이때 식당 입구의 맨 뒤에 대기 중인 학생의 번호를 출력하는 문제다.

예제 입력 1은 n = 5, A = [[1, 2], [1, 1], [2], [1, 3], [2]] 이다. 다섯 개의 정보는 [1, 2], [1, 1], [2], [1, 3], [2]이며 각각 '2번 학생이 학교 식당에 도착', '1번 학생이 학교 식당에 도착', '식사 1인분 준비됨', '3번 학생이 학교 식당에 도착', '식사 1인분 준비됨'을 나타낸다. 다섯 개의 정보를 첫 번째 정보부터 다섯 번째 정보까지 순서대로 처리하면 다음과 같다.

- 첫 번째 [1, 2]를 처리한 후 대기 줄에는 2번 학생이 있으므로 대기 줄은 '2'가 된다.
- 두 번째 [1, 1]을 처리한 후 대기 줄에는 2번, 1번 학생이 있으므로 대기 줄은 '2 1'이 된다. 대기 줄 '2 1'은 2번 학생이 앞쪽, 1번 학생이 뒤쪽에서 대기 중임을 나타낸다.
- 세 번째 [2]를 처리한 후 앞쪽에서 대기 중인 2번 학생이 대기 줄을 나와서 식사를 하므로 대기 줄은 '1'이 된다.

- 네 번째 [1, 3]을 처리한 후 대기 줄에는 1번, 3번 학생이 있으므로 대기 줄은 '1 3'이 된다.
- 다섯 번째 [2]를 처리한 후 앞쪽에서 대기 중인 1번 학생이 대기 줄을 나와서 식사를 하므로 대기 줄은 '3'이 된다.

다섯 개의 정보를 처리하는 동안 대기 줄에 대기하는 학생 수의 최댓값은 2이다. 학생 수가 2인 대기 줄은 '2 1', '1 3' 두 가지이며, 맨 뒤에 줄 서 있는 학생 번호가 가장 작은 경우는 '2 1'이다. 따라서 학생 수 최댓값 2와 맨 뒤에 줄 서 있는 학생 번호 1이 정답이다. n개의 정보를 순서대로 처리하면서 큐를 관리하고 정답을 갱신하는 게 핵심이며 아래와 같은 순서로 문제를 해결해 보자.

자료 구조
- 정수: n
- 문자열 배열: A
- 큐: q

알고리즘
- 배열 A에 저장된 모든 원소 a_i를 첫 번째 원소부터 마지막 원소까지 순서대로 탐색한다.
- 현재 탐색 중인 a_i를 이용하여 정답을 구한다. 새로운 학생이 식당에 도착한 경우, 학생 번호를 q에 넣는다. 식사 1인분이 준비된 경우, q에서 한 개의 학생 번호를 제거한다.

소스 코드 예시

```python
from collections import deque
# n, A: n개의 정보가 저장된 배열
# - 1 a : 학생 번호가 a인 학생 1명이 식당 입구에 도착한다.
# - 2 : 식사 1인분이 준비된다.
def solution(n, A):
```

```python
    # answer: [대기하는 학생 수의 최댓값, 이때 맨 뒤에 대기 중인 학생 번호]
    answer = [0, 0]

    # 식당 입구에서 대기 중인 학생 번호를 저장하는 큐(덱)
    q = deque()

    # 배열 A에 저장된 n개의 정보를 순서대로 처리한다.
    for info in A:
        # 학생이 식당 입구에 도착함. 대기 중인 학생이 1명 증가한다.
        if info[0] == 1:
            # 큐의 맨 끝에 학생 번호를 삽입하고 정답을 갱신한다.
            # 식당 입구의 맨 뒤에 대기 중인 학생 번호는 info[1]이다.
            q.append(info[1])
            if answer[0] < len(q) or \
                (answer[0] == len(q) and answer[1] > info[1]):
                answer = [len(q), info[1]]
        # 식사 1인분이 준비된다.
        # 식당 입구의 맨 앞에서 대기 중인 학생 1명이 식사를 한다.
        # 큐의 맨 앞에 있는 학생 번호를 삭제한다.
        else:
            q.popleft()

    return answer


# 입력을 받고 정답을 출력한다.
n = int(input())
A = list(list(map(int, input().split())) for _ in range(n))
B = solution(n, A)
print(B[0], B[1])
```

그렇다면 식당 입구에 줄을 서서 대기하는 학생 수의 최댓값과 이때 **맨 앞**에 대기 중인 학생 번호를 출력하려면 어떻게 할까?

q[0]을 이용하여 맨 앞에 대기 중인 학생 번호를 이용하여 정답을 갱신한다. 소스 코드로 보면 다음과 같다.

```python
def solution(A):
    if info[0] == 1:
        q.append(info[1])
        # 큐의 맨 끝에 학생 번호를 삽입하고 정답을 갱신한다.
        # 식당 입구의 맨 앞에 대기 중인 학생 번호는 q[0]이다.
        if answer[0] < len(q) or \
           (answer[0] == len(q) and answer[1] > q[0]):
            answer = [len(q), q[0]]
```

식당 메뉴

난이도 ★★☆☆   **시간제한** 1초   **메모리제한** 128MB

실습　　　준랩(1094번)
더 풀어보기　백준온라인저지(2164번, 12873번, 1966번)

여러 명의 학생이 식사하기 위하여 학교 식당을 향해 달려가고 있다. 학교 식당에 도착한 학생은 식당 입구에 줄을 서서 대기한다. 학교 식당에 먼저 도착한 학생이 나중에 도착한 학생보다 식당 입구의 앞쪽에서 대기한다. 식사는 1인분씩 준비된다. 식사 1인분이 준비되면 식당 입구의 맨 앞에서 대기 중인 학생 1명이 식당으로 들어가서 식사를 시작한다. 식사를 시작한 학생은 항상 식사를 마친다.

학교 식당에서는 두 가지 메뉴가 제공되고 각각의 학생은 두 가지 메뉴 중에서 본인이 좋아하는 메뉴를 결정한 상태다. 학생이 학교 식당에 도착하고 식사가 준비되는 n개의 정보가 저장된 S가 주어진다. S에 저장된 첫 번째 정보부터 n번째 정보까지 순서대로 처리한 경우, 본인이 좋아하는 메뉴를 먹은 학생 목록 A와 본인이 좋아하지 않는 메뉴를 먹은 학생 목록 B와 학교 식당에 도착하였으나 식사를 하지 못한 학생 목록 C를 출력하자.

S에 저장된 n개의 식당 정보는 아래 두 가지 유형으로 구분된다. 첫 번째가 유형 1, 두 번째가 유형 2다.

- 1 a b: 학생 번호가 양의 정수 a이고 좋아하는 메뉴 번호가 양의 정수 b인 학생 1명이 학교 식당에 도착하여 식당 입구의 맨 뒤에 줄을 서기 시작한다.
- 2 b: 메뉴 번호가 양의 정수 b인 식사 1인분이 준비되어 식당 입구의 맨 앞에서 대기 중인 학생 1명이 식사를 시작한다.

식사 1인분이 준비될 때는 식당 입구에서 대기 중인 학생이 항상 존재한다. 식당 입구에 줄을 서서 대기하였으나 식사가 준비 안 된 학생은 식사를 못 한다.

입력

첫 번째 줄에 n이 주어진다.

두 번째 줄부터 n개의 줄에 걸쳐 한 줄에 하나의 정보가 주어진다. 각 정보는 유형 1, 2중 하나이다.

출력

첫 번째 줄에 학생 목록 A에 있는 학생 번호를 빈칸을 사이에 두고 오름차순으로 출력한다.

두 번째 줄에 학생 목록 B에 있는 학생 번호를 빈칸을 사이에 두고 오름차순으로 출력한다.

세 번째 줄에 학생 목록 C에 있는 학생 번호를 빈칸을 사이에 두고 오름차순으로 출력한다.

학생 목록에 학생이 없는 경우 학생 번호 대신 None을 출력한다.

1 ≤ n ≤ 500,000

S에는 유형 1, 유형 2만 저장되어 있다.

1 ≤ a ≤ n, 모든 양의 정수 a의 값은 서로 다르다.

b는 1 또는 2이다.

예제 입력 1	예제 출력 1
6 1 2 1 1 1 1 2 1 1 3 2 2 2 2 2	2 3 1 None

문제해설

학생이 학교 식당에 도착하고 식사가 준비되는 n개의 정보가 주어진다. 첫 번째 정보부터 n 번째 정보까지 순서대로 처리한 경우, 본인이 좋아하는 메뉴를 먹은 학생 목록, 본인이 좋아하지 않는 메뉴를 먹은 학생 목록, 식사를 못 한 학생 목록을 출력하는 문제다.

예제 입력 1은 n = 6, A = [[1, 2, 1], [1, 1, 1], [2, 1], [1, 3, 2], [2, 2], [2, 2]]이다. 여섯 개의 정보는 [1, 2, 1], [1, 1, 1], [2, 1], [1, 3, 2], [2, 2], [2, 2]이며 각각 '1번 메뉴를 좋아하는 2번 학생이 학교 식당에 도착', '1번 메뉴를 좋아하는 1번 학생이 학교 식당에 도착', '1번 메뉴 1인분 준비됨', '2번 메뉴를 좋아하는 3번 학생이 학교 식당에 도착', '2번 메뉴 1인분 준비됨', '2번 메뉴 1인분 준비됨'을 나타낸다. 여섯 개의 정보를 첫 번째 정보부터 여섯 번째 정보까지 순서대로 처리하면 다음과 같다.

- 첫 번째 [1, 2, 1]을 처리한 후 대기 줄에는 1번 메뉴를 좋아하는 2번 학생이 있으므로 대기 줄은 '[2, 1]'가 된다. [2, 1]에서 2는 학생 번호, 1은 좋아하는 메뉴 번호를 나타낸다.

- 두 번째 [1, 1, 1]을 처리한 후 대기 줄에는 2번, 1번 학생이 있으므로 대기 줄은

'[2, 1], [1, 1]'이 된다. 대기 줄 '[2, 1], [1, 1]'는 2번 학생이 앞쪽, 1번 학생이 뒤쪽에서 대기 중임을 나타낸다.

- 세 번째 [2, 1]을 처리하면 앞쪽에서 대기 중인 2번 학생이 대기 줄을 나와서 식사를 하므로 대기 줄은 '[1, 1]'이 된다. 2번 학생이 좋아하는 메뉴는 1번이고 먹은 음식도 1번이므로 학생 목록 A에 2번 학생을 추가한다.

- 네 번째 [1, 3, 2]를 처리한 후 대기 줄에는 1번, 3번 학생이 있으므로 대기 줄은 '[1, 1], [3, 2]'가 된다. [3, 2]에서 3은 학생 번호, 2는 좋아하는 메뉴 번호를 나타낸다. 1번 학생이 앞쪽, 3번 학생이 뒤쪽에서 대기 중임을 나타낸다.

- 다섯 번째 [2, 2]에서 앞쪽에서 대기 중인 1번 학생이 대기 줄을 나와서 식사를 하므로 대기 줄은 '[3, 2]'가 된다. 1번 학생이 좋아하는 메뉴는 1번이고 먹은 음식은 2번이므로 학생 목록 B에 1번 학생을 추가한다.

- 여섯 번째 [2, 2]에서 앞쪽에서 대기 중인 3번 학생이 대기 줄을 나와서 식사를 하므로 대기 줄에는 아무도 없다. 3번 학생이 좋아하는 메뉴는 2번이고 먹은 음식도 2번이므로 학생 목록 A에 3번 학생을 추가한다.

여섯 개의 정보를 모두 처리한 후 대기 줄에는 학생이 없으므로 식사를 못 하는 학생은 없다. 따라서 학생 목록 C에는 학생이 없다. 예제 출력 1과 같이 A, B, C를 출력한다. n개의 정보를 순서대로 처리하면서 큐를 관리하고 2번 정보에 대하여 A, B, C를 갱신하는 게 핵심이며 다음과 같은 순서로 문제를 해결해 보자.

자료 구조
- 정수: n
- 문자열 배열: S
- 큐: q

알고리즘
- 배열 S에 저장된 모든 원소 s_i를 첫 번째 원소부터 마지막 원소까지 순서대로 탐색

한다.

- 현재 탐색 중인 s_i를 이용하여 정답을 구한다. 새로운 학생이 식당에 도착한 경우, 학생 번호와 좋아하는 메뉴를 q에 넣는다. 식사 1인분이 준비된 경우, q에서 학생 1명을 제거하고 학생이 좋아하는 메뉴와 준비된 메뉴를 비교하여 정답을 갱신한다.
- q에 있는 학생은 식사를 못 한 것으로 간주한다.
- 정답으로 구한 학생들을 학생 번호 기준으로 오름차순으로 정렬한다.

소스 코드 예시

```python
from collections import deque
# n, S: n개의 정보가 저장된 S
#  - 1 a b: 학생 번호가 정수 a이고 선호하는 메뉴가 정수 b인 학생 1명이
#           식당 입구에 도착한다.
#  - 2 b: 메뉴가 정수 b인 식사 1인분이 준비된다.
def solution(n, S):
    # answer: [[학생 목록 A], [학생 목록 B], [학생 목록 C]]
    answer = [[ ] for _ in range(3)]


    # 식당 입구에서 대기 중인 학생 번호를 저장하는 큐(덱)
    q = deque()


    # n개의 정보를 순서대로 처리한다.
    for info in S:
        # 학생이 식당 입구에 도착함. 식당 입구에서 대기 중인 학생이 1명 증가한다.
        # 큐의 맨 뒤에 학생 번호와 좋아하는 메뉴를 넣는다.
        if info[0] == 1:
            q.append((info[1], info[2]))
        # 식사 1인분이 준비된다.
        # 식당 입구의 맨 앞에서 대기 중인 학생 1명이 식사를 시작한다.
        # 즉, 큐의 맨 앞에 있는 학생 1명이 식사를 시작한다.
        else:
            a, b = q.popleft()
```

```python
        # a번 학생이 좋아하는 메뉴를 먹는 경우
        if b == info[1]:
            answer[0].append(a)
        # a번 학생이 좋아하지 않는 메뉴를 먹는 경우
        else:
            answer[1].append(a)

    # 식사를 못 하는 학생을 answer[2]에 넣는다.
    while len(q) > 0:
        a, b = q.popleft()
        answer[2].append(a)

    # 학생 번호 기준으로 오름차순 정렬한다.
    for i in range(3):
        answer[i].sort()
    return answer


# 입력을 받고 정답을 출력한다.
n = int(input())
S = list(list(map(int, input().split())) for _ in range(n))
T = solution(n, S)
for t in T:
    if len(t) == 0:
        print('None')
    else:
        for x in t:
            print(x, end=' ')
        print()
```

TIP 사전 자료 구조에 대해 더 알아보자

사전 자료 구조의 (key, value) 쌍에 (문자열, 숫자) 이외에도 다른 자료형을 지정할 수 있다.
예를 들어, (숫자, 문자열), (문자열, 문자열), (문자열, 배열) 등을 지정하여 사용할 수 있다.

</> 배열

1. 배열은 여러 개의 데이터를 하나의 변수 이름으로 모아 놓은 데이터의 집합이다.

2. 배열은 주로 숫자를 모아서 처리할 때 사용된다.

3. 1차원 배열은 하나의 행으로 구성된다. 배열의 크기가 n이면 0~n-1을 인덱스로 하여 배열 원소에 접근할 수 있다.

4. 2차원 배열은 두 개 이상의 행으로 구성된다. 행 번호와 열 번호로 배열 원소에 접근할 수 있다.

5. 반복문을 이용하여 1차원 배열의 모든 원소를 탐색하거나 변경할 수 있다.

6. 중첩 반복문을 이용하여 2차원 배열의 모든 원소를 탐색하거나 변경할 수 있다.

</> 문자열

1. 문자열은 문자, 단어 등으로 구성된 문자들의 집합이다.

2. 문자열은 주로 알파벳이나 숫자와 같은 아스키 문자를 모아서 처리할 때 사용된다.

3. 문자열은 하나의 행으로 구성된 1차원 배열과 유사하게 문자들을 하나의 행에 나열한 형태이다. 문자열 크기가 n이면 0~n-1을 인덱스로 하여 각 문자에 접근할 수 있다.

4. 파이썬의 문자열 슬라이싱을 이용하여 짝수 번째 또는 홀수 번째 문자만 탐색할 수 있다.

5. islower(), isupper() 함수로 문자열의 소문자와 대문자만 탐색할 수 있다.

6. upper(), lower() 함수로 문자열의 소문자를 대문자로, 대문자를 소문자로 변환할 수 있다.

7. replace() 함수로 old 문자를 new 문자로 치환할 수 있다.

</> 딕셔너리

1. 사전은 데이터를 {키(key): 값(value)} 형식으로 저장하는 자료 구조이다.

2. 사전은 주로 문자열과 숫자를 한 쌍으로 처리할 때 사용한다.

3. 반복문으로 탐색 된 배열 원소를 이용하여 사전을 만들 수 있다.

4. 공백으로 구분된 문자열을 반복문으로 탐색하면서 사전을 만들 수 있다.

5. items() 함수를 이용하여 사전 자료 구조를 배열로 변환하고, sort() 함수를 이용하여 배열을 정렬할 수 있다.

6. 반복문과 문자열 슬라이싱을 이용하여 문자열의 접두사를 탐색할 수 있다.

</> 큐

1. 큐는 가장 먼저 넣은 데이터를 가장 먼저 꺼낼 수 있는 선입선출(First-In, First-Out) 구조를 가진 자료 구조다.

2. 큐는 주로 데이터를 추가, 삭제하는 상황에서 먼저 추가된 데이터를 먼저 삭제할 때 사용한다.

3. 덱의 append(), popleft() 함수를 이용하여 큐를 구현할 수 있다.

4. 덱의 append()는 큐의 맨 끝에 데이터를 삽입한다.

5. 덱의 popleft()는 큐의 맨 앞에 있는 데이터를 삭제한다.

6. [학생 번호, 좋아하는 메뉴]와 같이 여러 데이터를 1차원 배열 형태로 하여 큐에 삽입할 수 있다.

Chapter 3

구현

문제를 이해하고 문제에서 제시된 **시나리오**를 파이썬 문법과 라이브러리를 이용하여 구현하자. **배열**과 **문자열** 자료구조를 이용하는 문제를 해결함으로써, 코딩테스트의 기본 문제와 어려운 문제를 풀기 위한 기초 구현에 대비하자.

① 배열 주어진 시나리오를 배열로 구현하기

문제에 주어진 시나리오를 이해하고 자료 구조를 이용하여 시나리오를 소스 코드로 바꾸는 문제를 구현 문제로 볼 수 있다. 즉, 머릿속에 있는 알고리즘을 소스 코드로 바꾸는 과정으로 볼 수 있다. 풀이를 떠올리는 것은 어렵지 않지만 소스 코드로 옮기기 위해서는 프로그래밍 연습이 필요하다. 문제에 주어진 시나리오를 소스 코드로 바꾸기 위해 프로그래밍 언어의 문법을 정확히 알고 있어야 하고 라이브러리도 잘 사용해야 한다. 파이썬의 경우 자료형의 표현 범위 제한에 대해 깊게 생각하지 않고 프로그래밍할 수 있는 장점이 있다.

코딩테스트에서는 구현이 중심이 되는 문제가 자주 출제된다. 또한, 기본 문제가 구현 문제로 나오거나 어려운 문제를 풀기 위해 구현이 필요한 경우도 있다. 구현 문제 유형은 모든 범위의 코딩테스트 문제 유형을 포함하는 개념이다. 알고리즘은 간단한데 코드가 지나칠 만큼 길어지는 문제도 있다. 이런 문제는 함수를 이용하여 코드를 짧게 짜면 좋다. 알고리즘 문제를 풀 때는 시간제한과 데이터의 개수를 먼저 확인한 뒤, 이 문제를 어느 정도의 시간복잡도의 알고리즘으로 작성해야 풀 수 있을 것인지 예측하는 것이 중요하다. 대체로 구현 문제는 이러한 시간복잡도 고려 없이 주어진 시나리오를 프로그래밍할 수 있는 경우가 많다. 하지만 입력의 크기가 커져서 성능 최적화가 필요하여 난이도가 올라가는 경우도 있다. 이 경우에 대해서는 더 알아보기에 최적화 내용을 추가했다. 대체로 사소한 조건 설정이 많은 문제일수록 코드로 구현하기가 까다롭다. 어떻게 풀면 될지 대략 감은 오는데, 막상 코드로 옮기려니 무엇부터 작성해야 할지 모를 수 있기 때문에 구현 문제를 만나면 당황할 수 있다. 또한 프로그래밍 문법을 정확하게 숙지하지 못했거나, 라이브러리 사용 경험이 부족하면 구현 유형의 문제를 풀 때 불리하다.

다음 [실력 확인하기]의 문제를 통해 배열과 관련된 문제를 준랩을 통해 풀어보자. 제시된 문제들로 부족할 때는 '백준온라인저지'에서 엄선한 유사 문제를 제공하고 있으니 참고하도록 한다.

실력 확인하기

난이도 ★☆☆☆   시간제한 1초   메모리제한 128MB

실습	준랩(1095번)
더 풀어보기	백준온라인저지(10818번, 2562번)

크기 n인 정수형 배열 A가 주어진다. 배열 A의 원소는 A[0], A[1], ···, A[n−1]이다. 배열 A에는 같은 값을 갖는 원소가 여러 개 존재할 수 있다. 배열 A에 대한 m개의 질의가 저장된 배열 B가 주어진다. 배열 B에 저장된 m개의 질의는 아래와 같은 유형이다.

– k : 배열 A의 원소 중 k보다 크거나 같은 원소의 개수를 출력한다.

배열 B에 저장된 첫 번째 질의부터 m번째 질의까지 순서대로 처리하면서 질의 결과를 출력하자.

입력

첫 번째 줄에 n과 m이 공백을 사이에 두고 순서대로 주어진다.

두 번째 줄에 배열 A의 원소 A[0], A[1], ···, A[n−1]이 공백을 사이에 두고 순서대로 주어진다.

세 번째 줄부터 m개의 줄에 걸쳐 m개의 질의 B가 순서대로 주어진다. 한 줄에 하나의 질의를 나타내는 정수 k가 주어진다.

출력

첫 번째 줄부터 질의 결과를 순서대로 한 줄씩 출력한다.

제한 사항

$1 \leq n, m \leq 1,000$

$1 \leq A[i] \leq 10^{18} \ (0 \leq i \leq n-1)$

$1 \leq k \leq 10^{18}$

예제 입력 1

```
8 5
1 3 5 7 9 11 13 15
2
4
6
8
20
```

예제 출력 1

```
7
6
5
4
0
```

문제해설

크기 n인 정수형 배열 A, m개의 질의가 저장된 배열 B가 주어진다. 하나의 질의를 나타내는 정수 k가 주어지면, 배열 A의 원소 중에서 k보다 크거나 같은 원소의 개수를 출력하는 문제다.

예제 입력 1은 n = 8, m = 5, A = [1, 3, 5, 7, 9, 11, 13, 15], B = [2, 4, 6, 8, 20]이다. 첫 번째 질의 k = 2는 배열 A의 원소 중에서 2보다 크거나 같은 원소의 개수를 출력하면 된다. A[1], A[2], A[3], A[4], A[5], A[6], A[7]이 2보다 크거나 같으므로 배열 A의 원소 중에서 2보다 크거나 같은 원소의 개수는 7이다.

첫 번째 질의에 대한 정답은 7이다.

두 번째 질의 k = 4는 A[2] ~ A[7]이 4보다 크거나 같으므로 정답은 6이다.

세 번째 질의 k = 6은 A[3] ~ A[7]이 6보다 크거나 같으므로 정답은 5이다.

네 번째 질의 k = 8은 A[4] ~ A[7]이 8보다 크거나 같으므로 정답은 4이다.

다섯 번째 질의 k = 20은 배열 A의 원소 중 20보다 크거나 같은 원소는 없으므로 정답은 0이다.

각각의 질의에 대해 1차원 배열의 모든 원소를 순서대로 탐색하면서 원소값을 비교하는 게 핵심이며 다음과 같은 순서로 문제를 해결해 보자.

자료 구조

- 정수: n, m
- 정수형 배열: A, B

알고리즘

- 배열 B에 있는 질의 k_i를 첫 번째 질의부터 m번째 질의까지 순서대로 탐색한다.
- 현재 탐색 중인 k_i에 대해, 배열 A에서 원소의 값이 k_i보다 크거나 같은 원소의 개수를 구한다. 배열 A의 모든 원소 a_i를 탐색하면서 k_i보다 크거나 같은 a_i의 개수를 구하면 된다.

소스 코드 예시

```
# n, A: n개의 정수가 저장된 1차원 배열 A
# m, B: m개의 질의가 저장된 1차원 배열 B
# m개의 질의 처리 결과를 순서대로 저장하여 배열 형태로 반환한다.
def solution(n, m, A, B):
    # m개의 질의를 순서대로 처리한다. 현재 질의 정보는 k에 저장된다.
    # answer: m개의 질의 결과를 순서대로 저장하는 배열
    answer = []
    for k in B:
        # 배열 A의 첫 번째 원소부터 마지막 원소까지 순서대로 탐색하면서
        # 배열 A에서 k보다 크거나 같은 원소의 개수를 변수 cnt에 저장한다.
        cnt = 0
        for a in A:
            if a >= k:
                cnt += 1

        # cnt에 저장된 값을 answer의 끝에 추가한다.
        answer.append(cnt)

    return answer

# 입력을 받고 정답을 출력한다.
n, m = map(int, input().split())
A = list(map(int, input().split()))
B = list(int(input()) for _ in range(m))
C = solution(n, m, A, B)
for c in C:
    print(c)
```

더 생각하기

n과 m의 최댓값이 100,000이면 위에 작성한 코드가 정상 동작할까?
위에서 작성한 코드의 시간복잡도는 $O(n*m)$이다. n=100,000, m=100,0000이면 $O(n*m)$은 10^{10}번의 연산이 필요하고, 10^8번의 연산에 1초가 소요된다고 가정하면 100초 정도의 시간이 소요되어 시간 초과가 발생한다. 5장의 이진 탐색에서 시간 초과가 발생하지 않는 솔루션을 공부해 보자.

3-1-2 단일 항목 선호도 조사

난이도 ★☆☆☆　**시간제한** 1초　**메모리제한** 128MB

실습　　준랩(1096번)

n명의 학생에게 아래와 같이 좋아하는 과목에 대한 선호도를 조사하였다.

– 좋아하는 과목(subject)에 'kor', 'eng', 'math' 중 하나를 선택

n명의 학생이 선택한 선호도 조사 결과에 대해 m개의 질의를 순서대로 처리하자. 하나의 질의는 다음과 같다.

– subject : subject이 'kor', 'eng', 'math'중 하나이면 해당 과목을 선택한 학생 수를 출력한다. subject이 '–'인 경우에는 좋아하는 과목을 고려하지 않겠다는 의미가 된다. 즉, 좋아하는 과목이 'kor'이거나 'eng'이거나 'math'인 학생 수를 출력한다.

입력

첫 번째 줄에 n과 m이 공백을 사이에 두고 순서대로 주어진다.
두 번째 줄에 n명 학생의 선호도 조사 결과가 빈칸을 사이에 두고 순서대로 주어진다.
세 번째 줄부터 m개의 줄에 걸쳐서 m개의 질의가 순서대로 주어진다. 한 줄에 하나의 질의가 주어진다.

출력

첫 번째 줄부터 m개의 줄에 걸쳐 질의 결과를 순서대로 출력한다. 한 줄에 하나의 질의 결과를 출력한다.

제한 사항

$1 \leq n \leq 1,000$

$1 \leq m \leq 4$

예제 입력 1

```
5 4
kor kor eng eng math
kor
eng
math
–
```

예제 출력 1

```
2
2
1
5
```

문제해설

n명 학생의 선호도가 저장된 1차원 배열 A와 m개의 질의가 저장된 1차원 배열 B가 주어진다. 하나의 질의는 선호하는 과목을 나타내는 문자열 subject로 구성된다. 각각의 질의에 대해 주어진 subject를 선호하는 학생 수를 출력하면 된다. subject가 '−'이면 모든 학생 수를 출력한다.

예제 입력 1은 n = 5, m = 4, A = ['kor', 'kor', 'eng', 'eng', 'math'], B = ['kor', 'eng', 'math', '−']이다. B에 주어진 질의를 첫 번째 질의부터 네 번째 질의까지 순서대로 처리한다.

첫 번째 질의는 선호하는 과목이 'kor'인 학생 수를 출력하면 된다. 배열 A에서 값이 'kor'과 일치하는 원소는 A[0], A[1] 두 개다. 따라서 첫 번째 질의에 대한 정답은 2이다.

두 번째 질의는 선호하는 과목이 'eng'인 학생 수를 출력하면 된다. 배열 A에서 값이 'eng'와 일치하는 원소는 A[2], A[3] 두 개다. 따라서 두 번째 질의에 대한 정답은 2이다.

세 번째 질의는 선호하는 과목이 'math'인 학생 수를 출력하면 된다. 배열 A에서 값이 'math'와 일치하는 원소는 A[4] 한 개다. 따라서 세 번째 질의에 대한 정답은 1이다.

네 번째 질의는 선호하는 과목이 '−' 이므로 모든 학생 수를 출력하면 된다. 따라서 네 번째 질의 정답은 5(=n)이다.

각각의 질의에 대해 1차원 배열의 모든 원소를 순서대로 탐색하면서 원소값을 비교하는 게 핵심이며 다음과 같은 순서로 문제를 해결해 보자.

자료 구조

- 정수: n, m
- 문자열 배열: A(학생의 선호도 저장), B(질의 저장)

알고리즘

- 배열 B에 저장된 질의 b_i를 첫 번째 질의부터 m번째 질의까지 순서대로 탐색한다.
- 현재 탐색 중인 b_i에 대해, b_i와 일치하는 배열 A의 원소 개수를 구한다. 배열 A의 모든 원소 a_j를 탐색하면서 b_i와 일치하는 a_j의 개수를 구하면 된다.

소스 코드 예시

```python
# n, A: n명 학생의 선호도 조사 결과가 저장된 1차원 배열 A
# m, B: m개의 질의가 저장된 1차원 배열 B
def solution(n, m, A, B):
    # 배열 B에 저장된 m개의 질의를 순서대로 처리한다.
    answer = []
    for subject in B:
        # subject이 '-'인 경우 전체 학생 수 n을 answer에 넣는다.
        if subject == '-':
            answer.append(n)
        # subject을 선택한 학생 수를 구하여 answer에 넣는다.
        else:
            cnt = 0
            for a in A:
                if a == subject:
                    cnt += 1
            answer.append(cnt)

    return answer


# 입력을 받고 정답을 출력한다.
n, m = map(int, input().split())
A = list(input().split())
B = list(input() for _ in range(m))
C = solution(n, m, A, B)
for c in C:
    print(c)
```

한 번에 사과를 먹자

난이도 ★★☆☆ 시간제한 1초 메모리제한 128MB

실습 준랩(1097번)

5x5 크기의 보드가 주어진다. 보드는 1x1 크기의 정사각형 격자로 이루어져 있다. 보드의 격자는 사과가 1개 있는 격자, 장애물이 있는 격자, 빈칸으로 되어 있는 격자로 구분된다. 격자의 위치는 (r, c)로 표시한다. r은 행 번호, c는 열 번호를 나타낸다. 행 번호는 맨 위 위치가 0이고 아래 방향으로 1씩 증가한다. 열 번호는 맨 왼쪽 위치가 0이고 오른쪽 방향으로 1씩 증가한다. 즉, 맨 왼쪽 위 위치가 (0, 0), 맨 아래 오른쪽 위치가 (4, 4)이다.

현재 한 명의 학생이 (r, c) 위치에 있고, 한 번의 이동으로 상, 하, 좌, 우 방향 중에서 한 가지 방향으로 한 칸 이동할 수 있다. 사과가 있는 칸으로 이동하면 해당 칸에 있는 사과를 1개 먹는다. 장애물이 있는 칸으로는 이동할 수 없다. 학생이 한 번의 이동으로 사과를 먹을 수 있으면 1, 먹을 수 없으면 0을 출력하자.

입력

첫 번째 줄부터 다섯 개의 줄에 걸쳐 보드의 정보가 순서대로 주어진다. i번째 줄의 j번째 숫자는 보드의 (i − 1) 번째 행 (j − 1) 번째 열의 정보를 나타낸다. 보드의 정보가 1이면 해당 칸은 사과가 1개 있는 격자, 0이면 빈칸이 있는 격자, −1이면 장애물이 있는 격자임을 나타낸다.

다음 줄에 학생의 현재 위치 r, c가 공백을 사이에 두고 순서대로 주어진다.

출력

첫 번째 줄에 학생이 한 번의 이동으로 사과를 먹을 수 있으면 1을 출력하고 먹을 수 없으면 0을 출력한다.

제한 사항

$0 \leq r, c \leq 4$

학생의 현재 위치 (r, c)는 빈칸이다.

예제 입력 1

```
0 0 1 0 0
0 0 -1 0 0
0 0 1 0 0
1 1 -1 1 0
0 0 0 -1 0
0 1
```

예제 출력 1

```
1
```

예제 입력 2	예제 출력 2
0 0 1 0 0 0 0 -1 0 0 0 0 1 0 0 1 1 -1 1 0 0 0 0 -1 0 1 1	0

문제해설

5×5 크기의 보드 정보가 저장된 2차원 배열 board, 학생의 현재 위치 (r, c)가 주어진다. board의 격자는 사과가 1개 있는 격자, 장애물이 있는 격자, 빈칸으로 되어 있는 격자로 구분된다. 학생이 현재 위치 (r, c)에서 한 번의 이동으로 사과를 먹을 수 있으면 1을 출력하고, 먹을 수 없으면 0을 출력하는 문제다.

예제 입력 1은 board = [[0, 0, 1, 0, 0], [0, 0, -1, 0, 0], [0, 0, 1, 0, 0], [1, 1, -1, 1, 0], [0, 0, 0, -1, 0]], (r, c) = (0, 1)이다. 학생의 현재 위치 (0, 1)에서 위쪽으로 이동하면 위치가 (-1, 1)이 되어 board를 벗어나게 되어 이동할 수 없다. 학생의 현재 위치 (0, 1)에서 아래쪽으로 이동하면 위치가 (1, 1)이 되고 board[1][1]은 빈칸이므로 사과를 먹을 수 없다. 학생의 현재 위치 (0, 1)에서 왼쪽으로 이동하면 위치가 (0, 0)이 되고 board[0][0]은 빈칸이므로 사과를 먹을 수 없다. 학생의 현재 위치 (0, 1)에서 오른쪽으로 이동하면 위치가 (0, 2)가 되고 board[0][2]는 사과가 있는 칸이므로 사과를 먹을 수 있다. 오른쪽으로 이동하면 사과를 먹을 수 있기 때문에 정답은 1이다.

예제 입력 2는 board = [[0, 0, 1, 0, 0], [0, 0, -1, 0, 0], [0, 0, 1, 0, 0], [1, 1, -1, 1, 0], [0, 0, 0, -1, 0]], (r, c) = (1, 1)이다. 학생의 현재 위치 (1, 1)에서 위쪽으로 이동하면 위치가 (0, 1)이 되고 board[0][1]은 빈칸이므로 사과를 먹을 수 없다. 학생의 현재 위치 (1, 1)에서 아래쪽으로 이동하면 위치가 (2, 1)이 되고 board[2][1]은 빈칸이므로 사과를 먹을 수 없다. 학생의 현재 위치 (1, 1)에서 왼쪽으로 이동하면 위치가 (1, 0)이 되고 board[1][0]은 빈칸이므로 사과를 먹을 수 없다. 학생의 현재 위치 (1, 1)에서 오른쪽으로 이동하면 위치가 (1, 2)가 되고 board[1][2]에는 장애물이 있으므로 이동할 수 없다. 한 번의 상, 하, 좌, 우 이동으로 사과를 먹을 수 없기 때문에 정답은 0이다.

2차원 배열에서 상, 하, 좌, 우 이동을 구현하는 게 핵심이며 다음과 같은 순서로 문제를 해결해 보자.

자료 구조

- 정수형 배열: board(보드 정보), aloc(학생의 현재 위치), dd(상하좌우 이동 시 (행, 열) 변화량)

알고리즘

- 배열 dd의 모든 방향 d_i를 순서대로 탐색한다.
- 현재 탐색 중인 d_i에 대해, 학생의 다음 위치에 사과가 있는지 확인한다. 학생의 다음 위치는 현재 위치 aloc에 현재 방향 d_i의 (행, 열) 변화량을 더하면 된다.

소스 코드 예시

```python
# board: 5x5 크기의 보드 정보를 나타내는 2차원 배열
# aloc: 학생의 현재 위치(행 번호, 열 번호)를 나타내는 1차원 배열
# 학생이 한 번의 이동으로 사과를 먹을 수 있으면 1을, 먹을 수 없으면 0을 반환한다.
def solution(board, aloc):
    # dd: 상, 하, 좌, 우 이동 시 (행, 열) 변화량
    dd = [[-1, 0], [1, 0], [0, -1], [0, 1]]

    # 상, 하, 좌, 우 방향으로 시도해본다.
    for dr, dc in dd:
        # (r, c): 다음 이동 위치
        # (r, c) 위치에 사과가 있는 경우 1을 반환한다.
        r, c = aloc[0] + dr, aloc[1] + dc
        if in_range(r, c) and board[r][c] == 1:
            return 1
```

```
        # 한 번의 상, 하, 좌, 우 이동으로 사과를 먹을 수 없다.
        return 0


# (r, c)가 board 안에 위치하면 True, 아니면 False를 반환한다.
def in_range(r, c):
    return 0 <= r <= 4 and 0 <= c <= 4


# board와 aloc 정보를 입력받고 정답을 출력한다.
board = list(list(map(int, input().split())) for _ in range(5))
aloc = list(map(int, input().split()))
print(solution(board, aloc))
```


> ### 더 생각하기
>
> 그렇다면 상, 하, 좌, 우 방향으로 **세 번 이하로 이동하여 사과를 두 개 이상 먹을 수 있는지** 확인할
> 수 있을까?
> 위에서는 상, 하, 좌, 우 방향으로 한 번 이동하는 경우를 구현했다. 반복문을 이용하여 세 번 이동하는
> 모든 경우를 구현할 수 있다. 4장 1절 완전 탐색의 '세 번 이내에 사과를 먹자'에서 확인해 보자.

배열 다중 업데이트 다중 합(Small)

난이도 ★★☆☆   시간제한 1초   메모리제한 128MB

실습   준랩(1098번)

크기가 n인 정수형 배열 A가 주어진다. 배열 A의 원소는 A[0], A[1], …, A[n-1]이다. 배열 A의 모든 원소의 초깃값은 입력으로 주어진다. 배열 A에 대한 m개의 질의가 저장된 배열 B가 주어진다. 배열 B에 저장된 m개의 질의는 아래 두 가지 유형으로 구분된다. 첫 번째가 유형 1을 나타내고 두 번째가 유형 2를 나타낸다.

– 1 i j k : 배열 A의 i번 원소 A[i]부터 j번 원소 A[j]까지에 k를 더한다.
– 2 i j : 배열 A의 i번 원소 A[i]부터 j번 원소 A[j]까지의 합을 출력한다.

배열 B에 저장된 첫 번째 질의부터 m번째 질의까지 순서대로 처리하면서 유형 2에 대한 결과를 출력하자.

입력

첫 번째 줄에 n과 m이 공백을 사이에 두고 순서대로 주어진다.
두 번째 줄에 배열 A의 원소가 공백을 사이에 두고 순서대로 주어진다. i번째 수는 배열 A의 i – 1번 원소 A[i-1]을 나타낸다.
다음 줄부터 m개의 줄에 걸쳐서 배열 B에 저장된 m개의 질의가 순서대로 주어진다. 한 줄에 하나의 질의를 나타내는 정수가 공백을 사이에 두고 순서대로 주어진다.

출력

첫 번째 줄부터 유형 2의 질의 결과를 순서대로 한 줄씩 출력한다.

제한 사항

$1 \le n, m \le 10{,}000$
$1 \le ai \le 1{,}000{,}000$ $(0 \le i \le n - 1)$
배열 B에 저장된 질의는 유형 1과 유형 2만 존재한다.
배열 B에는 유형 2의 질의가 1개 이상 저장되어 있다.
$0 \le i \le j \le n - 1$
$1 \le k \le 10{,}000$

예제 입력 1	예제 출력 1
8 5 1 1 1 1 1 1 1 1 2 1 3 1 0 4 1 2 1 3 1 2 2 1 2 1 3	3 6 7

질의 처리 결과

두 번째 질의 처리 결과	2 2 2 2 2 1 1 1
네 번째 질의 처리 결과	2 2 3 2 2 1 1 1

문제해설

n개의 정수가 저장된 1차원 배열 A와 m개의 질의가 저장된 배열 B가 주어진다. 배열 B에 저장된 m개의 질의를 첫 번째 질의부터 m번째 질의까지 순서대로 처리하면서 유형 2의 질의 결과를 순서대로 출력하는 문제다.

예제 입력 1은 n=8, A=[1, 1, 1, 1, 1, 1, 1, 1], m=5, B=[[2, 1, 3], [1, 0, 4, 1], [2, 1, 3], [1, 2, 2, 1], [2, 1, 3]]이다.

첫 번째 질의 [2, 1, 3]은 유형 2이고 A[1]부터 A[3]까지 합을 출력한다. A[1]=1, A[2]=1, A[3]=1이므로 1+1+1=3을 출력한다.

두 번째 질의 [1, 0, 4, 1]은 유형 1이고 A[0]부터 A[4]까지 원소에 1씩 더한다. 현재 A=[1, 1, 1, 1, 1, 1, 1, 1]의 A[0]부터 A[4]까지 원소에 1씩 더하면 A=[2, 2, 2, 2, 2, 1, 1, 1]이 된다.

세 번째 질의 [2, 1, 3]은 유형 2이고 A[1]부터 A[3]까지 합을 출력한다. A[1]=2, A[2]=2, A[3]=2이므로 2+2+2=6을 출력한다.

네 번째 질의 [1, 2, 2, 1]은 유형 1이고 A[2]부터 A[2]까지 원소에 1씩 더한다. 현재 A=[2, 2, 2, 2, 2, 1, 1, 1]의 A[2]부터 A[2]까지 원소에 1씩 더하면 A=[2, 2, 3, 2, 2, 1, 1, 1]이 된다.

다섯 번째 질의 [2, 1, 3]은 유형 2이고 A[1]부터 A[3]까지 합을 출력한다. A[1]=2,

A[2]＝3, A[3]＝2이므로 2＋3＋2＝7을 출력한다.

1차원 배열의 원소를 순서대로 탐색하면서 배열 구간을 갱신하고 합계를 계산하는 게 핵심이며 다음과 같은 순서로 문제를 해결해 보자.

자료 구조

- 정수: n, m
- 정수형 배열: A(n개의 정수가 저장됨), B(m개의 질의가 저장됨)

알고리즘

- 배열 B의 모든 원소 b_i를 첫 번째 원소부터 m번째 원소까지 순서대로 탐색한다.
- 현재 탐색 중인 b_i에 대해, 질의 b_i를 처리한다.
- 질의 b_i가 유형 1이면, 배열 A의 A[i] 원소부터 A[j] 원소까지 탐색하면서 값을 k만 큼 증가시킨다.
- 질의 b_i가 유형 2이면, 배열 A의 A[i] 원소부터 A[j] 원소까지 탐색하면서 합을 구하 고 출력한다.

소스 코드 예시

```
# n, A: n개의 정수가 저장된 1차원 배열 A
# m, B: m개의 질의(질의 유형: 1, 2)가 저장된 배열 B
# 유형 2의 질의 결과를 순서대로 한 줄씩 출력한다.
def solution(n, m, A, B):
    # 배열 B에 저장된 m개의 질의를 순서대로 처리한다.
    for b in B:
        # 유형 1 질의
        if b[0] == 1:
            do_add_query(A, b[1], b[2], b[3])
        # 유형 2 질의
        else:
```

```
        print(sum(A[b[1]:b[2] + 1]))
```

```
# 배열 A의 i부터 j까지의 원소에 k를 더한다.
def do_add_query(A, i, j, k):
    for p in range(i, j + 1):
        A[p] += k
```

```
# 입력을 받고 정답을 출력한다.
n, m = map(int, input().split())
A = list(map(int, input().split()))
B = list(list(map(int, input().split())) for _ in range(m))
solution(n, m, A, B)
```

더 생각하기

n과 m의 최댓값이 100,000으로 큰 경우는 어떻게 할까?
하나의 질의를 처리하는 데 배열 A에 대한 접근이 최대 n번 필요하므로 m개의 질의를 처리하는데 배열 A에 대한 접근이 최대 n*m번 필요하다. n과 m이 100,0000이면, n*m = 100억으로 100초가 소요되어(가정: 1억 번의 연산이 1초가 소요됨) 시간 초과가 발생한다. 누적 합을 이용하여 질의 유형 1을 빠르게 처리하여 n개의 질의 유형 1과 뒤쪽에 주어지는 질의 유형 2를 1초 이내에 해결하는 방법을 5-1-2, 5-1-3번 문제에서 알아보자.

2차원 배열 다중 업데이트 다중 합(Small)

난이도 ★★☆☆   **시간제한** 1초   **메모리제한** 128MB

실습   준랩(1099번)

크기가 nxn인 정수형 2차원 배열 A가 주어진다. 배열 A의 원소는 A[0][0], A[0][1], …, A[n−1][n−1]이다. 배열 A의 모든 원소의 초깃값은 입력으로 주어진다. 배열 A에 대한 m개의 질의가 저장된 배열 B가 주어진다. 배열 B에 저장된 m개의 질의는 아래 두 가지 유형으로 구분된다. 첫 번째가 유형 1을 나타내고 두 번째가 유형 2를 나타낸다.

− 1 i1 j1 i2 j2 k : 행 번호 i가 i1 ≤ i ≤ i2이고, 열 번호 j가 j1 ≤ j ≤ j2인 A[i][j]에 k를 더한다.
− 2 i1 j1 i2 j2 : 행 번호 i가 i1 ≤ i ≤ i2이고, 열 번호 j가 j1 ≤ j ≤ j2인 A[i][j]의 합을 출력한다.

배열 B에 저장된 첫 번째 질의부터 m번째 질의까지 순서대로 처리하면서 유형 2에 대한 결과를 출력하자.

입력

첫 번째 줄에 n과 m이 공백을 사이에 두고 순서대로 주어진다.

다음 줄부터 n개의 줄에 배열 A의 원소가 주어진다. i번째 줄의 j번째 수는 배열 A의 (i−1) 번째 행 (j−1) 번째 열의 원소 A[i−1][j−1]을 나타낸다.

다음 줄부터 m개의 줄에 걸쳐서 배열 B에 저장된 m개의 질의가 순서대로 주어진다. 한 줄에 하나의 질의를 나타내는 수가 공백을 사이에 두고 순서대로 주어진다.

출력

첫 번째 줄부터 유형 2의 질의 결과를 순서대로 출력한다. 한 줄에 하나의 질의 결과를 출력한다.

제한 사항

1 ≤ n ≤ 100, 1 ≤ m ≤ 10,000
1 ≤ A[i][j] ≤ 1,000,000 (0 ≤ i, j ≤ n − 1)
배열 B에 저장된 질의는 유형 1과 유형 2만 존재한다.
배열 B에는 유형 2의 질의가 1개 이상 저장되어 있다.
0 ≤ i1 ≤ i2 ≤ n − 1
0 ≤ j1 ≤ j2 ≤ n − 1
1 ≤ k ≤ 10,000

예제 입력 1

```
4 5
1 1 1 1
1 1 1 1
1 1 1 1
1 1 1 1
1 0 0 1 1 1
2 0 0 1 1
1 0 0 2 2 2
2 0 0 2 2
2 1 1 2 3
```

예제 출력 1

```
8
31
15
```

질의 처리 결과

```
첫 번째 질의 처리 결과
2 2 1 1
2 2 1 1
1 1 1 1
1 1 1 1

세 번째 질의 처리 결과
4 4 3 1
4 4 3 1
3 3 3 1
1 1 1 1
```

문제해설

크기가 n×n인 정수형 2차원 배열 A와 m개의 질의가 저장된 배열 B가 주어진다. 배열 B에 저장된 m개의 질의를 첫 번째 질의부터 m번째 질의까지 순서대로 처리하면서 유형 2의 질의 결과를 순서대로 출력하는 문제다.

예제 입력 1은 n=4, A=[[1, 1, 1, 1], [1, 1, 1, 1], [1, 1, 1, 1], [1, 1, 1, 1]], m=5, B=[[1, 0, 0, 1, 1, 1], [2, 0, 0, 1, 1], [1, 0, 0, 2, 2, 2], [2, 0, 0, 2, 2], [2, 1, 1, 2, 3]]이다.

첫 번째 질의 [1, 0, 0, 1, 1, 1]은 유형 1이고 A[0][0], A[0][1], A[1][0], A[1][1]에 1씩 더한다. 현재 A=[[1, 1, 1, 1], [1, 1, 1, 1], [1, 1, 1, 1], [1, 1, 1, 1]]의 A[0][0], A[0][1], A[1][0], A[1][1]에 1씩 더하면 A=[[2, 2, 1, 1], [2, 2, 1, 1], [1, 1, 1, 1], [1, 1, 1,

1]]이 된다.

두 번째 질의 [2, 0, 0, 1, 1]는 유형 2이고 A[0][0] + A[0][1] + A[1][0] + A[1][1] = 2 + 2 + 2 + 2 = 8을 출력하면 된다.

세 번째 질의 [1, 0, 0, 2, 2, 2]는 유형 1이고 A[0][0], A[0][1], A[0][2], A[1][0], A[1][1], A[1][2], A[2][0], A[2][1], A[2][2]에 2씩 더한다. 현재 A = [[2, 2, 1, 1], [2, 2, 1, 1], [1, 1, 1, 1], [1, 1, 1, 1]]에 질의를 반영하면 A = [[4, 4, 3, 1], [4, 4, 3, 1], [3, 3, 3, 1], [1, 1, 1, 1]]이 된다.

네 번째 질의 [2, 0, 0, 2, 2]는 유형 2이고 A[0][0] + A[0][1] + A[0][2] + A[1][0] + A[1][1] + A[1][2] + A[2][0] + A[2][1] + A[2][2] = 4 + 4 + 3 + 4 + 4 + 3 + 3 + 3 + 3 = 31을 출력하면 된다.

다섯 번째 질의 [2, 1, 1, 2, 3]은 유형 2이고 A[1][1] + A[1][2] + A[1][3] + A[2][1] + A[2][2] + A[2][3] = 4 + 3 + 1 + 3 + 3 + 1 = 15를 출력하면 된다.

2차원 배열의 원소를 순서대로 탐색하면서 배열 구간을 갱신하고 합계를 계산하는 게 핵심이며 다음과 같은 순서로 문제를 해결해 보자.

자료 구조

- 정수: n, m
- 정수형 배열: A(n × n개의 정수가 저장됨), B(m개의 질의가 저장됨)

알고리즘

- 배열 B의 모든 원소 b_i를 첫 번째 원소부터 m번째 원소까지 순서대로 탐색한다.
- 현재 탐색 중인 b_i에 대해, 질의 b_i를 처리한다.
- 질의 b_i가 유형 1이면, 배열 A의 행 번호 i를 i1부터 i2까지, 열 번호 j를 j1부터 j2까지 증가시키면서 A[i][j] 원소의 값을 k만큼 증가시킨다.
- 질의 b_i가 유형 2이면, 배열 A의 행 번호 i를 i1부터 i2까지, 열 번호 j를 j1부터 j2까지 증가시키면서 A[i][j] 원소의 합을 구하고 출력한다.

소스 코드 예시

```python
# n, A: 크기가 n×n인 정수형 2차원 배열 A
# m, B: m개의 질의(질의 유형: 1, 2)가 저장된 배열 B
# 유형 2의 질의 결과를 순서대로 한 줄씩 출력한다.
def solution(n, m, A, B):
    # 배열 B에 저장된 m개의 질의를 순서대로 처리한다.
    for b in B:
        if b[0] == 1:
            do_add_query(A, b[1], b[2], b[3], b[4], b[5])
        else:
            print(get_sum(A, b[1], b[2], b[3], b[4]))


# 행 번호 i1 ~ i2, 열 번호 j1 ~ j2에 대해 배열 A의 원소에 k를 더한다.
def do_add_query(A, i1, j1, i2, j2, k):
    for i in range(i1, i2 + 1):
        for j in range(j1, j2 + 1):
            A[i][j] += k


# 행 번호 i1 ~ i2, 열 번호 j1 ~ j2에 대해 배열 A의 원소의 합을 반환한다.
def get_sum(A, i1, j1, i2, j2):
    ret = 0
    for i in range(i1, i2 + 1):
        for j in range(j1, j2 + 1):
            ret += A[i][j]
    return ret


# 입력을 받고 정답을 출력한다.
n, m = map(int, input().split())
A = list(list(map(int, input().split())) for _ in range(n))
B = list(list(map(int, input().split())) for _ in range(m))
solution(n, m, A, B)
```

n = 1,000, m = 300,000으로 **매우 큰 경우**는 어떻게 할까?

하나의 질의를 처리하는 데 배열 A의 원소에 대한 접근이 최대 n^2번 필요하므로 m개의 질의를 처리하는데 최대 $m * n^2$번의 배열 A의 원소 접근이 필요하다. n = 1,000, m = 300,000이면, $m * n^2 = 3 * 10^{11}$으로 시간 초과가 발생한다. 누적 합으로 2차원 배열 질의를 빠르게 처리하는 방법을 8-10, 8-11번 문제에서 알아보자.

2 문자열 주어진 시나리오를 문자열로 구현하기

앞 절의 배열에 이어서 문자열을 이용한 구현 문제를 풀어보자. 문자열을 이용한 구현 문제도 코딩테스트에 자주 등장함으로 문제를 잘 풀어보자. 파이썬에서 지원하는 문자열에 대해서도 많이 연습하자. 문자열 연결하기, 길이 구하기, 인덱싱과 슬라이싱, sort() 함수, join() 함수, split() 함수, replace() 함수는 코딩테스트에서 빠르게 코딩할 수 있도록 연습하자.

다음 [실력 확인하기]의 문제를 통해 문자열과 관련된 문제를 준랩을 통해 풀어보자. 제시된 문제들로 부족할 때는 '백준온라인저지'에서 엄선한 유사 문제를 제공하고 있으니 참고하도록 한다.

3-2-1 문자열 끝에 문자 삽입

난이도 ★☆☆☆ 　시간제한 1초 　메모리제한 128MB

실습 　　준랩(1100번)

알파벳 대소문자로 구성된 문자열 A가 주어진다. 문자열 A의 길이가 k가 될 때까지 문자열 A의 마지막 문자를 문자열 A의 끝에 붙이는 삽입 동작을 반복 수행하자. 입력으로 문자열 A가 주어질 때 삽입 동작을 반복 수행한 후 길이가 k인 문자열 A를 출력하자.

입력

첫 번째 줄에 문자열 A가 주어진다.

두 번째 줄에 정수 k가 주어진다.

출력

첫 번째 줄에 삽입 동작을 반복 수행한 후 길이가 k인 문자열 A를 출력한다.

제한 사항

3 ≤ 문자열 A 길이 ≤ 1,000

문자열 A 길이 ≤ k ≤ 10,000

예제 입력 1

```
abcde
7
```

예제 출력 1

```
abcdeee
```

예제 입력 2

```
abA
3
```

예제 출력 2

```
abA
```

문제해설

　알파벳 대소문자로 구성된 문자열 A와 정수 k가 주어진다. 문자열 A의 길이가 k가 될 때까지 문자열 A의 마지막 문자를 문자열 A의 끝에 붙이는 삽입 동작을 수행한 후 변경된 문자열 A를 출력하는 문제다.

예제 입력 1은 A = 'abcde', k = 7이다. 현재 A = 'abcde'의 길이는 5이기 때문에 삽입 동작을 수행해야 한다. A = 'abcde'의 끝에 A의 마지막 문자 'e'를 삽입하면 A = 'abcdee'가 된다. A = 'abcdee'의 길이는 6이기 때문에 두 번째 삽입 동작을 수행해야 한다. A = 'abcdee'의 끝에 A의 마지막 문자 'e'를 삽입하면 A = 'abcdeee'가 된다. A = 'abcdeee'의 길이는 7이기 때문에 더는 삽입 동작을 수행하지 않고 A = 'abcdeee'를 출력한다.

예제 입력 2는 A = 'abA', k = 3이다. A = 'abA'의 길이가 3으로 k 값과 같기 때문에 삽입 동작을 수행하지 않고 A = 'abA'를 바로 출력한다.

반복문을 이용하여 문자열의 길이를 확인하면서 문자열의 끝에 문자를 계속 삽입하는 게 핵심이며 다음과 같은 순서로 문제를 해결해 보자.

자료 구조

- 정수: k
- 문자열: A

알고리즘

- 문자열 A의 길이가 k보다 크거나 같을 때까지 다음 동작을 수행한다.
  - 문자열 A의 끝에 문자열 A의 마지막 문자를 삽입한다.

소스 코드 예시

```python
# A: 알파벳 대소문자로 구성된 문자열 A
# 삽입 동작을 반복 수행한 후 길이가 k인 문자열 A를 반환한다.
def solution(A, k):
    # 문자열의 길이가 k가 될 때까지 삽입 동작을 반복 수행한다.
    while len(A) < k:
        A += A[-1]
    return A
```

```
# 입력을 받고 정답을 출력한다.
A = input()
k = int(input())
print(solution(A, k))
```

더 생각하기

반복문을 사용하지 않고 문제를 해결할 수 있을까?
삽입 동작에서 삽입되는 문자는 문자열 A의 마지막 문자로 항상 동일하고, 삽입 동작이 발생하는 횟수는 k − 입력으로 주어진 문자열 A의 길이로 고정되어 있다. 문자열 A의 끝에 k−len(A)개의 A[−1] 문자를 삽입하면 된다. 소스 코드로 보면 다음과 같다.

```
def solution(A, k):
    A += A[-1]*(k - len(A))
    return A
```

더 생각하기 (준랩 1101번, 1102번)

그렇다면 **문자열 A의 길이가 k가 될 때까지 문자열 A의 첫 번째 문자를 문자열의 앞에 삽입**하려면 어떻게 할까?
문자열의 길이가 k가 될 때까지 첫 번째 문자를 문자열의 앞에 삽입한다. 소스 코드로 보면 다음과 같다. 첫 번째는 반복문을 사용하는 소스 코드이고 두 번째는 반복문을 사용하지 않는 소스 코드이다.

```
def solution(A, k):
    while len(A) < k:
        A = A[0] + A
    return A

def solution2(A, k):
    A = A[0] * (k - len(A)) + A
    return A
```

연속된 문자 A 제거

난이도 ★★☆☆   시간제한 1초   메모리제한 128MB

실습   준랩(1103번)

알파벳 대소문자로 구성된 문자열 S가 주어진다. 문자열 S에서 문자 'a' 또는 'A'가 두 번 이상 연속된 부분 문자열을 하나의 문자 'a'로 치환한 문자열을 문자열 T라고 하자. 문자 'a'와 'A'가 혼합되어 연속으로 나타나는 부분 문자열도 하나의 문자 'a'로 치환한다. 입력으로 문자열 S가 주어지면, 문자열 S를 치환한 문자열 T를 출력하자.

입력

첫 번째 줄에 문자열 S가 주어진다.

출력

첫 번째 줄에 문자열 T를 출력한다.

제한 사항

3 ≤ 문자열 S 길이 ≤ 1,000

예제 입력 1	예제 출력 1
ZZaAAbBAAA	ZZabBa

예제 입력 2	예제 출력 2
ABAaaAAAaab	ABab

문제해설

알파벳 대소문자로 구성된 문자열 S가 주어진다. 문자열 S에서 문자 'a' 또는 'A'가 두 번 이상 연속된 부분 문자열을 하나의 문자 'a'로 치환한 문자열 T를 출력하는 문제다.

예제 입력 1은 S = 'ZZaAAbBAAA'이다. S[0] = 'Z', S[1] = 'Z'는 문자 'a', 'A'가 아니므로 변화가 없다. S[2..4]는 문자 'a', 'A'가 연속해서 나타나므로 S[2..4]를 문자 'a'로 치환한다. S[5] = 'b', S[6] = 'B'는 문자 'a', 'A'가 아니므로 변화가 없다. S[7..9]는 문자 'A'가 연

속해서 나타나므로 S[7..9]를 문자 'a'로 치환한다. 따라서 S[0] = 'Z', S[1] = 'Z', S[2..4] = 'a', S[5] = 'b', S[6] = 'B', S[7..9] = 'a'이므로 각각의 문자를 이어 붙인 'ZZabBa'가 정답이다.

예제 입력 2는 S = 'ABAaaAAAaab'이다. S[0] = 'A'는 'a', 'A'가 연속해서 나타나지 않으므로 변화가 없다. S[1] = 'B'는 문자 'a', 'A'가 아니므로 변화가 없다. S[2..9]는 문자 'a', 'A'가 연속해서 나타나므로 S[2..9]를 문자 'a'로 치환한다. S[10] = 'b'는 문자 'a', 'A'가 아니므로 변화가 없다. 따라서 S[0] = 'A', S[1] = 'B', S[2..9] = 'a', S[10] = 'b'이므로 각각의 문자를 이어 붙인 'ABab'가 정답이다.

문자 'a', 'A'가 연속된 부분 문자열을 찾아서 새로운 문자열의 끝에 'a'를 추가하는 게 핵심이며 다음과 같은 순서로 문제를 해결해 보자.

자료 구조

- 문자열: S

알고리즘

- 문자열 S에서 문자 'a'와 'A'로만 구성된 모든 부분 문자열 S[i..j]를 구한다. 부분 문자열 S[i..j]가 없으면 프로그램을 종료한다.
- 모든 부분 문자열 S[i..j]에 대해서 S[i..j]의 길이가 2보다 크거나 같은 경우 부분 문자열 S[i..j]를 'a'로 치환한다.

소스 코드 예시

```
# S: 알파벳 대소문자로 구성된 문자열
# 문자열 S를 치환한 문자열 T를 반환한다.
def solution(S):
    # 문자열 S의 첫 번째 문자부터 마지막 문자까지 순서대로 탐색한다.
    # T: 정답 문자열을 저장할 문자열 변수
    # i: S의 현재 탐색 위치
    T = ''
```

```
        i = 0
    while i < len(S):
        # S[i]가 문자 'a' 또는 'A'가 아닌 경우, T의 끝에 문자 S[i]를 삽입한다.
        if S[i] != 'a' and S[i] != 'A':
            T += S[i]
            i += 1
            continue


        # 문자 'A' 또는 'a'가 연속으로 나타나는 부분 문자열 S[i..j)를 찾는다.
        # S[i..j)는 S[i]부터 S[j-1]로 구성된 부분 문자열을 의미한다.
        j = i + 1
        while j < len(S):
            if S[j] != 'a' and S[j] != 'A':
                break
            j += 1


        # 부분 문자열 S[i..j)의 길이가 2 이상인 경우,
        # 부분 문자열 S[i..j)를 S[i]에 대응되는 소문자 'a'로 치환한다.
        if j - i == 1:
            T += S[i]
        else:
            T += S[i].lower()
        i = j

    return T


# 입력을 받고 정답을 출력한다.
S = input()
print(solution(S))
```

더 생각하기 (준랩 1104번)

그렇다면 **대소문자 구분 없이 임의의 연속된 문자를 제거**하려면 어떻게 할까?
대소문자 구분 없이 같은 알파벳이 두 번 이상 연속된 부분 문자열을 해당 알파벳의 소문자 하나로
치환한 문자열 T를 출력하려면, 조건문에서 'a', 'A'인지 비교하는 부분을 제거하고 lower()함수를 이용
하여 소문자로 변환한 후 비교하도록 변경하면 된다. 소스 코드로 보면 다음과 같다.

```python
def solution(S):
    # 문자열 S의 첫 번째 문자부터 마지막 문자까지 순서대로 탐색한다.
    # T: 정답 문자열을 저장할 문자열 변수
    # i: S의 현재 탐색 위치
    T = ''
    i = 0
    while i < len(S):
        # 대소문자 구분 없이 같은 알파벳이 두 번 이상 연속된
        # 부분 문자열 S[i..j)를 탐색한다.
        j = i + 1
        while j < len(S):
            if S[i].lower() != S[j].lower():
                break
            j += 1

        # 부분 문자열 S[i..j)의 길이가 2 이상인 경우
        # 부분 문자열 S[i..j)를 S[i]에 대응되는 소문자로 치환한다.
        if j - i == 1:
            T += S[i]
        else:
            T += S[i].lower()
        i = j
    return T
```

3-2-3 문자열 정렬하기

난이도 ★★☆☆ 시간제한 1초 메모리제한 128MB

실습   준랩(1107번)

알파벳 소문자로 구성된 문자열 A가 주어진다. 문자열 A에는 중복된 문자가 존재할 수 있다. 문자열 A에 있는 모든 문자를 오름차순으로 정렬한 문자열 B를 출력하자. 예를 들어, 문자열 A = 'cab'인 경우 A에 있는 문자 'c', 'a', 'b'를 오름차순 정렬한 문자열 B는 'abc'가 된다.

입력

첫 번째 줄에 문자열 A가 주어진다.

출력

첫 번째 줄에 문자열 A를 오름차순으로 정렬한 문자열 B를 출력한다.

제한 사항

3 ≤ 문자열 A 길이 ≤ 1,000

예제 입력 1	예제 출력 1
abc	abc

예제 입력 2	예제 출력 2
cbacbad	aabbccd

예제 입력 3	예제 출력 3
zazazaz	aaazzzz

문제해설

알파벳 소문자로 구성된 문자열 A가 주어진다. 문자열 A에 있는 모든 문자를 오름차순으로 정렬한 문자열 B를 출력하는 문제다.

예제 입력 1은 A = 'abc'이다. A[0] = 'a', A[1] = 'b', A[2] = 'c'이고 'a', 'b', 'c'를 오름차순으로 정렬하면 'a', 'b', 'c'가 된다. 따라서 문자열 B = 'abc'가 되고 정답은 abc이다.

예제 입력 2는 A = 'cbacbad'이다. A[0] = 'c', A[1] = 'b', A[2] = 'a', A[3] = 'c', A[4] = 'b', A[5] = 'a', A[6] = 'd'이고 'c', 'b', 'a', 'c', 'b', 'a', 'd'를 오름차순으로 정렬하면 'a', 'a', 'b', 'b', 'c', 'c', 'd'가 된다. 따라서 문자열 B = 'aabbccd'가 되고 정답은 aabbccd이다.

예제 입력 3은 A = 'zazazaz'이다. A[0] = 'z', A[1] = 'a', A[2] = 'z', A[3] = 'a', A[4] = 'z', A[5] = 'a', A[6] = 'z'이고 'z', 'a', 'z', 'a', 'z', 'a', 'z'를 오름차순으로 정렬하면 'a', 'a', 'a', 'z', 'z', 'z', 'z'가 된다. 따라서 문자열 B = 'aaazzzz'가 되고 정답은 aaazzzz이다. 파이썬의 sorted(), join()함수를 이용하여 문자열을 정렬하는 게 핵심이며 다음과 같은 순서로 문제를 해결해 보자.

자료 구조

- 문자열: A

알고리즘

- 문자열 A에 있는 모든 문자를 정렬하여 배열로 만든다. 파이썬의 sorted() 함수를 이용하면 된다.
- 정렬된 배열에 있는 모든 원소를 순서대로 이어 붙여서 정렬된 문자열을 만든다. 파이썬의 join() 함수를 이용하면 된다.

소스 코드 예시

```python
# A: 알파벳 소문자로 구성된 문자열
# 문자열 A를 오름차순으로 정렬한 문자열 B를 반환한다.
def solution(A):
    # T: 문자열 A에 있는 모든 문자를 오름차순으로 저장한 1차원 배열
    # 예를 들어, A='cbaa'인 경우 T = ['a', 'a', 'b', 'c'] 가 된다.
    T = sorted(A)

    # 1차원 배열 T를 문자열 B로 변환한다.
```

```python
    # 예를 들어, T = ['a', 'a', 'b', 'c'] 인 경우 B = 'aabc'로 변환된다.
    B = ''.join(T)
    return B


# 입력을 받고 정답을 출력한다.
A = input()
print(solution(A))
```

시간 구간 다중 업데이트 다중 합(Small)

난이도 ★★☆☆　　시간제한 1초　　메모리제한 128MB

실습　　준랩(1108번)

시간 구간에 대한 질의를 처리하려고 한다. 전체 시간 구간은 00:00 ~ 59:59이다. m:s는 m분 s초를 나타낸다. 전체 시간 구간은 길이가 1초인 구간으로 나누어져 있다. 즉, 전체 시간 구간은 00:00 ~ 00:01, 00:01 ~ 00:02, …, 59:58 ~ 59:59인 구간으로 나누어져 있다.

시간 구간에 대한 n개의 질의가 저장된 배열 A가 주어진다. 배열 A에 저장된 n개의 질의는 아래 두 가지 유형으로 구분된다. 첫 번째가 유형 1을 나타내고 두 번째가 유형 2를 나타낸다.

- 1 m1:s1 m2:s2 : 시간 구간 m1:s1 ~ m2:s2에 1을 더한다.
- 2 m1:s1 : 시간 구간 m1:s1 ~ m1:(s1+1)의 값을 출력한다.

시간 구간 m1:s1 ~ m2:s2에 1을 더하는 유형 1의 질의는 시간 구간 m1:s1 ~ m2:s2에 포함된 길이가 1초인 모든 구간에 1을 더하는 것을 의미한다. 예를 들어, 00:02 ~ 02:03에 1을 더하는 질의는 00:02 ~ 00:03, 00:03 ~ 00:04, … , 02:02 ~ 02:03 구간에 1을 더하는 것을 의미한다.

m1:s1의 값을 출력하는 유형 2의 질의는 시간 구간 m1:s1 ~ m1:(s1+1) 구간의 값을 출력하는 것을 의미한다. 예를 들어, 00:02의 값을 출력하는 질의는 00:02 ~ 00:03구간의 값을 출력하는 것을 의미한다. 전체 시간 구간 00:00 ~ 59:59의 초깃값은 0이다. 배열 A에 저장된 첫 번째 질의부터 n번째 질의까지 순서대로 처리하면서 유형 2의 결과를 출력하자.

입력

첫 번째 줄에 n이 주어진다.

두 번째 줄부터 n개의 줄에 배열 A에 저장된 n개의 질의가 첫 번째 질의부터 n번째 질의까지 순서대로 주어진다. 한 줄에 한 개의 질의가 주어진다.

출력

첫 번째 줄부터 유형 2의 질의 결과를 순서대로 한 줄씩 출력한다.

제한 사항

2 ≤ n ≤ 10,000

00 ≤ m1, s1, m2, s2 ≤ 59

00:00 ≤ m1:s1 < m2:s2 ≤ 59:59

m1, s1, m2, s2는 모두 길이가 2인 문자열이다.

배열 A에는 유형 2가 1개 이상 저장되어 있다.

예제 입력 1

```
5
1 00:10 01:20
1 00:20 02:30
2 01:10
1 01:20 02:00
2 01:20
```

예제 출력 1

```
2
2
```

문제해설

전체 시간 구간이 00분 00초 ~ 59분 59초인 상황에서 입력으로 주어진 n개의 시간 구간 질의 A를 첫 번째 질의부터 n번째 질의까지 순서대로 처리하면서 유형 2의 결과를 순서대로 출력하는 문제다.

예제 입력 1은 n = 5, A = [['1', '00:10', '01:20'], ['1', '00:20', '02:30'], ['2', '01:10'], ['1', '01:20', '02:00'], ['2', '01:20']]이다. 전체 시간 구간 00:00 ~ 59:59의 초깃값은 0이다.

첫 번째 질의 A[0] = ['1', '00:10', '01:20']는 유형 1이고 시간 구간 00:10 ~ 01:20에 1을 더한다. 첫 번째 질의 결과 시간 구간 00:10 ~ 01:20의 값은 1, 나머지 시간 구간의 값은 0이 된다.

두 번째 질의 A[1] = ['1', '00:20', '02:30']는 유형 1이고 시간 구간 00:20 ~ 02:30에 1을 더한다. 두 번째 질의 결과 시간 구간 00:10 ~ 00:20의 값은 1, 시간 구간 00:20 ~ 01:20의 값은 2, 시간 구간 01:20 ~ 02:30의 값은 1, 나머지 시간 구간의 값은 0이 된다.

세 번째 질의 A[2] = ['2', '01:10']는 유형 2이고 시간 구간 01:10 ~ 01:11의 값을 출력하면 된다. 시간 구간 00:20 ~ 01:20의 값이 2이고 시간 구간 01:10 ~ 01:11는 시간 구간 00:20 ~ 01:20에 포함되므로 2를 출력한다.

네 번째 질의 A[3] = ['1', '01:20', '02:00']는 유형 1이고 시간 구간 01:20 ~ 02:00에 1을 더한다. 네 번째 질의 결과 시간 구간 00:10 ~ 00:20의 값은 1, 시간 구간 00:20 ~ 01:20의 값은 2, 시간 구간 01:20 ~ 02:00의 값은 2, 시간 구간 02:00 ~ 02:30의 값은 1,

나머지 시간 구간의 값은 0이 된다.

다섯 번째 질의 A[4] = ['2', '01:20']는 유형 2이고 시간 구간 01:20 ~ 01:21의 값을 출력하면 된다. 시간 구간 01:20 ~ 02:00의 값은 2이고 시간 구간 01:20 ~ 01:21은 시간구간 01:20 ~ 02:00에 포함되므로 2를 출력한다.

문자열로 되어 있는 시간을 숫자로 변환하고 시간 구간 업데이트를 하는 게 핵심이며다음과 같은 순서로 문제를 해결해 보자.

자료 구조

- 정수: n
- 문자열 배열: A
- 정수형 배열: T(모든 시간 구간의 값을 초 단위로 저장)

알고리즘

- 배열 A에 있는 모든 질의 a_i를 순서대로 탐색하면서 질의 a_i를 처리한다.
- 질의 a_i가 유형 1이면, 시간 구간 m1:s1 ~ m2:s2 값을 1만큼 증가시킨다. m1:s1, m2:s2를 각각 초 단위 i, j로 환산하여, 배열 T의 T[i]부터 T[j−1]까지의 값을 1만큼증가시키면 된다.
- 질의 a_i가 유형 2이면, 시간 구간 m1:s1 ~ (m1:s1) + 1의 값을 출력한다. m1:s1을 초단위 i로 환산하여 T[i] 값을 출력하면 된다.

소스 코드 예시

```
# n, A: n개의 질의(질의 유형: 1, 2)가 저장된 2차원 배열 A
# 2번 유형의 질의 결과를 순서대로 저장한 배열을 반환한다.
def solution(n, A):
    # 배열 A에 저장된 n개의 질의를 순서대로 처리한다.
    # T: 전체 시간 구간 00:00 ~ 59:59의 값을 저장한다. (초깃값: 0)
    # T[i]는 시간 구간 i초 ~ (i+1)초 구간의 값을 저장한다.
```

```
# 0초~1초, 1초~2초, 2초~3초, 59분:58초~59분:59초로 총 3599개의 시간 구간이 있다.
T = [0] * 3600
answer = []
for a in A:
    if a[0] == '1':
        do_add_query(T, translate_time(a[1]), translate_time(a[2]))
    else:
        answer.append(T[translate_time(a[1])])
return answer

# mm:ss 타입의 시간을 초로 변환하여 정수로 반환한다.
def translate_time(t):
    return int(t[:2])*60 + int(t[3:])

# i부터 j - 1까지의 배열 T의 원소에 1을 더한다.
def do_add_query(T, i, j):
    for p in range(i, j):
        T[p] += 1

# 입력을 받고 정답을 출력한다.
n = int(input())
A = list(list(input().split()) for _ in range(n))
B = solution(n, A)
for b in B:
    print(b)
```

더 생각하기

유형 1의 시간 구간 길이가 1시간이 아니고 24시간과 같이 매우 긴 경우는 어떻게 할까?

전체 시간 구간이 00시 00분 00초~23시 59분 59초이고 유형 1의 시간 구간 길이가 최대 24시간인 경우를 생각해 보자. 24시간은 $24 * 60 * 60 = 86,400$초이므로, 유형 1을 처리하는데 최대 86,400번의 시간 구간 갱신이 필요하다. 질의의 수 n이 100,000이면, $86,400 * 100,000 = 8,640,000,000$번의 시간 구간 갱신이 필요하여 시간 초과가 발생한다. 누적 합으로 시간 구간 갱신을 빠르게 처리하여 1초 이내에 문제를 해결하는 방법을 5–1–1번 문제에서 알아보자.

문자열 나열하기

난이도 ★★☆☆　　시간제한 1초　　메모리제한 128MB

실습　　준랩(1109번)

알파벳 소문자로 구성된 문자열 A가 주어진다. 문자열 A에는 중복된 문자가 존재하지 않는다. 문자열 A에 있는 모든 문자를 재배열하여 생성되는 모든 문자열 집합을 문자열 A에 대한 P(A)라고 하자. 예를 들어, 문자열 A = 'ab'에 대한 P(A) = {'ab', 'ba'}이다.

입력으로 문자열 A가 주어질 때 문자열 A의 P(A)를 오름차순으로 출력하시오.

입력

첫 번째 줄에 문자열 A가 주어진다.

출력

문자열 A에 대한 P(A)를 오름차순으로 출력한다. 한 줄에 P(A)의 원소 1개를 출력한다.

제한 사항

1 ≤ 문자열 A 길이 ≤ 7

예제 입력 1

```
a
```

예제 출력 1

```
a
```

예제 입력 2

```
ba
```

예제 출력 2

```
ab
ba
```

예제 입력 3

```
abc
```

예제 출력 3

```
abc
acb
bac
bca
cab
cba
```

문제해설

알파벳 소문자로 구성된 문자열 A가 주어진다. 문자열 A에 있는 모든 문자를 재배열하여 생성되는 모든 문자열 집합 P(A)를 오름차순으로 출력하는 문제다.

예제 입력 1은 A = 'a'이다. 'a'를 재배열하면 P(A) = {'a'}가 된다. 따라서 a를 출력하면 된다.

예제 입력 2는 A = 'ba'다. 'b', 'a'를 재배열한 문자열의 집합 P(A) = {'ba', 'ab'}가 된다. P(A)를 오름차순으로 출력하면 예제 출력 2가 된다.

예제 입력 3은 A = 'abc'다. 'a', 'b', 'c'를 재배열한 문자열의 집합 P(A) = {'abc', 'acb', 'bac', 'bca', 'cab', 'cba'} 가 된다. P(A)를 오름차순으로 출력하면 예제 출력 3이 된다.

파이썬의 permutations() 함수를 이용하여 문자열의 모든 순열을 구하는 게 핵심이며 다음과 같은 순서로 문제를 해결해 보자.

자료 구조

• 문자열: A

알고리즘

• 문자열 A에 있는 모든 문자를 오름차순으로 정렬하여 배열에 순서대로 저장한다. 파이썬의 sorted() 함수를 사용하면 된다.
• 앞에서 정렬된 배열의 모든 순열을 문자열로 구하고 순서대로 출력한다. permutations() 함수를 이용하여 배열의 모든 순열을 배열 형태로 만들고, sorted() 함수를 이용하여 만들어진 배열을 문자열로 변환하면 된다.

소스 코드 예시

```python
from itertools import permutations

# A: 알파벳 소문자로 구성된 문자열
```

```
# 문자열 A에 대한 P(A)를 반환한다.
def solution(A):
    # 문자열 A를 정렬된 1차원 배열로 변환한 후(sorted() 함수),
    # 정렬된 문자열 A로 변환한다. (join() 함수)
    A=''.join(sorted(A))

    # 정렬된 문자열 A에 있는 모든 문자의 순열을 오름차순으로 생성하여 PA에 저장한다.
    # - permutations() 함수가 문자열 A에 대한 모든 순열을 오름차순으로 생성한다.
    PA = []
    for p in permutations(A):
        PA.append(''.join(p))
    return PA


# 입력을 받고 정답을 출력한다.
A = input()
PA = solution(A)
for a in PA:
    print(a)
```

더 생각하기 (준랩 1110번, 1112번)

그렇다면 **P(A) 중에서 사전 순으로 k번째인 문자열**을 출력하려면 어떻게 할까?
PA에서 k번째 문자열만 반환하면 된다. 소스 코드로 보면 다음과 같다.

```
# A: 알파벳 소문자로 구성된 문자열
# 문자열 A의 P(A) 중에서 사전 순으로 k번째인 문자열을 반환한다.
def solution(A, k):
    A=''.join(sorted(A))
    PA = []
    for p in permutations(A):
        PA.append(''.join(p))
    return PA[k - 1]
```

주어진 시나리오를 배열로 구현하기

1. 1차원 배열에서 k보다 크거나 같은 원소 개수 구하기

– 반복문을 이용하여 1차원 배열의 모든 원소를 순서대로 탐색하면서 조건문을 이용하여 k보다 크거나 같은 원소의 수를 cnt에 저장한다.

2. 좋아하는 과목에 대한 n개의 선호도 조사 결과에 대해, m개의 선호도 질의응답 구하기

– 반복문을 이용하여 m개의 선호도 질의를 순서대로 처리한다.

– 하나의 질의에 대해, 반복문을 이용하여 n개의 선호도를 순서대로 탐색하면서 질의에 해당하는 학생 수를 cnt에 저장한다.

3. 일부 칸에 사과가 있는 5×5 보드에서 상, 하, 좌, 우 방향으로 한 번 이동하여 사과를 먹을 수 있는지 확인하기

– 상, 하, 좌, 우 이동 시 (행, 열) 변화량을 배열 dd로 나타냄

– 반복문과 배열 dd를 이용하여 상, 하, 좌, 우 방향으로 이동하면서 사과가 있는지 확인한다.

4. 1차원 배열에 대한 구간 업데이트와 구간 합 구하기

– 반복문을 이용하여 1차원 배열의 i부터 j까지의 원소에 k를 더한다.

– 파이썬의 sum(A[i : j+1]) 함수를 이용하여 1차원 배열의 i부터 j까지의 원소의 합을 구한다.

5. 2차원 배열에 대한 구간 업데이트와 구간 합 구하기

– 중첩 반복문을 이용하여 행 i1~i2, 열 j1~j2에 대해 배열 A의 원소에 k를 더하거나 배열 A의 원소의 합을 구한다.

⟨/⟩ 주어진 시나리오를 문자열로 구현하기

1. 알파벳 대소문자로 구성된 문자열 A의 끝에 문자를 삽입하여 길이를 k로 만들기

　　– 문자열 A의 길이가 k가 될 때까지 A = A + A[−1] 실행하기

2. 알파벳 대소문자로 구성된 문자열 S에서 문자 'a' 또는 'A'가 두 번 이상 연속된 부분 문자열을 하나의 문자 'a'로 치환하기

　　– 반복문을 이용하여 문자 'A' 또는 'a'가 연속으로 나타나는 부분 문자 S[i..j]를 찾고 S[i..j]를 'a'로 치환

3. 알파벳 소문자로 구성된 문자열 A에 있는 모든 문자를 오름차순으로 정렬하기

　　– sorted() 함수로 문자열 A를 오름차순으로 정렬한 배열 T로 변환

　　– join() 함수로 배열 T를 문자열로 변환

4. 시간 구간 00분 00초 ~ 59분 59초에 대한 구간 업데이트와 값 구하기

　　– 시간 구간의 값을 저장하는 1차원 배열 T를 선언

　　– mm:ss 타입의 시간을 정수로 변환하여 배열 T의 값을 업데이트

5. 알파벳 소문자로 구성된 문자열 A에 있는 문자를 재배열하여 생성되는 모든 문자열 집합을 오름차순으로 출력하기

　　– 파이썬의 permutations() 함수를 이용하여 문자열의 모든 순열 구하기

　　– 모든 순열을 문자열로 변환하여 오름차순으로 정렬한다.

Chapter 4

완전 탐색

문제에 주어진 **가능한 모든 경우**를 탐색하면서 정답을 찾는 완전 탐색을 반복문과 재귀(자기 호출) 함수로 구현해 보자. **반복문**으로 모든 경우를 단순히 처리하는 코딩테스트 기본 문제와 **재귀 함수**를 이용하여 현재 상태에서 가능한 후보군으로 가지를 치면서 탐색하는 코딩테스트 고급 문제에 대비하자.

1 완전 탐색(반복문) 반복문으로 모든 경우를 처리하기

완전 탐색(exhaustive search)이란 가능한 모든 경우를 탐색하면서 정답을 찾는 방법으로, 무식하게 가능한 모든 경우를 탐색한다는 의미로 Brute Force라고도 부른다. 완전 탐색은 컴퓨터의 빠른 계산 속도를 잘 이용하는 방법이다. 직관적이어서 이해하기 쉽고 문제의 정확한 결괏값을 얻어낼 수 있는 가장 확실하고 기초적인 방법이다. 예를 들어, 7자리의 암호로 구성된 자물쇠를 풀려고 시도한다고 생각해 보자. 이 자물쇠가 고장이 난 것이 아니라면, 반드시 해결할 수 있는 가장 확실한 방법은 0000000 ~ 9999999까지 모두 시도해보는 것이다. (최대 10,000,000번의 시도로 해결 가능)

알고리즘을 설계할 때는 두 가지를 고려해야 한다.

1) 사용된 알고리즘이 정확한가? (문제를 해결할 수 있는가)
2) 사용된 알고리즘이 효율적으로 동작하는가? (시간복잡도)

완전 탐색은 1번은 만족할 수 있지만, 입력의 크기가 커지면 2번은 만족하지 못할 수 있다. 위의 예제에서 암호의 길이가 100자리인 경우 완전 탐색으로 하면 시간 내에 문제를 해결할 수 없다. 입력의 크기가 클 때 2번을 만족하기 위해서는 동적 계획법과 같은 성능 최적화 알고리즘을 사용해야 한다. 예를 들어보자. 입력의 크기 n = 100,000이라고 하자. 2중 반복문을 이용하여 완전 탐색으로 구현하면 시간복잡도가 $O(n^2)$이 된다. n = 100,000이므로 n^2은 10,000,000,000이므로 시간 초과가 발생한다. 보통 100,000,000번의 연산을 1초로 계산하기 때문에 100초가 소요되어 시간 초과가 발생한다. 이런 경우 동적 계획법과 같은 성능 최적화 알고리즘으로 $O(n)$ 이나 $O(nlogn)$에 문제를 해결하면 시간 초과가 발생하지 않는다. 따라서 완전 탐색 기법을 사용할 때는 입력의 크기와 시간복잡도를 잘 파악해야 한다.

완전 탐색 기법으로 문제를 풀기 위해서는 다음과 같은 과정을 수행한다.

1) 해결하고자 하는 문제의 가능한 경우의 수를 대략적으로 계산한다.

2) 가능한 모든 방법을 다 고려한다.

3) 실제 답을 구할 수 있는지 확인한다.

2)의 모든 방법을 다 고려하는 방법에 따라서 다음과 같이 두 가지 방법으로 구현할 수 있다.

첫 번째, 반복문을 통해 가능한 모든 방법을 단순히 찾는 방법이 있다.

두 번째, 재귀 (자기 호출) 함수를 이용하여 현재 상태에서 가능한 후보군으로 가지를 치며 탐색하는 방법이 있다.

이번 절에서는 반복문을 이용한 완전 탐색을 공부해 보자. 코딩테스트에서는 반복문을 이용한 완전 탐색이 기본 문제로 나오거나 어려운 문제를 풀기 위해 필요한 경우도 있다.

다음 [실력 확인하기]의 문제를 통해 완전 탐색(반복문)과 관련된 문제를 준랩을 통해 풀어보자. 제시된 문제들로 부족할 때는 '백준온라인저지'에서 엄선한 유사 문제를 제공하고 있으니 참고하도록 한다. 입력의 크기가 커져서 성능 최적화가 필요하여 난이도가 올라가는 경우는 [더 생각하기] 코너에 최적화 내용을 추가했다.

실력 확인하기

4-1-1 | 문자열 조합하기

난이도 ★★☆☆ **시간제한** 1초 **메모리제한** 128MB

실습	준랩(1114번)
더 풀어보기	백준온라인저지(15649번, 15650번)

알파벳 소문자로 구성된 문자열 A가 주어진다. 문자열 A에는 중복된 문자가 존재하지 않는다. 문자열 A에 있는 문자 중 임의로 k개를 선택하여 문자열 A에서의 순서를 유지하여 만든 모든 부분 수열을 모아 놓은 집합을 문자열 A에 대한 조합 C(A, k)라고 하자. 예를 들어, 문자열 A = 'abc'에 대한 조합 C(A, 2) = {'ab', 'ac', 'bc'}이다. 입력으로 문자열 A와 정수 k가 주어질 때 문자열 A에 대한 조합 C(A, k)를 오름차순으로 출력하자.

입력

첫 번째 줄에 문자열 A가 주어진다.

두 번째 줄에 정수 k가 주어진다.

출력

첫 번째 줄부터 문자열 A에 대한 조합 C(A, k)를 오름차순으로 출력한다. 한 줄에 C(A, k) 원소 1개를 출력한다.

제한 사항

1 ≤ 문자열 A 길이 ≤ 7

1 ≤ k ≤ 문자열 A 길이

예제 입력 1
```
a
1
```

예제 출력 1
```
a
```

예제 입력 2
```
abc
2
```

예제 출력 2
```
ab
ac
bc
```

예제 입력 3
```
cba
2
```

예제 출력 3
```
ba
ca
cb
```

예제 입력 4	예제 출력 4
cba 3	cba

문제해설

알파벳 소문자로 구성된 문자열 A가 주어진다. 문자열 A에 있는 문자 중 임의로 k개를 선택하여 문자열 A에서의 순서를 유지하여 만든 모든 부분 수열을 모아 놓은 집합을 문자열 A에 대한 조합 C(A, k)라고 한다. 문자열 A와 정수 k가 주어질 때 문자열 A에 대한 조합 C(A, k)를 오름차순으로 출력하는 문제다.

예제 입력 1은 A = 'a', k = 1이다. 문자열 A에 있는 문자 'a' 중 임의로 1개를 선택하면 C(A, 1) = {'a'}가 된다. 따라서 정답은 예제 출력 1과 같다.

예제 입력 2는 A = 'abc', k = 2이다. 문자열 A에 있는 문자 'a', 'b', 'c' 중 임의로 2개를 선택하면 C(A, 2) = {'ab', 'bc', 'ac'}가 된다. C(A, 2)를 오름차순으로 출력하면 예제 출력 2와 같다.

예제 입력 3은 A = 'cba', k = 2이다. 문자열 A에 있는 문자 'c', 'b', 'a' 중 임의로 2개를 선택하면 C(A, 2) = {'cb', 'ba', 'ca'}가 된다. C(A, 2)를 오름차순으로 출력하면 예제 출력 3과 같다.

예제 입력 4는 A = 'cba', k = 3이다. 문자열 A에 있는 문자 'c', 'b', 'a' 중 임의로 3개를 선택하면 C(A, 3) = {'cba'}가 된다. C(A, 3)을 오름차순으로 출력하면 예제 출력 4와 같다.

combinations( ) 함수를 이용하여 문자열의 조합을 배열 형태로 구하고 join( ) 함수를 이용하여 배열을 문자열로 변환하는 게 핵심이며, 다음과 같은 순서로 문제를 해결해 보자.

자료 구조

- 정수: k
- 문자열: A

알고리즘

- 문자열 A에 있는 문자 중 임으로 k개를 선택한 모든 부분 문자열을 tuple로 만든다. 파이썬 combinations() 함수를 사용하면 된다.
- tuple을 문자열로 변환한다. 파이썬의 join() 함수를 사용하면 된다.
- 만들어진 문자열을 오름차순으로 출력한다. 파이썬의 sort() 함수를 사용하면 된다.

소스 코드 예시

```python
# itertools 패키지에서 combinations 함수를 가져온다.
from itertools import combinations


# A: 알파벳 소문자로 구성된 문자열
# C(A, k)를 정렬한 후 배열 형태로 반환한다.
def solution(A, k):
    # 문자열 A에서 k개를 선택하여 배열 B에 저장한다.
    # 예를 들어, A='cba', k=2인 경우 B=[('c', 'b'), ('c', 'a'), ('b', 'a')]
    B = list(combinations(A, k))
    # 배열 B에 저장된 tuple을 문자열로 변환한다.
    # 예를 들어, B=[('c', 'b'), ('c', 'a'), ('b', 'a')]인 경우 C=['cb', 'ca', 'ba']
    C = list(''.join(b) for b in B)

    # 배열 C를 오름차순으로 정렬하고 반환한다.
    C.sort()
    return C


# 입력을 받고 정답을 출력한다.
A = input()
k = int(input())
C = solution(A, k)
for c in C:
    print(c)
```

4-1-2 조건에 맞는 정수의 개수(Small1)

난이도 ★★☆☆   시간제한 1초   메모리제한 128MB

실습   준랩(1115번)
더 풀어보기   백준온라인저지(2231번, 1018번, 1436번)

양의 정수 n이 주어진다. 아래 조건을 만족하는 양의 정수 A의 개수를 구하자.

– 정수 A는 n개의 자릿수를 갖는 정수이며, 각각의 자릿수는 0이 아니다.
– 정수 A의 이웃한 두 자리의 숫자의 차이는 2 이하이다. 즉, 정수 A의 각 자리의 숫자를 높은 자릿수부터 낮은 자릿수 순서로 A_1, A_2, $\cdots$, A_n이라고 할 때, $|A_i - A_{i+1}| \leq 2$ ($1 \leq i \leq n-1$)이다.

입력

첫 번째 줄에 양의 정수 n이 주어진다.

출력

첫 번째 줄에 양의 정수 A의 개수를 출력한다.

제한 사항

$1 \leq n \leq 7$
$1 \leq A_i \leq 9$ ($1 \leq i \leq n$)

예제 입력 1

1

예제 출력 1

9

질의 처리 결과

1, 2, 3, 4, 5, 6, 7, 8, 9

예제 입력 2

2

예제 출력 2

39

질의 처리 결과

11, 12, 13, 21, 22, 23, 24, 31, 32, $\cdots$, 97, 98, 99

문제해설

양의 정수 n이 주어지면 문제 조건에 맞는 n개의 자릿수를 갖는 양의 정수 A의 개수를 출력하는 문제다.

문제 조건은 정수 A의 자릿수는 0이 아니고 이웃한 두 자리의 숫자의 차이가 2보다 작거나 같다. 예제 입력 1은 n = 1이다. 한 자리 정수 1, 2, 3, …, 9가 모두 정답이므로 양의 정수 A의 개수는 9이다. 따라서 9를 출력한다.

예제 입력 2는 n = 2이다. 두 자리 정수 10, 11, 12, 13, …, 99 중 0을 포함하지 않고 이웃한 두 자리의 숫자의 차이가 2보다 작거나 같은 정수는 11, 12, 13, 21, 22, 23, 24, 31, 32, 33, 34, 35, 42, 43, 44, 45, 46, 53, 54, 55, 56, 57, 64, 65, 66, 67, 68, 75, 76, 77, 78, 79, 86, 87, 88, 89, 97, 98, 99이다. 10과 같은 정수는 0이 포함되었고, 14는 두 수 1, 4의 차이가 2보다 크기 때문에 조건을 만족하지 못한다.

모든 n 자리 양의 정수를 탐색하면서 문제의 조건을 확인하는 게 핵심이며, 다음과 같은 순서로 문제를 해결해 보자.

자료 구조

- 정수: n

알고리즘

- n개의 자릿수를 갖는 모든 정수 A를 작은 수부터 큰 수 순으로 탐색한다. 10^{n-1}에서 $10^n - 1$ 범위에 있는 A를 탐색하면 된다.
- 현재 탐색 중인 정수 A에 대해서 이웃한 두 자리의 숫자의 차이가 2보다 작거나 같은 정수 A의 개수를 구한다. 나머지(%) 연산자와 나누기 연산자(/)를 이용하여 정수 A의 낮은 자릿수부터 높은 자릿수 순서로 확인하면 된다.

소스 코드 예시

```
# n: 구하고자 하는 양의 정수 A의 자릿수의 개수
```

```python
# 문제의 조건을 만족하는 양의 정수 A의 개수를 반환한다.
def solution(n):
    # 모든 n 자리 양의 정수를 탐색한다. (조건에 맞지 않은 숫자까지 탐색)
    answer = 0
    for A in range(10**(n - 1), 10**n):
        if is_ok(A):
            answer += 1
    return answer


# 양의 정수 A가 문제의 조건을 모두 만족하면 True, 그렇지 않으면 False를 반환한다.
def is_ok(A):
    # 양의 정수 A의 모든 자리의 수를 탐색한다. (낮은 자릿수부터 높은 자릿수 순서)
    # p: 이전 자릿수의 값(초깃값: Aₙ)
    # c: 현재 자릿수의 값
    p = A % 10
    A //= 10
    if p == 0:  # 정수 A에 0이 포함될 수 없다.
        return False
    while A > 0:
        c = A % 10
        A //= 10

        # 정수 A에 0이 포함되거나 이웃한 두 자리의 숫자의 차이가 2보다 크면 안 된다.
        if c == 0 or abs(p - c) > 2:
            return False

        p = c

    return True


# 입력을 받고 정답을 출력한다.
n = int(input())
print(solution(n))
```

더 생각하기

n이 10인 경우도 위와 같이 반복문으로 1초 안에 해결할 수 있을까?

n = 10인 경우 탐색해야 할 수의 범위는 1,000,000,000 ~ 9,999,999,999로 총 **90억 개**이고, 90억 개를 모두 탐색하는 데 90초가 소요되어 시간 초과가 발생한다. 2절의 재귀 함수에서 1초 이내에 문제 조건에 맞는 수만 빠르게 탐색하는 방법을 알아보자.

세 번 이내에 사과를 먹자

난이도 ★★☆☆ 시간제한 1초 메모리제한 128MB

실습   준랩(1116번)
더 풀어보기 백준온라인저지(2798번, 7568번)

5×5 크기의 보드가 주어진다. 보드는 1×1 크기의 정사각형 격자로 이루어져 있다. 보드의 격자는 사과가 1개 있는 격자, 장애물이 있는 격자, 빈칸으로 되어 있는 격자로 구분된다. 격자의 위치는 (r, c)로 표시한다. r은 행 번호, c는 열 번호를 나타낸다. 행 번호는 맨 위 위치가 0이고 아래 방향으로 1씩 증가한다. 열 번호는 맨 왼쪽 위치가 0이고 오른쪽으로 1씩 증가한다. 즉, 맨 왼쪽 위 위치가 (0, 0), 맨 아래 오른쪽 위치가 (4, 4)이다.

현재 한 명의 학생이 (r, c) 위치에 있고 한 번의 이동으로 상, 하, 좌, 우 방향 중에서 한가지 방향으로 한 칸 이동할 수 있다. 학생이 사과가 있는 칸으로 이동하면 해당 칸에 있는 사과를 1개 먹는다. 장애물이 있는 칸으로는 이동할 수 없다. 학생이 지나간 칸은 학생이 해당 칸을 떠나는 즉시 장애물이 있는 칸으로 변경된다. 즉, 학생이 해당 칸에서 상, 하, 좌, 우 방향으로 한 칸 이동하는 즉시 해당 칸은 장애물이 있는 칸으로 변경된다.

학생이 현재 위치 (r, c)에서 세 번 이하의 이동으로 사과를 2개 이상 먹을 수 있으면 1을 출력하고, 그렇지 않으면 0을 출력하자.

입력

첫 번째 줄부터 다섯 개의 줄에 걸쳐 보드의 정보가 주어진다. i번째 줄의 j번째 숫자는 보드의 (i − 1)번째 행, (j − 1) 번째 열의 정보를 나타낸다. 보드의 정보가 1이면 해당 칸은 사과가 1개 있는 격자임을 나타내고, 0이면 빈칸이 있는 격자를 나타내고, −1이면 장애물이 있는 격자임을 나타낸다.

다음 줄에 학생의 현재 위치 r, c가 빈칸을 사이에 두고 순서대로 주어진다.

출력

첫 번째 줄에 학생이 현재 위치 (r, c)에서 세 번 이하의 이동으로 사과를 2개 이상 먹을 수 있으면 1을 출력하고, 먹을 수 없으면 0을 출력한다.

제한 사항

0 ≤ r, c ≤ 4
현재 위치 (r, c)는 빈칸이다.

예제 입력 1

```
0 0 1 0 0
0 0 -1 0 0
0 0 1 0 0
1 1 -1 1 0
0 0 0 -1 0
4 1
```

예제 출력 1

```
1
```

질의 처리 결과

(4, 1) -> (3, 1) -> (3, 0)으로 이동하면 사과를 2개 먹을 수 있다.

예제 입력 2

```
0 0 1 0 0
0 0 -1 0 0
0 0 1 0 0
1 0 -1 1 0
0 0 0 -1 0
2 3
```

예제 출력 2

```
0
```

질의 처리 결과

(2, 3) -> (2, 2) -> (2, 3) -> (3, 3) 이동에서 두 번째 (2, 3)에는 장애물이 있으므로 이동할 수 없다.

문제해설

사과, 장애물, 빈칸으로 구성된 5×5 크기의 보드(board)와 학생의 현재 위치 (r, c)가 주어진다. 학생이 (r, c) 위치에서 상, 하, 좌, 우 방향으로 3번 이하의 이동으로 사과를 2개 이상 먹을 수 있는지 확인하는 문제다.

예제 입력 1은 board = [[0, 0, 1, 0, 0], [0, 0, -1, 0, 0], [0, 0, 1, 0, 0], [1, 1, -1, 1, 0], [0, 0, 0, -1, 0]], (r, c) = (4, 1)이다. (r, c)에서 (3, 1), (3, 0)으로 이동하거나 (3, 1), (2, 1), (2, 2)으로 이동하면 사과를 2개 먹을 수 있다. 따라서 1을 출력한다.

예제 입력 2는 board = [[0, 0, 1, 0, 0], [0, 0, -1, 0, 0], [0, 0, 1, 0, 0], [1, 0, -1, 1, 0], [0, 0, 0, -1, 0]], (r, c) = (2, 3)이다. (2, 3)에서 세 번 이하의 이동으로 사과를 두 개 이상 먹는 방법은 없다. (2, 3)→(2, 2)→(2, 3)→(3, 3) 경로로 이동하면 사과를 두 개 먹을 수 있지만, (2, 3)에서 (2, 2)로 이동함과 동시에 (2, 3)은 장애물이 있는 칸

으로 변경되어 (2, 3)→(2, 2)→(2, 3)→(3, 3) 경로로 이동할 수 없다. 따라서 0을 출력한다.

상, 하, 좌, 우 방향으로 세 번 이동하는 모든 경우를 탐색하면서 문제 조건을 확인하는 게 핵심이며, 다음과 같은 순서로 문제를 해결해 보자.

자료 구조

- 정수형 배열: board(보드 정보를 저장), aloc(학생의 현재 위치)

알고리즘

- 학생의 모든 이동 방향을 시도해 본다. 첫 번째 이동 방향을 i, 두 번째 이동 방향을 j, 세 번째 이동 방향을 k라고 하자.
- 첫 번째 이동 위치 iloc은 aloc에서 i 방향으로 이동한 위치이다. 두 번째 이동 위치 jloc은 iloc에서 j 방향으로 이동한 위치이다. 세 번째 이동 위치 kloc은 jloc에서 k 방향으로 이동한 위치이다.
- iloc, jloc, kloc 위치에서 장애물을 피해서 두 개 이상의 사과를 먹을 수 있는지 확인한다.

소스 코드 예시

```python
# board: 5×5 크기의 보드 정보를 저장하고 있는 2차원 배열
# aloc: 학생의 현재 위치(행 번호, 열 번호)를 저장하고 있는 1차원 배열
# 학생이 현재 위치에서 세 번 이하의 이동으로 사과를 2개 이상 먹을 수 있으면 1을,
# 먹을 수 없으면 0을 반환한다.
def solution(board, aloc):
    # 상, 하, 좌, 우 방향으로 한 칸 이동 시 (행, 열) 변화량
    dd = [[-1, 0], [1, 0], [0, -1], [0, 1]]

    # i: 첫 번째 이동 방향, j: 두 번째 이동 방향, k: 세 번째 이동 방향
```

```python
        for i in range(4):
            for j in range(4):
                for k in range(4):
                    # iloc: 첫 번째 이동 위치, jloc: 두 번째 이동 위치,
                    # kloc: 세 번째 이동 위치
                    iloc=[aloc[0] + dd[i][0], aloc[1] + dd[i][1]]
                    jloc=[iloc[0] + dd[j][0], iloc[1] + dd[j][1]]
                    kloc=[jloc[0] + dd[k][0], jloc[1] + dd[k][1]]

                    # aloc -> iloc -> jloc -> kloc 순서대로 이동 시
                    # 먹을 수 있는 사과 개수가 2개 이상이면 1을 반환한다.
                    if get_apple(board, aloc, iloc, jloc, kloc) >= 2:
                        return 1

    # 사과를 2개 이상 먹을 수 없는 경우 0을 반환한다.
    return 0


# aloc -> iloc -> jloc -> kloc 순서대로 이동 시
# 먹을 수 있는 사과 개수를 반환한다.
def get_apple(board, aloc, iloc, jloc, kloc):
    # 먹을 수 있는 사과 개수를 0으로 초기화한다.
    apple_num = 0

    # 첫 번째나 두 번째 이동 위치가 보드 밖이면 두 개의 사과를 먹을 수 없다.
    if in_range(iloc) == False or in_range(jloc) == False:
        return 0

    # 첫 번째나 두 번째 이동 위치에 장애물이 있으면 두 개의 사과를 먹을 수 없다.
    if board[iloc[0]][iloc[1]] == -1 or board[jloc[0]][jloc[1]] == -1:
        return 0

    # 두 번째 위치 jloc가 출발 위치인 aloc와 같으면 문제 규칙에 위반된다.
    if aloc == jloc:
```

```python
        return 0

    # apple_num을 첫 번째 위치와 두 번째 위치에 있는 사과 개수의 합으로 설정한다.
    apple_num = board[iloc[0]][iloc[1]] + board[jloc[0]][jloc[1]]

    # 세 번째 위치의 사과를 apple_num에 반영한다.
    if in_range(kloc) and board[kloc[0]][kloc[1]] == 1 and iloc != kloc:
        apple_num += 1

    return apple_num

# (loc[0], loc[1]) 위치가 board 안에 위치하면 True, 아니면 False를 반환한다.
def in_range(loc):
    return 0 <= loc[0] <= 4 and 0 <= loc[1] <= 4

# board와 aloc 정보를 입력받고 정답을 출력한다.
board = list(list(map(int, input().split())) for _ in range(5))
aloc = list(map(int, input().split()))
print(solution(board, aloc))
```

{2} 완전 탐색(재귀) 재귀 함수로 모든 경우를 처리하기

앞 절에 이어서 이번에는 재귀 함수를 이용하여 완전 탐색을 구현해 보자.

재귀 함수는 어떤 함수에서 자기 자신을 다시 호출하여 작업을 수행하는 방식의 함수를 의미한다. 다른 말로, 재귀 호출, 되부름, 자기 호출이라고 부르기도 한다. 반복문을 사용한 완전 탐색은 재귀 함수를 사용한 완전 탐색으로 변경할 수 있으며 그 반대도 가능하다.

재귀 함수를 작성할 때는 함수 내에서 다시 자기 자신을 호출한 후 그 함수가 끝날 때까지 함수 호출 이후의 명령문이 실행되지 않는다는 사실과 종료 조건이 꼭 포함되어야 한다는 부분을 인지하고 작성하면 무한 루프를 방지하고 정확하게 재귀 함수를 작성할 수 있다.

코딩테스트에서는 재귀 함수를 이용한 완전 탐색이 기본 문제와 어려운 문제로 나온다. 다음 [실력 확인하기]의 문제를 통해 완전 탐색(재귀 함수)과 관련된 문제를 준랩을 통해 풀어보자. 제시된 문제들로 부족할 때는 '백준온라인저지'에서 엄선한 유사 문제를 제공하고 있으니 참고하도록 한다. 입력의 크기가 커져서 성능 최적화가 필요하여 난이도가 올라가는 경우는 [더 생각하기] 코너에 최적화 내용을 추가했다.

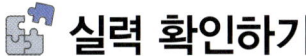 **실력 확인하기**

4-2-1   정수를 거꾸로 출력하기

난이도 ★★☆☆   **시간제한** 1초   **메모리제한** 128MB

실습   준랩(1117번)
더 풀어보기   백준온라인저지(15651번, 25501번)

양의 정수 A가 주어진다. 양의 정수 A의 각 자리의 숫자를 낮은 자릿수부터 높은 자릿수 순서로 재귀 함수를 이용하여 출력하자. 즉, 정수 A의 각 자리의 숫자가 높은 자릿수부터 낮은 자릿수 순서로 a_1, a_2, $\cdots$, a_n인 경우, a_n, a_{n-1}, $\cdots$, a_1 순서로 출력한다. 출력할 때 생기는 앞부분의 0은 모두 제거한 상태로 출력하자.

입력

첫 번째 줄에 양의 정수 A가 주어진다.

출력

첫 번째 줄에 양의 정수 A의 각 자리의 숫자를 낮은 자릿수부터 높은 자릿수 순서로 출력한다. 출력할 때 생기는 앞부분의 0은 모두 제거한 상태로 출력한다.

제한 사항

$1 \leq A \leq 10^{1,000}$
양의 정수 A는 0으로 시작하지 않는다.

예제 입력 1	예제 출력 1
123456789	987654321

예제 입력 2	예제 출력 2
12304321000	12340321

문제해설

양의 정수 A가 주어진다. 양의 정수 A의 각 자리의 숫자를 낮은 자릿수부터 높은 자릿수 순서로 재귀 함수를 이용하여 출력하는 문제다. 출력할 때 생기는 앞부분 0을 제외하고 출력해야 한다.

예제 입력 1은 A = 123456789이다. A를 높은 자릿수부터 낮은 자릿수 순서로 쓰면 a_1 = 1, a_2 = 2, a_3 = 3, ⋯, a_9 = 9이다. A를 낮은 자릿수부터 높은 자릿수 순서로 쓰면 a_9 = 9, a_8 = 8, a_7 = 7, ⋯, a_1 = 1이다. 따라서 정답은 987654321이다.

예제 입력 2는 A = 12304321000이다. A를 높은 자릿수부터 낮은 자릿수 순서로 쓰면 a_1 = 1, a_2 = 2, a_3 = 3, ⋯, a_{11} = 0이다. A를 낮은 자릿수부터 높은 자릿수 순서로 쓰면 a_{11} = 0, a_{10} = 0, a_9 = 0, ⋯, a_1 = 1이다. 따라서 정답은 00012340321에서 앞부분에 있는 0을 제외한 12340321이다.

맨 앞자리 0을 고려하면서 낮은 자리의 숫자를 먼저 출력하고 나머지 숫자를 재귀로 해결하는 게 핵심이다. 다음과 같은 순서로 문제를 해결해 보자.

자료 구조
- 정수: A

알고리즘
- 앞으로 출력해야 할 숫자 A, 이전에 숫자를 출력했는지 여부를 나타내는 B를 상태로 갖는 재귀 함수 solve(A, B) 정의
- A의 가장 낮은 자리의 숫자와 B를 고려하여 숫자를 출력하고, solve(A/10, B)를 호출

소스 코드 예시

```
# 양의 정수 A의 각 자리의 숫자를 낮은 자릿수부터 높은 자릿수 순서로 출력한다.
def solution(A):
    solve(A, 0)


# 양의 정수 A의 각 자리의 숫자를 낮은 자릿수부터 높은 자릿수 순서로
# 재귀 함수를 이용하여 출력한다.
# B: 0(이전에 숫자를 출력한 적 없음), 1(이전에 숫자를 출력한 적 있음)
```

```
#  - 목적: 앞부분의 0을 제거한 상태로 출력하기 위함
def solve(A, B):
    if A != 0:
        # 1단계: 가장 낮은 자릿수의 숫자 출력
        # (조건: 가장 낮은 자릿수가 0이 아니거나 이전에 숫자를 출력한 적이 있음)
        if A%10 != 0 or B == 1:
            print(A%10, end='')
            B = 1


        # 2단계: 가장 낮은 자릿수를 제외한 수를 해결
        solve(A // 10, B)


# 입력을 받고 정답을 출력한다.
A = int(input())
solution(A)
```

더 생각하기

그렇다면 **반복문을 이용하여 정수 A를 거꾸로 출력하려면** 어떻게 할까?
재귀 함수의 상태 (A, B)를 변수로 관리하면서 1단계, 2단계를 반복 수행하면 된다. 소스 코드로 보면 다음과 같다.

```
# 양의 정수 A의 각 자리의 숫자를 낮은 자릿수부터 높은 자릿수 순서로
# 반복문을 이용하여 출력한다.
def solve(A):
    B = 0
    while A > 0:
        # 1단계: 가장 낮은 자릿수의 숫자 출력
        # (조건: 가장 낮은 자릿수가 0이 아니거나 이전에 숫자를 출력한 적이 있음)
        if A%10 != 0 or B == 1:
            print(A%10, end='')
            B = 1


        # 2단계: 가장 낮은 자릿수를 제외한 수를 해결
        A = A // 10
```

정수 합을 재귀로

난이도 ★★☆☆   시간제한 1초   메모리제한 128MB

실습   준랩(1118번)
더 풀어보기   백준온라인저지(24060번)

1부터 n까지 정수의 합을 재귀 함수를 이용하여 출력하자.

입력

첫 번째 줄에 양의 정수 n이 주어진다.

출력

첫 번째 줄에 1부터 n까지 정수의 합을 재귀 함수를 이용하여 출력한다.

제한 사항

$1 \leq n \leq 1,000$

예제 입력 1	예제 출력 1
5	15

문제해설

1부터 n까지 정수의 합을 재귀 함수를 이용하여 출력하는 문제다.

예제 입력 1은 n = 5이다. 1부터 5까지 정수의 합은 $1+2+3+4+5=15$이다. 따라서 정답은 15이다.

1부터 n−1까지의 합을 재귀 함수로 구하고 구한 값에 n을 더하여 1부터 n까지의 합을 재귀 함수로 구하는 게 핵심이다. 다음과 같은 순서로 문제를 해결해 보자.

자료 구조

- 정수: n

알고리즘

- 1부터 n−1까지의 합을 재귀 함수로 구한다.

- 앞에서 재귀 함수로 구한 1부터 n−1까지의 합에 n을 더하여 출력한다.

소스 코드 예시

```python
# 1부터 n까지 정수의 합을 반환한다.
def solution(n):
    return solve(n)

# 1부터 n까지 정수의 합을 재귀 함수를 이용하여 구한다.
def solve(n):
    # 종료 조건: n이 1인 경우 1을 반환한다.
    if n == 1:
        return 1

    # 1부터 n-1까지의 합에 n을 더하여 반환한다.
    return n + solve(n - 1)

# 입력을 받고 정답을 출력한다.
n = int(input())
print(solution(n))
```

더 생각하기

그렇다면 **반복문을 이용하여 1부터 n까지 정수의 합을 출력하려면** 어떻게 할까?
1부터 n까지 반복하면서 정수의 합을 구하면 된다. 공식을 이용하여 O(1)에 구할 수도 있다. 소스 코드로 보면 다음과 같다.

```python
# 1부터 n까지 정수의 합을 반복문을 이용하여 반환한다.
def solve(n):
    ret = 0
    for i in range(1, n+1):
        ret = ret + i
    return ret

# 1부터 n까지 정수의 합을 공식을 이용하여 반환한다.
def solve(n):
    return n * (n+1) // 2
```

피보나치 수를 재귀로

난이도 ★★☆☆   시간제한 1초   메모리제한 128MB

실습   준랩(1119번)
더 풀어보기   백준온라인저지(2747번, 2748번, 10870번, 10872번)

n번째 피보나치 수 F(n)을 재귀 함수를 이용하여 출력하자. 피보나치 수는 다음과 같이 정의할 수 있다.

F(1) = F(2) = 1, F(n) = F(n − 1) + F(n − 2) (n ≥ 3)

입력

첫 번째 줄에 양의 정수 n이 주어진다.

출력

첫 번째 줄에 n번째 피보나치 수를 출력한다.

제한 사항

$1 \leq n \leq 20$

예제 입력 1	예제 출력 1
5	5

문제해설

n번째 피보나치 수 F(n)을 재귀 함수를 이용하여 출력하는 문제다.

예제 입력 1은 n = 5다. F(1) = 1, F(2) = 1, F(3) = F(1) + F(2) = 1 + 1 = 2, F(4) = F(3) + F(2) = 2 + 1 = 3, F(5) = F(4) + F(3) = 3 + 2 = 5다. 따라서 정답은 5이다.

F(n−1)과 F(n−2)를 재귀 함수로 구하고 F(n−1) + F(n−2)를 반환하는 재귀 함수를 구현하는 게 핵심이다. 다음과 같은 순서로 문제를 해결해 보자.

자료 구조

- 정수: n

알고리즘

- n−1 번째 피보나치 수 F(n−1), n−2 번째 피보나치 수 F(n−2)를 재귀 함수로 구한다.
- F(n−1)과 F(n−2) 합을 n번째 피보나치 수 F(n)의 결과로 출력한다.

소스 코드 예시

```python
# n번째 피보나치 수를 반환한다.
def solution(n):
    return solve(n)


# n번째 피보나치 수를 재귀 함수를 이용하여 반환한다.
def solve(n):
    # 기저 사례: F(1), F(2)는 1을 반환한다.
    if n <= 2:
        return 1

    # F(n) = F(n - 1) + F(n - 2) (n ≥ 3)
    return solve(n - 1) + solve(n - 2)


# 입력을 받고 정답을 출력한다.
n = int(input())
print(solution(n))
```

더 생각하기

n이 100,000인 경우도 위와 같이 재귀 함수를 이용하여 1초 안에 해결할 수 있을까?

위의 재귀 함수는 solve(n)을 구하기 위하여 solve(n−1), solve(n−2)를 호출한다. 즉, 하나의 상태 n에 대한 해답을 구하기 위하여 두 가지 상태 n−1, n−2에 대한 해답을 구해야 한다.

따라서 호출되는 재귀 함수의 상태 개수가 지수 승으로 증가하게 되어 n이 100,000처럼 큰 값이면 1초 안에 해결할 수 없다.

7장의 동적 계획법에서 1초 이내에 n이 큰 피보나치 수를 출력하는 방법을 알아보자.

4-2-4 조건에 맞는 정수의 개수(Small2)

난이도 ★★☆☆   시간제한 1초   메모리제한 128MB

실습   준랩(1120번)
더 풀어보기   백준온라인저지(17478번)

양의 정수 n이 주어진다. 아래 조건을 만족하는 양의 정수 A의 개수를 구하자.

- 정수 A는 n개의 자릿수를 갖는 정수이며, 각각의 자릿수는 0이 아니다.
- 정수 A의 이웃한 두 자리의 숫자의 차이는 2 이하이다. 즉, 정수 A의 각 자리의 숫자를 높은 자릿수부터 낮은 자릿수 순서로 A_1, A_2, ... , A_n이라고 할 때, $|A_i - A_{i+1}| \leq 2 \, (1 \leq i \leq n-1)$이다.

입력

첫 번째 줄에 양의 정수 n이 주어진다.

출력

첫 번째 줄에 양의 정수 A의 개수를 출력한다.

제한 사항

$1 \leq n \leq 10$

$1 \leq a_i \leq 9 \, (1 \leq i \leq n)$

예제 입력 1

```
1
```

예제 출력 1

```
9
```

질의 처리 결과

```
1, 2, 3, 4, 5, 6, 7, 8, 9
```

예제 입력 2

```
2
```

예제 출력 2

```
39
```

질의 처리 결과

```
11, 12, 13, 21, 22, 23, 24, 31, 32, ···, 97, 98, 99
```

문제해설

양의 정수 n이 주어지면 문제 조건에 맞는 n개의 자릿수를 갖는 양의 정수 A의 개수를 출력하는 문제다.

문제 조건은 정수 A는 0을 포함하지 않고 이웃한 두 자리의 숫자의 차이가 2보다 작거나 같다. 04-1-2번 문제와 비교해서 n의 최댓값이 7에서 10으로 증가했다. 04-1-2번 문제와 같이 반복문을 이용하여 완전 탐색을 하면, n=10인 경우 탐색해야 할 수는 1,000,000,000 ~ 9,999,999,999로 총 90억 개이고, 90억 개를 모두 탐색하는 데 90초가 소요되어 시간 초과가 발생한다.

현재까지 만들어진 숫자 A를 상태로 갖는 재귀 함수를 이용하여 조건에 맞는 숫자만 빠르게 탐색하는 게 핵심이다. 다음과 같은 순서로 문제를 해결해 보자.

자료 구조

- 정수: n

알고리즘

- 정수 A의 각 자리의 숫자를 가장 높은 자릿수 A_1부터 낮은 자릿수 순서로 만들어 간다.
- 가장 높은 자릿수 A_1은 1부터 9까지 모두 탐색한다.
- 나머지 자릿수 A_i는 앞 자릿수 A_{i-1}과의 차이가 2보다 작거나 같은 숫자를 모두 탐색한다.

소스 코드 예시

```python
# n: 구하고자 하는 정수 A의 자릿수의 개수
# 문제의 조건을 만족하는 양의 정수 A의 개수를 반환한다.
def solution(n):
    # 문제의 조건을 만족하는 양의 정수 A의 개수를 반환한다.
    # 단, 조건에 맞는 숫자만 탐색한다.
    # []: 현재까지 만들어진 자릿수 목록
    return solve([], n)


# A: 현재까지 만들어진 숫자를 담는 1차원 배열
```

```
# A를 기반으로 조건에 맞는 n개의 자릿수를 갖는 수의 개수를 반환한다.
def solve(A, n):
    # m: 배열 A에 있는 현재까지 만들어진 자릿수의 개수
    m = len(A)

    # 조건에 맞는 n개의 자릿수를 갖는 숫자 A를 완성했으므로 경우의 수 1을 반환한다.
    if m == n:
        return 1
    # 배열 A에 추가로 담을 수 있는 숫자의 범위를 구한다.
    # s: 시작 숫자, e: 끝 숫자
    if m == 0:
        # 맨 앞자리에는 1 ~ 9의 숫자가 올 수 있다.
        s, e = 1, 9
    else:
        # 바로 앞자리 숫자와의 차이가 2보다 작거나 같아야 한다.
        s = max(A[m - 1] - 2, 1)
        e = min(A[m - 1] + 2, 9)

    # s ~ e 숫자를 모두 탐색하면서 정답을 ret에 저장한다.
    ret = 0
    for a in range(s, e + 1):
        A.append(a)
        ret += solve(A, n)
        A.pop()

    return ret

# 입력을 받고 정답을 출력한다.
n = int(input())
print(solution(n))
```

더 생각하기

n이 100,000인 경우도 위와 같이 재귀로 1초 안에 해결할 수 있을까?
n = 100,0000이면 조건에 맞는 숫자가 매우 많아서 일일이 재귀 함수로 탐색하면 시간 초과가 발생한다. 7장의 동적 계획법에서 1초 이내에 문제 조건에 맞는 숫자 개수를 출력하는 방법을 알아보자.

사과 빨리 먹기

난이도 ★★☆☆　**시간제한** 1초　**메모리제한** 128MB

실습　　　　　준랩(1121번)
더 풀어보기　백준온라인저지(11729번)

5×5 크기의 보드가 주어진다. 보드는 1×1 크기의 정사각형 격자로 이루어져 있다. 보드의 격자는 사과가 1개 있는 격자, 장애물이 있는 격자, 빈칸으로 되어 있는 격자로 구분된다. 격자의 위치는 (r, c)로 표시한다. r은 행 번호, c는 열 번호를 나타낸다. 행 번호는 맨 위 위치가 0이고 아래 방향으로 1씩 증가한다. 열 번호는 맨 왼쪽 위치가 0이고 오른쪽으로 1씩 증가한다. 즉, 맨 왼쪽 위 위치가 (0, 0), 맨 아래 오른쪽 위치가 (4, 4)이다.

현재 한 명의 학생이 (r, c) 위치에 있고 한 번의 이동으로 상, 하, 좌, 우 방향 중에서 한가지 방향으로 한 칸 이동할 수 있다. 학생이 사과가 있는 칸으로 이동하면 해당 칸에 있는 사과를 1개 먹는다. 장애물이 있는 칸으로는 이동할 수 없다. 학생이 지나간 칸은 학생이 해당 칸을 떠나는 즉시 장애물이 있는 칸으로 변경된다. 즉, 학생이 해당 칸에서 상, 하, 좌, 우 방향으로 한 칸 이동하는 즉시 해당 칸은 장애물이 있는 칸으로 변경된다.

학생이 현재 위치 (r, c)에서 **사과 3개를 먹기 위한 최소 이동 횟수**를 출력하자. 현재 위치에서 사과 3개를 먹을 수 없는 경우 −1을 출력한다.

입력

첫 번째 줄부터 다섯 개의 줄에 걸쳐 보드의 정보가 순서대로 주어진다. i번째 줄의 j번째 숫자는 보드의 (i − 1) 번째 행, (j − 1) 번째 열의 정보를 나타낸다. 보드의 정보가 1이면 해당 칸은 사과가 1개 있는 격자임을 나타내고, 0이면 빈칸이 있는 격자를 나타내고, −1이면 장애물이 있는 격자임을 나타낸다. 다음 줄에 학생의 현재 위치 r, c가 빈칸을 사이에 두고 순서대로 주어진다.

출력

첫 번째 줄에 학생이 현재 위치에서 사과 3개를 먹기 위한 최소 이동 횟수를 출력한다. 사과 3개를 먹을 수 없는 경우 −1을 출력한다.

제한 사항

0 ≤ r, c ≤ 4
현재 위치 (r, c)는 빈칸이다.

예제 입력 1

```
0 0 1 0 0
0 0 -1 0 0
0 0 1 0 0
1 1 -1 1 0
0 0 0 -1 0
4 1
```

예제 출력 1

```
5
```

질의 처리 결과

(4, 1) → (3, 1) → (3, 0) → (2, 0) → (2, 1) → (2, 2) 가 최소 이동으로 사과 3개를 먹는 경우이다. 다른 최소 이동 경로도 존재한다.

예제 입력 2

```
0 0 1 0 0
0 0 -1 0 0
0 0 1 0 0
1 0 -1 1 0
0 0 0 -1 0
2 3
```

예제 출력 2

```
9
```

질의 처리 결과

(2, 3) → (2, 2) → (2, 1) → (3, 1) → (3, 0) → (2, 0) → (1, 0) → (0, 0) → (0, 1) → (0, 2) 가 최소 이동으로 사과 3개를 먹는 경우이다.

문제해설

사과, 장애물, 빈칸으로 구성된 5×5 크기의 보드(board)와 학생의 현재 위치 (r, c)가 주어진다. 학생이 (r, c) 위치에서 상, 하, 좌, 우 방향으로 이동하여 사과 3개를 먹기 위한 최소 이동 횟수를 출력하는 문제다.

예제 입력 1은 board = [[0, 0, 1, 0, 0], [0, 0, −1, 0, 0], [0, 0, 1, 0, 0], [1, 1, −1, 1, 0], [0, 0, 0, −1, 0]], (r, c) = (4, 1)이다. (4, 1)→(3, 1) 1회 이동으로 사과 1개를 먹는다. (3, 1)→(3, 0) 1회 이동으로 사과 1개를 추가로 먹는다. (3, 0)→(2, 0)→(2, 1)→(2, 2) 3회 이동으로 사과 1개를 추가로 먹는다. 총 5회 이동으로 사과를 3개 먹는다. (4, 1)→(4, 0)→(3, 0)→(3, 1)→(2, 1)→(2, 2) 경로를 이용하여 5회 이동으로 사과를 3개 먹을 수도 있다. 5회 미만으로 사과 3개를 먹는 경로는 없으므로 정답은 5이다.

예제 입력 2는 board = [[0, 0, 1, 0, 0], [0, 0, -1, 0, 0], [0, 0, 1, 0, 0], [1, 0, -1, 1, 0], [0, 0, 0, -1, 0]], (r, c) = (2, 3)이다. (2, 3) → (2, 2) 1회 이동으로 사과 1개를 먹는다. (2, 2)→(2, 1)→(3, 1)→(3, 0) 3회 이동으로 사과 1개를 추가로 먹는다. (3, 0)→(2, 0)→(1, 0)→(0, 0)→(0, 1)→(0, 2) 5회 이동으로 사과 1개를 추가로 먹는다. 총 9회 이동으로 사과를 3개 먹는다. 세 번째 사과를 (3, 0)→(2, 0)→(1, 0)→(1, 1)→(0, 1)→(0, 2)로 먹어도 최소 이동이다. 9회 미만으로 사과 3개를 먹는 경로는 없으므로 정답은 9이다.

현재 보드 상태, 현재 학생 위치, 앞으로 더 먹어야 하는 사과 개수를 상태로 갖는 재귀 함수를 이용하여 최소 이동 횟수를 구하는 게 핵심이다. 다음과 같은 순서로 문제를 해결해 보자.

자료 구조

- 정수형 배열: board(보드 정보를 저장), aloc(학생의 현재 위치)

알고리즘

- 현재 위치 aloc에서 상, 하, 좌, 우 방향으로 이동하여 사과를 3개 먹을 수 있는지 확인한다. 먹을 수 있는 방향은 모두 이동해 보고, 이 중에서 최소 이동 횟수를 반환한다.
- 상, 하, 좌, 우 방향으로 이동할 때 현재 위치를 장애물로 변경하여 재귀 함수를 호출하고, 재귀 함수가 종료되면 원래 값으로 변경한다.

소스 코드 예시

```
# board: 5×5 크기의 보드 정보를 나타내는 2차원 배열
# aloc: 학생의 현재 위치(행 번호, 열 번호)를 나타내는 1차원 배열
# 학생이 현재 위치에서 사과 3개를 먹기 위한 최소 이동 횟수를 반환한다.
# 현재 위치에서 사과 3개를 먹을 수 없으면 -1을 반환한다.
```

```python
def solution(board, aloc):
    # board: 보드의 초기 상태, aloc: 학생의 현재 위치, 3: 앞으로 먹어야 할 사과 개수
    return solve(board, aloc, 3)


# board: 보드의 현재 상태, aloc: 학생의 현재 위치
# apple_num: 앞으로 먹어야 할 사과 개수
# 현재 위치 aloc에서 apple_num개 사과를 먹기 위한 최소 이동 횟수를 반환한다.
# apple_num개의 사과를 먹을 수 없는 경우 -1을 반환한다.
def solve(board, aloc, apple_num):
    # 사과를 모두 먹은 경우, 추가 이동이 필요 없다.
    if apple_num == 0:
        return 0

    # ret: 현재 위치 aloc에서 apple_num개 사과를 먹기 위한 최소 이동 횟수(초깃값: -1)
    ret = -1

    # 상, 하, 좌, 우 방향으로 모두 시도해 본다.
    # dd: 상, 하, 좌, 우 이동 시 (행, 열) 변화량
    dd = [[-1, 0], [1, 0], [0, -1], [0, 1]]
    for dr, dc in dd:
        # (r, c): 다음 위치
        # (r, c) 위치에 장애물이 없는 경우 (r, c) 위치로 이동한다.
        r, c = aloc[0] + dr, aloc[1] + dc
        if in_range([r, c]) and board[r][c] != -1:
            # 현재 위치에 있는 값을 prv_value에 저장한 후
            # 현재 위치를 장애물로 변경한다.
            prv_value = board[aloc[0]][aloc[1]]
            board[aloc[0]][aloc[1]] = -1

            # 다음 이동 위치인 (r, c)로 이동한다.
            # (r, c)로 이동하여 apple_num개의 사과를 먹을 수 있는 경우,
            # 현재의 1회 이동을 cur_ret에 반영한다.
            cur_ret = solve(board, [r, c], apple_num - board[r][c])
```

```
            if cur_ret != -1:
                cur_ret += 1


            # 정답을 갱신한다.
            if cur_ret != -1:
                if ret == -1 or cur_ret < ret:
                    ret = cur_ret
            # 현재 위치를 이전 값으로 원상 복귀시킨다. (back-tracking)
            board[aloc[0]][aloc[1]] = prv_value


    # 정답을 반환한다.
    return ret


# (loc[0], loc[1]) 위치가 board 안에 위치하면 True, 아니면 False를 반환한다.
def in_range(loc):
    return 0 <= loc[0] <= 4 and 0 <= loc[1] <= 4


# board와 aloc 정보를 입력받고 정답을 출력한다.
board = list(list(map(int, input().split())) for _ in range(5))
aloc = list(map(int, input().split()))
print(solution(board, aloc))
```

한눈에 보는
완전 탐색

‹/› 완전 탐색

1. 완전 탐색이란 가능한 모든 경우를 탐색하면서 정답을 찾는 방법이다.

2. 반복문을 통해 가능한 모든 방법을 단순히 찾을 수 있다.

3. 재귀 (자기 호출) 함수를 이용하여 현재 상태에서 가능한 후보군으로 가지를 치며 탐색할 수 있다.

‹/› 반복문으로 모든 경우를 처리하기

1. 문자열 A에서 k개 문자로 구성된 부분 문자열 구하기

   – combinations() 함수를 이용하여 문자열 A에 대한 모든 조합을 tuple로 구하기

   – join() 함수를 이용하여 tuple을 문자열로 변환하기

2. 이웃한 두 자리의 숫자의 차이가 2보다 작거나 같은 정수 개수 구하기

   – 반복문을 이용하여 n개의 자릿수를 갖는 모든 양의 정수 탐색하기

   – 반복문을 이용하여 모든 이웃한 두 자리의 숫자의 차이 검사

3. 일부 칸에 사과가 있는 5×5 보드에서 상, 하, 좌, 우 방향으로 최대 세 번 이동하여 사과를 2개 이상 먹을 수 있는지 확인하기

   – 중첩 반복문을 이용하여 세 번 이동할 수 있는 모든 경우를 탐색

   – 세 번 이동하는 동안 먹을 수 있는 사과 개수의 합 구하기

‹/› 재귀 함수로 모든 경우를 처리하기

1. 양의 정수 A의 각 자리의 숫자를 낮은 자릿수부터 높은 자릿수 순서로 출력하기

   – 앞으로 출력해야 할 숫자 A, 이전에 숫자를 출력했는지 여부를 나타내는 B를 상태로 갖는 재귀 함수 solve(A, B) 정의

   – A의 가장 낮은 자리의 숫자와 B를 고려하여 숫자를 출력하고, solve(A/10, B)를 호출

2. 1부터 n까지 정수의 합 출력하기

- 1부터 n까지 합을 나타내는 n을 상태로 갖는 재귀 함수 solve(n) 정의

- n = 1이면 1을 반환하고, n = 1이 아니면 n + solve(n−1)을 반환

3. n번째 피보나치 수 F(n) 구하기

- n번째 피보나치 수를 나타내는 n을 상태로 갖는 재귀 함수 solve(n) 정의

- n ≤ 2면 1을 반환하고, n > 2면 solve(n−1) + solve(n−2)를 반환

4. 이웃한 두 자리의 숫자의 차이가 2보다 작거나 같은 n개의 자릿수를 갖는 정수 개수 구하기

- 현재까지 만들어진 숫자를 담은 1차원 배열 A, 자릿수를 나타내는 n을 상태로 갖는 solve(A, n) 정의

- 배열 A의 길이가 n이면 조건에 맞는 정수를 완성했으므로 1을 반환

- 배열 A의 끝에 조건을 만족하는 숫자를 넣고 solve(A, n)을 호출

5. 일부 칸에 사과가 있는 5×5 보드에서 사과를 3개 먹기 위한 최소 이동 횟수 구하기

- 보드의 현재 상태 board, 현재 위치 aloc, 앞으로 더 먹어야 할 사과 개수 apple_num을 상태로 갖는 solve(board, aloc, apple_num) 정의

- apple_num=0이면 사과를 3개 모두 먹었으므로 0을 반환

- 이동 가능한 상, 하, 좌, 우 방향으로 이동해 보면서 최소 이동을 계산

## Chapter 5

누적 합, 이진 탐색, 수학

나열된 수의 누적된 합을 의미하는 **누적 합**으로 반복적인 **구간 합**과 **제한된 구간 업데이트**를 빠르게 처리하자. **이진 탐색**으로 정렬된 리스트에서 탐색 범위를 절반씩 좁혀가며 원하는 값을 빠르게 찾자. 최근 코딩테스트에 나온 **소수**, **진법**, **사칙 연산**에 대해 대비해 보자.

1 누적 합 누적된 합으로 구간 합을 빠르게 처리하기

누적 합(Prefix Sum, Cumulative Sum)은 나열된 수의 누적된 합을 의미한다. 즉, n개의 수로 구성된 수열 A에 대해 A[0..0], A[0..1], A[0..2], …, A[0..n-1]의 합을 의미한다. 누적 합은 주어진 수열에 대한 반복적인 구간 합을 빠르게 처리할 때 사용되며, 코딩테스트 중급 이상 문제에서 성능 최적화에 사용된다.

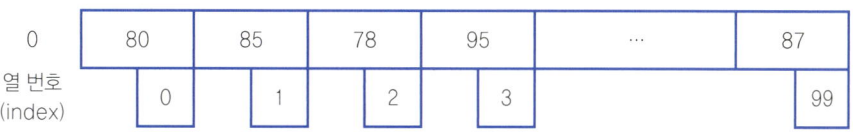

위 배열 A에서 여러 개의 순서쌍 (i, j)에 대해 A[i..j]의 합을 구하는 상황을 가정해 보자. 순서쌍 (i, j)가 주어질 때마다 반복문을 이용하여 A[i], A[i+1], …, A[j] 원소의 합을 구해야 한다. 이때 A[i..j]의 합을 구하는 경우가 많지 않으면 성능에 문제가 되지 않지만, A[i..j] 합을 구하는 경우가 많으면 성능에 문제가 될 수 있다. 왜냐하면 한 번의 A[i..j]의 합을 구하기 위해 O(n)의 시간이 소요되고 A[i..j] 합을 구하는 경우의 수가 m이라고 하면, 전체 소요 시간은 O(nm)이 된다. 따라서 n*m이 큰 경우 시간 초과가 발생할 수 있다.

위에 주어진 배열 A에 대한 누적 합 배열 B가 있다고 하면, A[i..j]의 합을 O(n)이 아닌 O(1) 시간에 처리할 수 있다. 전체 소요 시간이 O(nm)에서 O(n+m)으로 성능이 크게 개선된다. O(n)은 최초에 한 번 누적 합 배열 B를 만드는 데 소요되는 시간이다. 이제 누적 합이 어떻게 동작하는지 알아보자.

n개의 수로 구성된 수열을 배열 A라 하고, 배열 A에 대한 누적 합을 배열 B라고 하자. 누적 합 배열 B[i]에는 A[0..i]를 저장한다. 예를 들어, A = [3, 5, 1, 2, 8]이면 B = [3, 8, 9, 11, 19]가 된다.

배열 A: [3, 5, 1, 2, 8]

배열 B: [3, 8, 9, 11, 19]

누적 합 배열 B가 만들어지는 과정을 살펴보자.

첫 번째로 누적 합 배열 B를 $O(n^2)$에 만드는 느린 방법을 알아보자. n은 배열 A의 크기를 의미한다.

> B[0]은 A[0]과 같은 3이다.
> B[1]은 A[0] + A[1] = 3 + 5 = 8이다.
> B[2]는 A[0] + A[1] + A[2] = 3 + 5 + 1 = 9이다.
> B[3]은 A[0] + A[1] + A[2] + A[3] = 3 + 5 + 1 + 2 = 11이다.
> B[4]는 A[0] + A[1] + A[2] + A[3] + A[4] = 3 + 5 + 1 + 2 + 8 = 19이다.

배열 B의 하나의 원소를 만드는데 $O(n)$의 시간이 소요되고 배열 B의 원소가 n개이므로 전체 시간복잡도는 $O(n^2)$이다.

두 번째로 누적 합 배열 B를 $O(n)$에 만드는 빠른 방법을 알아보자.

> B[0]은 A[0]과 같은 3이다.
> B[1]은 A[0] + A[1] = B[0] + A[1] = 3 + 5 = 8이다.
> B[2]는 A[0] + A[1] + A[2] = B[1] + A[2] = 8 + 1 = 9이다.
> B[3]은 A[0] + A[1] + A[2] + A[3] = B[2] + A[3] = 9 + 2 = 11이다.
> B[4]는 A[0] + A[1] + A[2] + A[3] + A[4] = B[3] + A[4] = 11 + 8 = 19이다.

배열 B의 원소 B[i]를 만드는 데 소요되는 시간을 B[i-1]을 이용하여 개선했다. 배열 B에서 하나의 원소를 만드는 데 $O(1)$의 시간이 소요되고 배열 B의 원소가 n개이므로 전체 시간복잡도는 $O(n)$이다.

위에서 사용한 누적 합 성질을 정리하면 다음과 같다.

1) B[0] = A[0]

2) B[i] = A[0] + A[1] + $\cdots$ + A[i] = B[i－1] + A[i]

위에 있는 성질은 누적 합 배열 B를 만드는 것과 관련된 성질이다. 이번에는 누적 합 배열 B를 이용하여 구간 합 A[i..j]를 구하는 방법을 알아보자.

A[1..3]의 합을 구해보자.

A[1] + A[2] + A[3]

   = (A[0] + A[1] + A[2] + A[3]) － A[0] = B[3] － B[0]

   = 11 － 3 = 8

A[2..4]의 합을 구해보자.

A[2] + A[3] + A[4]

   = (A[0] + A[1] + A[2] + A[3] + A[4]) － (A[0] + A[1])

   = B[4] － B[1] = 19 － 8 = 11

위에서 사용한 누적 합 성질을 정리하면 다음과 같다.

3) A[i] + A[i + 1] + $\cdots$ + A[j]

   = (A[0] + A[1] + $\cdots$ + A[i] + A[i+1] + $\cdots$ + A[j]) － (A[0] + A[1] + $\cdots$ + A[i－1])

   = B[j] － B[i－1]

누적 합을 이용하면 반복적인 구간 합 A[i] + A[i + 1] + $\cdots$ + A[j]를 B[j] － B[i － 1]로 O(1) 시간에 구할 수 있다.

이번에는 누적 합을 이용하여 주어진 수열에 대한 반복적인 구간 업데이트를 빠르게 처리하는 방법을 알아보자. 이 경우에는 모든 구간 업데이트가 끝난 다음에 구간 합을 처리하는 경우만 해당된다.

다음의 배열 A에 대해 여러 번의 구간 업데이트를 진행해 보자.

> 배열 A: 3, 5, 1, 2, 8
> 구간 업데이트 연산: 1) A[1..3]에 2를 더하기
> 2) A[0..2]에 3을 더하기
> 3) A[1..4]에 1을 더하기

우선 누적 합을 사용하지 않고 구간 업데이트마다 배열 A를 O(n)의 시간에 업데이트 방법을 알아보자.

1) A[1..3]에 2 더하기

A[1], A[2], A[3]에 2를 더한다. A[1]은 5에서 7이 된다. A[2]는 1에서 3이 된다. A[3]은 2에서 4가 된다. 따라서 배열 A는 [3, 7, 3, 4, 8]이 된다.

2) A[0..2]에 3 더하기

A[0], A[1], A[2]에 3을 더한다. A[0]은 3에서 6, A[1]은 7에서 10, A[2]는 3에서 6이 된다. 따라서 배열 A는 [6, 10, 6, 4, 8]이 된다.

3) A[1..4]에 1 더하기

A[1], A[2], A[3], A[4]에 1을 더한다. A[1]은 10에서 11, A[2]는 6에서 7, A[3]은 4에서 5, A[4]는 8에서 9가 된다. 따라서 배열 A는 [6, 11, 7, 5, 9]가 된다.

이번에는 누적 합을 이용하여 매 구간 업데이트를 O(1)에 빠르게 처리하고 마지막에 O(n)의 시간으로 구간 업데이트를 배열 A에 적용하는 방법을 알아보자. A[i..j]에 k를 더하는 구간 업데이트를 누적 합 배열 B[i]에 k를 더하고 B[j+1]에 k를 빼는 것으로 대체할 수 있다. 즉, 시작 위치 B[i]에 k를 더하고 끝나는 인덱스 바로 다음 위치 B[j+1]에

k를 빼는 것이다. 다음의 예시를 통해 확인해 보자. 배열 B의 모든 원소의 초깃값은 0
이다.

1) A[1..3]에 2 더하기

A[1], A[2], A[3]에 2를 더하는 연산이다. B[1]에 2를 더하고 B[4]에 2를 빼는 것으로
대체할 수 있다. 따라서 배열 B는 기존 [0, 0, 0, 0, 0]에서 [0, 2, 0, 0, −2]가 된다.

2) A[0..2]에 3 더하기

A[0], A[1], A[2]에 3을 더하는 연산이다. B[0]에 3을 더하고 B[3]에 3을 빼는 것으로
대체할 수 있다. 따라서 배열 B는 기존 [0, 2, 0, 0, −2]에서 [3, 2, 0, −3, −2]

3) A[1..4]에 1 더하기

A[1], A[2], A[3], A[4]에 1을 더하는 연산이다. B[1]에 1을 더하면 된다. B[5]는 존
재하지 않기 때문에 B[5]에 1을 빼지 않아도 된다. 따라서 배열 B는 기존 [3, 2, 0, −3,
−2]에서 [3, 3, 0, −3, −2]가 된다.

모든 구간 업데이트가 끝났기 때문에 구간 합 배열 B를 배열 A에 적용하면 된다. 구
간 합 배열 B를 맨 앞에서부터 누적해서 더하면 된다. 현재 B는 [3, 3, 0, −3, −2]이다.

B[0]은 현재값 그대로 3이다.

B[1]에 B[0]을 더한다. 즉, B[1]이 기존 3에서 3+3=6가 된다.

이제 B는 [3, 6, 0, −3, −2]이다.

B[2]에 B[1]을 더한다. 즉, B[2]가 기존 0에서 6+0=6이 된다.

이제 B는 [3, 6, 6, −3, −2]가 된다.

B[3]에 B[2]를 더한다. 즉, B[3]이 기존 −3에서 6+−3=3이 된다.

이제 B는 [3, 6, 6, 3, −2]가 된다.

B[4]에 B[3]을 더한다. 즉, B[4]가 기존 −2에서 3+−2=1이 된다.

이제 B는 [3, 6, 6, 3, 1]이 된다.

누적 합 배열 B = [3, 6, 6, 3, 1]이 어떤 의미인지 알아보자.

B[0] = 3은 'A[0..2]에 3 더하기' 연산을 반영한 결과다. B[1] = 6, B[2] = 6은 'A[1..3]에 2 더하기', 'A[0..2]에 3 더하기', 'A[1..4]에 1 더하기' 연산을 반영한 결과다. B[3] = 3은 'A[1..3]에 2 더하기', 'A[1..4]에 1 더하기' 연산을 반영한 결과다. B[4] = 1은 'A[1..4]에 1 더하기' 연산을 반영한 결과다.

이제 누적 합 배열 B를 A에 반영하면 모든 구간 업데이트가 A에 반영된다. 현재 A = [3, 5, 1, 2, 8]이고 B = [3, 6, 6, 3, 1]이다. B를 A에 더하면 A = [6, 11, 7, 5, 9]가 된다.

위에서 사용한 누적 합 성질을 정리하면 다음과 같다.

1) A[i], A[i+1], ..., A[j]에 k를 더하는 것을 누적 합 배열 B[i]에 k를 더하고 B[j+1]에 k를 빼는 것으로 대체할 수 있다.

2) 누적 합 배열 B를 완성하기 위해 B[1]부터 B[n−1] 순서대로 B[i]에 B[i−1]을 더한다. 즉, B[1]에 B[0]을 더하고, B[2]에 B[1]을 더하고, ..., B[n−1]에 B[n−2]를 더한다.

3) 완성된 B를 A에 더하면 모든 구간 업데이트가 배열 A에 반영된다.

다음 [실력 확인하기]의 문제를 통해 누적 합과 관련된 문제를 준랩을 통해 풀어보자. 제시된 문제들로 부족할 때는 '백준온라인저지'에서 엄선한 유사 문제를 제공하고 있으니 참고하도록 한다.

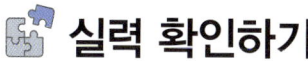
실력 확인하기

<table>
<tr><td>5-1-1</td><td>시간 구간 다중 업데이트 단일 합(Large)</td></tr>
</table>

난이도 ★★★☆   시간제한 1초   메모리제한 128MB   연관 문제: 3-2-4

실습   준랩(1145번)

시간 구간에 대한 질의를 처리하려고 한다. 전체 시간 구간은 00:00:00 ~ 23:59:59이다. h:m:s는 h시 m분 s초를 나타낸다. 전체 시간 구간은 길이가 1초인 구간으로 나누어져 있다. 즉, 전체 시간 구간은 00:00:00~00:00:01, 00:00:01~00:00:02, …, 23:59:58~23:59:59인 구간으로 나누어져 있다.

시간 구간에 대한 n개의 질의가 저장된 배열 A가 주어진다. 배열 A에 저장된 n개의 질의는 아래 두 가지 유형으로 구분된다. 첫 번째가 유형 1을 나타내고 두 번째가 유형 2를 나타낸다.

 − 1 h1:m1:s1 h2:m2:s2: 시간 구간 h1:m1:s1 ~ h2:m2:s2에 1을 더한다.
 − 2 h1:m1:s1 h2:m2:s2: 시간 구간 h1:m1:s1 ~ h2:m2:s2의 값을 출력한다.

시간 구간 h1:m1:s1~h2:m2:s2에 1을 더하는 유형 1의 질의는 시간 구간 h1:m1:s1~h2:m2:s2에 포함된 길이가 1초인 모든 구간에 1을 더하는 것을 의미한다. 예를 들어, 00:00:02~01:02:03에 1을 더하는 질의는 00:00:02~00:00:03, 00:00:03~00:00:04, …, 01:02:02~01:02:03 구간에 1을 더하는 것을 의미한다.

시간 구간 h1:m1:s1~h2:m2:s2의 값을 출력하는 유형 2의 질의는 시간 구간 h1:m1:s1~h2:m2:s2에 포함된 길이가 1초인 모든 구간의 합을 출력하는 것을 의미한다. 예를 들어, 00:00:02~01:02:03의 값을 출력하는 질의는 00:00:02~00:00:03, 00:00:03~00:00:04, …, 01:02:02~01:02:03 구간의 합을 출력하는 것을 의미한다.

전체 시간 구간 00:00:00~23:59:59의 초깃값은 0이다. 배열 A에 저장된 첫 번째 질의부터 n번째 질의까지 순서대로 처리하면서 유형 2의 결과를 출력하자. 단, 배열 A에는 유형 2가 맨 마지막에 한 번 저장되어 있다.

 입력

첫 번째 줄에 n이 주어진다.
두 번째 줄부터 n개의 줄에 배열 A에 저장된 n개의 질의가 첫 번째 질의부터 n번째 질의까지 순서대로 주어진다. 한 줄에 한 개의 질의가 주어진다.

첫 번째 줄에 유형 2의 질의 결과를 출력한다.

$2 \leq n \leq 100,000$

$00 \leq h1, h2 \leq 23$

$00 \leq m1, s1, m2, s2 \leq 59$

$00:00:00 \leq h1:m1:s1 < h2:m2:s2 \leq 23:59:59$

h1, m1, s1, h2, m2, s2는 모두 길이가 2인 문자열이다.

배열 A에는 유형 2가 맨 마지막에 한 번 저장되어 있다.

예제 입력 1

```
4
1 00:00:10 00:01:20
1 00:00:20 00:02:30
1 00:01:20 00:02:00
2 00:00:17 00:00:23
```

예제 출력 1

```
9
```

문제해설

전체 시간 구간이 00시 00분 00초 ~ 23시 59분 59초인 상황에서 입력으로 주어진 n개의 시간 구간 질의 A를 첫 번째 질의부터 n번째 질의까지 순서대로 처리하면서 마지막에 주어진 유형 2의 결과를 출력하는 문제다.

유형 1의 시간 구간 길이가 최대 24시간이다. 24시간은 $24 * 60 * 60 = 86,400$초이므로, 하나의 유형 1을 처리하는 데 최대 86,400번의 시간 구간 갱신이 필요하다. 질의의 수 n의 최댓값이 100,000이므로 $86,400 * 100,000 = 8,640,000,000$번의 시간 구간 갱신이 필요하여 시간 초과가 발생한다. 1번 유형 질의를 누적 합 개념을 이용하여 $O(1)$에 처리하면 n-1개의 유형 1을 1초 이내에 해결할 수 있다.

예제 입력 1은 n = 4, A = [['1', '00:00:10', '00:01:20'], ['1', '00:00:20', '00:02:30'], ['1', '00:01:20', '00:02:00'], ['2', '00:00:17', '00:00:23']]이다. 전체 시간 구간 00:00:00 ~ 23:59:59의 초깃값은 0이다.

첫 번째로 누적 합 개념을 사용하지 않으면 다음과 같다. 첫 번째 질의 A[0] = ['1',

'00:00:10', '00:01:20']는 유형 1이고 시간 구간 00:00:10 ~ 00:01:20에 1을 더한다. 첫 번째 질의 결과 시간 구간 00:00:10 ~ 00:01:20의 값은 1, 나머지 시간 구간의 값은 0이 된다. 두 번째 질의 A[1] = ['1', '00:00:20', '00:02:30']는 유형 1이고 시간 구간 00:00:20 ~ 00:02:30에 1을 더한다. 두 번째 질의 결과 시간 구간 00:00:10 ~ 00:00:20의 값은 1, 시간 구간 00:00:20 ~ 00:01:20의 값은 2, 시간 구간 00:01:20 ~ 00:02:30의 값은 1, 나머지 시간 구간의 값은 0이 된다. 세 번째 질의 A[2] = ['1', '00:01:20', '00:02:00']는 유형 1이고 시간 구간 00:01:20 ~ 00:02:00에 1을 더한다. 세 번째 질의 결과 시간 구간 00:00:10 ~ 00:00:20의 값은 1, 시간 구간 00:00:20 ~ 00:01:20의 값은 2, 시간 구간 00:01:20 ~ 00:02:00의 값은 2, 시간 구간 00:02:00 ~ 00:02:30의 값은 1, 나머지 시간 구간의 값은 0이 된다. 네 번째 질의 A[3] = ['2', '00:00:17', '00:00:23']은 유형 2이고 시간 구간 00:00:17 ~ 00:00:23의 값을 출력하면 된다. 시간 구간 00:00:17 ~ 00:00:18의 값은 1, 00:00:18 ~ 00:00:19의 값은 1, 00:00:19 ~ 00:00:20의 값은 1, 00:00:20 ~ 00:00:21의 값은 2, 00:00:21 ~ 00:00:22의 값은 2, 00:00:22 ~ 00:00:23의 값은 2이다. 따라서 시간 구간 00:00:17 ~ 00:00:23의 값은 1 + 1 + 1 + 2 + 2 + 2 = 9이다.

두 번째로 누적 합 개념을 사용하면 다음과 같다. 전체 시간 구간 00:00:00 ~ 23:59:59 값을 1차원 배열 T에 저장한다. T의 모든 원소의 초깃값은 0이다. 첫 번째 질의 A[0] = ['1', '00:00:10', '00:01:20']는 유형 1이고 시간 구간 00:00:10 ~ 00:01:20에 1을 더한다. T[00:00:10]에 1을 더하여 **T[00:00:10] = 1**이 되고, T[00:01:20]에 1을 빼서 **T[00:01:20] = -1**이 된다. 두 번째 질의 A[1] = ['1', '00:00:20', '00:02:30']는 유형 1이고 시간 구간 00:00:20 ~ 00:02:30에 1을 더한다. T[00:00:20]에 1을 더하여 **T[00:00:20] = 1**이 되고, T[00:02:30]에 1을 빼서 **T[00:02:30] = -1**이 된다. 세 번째 질의 A[2] = ['1', '00:01:20', '00:02:00']는 유형 1이고 시간 구간 00:01:20 ~ 00:02:00에 1을 더한다. T[00:01:20]에 1을 더하여 **T[00:01:20] = 0**이 되고, T[00:02:00]에 1을 빼서 **T[00:02:00] = -1**이 된다. 네 번째 질의를 처리하기 전에 누적 합을 이용하여 배열 T를 완성한다. T[00:00:01]부터 T[23:59:59] 순서로 앞에 있는 원소의 값을 더해나간다. 즉, T[00:00:00] ~ T[00:00:09] = 0, T[00:00:10] ~ T[00:00:19] = 1, T[00:00:20] ~ T[00:01:59] = 2, T[00:02:00] ~ T[00:02:29] = 1, T[00:02:30] ~ T[23:59:59] = 0이 된

다. 네 번째 질의 A[3] = ['2', '00:00:17', '00:00:23']은 유형 2이고 시간 구간 00:00:17 ~ 00:00:23의 값을 출력하면 된다. 시간 구간 00:00:17 ~ 00:00:18의 값은 1, 00:00:18 ~ 00:00:19의 값은 1, 00:00:19 ~ 00:00:20의 값은 1, 00:00:20 ~ 00:00:21의 값은 2, 00:00:21 ~ 00:00:22의 값은 2, 00:00:22 ~ 00:00:23의 값은 2이다. 따라서 시간 구간 00:00:17 ~ 00:00:23의 값은 1 + 1 + 1 + 2 + 2 + 2 = 9이다.

문자열로 되어 있는 시간을 숫자로 변환하고 누적 합 개념을 이용하여 시간 구간 업데이트를 빠르게 하는 게 핵심이며 다음과 같은 순서로 문제를 해결해 보자.

자료 구조

- 정수: n
- 문자열 배열: A
- 정수형 배열: T(유형 1의 질의 결과를 초 단위로 저장)

알고리즘

- 배열 A에 있는 모든 질의 a_i를 순서대로 탐색하면서 질의 a_i를 처리한다.
- 질의 a_i가 유형 1이면, 시간 구간 h1:m1:s1~h2:m2:s2의 값을 1만큼 증가시킨다. h1:m1:s1, h2:m2:s2를 각각 초 단위 i, j로 환산하여, 배열 T의 T[i]부터 T[j-1]까지의 값을 1만큼 증가시키면 된다. 누적 합 개념을 이용하여 T[i]를 1만큼 증가시키고 T[j]를 1만큼 감소시켜서 O(1)에 빠르게 처리한다.
- 질의 a_i가 유형 2이면, 시간 구간 h1:m1:s1~h2:m2:s2의 값을 출력한다. h1:m1:s1, h2:m2:s2를 각각 초 단위 i, j로 환산하여, 배열 T의 T[i]부터 T[j-1]까지의 값의 합을 출력하면 된다. 누적 합 개념을 이용하여 T[0]부터 순서대로 배열 T의 값을 누적하여 더한다. 누적하여 더한 후에 T[i]부터 T[j-1]까지의 값을 모두 더해서 출력하면 된다.

소스 코드 예시

```python
# n, A: n개의 질의(질의 유형: 1, 2)가 저장된 배열 A
# 유형 2의 질의 결과를 반환한다.
def solution(n, A):
    # n개의 질의를 첫 번째 질의부터 n번째 질의까지 순서대로 처리한다.
    # T: 전체 시간 구간 00:00:00~23:59:59 값을 저장한다. (초깃값: 0)
    # T[i]는 시간 구간 i~(i+1)초 구간의 값을 저장한다.
    # 24시간 = 24*60*60 = 86,400초이므로 배열 T의 크기는 86,400이다.
    T = [0] * 24*60*60
    answer = 0
    for a in A:
        if a[0] == '1':
            add_query(T, translate_time(a[1]), translate_time(a[2]))
        else:
            answer = get_sum(T, translate_time(a[1]), translate_time(a[2]))

    return answer


# hh:mm:ss 형식의 문자열로 되어 있는 시간을 초 단위의 정수로 반환한다.
def translate_time(t):
    # 1시간: 60*60=3,600초, 1분: 60초
    return int(t[:2])*3600 + int(t[3:5])*60 + int(t[6:])


# i부터 j-1까지의 배열 T의 원소에 1을 더한다.
# T[i]에 1을 더하고, T[j]에 1을 빼는 누적 합을 이용하여 O(1)에 해결한다.
def add_query(T, i, j):
    T[i] += 1
    T[j] -= 1


# i부터 j-1까지의 배열 T의 원소의 합을 반환한다.
def get_sum(T, i, j):
    # 누적 합을 이용하여 배열 T를 완성한다.
```

```python
    for t in range(1, 24*60*60):
        T[t] += T[t - 1]


    # T[i]~T[j-1]까지의 합을 ret에 저장하고 반환한다.
    # 아래 코드를 return sum(T[i : j])로 대체할 수 있다.
    ret = 0
    for t in range(i, j):
        ret += T[t]
    return ret


# 입력을 받고 정답을 출력한다.
n = int(input())
A = list(list(input().split()) for _ in range(n))
print(solution(n, A))
```

배열 다중 업데이트 단일 합(Large)

난이도 ★★☆☆   시간제한 1초   메모리제한 128MB   연관 문제: 3-1-4

실습   준랩(1146번)

크기가 n인 정수형 배열 A가 주어진다. 배열 A의 원소는 A[0], A[1], …, A[n−1]이다. 배열 A의 모든
원소의 초깃값은 입력으로 주어진다. 배열 A에 대한 m개의 질의가 저장된 배열 B가 주어진다. 배열
B에 저장된 m개의 질의는 아래 두 가지 유형으로 구분된다. 첫 번째가 유형 1을 나타내고 두 번째가
유형 2를 나타낸다.

- 1 i j k: 배열 A의 i번 원소 A[i]부터 j번 원소 A[j]까지에 k를 더한다.
- 2 i j: 배열 A의 i번 원소 A[i]부터 j번 원소 A[j]까지의 합을 출력한다.

배열 B에 저장된 첫 번째 질의부터 m번째 질의까지 순서대로 처리하면서 유형 2에 대한 결과를 출
력하자. 단, 배열 B에는 유형 2가 마지막에 한 번 저장되어 있다.

입력

첫 번째 줄에 n과 m이 공백을 사이에 두고 순서대로 주어진다.
두 번째 줄에 배열 A의 원소가 공백을 사이에 두고 순서대로 주어진다. i번째 수는 배열 A의 i − 1번
원소 A[i−1]을 나타낸다.
다음 줄부터 m개의 줄에 걸쳐서 배열 B에 저장된 m개의 질의가 순서대로 주어진다. 한 줄에 하나의
질의를 나타내는 정수가 공백을 사이에 두고 순서대로 주어진다.

출력

첫 번째 줄에 유형 2의 질의 결과를 출력한다.

제한 사항

$1 \leq n, m \leq 100,000$
$1 \leq a_i \leq 1,000,000 \ (0 \leq i \leq n - 1)$
배열 B에 저장된 질의는 유형 1과 유형 2만 존재한다.
배열 B에는 유형 2가 마지막에 한 번 저장되어 있다.
$0 \leq i \leq j \leq n - 1$
$1 \leq k \leq 10,000$

예제 입력 1

```
8 3
1 1 1 1 1 1 1 1
1 0 4 1
1 2 2 1
2 1 3
```

예제 출력 1

```
7
```

연산 수행 결과

```
첫 번째 질의 처리 결과 2 2 2 2 2 1 1 1
두 번째 질의 처리 결과 2 2 3 2 2 1 1 1
```

문제해설

n개의 정수가 저장된 1차원 배열 A와 m개의 질의가 저장된 배열 B가 주어진다. 배열 B에 저장된 m개의 질의를 첫 번째 질의부터 m번째 질의까지 순서대로 처리하면서 유형 2의 질의 결과를 출력하는 문제다.

유형 2는 마지막에 한 번 주어진다. 예제 입력 1은 n = 8, A = [1, 1, 1, 1, 1, 1, 1, 1], m = 3, B = [[1, 0, 4, 1], [1, 2, 2, 1], [2, 1, 3]]이다.

첫 번째로 누적 합 개념을 사용하지 않으면 다음과 같다. 첫 번째 질의 [1, 0, 4, 1]는 유형 1이고 A[0]부터 A[4]까지 원소에 1씩 더하면 된다. 현재 A = [1, 1, 1, 1, 1, 1, 1, 1]의 A[0]부터 A[4]까지 원소에 1씩 더하면 A = [2, 2, 2, 2, 2, 1, 1, 1]이 된다. 두 번째 질의 [1, 2, 2, 1]은 유형 1이고 A[2]부터 A[2]까지 원소에 1씩 더하면 된다. 현재 A = [2, 2, 2, 2, 2, 1, 1, 1]의 A[2]부터 A[2]까지 원소에 1씩 더하면 A = [2, 2, 3, 2, 2, 1, 1, 1]이 된다. 세 번째 질의 [2, 1, 3]은 유형 2이고 A[1]부터 A[3]까지 합을 출력하면 된다. A[1] = 2, A[2] = 3, A[3] = 2이므로 2 + 3 + 2 = 7을 출력한다.

두 번째로 누적 합 개념을 사용하면 다음과 같다. 유형 1을 누적 합 배열 psum에 저장하여 빠르게 처리한다. psum의 모든 원소의 초깃값은 0이다. 첫 번째 질의 [1, 0, 4, 1]는 유형 1이고 A[0]부터 A[4]까지 원소에 1씩 더하면 된다. psum[0]에 1을 더하여 **psum[0] = 1**이 되고, psum[5]에 1을 빼서 **psum[5] = −1**이 된다. 두 번째 질의 [1, 2, 2, 1]은 유형 1이고 A[2]부터 A[2]까지 원소에 1씩 더하면 된다. psum[2]에 1을 더하여 **psum[2] = 1**이 되고,

psum[3]에 1을 빼서 **psum[3] = –1**이 된다. 유형 2를 처리하기 전에 psum[1]부터 psum[7] 순서로 앞에 있는 원소를 더하여 psum 누적 합 배열을 완성한다. psum[0] = 1, psum[1] = psum[1] + psum[0] = 0 + 1 = 1, psum[2] = psum[2] + psum[1] = 1 + 1 = 2, psum[3] = psum[3] + psum[2] = –1 + 2 = 1, psum[4] = psum[4] + psum[3] = 0 + 1 = 1, psum[5] = psum[5] + psum[4] = –1 + 1 = 0, psum[6] = psum[6] + psum[5] = 0 + 0 = 0, psum[7] = psum[7] + psum[6] = 0 + 0 = 0이 된다. psum을 A에 더하면 A = [2, 2, 3, 2, 2, 1, 1, 1]이 된다. 세 번째 질의 [2, 1, 3]은 유형 2이고 A[1]부터 A[3]까지 합을 출력하면 된다. A[1] = 2, A[2] = 3, A[3] = 2이므로 2 + 3 + 2 = 7을 출력한다.

누적 합 개념을 이용하여 1차원 배열 구간 업데이트를 빠르게 하는 게 핵심이며 다음과 같은 순서로 문제를 해결해 보자.

자료 구조

- 정수: n, m
- 정수형 배열: A, B
- 정수형 배열: psum(유형 1의 질의 결과를 누적 합 개념을 이용하여 저장)

알고리즘

- 배열 B에 있는 모든 질의 b_i를 순서대로 탐색하면서 질의 b_i를 처리한다.
- 질의 b_i가 유형 1이면, A[i]부터 A[j]까지의 배열 A의 원소에 k를 더한다. 누적 합 개념을 이용하여 psum[i]를 k만큼 증가시키고 psum[j + 1]를 k만큼 감소시켜서 O(1)에 빠르게 처리한다.
- 질의 b_i가 유형 2이면, A[i]부터 A[j]까지의 합을 출력한다. 누적 합 개념을 이용하여 psum[1]부터 psum[n−1]까지 순서대로 배열 psum의 값을 누적하여 더한다. 누적하여 더한 후에 psum[i]부터 psum[j]까지의 값을 모두 더한 값과 A[i]부터 A[j]까지의 값을 모두 더한 값을 더해서 출력하면 된다.

소스 코드 예시

```python
# n, A: 크기가 n인 정수형 배열 A
# m, B: m개의 질의(질의 유형: 1, 2)가 저장된 배열 B
# 유형 2의 질의 결과를 반환한다.
def solution(n, m, A, B):
    # psum: 누적 합에 사용되는 1차원 배열. (모든 원소의 초깃값: 0)
    psum = [0] * n
    # m개의 질의를 순서대로 처리한다.
    for b in B:
        if b[0] == 1:
            do_add_query(psum, b[1], b[2], b[3])
        else:
            # 누적 합을 이용하여 psum 배열을 완성한다.
            for i in range(1, n):
                psum[i] += psum[i - 1]

            # 배열 psum과 A에 대해, b[1] ~ b[2] 원소의 합을 반환한다.
            return sum(psum[b[1]:b[2] + 1]) + sum(A[b[1]:b[2] + 1])


# i부터 j까지의 배열 A의 원소에 k를 더한다.
# 누적 합을 이용하여 O(1)에 빠르게 처리한다.
def do_add_query(psum, i, j, k):
    psum[i] += k
    if j + 1 < n:
        psum[j + 1] -= k


# 입력을 받고 정답을 출력한다.
n, m = map(int, input().split())
A = list(map(int, input().split()))
B = list(list(map(int, input().split())) for _ in range(m))
print(solution(n, m, A, B))
```

유형 2가 한 번이 아니고 **최대 100,000번** 주어지면 어떻게 할까?

하나의 유형 2 질의를 처리하는 데 배열 A에 대한 접근이 최대 n번 필요하므로 100,000개의 유형 2를 처리하는 데 최대 100,000*n번의 배열 A 접근이 필요하다. n이 100,0000I면, 100,000*n=100억으로 100초가 소요되어(가정: 1억 번의 연산이 1초가 소요됨) 시간 초과가 발생한다. 누적 합으로 유형 2의 질의를 빠르게 처리하여 문제를 1초 이내에 해결하는 방법을 다음 문제에서 알아보자.

배열 다중 업데이트 다중 합(Large)

난이도 ★★☆☆   시간제한 1초   메모리제한 128MB   연관 문제: 3-1-4

실습   준랩(1147번)
더 풀어보기   백준온라인저지(11659번, 16139번, 11441번)

크기가 n인 정수형 배열 A가 주어진다. 배열 A의 원소는 A[0], A[1], …, A[n−1]이다. 배열 A의 모든
원소의 초깃값은 입력으로 주어진다. 배열 A에 대한 m개의 질의가 저장된 배열 B가 주어진다. 배열
B에 저장된 m개의 질의는 아래 두 가지 유형으로 구분된다. 첫 번째가 유형 1을 나타내고 두 번째가
유형 2를 나타낸다.

- 1 i j k: 배열 A의 i번 원소 A[i]부터 j번 원소 A[j]까지에 k를 더한다.
- 2 i j: 배열 A의 i번 원소 A[i]부터 j번 원소 A[j]까지의 합을 출력한다.

배열 B에 저장된 첫 번째 질의부터 m번째 질의까지 순서대로 처리하면서 유형 2에 대한 질의 결과
를 출력하자. 단, 배열 B에는 모든 유형 1의 질의가 유형 2의 질의보다 앞부분에 저장되어 있다.

입력

첫 번째 줄에 n과 m이 공백을 사이에 두고 순서대로 주어진다.

두 번째 줄에 배열 A의 원소가 공백을 사이에 두고 순서대로 주어진다. i번째 수는 배열 A의 i − 1번
원소 A[i−1]을 나타낸다.

다음 줄부터 m개의 줄에 걸쳐서 배열 B에 저장된 m개의 질의가 순서대로 주어진다. 한 줄에 하나의
질의를 나타내는 정수가 공백을 사이에 두고 순서대로 주어진다.

출력

첫 번째 줄부터 유형 2의 질의 결과를 순서대로 한 줄씩 출력한다.

제한 사항

$1 \leq n, m \leq 100{,}000$

$1 \leq a_i \leq 1{,}000{,}000 \ (0 \leq i \leq n − 1)$

배열 B에 저장된 질의는 유형 1과 유형 2만 존재한다.

배열 B에는 모든 유형 1의 질의가 유형 2의 질의보다 앞부분에 저장되어 있다.

배열 B에는 유형 2의 질의가 1개 이상 저장되어 있다.

$0 \leq i \leq j \leq n−1$

$1 \leq k \leq 10{,}000$

예제 입력 1

```
8 5
1 1 1 1 1 1 1 1
1 0 4 1
1 2 2 1
2 1 3
2 0 2
2 2 5
```

예제 출력 1

```
7
7
8
```

연산 수행 결과

첫 번째 질의 처리 결과 2 2 2 2 2 1 1 1
두 번째 질의 처리 결과 2 2 3 2 2 1 1 1

문제해설

n개의 정수가 저장된 1차원 배열 A와 m개의 질의가 저장된 배열 B가 주어진다. 배열 B에 저장된 m개의 질의를 첫 번째 질의부터 m번째 질의까지 순서대로 처리하면서 유형 2의 결과를 출력하는 문제다.

유형 1의 질의가 먼저 나오고 유형 2의 질의가 나중에 나온다. n과 m이 크기 때문에, 유형 1, 2에 누적 합을 적용하여 소요 시간을 줄여야 한다.

예제 입력 1은 n=8, A=[1, 1, 1, 1, 1, 1, 1, 1], m=5, B=[[1, 0, 4, 1], [1, 2, 2, 1], [2, 1, 3], [2, 0, 2], [2, 2, 5]]이다.

첫 번째로 누적 합 개념을 사용하지 않으면 다음과 같다. 첫 번째 질의 [1, 0, 4, 1]는 유형 1이고 A[0]부터 A[4]까지 원소에 1씩 더하면 된다. 현재 A=[1, 1, 1, 1, 1, 1, 1, 1]의 A[0]부터 A[4]까지 원소에 1씩 더하면 A=[2, 2, 2, 2, 2, 1, 1, 1]이 된다. 두 번째 질의 [1, 2, 2, 1]은 유형 1이고 A[2]부터 A[2]까지 원소에 1씩 더하면 된다. 현재 A=[2, 2, 2, 2, 2, 1, 1, 1]의 A[2]부터 A[2]까지 원소에 1씩 더하면 A=[2, 2, 3, 2, 2, 1, 1, 1]이 된다. 세 번째 질의 [2, 1, 3]은 유형 2이고 A[1]부터 A[3]까지 합을 출력하면 된다. A[1]=2, A[2]=3, A[3]=2이므로 2+3+2=7을 출력한다. 네 번째 질의 [2, 0, 2]는 유형 2이고 A[0]부터 A[2]까지 합을 출력하면 된다. A[0]=2, A[1]=2, A[2]=3이므로 2+2+3=7을 출력한다. 다섯 번째 질의 [2, 2, 5]는 유형 2이고 A[2]부터 A[5]까지 합을 출

력하면 된다. A[2]=3, A[3]=2, A[4]=2, A[5]=1이므로 3+2+2+1=8을 출력한다.

두 번째로 누적 합 개념을 사용하면 다음과 같다. 유형 1을 누적 합 배열 psum에 저장하여 빠르게 처리한다. psum의 모든 원소의 초깃값은 0이다. 첫 번째 질의 [1, 0, 4, 1]는 유형 1이고 A[0]부터 A[4]까지 원소에 1씩 더하면 된다. psum[0]에 1을 더하여 **psum[0]=1**이 되고, psum[5]에 1을 빼서 **psum[5]=-1**이 된다. 두 번째 질의 [1, 2, 2, 1]은 유형 1이고 A[2]부터 A[2]까지 원소에 1씩 더하면 된다. psum[2]에 1을 더하여 **psum[2]=1**이 되고, psum[3]에 1을 빼서 **psum[3]=-1**이 된다. 유형 2를 처리하기 전에 psum[1]부터 psum[7]순서로 앞에 있는 원소를 더하여 psum 누적 합 배열을 완성한다. psum[0]=1, psum[1]=psum[1]+psum[0]=0+1=1, psum[2]=psum[2]+psum[1]=1+1=2, psum[3]=psum[3]+psum[2]=-1+2=1, psum[4]=psum[4]+psum[3]=0+1=1, psum[5]=psum[5]+psum[4]=-1+1=0, psum[6]=psum[6]+psum[5]=0+0=0, psum[7]=psum[7]+psum[6]=0+0=0이 된다. psum을 A에 더하면 A=[2, 2, 3, 2, 2, 1, 1, 1]이 된다. psum2[i]에 A[0..i]의 구간 합을 저장하여 유형 2를 빠르게 처리한다. psum2[0]=A[0]=2, psum2[1]=psum2[0]+A[1]=2+2=4, psum2[2]=psum2[1]+A[2]=4+3=7, psum2[3]=psum2[2]+A[3]=7+2=9, psum2[4]=psum2[3]+A[4]=9+2=11, psum2[5]=psum2[4]+A[5]=11+1=12, psum2[6]=psum2[5]+A[6]=12+1=13, psum2[7]=psum2[6]+A[7]=13+1=14가 된다. 세 번째 질의 [2, 1, 3]은 유형 2이고 A[1]부터 A[3]까지 합을 출력하면 된다. psum2[3]-psum2[0]=9-2=7을 출력한다. 네 번째 질의 [2, 0, 2]는 유형 2이고 A[0]부터 A[2]까지 합을 출력하면 된다. psum2[2]=7을 출력하면 된다. 다섯 번째 질의 [2, 2, 5]는 유형 2이고 A[2]부터 A[5]까지 합을 출력하면 된다. psum2[5]-psum2[1]=12-4=8을 출력한다.

누적 합 개념을 이용하여 1차원 배열 구간 업데이트와 구간 합을 빠르게 하는 게 핵심이며 다음과 같은 순서로 문제를 해결해 보자.

자료 구조

- 정수: n, m
- 정수형 배열: A, B

- 정수형 배열: psum(유형 1의 질의 결과를 누적 합 개념을 이용하여 저장), psum2(유형 2를 빠르게 처리하기 위해 배열 A에 대한 누적 합을 저장)

알고리즘

- 배열 B에 있는 모든 질의 b_i를 순서대로 탐색하면서 질의 b_i를 처리한다.
- 질의 b_i가 유형 1이면, A[i]부터 A[j]까지의 배열 A의 원소에 k를 더한다. 누적 합 개념을 이용하여 psum[i]를 k만큼 증가시키고 psum[j+1]를 k만큼 감소시켜서 O(1)에 빠르게 처리한다.
- 질의 a_i가 유형 2이면, A[i]부터 A[j]까지의 합을 출력한다. 누적 합 개념을 이용하여 psum[1]부터 psum[n-1]까지 순서대로 배열 psum의 값을 누적하여 더한다. 누적하여 더한 후에 psum의 값을 배열 A에 순서대로 더한다. psum2[i]에 A[0..i]의 누적 합을 저장한다. A[i]부터 A[j]까지의 합은 psum2[i-1]-psum2[j]로 O(1)에 빠르게 구할 수 있다.

소스 코드 예시

```python
# n, A: 크기가 n인 정수형 1차원 배열
# m, B: m개의 질의(질의 유형: 1, 2)를 저장한 배열
# 유형 2의 질의 결과를 순서대로 한 줄씩 출력한다.
def solution(n, m, A, B):
    # psum: 유형 1에 대한 누적 합 배열(모든 원소의 초깃값: 0)
    # psum2: 유형 2를 위한 배열 A에 대한 누적 합 배열(모든 원소의 초깃값: 0)
    #  - psum2[i] = A[0] + A[1] + ... + A[i]
    # psum_flag: psum, psum2, A 배열이 완성되면 True, 그렇지 않으면 False를 저장한다.
    psum = [0] * n
    psum2 = [0] * n
    psum_flag = False

    # m개의 질의를 순서대로 처리한다.
```

```
    for b in B:
        if b[0] == 1:
            do_add_query(psum, b[1], b[2], b[3])
        else:
            # psum 배열을 이용하여 A, psum2를 완성한다. (최초 한 번만 수행됨)
            if psum_flag == False:
                # psum 배열을 완성한다.
                psum_flag = True
                for i in range(1, n):
                    psum[i] += psum[i - 1]

                # psum을 A에 더한다.
                for i in range(n):
                    A[i] = A[i] + psum[i]

                # psum2를 만든다.
                psum2[0]=A[0]
                for i in range(1, n):
                    psum2[i] = psum2[i-1] + A[i]

            # A[b[1]] + ... A[b[2]] 값을 출력한다.
            # (A[0] + ... + A[b[2]]) - (A[0] + ... + A[b[1]-1])과 동일하다.
            if b[1] == 0:
                print(psum2[b[2]])
            else:
                print(psum2[b[2]] - psum2[b[1]-1])


# i부터 j까지의 배열 A의 원소에 k를 더한다.
# 누적 합을 이용하여 O(1)에 처리한다.
def do_add_query(psum, i, j, k):
    psum[i] += k
    if j + 1 < n:
        psum[j + 1] -= k
```

```
# 입력을 받고 정답을 출력한다.
n, m = map(int, input().split())
A = list(map(int, input().split()))
B = list(list(map(int, input().split())) for _ in range(m))
solution(n, m, A, B)
```

2 이진 탐색 데이터를 반씩 처리하기

이진 탐색은 정렬된 리스트에서 탐색 범위를 절반씩 좁혀가며 원하는 값을 로그 시간에 빠르게 찾는 알고리즘이다. 즉, 정렬된 리스트를 같은 크기의 두 부분 리스트로 나누고 필요한 부분에서만 탐색하도록 제한하여 원하는 원소를 빠르게 찾는 알고리즘이다. 리스트의 중간 부분에 찾는 원소가 있는지 확인하고, 없으면 왼쪽에 있는지 오른쪽에 있는지 판단하여 왼쪽에서 검색하거나 오른쪽에서 검색한다. 이진 탐색은 정렬된 리스트에만 사용할 수 있다는 단점이 있지만, 검색이 반복될 때마다 검색 범위가 절반으로 줄기 때문에 검색 속도가 빠르다는 장점이 있다. 코딩테스트 중급 이상 문제에서 성능 최적화에 이진 탐색을 사용할 수 있다.

이진 탐색의 탐색 과정은 다음과 같다.

1	2	4	7	8	9	12

위의 데이터 집합에서 값 8을 검색하고자 한다. 첫 번째 과정으로는 데이터 집합의 중앙값을 선택한다.

1	2	4	7	8	9	12

두 번째 과정으로는 중앙값과 찾으려는 값을 서로 비교한다. 만약 찾으려는 값이 중앙값보다 작으면 중앙값의 왼편에서 중앙값을 다시 선택하고, 찾으려는 값이 중앙값보다 크면 중앙값의 오른편에서 중앙값을 다시 선택한다. 그리고 다시 이진 탐색의 과정을 반복한다.

위의 경우에는 찾으려는 값 8이 중앙값 7보다 크므로 중앙값의 오른편에 있는 데이터를 대상으로 다시 중앙값을 선택한다.

1	2	4	7	8	9	12

이제 찾으려는 값 8이 중앙값 9보다 작으므로 중앙값 왼편에 있는 데이터를 대상으로 다시 중앙값을 선택한다.

| 1 | 2 | 4 | 7 | 8 | 9 | 12 |

이제 남은 데이터 8이 중앙값이 되는데, 찾으려는 값 8과 같으므로 탐색을 마친다.

위와 같이 이진 탐색은 탐색 과정에서 탐색 대상을 절반씩 줄이기 때문에 로그 시간에 상당히 빠르게 동작한다. 입력의 크기가 n인 경우 $O(\log n)$ 시간이 소요되어 매우 빠르게 탐색을 할 수 있다. 예를 들어, n=1,000인 경우 10번 정도, n=1,000,000인 경우 20번 정도, n=1,000,000,000인 경우 30번 정도의 탐색으로 원하는 데이터를 찾을 수 있다.

이진 탐색을 직접 코드로 작성할 수도 있지만 파이썬이 제공하는 라이브러리를 사용하면 더 편하게 이진 탐색을 할 수 있다. 코딩테스트에서는 파이썬 라이브러리를 사용하면 되지만, 이진 탐색 코드를 어떻게 작성하는지 알고 있으면 이진 탐색을 응용한 더 어려운 문제들을 해결할 수 있을 것이다.

파이썬의 이진 탐색 라이브러리는 다음과 같다.

1) bisect_left(a, x): 정렬된 순서를 유지하면서 리스트 a에 데이터 x를 삽입할 가장 왼쪽 인덱스를 반환한다. x가 a에 이미 있으면 기존 항목 앞(왼쪽)의 인덱스를 반환한다.

2) bisect_right(a, x): 정렬된 순서를 유지하면서 리스트 a에 데이터 x를 삽입할 가장 오른쪽 인덱스를 반환한다. x가 a에 이미 있으면 기존 항목 뒤(오른쪽)의 인덱스를 반환한다.

정렬된 리스트 a에 다음과 같은 값이 저장되어 있을 때 함수의 반환 값을 이해해 보자.

인덱스	0	1	2	3	4	5	6	7
값	1	1	1	3	4	10	10	10

bisect_left(a, 0): 값 0을 삽입할 위치는 인덱스 0이므로 0을 반환한다.

bisect_left(a, 1): 값 1이 a[0], a[1], a[2]에 있고 맨 왼쪽 인덱스가 0이므로 0을 반환한다.

bisect_left(a, 2): 값 2를 삽입할 위치는 인덱스 3이므로 3을 반환한다.

bisect_left(a, 3): 값 3이 a[3]에 있으므로 3을 반환한다.

bisect_left(a, 10): 값 10이 a[5], a[6], a[7]에 있고 맨 왼쪽 인덱스가 5이므로 5를 반환한다.

bisect_left(a, 11): 값 11은 a[7] 다음에 삽입되어야 하므로 8을 반환한다.

bisect_right(a, 0): 값 0을 삽입할 위치는 인덱스 0이므로 0을 반환한다.

bisect_right(a, 1): 값 1이 a[0], a[1], a[2]에 있고 a[2] 오른쪽에 1을 삽입하면 되므로 3을 반환한다.

bisect_right(a, 2): 값 2를 삽입할 위치는 인덱스 3이므로 3을 반환한다.

bisect_right(a, 3): 값 3이 a[3]에 있고 a[3] 오른쪽에 3을 삽입하면 되므로 4를 반환한다.

bisect_right(a, 10): 값 10이 a[5], a[6], a[7]에 있고 a[7] 오른쪽에 10을 삽입하면 되므로 8을 반환한다.

bisect_right(a, 11): 값 11은 a[7] 다음에 삽입되어야 하므로 8을 반환한다.

다음 [실력 확인하기]의 문제를 통해 이진 탐색과 관련된 문제를 준랩을 통해 풀어보자. 제시된 문제들로 부족할 때는 '백준온라인저지'에서 엄선한 유사 문제를 제공하고 있으니 참고하도록 한다.

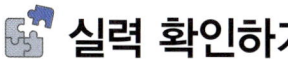 **실력 확인하기**

5-2-1 크거나 같은 원소의 수

난이도 ★★☆☆ **시간제한** 1초 **메모리제한** 128MB

실습 준램(1148번)
더 풀어보기 백준온라인저지(1654번)

크기 n인 정수형 배열 A가 주어진다. 배열 A의 원소는 A[0], A[1], ⋯, A[n−1]이다. 배열 A에는 같은 값을 갖는 원소가 여러 개 존재할 수 있다. 배열 A에 대한 m개의 질의가 저장된 배열 B가 주어진다. 배열 B에 저장된 m개의 질의는 다음과 같은 유형이다.

– k: 배열 A의 원소 중 k보다 크거나 같은 원소의 개수를 출력한다.

배열 B에 저장된 첫 번째 질의부터 m번째 질의까지 순서대로 처리하면서 질의 결과를 출력하자.

입력

첫 번째 줄에 n과 m이 공백을 사이에 두고 순서대로 주어진다.
두 번째 줄에 배열 A의 원소 A[0], A[1], ⋯, A[n−1]이 공백을 사이에 두고 순서대로 주어진다.
세 번째 줄부터 m개의 줄에 걸쳐 m개의 질의가 순서대로 주어진다. 한 줄에 하나의 질의를 나타내는 정수 k가 주어진다.

출력

첫 번째 줄부터 질의 결과를 순서대로 한 줄씩 출력한다.

제한 사항

$1 \leq n, m \leq 100,000$
$1 \leq A[i] \leq 10^{18} \ (0 \leq i \leq n−1)$
$1 \leq k \leq 10^{18}$

예제 입력 1

```
8 5
1 3 5 7 9 11 13 15
2
4
6
8
20
```

예제 출력 1

```
7
6
5
4
0
```

예제 입력 2

```
8 5
2 2 5 5 5 10 15 20
1
2
3
5
30
```

예제 출력 2

```
8
8
6
6
0
```

문제해설

크기 n인 정수형 배열 A, 배열 A에 대한 m개의 질의가 저장된 배열 B가 주어진다. 하나의 질의에는 정수 k가 주어지고, 배열 A의 원소 중 k보다 크거나 같은 원소의 개수를 출력하는 문제다.

예제 입력 1은 n = 8, m = 5, A = [1, 3, 5, 7, 9, 11, 13, 15], B = [2, 4, 6, 8, 20]이다. 첫 번째 질의는 k = 2이다. 배열 A에서 2보다 크거나 같은 원소는 A[1], A[2], A[3], A[4], A[5], A[6], A[7]이다. 따라서 정답은 7이다. 두 번째 질의는 k = 4이다. 배열 A에서 4보다 크거나 같은 원소는 A[2], A[3], A[4], A[5], A[6], A[7]이다. 따라서 정답은 6이다. 세 번째 질의는 k = 6이다. 배열 A에서 6보다 크거나 같은 원소는 A[3], A[4], A[5], A[6], A[7]이다. 따라서 정답은 5이다. 네 번째 질의는 k = 8이다. 배열 A에서 8보다 크거나 같은 원소는 A[4], A[5], A[6], A[7]이다. 따라서 정답은 4다. 다섯 번째 질의는 k = 20이다. 배열 A에서 20보다 크거나 같은 원소는 없으므로 정답은 0이다.

예제 입력 2는 n = 8, m = 5, A = [2, 2, 5, 5, 5, 10, 15, 20], B = [1, 2, 3, 5, 30]이다. 첫 번째 질의는 k = 1이다. 배열 A에서 1보다 크거나 같은 원소는 A[0], A[1], A[2], A[3], A[4], A[5], A[6], A[7]이다. 따라서 정답은 8이다. 두 번째 질의는 k = 2이다. 배열 A에서 2보다 크거나 같은 원소는 A[0], A[1], A[2], A[3], A[4], A[5], A[6], A[7]이다. 따라서 정답은 8이다. 세 번째 질의는 k = 3이다. 배열 A에서 3보다 크거나 같은 원소는 A[2], A[3], A[4], A[5], A[6], A[7]이다. 따라서 정답은 6이다. 네 번째 질의는 k = 5이다. 배열 A에서 5보다 크거나 같은 원소는 A[2], A[3], A[4], A[5], A[6], A[7]이다. 따라서 정답은 6이다. 다섯 번째 질의는 k = 30이다. 배열 A에서 30보다 크거나 같은 원소는 없

으므로 정답은 0이다.

하나의 질의를 처리하기 위해 배열 A의 모든 원소를 탐색하면 $O(n)$의 시간이 소요되고, m개의 질의를 처리하는 데 $O(n*m)$의 시간이 소요된다. $n = 100,000$, $m = 100,000$이면 100억 번의 연산이 수행되어 시간 초과가 발생한다. 하나의 질의를 $O(\log n)$에 처리하는 이진 탐색을 사용하면 $\log(100,000)$은 약 20이므로 $O(m*\log n) = 20 * 100,000 = 2,000,000$번의 연산으로 1초 이내에 문제를 해결할 수 있다.

bisect_left() 함수를 이용하여 배열 A에서 k보다 크거나 같은 원소의 수를 이진 탐색으로 빠르게 구하는 게 핵심이며, 다음과 같은 순서로 문제를 해결해 보자.

자료 구조

- 정수: n, m
- 정수형 배열: A, B

알고리즘

- 이진 탐색을 위해 배열 A를 오름차순으로 정렬한다.
- 배열 B에 저장된 모든 질의 b_i를 순서대로 탐색한다. 배열 A에서 k보다 크거나 같은 원소의 개수를 이진 탐색으로 구한다. 파이썬의 bisect_left() 함수를 이용하면 된다.

소스 코드 예시

```python
# n, A: n개의 정수가 저장된 1차원 배열 A
# m, B: m개의 질의가 저장된 1차원 배열 B
# bisect_left() 함수 사용
from bisect import bisect_left
def solution(n, m, A, B):
    # 배열 A를 오름차순으로 정렬한다.
    A.sort()
```

```
    # m개의 질의를 순서대로 처리한다.
    answer = []
    for k in B:
        i = bisect_left(A, k)
        answer.append(n - i)

    return answer

# 입력을 받고 정답을 출력한다.
n, m = map(int, input().split())
A = list(map(int, input().split()))
B = list(int(input()) for _ in range(m))
C = solution(n, m, A, B)
for c in C:
    print(c)
```

더 생각하기

bisect_left() 함수를 사용하지 않고 문제를 해결할 수 있을까?
bisect_left(A, k) 함수는 이진 탐색을 이용하여 배열 A에서 k보다 크거나 같은 첫 번째 원소의 위치를
$O(\log(n))$ 시간에 반환한다. 이진 탐색 개념과 lo, mid, hi 변수를 이용하여 bisect_left() 함수와 동일한 기
능을 구현해 보자. 코드로 보면 아래와 같다.

```
# n, A: n개의 정수가 저장된 1차원 배열 A
# m, B: m개의 질의가 저장된 1차원 배열 B
def solution(n, m, A, B):
    # 배열 A를 오름차순으로 정렬한다.
    A.sort()

    # m개의 질의를 순서대로 처리한다.
    answer = []
    for k in B:
        # 배열 A의 모든 원소가 k보다 크거나 같은 경우, answer에 n을 넣는다.
```

```python
        if k <= A[0]:
            answer.append(n)
            continue
        # 배열 A의 모든 원소가 k보다 작은 경우, answer에 0을 넣는다.
        elif A[n-1] < k:
            answer.append(0)
            continue

        # 배열 A에서 k보다 크거나 같은 원소의 수를 계산한다. (이진 탐색)
        # - k <= A[i]를 만족하는 가장 작은 i를 찾는다. (0 < i <= n - 1)
        # - A[i - 1] < k <= A[i]
        # - A[i..n-1]이 k 이상의 값을 갖는다.
        # 항상 성립하는 조건: k <= A[hi]
        # - hi의 초깃값인 n-1일 때 성립
        # - 왼쪽 또는 오른쪽 부분 탐색 중에도 성립
        lo = 0
        hi = n - 1
        while lo < hi:
            # mid: A[lo]~A[hi] 중간 지점
            mid = (lo + hi) // 2

            # k가 왼쪽 부분에 있는 경우, 왼쪽 부분을 추가 탐색한다.
            # k <= A[hi] 조건이 유지된다.
            # A[mid]가 k보다 크거나 같으므로 A[mid+1..hi]에는 정답이 없다.
            if k <= A[mid]:
                hi = mid
            # k가 오른쪽 부분에 있는 경우, 오른쪽 부분을 추가 탐색한다.
            # k <= A[hi] 조건이 유지된다.
            # A[mid]가 k보다 작으므로 A[lo..mid]에는 정답이 없다.
            else:
                lo = mid + 1

        # A[hi..n-1]이 k보다 크거나 같은 값을 갖는다.
        answer.append(n - hi)

    return answer
```

5-2-2 큰 원소의 수

난이도 ★★☆☆　　**시간제한** 1초　　**메모리제한** 128MB

실습　　　준랩(1149번)
더 풀어보기　백준온라인저지(2805번)

크기 n인 정수형 배열 A가 주어진다. 배열 A의 원소는 A[0], A[1], …, A[n−1]이다. 배열 A에는 같은 값을 갖는 원소가 여러 개 존재할 수 있다. 배열 A에 대한 m개의 질의가 저장된 배열 B가 주어진다. 배열 B에 저장된 m개의 질의는 다음과 같은 유형이다.

– k: 배열 A의 원소 중 k보다 큰 원소의 개수를 출력한다.

배열 B에 저장된 첫 번째 질의부터 m번째 질의까지 순서대로 처리하면서 질의 결과를 출력하자.

입력

첫 번째 줄에 n과 m이 공백을 사이에 두고 순서대로 주어진다.

두 번째 줄에 배열 A의 원소 A[0], A[1], …, A[n−1]이 공백을 사이에 두고 순서대로 주어진다.

세 번째 줄부터 m개의 줄에 걸쳐 m개의 질의가 순서대로 주어진다. 한 줄에 하나의 질의를 나타내는 정수가 주어진다.

출력

첫 번째 줄부터 질의 결과를 순서대로 한 줄씩 출력한다.

제한 사항

$1 \le n, m \le 100,000$

$1 \le A[i] \le 10^{18} (0 \le i \le n-1)$

$1 \le k \le 10^{18}$

예제 입력 1

```
8 5
1 3 5 7 9 11 13 15
2
4
6
8
20
```

예제 출력 1

```
7
6
5
4
0
```

```
8 5
2 2 5 5 5 10 15 20
1
2
3
5
30
```

```
8
6
6
3
0
```

문제해설

크기 n인 정수형 배열 A, 배열 A에 대한 m개의 질의가 저장된 배열 B가 주어진다. 하나의 질의에는 정수 k가 주어지고, 배열 A의 원소 중 k보다 큰 원소의 개수를 출력하면 된다.

예제 입력 1은 n=8, m=5, A=[1, 3, 5, 7, 9, 11, 13, 15], B=[2, 4, 6, 8, 20]이다. 첫 번째 질의는 k=2이다. 배열 A에서 2보다 큰 원소는 A[1], A[2], A[3], A[4], A[5], A[6], A[7]이므로 정답은 7이다. 두 번째 질의는 k=4이다. 배열 A에서 4보다 큰 원소는 A[2], A[3], A[4], A[5], A[6], A[7]이므로 정답은 6이다. 세 번째 질의는 k=6이다. 배열 A에서 6보다 큰 원소는 A[3], A[4], A[5], A[6], A[7]이므로 정답은 5이다. 네 번째 질의는 k=8이다. 배열 A에서 8보다 큰 원소는 A[4], A[5], A[6], A[7]이므로 정답은 4이다. 다섯 번째 질의는 k=20이다. 배열 A에서 20보다 큰 원소는 없으므로 정답은 0이다.

예제 입력 2는 n=8, m=5, A=[2, 2, 5, 5, 5, 10, 15, 20], B=[1, 2, 3, 5, 30]이다. 첫 번째 질의는 k=1이다. 배열 A에서 1보다 큰 A[0], A[1], A[2], A[3], A[4], A[5], A[6], A[7]이므로 정답은 8이다. 두 번째 질의는 k=2이다. 배열 A에서 2보다 큰 원소는 A[2], A[3], A[4], A[5], A[6], A[7]이므로 정답은 6이다. 세 번째 질의는 k=3이다. 배열 A에서 3보다 큰 원소는 A[2], A[3], A[4], A[5], A[6], A[7]이므로 정답은 6이다. 네 번째 질의는 k=5이다. 배열 A에서 5보다 큰 원소는 A[5], A[6], A[7]이므로 정답은 3이다. 다섯 번째 질의는 k=30이다. 배열 A에서 30보다 큰 원소는 없으므로 정답은 0이다.

하나의 질의를 처리하기 위해 배열 A의 모든 원소를 탐색하면 O(n)의 시간이 소요되고, m개의 질의를 처리하는 데 O(n*m)의 시간이 소요된다. n=100,000, m=100,000

이면 100억 번의 연산이 수행되어 시간 초과가 발생한다. 하나의 질의를 O(logn)에 처리하는 이진 탐색을 사용하면 log(100,000)은 약 20이므로 O(m*logn) = 20 * 100,000 = 2,000,000번의 연산으로 1초 이내에 문제를 해결할 수 있다. bisect_right( ) 함수를 이용하여 배열 A에서 k보다 큰 원소의 수를 이진 탐색으로 빠르게 구하는 게 핵심이며, 다음과 같은 순서로 문제를 해결해 보자.

자료 구조

- 정수: n, m
- 정수형 배열: A, B

알고리즘

- 이진 탐색을 위해 배열 A를 오름차순으로 정렬한다.
- 배열 B에 저장된 모든 질의 b_i를 순서대로 탐색한다. 배열 A에서 k보다 큰 원소의 개수를 이진 탐색으로 구한다. 파이썬의 bisect_right( ) 함수를 이용하면 된다.

소스 코드 예시

```python
# n, A: n개의 정수가 저장된 1차원 배열 A
# m, B: m개의 질의가 저장된 1차원 배열 B
# bisect_right() 함수 사용
from bisect import bisect_right
def solution(n, m, A, B):
    # 배열 A를 오름차순 정렬한다.
    A.sort()

    # m개의 질의를 순서대로 처리한다.
    answer = []
    for k in B:
        i = bisect_right(A, k)
```

```
        answer.append(n - i)

    return answer

# 입력을 받고 정답을 출력한다.
n, m = map(int, input().split())
A = list(map(int, input().split()))
B = list(int(input()) for _ in range(m))
C = solution(n, m, A, B)
for c in C:
    print(c)
```

더 생각하기

bisect_right() 함수를 사용하지 않고 문제를 해결할 수 있을까?
bisect_right(A, k) 함수는 이진 탐색을 이용하여 배열 A에서 k보다 큰 첫 번째 원소의 위치를 $O(\log(n))$ 시간에 반환한다. 이진 탐색 개념과 lo, mid, hi 변수를 이용하여 bisect_right() 함수와 동일한 기능을 직접 구현해 보자. 코드를 보면 다음과 같다.

```
# n, A: n개의 정수가 저장된 1차원 배열 A
# m, B: m개의 질의가 저장된 1차원 배열 B
def solution(n, m, A, B):
    # 배열 A를 오름차순 정렬한다.
    A.sort()

    # m개의 질의를 순서대로 처리한다.
    answer = []
    for k in B:
        # 배열 A의 모든 원소가 k보다 큰 경우, answer에 n을 넣는다.
        if k < A[0]:
            answer.append(n)
            continue
        # 배열 A의 모든 원소가 k보다 작거나 같은 경우, answer에 0을 넣는다.
```

```
        elif A[n - 1] <= k:
            answer.append(0)
            continue

        # 배열 A에서 k보다 큰 원소의 수를 계산한다. (이진 탐색)
        # - k < A[i]를 만족하는 가장 작은 i를 찾는다. (0 < i <= n-1)
        # - A[i - 1] <= k < A[i]
        # - A[i..n-1]이 k보다 큰 값을 갖는다.
        # 항상 성립하는 조건: k < A[hi]
        # - hi의 초깃값인 n-1일 때 성립
        # - 왼쪽 또는 오른쪽 부분 탐색 중에도 성립
        lo = 0
        hi = n - 1
        while lo < hi:
            # mid: A[lo] ~ A[hi] 중간 지점
            mid = (lo + hi) // 2

            # k가 왼쪽 부분에 있는 경우, 왼쪽 부분을 추가 탐색한다.
            # k < A[hi] 조건이 유지된다.
            # A[mid]가 k보다 크므로 A[mid+1..hi]에는 정답이 없다.
            if k < A[mid]:
                hi = mid
            # k가 오른쪽 부분에 있는 경우, 오른쪽 부분을 추가 탐색한다.
            # k < A[hi] 조건이 유지된다.
            # A[mid]가 k보다 작거나 같으므로 A[lo..mid]에는 정답이 없다.
            else:
                lo = mid + 1

        # A[hi..n-1]이 k보다 큰 값을 갖는다.
        answer.append(n - hi)

    return answer
```

5-2-3 구간 안에 있는 원소의 수

난이도 ★★☆☆ **시간제한** 1초 **메모리제한** 128MB

실습	준랩(1150번)
더 풀어보기	백준온라인저지(10816번)

크기 n인 정수형 배열 A가 주어진다. 배열 A의 원소는 A[0], A[1], …, A[n−1]이다. 배열 A에는 같은 값을 갖는 원소가 여러 개 존재할 수 있다. 배열 A에 대한 m개의 질의가 저장된 배열 B가 주어진다. 배열 B에 저장된 m개의 질의는 다음과 같은 유형이다.

– i j: 배열 A의 원소 중 i보다 크거나 같고 j보다 작거나 같은 원소의 개수를 출력한다.

배열 B에 저장된 첫 번째 질의부터 m번째 질의까지 순서대로 처리하면서 질의 결과를 출력하자.

입력

첫 번째 줄에 n과 m이 공백을 사이에 두고 순서대로 주어진다.

두 번째 줄에 배열 A의 원소 A[0], A[1], …, A[n−1]이 공백을 사이에 두고 순서대로 주어진다.

세 번째 줄부터 m개의 줄에 걸쳐 m개의 질의가 순서대로 주어진다. 한 줄에 하나의 질의를 나타내는 정수가 공백을 사이에 두고 순서대로 주어진다.

출력

첫 번째 줄부터 질의 결과를 순서대로 한 줄씩 출력한다.

제한 사항

$1 \leq n, m \leq 100{,}000$

$1 \leq A[i] \leq 10^{18}$ $(0 \leq i \leq n-1)$

$1 \leq i \leq j \leq 10^{18}$

예제 입력 1

```
8 5
1 3 5 7 9 11 13 15
2 10
4 4
6 13
8 13
20 30
```

예제 출력 1

```
4
0
4
3
0
```

예제 입력 2

```
8 5
2 2 5 5 5 10 15 20
1 5
2 5
3 13
5 10
30 30
```

예제 출력 2

```
5
5
4
4
0
```

문제해설

크기 n인 정수형 배열 A, 배열 A에 대한 m개의 질의가 저장된 배열 B가 주어진다. 하나의 질의에는 정수 i, j가 주어지고, 배열 A의 원소 중 i보다 크거나 같고 j보다 작거나 같은 원소의 개수를 출력하면 된다.

예제 입력 1은 n=8, m=5, A=[1, 3, 5, 7, 9, 11, 13, 15], B=[[2, 10], [4, 4], [6, 13], [8, 13], [20, 30]]이다. 첫 번째 질의는 i=2, j=10이다. 배열 A에서 2보다 크거나 같고 10보다 작거나 같은 원소는 A[1], A[2], A[3], A[4]이므로 정답은 4이다. 두 번째 질의는 i=4, j=4이다. 배열 A에서 4보다 크거나 같고 4보다 작거나 같은(즉, 4와 같은) 원소는 없다. 따라서 정답은 0이다. 세 번째 질의는 i=6, j=13이다. 배열 A에서 6보다 크거나 같고 13보다 작거나 같은 원소는 A[3], A[4], A[5], A[6]이므로 정답은 4이다. 네 번째 질의는 i=8, j=13이다. 배열 A에서 8보다 크거나 같고 13보다 작거나 같은 원소는 A[4], A[5], A[6]이므로 정답은 3이다. 다섯 번째 질의는 i=20, j=30이다. 배열 A에서 20보다 크거나 같고 30보다 작거나 같은 원소는 없으므로 정답은 0이다.

예제 입력 2는 n=8, m=5, A=[2, 2, 5, 5, 5, 10, 15, 20], B=[[1, 5], [2, 5], [3, 13], [5, 10], [30, 30]]이다. 첫 번째 질의는 i=1, j=5이다. 배열 A에서 1보다 크거나 같고 5보다 작거나 같은 원소는 A[0], A[1], A[2], A[3], A[4]이므로 정답은 5이다. 두 번째 질의는 i=2, j=5이다. 배열 A에서 2보다 크거나 같고 5보다 작거나 같은 원소는 A[0], A[1], A[2], A[3], A[4]이므로 정답은 5이다. 세 번째 질의는 i=3, j=13이다. 배열 A에서 3보다 크거나 같고 13보다 작거나 같은 원소는 A[2], A[3], A[4], A[5]이므로 정답은 4이다. 네 번째 질의는 i=5, j=10이다. 배열 A에서 5보다 크거나 같고 10보다 작

거나 같은 원소는 A[2], A[3], A[4], A[5]이므로 정답은 4이다. 다섯 번째 질의는 i = 30, j = 30이다. 배열 A에서 30보다 크거나 같고 30보다 작거나 같은(즉, 30과 같은) 원소는 없으므로 정답은 0이다.

하나의 질의를 처리하기 위해 배열 A의 모든 원소를 탐색하면 O(n)의 시간이 소요되고, m개의 질의를 처리하는 데 O(n*m)의 시간이 소요된다. n = 100,000, m = 100,000이면 100억 번의 연산이 수행되어 시간 초과가 발생한다. 하나의 질의를 O(logn)에 처리하는 이진 탐색을 사용하면 log(100,000)은 약 20이므로 O(m*logn) = 20*100,000 = 2,000,000번의 연산으로 1초 이내에 문제를 해결할 수 있다.

배열 A에서 bisect_left() 함수를 이용하여 i보다 크거나 같은 원소의 수를 구하고, bisect_right() 함수를 이용하여 j보다 큰 원소의 수를 구하여, 두 값의 차이로 i보다 크거나 같고 j보다 작거나 같은 원소의 수를 구하는 게 핵심이다. 다음과 같은 순서로 문제를 해결해 보자.

자료 구조

- 정수: n, m
- 정수형 배열: A, B

알고리즘

- 이진 탐색을 위해 배열 A를 오름차순으로 정렬한다.
- 배열 B에 저장된 모든 질의 b_i를 순서대로 탐색한다. 배열 A의 원소 중 i보다 크거나 같고 j보다 작거나 같은 원소의 개수를 이진 탐색으로 구한다. 파이썬의 bisect_left(), bisect_right() 함수를 이용하면 된다.

소스 코드 예시

```
# n, A: n개의 정수가 저장된 1차원 배열 A
# m, B: m개의 질의가 저장된 배열 B
```

```python
# bisect_left, bisect_right 함수 사용
from bisect import bisect_left, bisect_right
def solution(n, m, A, B):
    # 배열 A를 오름차순 정렬한다.
    A.sort()
    # m개의 질의를 순서대로 처리한다.
    answer = []
    for i, j in B:
        x, y = bisect_left(A, i), bisect_right(A, j)
        answer.append(y - x)

    return answer

# 입력을 받고 정답을 출력한다.
n, m = map(int, input().split())
A = list(map(int, input().split()))
B = list(list(map(int, input().split())) for _ in range(m))
C = solution(n, m, A, B)
for c in C:
    print(c)
```

⚙3 수학 소수, 진법, 사칙 연산 문제 해결하기

코딩테스트에 나오는 문제를 해결하기 위해 수학적인 개념이 필요할 때가 있다. 대표적으로 코딩테스트에 나오는 수학으로 정수론이 있고 최근 코딩테스트에 나온 소수, 진법, 사칙 연산에 대해 알아보자.

먼저 소수에 대해서 알아보자. 소수는 1과 자기 자신만을 약수로 갖는 1보다 큰 자연수를 말한다. 예를 들어 2, 3, 5, 7, 11, 13, 17 등이 있다. 코딩테스트에는 어떤 수가 소수인지 확인하는 문제가 자주 등장한다. 어떤 수 n이 소수인지 확인하는 방법을 알아보고, $O(n)$ 시간이 소요되는 느린 방법과 $O(\sqrt{n})$ 시간이 소요되는 빠른 방법을 알아보자.

방법 1. O(n) 시간 소요, 느린 방법

2부터 n−1까지 수 중에서 n의 약수가 있는지 확인하는 방식이다. 즉, 2부터 n−1까지 숫자 i를 탐색하면서 n을 i로 나눈 나머지가 0이 되는지 확인한다. 이러한 i가 1개라도 있으면 i가 n의 약수이므로 n은 소수가 아니다. 반대로 이러한 i가 한 개도 없으면 n의 약수는 1과 n밖에 없으므로 n은 소수이다.

예를 들어, n = 25인 경우를 보자. 2부터 24까지 수 중에서 n의 약수가 있는지 확인한다. 25%2 = 1, 25%3 = 1, 25%4 = 1, 25%5 = 0이므로 2, 3, 4는 25의 약수가 아니고 5는 25의 약수이다. 2보다 크거나 같고 25보다 작은 수 중에서 약수 5가 존재하므로 25는 소수가 아니다. n = 23인 경우를 보자. 23%2 = 1, 23%3 = 2, 23%4 = 3, …, 23%22 = 1이므로 2보다 크거나 같고 23보다 작은 약수가 존재하지 않는다. 따라서 23은 소수이다. n이 큰 경우 2부터 n−1까지 탐색하면서 나머지를 구해야 하므로 많은 시간이 소요되는 단점이 있다. 이렇게 n이 큰 경우 방법 2를 써서 소요 시간을 줄여야 한다.

방법 2. O($\sqrt{n}$) 시간 소요, 빠른 방법

방법 1의 속도를 개선해 보자. 결론부터 말하면 2부터 $\sqrt{n}$까지 수 중에서 n의 약수가 있는지 확인하면 된다.

n이 소수가 아닌 경우를 살펴보자. n이 소수가 아니면 n=a*b(2 ≤ a ≤ b < n, a, b는 정수)인 정수 a, b가 존재한다. a ≤ b이므로 a ≤ $\sqrt{n}$ 이다. 즉, n이 소수가 아니면 $\sqrt{n}$ 보다 작거나 같은 약수가 존재한다. 따라서 2부터 $\sqrt{n}$ 까지의 수 중에서 n의 약수가 있는지 확인하면 n이 소수가 아닌 것을 확인할 수 있다. 이번에는 n이 소수인 경우를 살펴보자. n이 소수이면 n의 약수는 1과 n밖에 없으므로 2부터 $\sqrt{n}$ 까지 수 중에서 n의 약수가 없다. 따라서 2부터 $\sqrt{n}$ 까지 수 중에서 n의 약수가 없으면 소수라고 판단해도 된다.

다음으로 진법에 대해 알아보자.

10진법 수 n의 각 자릿수를 추출하는 방법을 알아보자. 예를 들어, 십진수 n=253의 각 자릿수 2, 5, 3을 추출해 보자. 첫 번째로 n의 자릿수가 고정되어 있는 경우를 살펴보자. n=253처럼 n이 세 자릿수로 되어 있으면 n을 100으로 나누어(n/100) 2를 추출할 수 있다. n에서 200을 뺀 후 10으로 나누면 ((n-200)/10) 십의 자리 5를 추출할 수 있다. n에서 10으로 나눈 나머지(n%10)를 구하면 일의 자리 3을 추출할 수 있다.

두 번째로 n의 자릿수가 고정되어 있지 않은 경우를 살펴보자. 이런 경우 낮은 자릿수부터 구하면 모든 자릿수를 쉽게 추출할 수 있다. n = 253인 경우 n%10을 이용해서 일의 자리 3을 추출할 수 있다. 3을 추출한 후에 n = n/10을 수행하면 n = 25가 된다. 이 상태에서 n%10을 이용해서 5를 추출할 수 있다. 5를 추출한 후에 n = n/10을 수행하면 n = 2가 된다. 이 상태에서 n%10을 이용해서 2를 추출할 수 있다. 2를 추출한 후에 n = n/10을 수행하면 n = 0이 된다. 모든 자릿수를 추출했기 때문에 n = 0이 되면 종료하면 된다.

이번에는 십진수 n을 k진수로 변환할 경우 변환된 k진수의 각 자릿수를 추출하는 방법을 알아보자. 예를 들어, n = 13, k = 2인 경우를 알아보자. 13을 2진수로 변환하면 1101이다. 1101의 각 자릿수 1, 1, 0, 1을 낮은 자릿수부터 높은 자릿수 순서로 추출하면 된다. 가장 낮은 자릿수 1은 n%2로 추출할 수 있다. 가장 낮은 자릿수 1을 추출한 후에 n = n/2를 수행하면 n = 13/2 = 6이 된다. 이 상태에서 n%2를 이용해서 다음 자릿수 0을 추출할 수 있다. 0을 추출한 후에 n = n/2를 수행하면 n = 3이 된다. 이 상태에서 n%2를 이용해서 다음 자릿수 1을 추출할 수 있다. 1을 추출한 후에 n = n/2를 수행하면 n =

1이 된다. 이 상태에서 n%2를 이용해서 다음 자릿수 1을 추출할 수 있다. n＝n/2를 수행하면 n－0이 된다. 모든 자릿수를 추출했기 때문에 n＝0이 되면 종료하면 된다. 이처럼 n을 k진수로 변환할 경우에는 2 대신에 k로 나눈 나머지를 구하고 k로 나누면 된다.

다음 [실력 확인하기]의 문제를 통해 수학과 관련된 문제를 준랩을 통해 풀어보자. 제시된 문제들로 부족할 때는 '백준온라인저지'에서 엄선한 유사 문제를 제공하고 있으니 참고하도록 한다.

 **실력 확인하기**

5-3-1 | k진수 정수 뒤집기

난이도 ★★☆☆　　**시간제한** 1초　　**메모리제한** 128MB

실습　　　　준랩(1151번)
더 풀어보기　백준온라인저지(2745번, 11005번, 3460번, 11179번, 3062번)

양의 정수 n과 k가 10진수 형태로 주어진다. n을 k진수로 변환한 수를 a라고 하자. a를 거꾸로 뒤집은 수를 b라고 하자. k진수 b를 10진수로 출력하자.

> **입력**

첫 번째 줄에 양의 정수 n과 k가 공백을 사이에 두고 순서대로 주어진다.

> **출력**

첫 번째 줄에 k진수 b를 10진수로 출력한다. b의 앞쪽에 있는 0은 모두 제거해서 출력한다.

> **제한 사항**

$1 \leq n \leq 1,000,000$
$2 \leq k \leq 10$

예제 입력 1

15 3

예제 출력 1

7

예제 입력 2

10900 10

예제 출력 2

901

문제해설

　양의 정수 n과 k가 주어진다. n을 k진수로 변환한 수를 거꾸로 뒤집어서 출력하는 문제다.

　예제 입력 1은 n = 15, k = 3이다. 15를 3진수로 변환하면 $a = 120_3$이 된다. 120_3을 거꾸로 뒤집으면 $b = 021_3$이 된다. b를 10진수로 변환하면 7이 된다.

예제 입력 2는 n = 10900, k = 10이다. 10900을 10진수로 변환하면 a = 10900이 된다. a를 거꾸로 뒤집으면 b = 00901이 된다. b를 10진수로 변환하면 00901이 되고 앞쪽에 있는 0을 모두 제거하면 901이 된다.

10진수를 k진수로 변환하여 거꾸로 뒤집어서 출력하는 게 핵심이다. 다음과 같은 순서로 문제를 해결해 보자.

자료 구조

- 정수: n, k

알고리즘

- n을 k진수로 변환한다. 나머지 연산자(%)와 나누기 연산자(/)를 이용하면 된다.
- k진수로 변환한 수를 거꾸로 뒤집어서 10진수로 출력한다. 가장 낮은 자릿수부터 높은 자릿수 순서로 곱하기(*), 더하기(+) 연산자를 이용하면 된다.

소스 코드 예시

```python
# 양의 정수 n과 k가 주어진다.
# n을 k진수로 변환한 수를 a, a를 거꾸로 뒤집은 수를 b라고 하자.
# k진수 b를 10진수 형태로 반환한다.
def solution(n, k):
    # n의 낮은 자릿수부터 높은 자릿수 순서로 탐색하면서 10진수 b를 만들어간다.
    # b: 정답을 나타냄
    b = 0
    while n > 0:
        # d: n을 k진수로 나타낸 경우, 가장 낮은 자릿수를 나타낸다.
        d = n % k

        # n에서 가장 낮은 자릿수 d를 제거한다.
        n = n // k
```

```
        # d를 b의 가장 낮은 자릿수에 추가한다.
        b = b * k + d

    return b

# 입력을 받고 정답을 출력한다.
n, k = map(int, input().split())
print(solution(n, k))
```

k진수 정수의 자릿수 합

난이도 ★★☆☆　　**시간제한** 1초　　**메모리제한** 128MB

실습　　　　준랩(1152번)
더 풀어보기　백준온라인저지(2577번)

양의 정수 n과 k가 10진수 형태로 주어진다. n을 k 진수로 변환한 수를 a라고 하자. a의 각 자리의 수의 합을 k 진수로 변환하여 출력하자. 예를 들어, n=19, k=2이면 a=10011_2, 1+0+0+1+1=3이다. 3은 11_2이므로 11을 출력한다.

입력

첫 번째 줄에 양의 정수 n과 k가 공백을 사이에 두고 순서대로 주어진다.

출력

첫 번째 줄에 정답을 출력한다.

제한 사항

$1 \leq n \leq 1,000,000$

$2 \leq k \leq 10$

예제 입력 1	예제 출력 1
437674 3	101

예제 입력 2	예제 출력 2
110011 10	4

문제해설

양의 정수 n과 k가 주어진다. n을 k진수로 변환한 수의 각 자리의 수의 합을 k진수로 출력하는 문제다.

예제 입력 1은 n = 437674, k = 3이다. 437674를 3진수로 변환하면 211020101011_3이다. 211020101011_3의 각 자리의 수의 합은 $2+1+1+0+2+0+1+0+1+0+1+1 = 10$이다. 10을 3진수로 변환하면 101_3이므로 정답은 101이다.

예제 입력 2는 n = 110011, k = 10이다. 110011을 10진수로 변환하면 110011이다. 110011의 각 자리의 수의 합은 1 + 1 + 0 + 0 + 1 + 1 = 4이다. 4를 10진수로 변환하면 4이므로 정답은 4이다.

10진수를 k진수로 변환하여 각 자리의 수의 합을 구하고 합을 다시 k진수로 변환하는 게 핵심이며, 다음과 같은 순서로 문제를 해결해 보자.

자료 구조

• 정수: n, k

알고리즘

• n을 k진수로 변환한다. k진수로 변환한 수의 모든 자리의 수를 더하여 변수 a에 저장한다. 나머지 연산자(%)와 나누기 연산자(/)를 이용하여 n을 k진수로 변환하면 된다.

• 변수 a에 저장된 값을 k진수로 변환한다. 나머지 연산자(%)와 나누기 연산자(/)를 이용하면 된다.

소스 코드 예시

```python
# 양의 정수 n과 k가 주어진다.
# n을 k진수로 변환한 수에 대해 각 자리의 수의 합을 k진수로 반환한다.
def solution(n, k):
    # n의 낮은 자릿수부터 높은 자릿수 순서로 탐색하면서
    # 각 자리의 수의 합을 a에 저장한다.
    a = 0
    while n > 0:
        # d: n을 k 진수로 나타낸 경우 가장 낮은 자릿수를 나타낸다.
        d = n % k

        # n에서 가장 낮은 자릿수를 제거한다.
```

```
        n = n // k

        # 가장 낮은 자릿수를 a에 더한다.
        a += d

    # a를 k 진수로 변환하여 문자열 b에 저장한다.
    # a의 낮은 자릿수부터 높은 자릿수 순서로 탐색한다.
    b = ''
    while a > 0:
        # d: a를 k 진수로 나타낸 경우, 가장 낮은 자릿수를 나타낸다.
        d = a % k

        # a에서 가장 낮은 자릿수 d를 제거한다.
        a = a // k

        # 가장 낮은 자릿수 d를 문자열 b의 맨 앞에 추가한다.
        b = str(d) + b

    # b를 정수로 변환하여 반환한다.
    return int(b)

# 입력을 받고 정답을 출력한다.
n, k = map(int, input().split())
print(solution(n, k))
```

소수들의 합 구하기

난이도 ★★☆☆　　**시간제한** 1초　　**메모리제한** 128MB

실습　　　준랩(1153번)
더 풀어보기　백준온라인저지(1978번, 1929번, 2581번)

여러 개의 수가 공백으로 구분된 문자열 A가 주어진다. 문자열 A에 있는 수 중에서 소수들의 합을 출력하자.

입력

첫 번째 줄에 여러 개의 수가 공백으로 구분된 문자열 A가 주어진다.

출력

첫 번째 줄에 문자열 A에 있는 소수들의 합을 출력한다.

제한 사항

$1 \leq 수 \leq 1,000,000$

$1 \leq 수의 개수 \leq 100,000$

문자열 A에는 1개 이상의 소수가 존재한다.

예제 입력 1	예제 출력 1
1 2 15 47 29 2	80

문제해설

　여러 개의 수가 공백으로 구분된 문자열 A가 주어진다. 문자열 A에 있는 수 중에서 소수들의 합을 출력하는 문제다.

　예제 입력 1은 A = '1 2 15 47 29 2'이다. A에 있는 수는 1, 2, 15, 47, 29, 2이다. 1은 소수의 정의상 소수가 아니다. 2는 소수이다. 15는 3, 5가 약수이므로 소수가 아니다. 47은 소수이다. 29는 소수이다. 따라서 A에 있는 숫자 중 소수들의 합은 2 + 47 + 29 + 2 = 80이다.

　숫자 n에 대해 O(n)시간에 소수 여부를 판단하면, 100,000개의 숫자를 판단하는 데 100,000 * n의 연산이 필요하다. n = 1,000,000인 경우 $100,000 * 1,000,000 = 10^{11} = 1,000$

초가 소요되어 시간 초과가 발생한다. 숫자 n에 대해 $\sqrt{n}$ 시간에 소수 여부를 판단하면 $100,000 * \sqrt{1,000,000} = 100,000 * 1,000 = 10^8 = 1$초가 소요되어 제한 시간 안에 문제를 해결할 수 있다.

숫자 n에 대해 $\sqrt{n}$ 시간에 소수 여부를 확인하는 게 핵심이다. 다음과 같은 순서로 문제를 해결해 보자.

자료 구조

- 정수형 배열: A

알고리즘

- 배열 A에 저장된 모든 원소 a_i를 첫 번째 원소부터 마지막 원소까지 순서대로 탐색한다.
- 현재 탐색 중인 a_i 중에서 소수인 a_i의 합을 출력한다. 2에서 $\sqrt{a_i}$ 중에서 a_i를 나누어서 나머지가 0인 수(약수)가 있으면 소수가 아니고 없으면 소수이다.

소스 코드 예시

```python
# A: 여러 개의 수를 저장한 1차원 배열
# 배열 A에 포함된 소수의 합을 반환한다.
def solution(A):
    # 배열 A에 포함된 수를 순서대로 탐색한다.
    # answer: 배열 A에 포함된 소수의 합을 저장한다.
    answer = 0
    for a in A:
        if is_prime(a):
            answer += a

    return answer
```

```python
# a가 소수이면 True, 소수가 아니면 False를 반환한다.
# √a 시간복잡도로 소수를 구한다.
def is_prime(a):
    # 1은 소수가 아니다.
    if a < 2:
        return False

    # 2 ~ √a 사이에 a의 약수가 있으면 a는 소수가 아니다.
    i = 2
    while i * i <= a:
        if a % i == 0:
            return False
        i += 1

    # 2 ~ √a 사이에 a의 약수가 없으면 a는 소수다.
    return True

# 입력을 받고 정답을 출력한다.
A = list(map(int, input().split()))
print(solution(A))
```

통화 요금 합계

난이도 ★★☆☆   **시간제한** 1초   **메모리제한** 128MB

실습   준랩(1154번)

n명의 학생이 한 달간 통화한 n개의 통화 시간이 빈칸으로 구분된 문자열 A가 주어진다. 한 개의 통화 시간은 한 명의 학생이 한 달간 통화한 시간을 나타낸다. 한 개의 통화 시간은 시:분 형태로 주어지고 시와 분은 길이가 2인 문자열이다. 통화 요금표는 다음과 같다.

– 기본 시간(분): 100분, 기본 요금(원): 10, 단위 시간(분): 50, 단위 요금(원): 3

통화 요금은 학생별로 통화 시간에 대해 청구된다. 통화 시간이 기본 시간 이하라면 기본 요금이 청구된다. 통화 시간이 기본 시간을 초과하면, 기본 요금에 더해서 초과한 시간에 대해서 단위 시간마다 단위 요금이 청구된다. 초과한 시간이 단위 시간으로 나누어떨어지지 않으면 올림 한다. n명의 학생이 통화한 시간에 대한 요금 합계를 출력하자.

입력

첫 번째 줄에 n명의 학생이 통화한 시간이 공백으로 구분된 문자열 A가 주어진다.

출력

첫 번째 줄에 n명의 학생이 통화한 시간에 대한 요금 합계를 출력한다.

제한 사항

1 ≤ n ≤ 10,000
00 ≤ 시 ≤ 23, 00 ≤ 분 ≤ 59

예제 입력 1	예제 출력 1
00:10 02:30 01:40 03:30	52

문제해설

n명의 학생이 한 달간 통화한 시간과 요금표가 주어지면, n명의 학생이 통화한 시간에 대한 요금 합계를 출력하는 문제다.

예제 입력 1은 n = 4, A = '00:10 02:30 01:40 03:30'이다. 첫 번째 학생의 통화 시간은

00:10 = 10분이다. 10분은 기본 시간 100분 이하이므로 기본 요금 10원이 부과된다. 두 번째 학생의 통화 기록은 02:30 = 150분이고, 100분은 기본 요금 10원이 부과되고 초과 시간 50분은 3원이 부과되어 13원이 부과된다. 세 번째 학생의 통화 기록은 01:40 = 100 분이고, 100분 이하이므로 10원이 부과된다. 네 번째 학생의 통화 기록은 03:30 = 210분 이고, 100분은 기본 요금 10원이 부과되고 초과 시간 110분은 150분으로 올림되어 150 분/50분 * 3원 = 9원이 부과되어 19원이 부과된다. 따라서 학생 4명의 요금 합계는 10 + 13 + 10 + 19 = 52원이다.

문자열로 구성된 시간을 분 단위로 환산하고 요금표에 맞게 요금을 계산하는 게 핵심 이다. 다음과 같은 순서로 문제를 해결해 보자.

자료 구조

- 정수: n
- 문자열: A
- 정수형 배열: fees(요금표)

알고리즘

- 문자열 A에 저장된 모든 통화 시간 a_i를 순서대로 탐색한다.
- 현재 탐색 중인 a_i에 대해서 통화 요금을 계산한다. 시:분 형태의 문자열을 분 단위로 변환한다. fees를 이용하여 변환된 분 단위 시간에 대한 통화 요금을 계산한다.

소스 코드 예시

```python
# '시:분' 형태의 문자열 s를 분 단위 정수로 변환하여 반환한다.
def parse_log(s):
    return int(s[:2]) * 60 + int(s[3:])


# fees: 요금표, t: 통화 시간(분)
# fees 요금표 기준으로 시간 t에 대한 요금을 반환한다.
```

```python
def get_fee(fees, t):
    # money에 기본 요금을 저장한다.
    money = fees[1]

    # 기본 시간을 초과하면, 초과 시간에 대한 초과 요금을 money에 더한다.
    if fees[0] < t:
        money += (t - fees[0] + fees[2] - 1) // fees[2] * fees[3]

    return money


# fees: 요금표(기본 시간, 기본 요금, 단위 시간, 단위 요금)
# A: n명의 학생이 통화한 시간을 저장하는 1차원 배열
# n명의 학생이 통화한 시간에 대한 요금 합계를 반환한다.
def solution(fees, A):
    # total_cost: 요금 합계
    total_cost = 0

    # 통화 기록을 첫 번째 원소부터 마지막 원소 순으로 처리한다. (t: 통화 시간)
    for t in map(parse_log, A):
        total_cost += get_fee(fees, t)

    return total_cost


# 입력을 받고 정답을 출력한다.
A = list(input().split())
fees = [100, 10, 50, 3]
print(solution(fees, A))
```

누적 합, 이진 탐색, 수학

</> 누적 합

1. 누적 합은 나열된 수의 누적된 합을 의미한다.

2. 누적 합을 이용하면 반복적인 구간 합 $A[i]+A[i+1]+\cdots+A[j]$를 누적 합 배열 B를 이용하여 $B[j]-B[i-1]$로 $O(1)$ 시간에 구할 수 있다.

3. 누적 합을 이용하면 반복적인 구간 업데이트($A[i]$, $A[i+1]$, $\cdots$, $A[j]$에 k 더하기)를 $B[i]$에 k를 더하고 $B[j+1]$에 k를 빼는 것으로 $O(1)$에 처리하고 B에 대한 누적 합을 통해서 구간 업데이트를 처리할 수 있다.

4. 시간 구간 00시 00분 00초 ~ 23시 59분 59초에 대한 구간 업데이트와 구간 합 구하기
   - 문자열로 되어 있는 시간을 초 단위 수로 변환
   - 구간 업데이트는 $T[i]$에 1을 더하고 $T[j+1]$에 1을 빼는 것으로 $O(1)$에 처리(3번 참고)
   - 마지막에 주어진 하나의 구간 합은 T에 대한 누적 합을 이용하여 처리(3번 참조)

5. 1차원 배열에 대한 구간 업데이트 구하기
   - 구간 업데이트는 psum[i]에 1을 더하고 psum[j+1]에 1을 빼는 것으로 $O(1)$에 처리(3번 참고)
   - 마지막에 주어진 하나의 구간 합은 psum에 대한 누적 합과 A의 초깃값을 이용하여 처리(3번 참고)

6. 1차원 배열에 대한 구간 업데이트와 구간 합 구하기
   - 구간 업데이트는 psum[i]에 1을 더하고 psum[j+1]에 1을 빼는 것으로 $O(1)$에 처리(3번 참고)
   - 나중에 주어진 여러 개의 구간 합은 psum에 대한 누적 합, A의 초깃값, psum과 A에 대한 누적 합 psum2를 이용하여 처리(3번 참고)

</> 이진 탐색

1. 이진 탐색은 정렬된 리스트에서 탐색 범위를 절반씩 좁혀가며 원하는 값을 찾는 알고리즘으로 코딩테스트 중급 이상 문제에서 성능 최적화에 사용할 수 있다.

2. bisect_left(a, x): 정렬된 순서를 유지하면서 리스트 a에 데이터 x를 삽입할 가장 왼쪽 인덱스를 반환

3. bisect_right(a, x): 정렬된 순서를 유지하도록 리스트 a에 데이터 x를 삽입할 가장 오른쪽 인덱스를 반환

4. 배열 A의 원소 중 k보다 크거나 같은 원소의 개수를 출력하는 m개의 질의 구하기
    - bisect_left() 함수를 이용하여 배열 A에서 k보다 크거나 같은 원소의 수를 이진 탐색으로 빠르게 구하기

5. 배열 A의 원소 중 k보다 큰 원소의 개수를 출력하는 m개의 질의 구하기
    - bisect_right() 함수를 이용하여 배열 A에서 k보다 큰 원소의 수를 이진 탐색으로 빠르게 구하기

6. 배열 A의 원소 중 i보다 크거나 같고 j보다 작거나 같은 원소의 개수를 출력하는 m개의 질의 구하기
    - 배열 A에서 bisect_left() 함수를 이용하여 i보다 크거나 같은 원소의 수를 구하고, bisect_right() 함수를 이용하여 j보다 큰 원소의 수를 구하여, 두 값의 차이로 i보다 크거나 같고 j보다 작거나 같은 원소의 수를 구한다.

</> 수학

1. 코딩테스트에 나오는 수학으로 정수론이 있고 최근 코딩테스트에 나온 소수, 진법, 사칙연산을 공부했다.

2. 10진수 n을 k진수로 변환한 수를 거꾸로 출력하기

– 반복문으로 n의 낮은 자릿수부터 높은 자릿수 순서로 탐색

– n을 거꾸로 출력하는 것은, 이전까지 구한 값에 k를 곱하고 현재 자릿수를 더하는 것으로 구현

1. k진수 n의 자릿수 합을 k진수로 나타내기

– 반복문으로 n의 낮은 자릿수부터 높은 자릿수 순서로 탐색하면서 모든 자릿수 합 a를 구한다.

– a의 가장 낮은 자릿수(a%k)부터 문자열 b의 앞쪽에 추가한다.

– b를 정수로 변환한다.

4. 여러 개의 숫자 중에서 소수의 합 구하기

– 입력으로 주어진 숫자를 차례대로 탐색하면서 소수의 합을 구한다.

– $2 \sim \sqrt{a}$ 사이에 a의 약수가 있으면 a는 소수가 아니고, 약수가 없으면 a는 소수다.

5. n명의 학생이 한 달간 통화한 시간에 대한 요금 합계 계산하기

– '시:분' 형태의 문자열을 분 단위 정수로 변환

– 요금표를 기반으로 통화 요금 계산. 기본 요금을 초과하면 초과한 시간에 대한 초과 요금을 부과한다. 이때, 초과 시간을 단위 시간 기준으로 올림한다.

## Chapter 6

너비 우선 탐색,
최단 경로

시작 정점에서 인접한 정점을 먼저 탐색하는 **너비 우선 탐색**을 통해 가중치가 없는 그래프에서 두 **정점 사이의 최단 경로**를 구하는 문제를 풀어보자. 가중치 그래프에서 **간선들의 가중치 합이 최소**가 되는 경로를 찾는 문제를 **다익스트라** 알고리즘으로 풀어보자.

⚙① 너비 우선 탐색 인접한 정점을 먼저 탐색하기

코딩테스트에서는 그래프의 모든 정점을 방문하여 정답을 구하는 문제가 자주 등장한다. 그래프는 현상이나 사물을 나타내는 정점(Vertex)과 이들 간의 관계(Edge)를 나타내는 간선으로 구성된다. 정점을 노드(node)라고도 하며, 간선에는 가중치가 있을 수도 있고 없을 수도 있다. 간선에 가중치가 있는 경우 가중치는 간선을 연결하는 두 정점 간의 비용을 나타낸다. 그래프의 모든 정점을 방문하는 방법은 다양하지만, 대표적인 것은 너비 우선 탐색(BFS, Breadth-First Search)과 깊이 우선 탐색(DFS, Depth-First Search)이다. 이번 절에서는 너비 우선 탐색을 이용하여 최소 방문 횟수를 구하는 문제에 대해 알아본다.

너비 우선 탐색(BFS)은 그래프의 시작 정점에서 인접한 정점을 먼저 탐색하는 방법이다. 즉, 시작 정점의 인접한 정점들을 차례로 모두 방문하고, 방문했던 정점을 시작점으로 해서 다시 인접한 정점들을 차례로 모두 방문하는 방식이다.

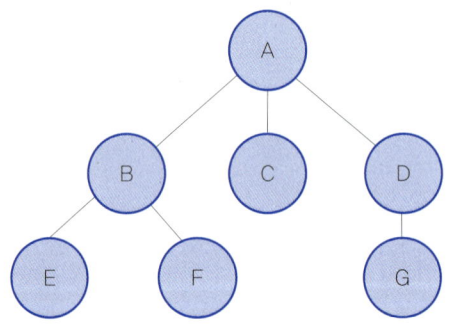

위 그림에서 A를 시작 정점으로 하여 너비 우선 탐색(BFS)을 수행해 보자.

먼저 A와 인접한 B, C, D를 순서대로 방문한다. 그다음 B에 인접한 E, F를 방문하고 D에 인접한 G를 방문한다. 따라서 A를 시작 정점으로 BFS를 수행하면 A, B, C, D, E, F, G 순서로 방문하게 된다. BFS는 이웃한 정점을 순서대로 방문해야 하므로 선입선출 방식 자료 구조인 큐(Queue)를 사용한다. 또한, 멀리 떨어진 정점을 나중에 탐색하기 때문에 두 정점 사이의 최단 경로를 탐색할 때 사용된다. 이제 위 그래프를 큐를 이용하여 모든 정점을 방문하는 예를 알아보자.

1) 맨 처음 큐는 비어있고, 시작 정점은 A이다. 아직 아무 정점도 방문하지 않았다.

2) 큐의 맨 뒤에 시작 정점 A를 삽입한다. 큐에 저장된 정점은 [A], 아직 방문한 정점은 없다.

3) 큐의 맨 앞에 있는 정점 A를 큐에서 제거하고 정점 A를 방문한다. 큐에 저장된 정점은 [ ], 방문한 정점은 [A]이다. A에 인접한 정점 B, C, D를 큐에 삽입한다. 이때 B, C, D를 큐에 넣는 순서는 크게 중요하지 않다. 큐에 저장된 정점은 [B, C, D]이다. [B, C, D]는 B가 큐의 맨 앞, D가 큐의 맨 마지막에 저장되어 있음을 의미한다.

4) 큐의 맨 앞에 있는 정점 B를 큐에서 제거하고 정점 B를 방문한다. 큐에 저장된 정점은 [C, D], 방문한 정점은 [A, B]이다. [A, B]는 A를 먼저 방문하고 B를 나중에 방문했음을 의미한다. B에 인접한 정점 E, F를 큐에 삽입한다. B에 인접한 정점 A는 이미 방문했기 때문에 큐에 넣지 않는다. 큐에 저장된 정점은 [C, D, E, F]이다.

5) 큐의 맨 앞에 있는 정점 C를 큐에서 제거하고 정점 C를 방문한다. 큐에 저장된 정점은 [D, E, F], 방문한 정점은 [A, B, C]이다. C에 인접한 정점 A는 이미 방문했기 때문에 큐에 넣지 않는다.

6) 큐의 맨 앞에 있는 정점 D를 큐에서 제거하고 정점 D를 방문한다. 큐에 저장된 정점은 [E, F], 방문한 정점은 [A, B, C, D]이다. D에 인접한 정점 G를 큐에 넣는다. D에 인접한 정점 A는 이미 방문했기 때문에 큐에 넣지 않는다. 큐에 저장된 정점은 [E, F, G]이다.

7) 큐의 맨 앞에 있는 정점 E를 큐에서 제거하고 정점 E를 방문한다. 큐에 저장된 정점은 [F, G], 방문한 정점은 [A, B, C, D, E]이다. E에 인접한 정점 B는 이미 방문했기 때문에 큐에 넣지 않는다.

8) 큐의 맨 앞에 있는 정점 F를 큐에서 제거하고 정점 F를 방문한다. 큐에 저장된 정점은 [G], 방문한 정점은 [A, B, C, D, E, F]이다. F에 인접한 정점 B는 이미 방문

했기 때문에 큐에 넣지 않는다.

9) 큐의 맨 앞에 있는 정점 G를 큐에서 제거하고 정점 G를 방문한다. 큐에 저장된 정점은 [ ], 방문한 정점은 [A, B, C, D, E, F, G]이다. G에 인접한 정점 D는 이미 방문했기 때문에 큐에 넣지 않는다.

10) 큐에 저장된 정점이 없으므로 너비 우선 탐색을 종료한다.

위의 내용을 기반으로 너비 우선 탐색 알고리즘은 다음과 같이 동작한다.

---

1) 비어있는 큐를 선언한다. 아직 아무 정점도 방문하지 않았다.

2) 큐에 시작 정점을 삽입한다.

3) 큐에 저장된 정점이 없을 때까지 다음의 동작을 반복 수행한다.

① 큐의 맨 앞에 있는 정점 u를 큐에서 제거하고 정점 u를 방문한다.

② 정점 u에 인접한 정점 중에서 아직 방문하지 않은 정점들을 큐에 삽입한다. 큐에 여러 개의 정점이 삽입되는 경우 큐에 삽입되는 정점의 순서는 중요하지 않은 경우가 대부분이다.

다음으로 깊이 우선 탐색(DFS)은 그래프에서 시작 정점의 자식 정점을 하나 방문한 다음 아래로 내려갈 수 있을 때까지 내려가면서 정점을 방문한다. 더 내려가서 방문할 정점이 없으면 위로 되돌아오면서 내려갈 수 있는 정점이 있으면 바로 내려간다.

그림에서 정점 A를 시작 정점으로 하여 DFS를 수행해 보자.

먼저 정점 A와 인접한 정점 B를 방문한다. 이때 정점 A에 인접한 정점 B, C, D 중에서 어떤 정점부터 방문하는지는 중요하지 않은 경우가 대부분이다. 정점 B에 인접한 정점 E를 방문한다. 정점 E에서 더 방문할 정점이 없으므로 다시 정점 B로 되돌아온다. 정점 B에 인접한 정점 F를 방문한다. 정점 F에서 더 방문할 정점이 없으므로 정점 B로 되돌아온다. 정점 B에서 더 방문할 정점이 없으므로 정점 A로 되돌아온다. 정점 A에 인접한 정점 C를 방문한다. 정점 C에서 더 방문할 정점이 없으므로 정점 A로 되돌아온다.

정점 A에 인접한 정점 D를 방문한다. 정점 D와 인접한 정점 G를 방문한다. 정점 G에서 더 방문할 정점이 없으므로 정점 D로 되돌아온다. 정점 D에서 더 방문할 정점이 없으므로 정점 A로 되돌아온다. 정점 A에서 더 방문할 정점이 없으므로 DFS를 종료한다.

DFS는 자식 정점을 하나 방문한 다음 아래로 내려갈 수 있을 때까지 내려가면서 방문하기 때문에 후입선출 방식 자료 구조인 스택(Stack)을 사용한다. 이제 위 그래프를 스택을 이용하여 모든 정점을 방문하는 예를 알아보자.

1) 맨 처음 스택은 비어있고, 시작 정점은 A이다. 아직 아무 정점도 방문하지 않았다.

2) 스택의 가장 위에 시작 정점 A를 스택에 삽입한다. 스택에 저장된 정점은 [A], 아직 방문한 정점은 없다.

3) 스택의 맨 위에 저장된 정점 A를 스택에서 제거하고 정점 A를 방문한다. 스택에 저장된 정점은 [ ], 방문한 정점은 [A]이다. A에 인접한 정점 B, C, D를 스택의 가장 위에 넣는다. 이때 B, C, D를 스택에 넣는 순서는 크게 중요하지 않다. 문제 설명을 위해 D, C, B 순서로 스택에 넣는다. 스택에 저장된 정점은 [B, C, D]이다. [B, C, D]는 스택의 맨 위에 B, 맨 아래에 D가 있음을 의미한다.

4) 스택의 맨 위에 있는 정점 B를 스택에서 제거하고 정점 B를 방문한다. 스택에 저장된 정점은 [C, D], 방문한 정점은 [A, B]이다. [A, B]는 A를 먼저 방문하고 B를 나중에 방문했음을 의미한다. B에 인접한 정점 F, E를 스택의 맨 위에 넣는다. 스택에 저장된 정점은 [E, F, C, D]이다. 정점 A는 이미 방문했기 때문에 스택에 넣지 않는다.

5) 스택의 맨 위에 있는 정점 E를 스택에서 제거하고 정점 E를 방문한다. 스택에 저장된 정점은 [F, C, D], 방문한 정점은 [A, B, E]이다. 정점 E에 인접한 정점 B는 이미 방문했으므로 스택에 넣지 않는다.

6) 스택의 맨 위에 있는 정점 F를 스택에서 제거하고 정점 F를 방문한다. 스택에 저장된 정점은 [C, D], 방문한 정점은 [A, B, E, F]이다. 정점 F에 인접한 정점 B는 이미 방문했으므로 스택에 넣지 않는다.

7) 스택의 맨 위에 있는 정점 C를 스택에서 제거하고 정점 C를 방문한다. 스택에 저

장된 정점은 [D], 방문한 정점은 [A, B, E, F, C]이다. 정점 C에 인접한 정점 A는 이미 방문했으므로 스택에 넣지 않는다.

8) 스택의 맨 위에 있는 정점 D를 스택에서 제거하고 정점 D를 방문한다. 스택에 저장된 정점은 [ ], 방문한 정점은 [A, B, E, F, C, D]이다. 정점 D에 인접한 정점 G를 스택의 맨 위에 넣는다. 스택에 저장된 정점은 [G]이다. 정점 D와 인접한 정점 A는 이미 방문했으므로 스택에 넣지 않는다.

9) 스택의 맨 위에 있는 정점 G를 스택에서 제거하고 정점 G를 방문한다. 스택에 저장된 정점은 [ ], 방문한 정점은 [A, B, E, F, C, D, G]이다. 정점 G에 인접한 정점 D는 이미 방문했으므로 스택에 넣지 않는다.

10) 스택에 저장된 정점이 없으므로 깊이 우선 탐색을 종료한다.

위의 내용을 기반으로 깊이 우선 탐색 알고리즘은 다음과 같이 동작한다.

---

1) 비어있는 스택을 선언한다. 아직 아무 정점도 방문하지 않았다.

2) 스택에 시작 정점을 삽입한다.

3) 스택에 저장된 정점이 없을 때까지 아래 동작을 반복 수행한다.

 ① 스택의 맨 위에 있는 정점 u를 스택에서 제거하고 정점 u를 방문한다.

 ② 정점 u에 인접한 정점 중에서 아직 방문하지 않은 정점들을 스택의 맨 위에 삽입한다. 스택에 여러 개의 정점이 삽입되는 경우 스택에 삽입되는 정점의 순서는 중요하지 않는 경우가 대부분이다.

다음 [실력 확인하기]의 문제를 통해 너비 우선 탐색(BFS)과 관련된 문제를 준랩을 통해 풀어보자. 제시된 문제들로 부족할 때는 '백준온라인저지'에서 엄선한 유사 문제를 제공하고 있으니 참고하도록 한다.

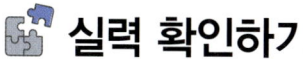
실력 확인하기

6-1-1	빠른 숫자 탐색

난이도 ★★☆☆ **시간제한** 1초 **메모리제한** 128MB

실습 준랩(1533번)
더 풀어보기 백준온라인저지(2178번, 2667번, 2606번, 24444번)

5×5 크기의 보드가 주어진다. 보드는 1×1 크기의 정사각형 격자로 이루어져 있다. 보드의 격자에는 −1, 0, 1중 하나의 숫자가 적혀 있다. 격자의 위치는 (r, c)로 표시한다. r은 행 번호, c는 열 번호를 나타낸다. 행 번호는 맨 위 위치가 0이고 아래 방향으로 1씩 증가한다. 열 번호는 맨 왼쪽 위치가 0이고 오른쪽 방향으로 1씩 증가한다. 즉, 맨 왼쪽 위 위치가 (0, 0), 맨 아래 오른쪽 위치가 (4, 4)이다. −1이 적혀 있는 칸으로는 이동할 수 없고 0, 1이 적혀 있는 칸으로는 이동할 수 있다.

현재 한 명의 학생이 (r, c) 위치에 있고 한 번의 이동으로 상, 하, 좌, 우 방향 중에서 한 방향으로 한 칸 이동할 수 있다. 학생이 현재 위치 (r, c)에서 시작하여 1이 적혀 있는 칸에 도착하기 위한 최소 이동 횟수를 출력하자. 현재 위치 (r, c)에서 시작하여 1이 적혀 있는 칸으로 이동할 수 없는 경우 −1을 출력한다. 보드에는 1이 적혀 있는 격자가 1개 주어진다.

입력

첫 번째 줄부터 다섯 개의 줄에 걸쳐 보드의 정보가 순서대로 주어진다. i번째 줄의 j번째 숫자는 보드의 (i−1)번째 행, (j−1)번째 열의 정보를 나타낸다. 보드의 정보는 −1, 0, 1중 하나이다.
다음 줄에 학생의 현재 위치 r, c가 빈칸을 사이에 두고 순서대로 주어진다.

출력

학생이 현재 위치 (r, c)에서 1이 적혀 있는 칸에 도착하기 위한 최소 이동 횟수를 출력한다. 현재 위치 (r, c)에서 1이 적혀 있는 칸으로 이동할 수 없는 경우 −1을 출력한다.

제한 사항

$0 \leq r, c \leq 4$
학생의 현재 위치 (r, c)에는 0이 적혀 있다.
1이 적혀 있는 격자가 1개 주어진다.

예제 입력 1

```
0 0 1 0 0
0 0 -1 0 0
0 0 0 0 0
0 0 -1 0 0
0 0 0 -1 0
1 1
```

예제 출력 1

```
2
```

예제 입력 2

```
0 0 -1 0 0
0 0 -1 0 0
0 0 -1 0 0
0 0 -1 0 0
0 0 -1 0 1
1 1
```

예제 출력 2

```
-1
```

문제해설

5×5 크기의 보드 A가 주어진다. 보드의 격자에는 −1, 0, 1중 하나의 숫자가 적혀 있다. 학생은 한 번의 이동으로 상, 하, 좌, 우 방향 중에서 한가지 방향으로 한 칸 이동할 수 있다. 학생이 현재 위치 (r, c)에서 시작하여 1이 적혀 있는 칸에 도착하기 위한 최소 이동 횟수를 출력하는 문제다.

예제 입력 1은 A = [[0, 0, 1, 0, 0], [0, 0, −1, 0, 0], [0, 0, 0, 0, 0], [0, 0, −1, 0, 0], [0, 0, 0, −1, 0]], (r, c) = (1, 1)이다. A[0][2]에 1이 있으므로 A[1][1]→A[0][1]→A[0][2]로 이동하는 게 최소 이동이다. 따라서 정답은 2다.

예제 입력 2는 A = [[0, 0, −1, 0, 0], [0, 0, −1, 0, 0], [0, 0, −1, 0, 0], [0, 0, −1, 0, 0], [0, 0, −1, 0, 1]], (r, c) = (1, 1)이다. A[4][4]에 1이 있다. A[0][2], A[1][2], A[2][2], A[3][2], A[4][2]에는 이동할 수 없으므로 A[1][1]에서 A[4][4]로 이동할 수 없다. 따라서 정답은 −1이다.

BFS를 이용하여 현재 칸에서 1이 있는 칸으로 최소 횟수로 이동하는 게 핵심이다. 다음과 같은 순서로 문제를 해결해 보자.

자료 구조

- 정수: (sr, sc)(학생의 현재 위치)
- 정수형 배열: A(보드 정보)

알고리즘

- 배열 A에서 1이 적혀 있는 칸의 정보를 구한다.
- (sr, sc)에서 1이 적혀 있는 칸으로 이동하는 최소 이동 횟수를 아래와 같이 구한다.
  - 격자를 정점으로 갖고 상하좌우로 이웃한 정점끼리 가중치가 없는 간선을 연결한 그래프를 생성한다.
  - (sr, sc) 위치의 칸을 시작 정점으로 한다.
  - 1이 적혀 있는 칸을 도착 정점으로 한다.
  - 시작 정점에서 도착 정점까지의 최단 거리를 너비 우선 탐색(BFS)으로 구한다.

소스 코드 예시

```python
from collections import deque

# A: 5×5 크기의 보드 정보가 저장된 2차원 배열
# (sr, sc): 학생의 현재 위치
# 학생이 현재 위치 (sr, sc)에서 시작하여
# 1이 적혀 있는 칸에 도착하기 위한 최소 이동 횟수를 반환한다.
# 학생이 현재 위치 (sr, sc)에서 시작하여
# 1이 적혀 있는 칸으로 이동할 수 없는 경우 -1을 반환한다.
def solution(A, sr, sc):
    # 1이 적혀 있는 칸의 위치 (tr, tc)를 구한다.
    tr, tc = 0, 0
    for r in range(5):
        for c in range(5):
            if A[r][c] == 1:
                tr, tc = r, c
```

```
        # (sr, sc)에서 (tr, tc)로 이동하기 위한 최소 이동 횟수를 반환한다.
        return get_move_count(A, sr, sc, tr, tc)


# A[sr][sc]에서 A[tr][tc]로 이동하기 위한 최소 이동 횟수를 반환한다.
def get_move_count(A, sr, sc, tr, tc):
    # dd: 상, 하, 좌, 우 이동 시 (행, 열) 변화량을 저장하는 2차원 배열
    # visited[r][c]: (r, c) 위치를 방문한 경우 1을, 방문 안한 경우 0(초깃값)을 저장
    # dist[r][c]: (sr, sc)에서 (r, c)로 이동하기 위한 최소 이동 횟수를 저장
    dd = [[-1, 0], [1, 0], [0, -1], [0, 1]]
    visited = [[0] * 5 for _ in range(5)]
    dist = [[0] * 5 for _ in range(5)]

    # q: BFS에 사용할 큐
    # 시작 위치 (sr, sc)를 q에 넣는다.
    q = deque()
    q.append([sr, sc])

    # A[sr][sc]를 방문했고, 이동 횟수를 0으로 설정한다.
    visited[sr][sc] = 1
    dist[sr][sc] = 0

    # 큐를 이용하여 시작 위치 (sr, sc)에서
    # 도착 위치 (tr, tc)까지 너비 우선 탐색한다.
    while len(q) != 0:
        # (r, c): 큐의 맨 앞에 있는 값을 꺼내서 (r, c)에 저장한다.
        r, c = q.popleft()

        # 목적지에 도달하면, 최소 이동 횟수를 반환한다.
        if r == tr and c == tc:
            return dist[r][c]

        # 상, 하, 좌, 우 방향으로 한 칸 이동한다.
        for dr, dc in dd:
```

```
                    # (nr, nc): 다음 이동 위치
                    # A[nr][nc]를 아직 방문하지 않은 경우, A[nr][nc]로 이동한다.
                    nr = r + dr; nc = c + dc
                    if in_range(nr, nc) == True and visited[nr][nc] == 0 and \
                        A[nr][nc] != -1:
                        q.append([nr, nc])
                        dist[nr][nc] = dist[r][c] + 1
                        visited[nr][nc] = 1


        # A[tr][tc]에 도달할 수 없는 경우, -1을 반환한다.
        return -1


# (r, c)가 보드 내에 위치하면 True, 아니면 False를 반환한다.
def in_range(r, c):
    return 0 <= r <= 4 and 0 <= c <= 4


# 입력을 받고 정답을 출력한다.
A = list(list(map(int, input().split())) for _ in range(5))
sr, sc = map(int, input().split())
print(solution(A, sr, sc))
```

빠른 오름차순 숫자 탐색

난이도 ★★★☆   시간제한 1초   메모리제한 128MB

실습   준랩(1540번)
더 풀어보기   백준온라인저지(7576번, 11724번, 24445번)

5×5 크기의 보드가 주어진다. 보드는 1×1 크기의 정사각형 격자로 이루어져 있다. 보드의 격자에는 −1, 0, 1, 2, 3, 4, 5, 6중 하나의 수가 적혀 있다. 격자의 위치는 (r, c)로 표시한다. r은 행 번호, c는 열 번호를 나타낸다. 행 번호는 맨 위 위치가 0이고 아래 방향으로 1씩 증가한다. 열 번호는 맨 왼쪽 위치가 0이고 오른쪽으로 1씩 증가한다. 즉, 맨 왼쪽 위 위치가 (0, 0), 맨 아래 오른쪽 위치가 (4, 4)이다. −1이 적혀 있는 칸으로는 이동할 수 없고 0, 1, 2, 3, 4, 5, 6이 적혀 있는 칸으로는 이동할 수 있다.

현재 한 명의 학생이 (r, c) 위치에 있고 한 번의 이동으로 상, 하, 좌, 우 방향 중에서 한가지 방향으로 한 칸 이동할 수 있다. 학생이 현재 위치 (r, c)에서 시작하여 1, 2, 3, 4, 5, 6이 적혀 있는 칸을 순서대로 방문하려고 한다. 보드에는 1, 2, 3, 4, 5, 6이 적혀 있는 칸이 1개씩 존재하고 1, 2, 3, 4, 5, 6이 적혀 있는 칸을 여러 번 방문할 수 있다. 즉, 1이 적혀 있는 칸에서 2가 적혀 있는 칸으로 이동하고, 2가 적혀 있는 칸에서 3이 적혀 있는 칸으로 이동하고, … , 5가 적혀 있는 칸에서 6이 적혀 있는 칸으로 이동한다. i가 적혀 있는 칸에서 $i+1$이 적혀 있는 칸으로 이동할 때 다른 번호가 적힌 칸을 방문해도 된다($1 \leq i \leq 5$). 마찬가지로 현재 위치 (r, c)에서 1이 적혀 있는 칸으로 이동할 때 다른 번호가 적힌 칸을 방문해도 된다.

학생이 현재 위치 (r, c)에서 시작하여 1, 2, 3, 4, 5, 6이 적혀 있는 칸을 순서대로 방문하는 최소 이동 횟수를 출력하자. 학생이 현재 위치 (r, c)에서 시작하여 1, 2, 3, 4, 5, 6이 적혀 있는 칸을 순서대로 방문할 수 없는 경우 −1을 출력한다.

입력

첫 번째 줄부터 다섯 개의 줄에 걸쳐 보드의 각 칸에 적혀 있는 수가 순서대로 주어진다. i번째 줄의 j번째 수는 보드의 (i−1)번째 행, (j−1)번째 열에 적혀 있는 수를 나타낸다. 보드의 각 칸에 적혀 있는 수는 −1, 0, 1, 2, 3, 4, 5, 6중 하나이다.

다음 줄에 학생의 현재 위치 r, c가 빈칸을 사이에 두고 순서대로 주어진다.

출력

학생이 현재 위치 (r, c)에서 시작하여 1, 2, 3, 4, 5, 6이 적혀 있는 칸을 순서대로 방문하는 최소 이동 횟수를 출력한다. 학생이 현재 위치 (r, c)에서 시작하여 1, 2, 3, 4, 5, 6이 적혀 있는 칸을 순서대로 방문할 수 없는 경우 −1을 출력한다.

0 ≤ r, c ≤ 4

학생의 현재 위치 (r, c)에는 0이 적혀 있다.

1, 2, 3, 4, 5, 6이 적혀 있는 칸이 1개씩 주어진다.

예제 입력 1

```
0 0 1 0 0
0 0 2 0 0
0 0 3 0 0
0 0 4 0 0
0 0 5 6 -1
0 1
```

예제 출력 1

```
6
```

예제 설명

(0, 1) → (0, 2) → (1, 2) → (2, 2) → (3, 2) → (4, 2) → (4, 3)이 최소 이동이다.

예제 입력 2

```
0 0 1 0 0
0 0 2 0 0
0 0 3 0 0
0 0 4 6 0
0 0 5 -1 0
0 1
```

예제 출력 2

```
7
```

예제 입력 3

```
0 0 -1 1 0
0 0 -1 2 0
0 0 -1 3 0
0 0 -1 4 0
0 0 -1 5 6
0 1
```

예제 출력 3

```
-1
```

문제해설

5×5 크기의 보드 A가 주어진다. 보드의 격자에는 −1, 0, 1, 2, 3, 4, 5, 6중 하나의 숫자가 적혀 있다. 학생은 한 번의 이동으로 상, 하, 좌, 우 방향 중에서 한가지 방향으로 한 칸 이동할 수 있다. 학생이 현재 위치 (r, c)에서 시작하여 1, 2, 3, 4, 5, 6이 적혀 있는 칸을 순서대로 방문하는 최소 이동 횟수를 출력하는 문제다.

예제 입력 1은 A=[[0, 0, 1, 0, 0], [0, 0, 2, 0, 0], [0, 0, 3, 0, 0], [0, 0, 4, 0, 0], [0, 0, 5, 6, −1]], (r, c)=(0, 1)이다. A[0][1]에서 오른쪽으로 이동하면 1이 있는 위치 A[0][2]로 최소 이동 횟수 1회로 이동할 수 있다. A[0][2]에서 아래쪽으로 이동하면 2가 있는 위치 A[1][2]로 최소 이동 횟수 1회로 이동할 수 있다. A[1][2]에서 아래쪽으로 이동하면 3이 있는 위치 A[2][2]로 최소 이동 횟수 1회로 이동할 수 있다. A[2][2]에서 아래쪽으로 이동하면 4가 있는 위치 A[3][2]로 최소 이동 횟수 1회로 이동할 수 있다. A[3][2]에서 아래쪽으로 이동하면 5가 있는 위치 A[4][2]로 최소 이동 횟수 1회로 이동할 수 있다. A[4][2]에서 오른쪽으로 이동하면 6이 있는 위치 A[4][3]으로 최소 이동 횟수 1회로 이동할 수 있다. 따라서 총 6회 이동으로 현재 위치 A[0][1]에서 6이 있는 위치 A[4][3]으로 이동할 수 있다.

예제 입력 2는 A=[[0, 0, 1, 0, 0], [0, 0, 2, 0, 0], [0, 0, 3, 0, 0], [0, 0, 4, 6, 0], [0, 0, 5, −1, 0]], (r, c)=(0, 1)이다. A[0][1]에서 오른쪽으로 이동하면 1이 있는 위치 A[0][2]로 최소 이동 횟수 1회로 이동할 수 있다. A[0][2]에서 아래쪽으로 이동하면 2가 있는 위치 A[1][2]로 최소 이동 횟수 1회로 이동할 수 있다. A[1][2]에서 아래쪽으로 이동하면 3이 있는 위치 A[2][2]로 최소 이동 횟수 1회로 이동할 수 있다. A[2][2]에서 아래쪽으로 이동하면 4가 있는 위치 A[3][2]로 최소 이동 횟수 1회로 이동할 수 있다. A[3][2]에서 아래쪽으로 이동하면 5가 있는 위치 A[4][2]로 최소 이동 횟수 1회로 이동할 수 있다. A[4][2]에서 위쪽, 오른쪽으로 이동하면 6이 있는 위치 A[3][3]으로 최소 이동 횟수 2회로 이동할 수 있다. 따라서 총 7회 이동으로 현재 위치 A[0][1]에서 6이 있는 위치 A[4][3]으로 이동할 수 있다.

예제 입력 3은 A=[[0, 0, −1, 1, 0], [0, 0, −1, 2, 0], [0, 0, −1, 3, 0], [0, 0, −1, 4, 0], [0, 0, −1, 5, 6]], (r, c)=(0, 1)이다. A[0][1]에서 1이 있는 A[0][3]으로 이동할 수 없으므로 −1을 출력한다.

현재 위치 (r, c)에서 1, 2, 3, 4, 5, 6이 적혀 있는 칸을 순서대로 BFS를 이용하여 최소 횟수로 이동하는 게 핵심이다. 다음과 같은 순서로 문제를 해결해 보자.

자료 구조

- 정수: (sr, sc)(학생의 현재 위치)
- 정수형 배열: A(보드 정보)

알고리즘

- 격자를 정점으로 갖고 상하좌우로 이웃한 정점끼리 가중치가 없는 간선을 연결한 그래프를 생성한다.
- 배열 A에서 1, 2, 3, 4, 5, 6이 적혀 있는 칸의 정보를 구하고 각각 정점 1, 정점 2, …, 정점 6이라고 하자.
- (sr, sc) 위치의 칸을 시작 정점으로 한다.
- 시작 정점→정점 1→정점 2→ … →정점 6으로 가는 최단 경로를 다음과 같이 구한다.
  - 시작 정점→정점 1로 가는 최단 경로를 너비 우선 탐색으로 구한다.
  - 정점 1→정점 2로 가는 최단 경로를 너비 우선 탐색으로 구한다.
  - ⋮
  - 정점 5→정점 6으로 가는 최단 경로를 너비 우선 탐색으로 구한다.

소스 코드 예시

```python
from collections import deque

# A: 5×5 크기의 보드 정보가 저장된 2차원 배열
# (sr, sc): 학생의 현재 위치
# 학생이 현재 위치 (r, c)에서 시작하여 1, 2, 3, 4, 5, 6이 적혀 있는
# 칸을 순서대로 방문하는 최소 이동 횟수를 반환한다.
# 학생이 현재 위치 (r, c)에서 시작하여 1, 2, 3, 4, 5, 6이 적혀 있는
# 칸을 순서대로 방문할 수 없는 경우 -1을 반환한다.
def solution(A, sr, sc):
```

```python
# 1 ~ 6이 적혀 있는 칸의 위치를 target에 저장한다.
target = list([] for _ in range(6))
for r in range(5):
    for c in range(5):
        if A[r][c] > 0:
            target[A[r][c] - 1] = [r, c]


# (sr, sc)에서 1, 2, 3, 4, 5, 6이 적혀 있는 칸을 순서대로 방문한다.
# answer: 최소 이동 횟수
# (r, c): 현재 위치
answer = 0
r, c = sr, sc
for nr, nc in target:
    # (nr, nc): 다음 이동 위치
    # (r, c)에서 (nr, nc)까지의 최단 거리를 구한다.
    ret = get_move_count(A, r, c, nr, nc)

    # (r, c)에서 (nr, nc)로 방문할 수 없는 경우 -1을 반환한다.
    if ret == -1:
        return -1

    answer += ret
    r, c = nr, nc

return answer


# A[sr][sc]에서 A[tr][tc]로 이동하기 위한 최소 이동 횟수를 반환한다.
def get_move_count(A, sr, sc, tr, tc):
    # dd: 상,하, 좌, 우 이동 시 (행, 열) 변화량을 저장하는 2차원 배열
    # visited[r][c]: (r, c) 위치를 방문한 경우 1, 방문하지 않은 경우 0(초깃값)을 저장
    # dist[r][c]: (sr, sc)에서 (r, c)로 이동하기 위한 최소 이동 횟수를 저장
    dd = [[-1, 0], [1, 0], [0, -1], [0, 1]]
    visited = [[0] * 5 for _ in range(5)]
```

```python
dist = [[0] * 5 for _ in range(5)]

# q: BFS에 사용할 큐
# 시작 위치 (sr, sc)를 q에 넣는다.
q = deque()
q.append([sr, sc])

# A[sr][sc]를 방문했고, 이동 횟수를 0으로 설정한다.
visited[sr][sc] = 1
dist[sr][sc] = 0

# 큐를 이용하여 시작 위치 (sr, sc)에서
# 도착 위치 (tr, tc)까지 너비 우선 탐색한다.
while len(q) != 0:
    # (r, c): 큐의 맨 앞에 있는 값을 꺼내서 (r, c)에 저장한다.
    r, c = q.popleft()

    # 목적지에 도달하면, 최소 이동 횟수를 반환한다.
    if r == tr and c == tc:
        return dist[r][c]

    # 상, 하, 좌, 우 방향으로 이동한다.
    for dr, dc in dd:
        # A[nr][nc]를 아직 방문하지 않은 경우, A[nr][nc]로 이동한다.
        nr = r + dr; nc = c + dc
        if in_range(nr, nc) == True and visited[nr][nc] == 0 and \
            A[nr][nc] != -1:
            q.append([nr, nc])
            dist[nr][nc] = dist[r][c] + 1
            visited[nr][nc] = 1

# A[tr][tc]에 도달할 수 없는 경우
return -1
```

```python
# (r, c)가 보드 내에 위치하면 True, 아니면 False를 반환한다.
def in_range(r, c):
    return 0 <= r <= 4 and 0 <= c <= 4


# 입력을 받고 정답을 출력한다.
A = list(list(map(int, input().split())) for _ in range(5))
sr, sc = map(int, input().split())
print(solution(A, sr, sc))
```

6-1-3 고속의 숫자 탐색

난이도 ★★★☆ **시간제한** 3초 **메모리제한** 128MB

실습	준랩(1541번)
더 풀어보기	백준온라인저지(4963번, 1697번, 24446번)

5×5 크기의 보드가 주어진다. 보드는 1×1 크기의 정사각형 격자로 이루어져 있다. 보드의 격자에는 −1, 0, 1, 7중 하나의 숫자가 적혀 있다. 격자의 위치는 (r, c)로 표시한다. r은 행 번호, c는 열 번호를 나타낸다. 행 번호는 맨 위 위치가 0이고 아래 방향으로 1씩 증가한다. 열 번호는 맨 왼쪽 위치가 0이고 오른쪽 방향으로 1씩 증가한다. 즉, 맨 왼쪽 위 위치가 (0, 0), 맨 아래 오른쪽 위치가 (4, 4)이다. −1이 적혀 있는 칸으로는 이동할 수 없고 0, 1, 7이 적혀 있는 칸으로는 이동할 수 있다.

현재 한 명의 학생이 (r, c) 위치에 있고 한 번의 이동으로 상, 하, 좌, 우 방향 중에서 한 방향으로 한 칸 걸어갈 수 있다. 또한 학생은 한 번의 이동으로 상, 하, 좌, 우 방향 중에서 한 방향으로 −1이 적혀 있는 칸을 만나거나 보드의 밖으로 벗어나서 이동할 수 없을 때까지 뛰어갈 수 있다. 단, 뛰어가는 중에 7이 적혀 있는 칸을 만나면 이동을 끝내고 해당 칸에서 멈춘다. 뛰어가다가 멈추기 전까지 중간에 지나가는 칸은 방문하지 않은 것으로 간주한다. 걸어가는 동작과 뛰어가는 동작 모두 1회 이동으로 생각한다. 학생이 현재 위치 (r, c)에서 시작하여 1이 적혀 있는 칸으로 이동하기 위한 최소 이동 횟수를 출력하자. 학생이 현재 위치 (r, c)에서 시작하여 1이 적혀 있는 칸으로 이동할 수 없는 경우 −1을 출력한다. 보드에는 1이 적혀 있는 격자가 1개 주어진다.

입력

첫 번째 줄부터 다섯 개의 줄에 걸쳐 보드의 정보가 순서대로 주어진다. i번째 줄의 j번째 숫자는 보드의 (i−1)번째 행, (j−1)번째 열의 정보를 나타낸다. 보드의 정보는 −1, 0, 1, 7중 하나이다.

다음 줄에 학생의 현재 위치 r, c가 빈칸을 사이에 두고 순서대로 주어진다.

출력

학생이 현재 위치 (r, c)에서 1이 적혀 있는 칸에 도착하기 위한 최소 이동 횟수를 출력한다. 현재 위치 (r, c)에서 1이 적혀 있는 칸으로 이동할 수 없는 경우 −1을 출력한다.

제한 사항

$0 \le r, c \le 4$

학생의 현재 위치 (r, c)에는 0이 적혀 있다.

1이 적혀 있는 칸이 1개 주어진다.

예제 입력 1

```
0 0 1 0 0
0 7 -1 0 0
0 0 0 0 0
0 0 -1 0 0
0 0 0 -1 0
4 1
```

예제 출력 1

```
3
```

예제 설명

(4, 1) -〉 (1, 1) -〉 (0, 1) -〉 (0, 2)가 최소 이동이다.

예제 입력 2

```
0 0 1 0 0
0 7 -1 0 0
0 0 0 0 0
0 0 -1 0 0
0 0 0 -1 0
4 4
```

예제 출력 2

```
3
```

예제 설명

(4, 4) -〉 (0, 4) -〉 (0, 3) -〉 (0, 2)가 최소 이동이다.

예제 입력 3

```
-1 7 0 7 0
0 -1 7 7 7
0 0 -1 7 7
0 0 0 -1 1
0 0 0 0 -1
1 0
```

예제 출력 3

```
-1
```

예제 설명

(1, 0)에서 1이 있는 (3, 4)로 이동할 방법은 없다.

문제해설

5×5 크기의 보드 A가 주어진다. 보드의 격자에는 -1, 0, 1, 7중 하나의 숫자가 적혀 있다. 학생은 한 번의 이동으로 상, 하, 좌, 우 방향 중에서 한가지 방향으로 한 칸 걸어 갈 수 있다. 또한 학생은 한 번의 이동으로 상, 하, 좌, 우 방향 중에서 한 방향으로 -1

이 적혀 있는 칸을 만나거나 보드의 밖으로 벗어나서 이동할 수 없을 때까지 뛰어갈 수 있다. 단, 뛰어가는 중에 7이 적혀 있는 칸을 만나면 이동을 끝내고 해당 칸에서 멈춘다. 학생이 현재 위치 (r, c)에서 시작하여 1이 적혀 있는 칸에 도착하기 위한 최소 이동 횟수를 출력하는 문제다.

예제 입력 1은 A = [[0, 0, 1, 0, 0], [0, 7, −1, 0, 0], [0, 0, 0, 0, 0], [0, 0, −1, 0, 0], [0, 0, 0, −1, 0]], (r, c) = (4, 1)이다. 현재 위치 (4, 1)에서 위쪽으로 달려가서 7이 있는 (1, 1) 위치로 이동한다. A[1][1]에서 위쪽으로 걸어가서 A[0][1]에 도착한다. A[0][1]에서 오른쪽으로 걸어가서 1이 있는 A[0][2]에 도착한다. 총 이동 횟수는 3이다.

예제 입력 2는 A = [[0, 0, 1, 0, 0], [0, 7, −1, 0, 0], [0, 0, 0, 0, 0], [0, 0, −1, 0, 0], [0, 0, 0, −1, 0]], (r, c) = (4, 4)이다. 현재 위치 (4, 4)에서 위쪽으로 달려가서 (0, 4) 위치로 이동한다. A[0][4]에서 왼쪽으로 두 번 걸어가서 A[0][2]에 도착한다. 총 이동 횟수는 3이다.

예제 입력 3은 A = [[−1, 7, 0, 7, 0], [0, −1, 7, 7, 7], [0, 0, −1, 7, 7], [0, 0, 0, −1, 1], [0, 0, 0, 0, −1]], (r, c) = (1, 0)이다. 현재 위치 A[1][0]에서 1이 있는 A[3][4]로 이동할 방법이 없으므로 정답은 −1이다.

걸어가거나 뛰어가는 경우를 모두 고려하면서 BFS를 이용하여 현재 칸에서 1이 있는 칸으로 최소 횟수로 이동하는 게 핵심이며, 아래와 같은 순서로 문제를 해결해 보자.

자료 구조

- 정수: (sr, sc)(학생의 현재 위치)
- 정수형 배열: A(보드 정보)

알고리즘

- 격자를 정점으로 갖고 상, 하, 좌, 우로 이웃한 정점끼리 가중치가 없는 간선을 연결한 그래프를 생성한다. 또한, 격자 x에서 격자 y로 뛰어갈 수 있는 경우 격자 x에서 격자 y로 가중치가 없는 간선을 연결한다.
- 배열 A에서 1이 적혀 있는 칸을 도착 정점이라고 하자.

- (sr, sc) 위치의 칸을 시작 정점으로 한다.
- 시작 정점 → 도착 정점으로 가는 최단 경로를 너비 우선 탐색으로 구한다.

소스 코드 예시

```python
from collections import deque

# A: 5×5 크기의 보드 정보가 저장된 2차원 배열
# (sr, sc): 학생의 현재 위치
# 학생이 현재 위치 (sr, sc)에서 시작하여
# 1이 적혀 있는 칸에 도착하기 위한 최소 이동 횟수를 반환한다.
# 학생이 현재 위치 (sr, sc)에서 시작하여
# 1이 적혀 있는 칸으로 이동할 수 없는 경우 -1을 반환한다.
def solution(A, sr, sc):
    # 1이 적혀 있는 칸의 위치 (tr, tc)를 구한다.
    tr, tc = 0, 0
    for r in range(5):
        for c in range(5):
            if A[r][c] == 1:
                tr, tc = r, c

    # (sr, sc)에서 (tr, tc)로 이동하기 위한 최소 이동 횟수를 반환한다.
    return get_move_count(A, sr, sc, tr, tc)


# A[sr][sc]에서 A[tr][tc]로 이동하기 위한 최소 이동 횟수를 반환한다.
def get_move_count(A, sr, sc, tr, tc):
    # dd: 상, 하, 좌, 우 이동 시 (행, 열) 변화량을 저장하는 2차원 배열
    # visited[r][c]: (r, c) 위치를 방문한 경우 1을, 방문하지 않은 경우 0(초깃값)을 저장
    # dist[r][c]: (sr, sc)에서 (r, c)로 이동하기 위한 최소 이동 횟수를 저장
    dd = [[-1, 0], [1, 0], [0, -1], [0, 1]]
    visited = [[0] * 5 for _ in range(5)]
    dist = [[0] * 5 for _ in range(5)]

    # q: BFS에 사용할 큐
```

```python
# 시작 위치 (sr, sc)를 q에 넣는다.
q = deque()
q.append([sr, sc])

# A[sr][sc]를 방문했고, 이동 횟수를 0으로 설정한다.
visited[sr][sc] = 1
dist[sr][sc] = 0

# 큐를 이용하여 시작 위치 (sr, sc)에서
# 도착 위치 (tr, tc)까지 너비 우선 탐색한다.
while len(q) != 0:
    # (r, c): 큐의 맨 앞에 있는 값을 꺼내서 (r, c)에 저장한다.
    r, c = q.popleft()

    # 목적지에 도달한 경우, 최소 이동 횟수를 반환한다.
    if r == tr and c == tc:
        return dist[r][c]

    # 상, 하, 좌, 우 방향으로 걸어간다.
    for dr, dc in dd:
        # (nr, nc): 다음 이동 위치
        # (nr, nc)에 이동한 적이 없는 경우 (nr, nc)로 걸어간다.
        nr = r + dr; nc = c + dc
        if in_range(nr, nc) == True and visited[nr][nc] == 0 and \
            A[nr][nc] != -1:
            q.append([nr, nc])
            dist[nr][nc] = dist[r][c] + 1
            visited[nr][nc] = 1

    # 상, 하, 좌, 우 방향으로 뛰어간다.
    for dr, dc in dd:
        # (nr, nc): 다음 이동 위치
        # (dr, dc) 방향으로 뛰어간다.
```

```python
            nr, nc = r, c
            while True:
                # 이웃한 칸이 보드 밖이면 멈춘다.
                if in_range(nr + dr, nc + dc) == False:
                    break

                # 이웃한 칸에 -1이 적혀 있는 경우 멈춘다.
                if A[nr + dr][nc + dc] == -1:
                    break

                # 이웃한 칸으로 이동한다.
                # 이동한 칸에 7이 적혀 있는 경우 멈춘다.
                nr += dr; nc += dc
                if A[nr][nc] == 7:
                    break

            # (nr, nc)에 이동한 적이 없는 경우 (nr, nc)로 뛰어간다.
            if visited[nr][nc] == 0:
                q.append([nr, nc])
                dist[nr][nc] = dist[r][c] + 1
                visited[nr][nc] = 1

    # A[tr][tc]에 도달할 수 없는 경우 -1을 반환한다.
    return -1


# (r, c)가 보드 내에 위치하면 True, 아니면 False를 반환한다.
def in_range(r, c):
    return 0 <= r <= 4 and 0 <= c <= 4


# 입력을 받고 정답을 출력한다.
A = list(list(map(int, input().split())) for _ in range(5))
sr, sc = map(int, input().split())
print(solution(A, sr, sc))
```

난이도 ★★★☆　　시간제한 3초　　메모리제한 128MB

실습　　　　준랩(1542번)
더 풀어보기　백준온라인저지(7562번, 2206번, 24447번)

5×5 크기의 보드가 주어진다. 보드는 1×1 크기의 정사각형 격자로 이루어져 있다. 보드의 격자에는
−1, 0, 1, 2, 3, 4, 5, 6, 7중 하나의 수가 적혀 있다. 격자의 위치는 (r, c)로 표시한다. r은 행 번호, c는
열 번호를 나타낸다. 행 번호는 맨 위 위치가 0이고 아래 방향으로 1씩 증가한다. 열 번호는 맨 왼쪽
위치가 0이고 오른쪽으로 1씩 증가한다. 즉, 맨 왼쪽 위 위치가 (0, 0), 맨 아래 오른쪽 위치가 (4, 4)이
다. −1이 적혀 있는 칸으로는 이동할 수 없고 0, 1, 2, 3, 4, 5, 6, 7이 적혀 있는 칸으로는 이동할 수 있
다.

현재 한 명의 학생이 (r, c) 위치에 있고 한 번의 이동으로 상, 하, 좌, 우 방향 중에서 한가지 방향으로
한 칸 걸어갈 수 있다. 또한 학생은 한 번의 이동으로 상, 하, 좌, 우 방향 중에서 한가지 방향으로 −1
이 적혀 있는 칸을 만나거나 보드의 밖으로 벗어나서 이동할 수 없을 때까지 뛰어갈 수 있다. 단, 뛰
어가는 중에 7이 적혀 있는 칸을 만나면 이동을 끝내고 해당 칸에서 멈춘다. 뛰어가다가 멈추기 전까
지 중간에 지나가는 칸은 방문하지 않은 것으로 간주한다. 걸어가는 동작과 뛰어가는 동작 모두 1회
이동으로 생각한다.

학생이 현재 위치 (r, c)에서 시작하여 1, 2, 3, 4, 5, 6이 적혀 있는 칸을 순서대로 방문하려고 한다. 보
드에는 1, 2, 3, 4, 5, 6이 적혀 있는 칸이 1개씩 존재하고 1, 2, 3, 4, 5, 6이 적혀 있는 칸을 여러 번 방
문할 수 있다. 즉, 1이 적혀 있는 칸에서 2가 적혀 있는 칸으로 이동하고, 2가 적혀 있는 칸에서 3이
적혀 있는 칸으로 이동하고, … , 5가 적혀 있는 칸에서 6이 적혀 있는 칸으로 이동한다. i가 적혀 있는
칸에서 i + 1이 적혀 있는 칸으로 이동할 때 다른 번호가 적힌 칸을 방문해도 된다.(1 ≤ i ≤ 5) 마찬
가지로 현재 위치 (r, c)에서 1이 적혀 있는 칸으로 이동할 때 다른 번호가 적힌 칸을 방문해도 된다.
학생이 현재 위치 (r, c)에서 시작하여 1, 2, 3, 4, 5, 6이 적혀 있는 칸을 순서대로 방문하는 최소 이동
횟수를 출력하자. 학생이 현재 위치 (r, c)에서 시작하여 1, 2, 3, 4, 5, 6이 적혀 있는 칸을 순서대로 방
문할 수 없는 경우 −1을 출력한다.

입력

첫 번째 줄부터 다섯 개의 줄에 걸쳐 보드의 각 칸에 적혀 있는 수가 순서대로 주어진다. i번째 줄의 j
번째 수는 보드의 (i−1)번째 행, (j−1)번째 열에 적혀 있는 수를 나타낸다. 보드의 각 칸에 적혀 있는 수
는 −1, 0, 1, 2, 3, 4, 5, 6, 7중 하나이다.

다음 줄에 학생의 현재 위치 r, c가 빈칸을 사이에 두고 순서대로 주어진다.

학생이 현재 위치 (r, c)에서 시작하여 1, 2, 3, 4, 5, 6이 적혀 있는 칸을 순서대로 방문하는 최소 이동 횟수를 출력한다. 학생이 현재 위치 (r, c)에서 시작하여 1, 2, 3, 4, 5, 6이 적혀 있는 칸을 순서대로 방문할 수 없는 경우 −1을 출력한다.

제한 사항

$0 \le r, c \le 4$

학생의 현재 위치 (r, c)에는 0이 적혀 있다.

1, 2, 3, 4, 5, 6이 적혀 있는 칸이 1개씩 주어진다.

예제 입력 1

```
0 0 1 0 0
0 7 2 0 0
0 0 3 0 0
0 0 4 0 0
0 0 5 6 -1
4 1
```

예제 출력 1

```
7
```

예제 설명

예제 입력 2

예제 출력 2

예제 설명

(4, 1) −〉 (1, 1) −〉 (1, 2) −〉 (0, 2) −〉 (1, 2) −〉 (2, 2) −〉 (3, 2) −〉 (4, 2) −〉 (4, 3)이 최소 이동이다.

예제 입력 3

예제 출력 3

```
−1
```

문제해설

5×5 크기의 보드 A가 주어진다. 보드의 격자에는 −1, 0, 1, 2, 3, 4, 5, 6, 7중 하나의 숫자가 적혀 있다. 학생은 한 번의 이동으로 상, 하, 좌, 우 방향 중에서 한가지 방향으로 한 칸 걸어갈 수 있다. 또한 학생은 한 번의 이동으로 상, 하, 좌, 우 방향 중에서 한 방향으로 −1이 적혀 있는 칸을 만나거나 보드의 밖으로 벗어나서 이동할 수 없을 때까지 뛰어갈 수 있다. 단, 뛰어가는 중에 7이 적혀 있는 칸을 만나면 이동을 끝내고 해당 칸에서 멈춘다. 학생이 현재 위치 (r, c)에서 시작하여 1, 2, 3, 4, 5, 6이 적혀 있는 칸을 순서대로 방문하는 최소 이동 횟수를 출력하는 문제다.

예제 입력 1은 A = [[0, 0, 1, 0, 0], [0, 7, 2, 0, 0], [0, 0, 3, 0, 0], [0, 0, 4, 0, 0], [0, 0, 5, 6, −1]], (r, c) = (4, 1)이다. A[4][1]에서 오른쪽으로 A[4][2]로 걸어가고, A[4][2]에서 A[0][2]로 뛰어가면 2회 이동으로 1이 있는 A[0][2]로 이동할 수 있다. A[0][2]에서 아래쪽으로 이동하면 2가 있는 위치 A[1][2]로 최소 이동 횟수 1회로 이동할 수 있다. A[1][2]에서 아래쪽으로 이동하면 3이 있는 위치 A[2][2]로 최소 이동 횟수 1회로 이동할 수 있다. A[2][2]에서 아래쪽으로 이동하면 4가 있는 위치 A[3][2]로 최소 이동 횟수 1회로 이동할 수 있다. A[3][2]에서 아래쪽으로 이동하면 5가 있는 위치 A[4][2]로 최소 이동 횟수 1회로 이동할 수 있다. A[4][2]에서 오른쪽으로 이동하면 6이 있는 위치 A[4][3]으로 최소 이동 횟수 1회로 이동할 수 있다. 따라서 총 7회 이동으로 현재 위치 A[4][1]에서 1, 2, 3, 4, 5, 6이 있는 위치로 순서대로 이동할 수 있다.

예제 입력 2는 A = [[0, 0, 2, 0, 0], [0, 7, 1, 0, 0], [0, 0, 3, 0, 0], [0, 0, 4, 0, 0], [0, 0, 5, 6, −1]], (r, c) = (4, 1)이다. A[4][1]에서 A[1][1]로 뛰어가고 A[1][2]로 걸어가면 최소 이동 횟수 2회로 1이 있는 A[1][2]로 이동할 수 있다. A[1][2]에서 A[0][2]로 걸어가거나 뛰어가면 최소 이동 횟수 1회로 2가 있는 A[0][2]로 이동할 수 있다. A[0][2]에서 A[1][2], A[2][2]로 걸어가면 최소 이동 횟수 2회로 3이 있는 A[2][2]로 이동할 수 있다. A[2][2]에서 A[3][2]로 걸어가면 최소 이동 횟수 1회로 4가 있는 A[3][2]로 이동할 수 있다. A[3][2]에서 A[4][2]로 걸어가면 최소 이동 횟수 1회로 5가 있는 A[4][2]로 이동할 수 있다. A[4][2]에서 A[4][3]으로 걸어가면 최소 이동 횟수 1회로 6이 있는 위치 A[4][3]으로 이동할 수 있다. 총 8회 이동으로 현재 위치 A[4][1]에서 1, 2, 3, 4, 5, 6이 있는

위치로 순서대로 이동할 수 있다.

예제 입력 3은 A = [[0, 0, −1, 1, 0], [0, 0, −1, 2, 0], [0, 0, −1, 3, 0], [0, 0, −1, 4, 0], [0, 0, −1, 5, 6]], (r, c) = (0, 1)이다. A[0][1]에서 1이 있는 A[0][3]으로 이동할 수 없으므로 −1을 출력한다.

걸어가거나 뛰어가는 경우를 모두 고려하면서 현재 위치 (r, c)에서 1, 2, 3, 4, 5, 6이 적혀 있는 칸을 순서대로 BFS를 이용하여 최소 횟수로 이동하는 게 핵심이다. 다음과 같은 순서로 문제를 해결해 보자.

자료 구조

- 정수: (sr, sc)(학생의 현재 위치)
- 정수형 배열: A(보드 정보)

알고리즘

- 격자를 정점으로 갖고 상하좌우로 이웃한 정점끼리 가중치가 없는 간선을 연결한 그래프를 생성한다. 또한, 격자 x에서 격자 y로 뛰어갈 수 있는 경우 격자 x에서 격자 y로 가중치가 없는 간선을 연결한다.
- 배열 A에서 1, 2, 3, 4, 5, 6이 적혀 있는 칸의 정보를 구하고 각각 정점 1, 정점 2, …, 정점 6이라고 하자.
- (sr, sc) 위치의 칸을 시작 정점으로 한다.
- 시작 정점 → 정점 1 → 정점 2 → … → 정점 6으로 가는 최단 경로를 다음과 같이 구한다.
    - 시작 정점 → 정점 1로 가는 최단 경로를 너비 우선 탐색으로 구한다.
    - 정점 1 → 정점 2로 가는 최단 경로를 너비 우선 탐색으로 구한다.
    - ⋮
    - 정점 5 → 정점 6으로 가는 최단 경로를 너비 우선 탐색으로 구한다.

소스 코드 예시

```python
from collections import deque

# A: 5×5 크기의 보드 정보가 저장된 2차원 배열
# (sr, sc): 학생의 현재 위치
# 학생이 현재 위치 (r, c)에서 시작하여 1, 2, 3, 4, 5, 6이 적혀 있는
# 칸을 순서대로 방문하는 최소 이동 횟수를 반환한다.
# 학생이 현재 위치 (r, c)에서 시작하여 1, 2, 3, 4, 5, 6이 적혀 있는
# 칸을 순서대로 방문할 수 없는 경우 -1을 반환한다.
def solution(A, sr, sc):
    # 1 ~ 6이 적혀 있는 칸의 위치를 target에 저장한다.
    target = list([] for _ in range(6))
    for r in range(5):
        for c in range(5):
            if A[r][c] > 0 and A[r][c] < 7:
                target[A[r][c] - 1] = [r, c]

    # (sr, sc)에서 1, 2, 3, 4, 5, 6이 적혀 있는 칸을 순서대로 방문한다.
    # answer: 최소 이동 횟수
    # (r, c): 현재 위치
    answer = 0
    r, c = sr, sc
    for nr, nc in target:
        # (r, c)에서 (nr, nc)까지의 최단 거리를 구한다.
        ret = get_move_count(A, r, c, nr, nc)

        # (r, c)에서 (nr, nc)로 방문할 수 없는 경우 -1을 반환한다.
        if ret == -1:
            return -1

        answer += ret
        r, c = nr, nc
```

```
    return answer


# A[sr][sc]에서 A[tr][tc]까지의 최단 거리를 반환한다.
def get_move_count(A, sr, sc, tr, tc):
    # dd: 좌, 우, 상, 하 이동 시 (행, 열) 변화량
    # visited[r][c]: (r, c) 위치를 방문한 경우 1, 방문하지 않은 경우 0(초깃값)
    # dist[r][c]: (sr, sc)에서 (r, c)까지의 최단 거리
    dd = [[0, -1], [0, 1], [-1, 0], [1, 0]]
    visited = [[0] * 5 for _ in range(5)]
    dist = [[0] * 5 for _ in range(5)]


    # q: BFS에 사용할 큐
    # 시작 위치 (sr, sc)를 q에 넣는다.
    q = deque()
    q.append([sr, sc])
    visited[sr][sc] = 1


    # 큐를 이용하여 시작 위치 (sr, sc)에서 도착 위치 (tr, tc)까지 너비 우선 탐색한다.
    while len(q) != 0:
        # (r, c): 큐의 맨 앞에 있는 값
        r, c = q.popleft()


        # 목적지에 도달한 경우, 최소 이동 거리를 반환한다.
        if r == tr and c == tc:
            return dist[r][c]


        # 상, 하, 좌, 우 방향으로 걸어가는 경우
        for dr, dc in dd:
            # (nr, nc): 다음 이동 위치
            # (nr, nc)를 아직 방문하지 않은 경우, 걸어가서 방문한다.
            nr = r + dr; nc = c + dc
            if in_range(nr, nc) == True and visited[nr][nc] == 0 and \
                A[nr][nc] != -1:
```

```python
                    q.append([nr, nc])
                    dist[nr][nc] = dist[r][c] + 1
                    visited[nr][nc] = 1

            # 상, 하, 좌, 우 방향으로 뛰어가는 경우
            for dr, dc in dd:
                # (nr, nc): 다음 이동 위치
                # (dr, dc) 방향으로 뛰어간다.
                nr = r; nc = c
                while True:
                    # 이웃한 칸이 보드 밖인 경우 멈춘다.
                    if in_range(nr + dr, nc + dc) == False:
                        break

                    # 이웃한 칸에 –1이 적혀 있는 경우 멈춘다.
                    if A[nr + dr][nc + dc] == -1:
                        break
                    # 이웃한 칸으로 이동한다.
                    # 이동한 칸에 7이 적혀 있는 경우 멈춘다.
                    nr += dr; nc += dc
                    if A[nr][nc] == 7:
                        break

                # (nr, nc)를 아직 방문하지 않은 경우, 뛰어가서 방문한다.
                if visited[nr][nc] == 0:
                    q.append([nr, nc])
                    dist[nr][nc] = dist[r][c] + 1
                    visited[nr][nc] = 1

    # A[tr][tc]에 도달할 수 없는 경우
    return -1

# (r, c)가 보드 내에 위치하면 True, 아니면 False를 반환한다.
```

```python
def in_range(r, c):
    return 0 <= r <= 4 and 0 <= c <= 4

# 입력을 받고 정답을 출력한다.
A = list(list(map(int, input().split())) for _ in range(5))
sr, sc = map(int, input().split())
print(solution(A, sr, sc))
```

2 최단 경로 가중치 합이 최소인 경로 찾기

최단 경로 문제란 두 정점을 연결하는 가장 짧은 경로를 찾는 문제로, 가중치 그래프에서는 구성하는 간선들의 가중치 합이 최소가 되는 경로를 찾는 문제이다. 예를 들면, 도로 지도상의 한 지점에서 다른 지점으로 갈 때 가장 빠른 길을 찾는 것과 비슷한 문제다. 이때 각 도로 구간에서 걸리는 시간을 간선의 가중치라 할 수 있다. 최단 경로 문제는 단일 출발지 최단 경로와 모든 쌍 최단 경로 문제로 나눌 수 있다. 단일 출발지 최단 경로 문제는 다익스트라(dijkstra) 알고리즘, 벨만-포드(Bellman-Ford) 알고리즘으로 해결할 수 있고, 모든 쌍 최단 경로 문제는 플로이드-워셜(Floyd-Warshall) 알고리즘으로 해결할 수 있다. 이번 절에서는 최단 경로 문제에 대해 알아본다.

다익스트라(dijkstra) 알고리즘은 그래프에서 한 정점에서 다른 모든 정점까지의 최단 경로를 구하는 알고리즘이다. 이 과정에서 도착 정점뿐만 아니라 다른 모든 정점까지 최단 경로로 방문하며 각 정점까지의 최단 경로를 모두 찾게 되는데, 매번 최단 경로의 정점을 선택하여 탐색을 반복한다. 다익스트라 알고리즘을 수행하기 위해 두 개의 자료구조를 정의해 보자.

1) 1차원 배열 D에 출발 정점에서 다른 정점까지의 최단 거리를 저장한다. 즉, D[u]에 출발 정점에서 정점 u까지의 최단 거리를 저장한다. 출발 정점의 초깃값은 0, 다른 정점의 초깃값은 무한대(∞)이다.

2) 1차원 배열 S에 현재까지 최단 거리가 결정된 정점 목록을 저장한다. 처음에 S에는 아무 정점도 저장되어 있지 않다.

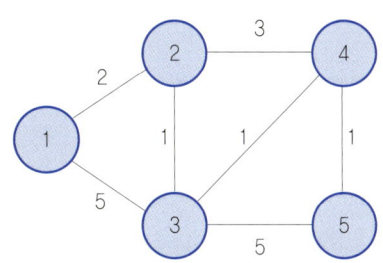

위의 그래프에 대해 다익스트라 알고리즘을 수행해 보자. 출발 정점은 정점 1이다.

1) D = [0, ∞, ∞, ∞, ∞], S = [ ]로 초기화한다. 설명을 위해 배열 D의 시작 인덱스를 1로 생각하자. 즉, 출발 정점(정점 1)까지의 최단 거리는 0이고 다른 정점까지의 최단 거리는 아직 모르기 때문에 ∞로 초기화한다. 그리고 현재까지 최단 거리를 알 수 있는 정점은 없다.

2) S에 포함되지 않는 정점 중에서 D값이 가장 작은 정점을 찾는다. 정점 1이 찾아지고 정점 1을 S에 넣는다. 정점 1과 연결된 정점 2, 3에 대한 D값을 갱신한다. 정점 1에서 비용 2로 정점 2에 도착할 수 있으므로 정점 2의 최단 거리가 2로 갱신된다. 정점 1에서 비용 5로 정점 3에 도착할 수 있으므로 정점 3의 최단 거리를 5로 갱신한다. D = [0, 2, 5, ∞, ∞], S = [1]이다.

3) S에 포함되지 않는 정점 중에서 D값이 가장 작은 정점을 찾는다. 정점 2가 찾아지고 정점 2를 S에 넣는다. 정점 2와 연결된 정점 3, 4에 대한 D값을 갱신한다. 정점 1은 이미 최단 거리가 결정되어 S에 저장되었으므로 D값을 갱신할 필요가 없다. 정점 2에서 비용 1로 정점 3에 도착할 수 있으므로 정점 3의 최단 거리를 기존 5에서 3으로 갱신한다. 정점 2까지의 최단 거리 2에 정점 2에서 정점 3으로 가는 비용 1을 더해서 3이 된다. 정점 2에서 비용 3으로 정점 4에 도착할 수 있으므로 정점 4의 최단 거리를 5로 갱신한다. 정점 2까지의 최단 거리 2에 정점 2에서 정점 4로 가는 비용 3을 더해서 5가 된다. D = [0, 2, 3, 5, ∞], S = [1, 2]이다.

4) S에 포함되지 않는 정점 중에서 D값이 가장 작은 정점을 찾는다. 정점 3이 찾아지고 정점 3을 S에 넣는다. 정점 3과 연결된 정점 4, 5에 대한 D값을 갱신한다. 정점 1, 2는 이미 최단 거리가 결정되어 S에 저장되었으므로 D값을 갱신할 필요가 없다. 정점 3에서 비용 1로 정점 4에 도착할 수 있으므로 정점 4의 최단 거리를 기존 5에서 4로 갱신한다. 정점 3까지의 최단 거리 3에 정점 3에서 정점 4로 가는 비용 1을 더해서 4가 된다. 정점 3에서 비용 5로 정점 5에 도착할 수 있으므로 정점 5의 최단 거리를 8로 갱신한다. 정점 3까지의 최단 거리 3에 정점 3에서 정점 5로 가는 비용 5를 더해서 8이 된다. D = [0, 2, 3, 4, 8], S = [1, 2, 3]이다.

5) S에 포함되지 않는 정점 중에서 D값이 가장 작은 정점을 찾는다. 정점 4가 찾아지고 정점 4를 S에 넣는다. 정점 4와 연결된 정점 5에 대한 D값을 갱신한다. 정점 2, 3은 이미 최단 거리가 결정되어 S에 저장되었으므로 D값을 갱신할 필요가 없다. 정점 4에서 비용 1로 정점 5에 도착할 수 있으므로 정점 5의 최단 거리를 기존 8에서 5로 갱신한다. 정점 4까지의 최단 거리 4에 정점 4에서 정점 5로 가는 비용 1을 더해서 5가 된다. D = [0, 2, 3, 4, 5], S = [1, 2, 3, 4]이다.

6) S에 포함되지 않는 정점 중에서 D값이 가장 작은 정점을 찾는다. 정점 5기 찾아지고 정점 5를 S에 넣는다. 정점 4에 연결된 정점 3, 4는 이미 최단 거리가 결정되어 S에 저장되었으므로 D값을 갱신할 필요가 없다. D = [0, 2, 3, 4, 5], S = [1, 2, 3, 4, 5]이다.

7) 모든 정점이 S에 포함되었으므로 다익스트라 알고리즘을 종료한다. 출발 정점 1에서 다른 정점까지의 최단 거리는 D = [0, 2, 3, 4, 5]이다. 즉, 정점 2까지는 2, 정점 3까지는 3, 정점 4까지는 4, 정점 5까지는 5이다.

위의 내용을 기반으로 다익스트라 알고리즘은 다음과 같이 동작한다.

---

1) 1차원 배열 D를 선언하고 모든 원소의 값을 ∞로 초기화한다.
2) 출발 정점의 D값을 0으로 설정한다.
3) 1차원 배열 S를 선언한다. S에는 아무 정점도 저장되어 있지 않다.
4) S에 모든 정점이 포함될 때까지 아래를 반복 수행한다.
   ① S에 포함되지 않은 정점 중에서 D값이 가장 작은 정점 u를 찾는다.
   ② u를 S에 넣는다.
   ③ 정점 u에 인접한 정점 중에서 아직 S에 포함되지 않은 정점의 D값을 갱신한다. 즉, D[u]와 u에서 v로 가는 비용의 합이 D[v]보다 작은 경우 D[v]를 D[u]와 u에서 v로 가는 간선의 비용의 합으로 갱신한다.

다음 [실력 확인하기]의 문제를 통해 최단 경로와 관련된 문제를 준랩을 통해 풀어보자. 제시된 문제들로 부족할 때는 '백준온라인저지'에서 엄선한 유사 문제를 제공하고 있으니 참고하도록 한다.

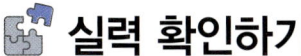

6-2-1 최단 경로 구하기

난이도 ★★☆☆   시간제한 1초   메모리제한 128MB

실습   준랩(1155번)
더 풀어보기   백준온라인저지(23793번, 1753번, 1916번)

세계 지도에서 최단 경로를 찾는 프로그램을 개발하려고 한다. 세계 지도는 도시를 정점으로 갖고 도시 간의 도로를 간선으로 갖는 방향성 그래프이며(directed graph), 도로의 길이가 간선의 가중치이다. 도시의 번호는 1부터 N까지이다. 출발 정점 X에서 출발하여 도착 정점 Z에 도달하는 최단 거리를 출력하자.

입력

첫 번째 줄에 정점의 수 N, 간선의 수 M이 주어진다.

다음 줄부터 M개의 줄에 걸쳐서 간선 정보가 주어진다. 한 줄에 하나의 간선 정보 u, v, w가 빈칸을 사이에 두고 순서대로 주어진다. 간선 정보 u, v, w는 도시 u에서 도시 v로 가중치가 w인 단방향 도로를 나타낸다.

다음 줄에 출발 정점 X와 도착 정점 Z가 빈칸을 사이에 두고 순서대로 주어진다.

출력

첫 번째 줄에 출발 정점 X에서 출발하여 도착 정점 Z에 도달하는 최단 거리를 출력한다. 출발 정점 X에서 출발하여 도착 정점 Z에 도달할 수 없는 경우 −1을 출력한다.

제한 사항

$1 \le N \le 100{,}000$

$1 \le M \le 200{,}000$

$1 \le u, v \le N, u \ne v, 1 \le w \le 10{,}000$, w는 정수

모든 간선의 (u, v) 쌍의 값은 서로 다르다.

$1 \le X, Z \le N, X \ne Z$

```
6 8
1 2 2
1 3 3
1 5 10
2 4 3
3 6 5
4 1 4
4 6 4
5 6 1
1 6
```

예제 출력 1

```
8
```

예제 입력 2

```
6 8
1 2 2
1 3 3
1 5 10
2 4 3
3 6 5
4 1 4
4 6 4
5 6 1
5 3
```

예제 출력 2

```
-1
```

문제해설

양의 정수를 간선의 가중치로 갖는 방향성 그래프와 출발 정점 X, 도착 정점 Z가 주어진다. 출발 정점 X에서 출발하여 도착 정점 Z에 도달하는 최단 거리를 구하는 문제이다.

예제 입력 1은 정점의 수 N = 6, 간선의 수 M=8, 간선 정보 edges = [[1, 2, 2], [1, 3, 3], [1, 5, 10], [2, 4, 3], [3, 6, 5], [4, 1, 4], [4, 6, 4], [5, 6, 1]], X = 1, Z = 6이다. edges에서 [1, 2, 2]는 1번 정점에서 2번 정점으로 가는 길이 2인 도로, [1, 3, 3]은 1번 정점에서 3번 정점으로 가는 길이 3인 도로, [1, 5, 10]은 1번 정점에서 5번 정점으로 가는 길이 10인 도로, [2, 4, 3]은 2번 정점에서 4번 정점으로 가는 길이 3인 도로, [3, 6, 5]는 3번 정점에서 6번 정점으로 가는 길이 5인 도로, [4, 1, 4]는 4번 정점에서 1번 정점으로 가는 길이 4인 도로, [4, 6, 4]는 4번 정점에서 6번 정점으로 가는 길이 4인 도

로, [5, 6, 1]은 5번 정점에서 6번 정점으로 가는 길이 1인 도로를 의미한다. 출발 정점 1번에서 정점 3번을 거쳐 도착 정점 6번으로 가는 게 최단 경로이다. 최단 거리는 1번 정점에서 3번 정점으로 가는 비용 3, 3번 정점에서 6번 정점으로 가는 비용 5를 더한 8 이다.

예제 입력 2는 N, M, edges는 예제 입력 1과 같고 X = 5, Z = 3이다. 5번 정점에서 3번 정점으로 가는 경로는 없으므로 정답은 − 1이다.

다익스트라 알고리즘을 이용하여 출발 정점에서 도착 정점으로 가는 최단 거리를 구하는 게 핵심이다. 다음과 같은 순서로 문제를 해결해 보자.

자료 구조

- 정수: N, M, X, Z
- 정수형 배열: E(간선 정보, 인접 리스트)

알고리즘

- 시작 정점 X에서 도착 정점 Z까지의 최단 경로를 다익스트라 알고리즘으로 구한다.

소스 코드 예시

```python
from queue import PriorityQueue

# INF: 매우 큰 값
INF = int(1e18)


# N: 정점의 수, M: 간선의 수, edges: 간선 정보
# 출발 정점 X에서 도착 정점 Z에 도달하는 최단 거리를 반환한다.
def solution(N, M, edges, X, Z):
    # 간선 정보 edges를 인접 리스트 E로 변환한다.
    E = list([] for _ in range(N + 1))
    for p, c, d in edges:
```

```
        E[p].append([c, d])

    # 출발 정점 X에서 도착 정점 Z에 도달하는 최단 거리를 반환한다.
    return dijkstra(N, E, X, Z)


# N: 정점의 수, E: 간선 정보(인접 리스트)
# 출발 정점 X에서 도착 정점 Z까지의 최단 거리를 반환한다.
def dijkstra(N, E, X, Z):
    # selected: 정점의 방문 여부를 나타내는 1차원 배열
    # dist: 출발 정점 X에서 해당 정점까지의 최단 거리를 저장하는 1차원 배열
    # pq: 출발 정점 X에서 해당 정점까지의 최단 거리를 저장하는 우선순위 큐
    selected = [False] * (N + 1)
    dist = [INF] * (N + 1)
    pq = PriorityQueue()

    # 출발 정점 X를 pq에 넣는다. (최단 거리를 0으로 설정)
    dist[X] = 0
    pq.put([0, X])

    # pq에서 최단 거리가 작은 정점부터 탐색하면서 모든 정점의 최단 거리를 구한다.
    while pq.empty() == False:
        cost, here = pq.get()
        # 만약 지금 꺼낸 것보다 더 짧은 경로를 알고 있다면 지금 꺼낸 것을 무시한다.
        # 또한, 이미 선택된 정점은 무시한다.
        if dist[here] < cost or selected[here] == True:
            continue

        # 출발 정점 X에서 정점 here까지의 최단 거리가 cost로 확정됨.
        # 정점 here를 방문한 것으로 설정하여, 추가로 방문하지 않도록 한다.
        selected[here] = True

        # 도착 정점 Z에 도착한 경우, 최단 거리를 반환한다.
        if here == Z:
```

```
                return dist[here]


        # 정점 here와 인접한 정점 there를 탐색한다.
        for there, c in E[here]:
            # next_dist: X에서 here를 거쳐서 there로 가는 최단 거리
            next_dist = cost + c

            # 기존보다 더 짧은 경로를 발견하면, dist를 갱신하고 우선순위 큐에 넣는다.
            # 이미 선택된 노드는 무시한다.
            if selected[there] == False and dist[there] > next_dist:
                dist[there] = next_dist
                pq.put([next_dist, there])

    # 도착 정점 Z에 도달할 수 없는 경우, -1을 반환한다.
    return -1


# 입력을 받고 정답을 출력한다.
N, M = map(int, input().split())
edges = list(list(map(int, input().split())) for _ in range(M))
X, Z = map(int, input().split())
print(solution(N, M, edges, X, Z))
```

더 생각하기 (준랩 1482번, 백준온라인저지 23793번)

그렇다면 출발 정점 X에서 출발하여 중간 정점 Y를 거쳐서 도착 정점 Z에 도달하는 최단 거리는 어떻게 구할 수 있을까?
출발 정점 X에서 중간 정점 Y까지의 최단 거리와 중간 정점 Y에서 도착 정점 Z까지의 최단 거리의 합을 구하면 된다. 소스 코드를 보면 다음과 같다.

```
# N: 정점의 수, M: 간선의 수, edges: 간선 정보
# 출발 정점 X에서 중간 정점 Y를 거쳐서
# 도착 정점 Z에 도달하는 최단 거리를 반환한다.
def solution(N, M, edges, X, Y, Z):
```

```python
    # 간선 정보 edges를 인접 리스트 E로 변환한다.
    E = list([] for _ in range(N + 1))
    for p, c, d in edges:
        E[p].append([c, d])


    # xy: 출발 정점 X에서 중간 정점 Y까지의 최단 거리
    # yz: 중간 정점 Y에서 도착 정점 Z까지의 최단 거리
    xy = dijkstra(N, E, X, Y)
    yz = dijkstra(N, E, Y, Z)


    # 출발 정점 X에서 중간 정점 Y까지 도달할 수 없거나(xy=-1),
    # 중간 정점 Y에서 도착 정점 Z까지 도달할 수 없으면(yz=-1), -1을 반환한다.
    if xy == -1 or yz == -1: return -1


    # 출발 정점 X에서 중간 정점 Y까지의 최단 거리와
    # 중간 정점 Y에서 도착 정점 Z까지의 최단 거리의 합을 반환한다.
    return xy + yz
```

더 생각하기 (준랩 1482번, 백준온라인저지 23793번)

그렇다면 출발 정점 X에서 출발하여 중간 정점 Y를 거치지 않고 도착 정점 Z에 도달하는 최단 거리는 어떻게 구할 수 있을까?
dijkstra() 함수에서 정점 Y를 이미 방문한 것으로 설정하여, 정점 Y를 추가 방문하지 않도록 설정하면 된다. 소스 코드를 보면 다음과 같다.

```python
# N: 정점의 수, E: 간선 정보
# 출발 정점 X에서 중간 정점 Y를 거치지 않고
# 도착 정점 Z에 도달하는 최단 거리를 반환한다.
def dijkstra(N, E, X, Y, Z):
    # selected: 정점의 방문 여부를 나타내는 1차원 배열
    # dist: 출발 정점 X에서 해당 정점까지의 최단 거리를 저장하는 1차원 배열
    # pq: 출발 정점 X에서 해당 정점까지의 최단 거리를 저장하는 우선순위 큐
    selected = [False] * (N + 1)
    dist = [INF] * (N + 1)
```

```
pq = PriorityQueue()

# 중간 정점 Y를 이미 방문한 것으로 설정하여
# 정점 Y를 추가로 방문하지 않는다.
selected[Y] = True

# 이하 내용은 [소스 코드 예시]와 같다.
```

두 단계 최단 경로 2

난이도 ★★★☆　시간제한 1초　메모리제한 512MB

실습　　　　준랩(1483번)
더 풀어보기　백준온라인저지(1504번, 23807번)

세계 지도에서 최단 경로를 찾는 프로그램을 개발하려고 한다. 세계 지도는 도시를 정점으로 갖고 도시 간의 도로를 간선으로 갖는 무방향성 그래프이며(undirected graph), 도로의 길이가 간선의 가중치이다. 도시의 번호는 1부터 N까지이다. 출발 정점 X에서 출발해서 P개의 중간 정점 중 적어도 **한 개의 정점**을 반드시 거친 후 도착 정점 Z에 도달하는 최단 거리를 구하자.

입력

첫 번째 줄에 정점의 수 N, 간선의 수 M이 주어진다.

다음 줄부터 M개의 줄에 걸쳐서 간선 정보가 주어진다. 한 줄에 하나의 간선 정보 u, v, w가 빈칸을 사이에 두고 순서대로 주어진다. 간선 정보 u, v, w는 도시 u와 도시 v 사이의 가중치가 w인 양방향 도로를 나타낸다.

다음 줄에 출발 정점 X와 도착 정점 Z가 빈칸을 사이에 두고 순서대로 주어진다.

다음 줄에 P가 주어진다.

다음 줄에 P개의 서로 다른 중간 정점 Y가 빈칸을 사이에 두고 순서대로 주어진다.

출력

첫째 줄에 출발 정점 X에서 출발해서 P개의 중간 정점 중 적어도 한 개의 정점을 반드시 거친 후 도착 정점 Z에 도달하는 최단 거리를 출력한다. 만약, 도착 정점 Z에 도착할 수 없는 경우 −1을 출력한다.

제한 사항

$10 \leq N \leq 100{,}000$

$10 \leq M \leq 300{,}000$

$1 \leq u, v \leq N$, $u \neq v$, $1 \leq w \leq 1{,}000{,}000$, w는 정수

모든 간선의 (u, v) 쌍의 값은 서로 다르다.

$1 \leq X, Y, Z \leq N$, $X \neq Y \neq Z$

$1 \leq P \leq N - 3$

```
13 19
1 2 100
1 3 100
1 4 1
2 5 1
3 6 1
3 4 1
4 6 1
4 7 1
5 6 10
5 8 10
6 9 10
7 10 1
8 9 10
8 11 1
9 11 1
9 12 1
10 12 2
11 13 1
12 13 3
1 13
3
8 9 10
```

예제 출력 1

```
8
```

문제해설

양의 정수를 간선의 가중치로 갖는 무방향성 그래프와 출발 정점 X, P개의 서로 다른 중간 정점 Y, 도착 정점 Z가 주어진다. 출발 정점 X에서 출발해서 P개의 중간 정점 중 적어도 한 개의 정점을 반드시 거친 후 도착 정점 Z에 도달하는 최단 경로를 구하는 문제다.

예제 입력 1은 정점의 수 N = 13, 간선의 수 M=19, 간선 정보 edges = [[1, 2, 100], [1, 3, 100], [1, 4, 1], [2, 5, 1], [3, 6, 1], [3, 4, 1], [4, 6, 1], [4, 7, 1], [5, 6, 10], [5, 8, 10], [6, 9, 10], [7, 10, 1], [8, 9, 10], [8, 11, 1], [9, 11, 1], [9, 12, 1], [10, 12, 2], [11, 13, 1], [12, 13, 3]], X=1, Z=13, P=3, Y=[8, 9, 10]이다. edges에서 [1, 2, 100]는 1번 정점과 2번 정점 사이에 길이가 100인 도로, [1, 3, 100]은 1번 정점과 3번 정점 사이에 길이가 100인 도로, …, [12, 13, 3]은 12번 정점과 13번 정점 사이에 길이가 3인

도로를 의미한다. 출발 정점 1번에서 정점 4번, 정점 7번을 거친 후 중간 정점 10번을 지나서 정점 12번, 정점 13번을 방문하는 게 최단 경로이다.

따라서 최단 거리는 1번 정점에서 4번 정점으로 가는 비용 1, 4번 정점에서 7번 정점으로 가는 비용 1, 7번 정점에서 10번 정점으로 가는 비용 1, 10번 정점에서 12번 정점으로 가는 비용 2, 12번 정점에서 13번 정점으로 가는 비용 3을 더한 8이다.

다익스트라 알고리즘을 이용하여 출발 정점에서 중간 정점까지의 최단 거리, 도착 정점에서 중간 정점까지의 최단 거리를 구하는 게 핵심이다. 다음과 같은 순서로 문제를 해결해 보자.

자료 구조

- 정수: N, M, X, Z, P
- 정수형 배열: Y(중간 정점 목록), E(간선 정보, 인접 리스트)

알고리즘

- 시작 정점 X에서 다른 모든 정점까지의 최단 경로를 다익스트라 알고리즘으로 구하고 dist_X에 저장한다.
- 도착 정점 Z에서 다른 모든 정점까지의 최단 경로를 다익스트라 알고리즘으로 구하고 dist_Z에 저장한다.
- 배열 Y에 저장된 모든 y에 대해 dist_X[y] + dist_Z[y]의 최솟값을 구한다.

소스 코드 예시

```
import heapq

# INF: 매우 큰 값
INF = int(1e18)


# N: 정점의 수, M: 간선의 수, edges: 간선 정보
```

```
# X: 출발 정점, Y: 중간 정점을 저장하는 1차원 배열, Z: 도착 정점
# 출발 정점 X에서 출발해서 P개의 중간 정점 Y 중 적어도 한 개의 정점을 반드시 거친 후
# 도착 정점 Z에 도달하는 최단 거리를 반환한다.
def solution(N, M, edges, X, Z, Y):
    # 간선 정보 edges를 인접 리스트 E로 변환한다.
    E = list([] for _ in range(N + 1))
    for u, v, d in edges:
        E[u].append([v, d])
        E[v].append([u, d])

    # 출발 정점 X에서 다른 모든 정점까지의 최단 거리를 dist_X에 저장한다.
    dist_X = [INF] * (N + 1)
    dijkstra(N, E, X, dist_X)

    # 도착 정점 Z에서 다른 모든 정점까지의 최단 거리를 dist_Z에 저장한다.
    dist_Z = [INF] * (N + 1)
    dijkstra(N, E, Z, dist_Z)

    # 배열 Y에 저장된 중간 정점 y에 대해 dist_X[y]+dist_Z[y]의 최솟값을 구한다.
    answer = INF
    for y in Y:
        if dist_X[y]<INF and dist_Z[y]<INF and answer>dist_X[y]+dist_Z[y]:
            answer=dist_X[y]+dist_Z[y]

    # 출발 정점 X에서 중간 정점 y를 거쳐서 도착 정점 Z에 도착할 수 없는 경우
    if answer==INF: answer=-1
    return answer


# N: 정점의 수, E: 간선 정보
# dist: 출발 정점 X에서 해당 정점까지의 최단 거리를 저장하는 1차원 배열
# 출발 정점 X에서 다른 모든 정점까지의 최단 거리를 dist에 저장한다.
def dijkstra(N, E, X, dist):
    # selected: 정점의 방문 여부를 나타내는 1차원 배열
```

```python
# pq: 출발 정점 X에서 해당 정점까지의 최단 거리를 저장하는 우선순위 큐
selected = [False] * (N + 1)
pq = []

# 출발 정점 X를 pq에 넣는다. (최단 거리를 0으로 설정)
dist[X] = 0
heapq.heappush(pq, [0, X])

# pq에서 최단 거리가 작은 정점부터 탐색하면서 정점의 최단 거리를 구한다.
while len(pq) > 0:
    cost, here = heapq.heappop(pq)

    # 만약 지금 꺼낸 것보다 더 짧은 경로를 알고 있다면 지금 꺼낸 것을 무시한다.
    # 또한, 이미 선택된 정점은 무시한다.
    if dist[here] < cost or selected[here] == True:
        continue

    # 출발 정점 X에서 정점 here까지의 최단 거리를 구함.
    # 정점 here를 방문한 것으로 설정하여, 추가로 방문하지 않도록 한다.
    selected[here] = True

    # 정점 here와 인접한 정점 there를 탐색한다.
    for there, c in E[here]:
        # next_dist: here를 거쳐 가는 최단 거리
        next_dist = cost + c

        # 기존보다 더 짧은 경로를 발견하면, dist를 갱신하고 우선순위 큐에 넣는다.
        # 이미 선택된 노드는 무시한다.
        if selected[there] == False and dist[there] > next_dist:
            dist[there] = next_dist
            heapq.heappush(pq, [next_dist, there])

# 입력을 받고 정답을 출력한다.
```

```
N, M = map(int, input().split())
edges = list(list(map(int, input().split())) for _ in range(M))
X, Z = map(int, input().split())
P=int(input())
Y=list(map(int, input().split()))
print(solution(N, M, edges, X, Z, Y))
```

</> 너비 우선 탐색

1. 너비 우선 탐색(BFS, Breadth-First Search)은 그래프에서 시작 정점에서 인접한 정점을 먼저 탐색하는 방법이다. 즉, 시작 정점의 인접한 정점들을 차례로 모두 방문하고, 방문했던 정점을 시작점으로 해서 다시 인접한 정점들을 차례로 모두 방문하는 방식이다.

2. 너비 우선 탐색은 이웃한 정점을 순서대로 방문해야 하기 때문에 선입선출 방식 자료 구조인 큐(Queue)를 사용한다.

3. 너비 우선 탐색은 멀리 떨어진 정점을 나중에 탐색하기 때문에, 두 정점 사이의 최단 경로를 탐색할 때 사용된다.

4. -1, 0, 1중 하나의 숫자가 적혀 있는 5×5 크기의 보드 A에서 상, 하, 좌, 우 방향으로 이동하여 1이 있는 칸으로 이동하는 최소 횟수 구하기

   • 보드의 칸을 정점으로 하고 상, 하, 좌, 우 방향에 있는 정점 간에 간선이 있는 그래프에서 BFS를 이용하여 현재 칸에서 1이 있는 칸으로 이동하는 최소 횟수 구하기

5. -1, 0, 1, 2, 3, 4, 5, 6중 하나의 숫자가 적혀 있는 5×5 크기의 보드 A에서 상, 하, 좌, 우 방향으로 이동하여 1, 2, 3, 4, 5, 6을 순서대로 방문하는 최소 횟수 구하기

   • 보드의 칸을 정점으로 하고 상, 하, 좌, 우 방향에 있는 정점 간에 간선이 있는 그래프에서 현재 위치에서 1, 2, 3, 4, 5, 6이 적혀 있는 칸을 순서대로 BFS를 이용하여 최소 횟수로 이동하기

6. -1, 0, 1, 7중 하나의 숫자가 적혀 있는 5×5 크기의 보드 A에서 상, 하, 좌, 우 방향으로 한 칸 걸어가거나 7이 적혀 있는 칸으로 뛰어가서 1이 있는 칸으로 이동하는 최소 횟수 구하기

   • 보드의 칸을 정점으로 하고 상, 하, 좌, 우 방향으로 걸어가거나 뛰어갈 수 있는 정점 간에 간선이 존재하는 그래프에서 BFS를 이용하여 현재 칸에서 1이 있는 칸으로 최소 횟수로 이동하기

7. -1, 0, 1, 2, 3, 4, 5, 6, 7중 하나의 숫자가 적혀 있는 5×5 크기의 보드 A에서 상, 하, 좌,

우 방향으로 한 칸 걸어가거나 7이 적혀 있는 칸으로 뛰어가서 1, 2, 3, 4, 5, 6을 순서대로 방문하는 최소 횟수 구하기

- 보드의 칸을 정점으로 하고 상, 하, 좌, 우 방향으로 걸어가거나 뛰어갈 수 있는 정점 간에 간선이 존재하는 그래프에서 현재 위치에서 1, 2, 3, 4, 5, 6이 적혀 있는 칸을 순서대로 BFS를 이용히여 최소 횟수로 이동하기

</> 최단 경로

1. 최단 경로 문제란 간선들의 가중치 합이 최소가 되는 경로를 찾는 문제다.

2. 최단 경로 문제는 단일 출발지 최단 경로와 모든 쌍 최단 경로 문제로 나눌 수 있다.

3. 단일 출발지 최단 경로 문제는 다익스트라(dijkstra) 알고리즘, 벨만-포드(Bellman-Ford) 알고리즘으로 해결할 수 있다.

4. 모든 쌍 최단 경로 문제는 플로이드-워셜(Floyd-Warshall) 알고리즘으로 해결할 수 있다.

5. 다익스트라(dijkstra) 알고리즘은 그래프에서 한 정점에서 다른 모든 정점까지의 최단 경로를 구하는 알고리즘이다.

6. 양의 정수를 간선의 가중치로 갖는 방향성 그래프에서 출발 정점 X에서 출발하여 도착 정점 Z에 도달하는 최단 거리 구하기

- 정점의 방문 여부를 나타내는 selected 배열, 출발 정점에서 다른 정점까지의 최단 거리를 저장하는 dist 배열, 출발 정점에서 다른 정점까지의 최단 거리를 저장하는 우선순위 큐 pq를 이용하여 다익스트라 알고리즘을 구현한다. pq에서 최단 거리가 작은 정점부터 탐색하면서 정점의 최단 거리를 dist 배열에 저장한다.

7. 양의 정수를 간선의 가중치로 갖는 무방향성 그래프에서 출발 정점 X에서 출발해서 P개의 중간 정점 중 적어도 한 개의 정점을 반드시 거친 후 도착 정점 Z에 도달하는 최단 거리 구하기

- 다익스트라 알고리즘을 이용하여 출발 정점에서 중간 정점까지의 최단 거리 dist_X와 도착 정점에서 중간 정점까지의 최단 거리 dist_Z를 구한다. 모든 중간 정점 y에 대해 dist_X[y] + dist_Z[y]의 최솟값을 구한다.

## Chapter 7

동적 계획법,
트리

복잡한 문제를 덜 복잡한 **여러 개의 작은 문제로 나누어**
푸는 **동적 계획법**(dynamic programming) 개념과
계층적인 자료를 표현하는 **트리**(tree) 개념을 알아보자.
그리고 최근 코딩테스트에 나온 기출 문제를 기반으로
하여 만든 동적 계획법 문제와 트리 문제를 풀어보자.

1 동적 계획법 여러 개의 작은 문제로 나누어 풀기

동적 계획법(dynamic programming)이란 크기가 큰 문제를 여러 개의 작은 문제로 나누어 푸는 방법을 말한다. 즉, 주어진 문제를 풀기 위해 문제를 여러 개의 하위 문제 (subproblem)로 나누어 푼 다음, 그것을 결합하여 최종적인 목적에 도달하는 것이다. 각 하위 문제의 해결을 계산한 뒤, 그 해결책을 저장하여 후에 같은 하위 문제가 나왔을 경우 저장된 값을 이용하여 빠르게 해결할 수 있다. 이러한 방법으로 동적 계획법은 계산 횟수를 줄일 수 있다. 특히 이 방법은 하위 문제의 호출 횟수가 기하급수적으로 증가할 때 유용하다.

즉, 큰 문제의 해답에 작은 문제의 해답이 포함되어 있고 이런 재귀적 관계를 재귀 함수로 구현했을 때 중복호출로 심각한 비효율이 발생하는 경우를 해결하는 방법을 동적 계획법이라고 할 수 있다. 동적 계획법의 예제로 피보나치 수를 알아보자.

$$1, \ 1, \ 2, \ 3, \ 5, \ 8, \ 13, \ 21, \ 34, \ 55, \ 89, \ 144, \ \cdots$$

이러한 피보나치 수를 재귀적 관계로 정의하면 다음과 같다.

$$f(n) = f(n-1) + f(n-2), \ n \geq 3$$
$$f(1) = f(2) = 1$$

먼저 $f(n)$에서 $f(n-1)$, $f(n-2)$를 호출한다. 그리고 $f(n-1)$에서 $f(n-2)$, $f(n-3)$을 호출하고, $f(n-2)$에서 $f(n-3)$, $f(n-4)$를 호출한다. 이런 식으로 $f(n)$, $f(n-1)$, $f(n-2)$, $\cdots$에서 자기 자신보다 크기가 작은 문제를 2번씩 구하게 되고, 이로 인해 100번째 피보나치 수를 구하기 위해 호출되는 함수의 횟수는 기하급수적으로 증가한다. 왜냐하면 $f(n-1)$에서 한 번 구한 값을 $f(n-2)$에서 또다시 같은 값을 구하는 과정을 반복하게 되기 때문이다. 그러나 한 번 구한 작은 문제의 결괏값을 저장해 두고 재사용한다면 어떨까? 앞에서 계산된 값을 다시 반복하여 계산할 필요가 없이 약 200회 내에 100번째 피보나치 수를 계산할 수 있다. 즉, 매우 효율적으로 문제를 해결할 수 있게 된다.

시간복잡도를 기준으로 생각해 보자. 재귀 함수로 구현하여 중복호출이 많은 경우 지수 시간에 비례하는 시간이 걸린다. 하지만 동적 계획법으로 중복호출을 제거하면 n에 비례하는 다항 시간이 걸린다.

위에서 언급한 대로 동적 계획법이 적용되기 위해서는 다음 2가지 조건을 만족해야 한다. 이제 이 2가지 조건에 대해 알아보자.

1) Overlapping Subproblems(겹치는 부분 문제)
2) Optimal Substructure(최적 부분 구조)

1) Overlapping Subproblems

동적 계획법은 기본적으로 문제를 나누고 그 문제의 결괏값을 재활용해서 전체 답을 구한다. 그래서 동일한 작은 문제들이 반복하여 나타나는 경우에 사용할 수 있다.

2) Optimal Substructure(최적 부분 구조)

부분 문제의 최적 결괏값을 사용해 전체 문제의 최적 결과를 낼 수 있는 경우를 의미한다. 그래서 특정 문제의 정답은 문제의 크기에 상관없이 항상 동일하다.

다음 [실력 확인하기]의 문제를 통해 동적 계획법과 관련된 문제를 준랩을 통해 풀어 보자. 제시된 문제들로 부족할 때는 '백준온라인저지'에서 엄선한 유사 문제를 제공하고 있으니 참고하도록 한다.

실력 확인하기

난이도 ★★☆☆ **시간제한** 1초 **메모리제한** 128MB

실습 준랩(1156번)
더 풀어보기 백준온라인저지(24416번, 1904번)

피보나치 수는 다음과 같이 정의된다.

F(1) = F(2) = 1, F(n) = F(n−1) + F(n−2), (n≥3)

n번째 피보나치 수 F(n)을 동적 계획법으로 구해보자.

입력

첫 번째 줄에 양의 정수 n이 주어진다.

출력

첫 번째 줄에 n번째 피보나치 수를 987,654,321로 나눈 나머지를 출력한다.

제한 사항

1 ≤ n ≤ 100,000

예제 입력 1	예제 출력 1
5	5

예제 입력 2	예제 출력 2
100	19289658

예제 입력 3	예제 출력 3
100000	968525781

문제해설

입력으로 n이 주어지면, n번째 피보나치 수 F(n)을 출력하는 문제다. 피보나치 수

F(n)은 F(1) = F(2) = 1, F(n) = F(n−1) + F(n−2), (n≥3)으로 정의된다.

예제 입력 1은 n = 5이다. F(1) = F(2) = 1, F(3) = F(2) + F(1) = 1+1 = 2, F(4) = F(3) + F(2) = 2 + 1 = 3, F(5) = F(4) + F(3) = 3 + 2 = 5이다. 따라서 정답은 5다.

예제 입력 2는 n = 100이다. 첫 번째부터 100번째 순으로 F(n)을 구하면 된다. 피보나치 수가 크기 때문에 F(n)에 987,654,321로 나눈 나머지를 저장한다.

예제 입력 3은 n = 100,000이다. 첫 번째부터 100,000번째 순으로 F(n)을 구하면 된다. 피보나치 수가 크기 때문에 F(n)에 987,654,321로 나눈 나머지를 저장한다.

피보나치 수를 저장하는 1차원 배열 D(DP table)와 D[i] = (D[i−1] + D[i − 2]) 점화식을 이용하여 D[1]부터 D[n] 순으로 D를 만들어 가는 게 핵심이다. 다음과 같은 순서로 문제를 해결해 보자.

자료 구조

- 정수: n
- 정수형 배열: D(DP table, D[i] = i번째 피보나치 수를 987,654,321로 나눈 값을 저장)

알고리즘

- D[1] = D[2] = 1로 설정한다.
- D[3]부터 D[n] 순으로 D[i]의 값을 다음 식으로 순서대로 구한다.
  - D[i] = (D[i−1] + D[i−2]) % 987,654,321

소스 코드 예시

```python
# n번째 피보나치 수를 987,654,321로 나눈 나머지를 반환한다.
def solution(n):
    # F[1] = F[2] = 1이다.
    if n <= 2:
        return 1
```

```python
    # D: DP table
    # D[i] = i번째 피보나치 수를 저장한다.
    D = [0] * (n + 1)
    D[1] = D[2] = 1
    for i in range(3, n + 1):
        D[i] = (D[i - 1] + D[i - 2]) % 987654321


    return D[n]

# 입력을 받고 정답을 출력한다.
n = int(input())
print(solution(n))
```

난이도 ★★☆☆ **시간제한** 1초 **메모리제한** 128MB

실습 준랩(1562번)
더 풀어보기 백준온라인저지(1463번, 9461번, 1932번, 11053번)

입력으로 양의 정수 A와 K가 주어지면, 아래 연산을 이용하여 A를 K로 변경하려고 한다. 정수 A를 변경할 때 사용할 수 있는 연산 종류는 다음과 같다.

– 연산 1: 정수 A에 1을 더한다.
– 연산 2: 정수 A에 2를 곱한다.

정수 A를 정수 K로 만들기 위해 필요한 최소 연산 횟수를 출력하자.

입력

첫 번째 줄에 양의 정수 A와 K가 빈칸을 사이에 두고 순서대로 주어진다.

출력

첫 번째 줄에 양의 정수 A를 양의 정수 K로 만들기 위해 필요한 최소 연산 횟수를 출력한다.

제한 사항

$1 \leq A < K \leq 1,000,000$

예제 입력 1	예제 출력 1
5 10	1

예제 설명

5(A), 10(연산 2)가 최소 연산이므로 정답은 1이다.

예제 입력 2	예제 출력 2
7 77	7

예제 설명

7(A), 8(연산 1), 9(연산 1), 18(연산 2), 19(연산 1), 38(연산 2), 76(연산 2), 77(연산 1)이 최소 연산이므로 정답은 7이다.

예제 입력 3	예제 출력 3
1111 997651	850

문제해설

입력으로 양의 정수 A, K가 주어지고, A에 1을 더하거나 2를 곱하는 연산을 이용하여 A를 K로 만드는 최소 연산 횟수를 구하는 문제다.

예제 입력 1은 A = 5, K = 10이다. 5(A), 10(연산 2)가 최소 연산이므로 정답은 1이다.

예제 입력 2는 A = 7, K = 77이다. 7(A), 8(연산 1), 9(연산 1), 18(연산 2), 19(연산 1), 38(연산 2), 76(연산 2), 77(연산 1)이 최소 연산이므로 정답은 7이다.

예제 입력 3은 A = 1111, K = 997651이다. 1111(A), 1112(연신 1), 1113(연산 1), …, 1948(연산 1), 3896(연산 2), 3897(연산 1), 7794(연산 2), 15588(연산 2), 31176(연산 2), 62352(연산 2), 62353(연산 1), 124706(연산 2), 249412(연산 2), 498824(연산 2), 498825(연산 1), 997650(연산 2), 997651(연산 1)이 최소 연산이므로 정답은 850이다.

최소 연산 횟수를 저장하는 1차원 배열 D(DP table)와 "D[i] = 1번 연산과 2번 연산 중 최솟값" 점화식을 이용하여 D[A]부터 D[K] 순으로 D를 만들어 가는 게 핵심이다. 다음과 같은 순서로 문제를 해결해 보자.

자료 구조

- 정수: A, K
- 정수형 배열: D(DP table, D[i] = A를 i로 만드는 최소 연산 횟수를 저장)

알고리즘

- D[A]=0으로 설정한다.
- D[A+1]부터 D[K] 순으로 D[i]의 값을 아래와 같이 순서대로 구한다.
  - 연산 1: D[i] = D[i−1] + 1
  - 연산 2: D[i] = D[i/2] + 1 (단, i는 2의 배수이면서 i/2가 A보다 크거나 같아야 함)
  - D[i]에 연산 1, 연산 2의 최솟값을 저장한다.

소스 코드 예시

```python
# A를 K로 만들기 위한 최소 연산 횟수를 반환한다.
def solution(A, K):
    # D: DP 테이블
    # D[i]: A를 i로 변환하는 최소 연산 횟수
    # 정수 A부터 연산을 시작하므로 D[A]=0이다.
    D = [0] * (K + 1)
    for i in range(A + 1, K + 1):
        # 1번 연산 수행. (정수 i-1에 1을 더한다)
        D[i] = D[i - 1] + 1

        # 2번 연산 수행. (정수 i/2에 2를 곱한다)
        if i % 2 == 0 and (i // 2) >= A:
            D[i] = min(D[i], D[i // 2] + 1)

    return D[K]


# 입력을 받고 정답을 출력한다.
A, K = map(int, input().split())
print(solution(A, K))
```

더 생각하기

그렇다면 최소 연산 경로는 어떻게 구할 수 있을까? (**정수 a를 k로 만드는 최소 연산 경로**)
DP table 값을 참고하여 K에서 A까지 가는 최소 연산 경로를 구할 수 있다. 소스 코드를 보면 다음과 같다.

```python
# A를 K로 만드는 최소 연산 경로를 반환한다.
def solution(A, K):
    # DP 테이블을 구한다. (위 소스 코드 예시 참조)

    # 최소 연산 경로를 path에 저장한다.
    path = []
    a = K
```

```
        while a != A:
            path.append(a)
            if a % 2 == 0 and (a // 2) >= A and D[a//2] < D[a - 1]:
                a = a // 2
            else:
                a -= 1
    path.append(A)
    path.reverse()
```

더 생각하기

그렇다면 정수 A를 A보다 큰 가장 작은 소수로 변환하는 최소 연산 횟수는 어떻게 구할 수 있을까?
(정수 a를 가장 작은 소수로 만들기)
즉, K가 입력으로 주어지지 않고 A보다 큰 가장 작은 소수를 K로 설정하면 된다. 소스 코드를 보면 다
음과 같다.

```
# 정수 A를 A보다 큰 가장 작은 소수로 변환하는 최소 연산 횟수를 반환한다.
def solution(A):
    # K: A보다 큰 가장 작은 소수
    K = A + 1
    while is_prime(k) == False:
        K += 1


    # DP table을 구하고 정답을 반환한다. (본문의 소스 코드와 동일)


# n이 소수이면 True, 소수가 아니면 False를 반환한다.
def is_prime(n):
    if n < 2:
        return False
    for i in range(2, n):
        if i * i > n:
            return True
        if n % i == 0:
            return False

    return True
```

조건에 맞는 정수의 개수(Large)

난이도 ★★★☆　　**시간제한** 1초　　**메모리제한** 128MB

실습	준랩(1579번)
더 풀어보기	백준온라인저지(10844번, 1912번, 2579번)

양의 정수 n이 주어진다. 아래 조건을 만족하는 양의 정수 A의 개수를 구하자.

- 정수 A는 n개의 자릿수를 갖는 정수이며, 각각의 자릿수는 0이 아니다.
- 정수 A의 이웃한 두 자리의 숫자의 차이는 2 이하이다. 즉, 정수 A의 각 자리의 숫자를 높은 자릿수부터 낮은 자릿수 순서로 $A_1, A_2, \cdots, A_n$이라고 할 때, $|A_i - A_{i+1}| \leq 2(1 \leq i \leq n-1)$이다. $|x|$는 x의 절댓값을 의미한다.

입력

첫 번째 줄에 양의 정수 n이 주어진다.

출력

첫 번째 줄에 양의 정수 A의 개수를 987,654,321로 나눈 나머지를 출력한다.

제한 사항

$1 \leq n \leq 100,000$

$1 \leq a_i \leq 9 \, (1 \leq i \leq n)$

예제 입력 1	예제 출력 1
1	9

예제 입력 2	예제 출력 2
2	39

예제 입력 3	예제 출력 3
100	736753518

문제해설

양의 정수 n이 주어 지면, n개의 자릿수를 갖고 이웃한 두 자리의 숫자의 차이가 2보다 작거나 같은 양의 정수의 개수를 구하는 문제다.

예제 입력 1은 n = 1이다. 1개의 자릿수를 갖는 양의 정수 1, 2, 3, ⋯, 9가 A에 해당된다. 따라서 정답은 9다.

예제 입력 2는 n = 2이다. 2개의 자릿수를 갖고 첫 번째 자리의 숫자와 두 번째 자리의 숫자의 차이가 2보다 작거나 같은 양의 정수 11, 12, 13, 21, 22, 23, 24, 31, 32, ⋯, 97, 98, 99가 A에 해당된다. 따라서 정답은 39다.

예제 입력 3은 n = 100이다. 100개의 자릿수를 갖고 이웃한 두 자리의 숫자의 차이가 2보다 작거나 같은 양의 정수의 개수를 987,654,321로 나눈 나머지를 출력하면 된다. 정답은 736,753,518이다.

양의 정수 A의 개수를 저장하는 2차원 배열 D(DP table, 행: 자릿수, 열: 숫자)와 자릿수를 1개씩 늘려가는 점화식을 이용하여 한 개 자릿수를 갖는 양의 정수부터 n개 자릿수를 갖는 양의 정수 순으로 DP 테이블을 만들어 가는 게 핵심이다. 다음과 같은 순서로 문제를 해결해 보자.

자료 구조

- 정수: n
- 정수형 배열: D(DP table, $D[i][j]$ = i번째 자릿수가 j인 경우의 정답을 저장)

알고리즘

- $D[1][j]$를 1로 설정한다. ($1 \leq j \leq 9$)
- $D[2][*]$부터 $D[n][*]$ 순으로 $D[i][*]$의 값을 다음의 식으로 순서대로 구한다.
  - $D[i][j] = (D[i-1][j-2] + D[i-1][j-1] + D[i-1][j] + D[i-1][j+1] + D[i-1][j+2])$ % 987,654,321

    단, $1 \leq j-2, j-1, j, j+1, j+2 \leq 9$를 만족해야 한다.
- $(D[n][1] + D[n][2] + \cdots + D[n][9])$ % 987,654,321을 출력한다.

소스 코드 예시

```python
# n: 구하고자 하는 정수 A의 자릿수의 개수
# 문제의 조건을 만족하는 양의 정수 A의 개수를 반환한다.
def solution(n):
    # D: DP 테이블
    # D[i][j]: i번째 자릿수가 j인 경우 첫 번째 자릿수부터 i번째 자릿수까지
    # 문제 조건에 맞는 i개 자릿수를 갖는 양의 정수의 개수를 987,654,321로 나눈 나머지
    # 초깃값: D[1][1] = D[1][2] = D[1][3] = ... = D[1][9] = 1
    D = list([0] * 10 for _ in range(n + 1))
    for j in range(1, 10):
        D[1][j] = 1

    # 두 개 자릿수를 갖는 양의 정수부터 n개 자릿수를 갖는 양의 정수 순으로
    # DP 테이블을 만든다.
    for i in range(2, n + 1):
        for j in range(1, 10):
            # s: 시작 번호, e: 끝 번호
            s = max(j - 2, 1)
            e = min(j + 2, 9)

            # D[i][j] = D[i-1][s] + D[i-1][s+1] + ... + D[i-1][e]
            for k in range(s, e + 1):
                D[i][j] += D[i - 1][k]
            D[i][j] %= 987654321

    # answer=D[n][1] + D[n][2] + ... + D[n][9]
    answer = 0
    for j in range(1, 10):
        answer += D[n][j]

    return answer % 987654321

# 입력을 받고 정답을 출력한다.
n = int(input())
print(solution(n))
```

⚙2️ 트리 계층적인 자료 표현하기

트리(tree)란 계층적인 자료를 표현하는 자료 구조이다. 트리는 어떤 노드들의 집합으로 노드들은 서로 다른 자식을 가지며 이때 각 노드는 재사용 되지 않는 구조이다. 나무를 거꾸로 한 것과 같은 모양이기 때문에 트리라고 부른다. 트리에는 여러 가지 특징들이 존재한다.

1) 트리의 서로 다른 임의의 두 노드에 대해 두 노드를 연결하는 경로는 유일하다.
2) 트리에는 사이클을 가지는 노드 집합이 존재하지 않는다.
3) 트리에는 반드시 하나의 루트(root) 노드가 존재한다. (부모 노드가 존재하지 않는 노드)

트리의 이런 특징들을 이용하여 여러 종류의 문제들을 해결할 수 있다. 트리 자료 구조에서 사용되는 용어는 다음과 같다.

1) 노드(node)(정점): 트리는 노드들의 집합이다. 트리를 구성하는 것으로 노드에 할당된 값과 부모 자식의 정보가 있다.
2) 엣지(edge): 엣지는 노드들을 연결하는 간선으로 부모 노드와 자식 노드를 연결한다.
3) 루트(root node): 가장 상위 노드로 부모를 가지지 않는다.
4) 리프(leaf node): 가장 하위 노드로 자식을 가지지 않는다.
5) 형제 노드: 같은 부모를 가지는 자식 노드들을 말한다.
6) 깊이(depth): 트리에서 부모에서 자식 순으로 이동할 때, 깊이가 1만큼 증가하며 형제 노드 간의 깊이는 동일하며 root node의 깊이는 0이다.

다음 [실력 확인하기]의 문제를 통해 트리와 관련된 문제를 준랩을 통해 풀어보자. 제시된 문제들로 부족할 때는 '백준온라인저지'에서 엄선한 유사 문제를 제공하고 있으니 참고하도록 한다.

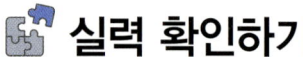 **실력 확인하기**

<table>
<tr><td>**7-2-1**</td><td>**값이 k인 트리 노드의 깊이**</td></tr>
</table>

난이도 ★★☆☆　　시간제한 1초　　메모리제한 128MB

실습　　　　준랩(1508번)
더 풀어보기　백준온라인저지(1991번)

n개의 정점과 n−1개의 간선으로 구성된 트리 T가 있다. 정점 번호는 0부터 n−1까지이고 0번 정점이 루트이다. 간선에는 가중치가 없다. 트리 T에 있는 각 정점에는 서로 다른 값이 부여된다. 트리 T에서 정점에 부여된 값이 k인 노드의 깊이(depth)를 출력하자. 루트 정점의 깊이는 0이고 자식 정점의 깊이는 부모 정점의 깊이보다 1만큼 더 큰 값을 갖는다.

입력

첫 번째 줄에 정점의 수 n과 정수 k가 공백을 사이에 두고 순서대로 주어진다.

두 번째 줄부터 n − 1개 줄에 걸쳐 간선의 정보가 주어진다. 한 줄에 하나의 간선 정보가 주어진다. 하나의 간선 정보는 부모 정점 번호 p와 자식 정점 번호 c가 공백을 사이에 두고 순서대로 주어진다. 다음 줄에는 0번 정점부터 n − 1번 정점까지 각 정점에 부여된 값이 공백을 사이에 두고 순서대로 주어진다. 즉, i번째 수는 i − 1번 정점에 부여된 값을 의미한다.

출력

첫 번째 줄에 정점에 부여된 값이 k인 정점의 깊이를 출력한다.

제한 사항

$2 \leq n \leq 100{,}000$

$0 \leq k \leq n-1$

$0 \leq p, c \leq n-1, p \neq c$

간선들로 만들어진 그래프는 트리이다.

$0 \leq$ 정점에 부여된 값 $\leq n-1$

각 정점에 부여된 값은 서로 다른 정수이다.

예제 입력 1

```
8 5
0 1
0 2
1 3
1 4
2 5
2 6
6 7
0 1 2 3 4 5 6 7
```

예제 출력 1

```
2
```

예제 설명

부여된 값이 5인 정점은 정점 5번이다. 정점 5번의 깊이는 2이다.

문제해설

n개의 정점과 n−1개의 간선으로 구성된 트리 T가 주어진다. 트리 T에 있는 각 정점에는 서로 다른 정수가 부여된다. 부여된 값이 k인 정점의 깊이(depth)를 출력하는 문제다.

예제 입력 1은 정점의 수 n=8, k=5, 간선 정보 edges=[[0, 1], [0, 2], [1, 3], [1, 4], [2, 5], [2, 6], [6, 7]], 정점에 부여된 값 A=[0, 1, 2, 3, 4, 5, 6, 7]이다. edges에서 [0, 1]은 부모 정점 0과 자식 정점 1이 간선으로 연결되어 있음을 의미한다. A[0]=0은 0번 정점에 부여된 값이 0임을 의미한다. 부여된 값이 5인 정점은 5번 정점이다. 0번 정점의 깊이가 0, 2번 정점의 깊이가 1, 5번 정점의 깊이가 2이므로 정답은 2다.

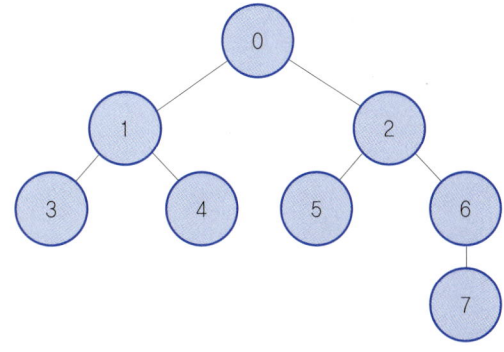

dfs를 이용하여 정점의 깊이를 구하는 게 핵심이다. 다음과 같은 순서로 문제를 해결해 보자.

자료 구조

- 정수: n, k
- 정수형 배열: E(간선 정보, 인접 리스트), A(정점에 부여된 값을 저장)

알고리즘

- 정점 V = {1, 2, 3, …, n}, 간선 E(인접 리스트)인 트리 T에서 정점의 값이 k인 정점의 깊이를 구한다.
  - 루트 정점 0번을 깊이 0으로 시작하여, 루트 정점의 모든 자식 정점을 탐색한다.
  - 정점 u의 모든 자식 정점 v를 탐색할 때, 정점 v의 깊이는 정점 u의 깊이 + 1로 설정한다.
  - 현재 정점 u에 저장된 값이 k이면 정점 u의 깊이를 출력한다.

소스 코드 예시

```python
# n: 정점의 수
# k: 정점에 부여된 값이 k인 정점의 깊이(depth)를 반환한다.
# A: 정점에 부여된 값을 저장하는 1차원 배열 (A[i]: i번 정점에 부여된 값)
# edges: 트리의 간선 정보 (부모 정점 번호, 자식 정점 번호)
def solution(n, k, A, edges):
    # 간선 정보 edges를 인접 리스트 E로 만든다.
    E = list([] for _ in range(n))
    for p, c in edges:
        E[p].append(c)


    # 0: 루트 번호, 0: 루트의 깊이, k: 정점에 부여된 값이 k인 정점의 깊이를 반환
    # A: 정점에 부여된 값, E: 간선 정보
```

```
    return solve(0, 0, k, A, E)


# u: 현재 정점 번호, depth: 정점 u의 깊이
# A: 정점에 부여된 값, E: 간선 정보
# u를 루트로 하는 서브 트리에서 정점에 부여된 값이 k인 정점의 깊이를 반환한다.
def solve(u, depth, k, A, E):
    # 기저 사례 - A[u]가 k이면, depth를 반환한다.
    if A[u] == k:
        return depth

    # 정점 u의 자식 정점을 탐색한다. 현재 탐색 중인 정점 번호는 변수 v에 저장된다.
    for v in E[u]:
        # v를 루트로 하는 서브 트리에서 정점에 부여된 값이 k인 정점이 존재하면
        # 해당 정점의 깊이(depth)를 반환한다.
        ret = solve(v, depth + 1, k, A, E)
        if ret != -1:
            return ret

    # u를 루트로 하는 서브 트리에서 정점에 부여된 값이 k인 정점이 존재하지 않는다.
    return -1


# 입력을 받고 정답을 출력한다.
n, k = map(int, input().split())
edges = list(list(map(int, input().split())) for _ in range(n - 1))
A = list(map(int, input().split()))
print(solution(n, k, A, edges))
```

더 생각하기

그렇다면 서로 다른 정점에 같은 값이 부여될 수 있으면 어떻게 문제를 해결할까?
부여된 값이 k인 정점이 여러 개 존재할 수 있다. 따라서 정답을 정렬된 배열 형태로 반환하자. 소스
코드를 보면 다음과 같다.

```python
# u: 현재 정점 번호, depth: 정점 u의 깊이
# A: 정점에 부여된 값, E: 간선 정보
# u를 루트로 하는 서브 트리에서 정점에 부여된 값이 k인 정점의
# 깊이 목록을 배열 형태로 반환한다.
def solve(u, depth, k, A, E):
    # ret: 정답을 저장하는 1차원 배열.
    ret = []
    if info[u] == k:
        ret += [depth]

    # 정점 u의 자식 정점을 탐색한다. 현재 탐색 중인 정점 번호는 v에 저장된다.
    for v in E[u]:
        # v를 루트로 하는 서브 트리에서 정점에 부여된 값이 k인 정점의
        # 깊이 목록을 ret에 누적해서 더한다.
        # ret를 전역 변수로 선언하면 배열 복사를 줄일 수 있다.
        ret += solve(v, depth + 1, k, info, E)
    ret.sort()
    return ret
```

7-2-2 트리를 간단하게 색칠하는 최소 비용

난이도 ★★★☆ **시간제한** 1초 **메모리제한** 128MB

실습 준랩(1509번)

n개의 정점과 n−1개의 간선으로 구성된 트리 T가 있다. 정점 번호는 0부터 n−1까지이고 0번 정점이 루트이다. 간선에는 가중치가 없다. 트리 T의 각 정점을 white 또는 black으로 색칠하려고 한다. 단, 이웃한 두 정점의 색은 서로 달라야 한다. 각 정점마다 white, black으로 색칠하는 비용이 주어진다. 트리 T의 모든 정점을 색칠하는 최소 비용을 출력하자.

입력

첫 번째 줄에 정점의 수 n이 주어진다.

두 번째 줄부터 n−1개 줄에 걸쳐 간선의 정보가 주어진다. 한 줄에 하나의 간선 정보가 주어진다. 하나의 간선 정보는 부모 정점 번호 p와 자식 정점 번호 c가 공백을 사이에 두고 순서대로 주어진다.

다음 줄부터 n개의 줄에는 0번 정점부터 n−1번 정점까지 정점을 색칠하는 비용이 순서대로 주어진다. 한 줄에 하나의 정점을 white, black으로 색칠하는 비용 w, b가 공백을 사이에 두고 순서대로 주어진다.

출력

첫 번째 줄에 트리 T의 모든 노드를 색칠하는 최소 비용을 출력한다.

제한 사항

$2 \leq n \leq 100,000$

$0 \leq p, c \leq n - 1, p \neq c$

간선들로 만들어진 그래프는 트리이다.

$1 \leq w, b \leq 100,000$, w와 b는 양의 정수이다.

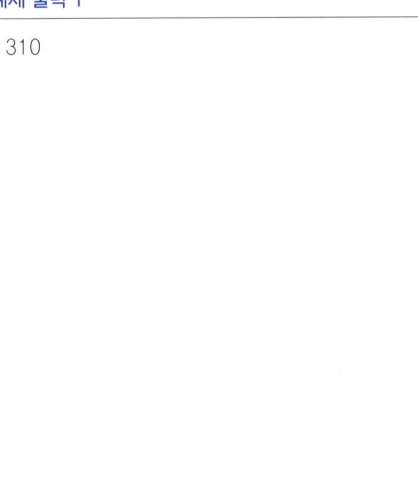

예제 입력 1

```
8
0 1
0 2
1 3
1 4
2 5
2 6
6 7
10 20
10 30
10 100
100 50
50 50
10 50
10 50
70 100
```

예제 출력 1

```
310
```

문제해설

　n개의 정점과 n−1개의 간선으로 구성된 트리 T가 주어진다. 각 정점마다 white, black으로 색칠하는 비용이 주어진다. 이웃한 두 정점의 색깔이 다르도록 모든 정점을 색칠하는 최소 비용을 구하는 문제다.

　예제 입력 1은 정점의 수 n=8, 간선 정보 edges=[[0, 1], [0, 2], [1, 3], [1, 4], [2, 5], [2, 6], [6, 7]], 정점을 색칠하는 비용 A=[[10, 20], [10, 30], [10, 100], [100, 50], [50, 50], [10, 50], [10, 50], [70, 100]]이다. edges[0]=[0, 1]은 부모 정점 0과 자식 정점 1이 간선으로 연결되어 있음을 의미한다. A[0]=[10, 20]은 0번 정점을 white로 색칠하는 비용이 10, black으로 색칠하는 비용이 20임을 의미한다. 0번 정점을 white로 색칠하면, 0번 정점과 연결된 1번 정점과 2번 정점은 black으로 색칠해야 한다. 1번 정점과 연결된 3번 정점, 4번 정점은 white, 2번 정점과 연결된 5번 정점 6번 정점은 white로 색칠해야 한다. 6번 정점과 연결된 7번 정점은 black으로 색칠해야 한다. 전체 비용은 10+30+100+100+50+10+10+100=410이다. 0번 정점을 black으로 색칠하면, 0번 정점과 연결된 1번 정점과 2번 정점은 white로 색칠해야 한다. 1번 정점과 연결된

3번 정점, 4번 정점은 black, 2번 정점과 연결된 5번 정점 6번 정점은 black으로 색칠해야 한다. 6번 정점과 연결된 7번 정점은 white로 색칠해야 한다. 전체 비용은 20 + 10 + 10 + 50 + 50 + 50 + 50 + 70 = 310이다. 따라서 최소 비용은 0번 정점을 black으로 색칠하는 310이다.

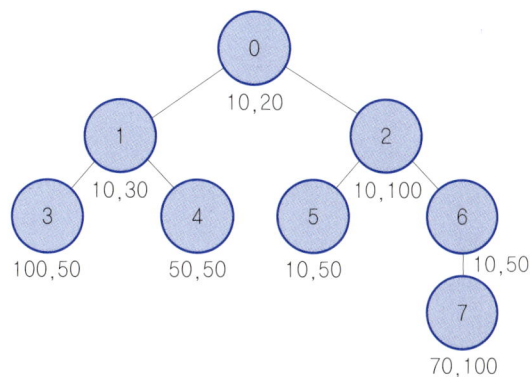

dfs를 이용하여 서브 트리를 color(white, black)로 색칠하는 최소 비용을 구하는 게 핵심이다. 다음과 같은 순서로 문제를 해결해 보자.

자료 구조

- 정수: n
- 정수형 배열: E(간선 정보, 인접 리스트), A(정점을 white, black으로 색칠하는 비용)

알고리즘

- 정점 V = {1, 2, 3, …, n}, 간선 E(인접 리스트)인 트리 T에서 루트 정점 0번을 white로 색칠하는 비용과 black으로 색칠하는 비용을 구하고 더 작은 값을 출력한다. 아래에서 정점 u를 정점 0번으로 하여 구하면 된다.
- 정점 V = {1, 2, 3, …, n}, 간선 E(인접 리스트)인 트리 T에서 정점 u를 루트로 하는 서브 트리를 색칠하는 비용을 구한다. 단, 정점 u는 color로 색칠한다.
  - 정점 u의 모든 자식 정점 v에 대하여, 정점 v를 루트로 하는 서브 트리를 색칠하

는 비용의 합을 구한다. 단, 정점 v는 color와 다른 색인 other_color로 색칠한다.

– 앞에서 구한 비용의 합과 정점 u를 color로 색칠하는 비용을 더한 값을 반환한다.

소스 코드 예시

```
# n: 정점의 수
# A: 정점 정보(A[i]: i번 정점을 white, black으로 칠하는 비용)
# edges: 트리의 간선 정보 (부모 정점 번호, 자식 정점 번호)
# 트리 T의 모든 정점을 white 또는 black으로 색칠하는 최소 비용을 반환한다.
def solution(n, A, edges):
    # 간선 정보 edges를 인접 리스트 E로 만든다.
    E = list([] for _ in range(n))
    for p, c in edges:
        E[p].append(c)

    # 0: 루트 번호, 0/1: 루트의 색깔(0: white, 1: black)
    # A: 정점 정보, E: 간선 정보(인접 리스트)
    return min(solve(0, 0, A, E), solve(0, 1, A, E))


# u: 현재 정점 번호, color: u번 정점의 색깔, A: 정점 정보, E: 간선 정보
# u를 루트로 하는 서브 트리를 색칠하는 비용을 반환한다.(u는 color로 색칠함)
def solve(u, color, A, E):
    # u번 정점과 이웃한 v번 정점을 방문한다.
    # ret: u를 루트로 하는 서브 트리를 색칠하는 비용
    ret = A[u][color]
    for v in E[u]:
        # v번 정점을 방문한다. v번 정점은 u번 정점과 다른 색으로 색칠해야 한다.
        # v를 루트로 하는 서브 트리를 색칠하는 비용을 ret에 더한다.
        ret += solve(v, 1 - color, A, E)

    return ret


# 입력을 받고 정답을 출력한다.
```

```
n = int(input())
edges = list(list(map(int, input().split())) for _ in range(n - 1))
A = list(list(map(int, input().split())) for _ in range(n))
print(solution(n, A, edges))
```

더 생각하기

루트 정점(0번 정점)을 white로 색칠할 때와 black으로 색칠할 때 나머지 노드를 색칠하는 색깔은 서로 다르다. 즉, i번 정점(i ≠ 0)에 대해 루트 정점을 white로 색칠할 때 칠해야 하는 색과 루트 정점을 black 으로 색칠할 때 칠해야 하는 색깔이 서로 다르다. 따라서 n의 최댓값이 100,000으로 매우 크지만, i번 정점(i ≠ 0)에 대한 중복호출이 발생하지 않아서 프로그램이 빠르게 실행된다.

이웃한 두 정점을 색칠하는 조건이 변경되어 i번 정점(i ≠ 0)에 대한 중복호출이 발생하는 경우는 동적 계획법으로 성능을 최적화해야 한다. 실전 문제 [8-20] 트리를 복잡하게 색칠하는 최소 비용 문제를 통해 동적 계획법을 공부해 보자.

난이도 ★★★☆   시간제한 3초   메모리제한 512MB

실습   준랩(1582번)

n개의 노드와 n-1개의 간선으로 구성된 트리 T가 있다. 노드 번호는 0부터 n-1까지이고 0번 노드
가 루트이다. 간선에는 가중치가 없다. 트리 T에 있는 각 노드에는 하나의 정수가 적혀있다. 루트
노드에서 시작하여 이웃한 노드를 방문하면서 노드에 적혀있는 정수의 합을 최대로 하려고 한다.
노드를 방문하면 해당 노드에 적힌 정수는 무조건 더해야 한다. 같은 노드를 여러 번 방문할 수 있
고, 여러 번 방문해도 최초 한 번만 해당 노드에 적혀있는 정수를 더한다. 루트 노드는 항상 방문해
야 한다. 트리 T가 주어지면, 루트 노드에서 시작하여 이웃한 노드를 방문할 때 방문한 노드에 적
혀있는 정수 합의 최댓값을 출력하자.

입력

첫 번째 줄에 노드의 수 n이 주어진다.

두 번째 줄부터 n-1개 줄에 걸쳐 간선의 정보가 주어진다. 한 줄에 하나의 간선 정보가 주어진다.
하나의 간선 정보는 부모 노드 번호 p와 자식 노드 번호 c가 공백을 사이에 두고 순서대로 주어
진다.

다음 줄에는 0번 노드부터 n-1번 노드까지 노드에 적혀있는 n개의 정수가 공백을 사이에 두고 순
서대로 주어진다. 즉, i번째 수는 i-1번 노드에 적혀있는 정수를 의미한다.

출력

첫 번째 줄에 방문한 노드에 적혀있는 정수 합의 최댓값을 출력한다.

제한 사항

$2 \leq n \leq 100,000$

$0 \leq p, c \leq n - 1, p \neq c$

간선들로 만들어진 그래프는 트리이다.

$-100,000 \leq$ 노드에 부여된 값 $\leq 100,000$

예제 입력 1

```
8
0 1
0 2
1 3
1 4
2 5
2 6
6 7
1 -5 -10 -1 10 20 -5 20
```

예제 출력 1

```
31

노드 0, 노드 1, 노드 2, 노드 4, 노드 5, 노드 6,
노드 7을 방문한다.
```

예제 입력 2

```
8
0 1
0 2
1 3
1 4
2 5
2 6
6 7
-10 -5 -10 -1 -10 -20 -5 -20
```

예제 출력 2

```
-10
```

문제해설

n개의 노드와 n−1개의 간선으로 구성된 트리 T가 주어진다. 트리 T에 있는 각 노드에는 하나의 정수가 적혀있다. 루트 노드에서 시작하여 방문한 노드에 적혀있는 숫자 합의 최댓값을 구하는 문제다.

예제 입력 1은 노드의 수 n = 8, 간선 정보 edges = [[0, 1], [0, 2], [1, 3], [1, 4], [2, 5], [2, 6], [6, 7]], 노드에 적혀있는 값 A = [1, −5, −10, −1, 10, 20, −5, 20]이다. edges에서 [0, 1]은 부모 노드 0과 자식 노드 1이 간선으로 연결되어 있음을 의미한다. A[0] = 1은 0번 노드에 적혀있는 숫자가 1임을 의미한다. 노드 0, 노드 1, 노드 2, 노드 4, 노드 5, 노드 6, 노드 7에 적힌 숫자 합인 31이 최댓값이다.

예제 입력 2는 노드의 수 n = 8, 간선 정보 edges = [[0, 1], [0, 2], [1, 3], [1, 4], [2, 5], [2, 6], [6, 7]], 노드에 적혀있는 값 A = [−10, −5, −10, −1, −10, −20, −5, −20]이

다. 노드에 적혀있는 값이 모두 음수이므로 루트 노드 0번만 방문하는 게 정답이다. 따라서 −10이 정답이다.

dfs를 이용하여 서브 트리에 적혀있는 숫자 합의 최댓값을 구하는 게 핵심이다. 다음과 같은 순서로 문제를 해결해 보자.

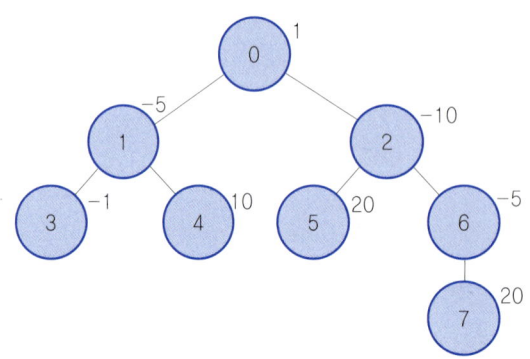

자료 구조

- 정수: n
- 정수형 배열: E(간선 정보, 인접 리스트), A(노드에 부여된 값을 저장)

알고리즘

- 노드 V = {1, 2, 3, …, n}, 간선 E(인접 리스트)인 트리 T에서 루트 노드 0번을 출발 노드로하여 트리 T를 방문한다. 이때 방문한 노드에 적혀있는 숫자 합의 최댓값을 출력한다. 아래에서 노드 u를 노드 0번으로 하여 구하면 된다.
- 노드 V = {1, 2, 3, …, n}, 간선 E(인접 리스트)인 트리 T에서 노드 u를 루트로 하는 서브 트리를 방문한다. 이때 방문한 노드 합의 최댓값을 반환한다.
  - 노드 u의 모든 자식 노드 v에 대해 노드 v를 루트로 하는 서브 트리에 대한 노드 합의 최댓값 x를 구한다.
  - 앞에서 구한 x 중에서 모든 양수 x의 총합을 y라고 하자.
  - 앞에서 구한 y와 노드 u에 저장된 값의 합을 반환한다.

소스 코드 예시

```python
# n: 노드의 수
# A: 노드에 적혀있는 값을 저장하는 1차원 배열. (A[i]: i번 노드에 적혀있는 값)
# edges: 트리의 간선 정보 (부모 노드 번호, 자식 노드 번호)
# 루트 노드에서 시작하여 이웃한 노드를 방문하는 경우,
# 노드에 적혀있는 숫자 합의 최댓값을 반환한다.
def solution(n, A, edges):
    # 간선 정보 edges를 인접 리스트 E로 만든다.
    E = list([] for _ in range(n))
    for p, c in edges:
        E[p].append(c)


    # 0: 루트 번호, A: 노드 정보, E: 간선 정보
    return solve(0, A, E)


# u: 현재 노드 번호, A: 노드 정보, E: 간선 정보
# u를 루트로 하는 서브 트리를 방문할 경우
# 노드에 적혀있는 숫자 합의 최댓값을 반환한다.
# u는 방문한다.
def solve(u, A, E):
    # ret: u의 서브 트리에 대한 노드 숫자 합의 최댓값
    # u는 방문한다.
    ret = A[u]


    # u번 노드와 이웃한 v번 노드를 방문한다.
    for v in E[u]:
        # v번 노드를 방문한다.
        # v를 루트로 하는 서브 트리에 대한 노드 숫자 합의 최댓값이 양수인 경우에만
        # ret에 값을 더한다.
        ret2 = solve(v, A, E)
        if ret2 > 0:
            ret += ret2
```

```
    return ret

# 입력을 받고 정답을 출력한다.
n = int(input())
edges = list(list(map(int, input().split())) for _ in range(n - 1))
A = list(map(int, input().split()))
print(solution(n, A, edges))
```

거리가 k 이하인 트리 노드에서 사과 수확하기

난이도 ★★☆☆   **시간제한** 1초   **메모리제한** 128MB

실습   준랩(1583번)
더 풀어보기   백준온라인저지(1260번)

n개의 정점과 n−1개의 간선으로 구성된 트리 T가 있다. 정점 번호는 0부터 n−1까지이고 0번 정점이 루트이다. 모든 간선의 길이는 1이다. 트리 T의 각 정점에는 사과가 0개 또는 1개 놓여있다. 루트 노드에서 거리가 k 이하인 노드에 있는 사과를 수확하려고 한다. 수확할 수 있는 사과 개수를 출력하자.

입력

첫 번째 줄에 정점의 수 n과 정수 k가 공백을 사이에 두고 순서대로 주어진다.

두 번째 줄부터 n−1개 줄에 걸쳐 간선의 정보가 주어진다. 한 줄에 하나의 간선 정보가 주어진다. 하나의 간선 정보는 부모 정점 번호 p와 자식 정점 번호 c가 공백을 사이에 두고 순서대로 주어진다.

다음 줄에는 0번 정점부터 n−1번 정점까지 정점의 사과 정보를 나타내는 n개의 정수가 공백을 사이에 두고 순서대로 주어진다. i번째 수는 i−1번 정점에 있는 사과의 수를 나타낸다. 사과의 수는 0 또는 1이다.

출력

첫 번째 줄에 수확할 수 있는 사과 개수를 출력한다.

제한 사항

$2 \leq n \leq 100,000$

$0 \leq p, c \leq n - 1, p \neq c$

간선들로 만들어진 그래프는 트리이다.

$0 \leq k \leq n - 1$

정점에 있는 사과의 수는 0 또는 1이다.

예제 입력 1

```
8 2
0 1
0 2
1 3
1 4
2 5
2 6
6 7
1 0 0 1 0 1 0 1
```

예제 출력 1

```
3

(노드 0, 노드 3, 노드 5)
```

문제해설

 n개의 정점과 n-1개의 간선으로 구성된 트리 T가 주어진다. 트리 T에 있는 정점에는 사과가 최대 1개 있을 수 있다. 루트 노드에서 거리가 k 이하인 정점에 있는 사과 개수를 출력하는 문제다.

 예제 입력 1은 정점의 수 n=8, k=2, 간선 정보 edges=[[0, 1], [0, 2], [1, 3], [1, 4], [2, 5], [2, 6], [6, 7]], 정점 정보 A=[1, 0, 0, 1, 0, 1, 0, 1]이다. edges에서 [0, 1]은 부모 정점 0과 자식 정점 1이 간선으로 연결되어 있음을 의미한다. A[0]=1은 0번 정점에 사과가 1개 있고, A[1]=0은 1번 정점에 사과가 없음을 의미한다. 0번 정점에서 거리가 2 이하인 정점은 1, 2, 3, 4, 5, 6번이다. 정점 0, 3, 5번에 있는 사과를 모두 수확 하는 게 최선이므로 수확할 수 있는 사과 개수는 3이다.

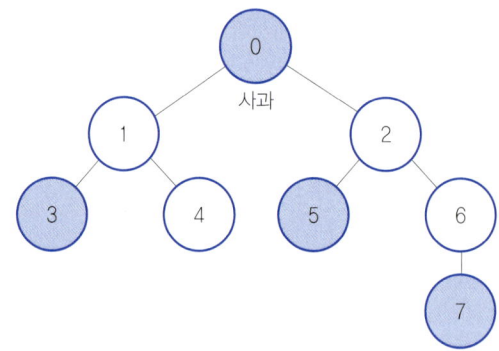

 dfs를 이용하여 서브 트리에서 루트에서 거리가 k 이하인 정점에 있는 사과 개수의 합을 구하는 게 핵심이다. 다음과 같은 순서로 문제를 해결해 보자.

자료 구조:

- 정수: n, k
- 정수형 배열: E(간선 정보, 인접 리스트), A(정점에 있는 사과의 수를 저장)

알고리즘:

- 정점 V={1, 2, 3, …, n}, 간선 E(인접 리스트)인 트리 T에서 루트 정점 0번과 거리

가 k 이하인 정점에 있는 사과 개수의 합을 구한다. 아래에서 정점 u를 정점 0번, d를 k로 하여 정답을 구하면 된다.

- 정점 V = {1, 2, 3, …, n}, 간선 E(인접 리스트), 정점 u를 루트로 하는 서브 트리에서 정점 u번과 거리가 d 이하인 정점에 있는 사과 개수의 합을 구한다.
  - d가 0이면 u에 저장된 사과의 개수를 반환하고, 0이 아니면 다음을 수행한다.
  - 정점 u의 모든 자식 정점 v에 대하여, 정점 v를 루트로 하는 서브 트리에 대해 정점 v와 거리가 d−1 이하인 정점에 있는 사과 개수의 합 x를 구한다.
  - 앞에서 구한 모든 x값의 총합을 y라고 하자.
  - 앞에서 구한 y와 정점 u에 있는 사과 개수의 합을 반환한다.

소스 코드 예시

```python
# n: 정점의 수
# k: 사과를 수확할 수 있는 정점과 루트 정점(0번 정점)과의 최대 거리
# A: 정점 정보(A[i]: 0(i번 정점에 사과가 없음), 1(i번 정점에 사과가 1개 있음))
# edges: 트리의 간선 정보(부모 정점 번호, 자식 정점 번호)
# 루트 노드에서 거리가 k 이하인 정점에 있는 사과를 수확할 경우
# 수확할 수 있는 사과 개수를 반환한다.
def solution(n, k, A, edges):
    # 간선 정보 edges를 인접 리스트 E로 만든다.
    E = list([] for _ in range(n))
    for p, c in edges:
        E[p].append(c)

    # 0: 루트 번호, k: 루트 정점에서 거리가 k 이하인 정점에서 사과를 수확한다.
    # A: 정점에 있는 사과 개수를 저장하는 1차원 배열, E: 간선 정보
    return solve(0, k, A, E)


# u: 서브 트리의 루트 정점 번호
# k: 사과를 수확할 수 있는 정점과 u번 정점과의 최대 거리
```

```
# A: 정점에 있는 사과 개수를 저장하는 1차원 배열, E: 간선 정보
# 정점 u에서 거리가 k 이하인 정점에 있는 사과 개수의 합을 반환한다.
def solve(u, k, A, E):
    # ret: 정답(초깃값: 정점 u에 있는 사과 개수)
    ret = A[u]

    # 기저 사례 - k가 0인 경우 추가로 탐색하지 않는다.
    if k == 0:
        return ret

    # 정점 u의 모든 자식 정점 v를 탐색한다.
    for v in E[u]:
        ret += solve(v, k - 1, A, E)

    return ret

# 입력을 받고 정답을 출력한다.
n, k = map(int, input().split())
edges = list(list(map(int, input().split())) for _ in range(n - 1))
A = list(map(int, input().split()))
print(solution(n, k, A, edges))
```

더 생각하기

트리 T의 정점에 사과 또는 배가 최대 1개 있는 경우, 루트 정점에서 거리가 k 이하인 정점에서 수확할 수 있는 사과 개수와 배 개수를 구하려면 어떻게 할까?
solve() 함수에서 1차원 배열 형태로 [사과 개수, 배 개수]를 반환하면 된다. 소스 코드를 보면 다음과 같다.

```
# u: 현재 정점, k: 현재 정점에서 거리가 k 이하인 정점에 있는 사과와 배를 수확
# A: 정점 정보, E: 간선 정보
# 정점 u에서 거리가 k 이하인 정점에 있는 [사과 개수, 배 개수]를 반환한다.
def solve(u, k, A, E):
```

```python
    # ret: 정답(초깃값: 정점 u에 있는 과일 개수)
    ret = [0, 0]

    # A[u]=1인 경우 u번 정점에 사과가 1개 있음
    if A[u] == 1:
        ret[0] += 1
    # A[u]=2인 경우 u번 정점에 배가 1개 있음
    elif A[u] == 2:
        ret[1] += 1

    # 기저 사례 - k가 0인 경우 추가로 탐색하지 않는다.
    if k == 0:
        return ret

    # 정점 u의 모든 자식 정점 v를 탐색한다.
    for v in E[u]:
        ret2 = solve(v, k - 1, A, E)
        ret[0] += ret2[0]
        ret[1] += ret2[1]

    return ret
```

한눈에 보는
동적 계획법, 트리

</> 동적 계획법

1. 동적 계획법(dynamic programming)이란 복잡한 문제를 간단한 여러 개의 작은 문제로 나누어 푸는 방법을 말한다.

2. 동적 계획법은 계산 횟수를 줄여서 하위 문제의 호출 횟수가 기하급수적으로 증가할 때 유용하다.

3. 재귀를 단순히 사용 시 동일한 작은 문제들이 여러 번 반복 호출되어 비효율적인 계산이 발생되는 것을 동적 계획법에서 memoization으로 개선한다.

4. 동적 계획법이 적용되기 위한 첫 번째 조건은 Overlapping Subproblems(겹치는 부분 문제)이다. 동적 계획법은 문제를 나누고 그 문제의 결과 값을 재활용해서 전체 답을 구한다. 그래서 동일한 작은 문제들이 반복하여 나타나는 경우에 사용할 수 있다.

5. 동적 계획법이 적용되기 위한 두 번째 조건은 Optimal Substructure(최적 부분 구조)이다. 부분 문제의 최적 결괏값을 사용해 전체 문제의 최적 결과를 낼 수 있는 경우를 의미한다. 그래서 특정 문제의 정답은 문제의 크기에 상관없이 항상 동일하다.

6. 입력으로 n이 주어지면, n번째 피보나치 수 F(n)을 출력하기
   – 피보나치 수를 저장하는 1차원 배열 D(DP table)와 $D[i] = (D[i-1] + D[i-2])$ 점화식을 이용하여 D[1]부터 D[n] 순으로 D를 만들어 가기

7. 양의 정수 A에 1을 더하거나 2를 곱하는 연산을 이용하여 A를 양의 정수 K로 변경하는 최소 연산 횟수 구하기
   – 최소 연산 횟수를 저장하는 1차원 배열 D(DP table)와 "D[i] = 1번 연산과 2번 연산 중 최솟값" 점화식을 이용하여 D[A]부터 D[K] 순으로 배열 D를 만들기

8. 이웃한 두 자리의 숫자의 차이가 2보다 작거나 같은 n개의 자릿수를 갖는 양의 정수의 개수 구하기
   – 양의 정수 A의 개수를 저장하는 자릿수를 행, 숫자가 열인 2차원 배열 D(DP table)와 자

릿수를 1개씩 늘려가는 점화식을 이용하여 한 개 자릿수를 갖는 양의 정수부터 n개 자릿수를 갖는 양의 정수 순으로 DP 테이블 만들기

</> 트리

1. 트리(tree)란 계층적인 자료를 표현하는 자료 구조이며, 어떤 노드들의 집합으로 노드들은 서로 다른 자식을 가지며 이때 각 노드는 재사용 되지 않는 구조이다.

2. 트리의 서로 다른 임의의 두 노드에 대해 두 노드를 연결하는 경로는 유일하다.

3. 트리에는 사이클을 가지는 노드 집합이 존재하지 않는다.

4. 트리에는 반드시 하나의 루트(root) 노드가 존재한다. (부모 노드가 존재하지 않는 노드)

5. 노드(node)(정점): 트리는 노드들의 집합으로 트리를 구성하는 것으로 보통 값과 부모 자식의 정보를 가지고 있다.

6. 엣지(edge): 엣지는 노드들을 연결하는 간선으로 부모 노드와 자식 노드를 연결한다.

7. 루트(root node): 가장 상위 노드로 부모를 가지지 않는다.

8. 리프(leaf node): 가장 하위 노드로 자식을 가지지 않는다.

9. 형제 노드: 같은 부모를 가지는 자식 노드들을 말한다.

10. 깊이(depth): 부모에서 자식 노드로 트리를 이동할 때, 깊이가 1만큼 증가하며 형제 노드 간의 depth는 일치하며 root node의 depth는 0이다.

11. 정점에 서로 다른 양의 정수가 부여된 트리에서 부여된 값이 k인 정점의 깊이(depth) 구하기
    - solve(u, depth) (u: 현재 정점 번호, depth: u의 깊이)를 u를 루트로 하는 서브 트리에서 정점에 부여된 값이 k인 정점의 깊이를 반환하도록 구현한다.

12. 각 정점마다 white, black으로 색칠하는 비용이 주어진 트리에서 이웃한 두 정점의 색깔이 다르도록 모든 정점을 색칠하는 최소 비용 구하기
    - solve(u, color) (u: 현재 정점 번호, color: u번 정점의 색깔)을 u를 루트로 하는 서브 트리

를 색칠하는 비용을 반환하도록 구현한다.

13. 정점에 정수가 적혀있는 트리에서 루트 노드에서 시작하여 노드에 적혀있는 숫자 합의 최 댓값 구하기

- solve(u) (u: 현재 정점 번호)를 u를 루트로 하는 서브 트리를 방문할 경우, 노드에 적혀 있는 숫자 합의 최댓값을 반환하도록 구현한다.

14. 정점에 사과가 최대 1개 있는 트리에서 루트 노드에서 거리가 k 이하인 정점에 있는 사과 개수 구하기

- solve(u, k) (u: 현재 정점 번호, k: 사과를 수확할 수 있는 정점과 u번 정점과의 최대 거 리)를 노드 u에서 거리가 k 이하인 노드에 있는 사과 개수의 합을 반환하도록 구현한다.

Part 2

실전 문제
&
기출 문제

Chapter 8

실전 문제

최근 코딩테스트 경향을 분석하여 만든 **구현(딕셔너리, 배열, 문자열), 완전 탐색(재귀), 수학(k 진수), 누적합, 너비 우선 탐색, 동적 계획법, 트리** 문제를 완벽히 풀어보고 코딩테스트 기출 문제에 도전해 보자.

학생별 통화 요금 계산

난이도 ★★☆☆	시간제한 1초	메모리제한 128MB	구현+사전+정렬
실습	준랩(1594번)		
더 풀어보기	백준온라인저지(1267번, 3226번, 9080번, 10707번)		

학생들이 한 달간 통화한 n개의 통화 기록 A가 주어진다. 한 개의 통화 기록은 통화 시간과 학생 이름이 공백으로 구분되어 주어진다. 한 학생의 통화 기록이 여러 번 주어질 수 있다. 통화 시간은 시:분 형태로 주어지고 시와 분은 길이가 2인 문자열이다. 학생 이름은 알파벳 소문자로 이루어져 있다. 통화 요금표는 다음과 같다.

– 기본 시간(분): 100분, 기본 요금(원): 10, 단위 시간(분): 50, 단위 요금(원): 3

통화 요금은 학생별로 한 달간 통화한 누적 통화 시간에 대해 청구된다. 누적 통화 시간이 기본 시간 이하라면 기본 요금이 청구된다. 누적 통화 시간이 기본 시간을 초과하면, 기본 요금에 더해서 초과한 시간에 대해서 단위 시간마다 단위 요금이 청구된다. 초과한 시간이 단위 시간으로 나누어떨어지지 않으면 올림 한다.

통화 요금이 많은 학생부터 이름과 통화 요금을 출력하자. 통화 요금이 같은 학생은 학생 이름 기준으로 오름차순으로 출력하자.

입력

첫 번째 줄에 통화 기록의 개수 n이 주어진다.

다음 줄부터 n개의 줄에 통화 기록이 순서대로 주어진다. 한 줄에 하나의 통화 기록이 주어진다. 한 개의 통화 기록은 통화 시간과 학생 이름이 공백으로 구분되어 순서대로 주어진다.

출력

첫 번째 줄부터 통화 요금이 많은 학생부터 학생 이름과 통화 요금을 공백을 사이에 두고 순서대로 출력한다. 통화 요금이 같은 학생은 학생 이름 기준으로 오름차순으로 출력한다. 한 줄에 한 학생의 정보를 출력한다.

제한 사항

$1 \leq n \leq 10{,}000$

$00 \leq 시 \leq 23$

$00 \leq 분 \leq 59$

$2 \leq 학생 이름 길이 \leq 10$

예제 입력 1

```
7
00:10 aaa
00:30 aaa
01:15 bbb
01:00 ccc
01:00 bbb
02:10 aaa
03:10 ccc
```

예제 출력 1

```
ccc 19
aaa 16
bbb 13
```

처리 결과

```
aaa: 170분 통화 -> 16
bbb: 135분 통화 -> 13
ccc: 250분 통화 -> 19
```

예제 입력 2

```
3
00:10 ccc
00:10 aaa
00:10 bbb
```

예제 출력 2

```
aaa 10
bbb 10
ccc 10
```

문제해설

학생들이 한 달간 통화한 n개의 통화 기록 A와 통화 요금표가 주어진다. 통화 요금 합계가 많은 학생부터 학생별 통화 요금 합계를 출력하는 문제다.

n개의 통화 기록 A를 이용하여 {key=학생 이름, value=통화 요금} 형태의 사전 자료 구조 d를 만든다. d를 [학생 이름, 통화 요금]을 원소로 갖는 배열로 변환하고, 통화 요금 기준 내림차순으로 정렬한다. 통화 요금이 같으면 학생 이름 기준으로 오름차순으로 정렬한다.

통화 기록의 개수가 n이므로 d를 만드는 데 O(n) 시간이 소요된다. d에는 원소가 n개 있으므로 d를 정렬하는 데 O(nlogn) 시간이 소요된다. 따라서 시간복잡도는 O(n)+O(nlogn)=O(nlogn)이다. n=10,000이므로 제한 시간 내에 결과가 출력된다.

자료 구조

- 정수: n

- 문자열 배열: A
- 딕셔너리: d(key = 학생 이름, value = 통화 요금)

알고리즘

- 배열 A에 있는 모든 통화 기록 a_i를 탐색하면서 학생별 통화 시간 합계를 구한다.
- 앞에서 구한 학생별 통화 시간 합계와 통화 요금표를 이용하여 d를 만든다.
- d에 있는 학생을 통화 요금 기준으로 내림차순 정렬한다. d.items(), sort() 함수를 이용하면 된다.

소스 코드 예시

```
# n: 통화 기록의 개수
# A: n개의 통화 기록(통화 시간, 학생 이름)이 저장된 배열
# fees: 요금 표(기본 시간, 기본 요금, 단위 시간, 단위 요금)를 저장하는 배열
# 학생별 통화 요금 합계를 배열로 반환한다.
def solution(n, A, fees):
    # d: {key = 학생 이름, value = 통화 요금} 형태의 딕셔너리
    d = { }

    # 통화 기록을 순서대로 탐색하면서 d를 만든다. (t: 통화 시간, name: 학생 이름)
    for t, name in map(parse_log, A):
        if name in d:
            d[name] += t
        else:
            d[name] = t

    # 학생별 통화 시간을 통화 요금으로 변환한다.
    for key, value in d.items():
        d[key] = get_fee(fees, value)

    # answer: 모든 학생에 대한 [학생 이름, 통화 요금]을 저장하는 배열
    # 통화 요금 기준으로 내림차순 정렬
    # 통화 요금이 같으면 학생 이름 기준으로 오름차순 정렬
```

```python
    answer = list(d.items())
    answer.sort(key = lambda x : (-x[1], x[0]))
    return answer

# s: '통화 시간, 학생 이름'이 저장된 문자열
# s에 저장된 문자열을 [통화 시간(분), 학생 이름] 형태의 배열로 반환한다.
def parse_log(s):
    # 통화 시간을 분 단위로 변환한다.
    t = int(s[0:2]) * 60 + int(s[3:5])

    # 학생 이름
    name = s[6:]

    return [t, name]

# 통화 시간 t에 대한 통화 요금을 반환한다.
def get_fee(fees, t):
    # 기본 요금을 초과한 경우, 초과 요금을 money에 더한다.
    money = fees[1] # 기본 요금
    if fees[0] < t:
        money += (t - fees[0] + fees[2] - 1) // fees[2] * fees[3]

    return money

# 입력을 받고 정답을 출력한다.
n = int(input())
A = list(input() for _ in range(n))
fees = [100, 10, 50, 3]
B = solution(n, A, fees)
for name, cost in B:
    print(name, cost)
```

8-2 학생 인기도 측정

난이도 ★★☆☆	시간제한 1초	메모리제한 128MB	구현+사전+정렬

실습	준랩(1497번)
더 풀어보기	백준온라인저지(11637번)

학생 이름이 공백으로 구분된 문자열 A가 주어진다. 문자열 A에는 중복된 학생 이름이 존재하지 않는다. 학생 이름은 알파벳 소문자로 이루어져 있다. 각 학생이 좋아하는 학생의 학생 이름 목록이 공백으로 구분된 문자열로 주어진다.

각 학생이 좋아하는 학생은 1명 이상 주어지고, 내가 나를 좋아하는 예는 없다. 나를 좋아하는 학생이 많을수록 나의 인기도가 높다. 인기도가 높은 학생부터 낮은 학생 순으로 학생 이름과 해당 학생을 좋아하는 학생 수를 출력하자. 인기도가 같은 경우 학생 이름 기준으로 오름차순으로 출력하자.

입력

첫 번째 줄에 학생 수 n이 주어진다.

두 번째 줄에 n명의 학생 이름이 공백으로 구분된 문자열 A가 주어진다.

다음 줄부터 n개의 줄에 걸쳐 한 줄에 한 학생의 정보가 주어진다. 학생 정보는 문자열 A에 나온 학생 순서대로 주어진다. 한 명의 학생 정보는 해당 학생이 좋아하는 학생 이름이 공백으로 구분된 문자열로 주어진다.

출력

첫 번째 줄부터 n번째 줄까지 학생 이름과 해당 학생을 좋아하는 학생 수를 공백으로 구분하여 한 줄에 출력한다. 인기도가 높은 학생부터 낮은 학생 순으로 출력하고, 인기도가 같은 경우 학생 이름 기준으로 오름차순으로 출력한다.

제한 사항

$3 \leq n \leq 100$

$1 \leq$ 학생 이름 길이 ≤ 10

예제 입력 1

```
4
aaa bbb ccc ddd
bbb ddd
aaa ddd
aaa
aaa bbb
```

예제 출력 1

```
aaa 3
bbb 2
ddd 2
ccc 0
```

문제해설

 학생 이름이 공백으로 구분된 문자열 A, 각 학생이 좋아하는 학생의 학생 이름 목록이 공백으로 구분된 문자열 배열 B가 주어진다. 나를 좋아하는 학생이 많을수록 나의 인기도가 높다. 인기도가 높은 학생부터 낮은 학생 순으로 학생 이름과 해당 학생을 좋아하는 학생 수를 출력하는 문제다.

 {key = 학생 이름, value = 해당 학생을 좋아하는 학생 수} 형태의 사전 자료 구조 d를 만든다. d를 [학생 이름, 해당 학생을 좋아하는 학생 수]를 원소로 갖는 배열로 변환하고, 해당 학생을 좋아하는 학생 수 기준으로 내림차순으로 정렬한다. 해당 학생을 좋아하는 학생 수가 같으면 학생 이름 기준으로 오름차순으로 정렬한다.

 한 학생이 좋아하는 학생 이름은 최대 n−1개, 학생 수 n, 학생 이름 길이는 최대 10이므로 d를 만드는 데 $(n-1) * n * 10 = O(n^2)$ 시간이 소요된다. d에는 원소가 n개 있으므로 d를 정렬하는 데 $O(n\log n)$ 시간이 소요된다. 따라서 시간복잡도는 $O(n^2) + O(n\log n) = O(n^2)$이다. n = 100이므로 제한 시간 내에 결과가 출력된다.

자료 구조

- 정수: n
- 문자열: A
- 문자열 배열: B
- 딕셔너리: d(key = 학생 이름, value = 해당 학생을 좋아하는 학생 수)

알고리즘

- 배열 B에 있는 모든 학생 이름 목록 b_i를 순서대로 탐색하면서 d를 만든다.
  - 문자열 b_i에 있는 모든 학생 이름 s_i를 탐색하면서 $d[s_i]$의 값을 1만큼 증가시킨다.
- d에 있는 학생을 좋아하는 학생 수 기준으로 내림차순 정렬한다. d.items( ), sort( ) 함수를 이용하면 된다.

소스 코드 예시

```python
# n: 학생 수, A: 학생 이름이 공백으로 구분된 문자열
# B: 각 학생이 좋아하는 학생 이름 목록
# [학생 이름, 해당 학생을 좋아하는 학생 수]를 원소로 갖는 배열을 반환한다.
def solution(n, A, B):
    # d: {key=학생 이름, value=해당 학생을 좋아하는 학생 수} 형태의 딕셔너리
    # 공백으로 구분된 학생 이름을 순서대로 탐색하면서 d를 만든다.
    # A에 있는 모든 학생의 value를 0으로 초기화 한다.
    d = { }
    for a in A.split():
        d[a] = 0

    # 각 학생이 좋아하는 학생의 d값을 1만큼 증가 시킨다.
    for b in B:
        for c in b.split():
            d[c] += 1

    # answer: [학생 이름, 해당 학생을 좋아하는 학생 수]를 원소로 갖는 배열
    # 해당 학생을 좋아하는 학생 수 기준으로 내림차순 정렬한다.
    # 해당 학생을 좋아하는 학생 수가 같으면 학생 이름 기준으로 오름차순 정렬한다.
    answer = list(d.items())
    answer.sort(key = lambda x: (-x[1], x[0]))
    return answer

# 입력을 받고 정답을 출력한다.
n = int(input())
A = input()
B = list(input() for _ in range(n))
C = solution(n, A, B)
for name, value in C:
    print(name, value)
```

8-3 | 다중 항목 선호도 조사(Small)

| 난이도 ★★☆☆ | 시간제한 1초 | 메모리제한 128MB | 구현+배열 |

| 실습 | 준랩(1498번) |
| 더 풀어보기 | 백준온라인저지(16439번, 2456번) |

n명의 학생에게 다음과 같이 선호도를 조사하였다. 각 학생은 아래 세 가지 조사 항목 각각에 대해 반드시 1가지를 선택해야 한다.

- 좋아하는 과목(subject)에 'kor', 'eng', 'math' 중 하나를 선택
- 좋아하는 과일(fruit)에 'apple', 'pear', 'orange' 중 하나를 선택
- 좋아하는 색깔(color)에 'red', 'blue', 'green' 중 하나를 선택

n명 학생의 선호도에 대해 m개의 질의를 순서대로 처리하자. 하나의 질의는 다음과 같다.

- 질의 형식은 'subject fruit color'이다.
- subject은 'kor', 'eng', 'math', '-' 중 하나이다.
- fruit은 'apple', 'pear', 'orange', '-' 중 하나이다.
- color는 'red', 'blue', 'green', '-' 중 하나이다.
- '-' 표시는 해당 조건을 고려하지 않겠다는 의미이다.
- n명 학생 중 선호도가 subject fruit color와 일치하는 학생 수를 출력한다.

n명 학생의 선호도와 m개의 질의가 주어 지면, m개의 질의를 순서대로 처리하자.

입력

첫 번째 줄에 n과 m이 공백을 사이에 두고 순서대로 주어진다.
두 번째 줄부터 n개의 줄에 학생들의 선호도가 주어진다. 한 줄에 한 학생의 선호도가 주어진다. 한 학생의 선호도는 학생이 좋아하는 과목, 과일, 색깔을 공백을 사이에 두고 순서대로 주어진다.
다음 줄부터 m개의 줄에 질의가 주어진다. 한 줄에 하나의 질의가 주어진다. 하나의 질의는 과목, 과일, 색깔을 공백을 사이에 두고 순서대로 주어진다.

출력

첫 번째 줄부터 m개의 줄에 질의 결과를 순서대로 출력한다. 한 줄에 하나의 질의 결과를 나타내는 정수를 출력한다.

제한 사항

$1 \leq n, m \leq 1,000$

```
5 4
kor apple red
kor pear blue
eng apple red
eng orange blue
math apple green
kor apple red
kor - blue
eng - -
- - red
```

```
1
1
2
2
```

처리 결과

첫 번째 질의 kor apple red와 일치하는 학생은 첫 번째 학생이다.
두 번째 질의 kor - blue와 일치하는 학생은 두 번째 학생이다.
세 번째 질의 eng - -와 일치하는 학생은 세 번째, 네 번째 학생이다.
네 번째 질의 - - red와 일치하는 학생은 첫 번째, 세 번째 학생이다.

문제해설

n명의 학생에 대해 좋아하는 과목(subject), 과일(fruit), 색깔(color)에 대한 선호도 A, n명 학생의 선호도에 대한 m개의 질의 B가 주어진다. m개의 질의를 순서대로 처리하는 문제다.

반복문을 이용하여 첫 번째 질의부터 m번째 질의까지 순서대로 처리한다. 하나의 질의에 대해, n명 학생의 선호도를 순서대로 탐색하면서 질의에 해당하는 학생을 찾는다. 과목(subject), 과일(fruit), 색깔(color)에 대해, 질의 내용이 '-'가 아니면서 질의 내용과 학생이 선택한 내용이 다른 게 1개라도 존재하면 해당 학생은 질의와 일치하지 않는다. 그렇지 않으면, 해당 학생은 질의에 해당된다.

하나의 질의에 대해 n명의 학생을 탐색하면 된다. m개의 질의를 처리하는 데 $O(n*m)$의 시간이 소요된다. 따라서 시간복잡도는 $O(n*m)$이다. n = 1,000, m = 1,000이므로 제한 시간 내에 결과가 출력된다.

자료 구조

- 정수: n, m
- 문자열 배열: A, B

알고리즘

- 배열 B에 저장된 모든 질의 b_i를 순서대로 탐색하면서 b_i에 해당하는 학생 수를 아래와 같이 구한다.
  - 배열 A에 저장된 모든 학생의 선호도 a_i에 대해, b_i와 일치하는 a_i의 개수를 구한다. a_i와 b_i의 세 가지 항목이 모두 일치하는지 확인하면 된다.

소스 코드 예시

```python
# n, A: n명 학생의 선호도를 저장한 배열 A
# m, B: m개의 질의가 저장된 배열 B
# m개의 질의 결과를 저장한 배열을 반환한다.
def solution(n, m, A, B):
    # 배열 B에 저장된 m개의 질의를 순서대로 처리한다.
    answer = []
    for qry in B:
        # qry에 해당하는 학생 수를 cnt에 저장한다.
        cnt = 0
        for student in A:
            if is_ok(qry, student):
                cnt += 1
        answer.append(cnt)

    return answer


# qry: 하나의 질의를 나타내는 배열
# student: 학생의 선호도를 나타내는 배열
# 학생 student가 질의 qry에 해당하면 참, 해당하지 않으면 거짓을 반환한다.
def is_ok(qry, student):
    for i in range(3):
```

```
        if qry[i] != '-'  and qry[i] != student[i]:
            return False
    return True


# 입력을 받고 정답을 출력한다.
n, m = map(int, input().split())
A = list(list(input().split()) for _ in range(n))
B = list(list(input().split()) for _ in range(m))
C = solution(n, m, A, B)
for c in C:
    print(c)
```

> ### 더 생각하기 (준랩 1499번, 백준온라인저지 25327번)
>
> **n과 m의 최댓값이 100,000으로 매우 큰 경우는** 어떻게 할까?
> 하나의 질의를 처리하는 데 배열 A에 대한 접근이 최대 n번 필요하므로 m개의 질의를 처리하는 데
> 최대 n∗m번의 배열 A 접근이 필요하다. n과 m이 100,0000이면, n∗m=100억으로 100초가 소요되어
> (가정: 1억 번의 연산이 1초가 소요됨) 시간 초과가 발생한다.
> 딕셔너리를 이용하여 학생의 선호도를 저장한 배열 A를 전처리하여 하나의 질의를 상수 시간 O(1)에
> 처리해 보자. 배열 A를 전처리하는 데 n∗4∗4∗4=100000∗4∗4∗4=64000000이고, m개의 질의를
> 처리하는 데 O(m)이 걸리므로 제한 시간 내에 결과가 출력된다. 소스 코드를 보면 다음과 같다.
>
> ```
> def solution(n, m, A, B):
>     # 과목, 과일, 색깔 문자열을 숫자로 변환
>     d = {'-': 0, 'kor': 1, 'eng': 2, 'math': 3, \
>          'apple': 1, 'pear': 2, 'orange': 3, \
>          'red': 1, 'blue': 2, 'green': 3}
>
>     # score[subject][fruit][color]: (subject, fruit, color)를 선택한 학생 수를 저장
>     # - subject: - / kor / eng / math
>     # - fruit: - / apple / pear / orange
>     # - color: - / red / blue / green
>     score = [[[0] * 4 for _ in range(4)] for _ in range(4)]
>
>     # score 배열을 만든다.
>     # 배열 A에 저장된 각 학생의 선호도에 해당하는 score 배열의 원소를 1씩 증가
> ```

```
        for s, f, c in A:
            for subject in range(4):
                for fruit in range(4):
                    for color in range(4):
                        if is_ok([subject, fruit, color], [d[s], d[f], d[c]]):
                            score[subject][fruit][color] += 1

        # m개의 질의를 순서대로 처리한다.
        answer = []
        for subject, fruit, color in B:
            answer.append(score[d[subject]][d[fruit]][d[color]])

        return answer

# qry: 하나의 질의를 나타내는 배열
# student: 학생의 선호도를 나타내는 배열
# 학생 student가 질의 qry에 해당하면 참, 해당하지 않으면 거짓을 반환한다.
def is_ok(qry, student):
    for i in range(3):
        if qry[i] != 0 and qry[i] != student[i]:
            return False
    return True

# 입력을 받고 정답을 출력한다.
n, m = map(int, input().split())
A = list(list(input().split()) for _ in range(n))
B = list(list(input().split()) for _ in range(m))
C = solution(n, m, A, B)
for c in C:
    print(c)
```

8-4 | 문자열 집합 조합하기

난이도 ★★☆☆	시간제한 1초	메모리제한 128MB	구현+문자열+사전+정렬

실습	준랩(1500번)
더 풀어보기	백준온라인저지(11050번, 10974번, 2495번)

알파벳 소문자로 구성된 문자열 X, Y, Z가 주어진다. 각각의 문자열에는 중복된 문자가 존재하지 않는다. 문자열 S에 있는 문자 중 임의로 k개를 선택하여 문자열 S에서의 순서를 유지하여 만든 모든 부분 문자열을 모아 놓은 집합을 문자열 S에 대한 조합 C(S, k)라고 하자. 예를 들어, 문자열 S = 'abc'에 대한 조합 C(S, 2) = {'ab', 'ac', 'bc'}이다. 입력으로 문자열 X, Y, Z와 정수 k가 주어질 때 C(X, k), C(Y, k), C(Z, k)에 두 번 이상 나타나는 부분 문자열을 오름차순으로 출력하자.

입력

첫 번째 줄에 문자열 X가 주어진다.
두 번째 줄에 문자열 Y가 주어진다.
세 번째 줄에 문자열 Z가 주어진다.
네 번째 줄에 정수 k가 주어진다.

출력

C(X, k), C(Y, k), C(Z, k)에 두 번 이상 나타나는 부분 문자열을 오름차순으로 출력한다. 한 줄에 하나의 부분 문자열을 출력한다. 두 번 이상 나타나는 부분 문자열이 없으면 −1을 출력한다.

제한 사항

1 ≤ 문자열 X, Y, Z의 길이 ≤ 17
1 ≤ k ≤ 문자열 X, Y, Z 길이의 최솟값
문자열 X에는 중복된 문자가 존재하지 않는다.
문자열 Y에는 중복된 문자가 존재하지 않는다.
문자열 Z에는 중복된 문자가 존재하지 않는다.

예제 입력 1

```
a
a
a
1
```

예제 출력 1

```
a
```

예제 입력 2

```
ab
ba
ac
1
```

예제 출력 2

```
a
b
```

예제 입력 3

```
abc
acde
cde
2
```

예제 출력 3

```
ac
cd
ce
de
```

예제 입력 4

```
a
b
cde
1
```

예제 출력 4

```
-1
```

문제해설

알파벳 소문자로 구성된 문자열 X, Y, Z가 주어진다. 문자열 X, Y, Z에서 k개의 문자로 구성된 문자열 집합 C(X, k), C(Y, k), C(Z, k)에 두 번 이상 나타나는 문자열을 오름차순으로 출력하는 문제다.

combinations( ) 함수를 이용하여 C(X, k), C(Y, k), C(Z, k)를 만든다. C(X, k), C(Y, k), C(Z, k)를 이용하여 {key=문자열, value=문자열 출현 횟수} 형태의 사전 자료 구조 d를 만든다. d에서 문자열 출현 횟수가 2 이상인 문자열을 리스트에 넣는다.

X의 길이가 17, k=9일 때 C(X, k)를 만드는 데 시간이 가장 많이 소요된다. 즉, $_{17}C_9$ =24,310번의 연산이 필요하다. 따라서 C(X, k), C(Y, k), C(Z, k)를 만드는 데 $_{17}C_9$ * 3 = 24310 * 3 = 72,930번의 연산이 필요하다. 마찬가지로 C(X, k), C(Y, k), C(Z, k)를 이용하여 d를 만드는 데 72,930번의 연산이 필요하다. 따라서 제한 시간 내에 결과가 출력된다.

자료 구조

• 정수: k

- 문자열: X, Y, Z
- 딕셔너리: d(key=문자열, value=문자열 출현 횟수)

알고리즘

- 문자열 X, Y, Z에 대한 C(X, k), C(Y, k), C(Z, k)를 구한다. combinations( ) 함수를 이용하면 구할 수 있다.
- 앞에서 구한 C(X, k), C(Y, k), C(Z, k)에 있는 문자열에 대해 d의 문자열 출현 횟수를 나온 횟수만큼 설정한다.
- d에 있는 문자열 중에서 출현 횟수가 2 이상인 문자열을 배열에 저장하고 오름차순으로 정렬한다.

소스 코드 예시

```python
from itertools import combinations

# X, Y, Z: 알파벳 소문자로 구성된 문자열
# C(X, k), C(Y, k), C(Z, k)에 두 번 이상 나타나는 문자열을
# 오름차순으로 정렬하여 배열로 반환한다.
def solution(X, Y, Z, k):
    # C(X, k), C(Y, k), C(Z, k)를 두 단계로 만든다. (1단계: 튜플, 2단계: 문자열)
    # 예를 들어, X='cba', k=2이면,
    # 1단계(튜플): CX = [('c', 'b'), ('c', 'a'), ('b', 'a')]
    # 2단계(문자열): CX = ['cb', 'ca', 'ba']
    CX = list(combinations(X, k))
    CX = list(''.join(x) for x in CX)
    CY = list(combinations(Y, k))
    CY = list(''.join(y) for y in CY)
    CZ = list(combinations(Z, k))
    CZ = list(''.join(z) for z in CZ)

    # d: {key=문자열, value=문자열 출현 횟수} 형태의 딕셔너리
    # CX, CY, CZ를 이용하여 d를 만든다.
```

```
        d = { }
        solve(CX, d)
        solve(CY, d)
        solve(CZ, d)

        # value가 2보다 크거나 같은 문자열을 answer에 넣는다.
        answer = []
        for key, value in d.items():
            if value >= 2:
                answer.append(key)
        answer.sort()

        if len(answer) == 0:
            answer = ['-1']

        return answer


# C: 문자열 집합
# d: {key=문자열, value=문자열 출현 횟수} 형태의 딕셔너리
# C에 있는 문자열을 d에 반영한다.
def solve(C, d):
    for c in C:
        if c in d:
            d[c] += 1
        else:
            d[c] = 1


# 입력을 받고 정답을 출력한다.
X, Y, Z = input(), input(), input()
k = int(input())
C = solution(X, Y, Z, k)
for c in C:
    print(c)
```

8-5 | 사과를 더 많이 먹자

난이도 ★★★☆　**시간제한** 3초　**메모리제한** 128MB　완전 탐색(재귀)

실습	준램(1501번)
더 풀어보기	백준온라인저지(9663번)

5×5 크기의 보드가 주어진다. 보드는 1×1 크기의 정사각형 격자로 이루어져 있다. 보드의 격자는 사과가 1개 있는 격자, 장애물이 있는 격자, 빈칸으로 되어 있는 격자로 구분된다.

격자의 위치는 (r, c)로 표시한다. r은 행 번호, c는 열 번호를 나타낸다. 행 번호는 맨 위 위치가 0이고 아래 방향으로 1씩 증가한다. 열 번호는 맨 왼쪽 위치가 0이고 오른쪽으로 1씩 증가한다. 즉, 맨 왼쪽 위 위치가 (0, 0), 맨 아래 오른쪽 위치가 (4, 4)이다.

현재 두 명의 학생이 보드의 서로 다른 위치에 있다. 첫 번째 학생은 (r1, c1), 두 번째 학생은 (r2, c2) 위치에 있다. 두 명의 학생은 한 번의 이동으로 상, 하, 좌, 우 방향 중 한 가지 방향으로 한 칸 이동할 수 있다. 사과가 있는 칸으로 이동하면 해당 칸에 있는 사과를 1개 먹는다. 장애물이 있는 칸으로는 이동할 수 없다. 학생이 지나간 칸은 학생이 해당 칸을 떠나는 즉시 장애물이 있는 칸으로 변경된다. 즉, 학생이 해당 칸에서 상, 하, 좌, 우 방향으로 한 칸 이동하는 즉시 해당 칸은 장애물이 있는 칸으로 변경된다.

첫 번째 학생부터 두 명의 학생이 교대로 이동하면서 사과를 먹는다. 두 명의 학생이 같은 칸으로 이동할 수 없다. 즉, 다른 학생이 있는 칸으로 이동할 수 없다. 학생이 본인 차례에 이동할 수 있는 칸이 없으면 다른 학생으로 이동 기회가 넘어간다. 두 명의 학생이 모두 이동할 수 없거나 보드에 있는 사과를 모두 먹으면 게임이 종료된다. 두 명의 학생은 상대방 보다 사과를 더 많이 먹도록 플레이한다. 즉, 내가 먹는 사과 개수에서 상대 학생이 먹는 사과 개수를 뺀 값이 최대가 되도록 플레이한다. 두 명의 학생이 최적의 플레이를 했을 때, 게임이 끝나고 나서 첫 번째 학생이 두 번째 학생보다 사과를 더 많이 먹으면 1, 그렇지 않으면 0을 출력한다.

입력

첫 번째 줄부터 다섯 개의 줄에 걸쳐 보드의 정보가 주어진다. i번째 줄의 j번째 숫자는 보드의 (i−1)번째 행 (j−1)번째 열의 정보를 나타낸다. 보드의 정보가 1이면 해당 칸은 사과가 1개 있는 격자임을 나타내고, 0이면 빈칸이 있는 격자를 나타내고, −1이면 장애물이 있는 격자임을 나타낸다.

다음 줄에 두 학생의 현재 위치 r1, c1, r2, c2가 빈칸을 사이에 두고 순서대로 주어진다.

출력

첫 번째 줄에 게임이 끝나고 나서 첫 번째 학생이 두 번째 학생보다 사과를 더 많이 먹으면 1, 그렇지 않으면 0을 출력한다.

두 학생의 현재 위치 (r1, c1), (r2, c2)는 빈칸이다.

$0 \leq r1, c1, r2, c2 \leq 4$

$(r1, c1) \neq (r2, c2)$

예제 입력 1

```
0 0 1 0 0
0 0 -1 0 0
0 0 1 0 0
1 1 -1 1 0
0 0 0 -1 0
0 0 4 4
```

예제 출력 1

```
1
```

질의 처리 결과

첫 번째 학생이 (3, 0), (3, 1), (0, 2) 순서대로 사과를 먹으면 이긴다.

문제해설

사과, 장애물, 빈칸으로 구성된 5×5 크기의 보드(board)와 두 학생의 현재 위치 (r1, c1), (r2, c2)가 주어진다. 두 명의 학생은 상, 하, 좌, 우 방향으로 이동하면서 사과를 먹는다. 첫 번째 학생부터 두 명의 학생이 교대로 이동하면서 사과를 먹는다. 두 명의 학생이 최적의 플레이를 했을 때, 게임이 끝나고 나서 첫 번째 학생이 두 번째 학생보다 사과를 더 많이 먹으면 1, 그렇지 않으면 0을 출력하는 문제다.

solve(board, aloc, bloc, apple_diff) 재귀 함수를 정의하자. board는 현재 보드 상태, aloc은 이번 차례 학생의 현재 위치, bloc은 다음 차례 학생의 현재 위치, apple_diff는 (현재까지 이번 차례 학생이 먹은 사과 개수) - (현재까지 다음 차례 학생이 먹은 사과 개수)를 의미한다. 현재까지 먹은 사과 개수와 앞으로 먹을 사과 개수를 모두 고려하여, 이번 차례 학생이 다음 차례 학생보다 사과를 더 많이 먹으면 1, 그렇지 않으면 0을 반환한다. 다음 차례 학생이 지는 경우가 있으면 이번 차례 학생이 이기고, 다음 차례 학생이 지는 경우가 없으면 이번 차례 학생이 진다.

board에는 25개의 1×1 크기의 정사각형 격자가 있고 학생이 상, 하, 좌, 우 네 가지 방향으로 이동할 수 있으므로 두 학생이 이동할 수 있는 경우의 수는 4^{25}보다 작다. 두 학생이 이동한 위치는 장애물이 되기 때문에 실제로 두 학생이 이동할 수 있는 경우의 수는 4^{25}보다 훨씬 작아서 제한 시간 내에 결과가 출력된다.

자료 구조

- 정수형 배열: board(보드 정보), aloc(첫 번째 학생 위치), bloc(두 번째 학생 위치)

알고리즘

- int solve(board, aloc, bloc, apple_diff) 재귀 함수를 다음과 같이 정의한다.
  - board: 현재 보드 정보
  - aloc: 이번 차례 학생 위치
  - bloc: 다음 차례 학생 위치
  - apple_diff: 현재까지 (이번 차례 학생이 먹은 사과 개수 – 다음 차례 학생이 먹은 사과 개수)
  - 반환 값: 이번 차례 학생이 다음 차례 학생보다 사과를 더 많이 먹으면 1, 그렇지 않으면 0
  - 이번 차례 학생이 상하좌우 방향으로 이동해 보면서 다음 차례 학생이 사과를 더 적게 먹는 경우가 있으면 이번 차례 학생이 더 많이 먹게 된다. 다음 차례 학생이 사과를 더 적게 먹는 경우가 없으면 이번 차례 학생이 같거나 더 적게 먹게 된다.
- 입력으로 주어진 board, aloc, bloc을 이용하여 solve(board, aloc, bloc, 0)을 호출하면 정답을 구할 수 있다.

소스 코드 예시

```
# board: 5×5 크기의 보드 정보
# aloc: 첫 번째 학생의 현재 위치. (행, 열)
# bloc: 두 번째 학생의 현재 위치. (행, 열)
# 첫 번째 학생이 두 번째 학생보다 사과를 더 많이 먹으면 1, 그렇지 않으면 0을 반환한다.
```

```
def solution(board, aloc, bloc):
    # board: 현재 보드 상태
    # aloc: 첫 번째 학생의 현재 위치, bloc: 두 번째 학생의 현재 위치
    # 0: 현재까지 첫 번째 학생이 먹은 사과 개수 – 현재까지 두 번째 학생이 먹은 사과 개수
    return solve(board, aloc, bloc, 0)


# board: 5×5 크기의 보드 상태
# aloc: 이번 차례 학생의 현재 위치. (행, 열)
# bloc: 다음 차례 학생의 현재 위치. (행, 열)
# apple_diff: 현재까지 이번 차례 학생이 먹은 사과 개수 – 현재까지 다음 차례 학생이 먹은
#             사과 개수
# 이번 차례 학생이 다음 차례 학생보다 사과를 더 많이 먹으면 1, 그렇지 않으면
# 0을 반환한다. (현재까지 먹은 사과 개수와 앞으로 먹을 사과 개수를 모두 고려)
def solve(board, aloc, bloc, apple_diff):
    # 두 학생 모두 이동할 수 없는 경우(종료 조건 - 1)
    if board[aloc[0]][aloc[1]] == -1 and board[bloc[0]][bloc[1]] == -1:
        if apple_diff > 0:
            return 1
        return 0


    # 모든 사과를 다 먹은 경우(종료 조건 - 2)
    remained_apple = 0
    for i in range(5):
        remained_apple += board[i].count(1)
    if remained_apple == 0:
        if apple_diff > 0:
            return 1
        return 0


    # dd: 상, 하, 좌, 우 이동 시 [행, 열] 변화량
    # 상, 하, 좌, 우 방향으로 시도해 본다.
    # try_count: 상, 하, 좌, 우 방향으로 시도한 횟수
    # board[aloc[0]][aloc[1]] = -1이면 try_count가 0이 되므로
    # 아래 for 문을 실행하지 않도록 코딩해도 된다.
    dd = [[-1, 0], [1, 0], [0, -1], [0, 1]]
    try_count = 0
```

```
for dr, dc in dd:
    # (r, c): 다음 이동 위치
    # (r, c) 위치로 이동 가능한 경우는 이동해 본다.
    r, c = aloc[0] + dr, aloc[1] + dc
    if in_range([r, c]) and board[r][c] != -1 and [r, c] != bloc:
        # 시도 횟수를 1만큼 증가시킨다.
        # prv_value: 이번 차례 학생의 현재 위치에 있는 값을 저장 (back-tracking)
        # 이번 차례 학생의 현재 위치 aloc를 장애물로 변경한다.
        # 이번 차례 학생이 (r, c) 위치로 이동한 후에는
        # 다음 차례 학생이 이동할 차례가 된다.
        # - (apple_diff + board[r][c]):
        #    다음 차례 학생이 먹은 사과 개수 - 이번 차례 학생이 먹은 사과 개수
        # - (apple_diff + board[r][c])에 1을 더하는 이유:
        #    두 학생이 사과를 똑같이 먹으면 다음 차례 학생이 이기도록 처리하기 위해
        #    다음 차례 학생이 가상의 사과 1개를 먹은 것으로 진행한다.
        try_count += 1
        prv_value = board[aloc[0]][aloc[1]]
        board[aloc[0]][aloc[1]] = -1
        ret = solve(board, bloc, [r, c], -(apple_diff + board[r][c]) + 1)

        # 이번 차례 학생의 값을 이전 값으로 원상복구 시킨다. (back-tracking)
        board[aloc[0]][aloc[1]] = prv_value

        # 다음 차례 학생이 지는 경우(ret = 0), 이번 차례 학생이 이긴다.
        if ret == 0:
            return 1

# 이번 차례 학생이 이동할 방향이 없으면,
# 이번 차례 학생 위치의 값을 -1로 변경하고 게임을 계속 진행한다.
if try_count == 0:
    prv_value = board[aloc[0]][aloc[1]]
    board[aloc[0]][aloc[1]] = -1
    ret = solve(board, bloc, aloc, -apple_diff + 1)
    board[aloc[0]][aloc[1]] = prv_value
    if ret == 0:
        return 1
```

```
        # 다음 차례 학생이 지는 경우가 없으므로 이번 차례 학생이 진다.
        return 0

# (loc[0], loc[1]) 위치가 board 안에 위치하면 True, 아니면 False를 반환한다.
def in_range(loc):
    return 0 <= loc[0] <= 4 and 0 <= loc[1] <= 4

# board, aloc, bloc 정보를 입력받는다.
# board: 5×5 크기의 보드 정보
# aloc: 첫 번째 학생의 현재 위치. (행, 열)
# bloc: 두 번째 학생의 현재 위치. (행, 열)
board = []
for _ in range(5):
    board.append(list(map(int, input().split())))
loc = list(map(int, input().split()))
aloc, bloc = loc[:2], loc[2:]

# 정답을 출력한다.
print(solution(board, aloc, bloc))
```

더 생각하기

solve() 함수의 apple_diff 매개 변수를 제거할 수 있을까?
solve(board, aloc, bloc)가 앞으로 (이번 차례 학생이 먹을 사과 개수 – 다음 차례 학생이 먹을 사과 개수)의 최댓값을 반환하도록 하면 된다. 소스 코드를 보면 다음과 같다.

```
# board: 5×5 크기의 보드 상태
# aloc: 첫 번째 학생의 현재 위치. (행, 열)
# bloc: 두 번째 학생의 현재 위치. (행, 열)
# 앞으로 첫 번째 학생이 두 번째 학생보다 사과를 더 많이 먹으면 1,
# 그렇지 않으면 0을 반환한다.
def solution(board, aloc, bloc):
    # board: 현재 보드 상태
    # aloc: 첫 번째 학생의 현재 위치, bloc: 두 번째 학생의 현재 위치
    if solve(board, aloc, bloc) > 0:
        return 1
```

```
        else:
            return 0


# board: 5×5 크기의 보드 상태
# aloc: 이번 차례 학생의 현재 위치. (행, 열)
# bloc: 다음 차례 학생의 현재 위치. (행, 열)
# 앞으로 이번 차례 학생이 먹을 사과 개수 - 다음 차례 학생이 먹을 사과 개수의
# 최댓값을 반환
def solve(board, aloc, bloc):
    # 두 학생 모두 이동할 수 없는 경우(종료 조건 - 1)
    if board[aloc[0]][aloc[1]] == -1 and board[bloc[0]][bloc[1]] == -1:
        return 0

    # 모든 사과를 다 먹은 경우(종료 조건 - 2)
    remained_apple = 0
    for i in range(5):
        remained_apple += board[i].count(1)
    if remained_apple == 0:
        return 0

    # dd: 상, 하, 좌, 우 이동 시 [행, 열] 변화량
    # 상, 하, 좌, 우 방향으로 시도해본다.
    # try_count: 상, 하, 좌, 우 방향으로 시도한 횟수
    # ret: 이번 차례 학생이 먹을 사과 개수 - 다음 차례 학생이 먹을 사과 개수의 최댓값
    #      충분히 작은 값으로 초기화한다.
    dd = [[-1, 0], [1, 0], [0, -1], [0, 1]]
    try_count = 0
    ret = int(-1e8)
    for dr, dc in dd:
        # (r, c): 다음 이동 위치
        # (r, c) 위치로 이동 가능한 경우는 이동해 본다.
        r, c = aloc[0] + dr, aloc[1] + dc
        if in_range([r, c]) and board[r][c] != -1 and [r, c] != bloc:
            # 시도 횟수를 1만큼 증가시킨다.
            # prv_value: 이번 차례 학생의 현재 위치에 있는 값을 저장. (back-tracking)
            # 이번 차례 학생의 현재 위치 aloc를 장애물로 변경한다.
            # 이번 차례 학생이 (r, c) 위치로 이동한 후에는
            # 다음 차례 학생이 이동할 차례가 된다.
```

```
                    try_count += 1
                    prv_value = board[aloc[0]][aloc[1]]
                    board[aloc[0]][aloc[1]] = -1
                    ret = max(ret, board[r][c] - solve(board, bloc, [r, c]))

                    # 이번 차례 학생의 값을 이전 값으로 원상복구 시킨다. (back-tracking)
                    board[aloc[0]][aloc[1]] = prv_value

        # 이번 차례 학생이 이동할 방향이 없으면,
        # 이번 차례 학생 위치의 값을 -1로 변경하고 게임을 계속 진행한다.
        if try_count == 0:
            prv_value = board[aloc[0]][aloc[1]]
            board[aloc[0]][aloc[1]] = -1
            ret = -solve(board, bloc, aloc)
            board[aloc[0]][aloc[1]] = prv_value

    return ret

# (loc[0], loc[1]) 위치가 board 안에 위치하면 True, 아니면 False를 반환한다.
def in_range(loc):
    return 0 <= loc[0] <= 4 and 0 <= loc[1] <= 4

# board, aloc, bloc 정보를 입력받는다.
# board: 5×5 크기의 보드 정보
# aloc: 첫 번째 학생의 현재 위치. (행, 열)
# bloc: 두 번째 학생의 현재 위치. (행, 열)
board = []
for _ in range(5):
    board.append(list(map(int, input().split())))
loc = list(map(int, input().split()))
aloc, bloc = loc[:2], loc[2:]

# 정답을 출력한다.
print(solution(board, aloc, bloc))
```

8-6 정수를 끝까지 외치자(Small)

| 난이도 ★★☆☆ | 시간제한 1초 | 메모리제한 128MB | 완전 탐색(재귀) |

| 실습 | 준랩(1575번) |
| 더 풀어보기 | 백준온라인저지(23057번) |

두 명의 학생이 1 이상 n 이하의 정수를 외치는 게임을 하고 있다. 첫 번째 학생이 먼저 정수를 외친 후 두 명의 학생이 교대로 정수를 외친다. 이전 학생이 외친 정수가 a이면 현재 학생은 (a+1) 이상 (a+k) 이하의 정수를 외쳐야 한다. 맨 처음 첫 번째 학생은 1 이상 k 이하의 정수를 외쳐야 한다. 추가로, 두 명의 학생이 외칠 수 없는 정수 목록이 주어지고, 두 명의 학생은 목록에 있는 정수를 외칠 수 없다. 마지막에 정수를 못 외치는 학생이 게임을 진다. 현재 학생이 외칠 수 있는 정수가 여러 개이면, 외칠 수 있는 정수 중 하나를 외친다. 두 명의 학생이 규칙에 맞게 플레이했을 때, 첫 번째 학생이 이기면 1을 출력하고 두 번째 학생이 이기면 0을 출력한다.

입력

첫 번째 줄에 n과 k가 공백을 사이에 두고 순서대로 주어진다.
두 번째 줄에 두 명의 학생이 외칠 수 없는 서로 다른 정수가 빈칸을 사이에 두고 오름차순으로 주어진다.

출력

첫 번째 줄에 첫 번째 학생이 이기면 1을 출력하고, 두 번째 학생이 이기면 0을 출력한다.

제한 사항

$1 \le n, k \le 20$
두 명의 학생이 외칠 수 없는 서로 다른 정수 목록의 개수는 1보다 크거나 같고 n보다 작거나 같다.
두 명의 학생이 외칠 수 없는 정수는 1보다 크거나 같고 n보다 작거나 같은 양의 정수이다.

예제 입력 1

```
3 2
1
```

예제 출력 1

```
0
```

질의 처리 결과

첫 번째 학생이 맨 처음 외칠 수 있는 정수는 2이다. 첫 번째 학생이 2를 외치면 두 번째 학생이 3을 외쳐서 첫 번째 학생이 진다.

예제 입력 2	예제 출력 2
4 2 2 3	1

질의 처리 결과

첫 번째 학생이 맨 처음 외칠 수 있는 정수는 1이다. 첫 번째 학생이 1을 외치면 두 번째 학생이 외칠 수 있는 정수가 없어서 첫 번째 학생이 이기게 된다.

예제 입력 3	예제 출력 3
4 2 1 2	0

질의 처리 결과

첫 번째 학생이 외칠 수 있는 정수가 없으므로 첫 번째 학생이 진다.

문제해설

문제 설명에 맞게 두 명의 학생이 1 이상 n 이하의 정수를 외치는 게임을 하고 있고, 마지막에 숫자를 못 외치는 학생이 게임을 진다. 누가 게임을 이기는지 출력하는 문제다.

solve(n, k, a, A) 재귀 함수를 정의하자. n은 두 명의 학생이 외칠 수 있는 가장 큰 숫자, k는 현재 학생이 외칠 수 있는 숫자의 범위, a는 이전 학생이 외친 숫자, A는 외칠 수 없는 숫자 목록을 의미한다. 현재 학생이 이기면 1, 현재 학생이 지면 0을 반환한다. 현재 학생이 a+1~a+k 숫자 중에서 배열 A에 없는 숫자를 모두 외쳐본다. 이 중에서 이기는 경우가 있으면 1을 반환하고, 이기는 경우가 없으면 0을 반환한다.

현재 학생이 외칠 수 있는 숫자는 k개이고 한 번 외칠 때마다 현재 학생이 외친 숫자가 이전 학생이 외친 숫자보다 커지기 때문에 게임이 진행될 수 있는 경우의 수는 최대 k^n이다. 하지만, 큰 숫자를 외칠수록 다음 학생이 외칠 수 있는 숫자의 개수가 줄어들기 때문에 실제 경우의 수는 k^n보다 훨씬 작아서 제한 시간 내에 결과가 출력된다.

자료 구조

- 정수: n, k

- 정수형 배열: A(두 명의 학생이 외칠 수 없는 숫자 목록)

알고리즘

- int solve(n, k, a, A) 재귀 함수를 다음과 같이 정의한다.
  - n: 두 명의 학생이 외칠 수 있는 가장 큰 숫자
  - k: 현재 학생이 외칠 수 있는 숫자의 범위
  - a: 이전 학생이 외친 숫자
  - A: 외칠 수 없는 숫자 목록
  - 반환 값: 현재 학생이 이기면 1을, 지면 0을 반환
  - 현재 학생이 $a+1$ ~ $a+k$ 숫자를 시도해본다. 이 숫자 중에서 배열 A에 없고, n 이하이고, 다른 학생이 지는 경우가 있으면 1을 반환하고 그렇지 않으면 0을 반환한다.
- solve(n, k, 0, A)를 호출하면 정답을 구할 수 있다. 즉, 두 번째 학생이 0을 외치고 첫 번째 학생이 1 ~ k를 외칠 차례임을 의미한다.

소스 코드 예시

```
# n: 두 명의 학생이 1 이상 n 이하의 정수를 외치는 게임
# k: 이전 학생이 외친 정수가 a이면 현재 학생은 a+1 이상 a+k 이하의 정수를 외친다.
# A: 두 명의 학생이 외칠 수 없는 정수 목록을 저장한 1차원 배열
# 첫 번째 학생이 이기면 1, 두 번째 학생이 이기면 0을 반환한다.
def solution(n, k, A):
    # B[a] = 1이면 a를 외칠 수 없음.
    B = [0] * (n+1)
    for a in A:
        B[a]=1

    # n, k: 입력으로 주어진 값
    # 0: 두 번째 학생이 0을 외친 것으로 가정(첫 번째 학생이 1 ~ k를 외칠 차례)
    return solve(n, k, 0, B)
```

```python
# n, k, B: solution 주석 참고
# a: 이전 학생이 외친 정수
# 현재 학생이 이기면 1, 현재 학생이 지면 0을 반환한다.
def solve(n, k, a, B):
    # 이전 학생이 n을 외친 경우, 현재 학생이 외칠 정수가 없으므로 현재 학생이 진다.
    if a == n:
        return 0

    # 현재 학생이 a+1 ~ a+k 정수를 시도해 본다.
    for b in range(a + 1, a + k + 1):
        # n보다 큰 정수는 외칠 수 없다.
        if b > n:
            break

        # b를 외칠 수 없음
        if B[b]==1:
            continue

        # 현재 학생이 b를 외치면 이전 학생이 지고 현재 학생이 이긴다.
        if solve(n, k, b) == 0:
            return 1

    # 현재 학생이 이길 수 있는 경우가 없으므로 현재 학생이 진다.
    return 0


# 입력을 받고 정답을 출력한다.
n, k = map(int, input().split())
A = list(map(int, input().split()))
print(solution(n, k, A))
```

끝까지 외친 정수의 개수(Small)

난이도 ★★☆☆	시간제한 1초	메모리제한 128MB	완전 탐색(재귀)
실습	준랩(1577번)		

두 명의 학생이 1 이상 n 이하의 정수를 외치는 게임을 하고 있다. 첫 번째 학생이 먼저 정수를 외친 후 두 명의 학생이 교대로 정수를 외친다. 이전 학생이 외친 정수가 a이면 현재 학생은 (a+1) 이상 (a+k) 이하의 정수를 외쳐야 한다. 맨 처음 첫 번째 학생은 1 이상 k 이하의 정수를 외쳐야 한다. 추가로, 두 명의 학생이 외칠 수 없는 정수 목록이 주어지고, 두 명의 학생은 목록에 있는 정수를 외칠 수 없다. 마지막에 정수를 못 외치는 학생이 게임을 진다.

현재 학생이 이길 수 있는 정수가 있으면 현재 학생이 이기면서 두 명의 학생이 앞으로 외칠 정수 개수의 합이 최소가 되도록 플레이하고, 현재 학생이 이길 수 있는 숫자가 없으면 두 명의 학생이 앞으로 외칠 정수 개수의 합이 최대가 되도록 플레이한다. 현재 학생이 외칠 수 있는 정수가 여러 개이면, 외칠 수 있는 정수 중 하나를 외친다. 두 명의 학생이 규칙에 맞게 플레이 했을 때, 두 명의 학생이 외친 정수 개수의 합을 출력하자.

입력

첫 번째 줄에 n과 k가 공백을 사이에 두고 순서대로 주어진다.

두 번째 줄에 두 명의 학생이 외칠 수 없는 서로 다른 정수가 빈칸을 사이에 두고 오름차순으로 주어진다.

출력

첫 번째 줄에 두 명의 학생이 규칙에 맞게 플레이했을 때, 두 명의 학생이 외친 정수 개수의 합을 출력한다.

제한 사항

$1 \leq n, k \leq 20$

두 명의 학생이 외칠 수 없는 서로 다른 정수 목록의 개수는 1보다 크거나 같고 n보다 작거나 같다.

두 명의 학생이 외칠 수 없는 정수는 1보다 크거나 같고 n보다 작거나 같은 양의 정수이다.

예제 입력 1	예제 출력 1
3 2 1	2

첫 번째 학생이 맨 처음 외칠 수 있는 정수는 2이다. 첫 번째 학생이 2를 외치면 두 번째 학생이 3을 외쳐서 첫 번째 학생이 진다. 두 명의 학생이 외친 정수는 2개이다.

예제 입력 2	예제 출력 2
4 2 2 3	1

부연 설명

첫 번째 학생이 맨 처음 외칠 수 있는 정수는 1이다. 첫 번째 학생이 1을 외치면 두 번째 학생이 외칠 수 있는 정수가 없어서 첫 번째 학생이 이기게 된다. 두 명의 학생이 외친 정수는 1개이다.

예제 입력 3	예제 출력 3
4 2 1 2	0

질의 처리 결과

첫 번째 학생이 맨 처음 외칠 수 있는 정수가 없으므로 첫 번째 학생이 진다. 두 명의 학생이 외친 정수는 0개이다.

문제해설

문제 설명에 맞게 두 명의 학생이 1 이상 n 이하의 정수를 외치는 게임을 하고 있다. 두 명의 학생이 최적의 플레이를 했을 때, 두 학생이 외친 숫자 개수의 합을 출력하는 문제다.

solve(n, k, a, A) 재귀 함수를 정의하자. n은 두 명의 학생이 외칠 수 있는 가장 큰 숫자, k는 현재 학생이 외칠 수 있는 숫자의 범위, a는 이전 학생이 외친 숫자, A는 외칠 수 없는 숫자 목록을 의미한다. 현재 학생이 이기면, 두 학생이 외치는 숫자 개수 합의 최솟값을 반환한다. 현재 학생이 지면 (두 학생이 외치는 숫자 개수 합의 최댓값)∗(−1)을 반환한다. 현재 학생이 a+1~a+k를 모두 외쳐본다. 이 중에서 현재 학생이 이기는 경우가 있으면 두 학생이 외치는 숫자 개수 합의 최솟값을 반환하고, 현재 학생이 이기는 경우가 없으면 (두 학생이 외치는 숫자 개수 합의 최댓값)∗(−1)을 반환한다.

현재 학생이 외칠 수 있는 숫자는 k개이고 한 번 외칠 때마다 현재 학생이 외친 숫자가 이전 학생이 외친 숫자보다 커지기 때문에 게임이 진행될 수 있는 경우의 수는 최대 k^n이다. 하지만 큰 숫자를 외칠수록 다음 학생이 외칠 수 있는 숫자의 개수가 줄어들기 때문에 실제 경우의 수는 k^n보다 훨씬 작아서 제한 시간 내에 결과가 출력된다.

자료 구조

- 정수: n, k
- 정수형 배열: A(두 명의 학생이 외칠 수 없는 숫자 목록)

알고리즘

- int solve(n, k, a, A) 재귀 함수를 다음과 같이 정의한다.
  - n: 두 명의 학생이 외칠 수 있는 가장 큰 숫자
  - k: 현재 학생이 외칠 수 있는 숫자의 범위
  - a: 이전 학생이 외친 숫자
  - A: 외칠 수 없는 숫자 목록
  - 반환 값: 현재 학생이 이기면, 두 학생이 외치는 숫자 개수 합의 최솟값을 반환한다. 현재 학생이 지면 (두 학생이 외치는 숫자 개수 합의 최댓값)*(−1)을 반환한다. −1을 곱하는 이유는 이기는 경우와 지는 경우를 구분하기 위함이다.
  - 현재 학생이 a + 1 ~ a + k 숫자를 시도해본다. 이 숫자 중에서 배열 A에 없고, n 이하이고, 다른 학생이 지는 경우가 있으면 두 학생이 외치는 숫자 개수 합의 최솟값을 반환한다. 그렇지 않으면 (두 학생이 외치는 숫자 개수 합의 최댓값)*(−1)을 반환한다.
- solve(n, k, 0, A)를 호출하면 정답을 구할 수 있다. 즉, 두 번째 학생이 0을 외치고 첫 번째 학생이 1 ~ k를 외칠 차례임을 의미한다. solve(n, k, 0, A)의 반환 값이 음수일 수 있으므로 solve(n, k, 0, A) 반환 값의 절댓값이 정답이다.

소스 코드 예시

n: 두 명의 학생이 1 이상 n 이하의 정수를 외치는 게임

```python
    # k: 이전 학생이 외친 숫자가 a이면 현재 학생은
    #    (a+1) 이상 (a+k) 이하의 정수를 외쳐야 한다.
    # A: 두 명의 학생이 외칠 수 없는 정수 목록을 저장한 1차원 배열
    # 두 명의 학생이 규칙에 맞게 플레이했을 때, 두 학생이 외친 정수 개수의 합을 반환한다.
    def solution(n, k, A):
        # B[a]=1이면 a를 외칠 수 없음.
        B = [0] * (n+1)
        for a in A:
            B[a]=1

        # n, k: 입력으로 주어진 값
        # 0: 두 번째 학생이 0을 외친 것으로 가정(첫 번째 학생이 1 ~ k를 외칠 차례)
        return abs(solve(n, k, 0, B))


    # n, k, B: solution 주석 참고
    # a: 이전 학생이 외친 정수
    # 현재 학생이 이기면, 두 학생이 외치는 정수 개수 합의 최솟값을 반환한다.
    # 현재 학생이 지면 (두 학생이 외치는 정수 개수 합의 최댓값) * (-1)을 반환한다.
    # 현재 학생이 외칠 정수가 없어서 지는 경우 0을 반환한다.
    def solve(n, k, a, B):
        # 종료 조건: 이전 학생이 n을 외친 경우 현재 학생이 외칠 정수가 없으므로
        #           현재 학생이 진다.
        if a == n:
            return 0

        # 현재 학생이 a+1 ~ a+k 정수를 시도해 본다.
        # nxt: a+1 ~ a+k에 대한 결과(외친 횟수)를 저장한다.
        nxt = []
        for b in range(a + 1, a + k + 1):
            # n보다 큰 정수는 외칠 수 없다.
            if b > n:
                break

            # b를 외칠 수 없음
            if B[b]==1:
                continue
```

```
        # b를 외친 결과를 nxt에 넣는다.
        nxt.append(solve(n, k, b))


    # 종료 조건: 현재 학생이 외칠 정수가 없으므로 현재 학생이 진다.
    if len(nxt) == 0:
        return 0


    # 외친 횟수 기준으로 오름차순 정렬한다.
    nxt.sort()


    # 현재 학생이 지는 경우(이전 학생이 항상 이김)
    # 외친 횟수를 최대화한다. 아래에서 +1은 현재 학생이 외친 정수를 의미한다.
    if nxt[0] > 0:
        return -(nxt[-1] + 1)


    # 현재 학생이 이기는 경우임(이전 학생이 지는 경우가 있음)
    # 외친 횟수를 최소화한다. 아래에서 +1은 현재 학생이 외친 정수를 의미한다.
    ret = None
    for i in range(len(nxt)):
        if nxt[i] <= 0:
            ret = nxt[i]
    return -ret + 1


# 입력을 받고 정답을 출력한다.
n, k = map(int, input().split())
A = list(map(int, input().split()))
print(solution(n, k, A))
```

8-8 | 카드 숫자 곱을 최소로 만들기

난이도 ★★★☆	시간제한 1초	메모리제한 128MB	완전 탐색(재귀)

실습	준램(1510번)
더 풀어보기	백준온라인저지(20915번, 14888번, 14889번)

1부터 9 사이의 정수가 하나씩 적힌 카드가 무수히 많이 주어진다. 이 카드 중 n장의 카드를 선택하자. 같은 정수가 적힌 카드를 여러 개 선택할 수 있다. 내가 선택한 n장의 카드 집합을 A, 친구가 선택한 n장의 카드 집합을 B라고 하자. 집합 A에 있는 카드에 적힌 정수의 곱을 P(A), 집합 B에 있는 카드에 적힌 정수의 곱을 P(B)라고 하자.

집합 A가 주어지면, P(A) < P(B)를 만족하는 집합 B를 하나 출력하자. 집합 B가 여러 개면 집합 B의 원소를 오름차순 정렬하여 이어붙인 수가 가장 작은 경우의 집합 B를 출력하자. 집합 B가 없으면 B={−1}을 출력하자.

입력

첫 번째 줄에 선택할 카드 개수 n이 주어진다.

두 번째 줄에 내가 선택한 n장의 카드의 수가 공백을 사이에 두고 순서대로 주어진다.

출력

첫 번째 줄에 친구가 선택한 집합 B의 원소를 오름차순으로 빈칸을 사이에 두고 순서대로 출력한다.

제한 사항

$1 \leq n \leq 7$

예제 입력 1

```
1
7
```

예제 출력 1

```
8
```

부연 설명

{8}, {9} 중에서 8 < 9이므로 B = {8}이 정답이다.

예제 입력 2

```
2
5 5
```

예제 출력 2

```
3 9
```

부연 설명

{3, 9}, {4, 7}, {4, 8}, {4, 9}, ... , {8, 9}, {9, 9} 중에서 B = {3, 9}가 정답이다.

```
1
9
```

```
-1
```

질의 처리 결과

카드를 1개 선택해서 P(B)값이 9보다 클 수 없다.

문제해설

문제의 조건에 맞게 1부터 9 사이의 정수가 적힌 카드를 n장 선택한다. 선택할 수 있는 경우가 여러 가지이면, P값이 최소가 되는 n장의 카드를 출력하는 문제다.

solve(n, A, B) 재귀 함수를 정의하자. n은 앞으로 선택해야 할 카드 개수, A는 내가 선택한 카드 집합, B는 현재까지 친구가 선택한 카드 집합을 의미한다. P(A) < P(B)를 만족하는 집합 B 중에서 원소를 이어 붙인 수가 최소인 B를 반환한다. B의 원소가 단조증가되도록 숫자를 고른다. 즉, B에 마지막으로 선택된 카드보다 크거나 같은 숫자가 적힌 카드를 선택한다. P(A) < P(B)인 경우가 있으면 이어 붙인 수가 최소인 B를 반환하고, P(A) < P(B)인 경우가 없으면 [-1]을 반환한다.

1부터 9 사이의 정수가 적힌 카드를 n개 뽑는 경우의 수는 최대 9^n이다. n의 최댓값이 7이기 때문에 제한 시간 내에 결과가 출력된다.

자료 구조

- 정수: n
- 정수형 배열: A(내가 선택한 카드 집합)

알고리즘

- solve(B) 재귀 함수를 다음과 같이 정의한다.
    - B: 현재까지 친구가 선택한 카드 집합
    - 반환 값: B에 카드를 추가하여 P(A) < P(B)를 만족하는 집합 B 중에서 원소를 이어

붙인 수가 최소인 B를 반환한다.

- B의 크기가 n이 될 때까지 B에 카드를 추가한다. 현재 B에 있는 가장 큰 카드 번호부터 9번 카드까지 B에 1개의 카드를 추가하면서 solve(B)를 호출한다. 이 중에서 정답 B를 찾아서 반환한다.

소스 코드 예시

```
# n: 선택할 카드 개수
# A: 내가 선택한 n장의 카드 집합
# P(A) < P(B)를 만족하는 집합 B를 반환한다.
def solution(n, A):
    A.sort()
    B = []
    return solve(n, A, B)


# n: 앞으로 선택해야 할 카드 개수
# A: 내가 선택한 카드 집합.
#    (집합 A의 원소의 곱으로 변경하는 게 더 효율적이지만 코드의 이해를 위해 A로 함)
# B: 현재까지 친구가 선택한 카드 집합
# P(A) < P(B)를 만족하는 집합 B 중에서 원소를 이어 붙인 수가 최소인 B를 반환한다.
def solve(n, A, B):
    # ret: 정답을 저장(초깃값: B가 존재하지 않음)
    ret = [-1]

    # 기저 사례 - 친구가 카드를 모두 선택한 경우
    if n == 0:
        pa, pb = P(A), P(B)
        if pa < pb:
            return B
        return [-1]

    # 이번에 1번부터 9번까지 카드 중 가능한 카드를(B가 단조증가) 선택한다.
    # start: 가능한 카드 중 가장 작은 카드 번호
    start = 1
    if len(B) != 0: start = B[-1]
```

```
        for card in range(start, 10):
            # card를 선택하여 P(A) < P(B)인 경우가 있는 경우
            B.append(card)
            ret2 = solve(n - 1, A, B)
            if ret2[0] != -1:
                # P(A) < P(B)인 경우가 처음인 경우
                if ret[0] == -1:
                    ret = [0] * n
                    ret[:] = ret2[:]
                else:
                    ret_num = get_joined_num(ret)
                    ret2_num = get_joined_num(ret2)

                    # 집합 B가 여러 개면 집합 B의 원소를 오름차순 정렬하여
                    # 이어붙인 수가 가장 작은 경우의 집합 B를 선택한다.
                    if ret_num > ret2_num:
                        ret[:] = ret2[:]

            # 선택한 card를 제거한다. (back-tracking)
            B.pop()


    return ret


# 카드 집합 X의 모든 원소의 곱인 P(X)를 반환한다.
def P(X):
    ret = 1
    for x in X:
        ret *= x
    return ret


# 카드 집합의 모든 원소를 순서대로 이어붙인 수를 반환한다.
def get_joined_num(X):
    x = ''.join(map(str, X))
    return int(x)


# 입력을 받고 정답을 출력한다.
n = int(input())
```

```
A = list(map(int, input().split()))
B = solution(n, A)
for b in B:
    print(b, end=' ')
```

더 생각하기 (준랩 1526번, 백준온라인저지 25370번)

1부터 9 사이의 정수가 하나씩 적힌 카드 중에서 n장의 카드를 선택할 때, 선택한 n장의 카드에 적힌 모든 정수를 곱한 수의 개수는 어떻게 구할까? 단, n장의 카드를 선택할 때 같은 정수가 적힌 카드를 여러 개 선택할 수 있다. 예를 들어, n=1이면 나올 수 있는 수는 1(1이 적힌 카드), 2(2가 적힌 카드), 3(3이 적힌 카드), …, 9(9가 적힌 카드) 9가지이다. n=2이면 1(1이 적힌 카드 2장), 2(1이 적힌 카드 1장, 2가 적힌 카드 1장), …, 81(9가 적힌 카드 2장) 36가지이다.

단조증가가 되도록 n장의 카드를 고르면서 선택된 n장의 카드에 적힌 숫자의 곱을 사전 자료 구조에 저장하면 된다. 소스 코드를 보면 다음과 같다.

```
# n: 선택할 카드 개수
# 선택된 n장의 카드 숫자의 곱이 될 수 있는 숫자의 개수를 반환한다.
def solution(n):
    A = []
    D = {}
    solve(n, A, D)
    return len(D)


# n: 앞으로 선택해야 할 카드 개수
# A: 현재까지 선택한 카드 집합
# D: 현재까지 정답이 될 수 있는 수를 저장
def solve(n, A, D):
    # 기저 사례 - 카드를 모두 선택한 경우
    if n == 0:
        a = P(A)
        if a not in D:
            D[a] = 1
        return

    # 이번에 1번부터 9번까지 카드 중 가능한 카드를(A가 단조증가) 선택한다.
    # start: 가능한 카드 중 가장 작은 카드 번호
```

```
        start = 1
        if len(A) != 0: start = A[-1]
        for card in range(start, 10):
            A.append(card)
            solve(n - 1, A, D)
            A.pop()   # 선택한 card를 제거한다. (back-tracking)


# 카드 집합 X의 모든 원소의 곱을 반환한다.
def P(X):
    ret = 1
    for x in X:
        ret *= x
    return ret


# 입력을 받고 정답을 출력한다.
n = int(input())
print(solution(n))
```

8-9 | k진수 정수의 자릿수 나누기

난이도 ★★☆☆ **시간제한** 1초 **메모리제한** 128MB **수학**

실습 준랩(1527번)

양의 정수 n과 k가 주어진다. n을 k진수로 변환한 수를 a라고 하자. a의 각 자릿수를 0을 기준으로 나눈 결과를 집합 b라고 하자. 0이 연속으로 나와서 공백이 생기는 경우는 집합 b에 포함되지 않는다. 집합 b에 있는 수의 합을 k진수로 출력하자. 예를 들어, n=19, k=2이면 a=10011_2, b={1, 11}, 1+11=12, 12=1100_2이므로 1100을 출력한다.

입력

첫 번째 줄에 양의 정수 n과 k가 공백을 사이에 두고 순서대로 주어진다.

출력

첫 번째 줄에 집합 b에 있는 수의 합을 k진수로 출력한다.

제한 사항

$1 \leq n \leq 1,000,000$

$2 \leq k \leq 10$

예제 입력 1

437674 3

예제 출력 1

22101

부연 설명

437674를 3진수 변환하면 a = 211020101011_3이다.
211020101011_3을 0을 기준으로 나누면 b = {211, 2, 1, 1, 11}이다.
b에 있는 수의 합은 211 + 2 + 1 + 1 + 11 = 226이다.
226을 3진수로 변환하면 22101_3이다.

예제 입력 2

29 3

예제 출력 2

10

부연 설명

29를 3진수 변환하면 a = 1002_3이다.
1002를 0을 기준으로 나누면 b = {1, 2}이다.
b에 있는 수의 합은 1 + 2 = 3이다.
3을 3진수로 변환하면 10_3이다.

예제 입력 3	예제 출력 3
11 3	10

부연 설명

11을 3진수 변환하면 a = 102_3이다.
102를 0을 기준으로 나누면 b = {1, 2}이다.
b에 있는 수의 합은 1 + 2 = 3_0이다.
3을 3진수로 변환하면 10_3이다.

예제 입력 4	예제 출력 4
3 3	1

부연 설명

3을 3진수로 변환하면 a = 10_3이다.
10을 0을 기준으로 나누면 b = {1}이다.
b에 있는 수의 합은 1_0이다.
1을 3진수로 변환하면 1_3이다.

문제해설

양의 정수 n과 k가 주어진다. n을 k진수로 변환한 수의 각 자릿수를 0을 기준으로 나눈 수를 모두 더하여 k진수로 출력하는 문제다.

n의 낮은 자릿수부터 높은 자릿수 순으로 탐색하면서 n의 모든 자릿수를 문자열 a에 저장한다. 문자열의 split( ) 함수를 이용하여 a의 각 자릿수를 0을 기준으로 나누고 나눈 수를 모두 더하여 k진수로 출력한다.

n의 자릿수에 비례하는 연산이 필요하므로 제한 시간 내에 결과가 출력된다.

자료 구조

- 정수: n, k

알고리즘

- n을 k진수로 변환한다. 변환된 수의 모든 자릿수를 문자열 a에 저장한다. 나머지 연산자(%)와 나누기 연산자(/)를 이용하여 n을 k진수로 변환하면 된다.

- 문자열 a를 문자 '0'을 기준으로 나누고 나눈 결과를 모두 더하여 c에 저장한다. 문자열의 split( ) 함수를 이용하면 된다.
- c를 k진수로 변환하여 출력한다. 나머지 연산자(%)와 나누기 연산자(/)를 이용하여 c를 k진수로 변환하면 된다.

소스 코드 예시

```python
# 양의 정수 n과 k가 주어진다. n을 k진수로 변환한 수를 a라고 하자.
# a의 각 자릿수를 0을 기준으로 나눈 결과를 집합 b라고 하자.
# 집합 b에 있는 각 숫자의 합을 k진수로 반환한다.
def solution(n, k):
    # n의 낮은 자릿수부터 높은 자릿수 순으로 탐색하면서 n의 모든 자릿수를 a에 저장한다.
    a = ''
    while n > 0:
        # d: n을 k진수로 나타낸 경우, 가장 낮은 자릿수를 나타낸다.
        # d를 찾은 후 n에서 가장 낮은 자릿수를 제거한다.
        d = n % k
        n = n // k
        a += str(d)
    a = a[::-1]

    # b: a의 각 자릿수를 0을 기준으로 나눈 결과.
    # 공백(0이 여러 개 나오거나 0이 끝에 나오는 경우)은 예외 처리해야 함
    # c: 집합 b에 있는 원소의 합
    c = 0
    for b in a.split('0'):
        if b != '':
            c += int(b)

    # 10진수 c를 k진수로 변환하여 ret에 저장한다.
    ret = ''
    while c > 0:
        # d: c를 k진수로 나타낸 경우, 가장 낮은 자릿수를 나타낸다.
        # d를 찾은 후 c에서 가장 낮은 자릿수를 제거한다.
        d = c % k
```

```
        c = c // k
        ret += str(d)
    ret = ret[::-1]

    return int(ret)


# 입력을 받고 정답을 출력한다.
n, k = map(int, input().split())
print(solution(n, k))
```

8-10 2차원 배열 다중 업데이트 단일 합(Large)

난이도 ★★★☆　**시간제한** 3초　**메모리제한** 128MB　**누적 합**

실습	준랩(1595번)
더 풀어보기	백준온라인저지(2167번)

크기가 n×n인 정수형 2차원 배열 A가 주어진다. 배열 A의 원소는 A[0][0], A[0][1], …, A[n−1][n−1] 이다. 배열 A의 모든 원소의 초깃값은 입력으로 주어진다. 배열 A에 대한 m개의 질의가 저장된 배열 B가 주어진다. 배열 B에 저장된 m개의 질의는 아래 두 가지 유형으로 구분된다. 첫 번째가 유형 1을 나타내고 두 번째가 유형 2를 나타낸다.

- 1 i1 j1 i2 j2 k: 행 번호 i가 i1 ≤ i ≤ i2이고, 열 번호 j가 j1 ≤ j ≤ j2인 A[i][j]에 k를 더한다.
- 2 i1 j1 i2 j2: 행 번호 i가 i1 ≤ i ≤ i2이고, 열 번호 j가 j1 ≤ j ≤ j2인 A[i][j]의 합을 출력한다.

배열 B에 저장된 첫 번째 질의부터 m번째 질의까지 순서대로 처리하면서 유형 2에 대한 결과를 출력하자. 단, 배열 B에는 유형 2의 질의가 마지막에 1개만 저장되어 있다.

입력

첫 번째 줄에 n과 m이 공백을 사이에 두고 순서대로 주어진다.

두 번째 줄부터 n개의 줄에 배열 A의 원소가 주어진다. i번째 줄의 j번째 수는 배열 A의 (i−1)번째 행 (j−1)번째 열의 원소 A[i−1][j−1]을 나타낸다.

다음 줄부터 m개의 줄에 걸쳐서 배열 B에 저장된 m개의 질의가 순서대로 주어진다. 한 줄에 하나의 질의를 나타내는 수가 공백을 사이에 두고 순서대로 주어진다.

출력

첫 번째 줄에 유형 2의 질의 결과를 출력한다.

제한 사항

1 ≤ n ≤ 1,000, 1 ≤ m ≤ 300,000

1 ≤ A[i][j] ≤ 1,000,000 (0 ≤ i, j ≤ n − 1)

배열 B에 저장된 질의는 유형 1과 유형 2만 존재한다.

배열 B에는 유형 2의 질의가 마지막에 1개만 저장되어 있다.

0 ≤ i1 ≤ i2 ≤ n − 1

0 ≤ j1 ≤ j2 ≤ n − 1

1 ≤ k ≤ 10,000

예제 입력 1

```
4 3
1 1 1 1
1 1 1 1
1 1 1 1
1 1 1 1
1 0 0 1 1 1
1 0 0 2 2 2
2 0 0 2 2
```

예제 출력 1

```
31
```

부연 설명

첫 번째 질의 처리 결과
```
2 2 1 1
2 2 1 1
1 1 1 1
1 1 1 1
```

두 번째 질의 처리 결과
```
4 4 3 1
4 4 3 1
3 3 3 1
1 1 1 1
```

배열 B에 저장된 세 번째 질의는 A[0][0]+A[0][1]+A[0][2]+A[1][0]+A[1][1]+A[1][2]+A[2][0]+A[2][1]+A[2][2]에 대한 출력을 나타낸다.

문제해설

크기 n×n인 정수형 2차원 배열 A가 주어진다. 배열 A에 대해 m-1개의 구간 업데이트와 마지막에 1개의 구간 합 질의가 주어진다. 1개의 구간 합 질의 결과를 출력하는 문제다.

m-1개의 구간 업데이트는 2차원 배열 누적 합을 이용하여 O(m)에 처리한다. 마지막 1개의 구간 합 질의는 O(n²) 시간복잡도로 누적 합을 배열 A에 적용하고 O(1) 시간복잡도로 구간 합을 구한다. 따라서 전체 시간복잡도는 O(m)+O(n²) 이고 제한 시간 내에 결과가 출력된다.

자료 구조

* 정수: n, m

- 정수형 배열: A, B
- 정수형 배열: psum(질의 B의 유형 1에 대한 결과를 2차원 누적 합 개념을 이용하여 저장)

알고리즘

- 배열 B에 있는 모든 질의 b_i를 순서대로 탐색하면서 질의 b_i를 처리한다.
- 현재 탐색 중인 질의 b_i가 유형 1이면, 행 i1~i2, 열 j1~j2에 대해 배열 A의 원소에 k를 더한다. 2차원 누적 합 개념을 이용하여 psum[i1][j1], psum[i2+1][j2+1]를 k만큼 증가시키고 psum[i1][j2+1], psum[i2+1][j1]를 k만큼 감소시켜서 O(1) 시간복잡도로 빠르게 처리한다.
- 현재 탐색 중인 질의 b_i가 유형 2이면, 행 i1~i2, 열 j1~j2에 대해 배열 A의 원소의 합을 다음과 같이 구한다.
  - psum 배열에 대해, 각 행의 누적 합을 0번째 행부터 n-1번째 행 순서로 계산한다.
  - psum 배열에 대해, 각 열의 누적 합을 0번째 열부터 n-1번째 열 순서로 계산한다.
  - 행 i1~i2, 열 j1~j2에 대해 배열 psum과 배열 A의 합을 더한 값을 출력한다. psum은 배열 B에 있는 유형 1 질의를 계산한 결과이고 배열 A는 입력으로 주어진 값이다.

소스 코드 예시

```
# n, A: 크기가 n×n인 정수형 2차원 배열 A
# m, Q: m개의 질의가 저장된 배열 Q. (질의 유형: 1, 2)
# 유형 2의 질의 결과를 출력한다.
def solution(n, A, m, Q):
    # psum: 누적 합에 사용되는 배열(모든 원소의 초깃값: 0)
    psum = list([0] * n for _ in range(n))

    # m개의 질의를 순서대로 처리한다.
    for q in Q:
```

```python
        if q[0] == 1:
            do_add_query(psum, q[1], q[2], q[3], q[4], q[5])
        else:
            # psum 각 행의 누적 합을 계산한다.
            for r in range(n):
                for c in range(1, n):
                    psum[r][c] += psum[r][c - 1]

            # psum 각 열의 누적 합을 계산한다.
            for c in range(n):
                for r in range(1, n):
                    psum[r][c] += psum[r - 1][c]

            # 행 i1 ~ i2, 열 j1 ~ j2에 대해 배열 A와 psum의 원소의 합을 출력한다.
            print(get_sum(A, q[1], q[2], q[3], q[4]) + \
                  get_sum(psum, q[1], q[2], q[3], q[4]))


# 행 i1 ~ i2, 열 j1 ~ j2에 대해 배열 A의 원소에 k를 더한다.
# 행과 열의 누적 합을 이용하여 O(1)에 처리한다.
def do_add_query(A, i1, j1, i2, j2, k):
    A[i1][j1] += k
    if j2 + 1 < n:
        A[i1][j2 + 1] -= k
    if i2 + 1 < n:
        A[i2 + 1][j1] -= k
    if i2 + 1 < n and j2 + 1 < n:
        A[i2 + 1][j2 + 1] += k


# 행 i1 ~ i2, 열 j1 ~ j2에 대해 배열 A의 원소의 합을 반환한다.
def get_sum(A, i1, j1, i2, j2):
    ret = 0
    for i in range(i1, i2 + 1):
        for j in range(j1, j2 + 1):
            ret += A[i][j]
    return ret


# 입력을 받고 정답을 출력한다.
```

```
n, m = map(int, input().split())
A = list(list(map(int, input().split())) for _ in range(n))
Q = list(list(map(int, input().split())) for _ in range(m))
solution(n, A, m, Q)
```

난이도 ★★★☆ **시간제한** 3초 **메모리제한** 512MB **누적 합**

실습	준랩(1597번)
더 풀어보기	백준온라인저지(11660번, 20002번)

크기가 n×n인 정수형 2차원 배열 A가 주어진다. 배열 A의 원소는 A[0][0], A[0][1], …, A[n-1][n-1]이다. 배열 A의 모든 원소의 초깃값은 입력으로 주어진다. 배열 A에 대한 m개의 질의가 저장된 배열 B가 주어진다. 배열 B에 저장된 m개의 질의는 아래 두 가지 유형으로 구분된다. 첫 번째가 유형 1을 나타내고 두 번째가 유형 2를 나타낸다.

- 1 i1 j1 i2 j2 k: 행 번호 i가 i1 ≤ i ≤ i2이고, 열 번호 j가 j1 ≤ j ≤ j2인 A[i][j]에 k를 더한다.
- 2 i1 j1 i2 j2: 행 번호 i가 i1 ≤ i ≤ i2이고, 열 번호 j가 j1 ≤ j ≤ j2인 A[i][j]의 합을 출력한다.

배열 B에 저장된 첫 번째 질의부터 m번째 질의까지 순서대로 처리하면서 유형 2에 대한 결과를 출력하자. 단, 배열 B에는 모든 유형 1의 질의가 유형 2의 질의보다 앞부분에 저장되어 있다.

입력

첫 번째 줄에 n과 m이 공백을 사이에 두고 순서대로 주어진다.

두 번째 줄부터 n개의 줄에 배열 A의 원소가 주어진다. i번째 줄의 j번째 수는 배열 A의 (i-1)번째 행 (j-1)번째 열의 원소 A[i-1][j-1]을 나타낸다.

다음 줄부터 m개의 줄에 걸쳐서 배열 B에 저장된 m개의 질의가 순서대로 주어진다. 한 줄에 하나의 질의를 나타내는 수가 공백을 사이에 두고 순서대로 주어진다.

출력

첫 번째 줄부터 유형 2의 질의 결과를 순서대로 출력한다. 한 줄에 하나의 질의 결과를 출력한다.

제한 사항

$1 \le n \le 1{,}000$, $1 \le m \le 300{,}000$

$1 \le A[i][j] \le 1{,}000{,}000$ $(0 \le i, j \le n - 1)$

배열 B에 저장된 질의는 유형 1과 유형 2만 존재한다.

배열 B에는 모든 유형 1의 질의가 유형 2의 질의보다 앞부분에 저장되어 있다.

배열 B에는 유형 2의 질의가 1개 이상 저장되어 있다.

$0 \le i1 \le i2 \le n - 1$

$0 \le j1 \le j2 \le n - 1$

$1 \le k \le 10{,}000$

예제 입력 1
```
4 5
1 1 1 1
1 1 1 1
1 1 1 1
1 1 1 1
1 0 0 1 1 1
1 0 0 2 2 2
2 0 0 1 1
2 0 0 2 2
2 1 1 2 3
```

예제 출력 1
```
16
31
15
```

부연 설명

배열 B에 저장된 첫 번째 질의를 처리한 후 배열 A에 저장된 값은 다음과 같다.
```
2 2 1 1
2 2 1 1
1 1 1 1
1 1 1 1
```
배열 B에 저장된 두 번째 질의를 처리한 후 배열 A에 저장된 값은 다음과 같다.
```
4 4 3 1
4 4 3 1
3 3 3 1
1 1 1 1
```

문제해설

크기가 n×n인 정수형 2차원 배열 A가 주어진다. 배열 A에 대한 구간 업데이트와 구간 합 질의가 m개 주어진다. 구간 업데이트 질의가 먼저 나오고 구간 합 질의가 나중에 나온다. 구간 합 질의 결과를 출력하는 문제다.

먼저 나오는 구간 업데이트는 2차원 배열 누적 합을 이용하여 O(m)에 처리한다. 나중에 나오는 구간 합 질의를 처리하기 위해 구간 업데이트에서 만든 누적 합 배열을 A에 적용하고 A에 대한 누적 합 배열을 만든다. 만들어진 누적 합 배열을 이용하여 하나의 구간 합 질의를 O(1)에 처리한다. 구간 업데이트는 O(m) 시간이 소요되고 구간 합 질의는 $O(n^2)$ 시간이 소요되어 전체 시간복잡도는 $O(m)+O(n^2)$이다. 따라서 제한 시간 내에 결과가 출력된다.

자료 구조

- 정수: n, m
- 정수형 배열: A, B
- 정수형 배열: psum(질의 B의 유형 1에 대한 결과를 2차원 누적 합 개념을 이용하여 저장), psum2(질의 B의 유형 2를 위한 배열 A에 대한 누적 합)

알고리즘

- 배열 B에 있는 모든 질의 b_i를 순서대로 탐색하면서 질의 b_i를 처리한다.
- 현재 탐색 중인 질의 b_i가 유형 1이면, 행 i1~i2, 열 j1~j2에 대해 배열 A의 원소에 k를 더한다. 2차원 누적 합 개념을 이용하여 psum[i1][j1], psum[i2+1][j2+1]를 k만큼 증가시키고 psum[i1][j2+1], psum[i2+1][j1]을 k만큼 감소시켜서 O(1)에 빠르게 처리한다.
- 현재 탐색 중인 질의 b_i가 유형 2이면, 아래를 최초 1회 수행하여 psum, A, psum2를 만든다.
  - psum 배열에 대해, 각 행의 누적 합을 0번째 행부터 n−1번째 행 순서로 계산한다.
  - psum 배열에 대해, 각 열의 누적 합을 0번째 열부터 n−1번째 열 순서로 계산한다.
  - psum을 배열 A에 더한다. psum은 배열 B에 있는 1번 유형 질의를 계산한 결과를 모두 반영한 상태이므로 이 시점에는 배열 A에는 1번 유형 질의가 모두 반영된 상태이다.
  - 배열 A에 대한 2차원 누적 합을 psum2에 저장한다. 즉, psum2[i][j]는 A[0][0]~A[i][j]까지의 합을 저장한다.
- 현재 탐색 중인 질의 b_i가 유형 2이면, 행 i1~i2, 열 j1~j2에 대해 배열 A의 원소의 합을 다음과 같이 구한다.
  - psum2[i2][j2] + psum2[i1−1][j1−1] − psum2[i1−1][j2] − psum2[i2][j1−1]을 출력한다.

소스 코드 예시

```python
# n, A: 크기가 n×n인 정수형 2차원 배열 A
# m, Q: m개의 질의가 저장된 배열 Q. (질의 유형: 1, 2)
# 유형 2의 질의 결과를 순서대로 한 줄씩 출력한다.
def solution(n, A, m, Q):
    # psum: 누적 합에 사용되는 2차원 배열(모든 원소의 초깃값: 0)
    # psum_flag: psum 배열이 완성되면 True, 그렇지 않으면 False를 저장한다.
    psum = list([0] * n for _ in range(n))
    psum_flag = False

    # m개의 질의를 순서대로 처리한다.
    for q in Q:
        if q[0] == 1:
            do_add_query(psum, q[1], q[2], q[3], q[4], q[5])
        else:
            # psum 배열을 A에 반영한다. (최초 한번)
            if psum_flag == False:
                # psum 각 행의 누적 합을 계산한다.
                psum_flag = True
                for r in range(n):
                    for c in range(1, n):
                        psum[r][c] += psum[r][c - 1]

                # psum 각 열의 누적 합을 계산한다.
                for c in range(n):
                    for r in range(1, n):
                        psum[r][c] += psum[r - 1][c]

                # psum을 A에 반영한다.
                for r in range(n):
                    for c in range(n):
                        A[r][c] += psum[r][c]

                # psum을 배열 A에 대한 누적 합 배열로 설정한다.
                psum[0][0]=A[0][0]
                for c in range(1, n):
                    psum[0][c] = psum[0][c-1] + A[0][c]
```

```
            for r in range(1, n):
                psum[r][0] = psum[r-1][0] + A[r][0]
            for r in range(1, n):
                for c in range(1, n):
                    psum[r][c] = psum[r-1][c] + psum[r][c-1] - psum[r-1][c-1] + A[r][c]


        # 행 i1 ~ i2, 열 j1 ~ j2에 대해 배열 A의 원소의 합을 출력한다.
        print(get_sum(psum, q[1], q[2], q[3], q[4]))


# 행 i1 ~ i2, 열 j1 ~ j2에 대해 배열 A의 원소에 k를 더한다.
# 행과 열의 누적 합을 이용하여 O(1)에 처리한다.
def do_add_query(A, i1, j1, i2, j2, k):
    A[i1][j1] += k
    if j2 + 1 < n:
        A[i1][j2 + 1] -= k
    if i2 + 1 < n:
        A[i2 + 1][j1] -= k
    if i2 + 1 < n and j2 + 1 < n:
        A[i2 + 1][j2 + 1] += k


# 행 i1 ~ i2, 열 j1 ~ j2에 대해 배열 A의 원소의 합을 반환한다.
# psum: 배열 A에 대한 누적 합 배열
def get_sum(psum, i1, j1, i2, j2):
    ret = psum[i2][j2]
    if i1 > 0:
        ret -= psum[i1 - 1][j2]
    if j1 > 0:
        ret -= psum[i2][j1 -1]
    if i1 > 0 and j1 > 0:
        ret += psum[i1 - 1][j1 - 1]
    return ret


# 입력을 받고 정답을 출력한다.
n, m = map(int, input().split())
A = list(list(map(int, input().split())) for _ in range(n))
Q = list(list(map(int, input().split())) for _ in range(m))
solution(n, A, m, Q)
```

8-12 시간 구간 다중 업데이트 다중 합(Large)

난이도 ★★☆☆　　**시간제한** 1초　　**메모리제한** 128MB　　**누적 합**

실습　　준랩(1599번)

시간 구간에 대한 질의를 처리하려고 한다. 전체 시간 구간은 00:00:00 ~ 23:59:59이다. h:m:s는 h시 m분 s초를 나타낸다. 전체 시간 구간은 길이가 1초인 구간으로 나누어져 있다. 즉, 전체 시간 구간은 00:00:00 ~ 00:00:01, 00:00:01 ~ 00:00:02, ⋯, 23:59:58 ~ 23:59:59인 구간으로 나누어져 있다.

시간 구간에 대한 n개의 질의가 저장된 배열 A가 주어진다. 배열 A에 저장된 n개의 질의는 아래 두 가지 유형으로 구분된다. 첫 번째가 유형 1을 나타내고 두 번째가 유형 2를 나타낸다.

- 1 h1:m1:s1 h2:m2:s2 : 시간 구간 h1:m1:s1 ~ h2:m2:s2에 1을 더한다.
- 2 h1:m1:s1 h2:m2:s2 : 시간 구간 h1:m1:s1 ~ h2:m2:s2의 값을 출력한다.

시간 구간 h1:m1:s1 ~ h2:m2:s2에 1을 더하는 유형 1의 질의는 시간 구간 h1:m1:s1 ~ h2:m2:s2에 포함된 길이가 1초인 모든 구간에 1을 더하는 것을 의미한다. 예를 들어, 00:00:02 ~ 01:02:03에 1을 더하는 질의는 00:00:02 ~ 00:00:03, 00:00:03 ~ 00:00:04, ⋯, 01:02:02 ~ 01:02:03 구간에 1을 더하는 것을 의미한다.

시간 구간 h1:m1:s1 ~ h2:m2:s2의 값을 출력하는 유형 2의 질의는 시간 구간 h1:m1:s1 ~ h2:m2:s2에 포함된 길이가 1초인 모든 구간의 합을 출력하는 것을 의미한다. 예를 들어, 00:00:02 ~ 01:02:03의 값을 출력하는 질의는 00:00:02 ~ 00:00:03, 00:00:03 ~ 00:00:04, ⋯, 01:02:02 ~ 01:02:03 구간의 합을 출력하는 것을 의미한다.

전체 시간 구간 00:00:00 ~ 23:59:59의 초깃값은 0이다. 배열 A에 저장된 첫 번째 질의부터 n번째 질의까지 순서대로 처리하면서 유형 2의 결과를 출력하자. 단, 배열 A에는 모든 유형 1의 질의가 유형 2의 질의보다 앞부분에 저장되어 있다.

입력

첫 번째 줄에 n이 주어진다.

두 번째 줄부터 n개의 줄에 배열 A에 저장된 n개의 질의가 첫 번째 질의부터 n번째 질의까지 순서대로 주어진다. 한 줄에 한 개의 질의가 주어진다.

출력

첫 번째 줄부터 유형 2의 질의 결과를 순서대로 한 줄씩 출력한다.

2 ≤ n ≤ 100,000

00 ≤ h1, h2 ≤ 23

00 ≤ m1, s1, m2, s2 ≤ 59

00:00:00 ≤ h1:m1:s1 < h2:m2:s2 ≤ 23:59:59

h1, m1, s1, h2, m2, s2는 모두 길이가 2인 문자열이다.

배열 A에는 모든 유형 1의 질의가 유형 2의 질의보다 앞부분에 저장되어 있다.

배열 A에는 유형 2가 1개 이상 저장되어 있다.

예제 입력 1

```
5
1 00:01:10 00:01:20
1 00:00:20 02:02:30
1 00:01:20 02:02:00
2 00:01:10 00:01:20
2 00:00:00 23:59:59
```

예제 출력 1

```
20
14580
```

부연 설명

첫 번째 질의를 처리하면 00:01:10 ~ 00:01:11, 00:01:11 ~ 00:01:12, …, 00:01:19 ~ 00:01:20 구간이 0에서 1로 변경된다.

두 번째 질의를 처리하면 00:00:20 ~ 00:00:21, 00:00:21 ~ 00:00:22, …, 00:01:09 ~ 00:01:10 구간이 0에서 1로 변경되고 00:01:10 ~ 00:01:11, 00:01:11 ~ 00:01:12, …, 00:01:19 ~ 00:01:20 구간이 1에서 2로 변경되고 00:01:20 ~ 00:01:21, 00:01:21 ~ 00:01:22, …, 02:02:29 ~ 02:02:30 구간이 0에서 1로 변경된다.

세 번째 질의를 처리하면 00:01:20 ~ 00:01:21, 00:01:21 ~ 00:01:22, …, 02:01:59 ~ 02:02:00 구간의 값이 1만큼 증가한다.

네 번째 질의는 00:01:10 ~ 00:01:11, 00:01:11 ~ 00:01:12, …, 00:01:19 ~ 00:01:20 구간의 합을 출력한다.

마지막 질의는 전체 시간 구간의 합을 출력한다.

문제해설

초깃값이 0인 전체 시간 구간 00시 00분 00초 ~ 23시 59분 59초가 주어진다. 전체 시간 구간에 대한 구간 업데이트와 구간 합 질의가 m개 주어진다. 구간 업데이트 질의가 먼저 나오고 구간 합 질의가 나중에 나온다. 구간 합 질의 결과를 출력하는 문제다.

T[i]가 i~(i+1)초 시간 구간의 값을 저장하는 1차원 배열 T를 이용하여 문제를 해결하자. 앞부분에 나오는 구간 업데이트는 배열 T에 대한 누적 합을 이용하여 O(m)에 처리한다. 뒷부분에 나오는 구간 합 질의를 처리하기 위해 구간 업데이트에서 만든 누적 합 배열 T를 이용하여 R[i]=T[0]~T[i]까지의 합을 갖는 배열 R을 만든다. 만들어진 누적 합 배열 R을 이용하여 하나의 구간 합 질의를 O(1)에 처리한다. 전체 시간 구간의 길이 L=60초 * 60분 * 24시간=86,400초이다. 구간 업데이트는 O(m) 시간이 소요되고 구간 합 질의는 O(L) 시간이 소요되어 전체 시간복잡도는 O(m)+O(L) 이다. 따라서 제한 시간 내에 결과가 출력된다.

자료 구조

- 정수: n
- 문자열 배열: A
- 정수형 배열: T(질의 유형 1의 결과를 초 단위로 저장), R(T의 누적 합을 저장)

알고리즘

- 배열 A에 있는 모든 질의 a_i를 순서대로 탐색하면서 질의 a_i를 처리한다.
- 현재 탐색 중인 질의 a_i가 유형 1이면, 시간 구간 h1:m1:s1~h2:m2:s2의 값을 1만큼 증가시킨다. h1:m1:s1, h2:m2:s2를 각각 초 단위 i, j로 환산하여, 배열 T의 T[i]부터 T[j-1]까지의 값을 1만큼 증가시키면 된다. 누적 합 개념을 이용하여 T[i]를 1만큼 증가시키고 T[j]를 1만큼 감소시켜서 O(1)에 빠르게 처리한다.
- 현재 탐색 중인 질의 a_i가 유형 2이면, 아래를 최초 1회 수행하여 T와 R을 만든다.
  - 배열 T에 대해, T[1]부터 순서대로 누적 합을 계산한다. T[1]부터 T[i]=T[i]+T[i-1]을 수행하면 된다.
  - 배열 T에 대한 누적 합을 배열 R에 저장한다. 즉, R[i]=T[0]+T[1]+ … +T[i]이다.
- 현재 탐색 중인 질의 a_i가 유형 2이면, 시간 구간 h1:m1:s1~h2:m2:s2의 값을 출력한다. h1:m1:s1, h2:m2:s2를 각각 초 단위 i, j로 환산하여, 배열 T의 T[i]부터 T[j-1]까지의 값을 출력하면 된다. 이 값은 R[j-1]-R[i-1]과 같으므로 이 값을 출력하면 된다.

소스 코드 예시

```python
# n, A: n개의 질의가 저장된 배열 A. (질의 유형: 1, 2)
# 유형 2의 질의 결과를 반환한다.
def solution(n, A):
    # m개의 질의를 순서대로 처리한다.
    # T: 전체 시간 구간 00:00:00 ~ 23:59:59의 값을 저장한다. (초깃값: 0)
    # T[i]는 i ~ (i+1)초 시간 구간의 값을 저장한다.
    # R은 T의 누적 합 배열이다. 즉, R[i] = T[0] ~ T[i]까지의 합이다.
    # flag: R이 완성된 경우 True, R이 아직 완성되지 않은 경우 False를 갖는다.
    T = [0] * 24*60*60
    R = [0] * 24*60*60
    answer = []
    flag = False
    for a in A:
        if a[0] == '1':
            add_query(T, translate_time(a[1]), translate_time(a[2]))
        else:
            # R을 최초 한번 완성한다.
            if flag == False:
                # T를 완성한다.
                for t in range(1, 24*60*60):
                    T[t] += T[t - 1]

                # T의 누적 합 배열 R을 만든다.
                flag = True
                R[0] = T[0]
                for t in range(1, 24*60*60):
                    R[t] += R[t - 1] + T[t]

            ret = get_sum(R, translate_time(a[1]), translate_time(a[2]))
            answer.append(ret)

    return answer


# hh:mm:ss 타입의 문자열을 초 단위 수로 변환한다.
def translate_time(t):
```

```python
    return int(t[:2])*3600 + int(t[3:5])*60 + int(t[6:])


# i부터 j-1까지의 배열 T의 원소에 1을 더한다.
def add_query(T, i, j):
    T[i] += 1
    T[j] -= 1


# i부터 j-1까지의 배열 T의 합을 반환한다.
# T의 누적 합 배열 R을 이용하여 O(1)에 계산한다.
def get_sum(R, i, j):
    ret = R[j - 1]
    if i != 0:
        ret -= R[i - 1]
    return ret


# 입력을 받고 정답을 출력한다.
n = int(input())
A = list(list(input().split()) for _ in range(n))
B = solution(n, A)
for b in B:
    print(b)
```

시간 구간 다중 업데이트 최대 합

난이도 ★★★☆   **시간제한** 0.4초   **메모리제한** 128MB   누적 합

실습	준랩(1600번)
더 풀어보기	백준온라인저지(2559번)

시간 구간에 대한 질의를 처리하려고 한다. 전체 시간 구간은 00:00:00 ~ 23:59:59이다. h:m:s는 h
시 m분 s초를 나타낸다. 전체 시간 구간은 길이가 1초인 구간으로 나누어져 있다. 즉, 전체 시간 구간은
00:00:00 ~ 00:00:01, 00:00:01 ~ 00:00:02, …, 23:59:58 ~ 23:59:59인 구간으로 나누어져 있다.
시간 구간에 대한 n개의 질의가 저장된 배열 A가 주어진다. 배열 A에 저장된 n개의 질의는 아래 두
가지 유형으로 구분된다. 첫 번째가 유형 1을 나타내고 두 번째가 유형 2를 나타낸다.

  – 1 h1:m1:s1 h2:m2:s2 : 시간 구간 h1:m1:s1 ~ h2:m2:s2에 1을 더한다.
  – 2 h1:m1:s1 : 전체 시간 구간에 있는 길이가 h1:m1:s1인 시간 구간 중에서 구간 합이 최대인 시간
구간의 구간 합을 출력한다.

시간 구간 h1:m1:s1 ~ h2:m2:s2에 1을 더하는 유형 1의 질의는 시간 구간 h1:m1:s1 ~ h2:m2:s2에 포
함된 길이가 1초인 모든 구간에 1을 더하는 것을 의미한다. 예를 들어, 00:00:02 ~ 01:02:03에 1을
더하는 질의는 00:00:02 ~ 00:00:03, 00:00:03 ~ 00:00:04, …, 01:02:02 ~ 01:02:03 구간에 1을
더하는 것을 의미한다.

유형 2의 질의에서 시간 구간 h1:m1:s1 ~ h2:m2:s2의 길이는 h2:m2:s2 – h1:m1:s1을 의미한다. 예를
들어, 길이가 01:02:03인 시간 구간은 00:00:00 ~ 01:02:03, 00:00:01 ~ 01:02:04 등이 있다.
전체 시간 구간 00:00:00 ~ 23:59:59의 초깃값은 0이다. 배열 A에 저장된 첫 번째 질의부터 n번째
질의까지 순서대로 처리하면서 유형 2의 결과를 출력하자. 단, 배열 A에는 유형 2의 질의가 마지막에
1개 저장되어 있다.

입력

첫 번째 줄에 n이 주어진다.
두 번째 줄부터 n개의 줄에 배열 A에 저장된 n개의 질의가 첫 번째 질의부터 n번째 질의까지 순서대
로 주어진다. 한 줄에 한 개의 질의가 주어진다.

출력

첫 번째 줄에 유형 2의 질의 결과를 출력한다.

제한 사항

$2 \leq n \leq 100{,}000$

00 ≤ h1, h2 ≤ 23

00 ≤ m1, s1, m2, s2 ≤ 59

00:00:00 ≤ h1:m1:s1 < h2:m2:s2 ≤ 23:59:59

h1, m1, s1, h2, m2, s2는 모두 길이가 2인 문자열이다.

배열 A에는 유형 2의 질의가 마지막에 1개 저장되어 있다.

유형 2의 질의에서 시간 구간의 길이는 양의 정수이다.

예제 입력 1

```
4
1 00:01:10 00:01:20
1 00:00:20 02:02:30
1 00:01:20 02:02:00
2 00:00:10
```

예제 출력 1

```
20
```

부연 설명

시간 구간 01:10 ~ 01:20의 합이 정답이다.

예제 입력 2

```
4
1 00:01:10 00:01:20
1 00:00:20 02:02:30
1 00:01:20 02:02:00
2 00:00:20
```

예제 출력 2

```
40
```

부연 설명

시간 구간 01:10 ~ 01:30의 합이 정답이다.

문제해설

초깃값이 0인 전체 시간 구간 00시 00분 00초 ~ 23시 59분 59초가 주어진다. 전체 시간 구간에 대한 m−1개의 구간 업데이트와 마지막에 1개의 최대 구간 합 질의가 주어진다. 마지막에 주어지는 1개의 최대 구간 합 질의 결과를 출력하는 문제다.

$T[i]$가 $i \sim (i+1)$초 시간 구간의 값을 저장하는 1차원 배열 T를 이용하여 문제를 해결하자. 앞부분에 나오는 구간 업데이트는 배열 T에 대한 누적 합을 이용하여 $O(m)$에 처리한다. 뒷부분에 나오는 최대 구간 합 질의를 처리하기 위해 구간 업데이트에서 만든 누적 합

배열 T를 이용하여 R[i]＝T[0]～T[i]까지의 합을 갖는 배열 R을 만든다. 만들어진 누적 합 배열 R을 이용하여 구간 길이가 h1:m1:s1인 구간 중 구간 합의 최댓값을 구한다. 전체 시간 구간의 길이 L＝60초＊60분＊24시간＝86,400초이다. 구간 길이가 h1:m1:s1인 모든 구간의 합은 라인 스위핑으로 O(L)에 구할 수 있다. 하나의 구간 합 질의를 O(1)에 처리한다. 구간 업데이트는 O(m) 시간이 소요되고 구간 합 질의는 O(L) 시간이 소요되어 전체 시간복잡도는 O(m)＋O(L) 이다. 따라서 제한 시간 내에 결과가 출력된다.

자료 구조

- 정수: n
- 문자열 배열: A
- 정수형 배열: T(질의 유형 1의 결과를 초 단위로 저장), R(T의 누적 합을 저장)

알고리즘

- 배열 A에 있는 모든 질의 a_i를 순서대로 탐색하면서 질의 a_i를 처리한다.
- 현재 탐색 중인 질의 a_i가 유형 1이면, 시간 구간 h1:m1:s1～h2:m2:s2의 값을 1만큼 증가시킨다. h1:m1:s1, h2:m2:s2를 각각 초 단위 i, j로 환산하여, 배열 T의 T[i]부터 T[j−1]까지의 값을 1만큼 증가시키면 된다. 누적 합 개념을 이용하여 T[i]를 1만큼 증가시키고 T[j]를 1만큼 감소시켜서 O(1)에 빠르게 처리한다.
- 현재 탐색 중인 질의 a_i가 유형 2이면, 아래를 최초 1회 수행하여 T와 R을 만든다.
  - 배열 T에 대해, T[0]부터 순서대로 누적 합을 계산한다. T[1]부터 T[i]＝T[i]＋T[i−1]을 수행하면 된다.
  - 배열 T에 대한 누적 합을 배열 R에 저장한다. 즉, R[i]＝T[0]＋T[1]＋ … ＋T[i]이다.
- 현재 탐색 중인 질의 a_i가 유형 2이면, 전체 시간 구간 중에서 길이가 h1:m1:s1이고 구간 합이 최대인 구간의 구간 합을 출력한다. 배열 R을 앞에서부터 순차적으로 탐색하면서 길이가 h1:m1:s1인 모든 시간 구간을 탐색하면서 최댓값을 구하면 된다.

소스 코드 예시

```python
# n, A: n개의 질의가 저장된 배열 A. (질의 유형: 1, 2)
# 유형 2의 질의 결과를 반환한다.
def solution(n, A):
    # n개의 질의를 순서대로 처리한다.
    # T: 전체 시간 구간 00:00:00 ~ 23:59:59의 값을 저장한다. (초깃값: 0)
    # T[i]는 시간 구간 i ~ (i+1)초 구간의 값을 저장한다.
    # R은 T의 누적 합 배열이다. 즉, R[i] = T[0] ~ T[i]까지의 합이다.
    # flag: R이 완성된 경우 True, R이 아직 완성되지 않은 경우 False를 갖는다.
    T = [0] * 24*60*60
    R = [0] * 24*60*60
    answer = 0
    for a in A:
        if a[0] == '1':
            add_query(T, translate_time(a[1]), translate_time(a[2]))
        else:
            # T를 완성한다.
            for t in range(1, 24*60*60):
                T[t] += T[t - 1]

            # T의 누적 합 배열 R을 만든다.
            R[0] = T[0]
            for t in range(1, 24*60*60):
                R[t] += R[t - 1] + T[t]

            answer = get_max_range(R, translate_time(a[1]))

    return answer

# hh:mm:ss 타입의 문자열을 초 단위 수로 변환한다.
def translate_time(t):
    return int(t[:2])*3600 + int(t[3:5])*60 + int(t[6:])

# i부터 j-1까지의 배열 T의 원소에 1을 더한다.
# 누적 합을 이용하여 O(1)에 빠르게 처리한다.
def add_query(T, i, j):
```

```python
        T[i] += 1
        T[j] -= 1


# 구간의 길이가 range_len인 구간 중에서 구간 합의 최댓값을 반환한다.
# T의 누적 합 배열 R을 이용하여 O(L)에 계산한다. (L = 24*60*60)
def get_max_range(R, range_len):
    # range_len 길이의 모든 구간을 탐색한다.
    # i: 구간의 시작점의 시간, j: 구간의 끝점의 시간
    ret = 0
    for j in range(range_len-1, 24*60*60):
        i = j - range_len + 1
        a = R[j]
        if i != 0:
            a -= R[i - 1]
        ret = max(ret, a)
    return ret


# 입력을 받고 정답을 출력한다.
n = int(input())
A = list(list(input().split()) for _ in range(n))
print(solution(n, A))
```

빠른 무작위 숫자 탐색

난이도 ★★★☆   **시간제한** 3초   **메모리제한** 128MB   BFS

실습   준랩(1573번)

5×5 크기의 보드가 주어진다. 보드는 1×1 크기의 정사각형 격자로 이루어져 있다. 보드의 격자에는 −1, 0, 1, 2, 3, 4, 5, 6중 하나의 수가 적혀 있다. 격자의 위치는 (r, c)로 표시한다. r은 행 번호, c는 열 번호를 나타낸다. 행 번호는 맨 위 위치가 0이고 아래 방향으로 1씩 증가한다. 열 번호는 맨 왼쪽 위치가 0이고 오른쪽으로 1씩 증가한다. 즉, 맨 왼쪽 위 위치가 (0, 0), 맨 아래 오른쪽 위치가 (4, 4)이다. −1이 적혀 있는 칸으로는 이동할 수 없고 0, 1, 2, 3, 4, 5, 6이 적혀 있는 칸으로는 이동할 수 있다.

현재 한 명의 학생이 (r, c) 위치에 있고 한 번의 이동으로 상, 하, 좌, 우 방향 중에서 한 가지 방향으로 한 칸 이동할 수 있다. 학생이 현재 위치 (r, c)에서 시작하여 1, 2, 3, 4, 5, 6이 적혀 있는 칸을 순서에 상관없이 모두 방문하려고 한다. 보드에는 1, 2, 3, 4, 5, 6이 적혀 있는 칸이 1개씩 존재하고 1, 2, 3, 4, 5, 6이 적혀 있는 칸을 여러 번 방문할 수 있다. 학생이 현재 위치 (r, c)에서 시작하여 1, 2, 3, 4, 5, 6이 적혀 있는 칸을 순서에 상관없이 모두 방문하는 최소 이동 횟수를 출력하자. 학생이 현재 위치 (r, c)에서 시작하여 1, 2, 3, 4, 5, 6이 적혀 있는 칸을 모두 방문할 수 없는 경우 −1을 출력한다.

입력

첫 번째 줄부터 다섯 개의 줄에 걸쳐 보드의 각 칸에 적혀 있는 수가 순서대로 주어진다. i번째 줄의 j번째 수는 보드의 (i−1)번째 행, (j−1)번째 열에 적혀 있는 수를 나타낸다. 보드의 각 칸에 적혀 있는 수는 −1, 0, 1, 2, 3, 4, 5, 6중 하나이다.

다음 줄에 학생의 현재 위치 r, c가 빈칸을 사이에 두고 순서대로 주어진다.

출력

학생이 현재 위치 (r, c)에서 시작하여 1, 2, 3, 4, 5, 6이 적혀 있는 칸을 순서에 상관없이 모두 방문하는 최소 이동 횟수를 출력한다. 학생이 현재 위치 (r, c)에서 시작하여 1, 2, 3, 4, 5, 6이 적혀 있는 칸을 모두 방문할 수 없는 경우 −1을 출력한다.

제한 사항

$0 \le r, c \le 4$

학생의 현재 위치 (r, c)에는 0이 적혀 있다.

1, 2, 3, 4, 5, 6이 적혀 있는 칸이 1개씩 주어진다.

예제 입력 1

```
0 0 1 0 0
0 0 2 0 0
0 0 3 0 0
0 0 4 0 0
0 0 5 6 -1
0 1
```

예제 출력 1

```
6
```

부연 설명

(0, 1) -〉 (0, 2) -〉 (1, 2) -〉 (2, 2) -〉 (3, 2) -〉 (4, 2) -〉 (4, 3)가 최소 이동이다.

예제 입력 2

```
0 0 1 0 0
0 0 2 0 0
0 0 3 0 0
0 0 6 0 5
0 0 4 -1 0
0 1
```

예제 출력 2

```
8
```

부연 설명

(0, 1) -〉 (0, 2) -〉 (1, 2) -〉 (2, 2) -〉 (3, 2) -〉 (4, 2) -〉 (3, 2) -〉 (3, 3) -〉 (3, 4)가 최소
이동이다.

예제 입력 3

```
0 0 -1 1 0
0 0 -1 2 0
0 0 -1 3 0
0 0 -1 4 0
0 0 -1 5 6
0 1
```

예제 출력 3

```
-1
```

문제해설

5×5 크기의 보드가 주어진다. 학생이 현재 위치에서 시작하여 1, 2, 3, 4, 5, 6이 적혀
있는 칸을 순서에 상관없이 모두 방문하는 최소 이동 횟수를 출력하는 문제다.

board[sr][sc]에서 board[tr][tc]까지의 최단 거리를 반환하는 함수 get_move_
count(board, sr, sc, tr, tc)를 구현하자. get_move_count() 함수는 큐를 사용한 BFS를
이용하여 구현할 수 있다. 1, 2, 3, 4, 5, 6이 적혀 있는 칸을 1차원 배열 source에 넣고

source에 대한 모든 순열(permutations() 함수 이용)을 탐색하면서 현재 위치에서 현재 순열에 있는 원소를 순서대로 방문하는 거리를 get_move_count() 함수로 구한다. 이렇게 구한 값 중에서 최솟값이 정답이다.

get_move_count() 함수는 보드의 크기에 비례하는 시간이 소요되어 $O(n^2 * d)$ 시간복잡도에 구현할 수 있다. n은 보드의 크기인 5이고 d는 탐색해야 하는 방향의 수(상, 하, 좌, 우)인 4이다. source에 있는 원소가 6개(변수 k라고 하자)이므로 source에 대한 순열은 k!개이다. 따라서 전체 시간복잡도는 $O(n^2 * d * k! * k)$이다. k를 곱하는 이유는 학생의 현재 위치에서 1, 2, 3, 4, 5, 6이 적혀 있는 칸을 이동해야 하기 때문이다. n = 5, d = 4, k = 6이므로 제한 시간 내에 결과가 출력된다.

자료 구조

- 정수: (sr, sc)(학생의 현재 위치)
- 정수형 배열: A(보드 정보)

알고리즘

- 격자를 정점으로 갖고 상하좌우로 이웃한 정점끼리 가중치가 없는 간선을 연결한 그래프를 생성한다.
- 배열 A에서 1, 2, 3, 4, 5, 6이 적혀 있는 칸을 구하고 각각 정점 1, 정점 2, …, 정점 6이라고 하자.
- (sr, sc) 위치의 칸을 시작 정점으로 한다.
- (1, 2, 3, 4, 5, 6)의 모든 순열 p_i를 시도하면서 정답을 구한다. 순열 p_i는 파이썬 permutations() 함수를 이용하면 된다. 현재 탐색 중인 순열 p_i에 대한 최단 경로는 아래와 같이 구한다. 모든 순열 p_i의 최단 경로 중에서 최단 경로에 포함된 간선 개수의 총합의 최솟값이 정답이다.
- 시작 정점 → p_i의 첫 번째 정점 → p_i의 두 번째 정점 → … → p_i의 마지막 정점으로 가는 최단 경로를 아래와 같이 구한다.
  - 시작 정점 → p_i의 첫 번째 정점으로 가는 최단 경로를 너비 우선 탐색으로 구한다.

- p_i의 첫 번째 정점 → p_i의 두 번째 정점으로 가는 최단 경로를 너비 우선 탐색으로 구한다.

$$\vdots$$

- p_i의 다섯 번째 정점 → p_i의 마지막 정점으로 가는 최단 경로를 너비 우선 탐색으로 구한다.

소스 코드 예시

```python
from collections import deque
from itertools import permutations

# board: 보드 정보 (5×5 크기의 2차원 배열)
# (sr, sc): 학생의 현재 위치
# 학생이 현재 위치 (r, c)에서 시작하여 1, 2, 3, 4, 5, 6이 적혀 있는 칸을
# 순서에 상관없이 모두 방문하는 최소 이동 횟수를 출력한다.
# 학생이 현재 위치 (r, c)에서 시작하여 1, 2, 3, 4, 5, 6이 적혀 있는 칸을
# 모두 방문할 수 없는 경우 -1을 반환한다.
def solution(board, sr, sc):
    # 1 ~ 6이 적혀 있는 칸의 위치를 target에 저장한다.
    source = list([] for _ in range(6))
    for r in range(5):
        for c in range(5):
            if board[r][c] > 0:
                source[board[r][c] - 1] = [r, c]

    # (sr, sc)에서 1, 2, 3, 4, 5, 6이 적혀 있는 모든 칸을 방문한다.
    # (1, 2, 3, 4, 5, 6)의 모든 순열을 시도한다.
    # answer: 최소 이동 횟수
    answer = -1
    for target in permutations(source):
        # (r, c): 현재 위치
        # ret: target에 대한 최소 이동 횟수
        ret = 0
        r, c = sr, sc
        for nr, nc in target:
```

```python
        # (r, c)에서 (nr, nc)까지의 최단 거리를 구한다.
        x = get_move_count(board, r, c, nr, nc)

        # (r, c)에서 (nr, nc)로 방문할 수 없는 경우 -1을 반환한다.
        if x == -1:
            ret = -1
            break

        ret += x
        r, c = nr, nc

    if ret != -1:
        if answer == -1 or answer > ret:
            answer = ret

return answer


# BFS를 이용하여 board[sr][sc]에서 board[tr][tc]까지의 최단 거리를 반환한다.
def get_move_count(board, sr, sc, tr, tc):
    # dd: 상, 하, 좌, 우 이동 시 (행, 열) 변화량
    # visited[r][c]: (r, c) 위치를 방문한 경우 1, 방문하지 않은 경우 0(초깃값)
    # dist[r][c]: (sr, sc)에서 (r, c)까지의 최단 거리
    dd = [[-1, 0], [1, 0], [0, -1], [0, 1]]
    visited = [[0] * 5 for _ in range(5)]
    dist = [[0] * 5 for _ in range(5)]

    # q: BFS에 사용할 큐
    # 시작 위치 (sr, sc)를 q에 넣는다.
    q = deque()
    q.append([sr, sc])
    visited[sr][sc] = 1

    # q에 아무것도 없을 때까지 반복한다.
    while len(q) != 0:
        # (r, c): 큐의 맨 앞에 있는 값
        r, c = q.popleft()
```

```python
        # 목적지에 도달한 경우, 최소 이동 거리를 반환한다.
        if r == tr and c == tc:
            return dist[r][c]

        # 상, 하, 좌, 우 방향으로 한 칸 이동한다.
        for dr, dc in dd:
            # (nr, nc)를 아직 방문하지 않은 경우, 이동하여 방문한다.
            nr = r + dr; nc = c + dc
            if in_range(nr, nc) == True and visited[nr][nc] == 0 and\
                board[nr][nc] != -1:
                q.append([nr, nc])
                dist[nr][nc] = dist[r][c] + 1
                visited[nr][nc] = 1

    # board[tr][tc]에 도달할 수 없는 경우
    return -1

# (r, c)가 board 내에 위치하면 참, 아니면 거짓을 반환한다.
def in_range(r, c):
    return 0 <= r <= 4 and 0 <= c <= 4

# 입력을 받고 정답을 출력한다.
board = list(list(map(int, input().split())) for _ in range(5))
sr, sc = map(int, input().split())
print(solution(board, sr, sc))
```

8-15 고속의 무작위 숫자 탐색

난이도 ★★★☆	시간제한 3초	메모리제한 128MB	BFS
실습	준랩(1574번)		

5×5 크기의 보드가 주어진다. 보드는 1×1 크기의 정사각형 격자로 이루어져 있다. 보드의 격자에는 −1, 0, 1, 2, 3, 4, 5, 6, 7중 하나의 수가 적혀 있다. 격자의 위치는 (r, c)로 표시한다. r은 행 번호, c는 열 번호를 나타낸다. 행 번호는 맨 위 위치가 0이고 아래 방향으로 1씩 증가한다. 열 번호는 맨 왼쪽 위치가 0이고 오른쪽으로 1씩 증가한다. 즉, 맨 왼쪽 위 위치가 (0, 0), 맨 아래 오른쪽 위치가 (4, 4)이다. −1이 적혀 있는 칸으로는 이동할 수 없고 0, 1, 2, 3, 4, 5, 6, 7이 적혀 있는 칸으로는 이동할 수 있다. 현재 한 명의 학생이 (r, c) 위치에 있고 한 번의 이동으로 상, 하, 좌, 우 방향 중에서 한가지 방향으로 한 칸 걸어갈 수 있다. 또한 학생은 한 번의 이동으로 상, 하, 좌, 우 방향 중에서 한가지 방향으로 −1이 적혀 있는 칸을 만나거나 보드의 밖으로 벗어나서 이동할 수 없을 때까지 뛰어갈 수 있다. 단, 뛰어가는 중에 7이 적혀 있는 칸을 만나면 이동을 끝내고 해당 칸에서 멈춘다. 뛰어가다가 멈추기 전까지 중간에 지나가는 칸은 방문하지 않은 것으로 간주한다. 걸어가는 동작과 뛰어가는 동작 모두 1회 이동으로 생각한다. 학생이 현재 위치 (r, c)에서 시작하여 1, 2, 3, 4, 5, 6이 적혀 있는 칸을 순서에 상관없이 모두 방문하려고 한다. 보드에는 1, 2, 3, 4, 5, 6이 적혀 있는 칸이 1개씩 존재하고 1, 2, 3, 4, 5, 6이 적혀 있는 칸을 여러 번 방문할 수 있다. 학생이 현재 위치 (r, c)에서 시작하여 1, 2, 3, 4, 5, 6이 적혀 있는 칸을 순서에 상관없이 모두 방문하는 최소 이동 횟수를 출력하자. 학생이 현재 위치 (r, c)에서 시작하여 1, 2, 3, 4, 5, 6이 적혀 있는 칸을 모두 방문할 수 없는 경우 −1을 출력한다.

입력

첫 번째 줄부터 다섯 개의 줄에 걸쳐 보드의 각 칸에 적혀 있는 수가 순서대로 주어진다. i번째 줄의 j번째 수는 보드의 (i−1)번째 행, (j−1)번째 열에 적혀 있는 수를 나타낸다. 보드의 각 칸에 적혀 있는 수는 −1, 0, 1, 2, 3, 4, 5, 6, 7중 하나이다. 다음 줄에 학생의 현재 위치 r, c가 빈칸을 사이에 두고 순서대로 주어진다.

출력

학생이 현재 위치 (r, c)에서 시작하여 1, 2, 3, 4, 5, 6이 적혀 있는 칸을 순서에 상관없이 모두 방문하는 최소 이동 횟수를 출력한다. 학생이 현재 위치 (r, c)에서 시작하여 1, 2, 3, 4, 5, 6이 적혀 있는 칸을 모두 방문할 수 없는 경우 −1을 출력한다.

제한 사항

$0 \le r, c \le 4$
학생의 현재 위치 (r, c)에는 0이 적혀 있다.
1, 2, 3, 4, 5, 6이 적혀 있는 칸이 1개씩 주어진다.

예제 입력 1

```
0 7 1 0 0
0 0 2 0 0
0 0 3 0 0
0 0 4 0 0
0 0 5 6 -1
4 1
```

예제 출력 1

```
6
```

부연 설명

(4, 1) -> (4, 3) -> (4, 2) -> (3, 2) -> (2, 2) -> (1, 2) -> (0, 2)가 최소 이동이다.

예제 입력 2

```
0 0 0 -1 1
0 0 0 -1 3
0 7 0 6 2
0 0 0 -1 4
0 0 0 -1 5
4 1
```

예제 출력 2

```
8
```

부연 설명

(4, 1) -> (2, 1) -> (2, 4) -> (1, 4) -> (0, 4) -> (4, 4) -> (3, 4) -> (2, 4) -> (2, 3)이 최소 이동이다.

예제 입력 3

```
0 0 -1 1 0
0 0 -1 2 0
0 0 -1 3 0
0 0 -1 4 0
0 7 -1 5 6
0 1
```

예제 출력 3

```
-1
```

문제해설

5×5 크기의 보드가 주어진다. 학생이 현재 위치에서 시작하여 1, 2, 3, 4, 5, 6이 적혀 있는 칸을 순서에 상관없이 모두 방문하는 최소 이동 횟수를 출력하는 문제다.

board[sr][sc]에서 board[tr][tc]까지의 최단 거리를 반환하는 함수 get_move_count(board, sr, sc, tr, tc)를 구현하자. get_move_count( ) 함수는 큐를 사용한 BFS를 이용하여 구현할 수 있다. 1, 2, 3, 4, 5, 6이 적혀 있는 칸을 1차원 배열 source에 넣고

source에 대한 모든 순열(permutations( ) 함수 이용)을 탐색하면서 현재 위치에서 현재 순열에 있는 원소를 순서대로 방문하는 거리를 get_move_count( ) 함수로 구한다. 이렇게 구한 값 중에서 최솟값이 정답이다.

get_move_count( ) 함수는 보드의 크기에 비례하는 시간이 소요되어 $O(n^2 * d) + O(n^2 * n * d) = O(n^3 * d)$를 시간복잡도에 구현할 수 있다. n은 보드의 크기인 5이고 d는 탐색해야 하는 방향의 수(상, 하, 좌, 우)인 4이다. $O(n^2 * d)$는 걸어가는 경우이고, $O(n^2 * n * d)$는 뛰어가는 경우이다. source에 있는 원소가 6개(변수 k라고 하자)이므로 source에 대한 순열은 k!개이다. 따라서 전체 시간복잡도는 $O(n^3 * d * k! * k)$이다. k를 곱하는 이유는 학생의 현재 위치에서 1, 2, 3, 4, 5, 6이 적혀 있는 칸을 이동해야 하기 때문이다. n = 5, d = 4, k = 6이므로 제한 시간 내에 결과가 출력된다.

자료 구조

- 정수: (sr, sc)(학생의 현재 위치)
- 정수형 배열: A(보드 정보)

알고리즘

- 격자를 정점으로 갖고 상하좌우로 이웃한 정점끼리 가중치가 없는 간선을 연결한 그래프를 생성한다. 또한, 격자 x에서 격자 y로 뛰어갈 수 있는 경우 격자 x에서 격자 y로 가중치가 없는 간선을 연결한다.
- 배열 A에서 1, 2, 3, 4, 5, 6이 적혀 있는 칸을 구하고 각각 정점 1, 정점 2, …, 정점 6이라고 하자.
- (sr, sc) 위치의 칸을 시작 정점으로 한다.
- (1, 2, 3, 4, 5, 6)의 모든 순열 p_i를 시도하면서 정답을 구한다. 순열 p_i는 파이썬 permutations( ) 함수를 이용하면 된다. 현재 탐색 중인 순열 p_i에 대한 최단 경로는 아래와 같이 구한다. 모든 순열 p_i의 최단 경로 중에서 최단 경로에 포함된 간선 개수의 총합의 최솟값이 정답이다.
- 시작 정점 → p_i의 첫 번째 정점 → p_i의 두 번째 정점 → … → p_i의 마지막 정점으로

가는 최단 경로를 아래와 같이 구한다.

- 시작 정점 → p_i의 첫 번째 정점으로 가는 최단 경로를 너비 우선 탐색으로 구한다.
- p_i의 첫 번째 정점 → p_i의 두 번째 정점으로 가는 최단 경로를 너비 우선 탐색으로 구한다.

$$\vdots$$

- p_i의 다섯 번째 정점 → p_i의 마지막 정점으로 가는 최단 경로를 너비 우선 탐색으로 구한다.

소스 코드 예시

```python
from collections import deque
from itertools import permutations

# board: 보드 정보 (5×5 크기의 2차원 배열)
# (sr, sc): 학생의 현재 위치
# 학생이 현재 위치 (r, c)에서 시작하여 1, 2, 3, 4, 5, 6이 적혀 있는
# 모든 칸을 방문하는 최소 이동 횟수를 반환한다.
# 학생이 현재 위치 (r, c)에서 시작하여 1, 2, 3, 4, 5, 6이 적혀 있는
# 모든 칸을 방문할 수 없는 경우 -1을 반환한다.
def solution(board, sr, sc):
    # 1 ~ 6이 적혀 있는 칸의 위치를 target에 저장한다.
    source = list([] for _ in range(6))
    for r in range(5):
        for c in range(5):
            if board[r][c] > 0 and board[r][c] < 7:
                source[board[r][c] - 1] = [r, c]

    # (sr, sc)에서 1, 2, 3, 4, 5, 6이 적혀 있는 모든 칸을 방문한다.
    # (1, 2, 3, 4, 5, 6)의 모든 순열을 시도한다.
    # answer: 최소 이동 횟수
    answer = -1
    for target in permutations(source):
        # (r, c): 현재 위치
        # ret: target에 대한 최소 이동 횟수
```

```
            ret = 0
            r, c = sr, sc
            for nr, nc in target:
                # (r, c)에서 (nr, nc)까지의 최단 거리를 구한다.
                x = get_move_count(board, r, c, nr, nc)

                # (r, c)에서 (nr, nc)로 방문할 수 없는 경우 -1을 반환한다.
                if x == -1:
                    ret = -1
                    break

                ret += x
                r, c = nr, nc

            if ret != -1:
                if answer == -1 or answer > ret:
                    answer = ret

    return answer

# BFS를 이용하여 board[sr][sc]에서 board[tr][tc]까지의 최단 거리를 반환한다.
def get_move_count(board, sr, sc, tr, tc):
    # dd: 상, 하, 좌, 우 이동 시 (행, 열) 변화량
    # visited[r][c]: (r, c) 위치를 방문한 경우 1, 방문하지 않은 경우 0(초깃값)
    # dist[r][c]: (sr, sc)에서 (r, c)까지의 최단 거리
    dd = [[-1, 0], [1, 0], [0, -1], [0, 1]]
    visited = [[0] * 5 for _ in range(5)]
    dist = [[0] * 5 for _ in range(5)]

    # q: BFS에 사용할 큐
    # 시작 위치 (sr, sc)를 q에 넣는다.
    q = deque()
    q.append([sr, sc])
    visited[sr][sc] = 1

    # q에 아무것도 없을 때까지 반복한다.
    while len(q) != 0:
```

```python
# (r, c): 큐의 맨 앞에 있는 값
r, c = q.popleft()

# 목적지에 도달한 경우, 최소 이동 거리를 반환한다.
if r == tr and c == tc:
    return dist[r][c]

# 상, 하, 좌, 우 방향으로 걸어가는 경우
for dr, dc in dd:
    # (nr, nc)를 아직 방문하지 않은 경우, 걸어가서 방문한다.
    nr = r + dr; nc = c + dc
    if in_range(nr, nc) == True and visited[nr][nc] == 0 and \
        board[nr][nc] != -1:
        q.append([nr, nc])
        dist[nr][nc] = dist[r][c] + 1
        visited[nr][nc] = 1

# 상, 하, 좌, 우 방향으로 뛰어가는 경우
for dr, dc in dd:
    # 뛰는 방향에 7이 적혀 있는 칸이 있으면 가장 가까운 7번 칸에서 멈춘다.
    nr = r; nc = c
    while True:
        # 이웃한 칸이 board 밖인 경우 멈춘다.
        if in_range(nr + dr, nc + dc) == False:
            break

        # 이웃한 칸에 -1이 적혀 있는 경우 멈춘다.
        if board[nr + dr][nc + dc] == -1:
            break

        # 이웃한 칸으로 이동한다.
        # 이동한 칸에 7이 적혀 있는 경우 멈춘다.
        nr += dr; nc += dc
        if board[nr][nc] == 7:
            break

    # (nr, nc)를 아직 방문하지 않은 경우, 뛰어가서 방문한다.
```

```
                if visited[nr][nc] == 0:
                    q.append([nr, nc])
                    dist[nr][nc] = dist[r][c] + 1
                    visited[nr][nc] = 1

    # board[tr][tc]에 도달할 수 없는 경우
    return -1

# (r, c)가 board 내에 위치하면 참, 아니면 거짓을 반환한다.
def in_range(r, c):
    return 0 <= r <= 4 and 0 <= c <= 4


# 입력을 받고 정답을 출력한다.
board = list(list(map(int, input().split())) for _ in range(5))
sr, sc = map(int, input().split())
print(solution(board, sr, sc))
```

8-16 | 빠른 오름차순 메시지 전달

난이도 ★★★☆	시간제한 3초	메모리제한 128MB	동적 계획법
실습	준랩(1580번)		

선생님 1명과 학생 12명이 있다. 학생에게 1번부터 12번까지 번호가 부여된다. 학생들은 두 명씩 하나의 친구 집단을 이룬다. 1번 학생부터 번호순으로 두 명씩 하나의 친구 집단에 포함된다. 즉, 친구 집단 1은 {학생 1번, 학생 2번}, 친구 집단 2는 {학생 3번, 학생 4번}, …, 친구 집단 6은 {학생 11번, 학생 12번}으로 구성된다.

선생님은 긴급 메시지를 12명 학생 모두에게 최대한 빠르게 전달하려고 한다. 선생님은 긴급 메시지를 친구 집단 1에 전달한다. 선생님으로부터 메시지를 전달받은 1번 또는 2번 학생은 같은 친구 집단에 있는 다른 친구 2번 또는 1번 학생에게 메시지를 전달한다. 메시지를 전달받은 1번 학생 또는 2번 학생은 친구 집단 2에 메시지를 전달한다. 메시지를 받은 친구는 앞에서 언급된 내용과 같은 방식으로 친구 집단 내에 다른 친구에게 메시지를 전달하고 메시지를 전달받은 친구는 친구 집단 3에 메시지를 전달한다. 친구 집단 4, 친구 집단 5, 친구 집단 6 순서대로 메시지를 전달하고 12명의 학생이 모두 메시지를 받으면 선생님의 메시지 전달이 완료된다. 선생님은 첫 번째 학생에게 메시지를 즉시 전달하기 때문에 첫 번째 학생이 메시지를 받는 데 걸리는 시간은 0으로 생각한다. 12명의 학생이 다른 친구에게 메시지를 전달하는 데 걸리는 시간이 주어지면, 친구 집단 1부터 친구 집단 6 순서대로 12명의 친구에게 메시지를 전달하는데 걸리는 최소 시간을 출력하자.

입력

첫 번째 줄부터 열두 개의 줄에 걸쳐 메시지를 전달하는 데 걸리는 시간이 주어진다. i번째 줄의 j번째 숫자는 학생 i가 학생 j에게 메시지를 전달하는 데 걸리는 시간을 나타낸다.

출력

첫 번째 줄에 친구 집단 1부터 친구 집단 6 순서대로 12명의 친구에게 메시지를 전달하는데 걸리는 최소 시간을 출력한다.

제한 사항

1 ≤ 친구끼리 메시지를 전달하는 데 걸리는 시간 ≤ 1,000

학생 i가 학생 j에게 메시지를 전달하는 데 걸리는 시간과 학생 j가 학생 i에게 메시지를 전달하는 데 걸리는 시간은 같다. ($1 ≤ i, j ≤ 12, i ≠ j$)

자기 자신에게 메시지를 전달하는 데 걸리는 시간은 0이다.

예제 입력 1

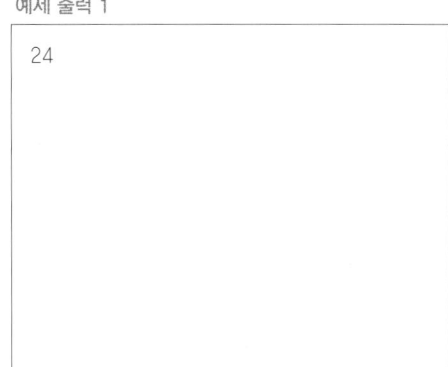

```
0 1 2 3 1 1 1 1 1 1 1 1
1 0 3 4 1 1 1 1 1 1 1 1
2 3 0 2 2 9 1 1 1 1 1 1
3 4 2 0 1 5 1 1 1 1 1 1
1 1 2 1 0 3 3 6 1 1 1 1
1 1 9 5 3 0 9 2 1 1 1 1
1 1 1 1 3 9 0 5 3 7 1 1
1 1 1 1 6 2 5 0 7 2 1 1
1 1 1 1 1 1 3 7 0 1 7 4
1 1 1 1 1 1 7 2 1 0 3 3
1 1 1 1 1 1 1 1 7 3 0 1
1 1 1 1 1 1 1 1 4 3 1 0
```

예제 출력 1

```
24
```

부연 설명

선생님 -> 학생 2 -> 학생 1 -> 학생 3 -> 학생 4 -> 학생 5 -> 학생 6 -> 학생 8 -> 학생 7 -> 학생 9 -> 학생 10 -> 학생 12 -> 학생 11 순서대로 메시지를 전달하면 최소 시간이 걸린다.

문제해설

선생님 1명과 학생 12명이 있고, 학생은 두 명씩 하나의 친구 집단에 포함된다. 학생 간에 메시지를 전달하는 시간이 주어지면 문제 조건에 맞게 메시지를 전달하는데 걸리는 최소 시간을 출력하는 문제다.

DP 테이블 D[i][0]과 D[i][1]을 정의한다. D[i][0]은 친구 집단 i+1의 두 번째 친구가 첫 번째 친구에게 메시지를 전달하는 최소 시간이다. 즉, 메시지가 친구 집단 1, 친구 집단 2, …, 친구 집단 i를 거쳐서 친구 집단 i+1의 두 번째 친구를 통해서 첫 번째 친구에게 전달되는 최소 시간이다. D[i][1]은 친구 집단 i+1의 첫 번째 친구가 두 번째 친구에게 메시지를 전달하는 최소 시간이다. 즉, 메시지가 친구 집단 1, 친구 집단 2, …, 친구 집단 i를 거쳐서 친구 집단 i+1의 첫 번째 친구를 통해서 두 번째 친구에게 전달되는 최소 시간이다.

D[i][0]은 친구 집단 i의 첫 번째 친구가 친구 집단 i+1의 두 번째 친구에게 메시지를 전달하는 최소 시간과 친구 집단 i의 두 번째 친구가 친구 집단 i+1의 두 번째 친구에게 메시지를 전달하는 최소 시간 중 최솟값과 친구 집단 i+1의 두 번째 친구가 첫 번째 친구에게 메시지를 전달하는 시간의 합으로 설정한다. D[i][1]은 친구 집단 i의 첫 번째 친구가

친구 집단 i+1의 첫 번째 친구에게 메시지를 전달하는 최소 시간과 친구 집단 i의 두 번째 친구가 친구 집단 i+1의 첫 번째 친구에게 메시지를 전달하는 최소 시간 중 최솟값과 친구 집단 i+1의 첫 번째 친구가 두 번째 친구에게 메시지를 전달하는 시간의 합으로 설정한다.

DP 테이블의 크기는 O(n)이다. n은 그룹의 수인 6이다. 하나의 DP 테이블의 값을 O(1)에 구할 수 있으므로 전체 시간복잡도는 O(n)이다. 따라서 제한 시간 내에 결과가 출력된다.

자료 구조

- 정수형 배열: A(메시지를 전달하는 데 걸리는 시간), D(DP table, D[i] = 선생님이 친구 집단 1, 친구 집단 2, …, 친구 집단 i+1에 메시지를 전달하는 최소 시간

알고리즘

- D[0]을 A[0][1]로 초기화한다.
- D[1]부터 D[5]순으로 D[i]를 점화식을 이용하여 구한다. 점화식은 소스 코드 예시를 참조하자.
- D[5]를 출력한다.

소스 코드 예시

```
# A: 메시지를 전달하는 데 걸리는 시간을 저장하는 2차원 배열
# A[i][j]: 학생 i+1이 학생 j+1에게 메시지를 전달하는 데 걸리는 시간
# 친구 집단 1부터 친구 집단 6 순서로 12명의 친구에게
# 메시지를 전달하는 데 걸리는 최소 시간을 반환한다.
def solution(A):
    # D[i][0]: 친구 집단 i+1의 두 번째 친구가 첫 번째 친구에게
    #          메시지를 전달하는 최소 시간
    # D[i][1]: 친구 집단 i+1의 첫 번째 친구가 두 번째 친구에게
    #          메시지를 전달하는 최소 시간
    D = list([0] * 2 for _ in range(6))
```

```python
    # D[0][0]: 선생님이 친구 집단 1의 두 번째 친구에게 메시지를 전달(소요 시간 0)하고
    #          두 번째 친구가 첫 번째 친구에게 메시지 전달(소요 시간 A[0][1])
    # D[0][1]: 선생님이 친구 집단 1의 첫 번째 친구에게 메시지를 전달(소요 시간 0)하고
    #          첫 번째 친구가 두 번째 친구에게 메시지 전달(소요 시간 A[0][1])
    D[0][0] = D[0][1] = A[0][1]

    # D[1]부터 D[5] 순서로 값을 구한다.
    for i in range(1, 6):
        # 첫 번째 식: 친구 집단 i의 첫 번째 친구가 친구 집단 i+1의 두 번째 친구에게
        #             메시지 전달
        # 두 번째 식: 친구 집단 i의 두 번째 친구가 친구 집단 i+1의 두 번째 친구에게
        #             메시지 전달
        D[i][0] = min(D[i - 1][0] + A[2*i - 2][2*i + 1] + A[2*i][2*i + 1], \
                      D[i - 1][1] + A[2*i - 1][2*i + 1] + A[2*i][2*i + 1])

        # 첫 번째 식: 친구 집단 i의 첫 번째 친구가 친구 집단 i+1의 첫 번째 친구에게
        #             메시지 전달
        # 두 번째 식: 친구 집단 i의 두 번째 친구가 친구 집단 i+1의 첫 번째 친구에게
        #             메시지 전달
        D[i][1] = min(D[i - 1][0] + A[2*i - 2][2*i] + A[2*i][2*i + 1], \
                      D[i - 1][1] + A[2*i - 1][2*i] + A[2*i][2*i + 1])

    return min(D[5][0], D[5][1])

# 입력을 받고 정답을 출력한다.
A = list(list(map(int, input().split())) for _ in range(12))
print(solution(A))
```

빠른 무작위 메시지 전달

난이도 ★★★☆	시간제한 3초	메모리제한 128MB	동적 계획법
실습	준랩(1581번)		

선생님 1명과 학생 12명이 있다. 학생에게 1번부터 12번까지 번호가 부여된다. 학생들은 두 명씩 하나의 친구 집단을 이룬다. 1번 학생부터 번호순으로 두 명씩 하나의 친구 집단에 포함된다. 즉, 친구 집단 1은 {학생 1번, 학생 2번}, 친구 집단 2는 {학생 3번, 학생 4번}, …, 친구 집단 6은 {학생 11번, 학생 12번}으로 구성된다.

선생님은 긴급 메시지를 12명 학생 모두에게 최대한 빠르게 전달하려고 한다. 선생님은 긴급 메시지를 임의의 친구 집단 P에 전달한다. 선생님으로부터 메시지를 전달받은 학생 a는 같은 친구 집단 P에 있는 다른 학생 b에게 메시지를 전달한다. 메시지를 전달받은 학생 b는 메시지를 전달받지 못한 임의의 친구 집단 Q에 메시지를 전달한다. 메시지를 받은 친구 c는 앞에서 언급된 내용과 같은 방식으로 친구 집단 Q 내에 다른 친구에게 메시지를 전달하고 메시지를 전달받은 친구는 메시지를 전달받지 못한 임의의 친구 집단에 메시지를 전달한다. 이후에 메시지는 앞에서와 같은 방식으로 전달되고 12명의 학생이 모두 메시지를 받으면 선생님의 메시지 전달이 완료된다. 선생님은 첫 번째 학생에게 메시지를 즉시 전달하기 때문에 첫 번째 학생이 메시지를 받는 데 걸리는 시간은 0으로 생각한다. 12명의 학생이 다른 친구에게 메시지를 전달하는 데 걸리는 시간이 주어지면, 12명의 친구에게 메시지를 전달하는데 걸리는 최소 시간을 출력하자.

입력

첫 번째 줄부터 열두 개의 줄에 걸쳐 메시지를 전달하는 데 걸리는 시간이 주어진다. i번째 줄의 j번째 숫자는 학생 i가 학생 j에게 메시지를 전달하는 데 걸리는 시간을 나타낸다.

출력

첫 번째 줄에 12명의 친구에게 메시지를 전달하는데 걸리는 최소 시간을 출력한다.

제한 사항

1 ≤ 학생끼리 메시지를 전달하는 데 걸리는 시간 ≤ 1,000

학생 i가 학생 j에게 메시지를 전달하는 데 걸리는 시간과 학생 j가 학생 i에게 메시지를 전달하는 데 걸리는 시간은 같다. (1 ≤ i, j ≤ 12, i ≠ j)

선생님은 모든 학생에게 메시지를 전달할 수 있다.

자기 자신에게 메시지를 전달하는 데 걸리는 시간은 0이다.

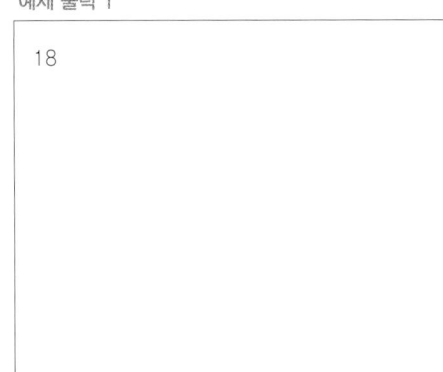

```
0 1 2 3 1 1 1 1 1 1 1 1
1 0 3 4 1 1 1 1 1 1 1 1
2 3 0 2 2 9 1 1 1 1 1 1
3 4 2 0 1 5 1 1 1 1 1 1
1 1 2 1 0 3 3 6 1 1 1 1
1 1 9 5 3 0 9 2 1 1 1 1
1 1 1 1 3 9 0 5 3 7 1 1
1 1 1 1 6 2 5 0 7 2 1 1
1 1 1 1 1 1 3 7 0 1 7 4
1 1 1 1 1 1 7 2 1 0 3 3
1 1 1 1 1 1 1 1 7 3 0 1
1 1 1 1 1 1 1 1 4 3 1 0
```

예제 출력 1

```
18
```

부연 설명

친구 집단 1 -> 친구 집단 3 -> 친구 집단 5 -> 친구 집단 2 -> 친구 집단 4 -> 친구 집단 6 순서대로 메시지를 전달하는 게 최선이다. 즉, 선생님 -> 학생 2 -> 학생 1 -> 학생 6 -> 학생 5 -> 학생 10 -> 학생 9 -> 학생 4 -> 학생 3 -> 학생 8 -> 학생 7 -> 학생 12 -> 학생 11 순서대로 메시지를 전달하는 게 최선이다.

문제해설

실전 문제 [8-16]에서 메시지를 임의의 순서로 친구 집단에 보낼 수 있는 조건이 추가되었다. 집단 번호를 저장하는 1차원 배열 src = [0, 1, 2, 3, 4, 5]과 permutations( ) 함수를 이용하여 src의 모든 순열에 대해 메시지를 보내고 이 중에서 최솟값을 출력하면 된다.

시간복잡도는 src에 대한 순열의 개수 $O(n!)$과 하나의 순열에 대한 DP 테이블을 계산하는 $O(n)$을 곱한 $O(n*n!)$이다. n=6이므로 제한 시간 내에 결과가 출력된다.

자료 구조

• 정수형 배열: A(메시지를 전달하는 데 걸리는 시간), D(DP table, D[i] = 선생님이 첫 번째 친구 집단, 두 번째 친구 집단, …, i+1 번째 친구 집단에 메시지를 전달하는 최소 시간

알고리즘

- 친구 집단 번호 {1, 2, 3, 4, 5, 6}의 모든 순열을 시도하면서 현재 순열 p_i에 대한 최소 전달 시간을 아래와 같이 구한다. 아래에서 구한 모든 p_i의 최소 전달 시간 중에서 가장 작은 값이 정답이다.
- D[0]을 A[0][1]로 초기화한다.
- D[1]부터 D[5] 순으로 D[i]를 점화식을 이용하여 구한다. 점화식은 소스 코드 예시를 참조하자.
- D[5]를 반환한다.

소스 코드 예시

```python
import itertools

# A: 메시지를 전달하는 데 걸리는 시간을 저장하는 2차원 배열
#    - A[i][j]는 학생 i+1이 학생 j+1에게 메시지를 전달하는 데 걸리는 시간
# 12명의 친구에게 메시지를 전달하는 데 걸리는 최소 시간을 반환한다.
def solution(A):
    # src: 친구 집단 번호
    # answer: 정답
    # 친구 집단 번호의 모든 순열을 시도해 본다.
    src = [0, 1, 2, 3, 4, 5]
    answer = int(1e8)
    for P in itertools.permutations(src):
        # D[i][0]: 친구 집단 P[i]+1의 두 번째 친구가 첫 번째 친구에게
        #          메시지를 전달하는 최소 시간
        # D[i][1]: 친구 집단 P[i]+1의 첫 번째 친구가 두 번째 친구에게
        #          메시지를 전달하는 최소 시간
        D = list([0] * 2 for _ in range(6))

        # D[0][0]: 선생님이 친구 집단 P[0]+1의 두 번째 친구에게 메시지를 전달(소요
        # 시간 0)하고 두 번째 친구가 첫 번째 친구에게 메시지 전달
        # D[0][1]: 선생님이 친구 집단 P[0]+1의 첫 번째 친구에게 메시지를 전달(소요
        # 시간 0)하고 첫 번째 친구가 두 번째 친구에게 메시지 전달
```

```python
            D[0][0] = D[0][1] = A[P[0]*2][P[0]*2+1]
            for i in range(1, 6):
                # 첫 번째 식: 친구 집단 P[i-1]+1의 첫 번째 친구가
                #            친구 집단 P[i]+1의 두 번째 친구에게 메시지 전달
                # 두 번째 식: 친구 집단 P[i-1]+1의 두 번째 친구가
                #            친구 집단 P[i]+1의 두 번째 친구에게 메시지 전달
                D[i][0] = min(D[i - 1][0] + A[P[i-1]*2][P[i]*2 + 1] + \
                            A[P[i]*2][P[i]*2 + 1], \
                            D[i - 1][1] + A[P[i-1]*2+1][P[i]*2 + 1] + \
                            A[P[i]*2][P[i]*2 + 1])

                # 첫 번째 식: 친구 집단 P[i-1]+1의 첫 번째 친구가
                #            친구 집단 P[i]+1의 첫 번째 친구에게 메시지 전달
                # 두 번째 식: 친구 집단 P[i-1]+1의 두 번째 친구가
                #            친구 집단 P[i]+1의 첫 번째 친구에게 메시지 전달
                D[i][1] = min(D[i - 1][0] + A[P[i-1]*2][P[i]*2] + \
                            A[P[i]*2][P[i]*2 + 1], \
                            D[i - 1][1] + A[P[i-1]*2+1][P[i]*2] + \
                            A[P[i]*2][P[i]*2 + 1])
            answer = min(answer, min(D[5][0], D[5][1]))
        return answer

# 입력을 받고 정답을 출력한다.
A = list(list(map(int, input().split())) for _ in range(12))
print(solution(A))
```

8-18 정수를 끝까지 외치자(Large)

난이도 ★★★☆	시간제한 1초	메모리제한 128MB	동적 계획법	연관 문제: 8-6

실습	준랩(1576번)
더 풀어보기	백준온라인저지(9655번, 9656번, 9657번, 9659번)

두 명의 학생이 1 이상 n 이하의 정수를 외치는 게임을 하고 있다. 첫 번째 학생이 먼저 정수를 외친 후 두 명의 학생이 교대로 정수를 외친다. 이전 학생이 외친 정수가 a이면 현재 학생은 (a+1) 이상 (a+k) 이하의 정수를 외쳐야 한다. 맨 처음 첫 번째 학생은 1 이상 k 이하의 정수를 외쳐야 한다. 추가로 두 명의 학생이 외칠 수 없는 정수 목록이 주어지고, 두 명의 학생은 목록에 있는 정수를 외칠 수 없다. 마지막에 정수를 못 외치는 학생이 게임을 진다.

현재 학생이 외칠 수 있는 정수가 여러 개이면, 외칠 수 있는 정수 중 하나를 외친다. 두 명의 학생이 규칙에 맞게 플레이했을 때, 첫 번째 학생이 이기면 1을 출력하고 두 번째 학생이 이기면 0을 출력한다.

입력

첫 번째 줄에 n과 k가 공백을 사이에 두고 순서대로 주어진다.

두 번째 줄에 두 명의 학생이 외칠 수 없는 서로 다른 정수가 빈칸을 사이에 두고 오름차순으로 주어진다.

출력

첫 번째 줄에 첫 번째 학생이 이기면 1을 출력하고, 두 번째 학생이 이기면 0을 출력한다.

제한 사항

$1 \leq n \leq 100,000$

$1 \leq k \leq 100$

두 명의 학생이 외칠 수 없는 서로 다른 정수 목록의 개수는 1보다 크거나 같고 n보다 작거나 같다.

두 명의 학생이 외칠 수 없는 정수는 1보다 크거나 같고 n보다 작거나 같은 양의 정수이다.

예제 입력 1	예제 출력 1
3 2 1	0

질의 처리 결과

> 첫 번째 학생이 맨 처음 외칠 수 있는 숫자는 2이다. 첫 번째 학생이 2를 외치면 두 번째 학생이 3을 외쳐서 첫 번째 학생이 진다.

예제 입력 2	예제 출력 2
4 2 2 3	1

질의 처리 결과

첫 번째 학생이 맨 처음 외칠 수 있는 숫자는 1이다. 첫 번째 학생이 1을 외치면 두 번째 학생이 외칠 수 있는 숫자가 없어서 첫 번째 학생이 이기게 된다.

예제 입력 3	예제 출력 3
4 2 1 2	0

질의 처리 결과

첫 번째 학생이 외칠 수 있는 숫자가 없으므로 첫 번째 학생이 진다.

문제해설

실전 문제 [8-6]에서 n과 k가 커진 경우다. [8-6]과 같이 완전 탐색으로 하면 시간 초과가 발생하기 때문에 동적 계획법으로 수행 시간을 최적화하자. DP 테이블 D[i]를 정의하자. D[i]는 i~n까지 외치는 게임에서 현재 학생이 이기면 1, 지면 0을 저장한다. 1~n까지 외치는 게임이므로 정답은 D[1]이다. D[n]부터 D[1] 순서로 DP 테이블을 채운다. D[i+1]~D[i+k] 중에서 0이 하나라도 있으면 D[i]는 1이 된다. 즉, 현재 학생이 i를 외치면 다음 학생의 결과는 D[i+1]이고, 현재 학생이 i+1을 외치면 다음 학생의 결과는 D[i+2]이고, …, 현재 학생이 i+k−1을 외치면 다음 학생의 결과는 D[i+k]가 된다. 이 중 다음 학생의 결과가 0이 되는 숫자를 현재 학생이 외치면 된다.

DP 테이블의 크기는 O(n)이다. 하나의 DP 테이블의 값을 O(k)에 구할 수 있으므로 전체 시간복잡도는 O(n*k)이다. 따라서 제한 시간 내에 결과가 출력된다.

자료 구조

- 정수: n, k
- 정수형 배열: A(두 명의 학생이 외칠 수 없는 숫자 목록), D(DP table, D[i]: i~n까지 외치는 게임에서 현재 학생이 이기면 1을, 지면 0을 저장)

알고리즘

- D[n]부터 D[1] 순으로 DP 테이블을 채운다. D[i]는 다음과 같이 구한다.
  - 현재 학생이 i~i+k−1까지 외칠 수 있는 상황이다.
  - 이 숫자 중에서 배열 A에 없으면서 다음 학생이 지는 경우가 있으면 현재 학생이 이기게 되므로 D[i]를 1로 설정한다. 단, 외치는 숫자는 n보다 작거나 같아야 한다. 그렇지 않으면 D[i]를 0으로 설정한다.

소스 코드 예시

```python
# n: 두 명의 학생이 1 이상 n 이하의 정수를 외치는 게임
# k: 이전 학생이 부른 숫자가 a인 경우 현재 학생은 a+1 이상 a+k 이하의 숫자를 외쳐야 한다.
# A: 두 명의 학생이 외칠 수 없는 숫자를 저장한 1차원 배열
# 첫 번째 학생이 이기면 1, 두 번째 학생이 이기면 0을 반환한다.
def solution(n, k, A):
    # B[a] = 1이면 a를 외칠 수 없음.
    B = [0] * (n+1)
    for a in A:
        B[a] = 1

    # D[i]: i ~ n까지 외치는 게임에서 현재 학생이 이기면 1, 지면 0을 저장
    # 1 ~ n까지 외치는 게임이므로 정답은 D[1]이다.
    # D[n]부터 D[1] 순으로 DP 테이블을 채운다.
    # DP 테이블 값을 채우기 위해 D[n+1] = 0으로 설정한다.
    D = [0] * (n + 2)
    for i in range(n, 0, -1):
        # 현재 학생이 i ~ i+k-1까지 외칠 수 있다.
        for j in range(i, i + k):
            if j > n: break

            # j를 외칠 수 없음
            if B[j] == 1:
                continue

            # 현재 학생이 숫자 j를 외치고 다음 학생이 지는 경우이다.
```

```
            if D[j + 1] == 0:
                D[i] = 1
                break

    return D[1]
```

```python
# 입력을 받고 정답을 출력한다.
n, k = map(int, input().split())
A = list(map(int, input().split()))
print(solution(n, k, A))
```

8-19 끝까지 외친 정수의 개수(Large)

난이도 ★★★☆	시간제한 3초	메모리제한 128MB	동적 계획법	연관 문제: 8-7

실습	준랩(1578번)
더 풀어보기	백준온라인저지(4370번)

두 명의 학생이 1 이상 n 이하의 정수를 외치는 게임을 하고 있다. 첫 번째 학생이 먼저 정수를 외친 후 두 명의 학생이 교대로 정수를 외친다. 이전 학생이 외친 정수가 a이면 현재 학생은 (a+1)이상 (a+k) 이하의 정수를 외쳐야 한다. 맨 처음 첫 번째 학생은 1 이상 k 이하의 정수를 외쳐야 한다. 추가로 두 명의 학생이 외칠 수 없는 정수 목록이 주어지고, 두 명의 학생은 목록에 있는 정수를 외칠 수 없다. 마지막에 정수를 못 외치는 학생이 게임을 진다. 현재 학생이 이길 수 있는 정수가 있으면 현재 학생이 이기면서 두 명의 학생이 앞으로 외칠 정수 개수의 합이 최소가 되도록 플레이하고, 현재 학생이 이길 수 있는 숫자가 없으면 두 명의 학생이 앞으로 외칠 정수 개수의 합이 최대가 되도록 플레이한다. 현재 학생이 외칠 수 있는 정수가 여러 개이면, 외칠 수 있는 정수 중 하나를 외친다. 두 명의 학생이 규칙에 맞게 플레이했을 때, 두 명의 학생이 외친 정수 개수의 합을 출력하자.

입력

첫 번째 줄에 n과 k가 공백을 사이에 두고 순서대로 주어진다.

두 번째 줄에 두 명의 학생이 외칠 수 없는 서로 다른 정수가 빈칸을 사이에 두고 오름차순으로 주어진다.

출력

첫 번째 줄에 두 명의 학생이 규칙에 맞게 플레이했을 때, 두 명의 학생이 외친 정수 개수의 합을 출력한다.

제한 사항

$1 \leq n \leq 100,000$

$1 \leq k \leq 100$

두 명의 학생이 외칠 수 없는 서로 다른 정수 목록의 개수는 1보다 크거나 같고 n보다 작거나 같다.

두 명의 학생이 외칠 수 없는 정수는 1보다 크거나 같고 n보다 작거나 같은 양의 정수이다.

예제 입력 1	예제 출력 1
3 2 1	2

첫 번째 학생이 맨 처음 외칠 수 있는 숫자는 20이다. 첫 번째 학생이 2를 외치면 두 번째 학생이 3을 외쳐서 첫 번째 학생이 진다. 외친 숫자는 2개이다.

예제 입력 2	예제 출력 2
4 2 2 3	1

질의 처리 결과

첫 번째 학생이 맨 처음 외칠 수 있는 숫자는 10이다. 첫 번째 학생이 1을 외치면 두 번째 학생이 외칠 수 있는 숫자가 없어서 첫 번째 학생이 이기게 된다. 외친 숫자는 1개이다.

예제 입력 3	예제 출력 3
4 2 1 2	0

질의 처리 결과

첫 번째 학생이 맨 처음 외칠 수 있는 숫자가 없으므로 첫 번째 학생이 진다. 외친 숫자는 0개이다.

문제해설

실전 문제 [8-7]에서 n과 k가 커진 경우다. [8-7]과 같이 완전 탐색으로 하면 시간 초과가 발생한다. 동적 계획법으로 수행 시간을 최적화하자. DP 테이블 D[i]를 정의하자. D[i]는 i~n까지 외치는 게임에서 현재 학생이 이기면 두 학생이 외치는 숫자 개수 합의 최솟값, 지면 (두 학생이 외치는 숫자 개수 합의 최댓값)*(−1)을 저장한다. 1~n까지 외치는 게임이므로 정답은 D[1]의 절댓값이다. D[n]부터 D[1] 순서로 DP 테이블을 채운다. D[i+1]~D[i+k]의 최솟값이 양수가 아니면 D[i]는 양수가 아니면서 가장 큰 수의 절댓값+1을 저장한다. 즉, 현재 학생이 i를 외치면 다음 학생의 결과는 D[i+1]이고, 현재 학생이 i+1을 외치면 다음 학생의 결과는 D[i+2]이고, ⋯, 현재 학생이 i+k−1을 외치면 다음 학생의 결과는 D[i+k]가 된다. 여기서 다음 학생의 결과가 양수가 아니면서 가장 큰 수를 현재 학생이 외치면 된다. D[i+1]~D[i+k]의 최솟값이 양수면, 현재 학생이 지는 경우이므로 외치는 횟수를 최대화한다. 즉, D[i]=−(최댓값+1)로 설정한다.

DP 테이블의 크기는 O(n)이다. 하나의 DP 테이블의 값을 O(k)에 구할 수 있으므로 전체 시간복잡도는 O(n*k)이다. 따라서 제한 시간 내에 결과가 출력된다.

자료 구조

- 정수: n, k
- 정수형 배열: A(두 명의 학생이 외칠 수 없는 숫자 목록), D(DP table, D[i]: i~n까지 외치는 게임에서 현재 학생이 이기면 두 학생이 외치는 숫자 개수 합의 최솟값을 저장하고 현재 학생이 지면 (두 학생이 외치는 숫자 개수 합의 최댓값)*(−1)을 저장한다.)

알고리즘

- D[n]부터 D[1] 순으로 DP 테이블 D[i]를 다음과 같이 채운다.
  - 현재 학생이 i~i+k−1까지 외칠 수 있는 상황이다.
  - 이 숫자 중에서 배열 A에 없고, n 이하이고, 다른 학생이 지는 경우가 있으면 두 학생이 외치는 숫자 개수 합의 최솟값을 D[i]에 저장한다. 그렇지 않으면 (두 학생이 외치는 숫자 개수 합의 최댓값)*(−1)을 D[i]에 저장한다.
- D[1]의 절댓값을 출력한다.

소스 코드 예시

```python
# n: 두 명의 학생이 1 이상 n 이하의 정수를 외치는 게임
# k: 이전 학생이 부른 숫자가 a이면 현재 학생은 a+1 이상 a+k 이하의 숫자를 외쳐야 한다.
# A: 두 명의 학생이 외칠 수 없는 숫자를 저장한 1차원 배열
# 두 명의 학생이 규칙에 맞게 플레이를 했을 때
# 두 명의 학생이 외친 숫자 개수의 합을 반환한다.
def solution(n, k, A):
    # B[a]=1이면 a를 외칠 수 없음
    B = [0] * (n+1)
    for a in A:
        B[a] = 1
```

```python
# D[i]: i ~ n까지 외치는 게임에서 아래 값을 저장한다.
#  - 현재 학생이 이기면, 두 학생이 외치는 숫자 개수 합의 최솟값을 저장함
#  - 현재 학생이 지면, (두 학생이 외치는 숫자 개수 합의 최댓값)*(-1)을 저장함
#  - 현재 학생이 외칠 숫자가 없어서 지는 경우 0을 저장한다.
# 1 ~ n까지 외치는 게임이므로 정답은 D[1]이다.
# D[n]부터 D[1] 순서로 DP 테이블을 채운다.
# DP 테이블 값을 채우기 위해 D[n+1] = 0으로 설정한다.
D = [0] * (n + 2)
for i in range(n, 0, -1):
    # 현재 학생이 i ~ i+k-1까지 외칠 수 있다. 결과는 배열 nxt에 저장됨
    nxt = []
    for j in range(i, i + k):
        # 현재 학생이 j를 외친 결과를 nxt에 넣는다.
        if j > n: break

        # j를 외칠 수 없음
        if B[j]==1:
            continue

        nxt.append(D[j + 1])

    # 종료 조건: 현재 학생이 외칠 숫자가 없으므로 현재 학생이 진다.
    if len(nxt) == 0:
        D[i] = 0
        continue

    # 외친 숫자 개수 기준으로 오름차순 정렬한다.
    nxt.sort()

    # 현재 학생이 지는 경우(이전 학생이 항상 이김)
    # 외친 숫자 개수를 최대화한다.
    if nxt[0] > 0:
        D[i] = -(nxt[-1] + 1)
        continue

    # 현재 학생이 이기는 경우(이전 학생이 지는 경우가 있음)
    # 외친 숫자 개수를 최소화한다.
```

```
        ret = None
        for p in range(len(nxt)):
            if nxt[p] <= 0:
                ret = nxt[p]
        D[i] = -ret + 1


    return abs(D[1])


# 입력을 받고 정답을 출력한다.
n, k = map(int, input().split())
A = list(map(int, input().split()))
print(solution(n, k, A))
```

트리를 복잡하게 색칠하는 최소 비용

난이도 ★★★☆	시간제한 3초	메모리제한 128MB	트리+동적계획법	유사 문제: 7-2-2

실습	준랩(1584번)
더 풀어보기	백준온라인저지(1149번, 9184번)

n개의 정점과 n−1개의 간선으로 구성된 트리 T가 있다. 정점 번호는 0부터 n−1까지이고 0번 정점이 루트이다. 간선에는 가중치가 없다. 트리 T의 각 정점을 white 또는 black으로 색칠하려고 한다. 단, 이웃한 두 정점을 모두 black으로 색칠할 수 없다. 즉, 이웃한 두 정점을 white, black 또는 white, white로 색칠해야 한다. 각 정점마다 white, black으로 색칠하는 비용이 주어진다. 트리 T의 모든 정점을 색칠하는 최소 비용을 출력하자.

입력

첫 번째 줄에 정점의 수 n이 주어진다.

두 번째 줄부터 n−1개 줄에 걸쳐 간선의 정보가 주어진다. 한 줄에 하나의 간선 정보가 주어진다. 하나의 간선 정보는 부모 정점 번호 p와 자식 정점 번호 c가 공백을 사이에 두고 순서대로 주어진다.

다음 줄부터 n개의 줄에는 0번 정점부터 n−1번 정점까지 정점을 색칠하는 비용이 순서대로 주어진다. 한 줄에 하나의 정점을 white, black으로 색칠하는 비용 w, b가 공백을 사이에 두고 순서대로 주어진다.

출력

첫 번째 줄에 트리 T의 모든 노드를 색칠하는 최소 비용을 출력한다.

제한 사항

2 ≤ n ≤ 100,000

0 ≤ p, c ≤ n − 1, p ≠ c

간선들로 만들어진 그래프는 트리이다.

1 ≤ w, b ≤ 100,000, w와 b는 양의 정수이다.

예제 입력 1

```
8
0 1
0 2
1 3
1 4
2 5
2 6
6 7
10 20
10 30
10 100
100 50
50 50
10 50
10 50
70 100
```

예제 출력 1

```
220
```

부연 설명

0번 정점을 white, 1번 정점을 white, 2번 정점을 white, 3번 정점을 black, 4번 정점을 white, 5번 정점을 white, 6번 정점을 white, 7번 정점을 white로 색칠하는 비용 220이 정답이다.

문제해설

[7-2-2] 트리를 간단하게 색칠하는 최소 비용 문제에서 이웃한 두 정점을 모두 black으로 색칠할 수 없다는 것으로 조건이 변경되었다. [7-2-2]와 같이 완전 탐색으로 하면 시간 초과가 발생하므로 동적 계획법으로 수행 시간을 최적화하자. DP 테이블 D[i][0], D[i][1]을 정의하자. D[i][0]은 정점 i를 루트로 하는 서브 트리를 색칠하는 최소 비용이다. 단, 정점 i는 white로 색칠한다. D[i][1]은 정점 i를 루트로 하는 서브 트리를 색칠하는 최소 비용이다. 단, 정점 i는 black으로 색칠한다. 정답은 D[0][0]과 D[0][1]의 최솟값이다. DP 테이블을 구하는 방법은 소스 코드를 참고하자.

DP 테이블의 크기는 O(n)이고 DP 테이블 갱신은 트리 T의 간선의 수에 비례하므로 O(n)이다. 따라서 전체 시간복잡도는 O(n)이고 제한 시간 내에 결과가 출력된다.

자료 구조

- 정수: n
- 정수형 배열: E(간선 정보, 인접 리스트), A(정점을 white, black으로 색칠하는 비용), D(DP table, D[i][0] = 정점 i를 루트로 하는 서브 트리를 색칠하는 최소 비용(정점 i를 white로 색칠함), D[i][1] = 정점 i를 루트로 하는 서브 트리를 색칠하는 최소 비용(정점 i를 black으로 색칠함))

알고리즘

- 정점 V={1, 2, 3, ⋯, n}, 간선 E(인접 리스트)인 트리 T에서 루트 정점 0번을 white로 색칠하는 비용과 black으로 색칠하는 비용을 구하고 더 작은 값을 출력한다. 아래에서 정점 u를 정점 0번으로 하여 구하면 된다.
- 정점 V={1, 2, 3, ⋯, n}, 간선 E(인접 리스트)인 트리 T에서 정점 u를 루트로 하는 서브 트리를 색칠하는 최소 비용을 동적 계획법으로 구한다. 단, 정점 u는 color로 색칠한다.
  - 정점 u를 color로 색칠하는 최소 비용 D[u][color]가 이미 계산된 경우 D[u][color]를 재사용하고(memoization), 그렇지 않은 경우 다음을 수행한다.
  - 정점 u의 모든 자식 정점 v에 대해, 정점 v를 루트로 하는 서브 트리를 규칙에 맞게 색칠하는 최소 비용의 총합을 구한다.
  - 앞에서 구한 최소 비용의 총합과 정점 u를 color로 색칠하는 비용의 합을 D[u][color]에 저장하고 반환한다.

소스 코드 예시

```python
# n: 정점의 수
# A: 정점 정보(A[i]: i번 정점을 white, black으로 칠하는 비용)
# edges: 트리의 간선 정보 (부모 정점 번호, 자식 정점 번호)
# 트리 T의 모든 정점을 white, black으로 색칠하는 최소 비용을 반환한다.
def solution(n, A, edges):
```

```python
    # 간선 정보 E(인접 리스트)를 구한다.
    E = list([] for _ in range(n))
    for p, c in edges:
        E[p].append(c)


    # DP 테이블 (초깃값: -1)
    # D[i][0] = 정점 i를 루트로 하는 서브 트리를 색칠하는 최소 비용
    #           (정점 i를 white로 색칠함)
    # D[i][1] = 정점 i를 루트로 하는 서브 트리를 색칠하는 최소 비용
    #           (정점 i를 black으로 색칠함)
    D = [[-1] * 2 for _ in range(n)]


    # 0: 현재 정점 번호, 0/1: 0번 정점의 색깔(0: white, 1: black)
    # A: 정점 정보, E: 간선 정보
    return min(solve(0, 0, A, E, D), solve(0, 1, A, E, D))


# u: 현재 정점 번호, color: u번 정점의 색깔, A: 정점 정보
# E: 간선 정보, D: DP 테이블
# u를 루트로 하는 서브 트리를 color로 색칠하는 최소 비용을 반환한다.
def solve(u, color, A, E, D):
    # DP 테이블이 이미 계산된 경우, DP 테이블 값을 재사용한다. (memoization)
    if D[u][color] != -1:
        return D[u][color]


    # u번 정점과 이웃한 v번 정점을 방문한다.
    # D[u][color]: u를 루트로 하는 서브 트리를 색칠하는 최소 비용(u를 color로 색칠함)
    D[u][color] = A[u][color]
    for v in E[u]:
        # u, v를 색칠하는 규칙에 맞게 v를 방문한다.
        # u를 white로 색칠하면, v는 white 또는 black으로 칠한다.
        # u를 black으로 색칠하면, v는 white로 칠한다.
        if color == 0:
            D[u][color] += min(solve(v, 0, A, E, D), solve(v, 1, A, E, D))
        else:
            D[u][color] += solve(v, 0, A, E, D)


    return D[u][color]
```

```python
# 입력을 받고 정답을 출력한다.
n = int(input())
edges = list(list(map(int, input().split())) for _ in range(n - 1))
A = list(list(map(int, input().split())) for _ in range(n))
print(solution(n, A, edges))
```

8-21 k개 트리 노드에서 사과를 최대로 수확하기

난이도 ★★★☆   **시간제한** 3초   **메모리제한** 128MB   트리

실습   준랩(1585번)

n개의 노드와 n−1개의 간선으로 구성된 트리 T가 있다. 노드 번호는 0부터 n−1까지이고 0번 노드가 루트이다. 간선에는 가중치가 없다. 트리 T의 각 노드에는 사과가 0개 또는 1개 놓여있다. 루트 노드에서 시작하여 이웃한 노드를 방문하면서 사과를 수확하려고 한다. 최대 k개의 노드를 방문하면서 수확할 수 있는 사과 개수의 최댓값을 출력하자. 여러 번 방문한 노드도 한 번 방문한 것으로 생각한다. 루트 노드도 방문한 노드로 생각한다. 사과가 있는 노드를 여러 번 방문해도 최초 한 번만 1개의 사과를 수확할 수 있다.

입력

첫 번째 줄에 노드의 수 n과 정수 k가 공백을 사이에 두고 순서대로 주어진다.

두 번째 줄부터 n−1개 줄에 걸쳐 간선의 정보가 주어진다. 한 줄에 하나의 간선 정보가 주어진다. 하나의 간선 정보는 부모 노드 번호 p와 자식 노드 번호 c가 공백을 사이에 두고 순서대로 주어진다.

다음 줄에는 0번 노드부터 n−1번 노드까지 노드의 사과 정보를 나타내는 n개의 정수가 공백을 사이에 두고 순서대로 주어진다. i번째 수는 i−1번 노드에 있는 사과의 수를 나타낸다. 사과의 수는 0 또는 1이다.

출력

첫 번째 줄에 수확할 수 있는 사과 개수의 최댓값을 출력한다.

제한 사항

$1 \le k \le n \le 17$

$0 \le p, c \le n - 1, p \ne c$

간선들로 만들어진 그래프는 트리이다.

노드에 있는 사과의 수는 0 또는 1이다.

예제 입력 1

```
8 5
0 1
0 2
1 3
1 4
2 5
2 6
6 7
1 0 0 1 0 1 0 1
```

예제 출력 1

```
3
```

노드 0, 노드 1, 노드 2, 노드 3, 노드 5를 방문하여 3개의 사과를 수확하는 게 정답이다.

문제해설

n개의 정점과 n−1개의 간선으로 구성된 트리 T가 주어진다. 트리 T에 있는 정점에는 사과가 최대 1개 있을 수 있다. 루트 노드에서 시작하여 최대 k개의 노드를 방문하면서 수확할 수 있는 사과 개수의 최댓값을 출력하는 문제다.

현재 방문한 정점을 bit state로 관리하는 완전 탐색(재귀)을 구현해 보자. 즉, i번 정점을 방문했으면 i번째 bit의 값이 1이고, i번 정점을 방문하지 않았으면 i번째 bit의 값이 0이 된다. solve(state, k, apple, A, E) 함수를 정의하자. state는 현재 방문한 정점 집합이다. 즉, i번 정점을 방문했으면 state의 i번째 bit의 값이 1이고 i번 정점을 방문하지 않았으면 state의 i번째 bit의 값이 0이다. k는 앞으로 추가로 방문할 수 있는 정점의 개수이다. apple은 state에서 bit의 값이 1인 정점에 있는 사과의 개수이다. A는 정점에 대한 사과 정보, E는 간선 정보이다. state에서 bit의 값이 1인 정점과 이웃한 정점을 모두 방문해 본다. 이때, 이웃한 정점 중 state에서 bit의 값이 0인 정점을 방문한다. 이렇게 모든 경우를 탐색하면서 사과 개수의 최댓값을 반환하면 된다.

state는 $0 \sim 2^n-1$ 값을 가질 수 있으므로 $O(2^n)$개의 state가 있다. 1개의 state에서 이웃한 정점을 방문하는 경우의 수가 $O(n)$이므로 전체 시간복잡도는 $O(n * 2^n)$이다. n의 최댓값이 17이므로 제한 시간 내에 결과가 출력된다. 참고로 D(i, j)를 정점 i를 루트로 갖는 서브 트리에서 최대 j개의 정점을 방문할 수 있을 때의 사과의 최대 개수로 정의하면 $O(n*k^2)$ 시간복잡도를 갖는 동적 계획법으로 해결할 수 있다.

자료 구조

- 정수: n, k
- 정수형 배열: E(간선 정보, 인접 리스트), A(정점에 있는 사과의 수를 저장)

알고리즘

- int solve(state, k, apple, A, E)의 입력과 출력을 다음과 같이 정의한다.
  - state: 현재 방문한 정점 목록을 bit로 나타낸다. 즉, state의 i번째 bit의 값이 1이면 정점 i를 방문한 것이고 0이면 정점 i를 방문하지 않은 것이다.
  - k: 앞으로 추가로 방문할 수 있는 정점의 개수
  - apple: state에서 bit의 값이 1인 정점에 있는 사과의 개수
  - A: 정점에 대한 사과 정보
  - E: 간선 정보
  - 반환 값: 현재 상태에서 모든 경우를 고려한 경우, 사과 개수의 최댓값을 반환한다.
- int solve(state, k, apple, A, E)는 다음과 같이 사과 개수의 최댓값을 구한다.
  - state에서 방문한 정점 목록의 수가 k와 같으면 방문한 정점에 있는 사과 개수의 합을 반환한다.
  - state에서 bit의 값이 1인 임의의 정점 u에 대해, 정점 u와 이웃한 모든 정점 v를 방문하면서 사과 개수의 합을 구한다. 이 중에서 최댓값을 반환하면 된다. 단, 정점 v는 state에서 bit의 값이 0이어야 한다.

소스 코드 예시

```
# n: 정점의 수
# k: 앞으로 추가로 방문할 수 있는 정점의 수
# A: 정점 정보(A[i]: 0(i번 정점에 사과가 없음), 1(i번 정점에 사과가 1개 있음))
# edges: 트리의 간선 정보(부모 정점 번호, 자식 정점 번호)
# 최대 k개의 정점을 방문하면서 수확할 수 있는 사과 개수의 최댓값을 반환한다.
def solution(n, k, A, edges):
    # 간선 정보 E를 구한다. (인접 리스트)
    E = list([] for _ in range(n))
    for p, c in edges:
        E[p].append(c)

    # 1<<0: 현재 0번 정점만 방문한 상태임, k-1: 추가로 방문할 수 있는 정점의 개수
```

```
        # A[0]: 현재 상태에 포함된 사과 수, A: 정점 정보, E: 간선 정보
        # visited: visited[state]에서 state는 방문한 정점 집합을 의미함
        visited = [0] * (1<<n)
        return solve(1<<0, k - 1, A[0], A, E, visited)


# state: 현재 방문한 정점 집합
#  - state의 i번째 bit의 값: 0(정점 i를 방문하지 않았음), 1(정점 i를 방문했음))
# k: 추가로 방문할 수 있는 정점의 개수
# apple: state에서 bit의 값이 1인 정점에 있는 사과의 개수
# A: 정점 정보, E: 간선 정보
# visited: visited[state]에서 state는 방문한 정점 집합을 의미한다.
# 현재 입력 파라미터에 주어진 상태에서 모든 경우를 고려한 경우
# 사과 개수의 최댓값을 반환한다.
def solve(state, k, apple, A, E, visited):
    # state를 이미 방문한 경우, 중복 호출을 막기 위해 0을 반환한다.
    if visited[state] == 1:
        return 0
    visited[state]=1


    # ret: 현재 입력 파라미터에 주어진 상태에서 모든 경우를 고려한 경우
    #      사과 개수의 최댓값
    ret = apple


    # 기저 사례 - k가 0인 경우 추가로 정점을 방문할 수 없다
    if k == 0:
        return ret


    # 현재까지 방문했던 u번 정점과 이웃한 v번 정점을 방문한다.
    for u in range(len(A)):
        # 현재 u번 정점을 방문하지 않았음
        if (state & (1 << u)) == 0:
            continue


        # u번 정점과 이웃한 v번 정점을 방문한다.
        for v in E[u]:
            # v번 정점을 이미 방문한 경우 추가 탐색하지 않는다.
```

```
            if state & (1 << v):
                continue

            # v번 정점을 방문한다.
            ret = max(ret, solve(state | (1 << v), k - 1, apple + A[v], A, E, visited))
    return ret

# 입력을 받고 정답을 출력한다.
n, k = map(int, input().split())
edges = list(list(map(int, input().split())) for _ in range(n - 1))
A = list(map(int, input().split()))
print(solution(n, k, A, edges))
```

8-22 k개 트리 노드에서 사과와 배를 최대로 수확하기

난이도 ★★★☆	시간제한 3초	메모리제한 128MB	트리	유사 문제: 8-21

| 실습 | 준랩(1586번) | | | |

n개의 노드와 n−1개의 간선으로 구성된 트리 T가 있다. 노드 번호는 0부터 n−1까지이고 0번 노드가 루트이다. 간선에는 가중치가 없다. 트리 T에 있는 각 노드는 사과가 1개 있는 노드, 배가 1개 있는 노드, 사과와 배가 모두 없는 노드로 구분된다. 루트 노드에서 시작하여 이웃한 노드를 방문하면서 사과와 배를 수확하려고 한다. 최대 k개의 노드를 방문하면서 사과와 배를 수확할 경우, 사과의 개수 x 배의 개수가 최대가 되는 사과의 개수와 배의 개수를 출력하자. 사과의 개수 x 배의 개수가 최대가 되는 경우가 여러 가지일 경우, 사과의 개수가 더 많은 경우를 출력하자. 사과의 개수 x 배의 개수가 최대이면서 사과의 개수가 같은 경우가 여러 가지일 경우 배의 개수가 더 많은 경우를 출력하자. 여러 번 방문한 노드도 한 번 방문한 것으로 생각한다. 루트 노드도 방문한 노드로 생각한다. 사과 또는 배가 있는 노드를 여러 번 방문해도 최초 한 번만 1개의 사과 또는 배를 수확할 수 있다.

입력

첫 번째 줄에 노드의 수 n과 정수 k가 공백을 사이에 두고 순서대로 주어진다.

두 번째 줄부터 n−1개 줄에 걸쳐 간선의 정보가 주어진다. 한 줄에 하나의 간선 정보가 주어진다. 하나의 간선 정보는 부모 노드 번호 p와 자식 노드 번호 c가 공백을 사이에 두고 순서대로 주어진다.

다음 줄에는 0번 노드부터 n−1번 노드까지 노드의 정보를 나타내는 n개의 정수가 공백을 사이에 두고 순서대로 주어진다. 즉, i번째 수는 i−1번 노드의 정보를 나타낸다. 노드 정보가 0이면 사과와 배가 없는 경우, 1이면 사과만 1개 있는 경우, 2이면 배만 1개 있는 경우를 나타낸다.

출력

첫 번째 줄에 문제 조건에 맞는 사과의 개수와 배의 개수를 공백을 사이에 두고 순서대로 출력한다.

제한 사항

$1 \leq k \leq n \leq 17$

$0 \leq p, c \leq n − 1, p \neq c$

간선들로 만들어진 그래프는 트리이다.

노드의 정보는 0 또는 1 또는 2이다.

```
7 3
0 1
0 2
1 3
1 4
2 5
2 6
1 1 2 2 2 2 1
```

```
2 1
```

부연 설명

노드 0, 노드 1, 노드 2를 방문하여 사과 2개, 배 1개를 수확하는 게 정답이다. 사과 1개, 배 2개를 수확할 수 있지만 사과의 개수가 더 많은 경우가 정답이다.

문제해설

[8-21] k개 트리 노드에서 사과를 최대로 수확하기 실전 문제에서 배가 1개 있는 정점이 있을 수 있고, 사과 개수 × 배 개수의 최댓값을 출력하는 조건이 추가되었다. [8-21]과 유사하게 solve(state, k, apple, pear, A, E) 함수를 정의해서 완전 탐색(재귀)으로 문제를 해결하자. pear는 state에서 bit의 값이 1인 정점에 있는 배의 수이다. apple * pear의 최댓값을 구하면 되고, 소스 코드 예시에서 정답을 갱신하는 부분을 참고하자. 시간복잡도는 $O(n * 2^n)$이므로 제한 시간 내에 결과가 출력된다. 참고로 [8-21]과 유사하게 동작 계획법으로 해결할 수 있다.

자료 구조

- 정수: n, k
- 정수형 배열: E(간선 정보, 인접 리스트), A(정점에 있는 사과와 배의 수를 저장)

알고리즘

- int solve(state, k, apple, pear, A, E)의 입력과 출력을 다음과 같이 정의한다.
  - state: 현재 방문한 정점 목록을 bit로 나타낸다. 즉, state의 i번째 bit의 값이 1이면 정점 i를 방문한 것이고 0이면 정점 i를 방문하지 않은 것이다.

- k: 앞으로 추가로 방문할 수 있는 정점의 개수

- apple: state에서 bit의 값이 1인 정점에 있는 사과의 개수

- pear: state에서 bit의 값이 1인 정점에 있는 배의 개수

- A: 정점에 대한 사과와 배의 정보

- E: 간선 정보

- 반환 값: 현재 상태에서 모든 경우를 고려한 경우, 사과 개수 × 배 개수의 최댓값을 반환한다.

- int solve(state, k, apple, pear, A, E)는 다음과 같이 사과 개수 × 배 개수의 최댓값을 구한다.

  - state에서 방문한 정점 목록의 수가 k와 같으면 방문한 정점에 있는 사과 개수 × 배 개수를 반환한다.

  - state에서 bit의 값이 1인 임의의 정점 u에 대해, 정점 u와 이웃한 모든 정점 v를 방문하면서 사과 개수 × 배 개수를 구한다. 이 중에서 최댓값을 반환하면 된다. 단, 정점 v는 state에서 bit의 값이 0이어야 한다.

소스 코드 예시

```python
# n: 정점의 수
# k: 앞으로 추가로 방문할 수 있는 정점의 최대 개수
# A: 정점 정보(0(사과와 배가 없음), 1(사과가 1개 있음), 2(배가 1개 있음))
# edges: 트리의 간선 정보(부모 정점 번호, 자식 정점 번호)
# 최대 k개의 정점을 방문하면서 수확할 수 있는 사과와 배의 개수를 반환한다.
# 단, 사과 개수 x 배 개수가 최대로 되어야 한다.
def solution(n, k, A, edges):
    # 간선 정보 E를 구한다. (인접 리스트)
    E = list([] for _ in range(n))
    for p, c in edges:
        E[p].append(c)


    # 1<<0: 현재 0번 정점만 방문한 상태임, k - 1: 추가로 방문할 수 있는 정점의 개수
```

```
        # A[0]: 0번 정점의 사과와 배의 개수, A: 정점 정보, E: 간선 정보
        # visited: visited[state]에서 state는 방문한 정점 집합을 의미한다.
        visited = [0] * (1<<n)
        return solve(1<<0, k - 1, int(A[0] == 1), int(A[0] == 2), A, E, visited)


# state: 현재 방문한 정점 집합
#  - state의 i번째 bit의 값: 0(정점 i를 방문하지 않았음), 1(정점 i를 방문했음))
# k: 앞으로 추가로 방문할 수 있는 정점의 개수
# apple: state에 포함된 사과의 개수
# pear: state에 포함된 배의 개수
# A: 정점 정보, E: 간선 정보
# visited: visited[state]에서 state는 방문한 정점 집합을 의미함
# 현재 입력 파라미터에 주어진 상태에서 모든 경우를 고려할 경우
# 사과 개수 x 배 개수의 최댓값을 반환한다.
def solve(state, k, apple, pear, A, E, visited):
    # state를 이미 방문한 경우, 중복 호출을 막기 위해 [0, 0]을 반환한다.
    if visited[state] == 1:
        return [0, 0]
    visited[state]=1


    # ret: 현재 입력 파라미터에 주어진 상태에서 모든 경우를 고려한 경우
    #      사과 개수 x 배 개수가 최대가 되는 (사과 개수, 배 개수)를 저장함
    ret = [apple, pear]


    # 기저 사례 - k가 0인 경우 추가로 정점을 방문할 수 없다.
    if k == 0:
        return ret


    # 현재까지 방문했던 임의의 정점 u와 이웃한 정점 v를 방문한다.
    for u in range(len(A)):
        # 현재까지 u번 정점을 방문하지 않았음
        if (state & (1 << u)) == 0:
            continue

        # u번 정점과 이웃한 정점 v를 방문한다.
        for v in E[u]:
```

```
            # v번 정점을 이미 방문한 경우 추가 탐색하지 않는다.
            if state & (1 << v):
                continue

            # v번 정점을 방문한다.
            ret2 = solve(state | (1 << v), k - 1, \
                        apple + int(A[v] == 1), pear + int(A[v] == 2), A, E, visited)

            # 정답을 갱신한다.
            if ret2[0]*ret2[1] > ret[0]*ret[1] or \
                (ret2[0]*ret2[1] == ret[0]*ret[1] and ret2[0]>ret[0]) or \
                (ret2[0]*ret2[1] == ret[0]*ret[1] and ret2[0] == ret[0] and ret2[1]>ret[1]):
                ret[0], ret[1] = ret2[0], ret2[1]

    return ret

# 입력을 받고 정답을 출력한다.
n, k = map(int, input().split())
edges = list(list(map(int, input().split())) for _ in range(n - 1))
A = list(map(int, input().split()))
ret = solution(n, k, A, edges)
print(ret[0], ret[1])
```

8-23 k개 사과 트리 노드만으로 배를 최대로 수확하기

난이도 ★★★☆	시간제한 3초	메모리제한 128MB	트리	유사 문제: 8-21, 8-22

실습	준랩(1587번)

n개의 노드와 n−1개의 간선으로 구성된 트리 T가 있다. 노드 번호는 0부터 n−1까지이고 0번 노드가 루트이다. 간선에는 가중치가 없다. 트리 T에 있는 각 노드는 사과가 1개 있는 노드, 배가 1개 있는 노드, 사과와 배가 모두 없는 노드로 구분된다. 루트 노드에서 시작하여 이웃한 노드를 방문하면서 배를 수확하려고 한다. 사과가 있는 노드를 최대 k개 방문하면서 배를 수확할 경우, 수확할 수 있는 배의 개수의 최댓값을 출력하자. 여러 번 방문한 노드도 한 번 방문한 것으로 생각한다. 루트 노드도 방문한 노드로 생각한다. 배가 있는 노드를 여러 번 방문해도 최초 한 번만 1개의 배를 수확할 수 있다.

입력

첫 번째 줄에 노드의 수 n과 정수 k가 공백을 사이에 두고 순서대로 주어진다.

두 번째 줄부터 n−1개 줄에 걸쳐 간선의 정보가 주어진다. 한 줄에 하나의 간선 정보가 주어진다. 하나의 간선 정보는 부모 노드 번호 p와 자식 노드 번호 c가 공백을 사이에 두고 순서대로 주어진다.

다음 줄에는 0번 노드부터 n−1번 노드까지 노드의 정보를 나타내는 n개의 정수가 공백을 사이에 두고 순서대로 주어진다. 즉, i번째 수는 i−1번 노드의 정보를 나타낸다. 노드 정보가 0이면 사과와 배가 없는 경우, 1이면 사과만 1개 있는 경우, 2이면 배만 1개 있는 경우를 나타낸다.

출력

첫 번째 줄에 문제 조건에 맞는 배의 개수의 최댓값을 출력한다.

제한 사항

$1 \le k \le n \le 17$

$0 \le p, c \le n - 1, p \ne c$

간선들로 만들어진 그래프는 트리이다.

노드의 정보는 0 또는 1 또는 2이다.

예제 입력 1

```
7 1
0 1
0 2
1 3
1 4
2 5
2 6
1 1 2 2 2 2 1
```

예제 출력 1

```
2
```

질의 처리 결과

노드 0, 노드 2, 노드 5를 방문하여 배를 2개 수확하는 게 정답이다.

예제 입력 2

```
7 2
0 1
0 2
1 3
1 4
2 5
2 6
1 1 2 2 2 2 1
```

예제 출력 2

```
4
```

질의 처리 결과

노드 0, 노드 1, 노드 2, 노드 3, 노드 4, 노드 5를 방문하여 배를 4개 수확하는 게 정답이다.

문제해설

[8-22] k개 트리 노드에서 사과와 배를 최대로 수확하기 실전 문제에서 사과가 있는 정점을 최대 k개 방문하면서 수확할 수 있는 배 개수의 최댓값을 구하는 것으로 조건이 변경되었다. [8-22]와 유사하게 solve(state, k, pear, A, E) 함수를 정의해서 완전 탐색(재귀)으로 문제를 해결하자. k는 추가로 방문할 수 있는 사과가 있는 정점의 개수, pear는 state에서 bit의 값이 1인 정점에 있는 배의 개수이다. state에서 bit의 값이 1인 정점과 이웃한 정점을 모두 방문해 본다. 이때 이웃한 정점은 state에서 bit의 값이 0이어야 하고 k가 0보다 크거나 같아야 한다. 이렇게 모든 경우를 탐색하면서 배 개수의 최댓값을 반환하면 된다. 시간복잡도는 [8-22]와 동일하게 $O(n * 2^n)$이고 제한 시간 내에 결과가 출력된다. 참고로 [8-21]과 유사하게 동작 계획법으로 해결할 수 있다.

자료 구조

- 정수: n, k
- 정수형 배열: E(간선 정보, 인접 리스트), A(정점에 있는 사과와 배의 수를 저장)

알고리즘

- int solve(state, k, pear, A, E)의 입력과 출력을 다음과 같이 정의한다.
    - state: 현재 방문한 정점 목록을 bit로 나타낸다. 즉, state의 i번째 bit의 값이 1이면 정점 i를 방문한 것이고 0이면 정점 i를 방문하지 않은 것이다.
    - k: 앞으로 추가로 방문할 수 있는 사과가 있는 정점의 개수
    - pear: state에서 bit의 값이 1인 정점에 있는 배의 개수
    - A: 정점에 대한 사과와 배의 정보
    - E: 간선 정보
    - 반환 값: 현재 상태에서 모든 경우를 고려한 경우, 수확할 수 있는 사과 개수의 최댓값. 단, 사과가 있는 정점을 최대 k개 방문해야 한다.
- int solve(state, k, pear, A, E)는 다음과 같이 사과 개수의 최댓값을 구한다.
    - state에서 bit의 값이 1인 임의의 정점 u에 대해, 정점 u와 이웃한 모든 정점 v를 방문하면서 사과 개수를 구한다. 이 중에서 최댓값을 반환하면 된다. 단, 정점 v는 state에서 bit의 값이 0이어야 하고 사과가 있는 정점은 최대 k개 방문해야 한다.

소스 코드 예시

```python
# n: 정점의 수
# k: 앞으로 추가로 방문할 수 있는 사과가 있는 정점의 개수
# A: 정점 정보(0(사과와 배가 없음), 1(사과가 1개 있음), 2(배가 1개 있음))
# edges: 트리의 간선 정보(부모 정점 번호, 자식 정점 번호)
# 사과가 있는 정점을 최대 k개 방문하면서 수확할 수 있는 배 개수의 최댓값을 반환한다.
def solution(n, k, A, edges):
    # 간선 정보 E를 구한다. (인접 리스트)
    E = list([] for _ in range(n))
    for p, c in edges:
        E[p].append(c)

    # 1<<0: 현재 0번 정점만 방문한 상태임
    # k - int(A[0] == 1): 추가로 방문할 수 있는 사과가 있는 정점의 개수
```

```
    # int(A[0] == 2): 현재 상태에 포함된 배의 개수, A: 정점 정보, E: 간선 정보
    # visited: visited[state]에서 state는 방문한 정점 집합을 의미함
    visited = [0] * (1<<n)
    return solve(1<<0, k - int(A[0] == 1), int(A[0] == 2), A, E, visited)


# state: 현재 방문한 정점 집합
#  - state의 i번째 bit의 값: 0(정점 i를 방문하지 않았음), 1(정점 i를 방문했음)
# k: 추가로 방문할 수 있는 사과가 있는 정점의 개수
# pear: state에 포함된 배의 개수
# A: 정점 정보, E: 간선 정보
# visited: visited[state]에서 state는 방문한 정점 집합을 의미함
# 현재 입력 파라미터에 주어진 상태에서 모든 경우를 고려한 경우
# 배 개수의 최댓값을 반환한다.
def solve(state, k, pear, A, E, visited):
    # state를 이미 방문한 경우, 중복 호출을 막기 위해 0을 반환한다.
    if visited[state] == 1:
        return 0
    visited[state]=1


    # ret: 현재 입력 파라미터에 주어진 상태에서 모든 경우를 고려한 경우, 배 개수의 최댓값
    ret = pear


    # 현재까지 방문했던 임의의 정점 u와 이웃한 정점 v번를 방문한다.
    for u in range(len(A)):
        # 현재까지 정점 u를 방문하지 않았음
        if (state & (1 << u)) == 0:
            continue


        # u번 정점과 이웃한 정점 v번을 방문한다.
        for v in E[u]:
            # 정점 v번을 이미 방문한 경우, 추가 탐색하지 않는다.
            if state & (1 << v):
                continue


            # 정점 v번에 사과가 있고 k가 0인 경우 정점 v번을 방문할 수 없다.
            if A[v] == 1 and k == 0:
```

```
            continue

        # v번 정점을 방문한다.
        ret = max(ret, solve(state | (1 << v), k - int(A[v] == 1), \
                    pear + int(A[v] == 2), A, E))

    return ret

# 입력을 받고 정답을 출력한다.
n, k = map(int, input().split())
edges = list(list(map(int, input().split())) for _ in range(n - 1))
A = list(map(int, input().split()))
print(solution(n, k, A, edges))
```

Chapter 9

기출 문제

2021~2023년 카카오, 삼성전자 코딩테스트 기출 문제를 풀어보고 코딩테스트에 도전해 보자.

문제 설명

고객의 약관 동의를 얻어서 수집된 1~n번으로 분류되는 개인정보 n개가 있다. 약관 종류는 여러 가지 있으며 각 약관마다 개인정보 보관 유효기간이 정해져 있다. 당신은 각 개인정보가 어떤 약관으로 수집됐는지 알고 있다. 수집된 개인정보는 유효기간 전까지만 보관 가능하며, 유효기간이 지났다면 반드시 파기해야 한다.

예를 들어, A라는 약관의 유효기간이 12달이고, 2021년 1월 5일에 수집된 개인정보가 A약관으로 수집되었다면 해당 개인정보는 2022년 1월 4일까지 보관 가능하며 2022년 1월 5일부터 파기해야 할 개인정보이다.

당신은 오늘 날짜로 파기해야 할 개인정보 번호들을 구하려 한다.

- 모든 달은 28일까지 있다고 가정한다.

다음은 오늘 날짜가 2022.05.19일 때의 예시이다.

약관 종류	유효기간
A	6달
B	12달
C	3달

번호	개인정보 수집 일자	약관 종류
1	2021.05.02	A
2	2021.07.01	B
3	2022.02.19	C
4	2022.02.20	C

- 첫 번째 개인정보는 A약관에 의해 2021년 11월 1일까지 보관 가능하며, 유효기간이 지났으므로 파기해야 할 개인정보이다.
- 두 번째 개인정보는 B약관에 의해 2022년 6월 28일까지 보관 가능하며, 유효기간이 지나지 않았으므로 아직 보관 가능하다.
- 세 번째 개인정보는 C약관에 의해 2022년 5월 18일까지 보관 가능하며, 유효기간이 지났으므로 파기해야 할 개인정보이다.
- 네 번째 개인정보는 C약관에 의해 2022년 5월 19일까지 보관 가능하며, 유효기간이 지나지 않았으므로 아직 보관 가능하다.

따라서 파기해야 할 개인정보 번호는 [1, 3]이다.

오늘 날짜를 의미하는 문자열 today, 약관의 유효기간을 담은 1차원 문자열 배열 terms와 수집된 개인정보의 정보를 담은 1차원 문자열 배열 privacies가 매개변수로 주어진다. 이때 파기해야 할 개인정보의 번호를 오름차순으로 1차원 정수 배열에 담아 return 하도록 solution 함수를 완성하시오.

- today는 "YYYY.MM.DD" 형태로 오늘 날짜를 나타낸다.
- 1 ≤ terms의 길이 ≤ 20
  - terms의 원소는 "약관 종류 유효기간" 형태의 약관 종류와 유효기간을 공백 하나로 구분한 문자열이다.
  - 약관 종류는 A~Z중 알파벳 대문자 하나이며, terms 배열에서 약관 종류는 중복되지 않는다.
  - 유효기간은 개인정보를 보관할 수 있는 달 수를 나타내는 정수이며, 1 이상 100 이하이다.
- 1 ≤ privacies의 길이 ≤ 100
  - privacies[i]는 i+1번 개인정보의 수집 일자와 약관 종류를 나타낸다.
  - privacies의 원소는 "날짜 약관 종류" 형태의 날짜와 약관 종류를 공백 하나로 구분한 문자열이다.
  - 날짜는 "YYYY.MM.DD" 형태의 개인정보가 수집된 날짜를 나타내며, today 이전의 날짜만 주어진다.
  - privacies의 약관 종류는 항상 terms에 나타난 약관 종류만 주어진다.
- today와 privacies에 등장하는 날짜의 YYYY는 연도, MM은 월, DD는 일을 나타내며 점(.) 하나로 구분되어 있다.
  - 2000 ≤ YYYY ≤ 2022
  - 1 ≤ MM ≤ 12
  - MM이 한 자릿수인 경우 앞에 0이 붙는다.
  - 1 ≤ DD ≤ 28
  - DD가 한 자릿수인 경우 앞에 0이 붙는다.
- 파기해야 할 개인정보가 하나 이상 존재하는 입력만 주어진다.

today	terms	privacies	result
"2022.05.19"	["A 6", "B 12", "C 3"]	["2021.05.02 A", "2021.07.01 B", "2022.02.19 C", "2022.02.20 C"]	[1, 3]
"2020.01.01"	["Z 3", "D 5"]	["2019.01.01 D", "2019.11.15 Z", "2019.08.02 D", "2019.07.01 D", "2018.12.28 Z"]	[1, 4, 5]

문제해설

오늘 날짜를 나타내는 today, 약관의 유효기간을 담은 1차원 배열 terms, 개인정보를 저장한 1차원 배열 privacies가 매개변수로 주어질 때, 파기해야 할 개인정보의 번호를 오름차순으로 구하는 구현 문제이다.

개인정보의 유효기간은 딕셔너리와 같은 해시 테이블로 관리한다. (소스 코드의 변수 T) 날짜를 비교할 때 매개변수로 주어진 문자열 형태보다는 일 단위의 정수로 변환하면 쉽게 비교할 수 있다. (소스 코드의 translate_days 함수)

입력으로 주어진 privacies의 길이를 n이라고 하자. privacies에 저장된 하나의 개인정보를 처리하는 데 O(1)의 시간이 소요되므로 privacies에 저장된 n개의 개인정보를 처리하는 데 O(n)의 시간이 소요된다. 전체 시간 복잡도는 O(n)이다. 따라서 제한 시간 내에 결과가 출력된다.

소스 코드 예시

```python
# yyyy.mm.dd 를 dd로 변환
def translate_days(x):
    return int(x[:4])*12*28 + int(x[5:7])*28 + int(x[8:])


# today: "YYYY.MM.DD" 형태의 오늘 날짜
# terms: 약관의 유효기간을 담은 1차원 문자열 배열.
#        배열의 원소는 약관 종류, 유효기간이 공백 하나로 구분된 문자열
# privacies: 개인정보를 저장한 1차원 문자열 배열.
#            배열의 원소는 날짜, 약관 종류를 공백 하나로 구분한 문자열
def solution(today, terms, privacies):
    # 약관의 유효기간을 딕셔너리 T에 일 단위로 저장한다. (모든 달은 28일)
    T = {}
    for t in terms:
        x, y = t.split()
        T[x] = int(y)*28

    # 정답을 answer에 저장한다.
    answer = []
```

```python
    # 오늘 날짜를 일 단위로 변환한다.
    today = translate_days(today)

    # 개인정보를 순서대로 처리한다.
    for i in range(len(privacies)):
        # x: 날짜, y: 약관 종류
        x, y = privacies[i].split()

        # 현재 개인정보는 a일부터 파기한다.
        a = translate_days(x) + T[y]
        if a <= today:
            answer.append(i + 1)

    return answer
```

택배 배달과 수거하기

난이도 ★★☆☆   **시간제한** 10초   **메모리제한** 1024MB   2023 KAKAO BLIND RECRUITMENT

문제 설명

당신은 일렬로 나열된 n개의 집에 택배를 배달하려 한다. 배달할 물건은 모두 크기가 같은 재활용 택배 상자에 담아 배달하며, 배달을 다니면서 빈 재활용 택배 상자들을 수거하려 한다.

배달할 택배들은 모두 재활용 택배 상자에 담겨서 물류창고에 보관되어 있고, i번째 집은 물류창고에서 거리 i만큼 떨어져 있다. 또한 i번째 집은 j번째 집과 거리 j-i만큼 떨어져 있다. (1≤i≤j≤n)

트럭에는 재활용 택배 상자를 최대 cap개 실을 수 있다. 트럭은 배달할 재활용 택배 상자들을 실어 물류창고에서 출발해 각 집에 배달하면서 빈 재활용 택배 상자들을 수거해 물류창고에 내린다. 각 집 마다 배달할 재활용 택배 상자의 개수와 수거할 빈 재활용 택배 상자의 개수를 알고 있을 때, 트럭 하나로 모든 배달과 수거를 마치고 물류창고까지 돌아올 수 있는 최소 이동 거리를 구하려 한다. 각 집에 배달 및 수거할 때 원하는 개수만큼 택배를 배달 및 수거할 수 있다.

다음은 cap=4일 때, 최소 거리로 이동하면서 5개의 집에 배달 및 수거하는 과정을 나타낸 예시이다.

배달 및 수거할 재활용 택배 상자 개수

	집 #1	집 #2	집 #3	집 #4	집 #5
배달	1개	0개	3개	1개	2개
수거	0개	3개	0개	4개	0개

배달 및 수거 과정

	집 #1	집 #2	집 #3	집 #4	집 #5	설명
남은 배달/수거	1/0	0/3	3/0	1/4	2/0	물류창고에서 택배 3개를 트럭에 실어 출발한다.
남은 배달/수거	1/0	0/3	3/0	0/4	0/0	물류창고에서 5번째 집까지 이동하면서(거리 5) 4번째 집에 택배 1개를 배달하고, 5번째 집에 택배 2개를 배달한다.
남은 배달/수거	1/0	0/3	3/0	0/0	0/0	5번째 집에서 물류창고까지 이동하면서(거리 5) 4번째 집에서 빈 택배 상자 4개를 수거한 후, 수거한 빈 택배 상자를 물류창고에 내리고 택배 4개를 트럭에 싣는다.
남은 배달/수거	0/0	0/3	0/0	0/0	0/0	물류창고에서 3번째 집까지 이동하면서(거리 3) 1번째 집에 택배 1개를 배달하고, 3번째 집에 택배 3개를 배달한다.
남은 배달/수거	0/0	0/0	0/0	0/0	0/0	3번째 집에서 물류창고까지 이동하면서(거리 3) 2번째 집에서 빈 택배 상자 3개를 수거한 후, 수거한 빈 택배 상자를 물류창고에 내린다.

16(=5+5+3+3)의 거리를 이동하면서 모든 배달 및 수거를 마쳤다. 같은 거리로 모든 배달 및 수거를 마치는 다른 방법이 있지만, 이보다 짧은 거리로 모든 배달 및 수거를 마치는 방법은 없다.

문제

트럭에 실을 수 있는 재활용 택배 상자의 최대 개수를 나타내는 정수 cap, 배달할 집의 개수를 나타내는 정수 n, 각 집에 배달할 재활용 택배 상자의 개수를 담은 1차원 정수 배열 deliveries와 각 집에서 수거할 빈 재활용 택배 상자의 개수를 담은 1차원 정수 배열 pickups가 매개변수로 주어진다. 이때 트럭 하나로 모든 배달과 수거를 마치고 물류창고까지 돌아올 수 있는 최소 이동 거리를 return 하도록 solution 함수를 완성하시오.

제한 사항

- $1 \leq cap \leq 50$
- $1 \leq n \leq 100,000$
- deliveries의 길이 = pickups의 길이 = n
  - ▸ deliveries[i]는 i+1번째 집에 배달할 재활용 택배 상자의 개수를 나타낸다.
  - ▸ pickups[i]는 i+1번째 집에서 수거할 빈 재활용 택배 상자의 개수를 나타낸다.
  - ▸ $0 \leq$ deliveries의 원소 ≤ 50
  - ▸ $0 \leq$ pickups의 원소 ≤ 50
- 트럭의 초기 위치는 물류창고이다.

입출력 예

cap	n	deliveries	pickups	result
4	5	[1, 0, 3, 1, 2]	[0, 3, 0, 4, 0]	16
2	7	[1, 0, 2, 0, 1, 0, 2]	[0, 2, 0, 1, 0, 2, 0]	30

문제해설

트럭에 실을 수 있는 재활용 택배 상자의 최대 개수 cap, 배달할 집의 개수 n, 각 집에 배달할 재활용 택배 상자의 개수를 담은 1차원 정수 배열 deliveries, 각 집에서 수거할 빈 재활용 택배 상자의 개수를 담은 1차원 정수 배열 pickups가 매개변수로 주어질 때, 트럭 하나로 모든 배달과 수거를 마치고 물류창고까지 돌아올 수 있는 최소 이동 거리를 구하는 그리디(Greedy) 문제이다.

다음과 같은 전략의 그리디(Greedy) 알고리즘으로 해결하자.

1. 배달 또는 수거할 택배 상자가 남은 가장 먼 집부터 배달 또는 수거를 진행한다.

2. 물류창고에서 가장 먼 집으로 이동할 때는 택배를 최대 개수로 배달만 진행하고, 물류창고로 돌아올 때는 최대 개수로 수거만 한다.

배달할 집의 위치와 수거할 집의 위치를 큰 값에서 작은 값으로 한 방향으로 진행하는 스위핑 기법으로 O(n) 시간 복잡도로 구현한다. 최악의 경우 cap의 값이 1이고 deliveries, pickups의 원소값이 50인 경우 1개씩 배달 및 수거하여 실제 수행 시간은 50*n 이 되지만, n의 최댓값이 100,000이므로 제한 시간 내에 결과가 출력된다.

소스 코드 예시

```python
# cap : 트럭에 실을 수 있는 재활용 택배 상자의 최대 개수
# n : 배달할 집의 개수
# deliveries : 각 집에 배달할 재활용 택배 상자의 개수를 담은 1차원 정수 배열
# pickups : 각 집에서 수거할 빈 재활용 택배 상자의 개수를 담은 1차원 정수 배열
def solution(cap, n, deliveries, pickups):
    # 아래와 같은 그리디(Greedy) 전략으로 해결한다.
    # 1. 배달 또는 수거할 택배 상자가 남은 가장 먼 집부터 배달 또는 수거를 진행한다.
    # 2. 물류창고에서 가장 먼 집으로 이동할 때는 택배를 최대 개수로 배달만 진행하고,
    #    물류창고로 돌아올 때는 최대 개수로 수거만 한다.
    # O(n) 시간 복잡도로 수행되는 스위핑 기법(배달, 수거할 집의 위치를 한 방향으로
    # 탐색)으로 구현한다.

    # i: 배달할 집의 현재 위치, j: 수거할 집의 현재 위치
    # i, j가 큰 값에서 작은 값으로 한 방향으로 진행되는 스위핑 기법으로 O(n)에 해결한다.
    i = n - 1
    j = n - 1
    answer = 0
    while i >= 0 or j >=0:
        # 최대 cap개의 택배를 배달한다.
        # x : 현재 트럭으로 배달할 수 있는 택배의 최대 개수
        # ii: 택배를 배달한 맨 오른쪽 집의 위치
        x = cap
        ii = -1
```

```python
# 택배를 배달할 집이 있고(i >= 0) 트럭으로 배달할 수 있을(x > 0) 때까지 진행한다.
# 가장 먼 집부터 작은 집 순으로 택배를 배달한다. (스위핑 기법)
while i >= 0 and x > 0:
    # i번 집에 배달할 택배가 있으면, ii를 i로 설정한다.
    if ii == -1 and deliveries[i] > 0:
        ii = i

    # 배달할 택배 수 y를 설정한다.
    # i번 집에 배달할 택배 수 deliveries[i]와
    # 현재 트럭으로 배달할 수 있는 택배의 최대 개수 x 중 더 작은 값으로 설정
    y = min(deliveries[i], x)

    # y개의 택배를 i번 집에 배달한다. 참고로, y가 0일 수도 있다.
    x -= y
    deliveries[i] -= y

    # i번 집에 배달이 완료되면 i-1 번째 집에 배달한다.
    if deliveries[i] == 0:
        i -= 1

# 최대 cap개의 상자를 수거한다.
# x : 현재 트럭으로 수거할 수 있는 상자의 최대 개수
# jj: 상자를 수거한 맨 오른쪽 집의 위치
x = cap
jj = -1

# 상자를 수거할 집이 있고(j >= 0) 트럭으로 수거할 수 있을(x > 0) 때까지 진행한다.
# 가장 먼 집부터 작은 집 순으로 택배를 수거한다. (스위핑 기법)
while j >= 0 and x > 0:
    # j번 집에 수거할 택배가 있으면, jj를 j로 설정한다.
    if jj == -1 and pickups[j] > 0:
        jj = j

    # 수거할 상자 수 y를 설정한다.
    # j번 집에서 수거할 상자 수 pickups[j]와
    # 현재 트럭으로 수거할 수 있는 상자의 최대 개수 x 중 더 작은 값으로 설정
```

```python
            y = min(pickups[j], x)

            # y개의 상자를 j번 집에서 수거한다. 참고로, y가 0일 수도 있다.
            x -= y
            pickups[j] -= y

            # j번 집에서 수거가 완료되면 j-1 번째 집에서 수거한다.
            if pickups[j] == 0:
                j -= 1

        # 배달할 택배와 수거할 상자가 모두 없는 경우, 탐색을 종료한다.
        if ii == -1 and jj == -1:
            break

        # ii와 jj 중 더 먼 집까지(max) 이동한 후 돌아온다. (2를 곱한다)
        answer += max(ii + 1, jj + 1) * 2

    return answer
```

9-3 | 이모티콘 할인행사

난이도 ★★☆☆   시간제한 10초   메모리제한 1024MB   2023 KAKAO BLIND RECRUITMENT

문제 설명

카카오톡에서는 이모티콘을 무제한으로 사용할 수 있는 이모티콘 플러스 서비스 가입자 수를 늘리려고 한다. 이를 위해 카카오톡에서는 이모티콘 할인 행사를 하는데, 목표는 다음과 같다.

- 이모티콘 플러스 서비스 가입자를 최대한 늘리는 것.
- 이모티콘 판매액을 최대한 늘리는 것.

1번 목표가 우선이며, 2번 목표가 그다음이다. 이모티콘 할인행사는 다음과 같은 방식으로 진행된다.

- n명의 카카오톡 사용자들에게 이모티콘 m개를 할인하여 판매한다.
- 이모티콘마다 할인율은 다를 수 있으며, 할인율은 10%, 20%, 30%, 40% 중 하나로 설정된다.

카카오톡 사용자들은 다음과 같은 기준을 따라 이모티콘을 사거나, 이모티콘 플러스 서비스에 가입한다.

- 각 사용자들은 자신의 기준에 따라 일정 비율 이상 할인하는 이모티콘을 모두 구매한다.
- 각 사용자들은 자신의 기준에 따라 이모티콘 구매 비용의 합이 일정 가격 이상이 된다면, 이모티콘 구매를 모두 취소하고 이모티콘 플러스 서비스에 가입한다.

다음은 2명의 카카오톡 사용자와 2개의 이모티콘이 있을 때의 예시이다.

사용자	비율	가격	이모티콘	가격
1	40	10,000	1	7,000
2	25	10,000	2	9,000

1번 사용자는 40% 이상 할인하는 이모티콘을 모두 구매하고, 이모티콘 구매 비용이 10,000원 이상이 되면 이모티콘 구매를 모두 취소하고 이모티콘 플러스 서비스에 가입한다.

2번 사용자는 25% 이상 할인하는 이모티콘을 모두 구매하고, 이모티콘 구매 비용이 10,000원 이상이 되면 이모티콘 구매를 모두 취소하고 이모티콘 플러스 서비스에 가입한다.

1번 이모티콘의 가격은 7,000원, 2번 이모티콘의 가격은 9,000원이다.

만약, 2개의 이모티콘을 모두 40%씩 할인한다면, 1번 사용자와 2번 사용자 모두 1, 2번 이모티콘을 구매하게 되고, 결과는 다음과 같다.

사용자	구매한 이모티콘	이모티콘 구매 비용	이모티콘 플러스 서비스 가입 여부
1	1, 2	9,600	X
2	1, 2	9,600	X

이모티콘 플러스 서비스 가입자는 0명이 늘어나고 이모티콘 판매액은 19,200원이 늘어난다.
하지만, 1번 이모티콘을 30% 할인하고 2번 이모티콘을 40% 할인한다면 결과는 다음과 같다.

사용자	구매한 이모티콘	이모티콘 구매 비용	이모티콘 플러스 서비스 가입 여부
1	2	5,400	X
2	1, 2	10,300	O

2번 사용자는 이모티콘 구매 비용을 10,000원 이상 사용하여 이모티콘 구매를 모두 취소하고 이모티콘 플러스 서비스에 가입하게 된다. 따라서 이모티콘 플러스 서비스 가입자는 1명이 늘어나고 이모티콘 판매액은 5,400원이 늘어나게 된다.

문제

카카오톡 사용자 n명의 구매 기준을 담은 2차원 정수 배열 users, 이모티콘 m개의 정가를 담은 1차원 정수 배열 emoticons가 주어진다. 이때 행사 목적을 최대한으로 달성했을 때의 이모티콘 플러스 서비스 가입 수와 이모티콘 매출액을 1차원 정수 배열에 담아 return 하도록 solution 함수를 완성하시오.

제한 사항

- 1 ≤ users의 길이 = n ≤ 100
- users의 원소는 [비율, 가격]의 형태이다.
- users[i]는 i+1번 고객의 구매 기준을 의미한다.
- 비율% 이상의 할인이 있는 이모티콘을 모두 구매한다는 의미이다.
  ▸ 1 ≤ 비율 ≤ 40
- 가격이상의 돈을 이모티콘 구매에 사용한다면, 이모티콘 구매를 모두 취소하고 이모티콘 플러스 서비스에 가입한다는 의미이다.
  ▸ 100 ≤ 가격 ≤ 1,000,000
  ▸ 가격은 100의 배수이다.
- 1 ≤ emoticons의 길이 = m ≤ 7
  ▸ emoticons[i]는 i+1번 이모티콘의 정가를 의미한다.
  ▸ 100 ≤ emoticons의 원소 ≤ 1,000,000
  ▸ emoticons의 원소는 100의 배수이다.

입출력 예

users	emoticons	result
[[40, 10000], [25, 10000]]	[7000, 9000]	[1, 5400]
[[40, 2900], [23, 10000], [11, 5200], [5, 5900], [40, 3100], [27, 9200], [32, 6900]]	[1300, 1500, 1600, 4900]	[4, 13860]

문제해설

카카오톡 사용자 수 n명의 구매 기준을 담은 2차원 정수 배열 user, 이모티콘 m개의 정가를 담은 1차원 정수 배열 emoticons가 매개변수로 주어질 때, 행사 목적을 최대한으로 달성했을 때의 이모티콘 플러스 서비스 가입자 수와 이모티콘 매출액을 구하는 문제이다.

첫 번째로 이모티콘 플러스 서비스 가입자 수를 최대한 늘려야 하고, 두 번째로 이모티콘 판매액을 최대한 늘려야 한다. n, m이 크지 않기 때문에 각 이모티콘의 할인율을 10%, 20%, 30%, 40% 4가지 모두 시도해 보는 완전 탐색으로 해결하면 된다. 할인율은 4가지이고 m의 최댓값은 7이므로 $4^7 = 16,384$가지 경우를 모두 탐색하면 된다.

한 가지 경우에 대해 서비스 가입자 수, 이모티콘 매출액을 구하는 데 $O(n*m)$ 의 시간이 소요된다. 따라서 전체 시간 복잡도는 $O(n*m*4^m)$이다.

소스 코드 예시

```python
# user: 사용자 정보(할인율, 구매 비용)
# emoticons: 각 이모티콘의 정가
# x: 각 이모티콘에 대한 할인율
def get_info(user, emoticons, x):
    # m : 이모티콘 수
    m = len(emoticons)

    # money : 사용자(user)의 이모티콘 구매 비용
    money = 0
    for i in range(m):
        if x[i] >= user[0]:
            money += emoticons[i] * (100 - x[i]) // 100

    # 구매 비용(money)이 사용자 기준(user[1]) 이상이면
    # 이모티콘 구매를 모두 취소하고 이모티콘 플러스 서비스에 가입([1,0])
    if money >= user[1]:
        return [1, 0]
    # 구매 비용(money)이 사용자 기준(user[1]) 미만이면
    # 구매를 진행함([0, money])
    else:
```

```python
        return [0, money]


# user: 사용자 n명의 구매 기준 (비율, 가격)
# emoticons: 이모티콘 m개의 정가
def solution(users, emoticons):
    # n : 카카오톡 사용자 수, m : 이모티콘 수
    n = len(users)
    m = len(emoticons)

    # answer : 정답을 (서비스 가입자 수, 이모티콘 매출액) 형태로 저장
    answer = [0, 0]

    # 각 이모티콘의 할인율을 10%, 20%, 30%, 40% 4가지 모두 시도해 본다.
    # 즉, 하나의 이모티콘에 대하여 4가지 경우를 시도해 본다. (경우의 수 : 4^m)
    for k in range(4**m):
        # x: 각각의 이모티콘에 대한 할인율을 저장하는 배열
        # 정수 i의 비트 2개가 하나의 이모티콘 할인율을 나타냄.
        # 할인율은 4가지이므로 2개의 비트로 할인율을 표현하면 됨
        # 하위 비트부터 상위 비트 순으로 이모티콘 할인율을 표현함
        x = []
        for i in range(m):
            a = (k >> (i*2)) & 0x3
            x.append((a+1)*10)

        # ans : 현재 이모티콘 할인율이 x일 때 (서비스 가입자 수, 이모티콘 매출액)
        ans = [0, 0]
        for u in users:
            ret = get_info(u, emoticons, x)
            ans[0] += ret[0]
            ans[1] += ret[1]

        # 정답을 갱신한다.
        # 1차 목표: 서비스 가입자 수(answer[0]), 2차 목표: 이모티콘 판매액(answer[1])
        if answer[0] < ans[0] or (answer[0] == ans[0] and answer[1] < ans[1]):
            answer[0] = ans[0]
            answer[1] = ans[1]

    return answer
```

표현 가능한 이진트리

난이도 ★★★☆ **시간제한** 10초 **메모리제한** 1024MB **2023 KAKAO BLIND RECRUITMENT**

문제 설명

당신은 이진트리를 수로 표현하는 것을 좋아한다. 이진트리를 수로 표현하는 방법은 다음과 같다.

* 이진수를 저장할 빈 문자열을 생성한다.
* 주어진 이진트리에 더미 노드를 추가하여 포화 이진트리로 만든다. 루트 노드는 그대로 유지한다.
* 만들어진 포화 이진트리의 노드들을 가장 왼쪽 노드부터 가장 오른쪽 노드까지, 왼쪽에 있는 순서대로 살펴본다. 노드의 높이는 살펴보는 순서에 영향을 끼치지 않는다.
* 살펴본 노드가 더미 노드라면, 문자열 뒤에 0을 추가한다. 살펴본 노드가 더미 노드가 아니라면, 문자열 뒤에 1을 추가한다.
* 문자열에 저장된 이진수를 십진수로 변환한다.

이진트리에서 리프 노드가 아닌 노드는 자신의 왼쪽 자식이 루트인 서브 트리의 노드들보다 오른쪽에 있으며, 자신의 오른쪽 자식이 루트인 서브 트리의 노드들보다 왼쪽에 있다고 가정한다.

다음은 이진트리를 수로 표현하는 예시이다. 주어진 이진트리는 〈그림 1〉과 같다.

주어진 이진트리에 더미 노드를 추가하여 포화 이진트리로 만들면 〈그림 2〉와 같다. 더미 노드는 점선으로 표시하였고, 노드 안의 수는 살펴보는 순서를 의미한다.

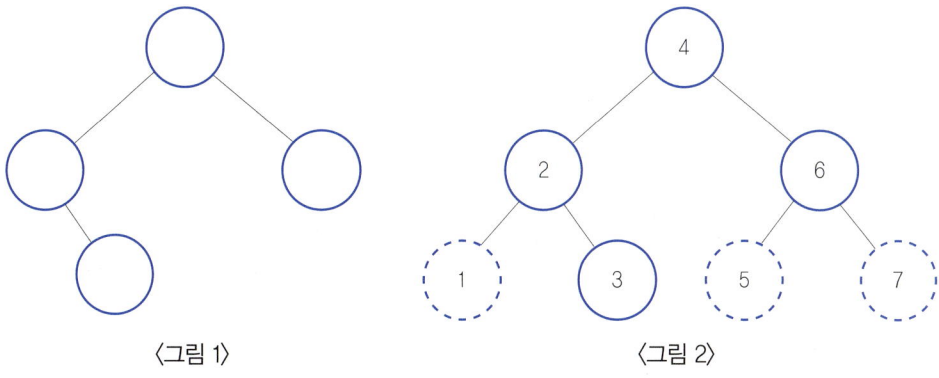

〈그림 1〉 〈그림 2〉

노드들을 왼쪽에 있는 순서대로 살펴보며 0과 1을 생성한 문자열에 추가하면 "0111010"이 된다. 이 이진수를 십진수로 변환하면 58이다.

문제

당신은 수가 주어졌을 때, 하나의 이진트리로 해당 수를 표현할 수 있는지 알고 싶다. 이진트리로 만들고 싶은 수를 담은 1차원 정수 배열 numbers가 주어진다. numbers에 주어진 순서대로 하나의 이진트리로 해당 수를 표현할 수 있다면 1을, 표현할 수 없다면 0을 1차원 정수 배열에 담아 return 하도록 solution 함수를 완성하시오.

- 1 ≤ numbers의 길이 ≤ 10,000
  - ▸ 1 ≤ numbers의 원소 ≤ 10^{15}

numbers	result
[7, 42, 5]	[1, 1, 0]
[63, 111, 95]	[1, 1, 0]

문제해설

이진트리로 만들고 싶은 수를 담은 1차원 정수 배열 numbers가 주어지면, numbers에 주어진 순서대로 하나의 이진트리로 해당 수를 표현할 수 있다면 1을, 표현할 수 없다면 0을 1차원 정수 배열에 담아 반환하는 수학, 재귀, 트리 문제이다.

다음과 같은 순서로 문제를 해결해 보자.

1. 10진수를 2진수로 변환한다. 2진수를 포화 이진트리를 표현해야 하므로 변환된 2진수의 비트 개수가 $2^k - 1$의 형태가 되도록 앞부분에 0을 추가한다.

2. 2진수 b를 포화 이진트리로 표현한다. b의 중간 비트를 루트 노드, 왼쪽 비트들을 왼쪽 서브 트리, 오른쪽 비트들을 오른쪽 서브 트리로 표현한다. 이때 b의 중간 비트가 0이면 이진트리로 표현할 수 없고, 중간 비트가 1이면 왼쪽 서브 트리 결과와 오른쪽 서브 트리 결과의 논리곱(and)이 정답이 된다(즉, 왼쪽 및 오른쪽 서브 트리를 모두 만들 수 있으면 1, 그렇지 않으면 0이다).

배열 numbers의 길이를 n이라고 하자. numbers에 있는 하나의 수에 대한 정답을 구하기 위해서, 2진수 변환에 소요되는 시간은 수의 비트 수에 비례하므로 O(1)이고 포화 이진트리 구성에 소요되는 시간도 비트 수에 비례하므로 O(1)이다. 따라서, 전체 시간복잡도는 O(n)이다.

소스 코드 예시

```python
# numbers: 이진트리로 만들고 싶은 수를 담은 1차원 정수 배열
def solution(numbers):
    answer = []
    for n in numbers:
        # 10진수 n을 2진수로 변환하여, 2진수 비트 정보를 리스트 b에 저장한다.
        b = translate_binary(n)

        # solve 함수로 정답을 구하여 answer에 결과를 저장한다.
        # b: 10진수 n에 대한 2진수 표현
        # 0: 2진수의 시작 위치 (b[0])
        # len(b) - 1: 2진수의 끝 위치 (b[len(b) - 1])
        answer.append(solve(b, 0, len(b) - 1))
    return answer


# 10진수 n을 2진수로 변환하여, 2진수 비트 정보를 리스트 형태로 반환한다.
# 리스트 길이가 2^k-1이 되도록 앞부분에 0을 추가한다.
def translate_binary(n):
    # 10진수 n을 2진수로 변환하여 리스트 answer에 저장한다.
    # 10진수 n의 하위 비트부터 상위 비트 순으로 저장한다.
    answer = []
    while n > 0:
        x = n % 2
        n = n // 2
        answer.append(x)

    # answer의 끝에 0을 추가하여 answer의 길이가 2^k-1이 되도록 만든다.
    # 아래에서 y = 2^k를 나타낸다.
    y = 1
    while y <= len(answer):
        y = y * 2
    while len(answer) + 1 < y:
        answer.append(0)

    # answer를 뒤집어서 10진수 n의 상위 비트부터 하위 비트순으로
    #  answer에 저장되도록 한다.
```

```python
    answer.reverse()
    return answer


# b[st:en+1]의 정답을 출력한다.
# en-st+1 값은 2^k-1 형태이다.
def solve(b, st, en):
    # 기저 사례: 길이가 1인 경우 항상 가능하다.
    if st == en:
        return 1

    # r: 루트 노드 번호
    r = (en + st) // 2

    # 루트 노드의 값이 0인 경우, b[st:en+1]이 모두 0이어야 한다.
    if b[r] == 0:
        for i in range(st, en + 1):
            if b[i] == 1:
                return 0
        return 1
    # 루트 노드의 값이 1인 경우, 왼쪽 및 오른쪽 sub-tree의 논리곱(and) 결과를 반환한다.
    # 즉, 왼쪽 및 오른쪽 sub-tree가 모든 1이면 1을 반환하고, 그렇지 않으면 0을 반환한다.
    else:
        return solve(b, st, r - 1) & solve(b, r + 1, en)
```

표 병합

난이도 ★★★☆   시간제한 10초   메모리제한 1024MB   2023 KAKAO BLIND RECRUITMENT

문제 설명

당신은 표 편집 프로그램을 작성하고 있다. 표의 크기는 50×50으로 고정되어있고 초기에 모든 셀은 비어 있다. 각 셀은 문자열 값을 가질 수 있고, 다른 셀과 병합될 수 있다.

위에서 r번째, 왼쪽에서 c번째 위치를 (r, c)라고 표현할 때, 당신은 다음 명령어들에 대한 기능을 구현하려고 한다.

- "UPDATE r c value"
  - ▸ (r, c) 위치의 셀을 선택한다.
  - ▸ 선택한 셀의 값을 value로 바꾼다.
- "UPDATE value1 value2"
  - ▸ value1을 값으로 가지고 있는 모든 셀을 선택한다.
  - ▸ 선택한 셀의 값을 value2로 바꾼다.
- "MERGE r1 c1 r2 c2"
  - ▸ (r1, c1) 위치의 셀과 (r2, c2) 위치의 셀을 선택하여 병합한다.
  - ▸ 선택한 두 위치의 셀이 같은 셀일 경우 무시한다.
  - ▸ 선택한 두 셀은 서로 인접하지 않을 수도 있다. 이 경우 (r1, c1) 위치의 셀과 (r2, c2) 위치의 셀만 영향을 받으며, 그 사이에 위치한 셀들은 영향을 받지 않는다.
  - ▸ 두 셀 중 한 셀이 값을 가지고 있을 경우 병합된 셀은 그 값을 가지게 된다.
  - ▸ 두 셀 모두 값을 가지고 있을 경우 병합된 셀은 (r1, c1) 위치의 셀 값을 가지게 된다.
  - ▸ 이후 (r1, c1) 와 (r2, c2) 중 어느 위치를 선택하여도 병합된 셀로 접근한다.
- "UNMERGE r c"
  - ▸ (r, c) 위치의 셀을 선택하여 해당 셀의 모든 병합을 해제한다.
  - ▸ 선택한 셀이 포함하고 있던 모든 셀은 프로그램 실행 초기의 상태로 돌아간다.
  - ▸ 병합을 해제하기 전 셀이 값을 가지고 있었을 경우 (r, c) 위치의 셀이 그 값을 가지게 된다.
- "PRINT r c"
  - ▸ (r, c) 위치의 셀을 선택하여 셀의 값을 출력한다.
  - ▸ 선택한 셀이 비어있을 경우 "EMPTY"를 출력한다.

UPDATE 명령어를 실행하여 빈 셀에 값을 입력하는 예시

commands	효과
UPDATE 1 1 menu	(1,1)에 "menu" 입력
UPDATE 1 2 category	(1,2)에 "category" 입력
UPDATE 2 1 bibimbap	(2,1)에 "bibimbap" 입력
UPDATE 2 2 korean	(2,2)에 "korean" 입력
UPDATE 2 3 rice	(2,3)에 "rice" 입력
UPDATE 3 1 ramyeon	(3,1)에 "ramyeon" 입력
UPDATE 3 2 korean	(3,2)에 "korean" 입력
UPDATE 3 3 noodle	(3,3)에 "noodle" 입력
UPDATE 3 4 instant	(3,4)에 "instant" 입력
UPDATE 4 1 pasta	(4,1)에 "pasta" 입력
UPDATE 4 2 italian	(4,2)에 "italian" 입력
UPDATE 4 3 noodle	(4,3)에 "noodle" 입력

	1	2	3	4
1	menu	category		
2	bibimbap	korean	rice	
3	ramyeon	korean	noodle	instant
4	pasta	italian	noodle	

MERGE 명령어를 실행하여 셀을 병합하는 예시

commands	효과
MERGE 1 2 1 3	(1,2)와 (1,3) 병합
MERGE 1 3 1 4	(1,3)과 (1,4) 병합

	1	2	3	4
1	menu	category		
2	bibimbap	korean	rice	
3	ramyeon	korean	noodle	instant
4	pasta	italian	noodle	

병합한 셀은 "category" 값을 가지게 되며 (1,2), (1,3), (1,4) 중 어느 위치를 선택하더라도 접근할 수 있다.

UPDATE 명령어를 실행하여 셀의 값을 변경하는 예시

commands	효과
UPDATE korean hansik	"korean"을 "hansik"으로 변경
UPDATE 1 3 group	(1,3) 위치의 셀 값을 "group"으로 변경

	1	2	3	4
1	menu	group		
2	bibimbap	hansik	rice	
3	ramyeon	hansik	noodle	instant
4	pasta	italian	noodle	

UNMERGE 명령어를 실행하여 셀의 병합을 해제하는 예시

commands	효과
UNMERGE 1 4	셀 병합 해제 후 원래 값은 (1 ,4)가 가짐

	1	2	3	4
1	menu			group
2	bibimbap	hansik	rice	
3	ramyeon	hansik	noodle	instant
4	pasta	italian	noodle	

문제

실행할 명령어들이 담긴 1차원 문자열 배열 commands가 매개변수로 주어진다. commands의 명령어들을 순서대로 실행하였을 때, "PRINT r c" 명령어에 대한 실행결과를 순서대로 1차원 문자열 배열에 담아 return하도록 solution 함수를 완성하시오.

제한 사항

- 1 ≤ commands의 길이 ≤ 1,000
- commands의 각 원소는 아래 5가지 형태 중 하나이다.
  ‣ "UPDATE r c value"
    r, c는 선택할 셀의 위치를 나타내며, 1~50 사이의 정수이다.
    value는 셀에 입력할 내용을 나타내며, 알파벳 소문자와 숫자로 구성된 길이 1~10 사이인 문자열이다.
  ‣ "UPDATE value1 value2"
    value1은 선택할 셀의 값, value2는 셀에 입력할 내용을 나타내며, 알파벳 소문자와 숫자로 구성된 길이 1~10 사이인 문자열이다.
  ‣ "MERGE r1 c1 r2 c2"
    r1, c1, r2, c2는 선택할 셀의 위치를 나타내며, 1~50 사이의 정수이다.
  ‣ "UNMERGE r c"
    r, c는 선택할 셀의 위치를 나타내며, 1~50 사이의 정수이다.
  ‣ "PRINT r c"
    r, c는 선택할 셀의 위치를 나타내며, 1~50 사이의 정수이다.
- commands는 1개 이상의 "PRINT r c" 명령어를 포함하고 있다.

commands	result
["UPDATE 1 1 menu", "UPDATE 1 2 category", "UPDATE 2 1 bibimbap", "UPDATE 2 2 korean", "UPDATE 2 3 rice", "UPDATE 3 1 ramyeon", "UPDATE 3 2 korean", "UPDATE 3 3 noodle", "UPDATE 3 4 instant", "UPDATE 4 1 pasta", "UPDATE 4 2 italian", "UPDATE 4 3 noodle", "MERGE 1 2 1 3", "MERGE 1 3 1 4", "UPDATE korean hansik", "UPDATE 1 3 group", "UNMERGE 1 4", "PRINT 1 3", "PRINT 1 4"]	["EMPTY", "group"]
["UPDATE 1 1 a", "UPDATE 1 2 b", "UPDATE 2 1 c", "UPDATE 2 2 d", "MERGE 1 1 1 2", "MERGE 2 2 2 1", "MERGE 2 1 1 1", "PRINT 1 1", "UNMERGE 2 2", "PRINT 1 1"]	["d", "EMPTY"]

문제해설

실행할 명령어들이 담긴 1차원 문자열 배열 commands가 매개변수로 주어지면, commands의 명령어들을 순서대로 실행하였을 때, "PRINT r c" 명령어에 대한 실행 결과를 순서대로 구하는 문제이다.

DSU (Disjoint Set Union, 서로소 집합) 자료구조와 2차원 배열을 활용한 구현 문제이다. 표의 크기가 크지 않기 때문에 DSU 대신 2차원 배열을 사용할 수도 있다. 병합된 셀들을 하나의 대표 셀로 관리하고, UPDATE, PRINT를 대표 셀로 접근하면 된다. 명령어별로 자세한 내용은 소스 코드 주석을 참고하자.

commands에 저장된 명령어의 개수를 n, 표의 크기 m = 50이라고 하자. DSU 연산의 수행 시간은 $O(1)$이므로 UNMERGE 명령어의 수행 시간이 $O(m^2)$으로 가장 길다. 따라서, 전체 시간 복잡도는 $O(n*m^2)$이다. n의 최댓값은 1,000, m = 50이므로 제한 시간 내에 결과가 출력된다.

소스 코드 예시

```python
# board : 표의 값을 저장
board = [['' for _ in range(51)] for _ in range(51)]
```

```python
# DSU(Disjoint Set Union)
P=[[[-1,-1] for _ in range(51)] for _ in range(51)]
for i in range(1, 51):
    for j in range(1, 51):
        P[i][j] = [i, j]


def do_find(x):
    if P[x[0]][x[1]] == x:
        return x
    P[x[0]][x[1]] = do_find(P[x[0]][x[1]])
    return P[x[0]][x[1]]


def do_merge(x, y):
    px, py = do_find(x), do_find(y)
    P[py[0]][py[1]] = px


# commands : 실행할 명령어들이 담긴 1차원 문자열 배열
def solution(commands):
    # command를 순차적으로 처리하면서 정답을 answer에 저장한다.
    answer = []
    for c in commands:
        cmd = c.split()

        # 명령어 : update r c value
        # (r, c) 위치의 셀을 value로 바꾼다.
        if cmd[0] == 'UPDATE' and len(cmd) == 4:
            # x : (r, c)
            # px : (r, c) 가 병합된 대표 셀의 위치
            # px 위치에 value를 저장한다.
            x = [int(cmd[1]), int(cmd[2])]
            px = do_find(x)
            board[px[0]][px[1]] = cmd[3]

        # 명령어 : update value1 value2
        # value1을 값으로 가지고 있는 모든 셀을 value2로 바꾼다
        elif cmd[0] == 'UPDATE' and len(cmd) == 3:
```

```
            # 모든 셀을 탐색하면서 value1인 셀을 찾아서 해당 셀의 값을
            # value2로 변경한다.
            for r in range(1, 51):
                for c in range(1, 51):
                    if board[r][c] == cmd[1]:
                        board[r][c] = cmd[2]


    # 명령어 : merge r1 c1 r2 c2
    # (r1, c1) 위치의 셀과 (r2, c2) 위치의 셀을 병합한다.
    elif cmd[0] == 'MERGE':
        # x : (r1, c1) , y : (r2, c2)
        x = [int(cmd[1]), int(cmd[2])]
        y = [int(cmd[3]), int(cmd[4])]


        # 선택한 두 위치의 셀이 같은 셀일 경우 무시한다.
        if x == y:
            continue


        # px : x가 병합된 대표 셀의 위치
        # py : y가 병합된 대표 셀의 위치
        px = do_find(x)
        py = do_find(y)


        # value : x, y가 병합된 셀이 갖는 최종 값
        # – px 셀에 값이 없으면 py 셀의 값
        # – px 셀에 값이 있으면 px 셀의 값
        value = ''
        if board[px[0]][px[1]] == '':
            value = board[py[0]][py[1]]
        else:
            value = board[px[0]][px[1]]


    # px, py 셀의 값을 ''로 초기화 한다.
    board[px[0]][px[1]] = ''
    board[py[0]][py[1]] = ''


    # px, py 셀을 병합한다. px가 대표 셀이 된다.
```

```
        do_merge(px, py)

        # 병합된 셀의 값을 value로 설정한다. (대표 셀인 px 셀에 값을 저장)
        board[px[0]][px[1]] = value

# 명령어 : unmerge r c
# (r, c) 위치의 셀의 모든 병합을 해제한다.
elif cmd[0] == 'UNMERGE':
    # x : (r, c)
    # px : x가 병합된 대표 셀의 위치
    # ss : 병합을 해제하기 전 px셀의 값
    x = [int(cmd[1]), int(cmd[2])]
    px = do_find(x)
    ss = board[px[0]][px[1]]

    # unmerge 해야할 모든 셀의 위치 목록을 L에 저장한다.
    # 즉, 대표 셀이 px인 모든 셀의 위치 목록을 L에 저장한다.
    L = []
    for r in range(1, 51):
        for c in range(1, 51):
            y = do_find([r, c])
            if y == px:
                L.append([r, c])

    # L에 저장된 셀에 대하여 P, board의 값을 프로그램 실행 초기의
    # 상태로 설정한다.
    for r, c in L:
        P[r][c] = [r, c]
        board[r][c] = ''

    # 병합을 해제하기 전 셀의 값 ss를 x 위치에 저장한다.
    board[x[0]][x[1]] = ss

# 명령어 : print r c
# (r, c) 위치의 셀의 값을 출력한다.
else:
```

```
        # x : (r, c)
        # px : x가 병합된 대표 셀의 위치
        x = [int(cmd[1]), int(cmd[2])]
        px = do_find(x)
        if board[px[0]][px[1]] == '':
            answer.append('EMPTY')
        else:
            answer.append(board[px[0]][px[1]])


    return answer
```

난이도 ★★★☆　　**시간제한** 10초　　**메모리제한** 1024MB　　2023 KAKAO BLIND RECRUITMENT

문제 설명

n×m 격자 미로가 주어진다. 당신은 미로의 (x, y)에서 출발해 (r, c)로 이동해서 탈출해야 한다. 단, 미로를 탈출하는 조건이 세 가지 있다.

- 격자의 바깥으로는 나갈 수 없다.

- (x, y)에서 (r, c)까지 이동하는 거리가 총 k여야 한다. 이때, (x, y)와 (r, c) 격자를 포함하여 같은 격자를 두 번 이상 방문해도 된다.

- 미로에서 탈출한 경로를 문자열로 나타냈을 때, 문자열이 사전 순으로 가장 빠른 경로로 탈출해야 한다.

이동 경로는 다음과 같이 문자열로 바꿀 수 있다.

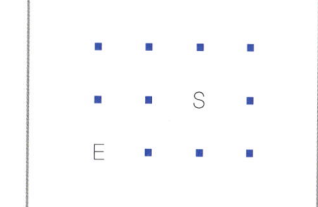

- l: 왼쪽으로 한 칸 이동

- r: 오른쪽으로 한 칸 이동

- u: 위쪽으로 한 칸 이동

- d: 아래쪽으로 한 칸 이동

예를 들어, 왼쪽으로 한 칸, 위로 한 칸, 왼쪽으로 한 칸 움직였다면, 문자열 "lul"로 나타낼 수 있다.

미로에서는 인접한 상, 하, 좌, 우 격자로 한 칸씩 이동할 수 있다. 예를 들어 다음과 같이 3×4 격자가 있다고 가정해 보자.

미로의 좌측 상단은 (1, 1)이고 우측 하단은 (3, 4)이다. 점(.)은 빈 공간, S는 출발 지점, E는 탈출 지점이다. 탈출까지 이동해야 하는 거리 k가 5라면 다음과 같은 경로로 탈출할 수 있다.

- lldud

- ulldd

- rdlll

- dllrl

- dllud

- …

이때 dllrl보다 사전 순으로 빠른 경로로 탈출할 수는 없다.

격자의 크기를 뜻하는 정수 n, m, 출발 위치를 뜻하는 정수 x, y, 탈출 지점을 뜻하는 정수 r, c, 탈출까지 이동해야 하는 거리를 뜻하는 정수 k가 매개변수로 주어진다. 이때, 미로를 탈출하기 위한 경로를 return하도록 solution 함수를 완성하시오. 단, 위 조건대로 미로를 탈출할 수 없는 경우 "impossible"을 return해야 한다.

제한 사항

- 2 ≤ n (= 미로의 세로 길이) ≤ 50
- 2 ≤ m (= 미로의 가로 길이) ≤ 50
- 1 ≤ x ≤ n
- 1 ≤ y ≤ m
- 1 ≤ r ≤ n
- 1 ≤ c ≤ m
- (x, y) ≠ (r, c)
- 1 ≤ k ≤ 2,500

입출력 예

n	m	x	y	r	c	k	result
3	4	2	3	3	1	5	"dllrl"
2	2	1	1	2	2	2	"dr"
3	3	1	2	3	3	4	"impossible"

문제해설

격자의 크기를 뜻하는 정수 n, m, 출발 위치를 뜻하는 정수 x, y, 탈출지점을 뜻하는 정수 r, c, 탈출까지 이동해야 하는 거리를 뜻하는 정수 k가 매개변수로 주어질 때, 미로를 탈출하기 위한 경로를 구하는 수학, 그리디, 동적계획법 문제다.

배열 D를 선언하고, 탈출지점에서 출발하여 이동할 수 있는 모든 경우를 재귀 함수를 통해 이동하여 D값을 구한다. D값을 이용하여 그리디 알고리즘으로 사전 순으로 가장 빠른 경로로 이동한다. 자세한 내용은 소스 코드를 참고하자.

배열 D를 구하는 데 O(n*m*k)의 시간이 소요되고, 그리디 알고리즘으로 경로를 찾는 데 O(k)의 시간이 소요된다. 따라서 전체 시간 복잡도는 O(n*m*k)이고, n, m, k의 최댓값이 각각 50, 50, 2500이므로 제한 시간 내에 결과가 출력된다.

소스 코드 예시

```
import sys
sys.setrecursionlimit(10 ** 7)

# D[i][j][k] : 탈출지점 (r, c)에서 출발하여 k만큼 이동하여 (i, j) 위치에 도달할 수 있으면
# 1을 저장하고, 도달할 수 없으면 0을 저장한다.
# 입력으로 주어지는 k의 최댓값이 2500이므로 넉넉히 2504만큼 할당한다.
# 미로의 크기가 최대 50이므로 넉넉히 52만큼 할당한다.
D = list(list([0] * 2504 for i in range(52)) for j in range(52))

# dd : 'd', 'l', 'r', 'u' 방향으로 이동시 (행, 열) 변화량
dd = [[1, 0], [0, -1], [0, 1], [-1, 0]]
dir_str = 'dlru'

# (n, m) : 미로의 크기
# (x, y) : 출발 위치, (r, c) : 탈출지점
# k : 탈출까지 이동해야 하는 거리
def solution(n, m, x, y, r, c, k):
    # impossible인 경우를 처리한다.
    # - 출발 위치에서 탈출지점까지의 최소 이동 거리 dist 가 k보다 큰 경우
    # - dist의 홀수/짝수가 k의 홀수/짝수와 같지 않은 경우
    dist = abs(r - x) + (c - y)
    if dist > k or ((dist & 0x1) is not (k & 0x1)):
        return 'impossible'

    # 좌표를 0-based로 변경한다.
    x -= 1
    y -= 1
    r -= 1
    c -= 1

    # D를 만든다.
    # (r, c) : 탈출지점
    # 0 : 탈출지점에서 시작하므로 현재까지 이동한 거리는 0임
    # k : 입력으로 주어진 탈출까지 이동해야 하는 거리
    make_D(r, c, 0, k, D, n, m)
```

```python
    # (x, y)에서 시작하여 탐욕법으로 정답을 찾는다.
    # - D에서 값이 1인 위치 중에서 사전 순으로 가장 빠른 경로를 택한다.
    answer = ''
    while k > 0:
        # 'd', 'l', 'r', 'u' 순서로 이동한다.
        # idx는 이동한 방향을 저장한다.
        # (dx, dy) : 현재 이동 방향에 대한 (행, 열) 변화량
        idx = 0
        for dx, dy in dd:
            # (nx, ny) : 다음 이동 위치
            nx, ny = x + dx, y + dy

            # (nx, ny)가 미로 안에 있고 (nx, ny) 위치로 이동할 수 있으면
            # (nx, ny)로 이동한다.
            if in_range(nx, ny, n, m) and D[nx][ny][k - 1] == 1:
                # answer의 끝에 현재 방향을 저장한다.
                answer = answer + dir_str[idx]

                # (x, y)를 (nx, ny) 값으로 설정한다.
                x, y = nx, ny
                break
            idx += 1
        # 이동할 수 있는 방향이 없으면 'impossible'을 반환한다.
        if idx == 4:
            return 'impossible'

        # 한번 이동했으므로 k를 1만큼 감소시킨다.
        k -= 1

    return answer


# 위치 (r, c) 미로 안에 있으면 True, 아니면 False를 반환한다.
def in_range(r, c, n, m):
    return 0 <= r < n and 0 <= c < m


# (r, c): 현재 위치
```

```python
# kk: 탈출지점에서 현재 위치 (r, c)까지 이동한 거리
# k: 입력으로 주어지는 탈출까지 이동해야 하는 거리
# (n, m) : 미로의 크기
# 매개변수로 주어진 D를 만든다.
def make_D(r, c, kk, k, D, n, m):
    # 탈출지점으로부터 kk만큼 이동하여 (r, c) 지점에 도달할 수 있다.
    D[r][c][kk] = 1

    # 기저 사례: kk와 k가 같은 경우, 추가로 탐색할 필요가 없다.
    if kk == k:
        return

    # 'd', 'l', 'r', 'u' 순서로 이동한다.
    # (dr, dc) : 현재 이동 방향에 대한 (행, 열) 변화량
    for dr, dc in dd:
        # (nr, nc) : 다음 이동 위치
        nr, nc = r + dr, c + dc

        # (nr, nc)가 미로 안에 있고 처음 방문한 경우, (nr, nc) 위치로 이동한다.
        if in_range(nr, nc, n, m) and D[nr][nc][kk + 1] == 0:
            make_D(nr, nc, kk + 1, k, D, n, m)
```

9-7 | 1, 2, 3 떨어트리기

난이도 ★★★★   **시간제한** 10초   **메모리제한** 1024MB   2023 KAKAO BLIND RECRUITMENT

문제 설명

춘식이는 트리의 1번 노드에 숫자 1, 2, 3 중 하나씩을 계속해서 떨어트려 트리의 리프 노드 1에 숫자를 쌓는 게임을 하려고 한다. 다음 그림은 게임의 예시를 나타낸다.

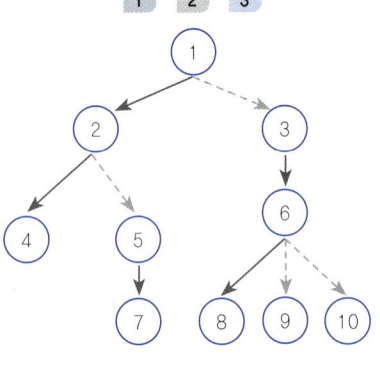

- 트리의 모든 간선은 부모 노드가 자식 노드를 가리키는 단방향 간선이다.
- 모든 부모 노드는 자식 노드와 연결된 간선 중 하나를 길로 설정한다.
  - ▸ 실선 화살표는 길인 간선이다.
  - ▸ 점선 화살표는 길이 아닌 간선이다.
- 모든 부모 노드는 자신의 자식 노드 중 가장 번호가 작은 노드를 가리키는 간선을 초기 길로 설정한다.

[게임의 규칙]은 다음과 같다.

- 1번 노드(루트 노드)에 숫자 1, 2, 3 중 하나를 떨어트린다.
- 숫자는 길인 간선을 따라 리프 노드까지 떨어진다.
- 숫자가 리프 노드에 도착하면, 숫자가 지나간 각 노드는 현재 길로 연결된 자식 노드 다음으로 번호가 큰 자식 노드를 가리키는 간선을 새로운 길로 설정하고 기존의 길은 끊는다.
  - ▸ 만약 현재 길로 연결된 노드의 번호가 가장 크면, 번호가 가장 작은 노드를 가리키는 간선을 길로 설정한다.
  - ▸ 노드의 간선이 하나라면 계속 하나의 간선을 길로 설정한다.
- 원하는 만큼 계속해서 루트 노드에 숫자를 떨어트릴 수 있다.
  - ▸ 단, 앞서 떨어트린 숫자가 리프 노드까지 떨어진 후에 새로운 숫자를 떨어트려야 한다.

[게임의 목표]는 각각의 리프 노드에 쌓인 숫자의 합을 target에서 가리키는 값과 같게 만드는 것이다. 예를 들어,

노드 번호	노드에 쌓인 숫자의 합
1	0
2	0
3	0
4	3
5	0
6	0
7	5
8	1
9	2
10	3

target이 [0, 0, 0, 3, 0, 0, 5, 1, 2, 3]일 경우 아래 표와 같은 의미를 가진다.

target대로 리프 노드에 쌓인 숫자의 합을 맞추기 위해서는 [2, 1, 2, 2, 1, 3, 3] 순으로 숫자를 떨어트리면 된다. 다음 그림은 순서대로 1, 2번째 숫자 [2, 1]을 떨어트린 뒤의 길 상황을 나타낸다.

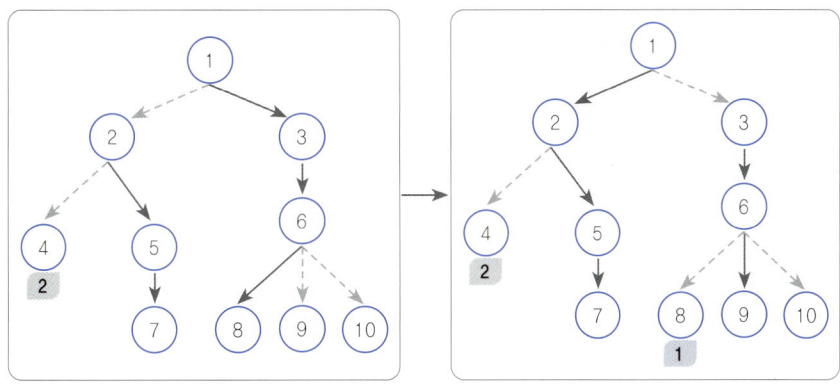

- 숫자 2는 떨어지면서 1번 노드와 2번 노드를 지나갔다.
  - ▸ 1번 노드는 3번 노드를 가리키는 간선을 길로 설정한다.
  - ▸ 2번 노드는 5번 노드를 가리키는 간선을 길로 설정한다.
- 숫자 1은 떨어지면서 1번 노드, 3번 노드, 6번 노드를 지나갔다.
  - ▸ 1번 노드는 3번 노드보다 번호가 큰 노드를 가리키는 간선이 없으므로 다시 2번 노드를 가리키는 간선을 길로 설정한다.
  - ▸ 3번 노드는 간선이 하나이므로 계속해서 6번 노드를 가리키는 간선을 길로 설정한다.
  - ▸ 6번 노드는 9번 노드를 가리키는 간선을 길로 설정한다.

다음 그림은 순서대로 3, 4번째 숫자 [2, 2]를 떨어트린 뒤의 길 상황을 나타낸다.

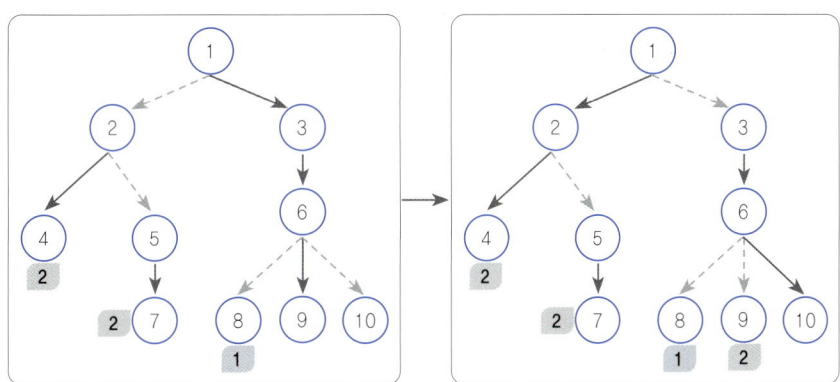

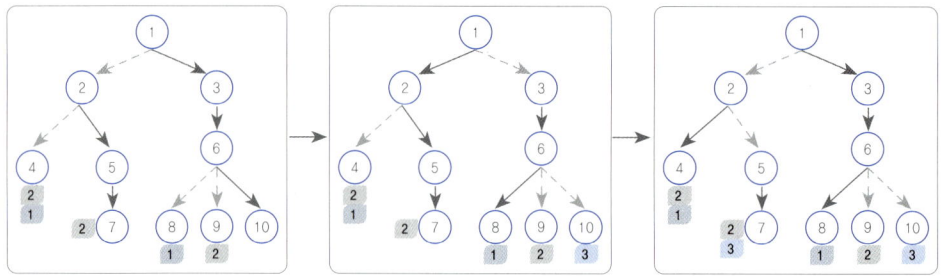

각 리프 노드에 쌓인 숫자를 모두 더해 배열로 나타내면 target과 같다.

문제

트리의 각 노드들의 연결 관계를 담은 2차원 정수 배열 edges, 각 노드별로 만들어야 하는 숫자의 합을 담은 1차원 정수 배열 target이 매개변수로 주어집니다. 이때, target대로 리프 노드에 쌓인 숫자의 합을 맞추기 위해 숫자를 떨어트리는 모든 경우 중 가장 적은 숫자를 사용하며 그중 사전 순으로 가장 빠른 경우를 1차원 정수 배열에 담아 return 하도록 solution 함수를 완성하시오. 만약, target대로 숫자의 합을 만들 수 없는 경우 [-1]을 return 한다.

제한 사항

• 1 ≤ edges의 길이 ≤ 100

  ▸ edges[i]는 [부모 노드 번호, 자식 노드 번호] 형태로, 단방향으로 연결된 두 노드를 나타낸다.

    1 ≤ 노드 번호 ≤ edges의 길이 + 1

  ▸ 동일한 간선에 대한 정보가 중복해서 주어지지 않는다.

  ▸ 항상 하나의 트리 형태로 입력이 주어지며, 잘못된 데이터가 주어지는 경우는 없다.

  ▸ 1번 노드는 항상 루트 노드이다.

• target의 길이 = edges의 길이 + 1

  ▸ target[i]는 i + 1번 노드에 쌓인 숫자의 합으로 만들어야 하는 수를 나타낸다.

    0 ≤ 리프 노드의 target값 ≤ 100

    리프 노드를 제외한 노드의 target값 = 0

  ▸ target의 원소의 합은 1 이상입니다.

입출력 예

edges	target	result
[[2, 4], [1, 2], [6, 8], [1, 3], [5, 7], [2, 5], [3, 6], [6, 10], [6, 9]]	[0, 0, 0, 3, 0, 0, 5, 1, 2, 3]	[1, 1, 2, 2, 2, 3, 3]
[[1, 2], [1, 3]]	[0, 7, 3]	[1, 1, 3, 2, 3]
[[1, 3], [1, 2]]	[0, 7, 1]	[-1]

문제해설

트리의 각 노드들의 연결 관계를 담은 2차원 정수 배열 edges, 각 노드별로 만들어야 하는 숫자의 합을 담은 1차원 정수 배열 target이 매개변수로 주어지면, target대로 리프 노드에 쌓인 숫자의 합을 맞추기 위해 숫자를 떨어트리는 모든 경우 중 가장 적은 숫자를 사용하며 그중 사전 순으로 가장 빠른 경우를 구하는 그래프, 그리디 문제이다.

첫 번째로 1, 2, 3 수의 종류를 고려하지 않고 가장 적은 숫자로 target대로 리프 노드에 숫자를 쌓는 경우를 구한다. 소스 코드의 dfs() 함수를 참고하자.

두 번째로, 가장 적은 숫자를 target대로 쌓기 위한 수의 종류를 구한다. 그리드 알고리즘으로 구현된 소스 코드의 assign_stone() 함수를 참고하자.

노드의 수를 n, 배열 target 원소의 최댓값을 m이라고 하자. dfs() 함수의 수행 시간은 $O(n)$이고 dfs()를 $O(m^2)$번 호출하므로 첫 번째 리프 노드에 숫자를 쌓는 가장 적은 숫자를 찾는 것은 $O(n*m^2)$ 시간이 소요된다. assign_stone() 함수는 최대 $O(m^2)$ 번 반복하면서 1, 2, 3중 하나를 선택하므로 $O(m^2)$ 시간이 소요된다. 따라서 전체 시간 복잡도는 $O(n*m^2)$이다. n, m의 최댓값은 100이므로 제한 시간 내에 결과가 출력된다.

소스 코드 예시

```
import sys
sys.setrecursionlimit(10**7)

# n: 노드의 수
# E: 간선 정보 (인접 리스트)
# L: 리프 노드 번호 목록
# X: X[i]는 i번 노드가 현재 가리키고 있는 자식 정점 번호
# Y: 10,000개의 시뮬레이션 결과 숫자가 떨어진 리프 노드 번호를 순서대로 저장한다.
#  - Y[k]에는 k+1번째 시뮬레이션 결과 숫자가 떨어진 리프 노드 번호를 저장
#  - 노드 수의 최댓값은 100, 배열 target의 원소의 최댓값이 100이므로
#    최대 100*100 = 10000번의 시뮬레이션으로 정답을 구할 수 있다.
n = 0
E = list([] for _ in range(102))
L = []
```

```
X = [-1] * 102
Y = []

# edges : 각 노드들의 연결 관계를 담은 2차원 정수 배열
# target : 각 노드별로 만들어야 하는 숫자의 합을 담은 1차원 정수 배열
def solution(edges, target):
    # n, E, L, X를 만든다.
    # 노드 번호는 0에서 n-1로 설정한다.
    # n을 설정한다.
    global n
    n = len(edges) + 1

    # E를 인접 리스트 형태로 설정한다. 노드 번호는 0에서 n-1로 설정한다.
    for p, c in edges:
        E[p - 1].append(c - 1)

    # L, X를 설정한다.
    for i in range(n):
        # E[i]의 원소들은 오름차순으로 정렬한다.
        E[i].sort()

        # 자식 노드가 없으면 리프 노드 목록에 추가한다.
        if len(E[i]) == 0:
            L.append(i)
        # i번 노드가 첫 번째 자식 노드를 가리키도록 설정함
        else:
            X[i] = 0

    # 숫자를 10000번(넉넉히 10004번) 떨어트리는 시뮬레이션을 진행한다.
    # 시뮬레이션 결과 숫자가 떨어진 리프 노드 번호를 Y에 저장한다.
    for _ in range(10004):
        Y.append(dfs(0))

    # 리프노드에 원하는 만큼의 숫자가 떨어지는 최소 시뮬레이션 횟수를 k에 저장한다.
    # k번의 시뮬레이션 결과를 그리디 방식으로 answer에 저장한다.
    answer = [-1]
```

```
            for k in range(1, 10004):
                # k번 시뮬레이션으로 target을 만들 수 있는지 확인한다.
                if is_ok(k, Y, target):
                    # k번 시뮬레이션으로 target을 만들 수 있는 경우임.
                    # k번의 시뮬레이션 결과를 그리디 방식으로 answer에 저장한다.
                    answer = assign_stone(k, Y, target)
                    break
            return answer


        # k번 시뮬레이션 결과(Y[0..k-1])로 target을 만든다.
        def assign_stone(k, Y, target):
            # cnt[i]: k번 시뮬레이션 결과 i번 노드에 숫자가 떨어진 횟수
            cnt = [0] * n
            for i in range(k):
                cnt[Y[i]] += 1


            # k번의(Y[0..k-1]) 시뮬레이션에서 떨어트린 숫자를 그리디 방식으로 결정한다.
            answer = []
            for i in range(k):
                # u : i+1번째 시뮬레이션 결과 숫자가 떨어진 리프 노드 번호
                u = Y[i]

                # u번 노드에 숫자가 떨어진 횟수를 1만큼 감소시킨다.
                cnt[u] -= 1

                # 리프 노드 u에 1, 2, 3 순서로 숫자를 떨어트려 본다.
                # 이유 : 정답이 여러 개이면 사전 순으로 가장 빠른 경우가 정답
                # 이번 시뮬레이션에서 리프 노드 u에 1을 떨어트려도
                # 다음번 시뮬레이션에서 정답을 찾을 수 있다.
                if target[u] - 1 <= cnt[u]*3:
                    answer.append(1)
                    target[u] -= 1
                # 이번 시뮬레이션에서 리프 노드 u에 2를 떨어트려도
                # 다음번 시뮬레이션에서 정답을 찾을 수 있다.
                elif target[u] - 2 <= cnt[u]*3:
                    answer.append(2)
                    target[u] -= 2
```

```
                # 이번 시뮬레이션에서 리프 노드 u에 3를 떨어트려야 다음번
                # 시뮬레이션에서 정답을 찾을 수 있다.
                else:
                    answer.append(3)
                    target[u] -= 3
        return answer


# Y[0..k]로 target을 만들수 있으면 True, 아니면 False를 반환한다.
def is_ok(k, Y, target):
    # cnt[i]: Y[0..k]에서 노드 i가 나온 횟수
    cnt = [0] * n
    for i in range(k):
        cnt[Y[i]] += 1

    # 모든 노드 i에 대하여 target을 만들 수 있는지 확인한다.
    # 아래 경우는 target을 만들 수 없다.
    # - target < cnt[i] : 노드 i에 항상 1을 떨어트린 값보다 작은 경우
    # - cnt[i] * 3 < target[i] : 노드 i에 항상 3을 떨어트린 값보다 큰 경우
    for i in range(n):
        if target[i] < cnt[i] or cnt[i] * 3 < target[i]:
            return False
    return True


# u를 루트로 하는 서브트리에 숫자를 떨어트린다.
# 숫자가 떨어진 리프 노드 번호를 반환한다.
def dfs(u):
    # 기저 사례: u가 리프 노드이면 u를 반환한다.
    if len(E[u]) == 0:
        return u

    # u가 가리키고 있는 노드로 숫자를 떨어트리고 결과를 ret에 저장한다.
    ret = dfs(E[u][X[u]])

    # u가 다음 노드를 가리키도록 X[u]값을 설정한다.
    X[u] = (X[u] + 1) % len(E[u])

    # 숫자가 떨어진 리프 노드를 반환한다.
    return ret
```

9-8 신고 결과 받기

난이도 ★☆☆☆   시간제한 10초   메모리제한 1024MB   2022 KAKAO BLIND RECRUITMENT

문제 설명

신입사원 무지는 게시판 불량 이용자를 신고하고 처리 결과를 메일로 발송하는 시스템을 개발하려 한다. 무지가 개발하려는 시스템은 다음과 같다.

- 각 유저는 한 번에 한 명의 유저를 신고할 수 있다.
  - 신고 횟수에 제한은 없다. 서로 다른 유저를 계속해서 신고할 수 있다.
  - 한 유저를 여러 번 신고할 수도 있지만, 동일한 유저에 대한 신고 횟수는 1회로 처리된다.
- k번 이상 신고된 유저는 게시판 이용이 정지되며, 해당 유저를 신고한 모든 유저에게 정지 사실을 메일로 발송한다.
  - 유저가 신고한 모든 내용을 취합하여 마지막에 한꺼번에 게시판 이용 정지를 시키면서 정지 메일을 발송한다.

다음은 전체 유저 목록이 ["muzi", "frodo", "apeach", "neo"]이고, k = 2(즉, 2번 이상 신고당하면 이용 정지)인 경우의 예시이다.

유저 ID	유저가 신고한 ID	설명
"muzi"	"frodo"	"muzi"가 "frodo"를 신고했다.
"apeach"	"frodo"	"apeach"가 "frodo"를 신고했다.
"frodo"	"neo"	"frodo"가 "neo"를 신고했다.
"muzi"	"neo"	"muzi"가 "neo"를 신고했다.
"apeach"	"muzi"	"apeach"가 "muzi"를 신고했다.

각 유저별로 신고당한 횟수는 다음과 같다.

유저 ID	신고당한 횟수
"muzi"	1
"apeach"	2
"apeach"	0
"neo"	2

위 예시에서는 2번 이상 신고당한 "frodo"와 "neo"의 게시판 이용이 정지된다. 이때 각 유저별로 신고한 아이디와 정지된 아이디를 정리하면 다음과 같다.

유저 ID	유저가 신고한 ID	정지된 ID
"muzi"	["frodo", "neo"]	["frodo", "neo"]
"frodo"	["neo"]	["neo"]
"apeach"	["muzi", "frodo"]	["frodo"]
"neo"	없음	없음

따라서 "muzi"는 처리 결과 메일을 2회, "frodo"와 "apeach"는 각각 처리 결과 메일을 1회 받게 된다.

문제

이용자의 ID가 담긴 문자열 배열 id_list, 각 이용자가 신고한 이용자의 ID 정보가 담긴 문자열 배열 report, 정지 기준이 되는 신고 횟수 k가 매개변수로 주어질 때, 각 유저별로 처리 결과 메일을 받은 횟수를 배열에 담아 return 하도록 solution 함수를 완성하시오.

제한 사항

- $2 \le$ id_list의 길이 $\le 1,000$
  - $1 \le$ id_list의 원소 길이 ≤ 10
  - id_list의 원소는 이용자의 id를 나타내는 문자열이며 알파벳 소문자로만 이루어져 있다.
  - id_list에는 같은 아이디가 중복해서 들어있지 않다.
- $1 \le$ report의 길이 $\le 200,000$
  - $3 \le$ report의 원소 길이 ≤ 21
  - report의 원소는 "이용자id 신고한id"형태의 문자열이다.
  - 예를 들어 "muzi frodo"의 경우 "muzi"가 "frodo"를 신고했다는 의미이다.
  - id는 알파벳 소문자로만 이루어져 있다.
  - 이용자id와 신고한id는 공백(스페이스) 하나로 구분되어 있다.
  - 자기 자신을 신고하는 경우는 없다.
- $1 \le k \le 200$, k는 자연수이다.
- return 하는 배열은 id_list에 담긴 id 순서대로 각 유저가 받은 결과 메일 수를 담으면 된다.

입출력 예

id_list	report	k	result
["muzi", "frodo", "apeach", "neo"]	["muzi frodo","apeach frodo","frodo neo","muzi neo","apeach muzi"]	2	[2,1,1,0]
["con", "ryan"]	["ryan con", "ryan con", "ryan con", "ryan con"]	3	[0,0]

문제해설

이용자의 ID가 담긴 문자열 배열 id_list, 각 이용자가 신고한 이용자의 ID 정보가 담긴 문자열 배열 report, 정지 기준이 되는 신고 횟수 k가 주어진다. 각 유저별로 처리 결과 메일을 받은 횟수를 구하는 문제다.

배열 report를 이용하여 2차원 report_result 배열을 만든다. 이용자 i가 이용자 j를 신고하지 않았으면 report_result[i][j] = 0이고, 이용자 i가 이용자 j를 신고했으면 report_result[i][j] = 1이다. report_result를 이용해서 stopped_id를 만든다. report_result에서 이용자 j를 신고한 이용자 i의 수가 k보다 크거나 같으면 stopped_id[j]를 1로 설정하고, 그렇지 않으면 0으로 설정한다. report_result와 stopped_id를 이용해서 정답을 구한다. 자세한 내용은 소스 코드의 주석을 참고하자.

이용자 수를 n, 배열 report의 크기를 m이라고 하자. report_result를 만드는 데 $O(m+n)$의 시간이 소요된다. stopped_id를 만드는데 $O(n^2)$의 시간이 소요된다. 정답을 구하는 데 $O(n^2)$의 시간이 소요된다. 따라서 전체 시간복잡도는 $O(m+n^2)$이므로 제한 시간 내에 결과가 출력된다.

소스 코드 예시

```python
# id_list: 이용자 id 리스트, report: 각 이용자가 신고한 id정보 목록
# k: 정지 기준이 되는 신고 횟수
def solution(id_list, report, k):
    # n: 이용자 수
    n=len(id_list)

    # mp[id] = 이용자 번호 (문자열로 된 이용자 id를 0 ~ n-1의 수로 변환)
    mp = {}
    for i in range(n):
        mp[id_list[i]]=i

    # report_result를 만든다.
    # report_result[i][j]
```

```python
# - 0(이용자 i가 이용자 j를 신고하지 않음), 1(이용자 i가 이용자 j를 신고함)
# 주의 : 한 이용자가 동일한 이용자를 여러 번 신고할 경우, 신고 횟수는 1회로 처리됨
report_result = [[0] * n for _ in range(n)]
for i in range(len(report)):
    # x: 신고한 id, y: 신고당한 id
    x, y = report[i].split()
    report_result[mp[x]][mp[y]] = 1


# stopped_id를 만든다.
# stopped_id[i] = 0(이용자 i가 신고당한 횟수가 k 미만), 1(이용자 i가 신고당한 횟수가 k 이상)
stopped_id = [0] * n
for j in range(n):
    # cnt: 이용자 j가 신고당한 횟수
    cnt=0
    for i in range(n):
        cnt += report_result[i][j]

    # 이용자 j가 k번 이상 신고당한 경우, 이용자 j를 정지된 id로 설정한다.
    if cnt >= k:
        stopped_id[j] = 1


# 정답을 answer에 저장한다.
# i: 신고한 이용자 번호, cnt: 이용자 i가 신고한 이용자 중 정지된 이용자 수
answer=[]
for i in range(n):
    cnt=0
    for j in range(n):
        if report_result[i][j] == 1 and stopped_id[j] == 1:
            cnt += 1
    answer.append(cnt)
return answer
```

9-9 k진수에서 소수 개수 구하기

난이도 ★★☆☆ **시간제한** 10초 **메모리제한** 1024MB **2022 KAKAO BLIND RECRUITMENT**

문제 설명

양의 정수 n이 주어진다. 이 숫자를 k진수로 바꿨을 때, 변환된 수 안에 아래 조건에 맞는 소수(Prime number)가 몇 개인지 알아보려 한다.

- 0P0처럼 소수 양쪽에 0이 있는 경우
- P0처럼 소수 오른쪽에만 0이 있고 왼쪽에는 아무것도 없는 경우
- 0P처럼 소수 왼쪽에만 0이 있고 오른쪽에는 아무것도 없는 경우
- P처럼 소수 양쪽에 아무것도 없는 경우
- 단, P는 각 자릿수에 0을 포함하지 않는 소수이다.
  - 예를 들어, 101은 P가 될 수 없다.

예를 들어, 437674를 3진수로 바꾸면 2110201010011이다. 여기서 찾을 수 있는 조건에 맞는 소수는 왼쪽부터 순서대로 211, 2, 11이 있으며, 총 3개이다. (211, 2, 11을 k진법으로 보았을 때가 아닌, 10진법으로 보았을 때 소수여야 한다는 점에 주의한다) 211은 P0 형태에서 찾을 수 있으며, 2는 0P0에서, 11은 0P에서 찾을 수 있다.

문제

정수 n과 k가 매개변수로 주어진다. n을 k진수로 바꿨을 때, 변환된 수 안에서 찾을 수 있는 위 조건에 맞는 소수의 개수를 return하도록 solution 함수를 완성하시오.

제한 사항

1 ≤ n ≤ 1,000,000

3 ≤ k ≤ 10

입출력 예

n	k	result
437674	3	3
110011	10	2

문제해설

정수 n과 k가 주어진다. n을 k진수로 바꿨을 때, 변환된 수 안에서 문제에 주어진 조건

에 맞는 소수의 개수를 구하는 문제다.

n을 k진법으로 변환한 문자열 P를 구한다. P를 0을 기준으로 나눈다. 나누어진 수 중에서 소수의 개수를 구하면 된다.

n을 k진법으로 변환하는 데 로그의 시간이 소요되므로 문자열 P를 구하는 데 $O(\log n)$의 시간이 소요된다. P를 0을 기준으로 나눈 수 중에서 최댓값을 m이라고 하자. m이 소수인지 판별하는 데 $O(\sqrt{m})$의 시간이 소요된다. 따라서 전체 시간복잡도는 $O(\log n + \sqrt{m})$이다. m은 10^{16}보다 작기 때문에 제한 시간 내에 결과가 출력된다.

소스 코드 예시

```python
# x가 소수인 경우 True, 소수가 아닌 경우 False를 반환한다.
# O(√x) 시간에 빠르게 처리한다.
def is_prime(x):
    if x <= 1:
        return False
    for i in range(2, x + 1):
        if i * i > x:
            return True
        if x % i == 0:
            return False


# n을 k진수로 변환한다. 변환된 수 안에서 조건에 맞는 소수의 개수를 반환한다.
def solution(n, k):
    answer = 0

    # P: n을 k진수로 변환한 문자열
    #  - n을 k진수로 변환하여 낮은 자릿수부터 P에 저장한다.
    #  - P를 뒤집는다.
    P = ""
    while n > 0:
        # d: n을 k진수로 표현할 경우, 가장 낮은 자릿수
        # n: n을 k로 나눈 몫으로 변경한다.
        d = n % k
```

```
        n = n // k
        P += str(d)
P = P[ : : -1]

# 문자열 P를 '0'을 기준으로 나누고 소수인지 판별한다.
# 공백인 경우를 예외 처리해야 한다.
for x in P.split('0'):
    if x != '' and is_prime(int(x)):
        answer += 1

return answer
```

9-10 주차 요금 계산

난이도 ★★☆☆   시간제한 10초   메모리제한 1024MB   2022 KAKAO BLIND RECRUITMENT

주차장의 요금표와 차량이 들어오고(입차) 나간(출차) 기록이 주어졌을 때, 차량별로 주차 요금을 계산하려고 한다. 아래는 하나의 예시를 나타낸다.

- 요금표

기본 시간(분)	기본 요금(원)	단위 시간(분)	단위 요금(원)
180	5000	10	600

- 입/출차 기록

시각(시:분)	차량 번호	내역
5:34	5961	입차
6:00	0	입차
6:34	0	출차
7:59	5961	출차
7:59	148	입차
18:59	0	입차
19:09	148	출차
22:59	5961	입차
23:00	5961	출차

- 자동차별 주차 요금

차량 번호	누적 주차 시간(분)	주차 요금(원)
0	34+300 = 334	$5000 + \lceil (334-180)/10 \rceil \times 600 = 14600$
148	670	$5000 + \lceil (670-180)/10 \rceil \times 600 = 34400$
5961	145+1 = 146	5000

- 어떤 차량이 입차된 후에 출차된 내역이 없다면, 23:59에 출차된 것으로 간주한다.
  - 0000번 차량은 18:59에 입차된 이후, 출차된 내역이 없다. 따라서 23:59에 출차된 것으로 간주한다.
- 00:00부터 23:59까지의 입/출차 내역을 바탕으로 차량별 누적 주차 시간을 계산하여 요금을 일괄로 정산한다.
- 누적 주차 시간이 기본 시간 이하라면, 기본 요금을 청구한다.
- 누적 주차 시간이 기본 시간을 초과하면, 기본 요금에 더해서 초과한 시간에 대해서 단위 시간마다 단위 요금을 청구한다.

– 초과한 시간이 단위 시간으로 나누어 떨어지지 않으면, 올림한다.

– [a] : a보다 작지 않은 최소의 정수를 의미한다. 즉, 올림을 의미한다.

문제

주차 요금을 나타내는 정수 배열 fees, 자동차의 입/출차 내역을 나타내는 문자열 배열 records가 매개변수로 주어진다. 차량 번호가 작은 자동차부터 청구할 주차 요금을 차례대로 정수 배열에 담아서 return하도록 solution 함수를 완성하시오.

제한 사항

- fees의 길이 = 4

  – fees[0] = 기본 시간(분)

  – 1 ≤ fees[0] ≤ 1,439

  – fees[1] = 기본 요금(원)

  – 0 ≤ fees[1] ≤ 100,000

  – fees[2] = 단위 시간(분)

  – 1 ≤ fees[2] ≤ 1,439

  – fees[3] = 단위 요금(원)

  – 1 ≤ fees[3] ≤ 10,000

- 1 ≤ records의 길이 ≤ 1,000

  – records의 각 원소는 "시각 차량번호 내역" 형식의 문자열이다.

  – 시각, 차량번호, 내역은 하나의 공백으로 구분되어 있다.

  – 시각은 차량이 입차되거나 출차된 시각을 나타내며, HH:MM 형식의 길이 5인 문자열이다.
     HH:MM은 00:00부터 23:59까지 주어진다.

     1) 잘못된 시각("25:22", "09:65" 등)은 입력으로 주어지지 않는다.

     2) 차량번호는 자동차를 구분하기 위한, '0'~'9'로 구성된 길이 4인 문자열이다.

  – 내역은 길이 2 또는 3인 문자열로, IN 또는 OUT이다. IN은 입차를, OUT은 출차를 의미한다.

  – records의 원소들은 시각을 기준으로 오름차순으로 정렬되어 주어진다.

  – records는 하루 동안의 입/출차된 기록만 담고 있으며, 입차된 차량이 다음날 출차되는 경우는
     입력으로 주어지지 않는다.

  – 같은 시각에, 같은 차량번호의 내역이 2번 이상 나타내지 않는다.

  – 마지막 시각(23:59)에 입차되는 경우는 입력으로 주어지지 않는다.

  – 아래의 예를 포함하여, 잘못된 입력은 주어지지 않는다.

     1) 주차장에 없는 차량이 출차되는 경우

     2) 주차장에 이미 있는 차량(차량번호가 같은 차량)이 다시 입차되는 경우

fees	records	result
[180, 5000, 10, 600]	["05:34 5961 IN", "06:00 0000 IN", "06:34 0000 OUT", "07:59 5961 OUT", "07:59 0148 IN", "18:59 0000 IN", "19:09 0148 OUT", "22:59 5961 IN", "23:00 5961 OUT"]	[14600, 34400, 5000]
[120, 0, 60, 591]	["16:00 3961 IN","16:00 0202 IN","18:00 3961 OUT","18:00 0202 OUT","23:58 3961 IN"]	[0, 591]
[1, 461, 1, 10]	["00:00 1234 IN"]	[14841]

문제해설

주차 요금을 나타내는 정수 배열 fees, 자동차의 입/출차 내역을 나타내는 문자열 배열 records가 주어진다. 자동차별 주차 요금을 구하는 문제다.

입/출차 시각과 누적 주차 시간을 모두 '분' 단위로 환산하여 프로그래밍하는 게 효율적이다. 1차원 배열 parking_time에 모든 차량의 전체 주차 시간을 저장한다. 1차원 배열 in_time에 모든 차량의 가장 최근 입차 시각을 저장한다. 배열 records에 있는 입/출차 내역을 시간 순서대로 탐색하면서 in_time, parking_time을 갱신한다. parking_time 기준으로 모든 차량의 주차 요금을 계산한다.

차량의 수를 n, records의 크기를 m이라고 하자. parking_time, in_time을 구하는 데 $O(n+m)$의 시간이 소요된다. 모든 차량의 주차 요금을 계산하는 데 $O(n)$의 시간이 소요된다. 따라서 전체 시간복잡도는 $O(n+m)$이므로 제한 시간 내에 결과가 출력된다.

소스 코드 예시

```
# s: '시각 차량번호 입차/출차' 문자열을 [시각, 차량 번호, 입차/출차] 배열로 반환한다.
def parse_log(s):
    # 시각을 분 단위 정수로 변환한다.
    t = int(s[0:2]) * 60 + int(s[3:5])

    # 차량 번호를 0 ~ 9999 범위의 정수로 변환한다.
```

```
    c = int(s[6:10])

    # IN(입차): 0, OUT(출차): 1로 설정한다.
    if s[11:13] == 'IN':
        return [t, c, 0]
    else:
        return [t, c, 1]


# 시간 t에 대한 요금을 반환한다.
def get_fee(fees, t):
    # 기본 요금
    money = fees[1]

    # 기본 요금을 초과한 경우, 초과 요금을 money에 더한다.
    if fees[0] < t:
        money += (t - fees[0] + fees[2] - 1) // fees[2] * fees[3]

    return money


# fees(요금표): 기본 시간, 기본 요금, 단위 시간, 단위 요금
# records(입/출차 기록): '시각 차량 번호 입차/출차' 문자열을 원소로 갖는 배열
# 차량 번호가 작은 자동차부터 청구할 주차 요금을 배열로 반환한다.
def solution(fees, records):
    # answer: 정답을 저장하는 배열
    # parking_time[i]: 차량 번호가 i인 차량의 전체 주차 시간
    # in_time[i]: 차량 번호가 i인 차량의 가장 최근 입차 시각(초깃값: -1)
    # -1: 입차 안 함 / 입차 후 출차함, 0 이상: 가장 최근 입차 시각)
    # 차량 번호의 최댓값이 9999이므로 배열의 크기를 10000으로 설정한다.
    answer = []
    parking_time = [0] * 10000
    in_time = [-1] * 10000

    # 입/출차 기록을 시각 순서대로 처리한다.
    # t: 입/출차 시각, c: 차량 번호, d: 입차/출차
    for t, c, d in map(parse_log, records):
        # 입차
```

```python
        if d == 0:
            in_time[c] = t
        # 출차
        else:
            # 현재 주차 시간(최근 입차 시각 - 현재 출차 시각)을 전체 주차 시간에 더한다.
            parking_time[c] += t - in_time[c]

            # 차량 c를 입차 안 함(입차 후 출차함)으로 설정한다.
            in_time[c] = -1

    # 입차 후에 출차 로그가 없는 차량은 23:59에 출차 된 것으로 처리한다.
    for i in range(10000):
        # 차량 i가 입차 후 아직 출차 안 함
        if in_time[i] != -1:
            parking_time[i] += 23 * 60 + 59 - in_time[i]

    # 번호가 작은 차량부터 주차 요금을 answer에 추가한다.
    for i in range(10000):
        # 차량 i가 한 번이라도 입차 한 경우
        if parking_time[i] != 0:
            answer.append(get_fee(fees, parking_time[i]))

    return answer
```

9-11 양궁대회

난이도 ★★☆☆   시간제한 10초   메모리제한 1024MB   2022 KAKAO BLIND RECRUITMENT

문제 설명

카카오배 양궁대회가 열렸다.

라이언은 저번 카카오배 양궁대회 우승자이고 이번 대회에도 결승전까지 올라왔다. 결승전 상대는 어피치이다.

카카오배 양궁대회 운영위원회는 한 선수의 연속 우승보다는 다양한 선수들이 양궁대회에서 우승하기를 원한다. 따라서 양궁대회 운영위원회는 결승전 규칙을 전 대회 우승자인 라이언에게 불리하게 다음과 같이 정했다.

- 어피치가 화살 n발을 다 쏜 후에 라이언이 화살 n발을 쏜다.
- 점수를 계산한다.
  - 과녁판은 아래 사진처럼 생겼으며 가장 작은 원의 과녁 점수는 10점이고 가장 큰 원의 바깥쪽은 과녁 점수가 0점이다.

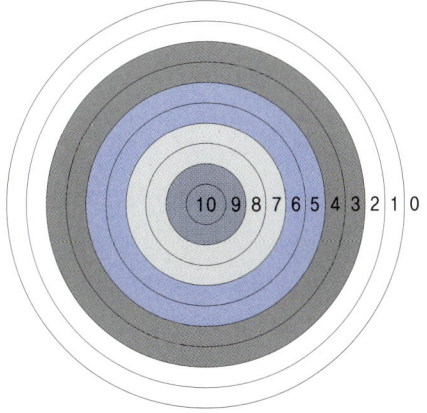

  - 만약, k(k는 1~10 사이의 자연수)점을 어피치가 a발을 맞혔고 라이언이 b발을 맞혔을 경우 더 많은 화살을 k점에 맞힌 선수가 k 점을 가져간다. 단, a=b일 경우는 어피치가 k점을 가져간다. k점을 여러 발 맞혀도 k점 보다 많은 점수를 가져가는 게 아니고 k점만 가져가는 것을 유의한다. 또한 a=b=0인 경우, 즉, 라이언과 어피치 모두 k점에 단 하나의 화살도 맞히지 못한 경우는 어느 누구도 k점을 가져가지 않는다.
    1) 예를 들어, 어피치가 10점을 2발 맞혔고 라이언도 10점을 2발 맞혔을 경우 어피치가 10점을 가져간다.

2) 다른 예로, 어피치가 10점을 0발 맞혔고 라이언이 10점을 2발 맞혔을 경우 라이언이 10점을 가져간다.

‑ 모든 과녁 점수에 대해 각 선수의 최종 점수를 계산한다.

‑ 최종 점수가 더 높은 선수를 우승자로 결정한다. 단, 최종 점수가 같을 경우 어피치를 우승자로 결정한다.

현재 상황은 어피치가 화살 n발을 다 쏜 후이고 라이언이 화살을 쏠 차례이다.

라이언은 어피치를 가장 큰 점수 차이로 이기기 위해서 n발의 화살을 어떤 과녁 점수에 맞혀야 하는지를 구하려고 한다.

문제

화살의 개수를 담은 자연수 n, 어피치가 맞힌 과녁 점수의 개수를 10점부터 0점까지 순서대로 담은 정수 배열 info가 매개변수로 주어진다. 이때 라이언이 가장 큰 점수 차이로 우승하기 위해 n발의 화살을 어떤 과녁 점수에 맞혀야 하는지를 10점부터 0점까지 순서대로 정수 배열에 담아 return하도록 solution 함수를 완성하시오. 만약, 라이언이 우승할 수 없는 경우(무조건 지거나 비기는 경우)는 [-1]을 return하시오

제한 사항

- $1 \leq n \leq 10$
- info의 길이 = 11
  ‑ $0 \leq$ info의 원소 $\leq n$
  ‑ info의 원소 총합 = n
  ‑ info의 i번째 원소는 과녁의 10 ‑ i 점을 맞힌 화살 개수이다. (i는 0~10 사이의 정수)
- 라이언이 우승할 방법이 있는 경우, return할 정수 배열의 길이는 11이다.
  ‑ $0 \leq$ return할 정수 배열의 원소 $\leq n$
  ‑ return할 정수 배열의 원소 총합 = n (꼭 n발을 다 쏴야 한다)
  ‑ return할 정수 배열의 i번째 원소는 과녁의 10-i 점을 맞힌 화살 개수이다. (i는 0~10 사이의 정수)
  ‑ 라이언이 가장 큰 점수 차이로 우승할 수 있는 방법이 여러 가지일 경우, 가장 낮은 점수를 더 많이 맞힌 경우를 return하시오.
  1) 가장 낮은 점수를 맞힌 개수가 같을 경우 계속해서 그다음으로 낮은 점수를 더 많이 맞힌 경우를 return하시오.
  2) 예를 들어, [2,3,1,0,0,0,0,1,3,0,0]과 [2,1,0,2,0,0,0,2,3,0,0]을 비교하면 [2,1,0,2,0,0,0,2,3,0,0]을 return해야 한다.
  3) 다른 예로, [0,0,2,3,4,1,0,0,0,0,0]과 [9,0,0,0,0,0,0,0,0,1,0,0]을 비교하면 [9,0,0,0,0,0,0,0,0,1,0,0]

을 return해야 한다.
- 라이언이 우승할 방법이 없는 경우, return할 정수 배열의 길이는 1이다.
  - 라이언이 어떻게 화살을 쏘든 라이언의 점수가 어피치의 점수보다 낮거나 같으면, [-1]을 return
    해야 한다.

입출력 예

n	info	result
5	[2,1,1,1,0,0,0,0,0,0,0]	[0,2,2,0,1,0,0,0,0,0,0]
1	[1,0,0,0,0,0,0,0,0,0,0]	[-1]
9	[0,0,1,2,0,1,1,1,1,1,1]	[1,1,2,0,1,2,2,0,0,0,0]
10	[0,0,0,0,0,0,0,0,3,4,3]	[1,1,1,1,1,1,1,1,0,0,2]

문제해설

화살의 개수를 담은 자연수 n, 어피치가 맞힌 과녁 점수의 개수를 10점부터 0점까지 순서대로 담은 정수 배열 info가 주어진다. 라이언이 가장 큰 점수 차이로 우승하기 위해 n발의 화살을 어떤 과녁 점수에 맞혀야 하는지를 구하는 문제다.

라이언이 n개의 화살을 쏘는 모든 경우를 재귀 함수로 구현한다. 재귀 함수의 매개변수에 현재까지 라이언이 맞힌 과녁 점수 정보가 주어진다. 라이언이 n발의 화살을 모든 쏜 경우가 재귀 함수의 종료 조건이다.

재귀 함수로 n발의 화살을 쏘는 모든 경우를 탐색하는 데 소요되는 시간이 $O(11^n)$보다 작다. 11은 과녁의 점수(0~10점) 개수이다. 0점부터 9점까지 과녁 점수가 정해지면 10점 과녁 점수는 정해지므로 n=10이 된다. 따라서 제한 시간 내에 결과가 출력된다.

소스 코드 예시

```
# rian: 라이언이 맞힌 과녁 점수, info: 어피치가 맞힌 과녁 점수
# 반환값: rian이 우승할 경우 점수 차이, 어피치가 우승할 경우 -1
def get_point(rian, info):
    # rian_point: 라이언 점수, apeach_point: 어피치 점수
    rian_point = apeach_point = 0
```

```python
    # 1점부터 10점까지 누가 이겼는지 체크한다.
    for i in range(1, 11):
        # i점을 아무도 안 맞힌 경우
        if rian[i] == 0 and info[i] == 0:
            continue

        # 주의: rian[i] == info[i]이면 어피치가 i점을 가져간다.
        if rian[i] > info[i]:
            rian_point += i
        else:
            apeach_point += i

    if rian_point > apeach_point:
        return rian_point - apeach_point
    else:
        return -1


# rian: 라이언이 맞힌 과녁 점수 (rian[i] = j, 과녁 점수 i에 j발을 맞힘)
# info: 어피치가 맞힌 과녁 점수 (info[i] = j, 과녁 점수 i에 j발을 맞힘)
# n: 화살의 전체 개수
# 라이언이 얻은 최대 점수와 과녁 점수를 반환한다.
def solve(rian, n, info):
    # 정답을 저장 (arrow: 과녁 점수, point: 라이언이 얻은 점수)
    arrow = [-1]
    point = 0

    # 기저 사례 : 0점 ~ 9점 과녁에 맞힌 화살 수가 모두 결정된 상황
    #             나머지 화살은 10점을 맞힘
    if len(rian) == 10:
        # 남은 화살 = 화살의 전체 개수(n) - 사용한 화살 개수(sum(rian))
        rian.append(n - sum(rian))
        x = get_point(rian, info)

        # 정답을 갱신한다.
        if x > point:
            point = x
            arrow = rian[:]
```

```python
            rian.pop()
        return point, arrow


    # 낮은 점수의 과녁에 맞힌 화살 개수를 내림차순으로 탐색한다.
    # n - sum(rian): 남은 화살
    for i in range(n - sum(rian), -1, -1):
        rian.append(i)
        p, a = solve(rian, n, info)
        # 정답을 갱신한다.
        # p = point인 경우는 업데이트 안 함
        # (이유: 낮은 점수의 과녁에 맞힌 화살 숫자를 내림차순으로 탐색)
        if (point < p):
            point, arrow = p, a
        rian.pop()


    return point, arrow


# n: 화살의 전체 개수
# info: 어피치가 맞힌 과녁 점수. (info[i] = j, 과녁 점수 10 - i에 j발을 쏨)
# 출력: 라이언이 가장 큰 점수 차이로 우승하는 과녁 점수
def solution(n, info):
    # 구현의 편의를 위하여 어피치가 맞힌 과녁 점수를 거꾸로 뒤집는다.
    # 입력(변경 전): info[i] = 10 - i점에 맞힌 화살 개수
    # 풀이(변경 후): info[i] = i점에 맞힌 화살 개수
    info.reverse()

    # 라이언이 맞힌 과녁 점수별 화살 개수를 저장한다.
    # 초깃값: 라이언이 쏜 화살은 없음
    rian = []

    # 라이언이 n개의 화살을 쏘는 모든 경우를 탐색한다.
    # a: 라이언이 가장 큰 점수 차이로 우승하는 경우의 과녁 점수.
    # rian: 현재까지 라이언이 쏜 화살은 없음. n: 화살의 전체 개수
    # info: 어피치가 맞힌 과녁 점수
    p, a = solve(rian, n, info)
    return list(reversed(a)) # a를 거꾸로 뒤집어서 반환한다.
```

문제 설명

2진 트리 모양 초원의 각 노드에 늑대와 양이 한 마리씩 놓여 있다. 이 초원의 루트 노드에서 출발하여 각 노드를 돌아다니며 양을 모으려 한다. 각 노드를 방문할 때마다 해당 노드에 있던 양과 늑대가 당신을 따라오게 된다. 이때 늑대는 양을 잡아먹을 기회를 노리고 있으며, 당신이 모은 양의 수보다 늑대의 수가 같거나 더 많아지면 바로 모든 양을 잡아먹어 버린다. 당신은 중간에 양이 늑대에게 잡아먹히지 않도록 하면서 최대한 많은 수의 양을 모아서 다시 루트 노드로 돌아오려 한다.

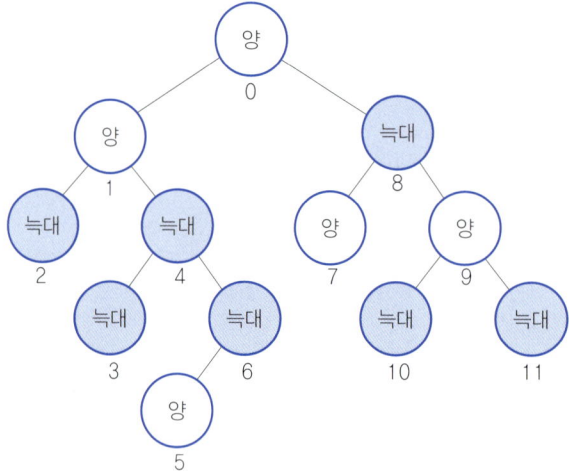

예를 들어, 위 그림의 경우(루트 노드에는 항상 양이 있다) 0번 노드(루트 노드)에서 출발하면 양을 한 마리 모을 수 있다. 다음으로 1번 노드로 이동하면 당신이 모은 양은 두 마리가 된다. 이때 바로 4번 노드로 이동하면, 늑대 한 마리가 당신을 따라오게 된다. 아직은 양 2마리, 늑대 1마리로 양이 잡아먹히지 않지만, 이후에 갈 수 있는 아직 방문하지 않은 모든 노드(2, 3, 6, 8번)에는 늑대가 있다. 이어서 늑대가 있는 노드로 이동한다면(예를 들어 바로 6번 노드로 이동한다면) 양 2마리, 늑대 2마리가 되어 양이 모두 잡아먹힌다. 여기서는 0번, 1번 노드를 방문하여 양을 2마리 모은 후, 8번 노드로 이동한 후(양 2마리 늑대 1마리), 이어서 7번, 9번 노드를 방문하면 양 4마리 늑대 1마리가 된다. 이제 4번, 6번 노드로 이동하면 양 4마리, 늑대 3마리가 되며, 이제 5번 노드로 이동할 수 있게 된다. 따라서 양을 최대 5마리 모을 수 있다.

각 노드에 있는 양 또는 늑대에 대한 정보가 담긴 배열 info, 2진 트리의 각 노드들의 연결 관계를 담은 2차원 배열 edges가 매개변수로 주어질 때, 문제에 제시된 조건에 따라 각 노드를 방문하면서 모을 수 있는 양은 최대 몇 마리인지 return 하도록 solution 함수를 완성하시오.

제한 사항

- 2 ≤ info의 길이 ≤ 17
  - info의 원소는 0 또는 1이다.
  - info[i]는 i번 노드에 있는 양 또는 늑대를 나타낸다.
  - 0은 양, 1은 늑대를 의미한다.
  - info[0]의 값은 항상 0이다. 즉, 0번 노드(루트 노드)에는 항상 양이 있다.
- edges의 세로(행) 길이 = info의 길이 − 1
  - edges의 가로(열) 길이 = 2
  - edges의 각 행은 [부모 노드 번호, 자식 노드 번호] 형태로, 서로 연결된 두 노드를 나타낸다.
  - 동일한 간선에 대한 정보가 중복해서 주어지지 않는다.
  - 항상 하나의 이진 트리 형태로 입력이 주어지며, 잘못된 데이터가 주어지는 경우는 없다.
  - 0번 노드는 항상 루트 노드이다.

입출력 예

info	edges	result
[0,0,1,1,1,0,1,0,1,0,1,1]	[[0,1],[1,2],[1,4],[0,8],[8,7],[9,10],[9,11],[4,3],[6,5],[4,6],[8,9]]	5
[0,1,0,1,1,0,1,0,0,1,0]	[[0,1],[0,2],[1,3],[1,4],[2,5],[2,6],[3,7],[4,8],[6,9],[9,10]]	5

문제해설

각 노드에 있는 양 또는 늑대에 대한 정보가 담긴 배열 info, 2진 트리의 각 노드들의 연결 관계를 담은 2차원 배열 edges가 주어진다. 문제에 제시된 조건에 따라 각 노드를 방문하면서 모을 수 있는 양의 최댓값을 구하는 문제다.

문제에 제시된 조건에 따라 각 노드를 방문하는 모든 경우를 재귀 함수로 구현한다. 재귀 함수의 매개변수에 현재 방문한 노드 집합이 주어진다. 현재 방문한 노드에서 인접하면서 아직 방문하지 않은 노드를 방문한다. 재귀 함수로 탐색하는 모든 경우에 대해서 양의 최댓값을 구하면 된다.

노드의 수를 n이라고 하자. 현재 방문한 노드 집합의 개수는 $O(2^n)$이다. 재귀 함수에서 방문하는 인접한 노드 수는 $O(n)$이다. 따라서 전체 시간복잡도는 $O(n*2^n)$이다. n의 최댓값이 17이므로 제한 시간 내에 결과가 출력된다.

소스 코드 예시

```
# state: 현재 방문한 노드 집합
#  - state의 i번째 bit: 0(현재 노드 i를 방문하지 않았음), 1(현재 노드 i를 방문했음))
# sheep: state에 포함된 양의 수, wolf: state에 포함된 늑대의 수
# info: 노드 정보, E: 간선 정보
# 현재 입력 파라미터에 주어진 상태에서 모든 경우를 고려할 경우, 양의 최댓값을 반환한다.
def solve(state, sheep, wolf, info, E):
    # ret: 현재 입력 파라미터에 주어진 상태에서 모든 경우를 고려할 경우, 양의 최댓값
    # 초깃값: 현재 state에 포함된 양의 수(sheep)
    ret = sheep

    # 현재 방문한 u번 노드의 모든 이웃한 v번 노드를 방문한다.
    for u in range(len(info)):
        # 현재 u번 노드를 방문하지 않았음
        if (state & (1 << u)) == 0:
            continue

        # u번 노드와 이웃한 v번 노드를 방문
        for v in E[u]:
            # v번 노드를 이미 방문한 경우, 추가로 방문하지 않는다.
            if state & (1 << v):
                continue

            # v번 노드에 양이 있는 경우, v번 노드를 방문한다.
            if info[v] == 0:
                ret = max(ret, solve(state | (1 << v), sheep + 1, wolf, info, E))

            # v번 노드에 늑대가 있는 경우, 양의 수가 늑대의 수보다 큰 경우에만
```

```
                # v번 노드를 방문한다.
            else:
                # 양의 수가 늑대의 수보다 큰 경우에만 v번 노드를 방문한다.
                if sheep > wolf + 1:
                    ret = max(ret, solve(state | (1 << v), sheep, wolf + 1, info, E))
    return ret


# info: 노드 정보(info[i]: 0(i번 노드에 양이 있음), 1(i번 노드에 늑대가 있음))
# edges: 트리의 간선 정보(edges[i]: (부모 노드 번호, 자식 노드 번호))
def solution(info, edges):
    # edges를 인접 리스트 E로 만든다.
    E = [[] for _ in range(len(info))]
    for p, c in edges:
        E[p].append(c)


    # state: 1(0번 정점만 방문한 상태), sheep: 1(양이 1마리), wolf: 0(늑대가 0마리)
    # info: 노드 정보, E: 간선 정보
    return solve(1, 1, 0, info, E)
```

난이도 ★★★☆　　**시간제한** 10초　　**메모리제한** 1024MB　　2022 KAKAO BLIND RECRUITMENT

• 본 문제는 정확성과 효율성 테스트 각각 점수가 있는 문제이다.

N×M 크기의 행렬 모양의 게임 맵이 있다. 이 맵에는 내구도를 가진 건물이 각 칸마다 하나씩 있다. 적은 이 건물들을 공격하여 파괴하려고 한다. 건물은 적의 공격을 받으면 내구도가 감소하고 내구도가 0 이하가 되면 파괴된다. 반대로 아군은 회복 스킬을 사용하여 건물들의 내구도를 높이려고 한다. 적의 공격과 아군의 회복 스킬은 항상 직사각형 모양이다.

예를 들어, 아래 사진은 크기가 4×5인 맵에 내구도가 5인 건물들이 있는 상태이다.

	0	1	2	3	4
0	5	5	5	5	5
1	5	5	5	5	5
2	5	5	5	5	5
3	5	5	5	5	5

첫 번째로 적이 맵의 (0,0)부터 (3,4)까지 공격하여 4만큼 건물의 내구도를 낮추면 그림 ①과 같은 상태가 된다.

두 번째로 적이 맵의 (2,0)부터 (2,3)까지 공격하여 2만큼 건물의 내구도를 낮추면 그림 ②와 같이 4개의 건물이 파괴되는 상태가 된다.

	0	1	2	3	4
0	1	1	1	1	1
1	1	1	1	1	1
2	1	1	1	1	1
3	1	1	1	1	1

①

	0	1	2	3	4
0	1	1	1	1	1
1	1	1	1	1	1
2	−1	−1	−1	−1	1
3	1	1	1	1	1

②

세 번째로 아군이 맵의 (1,0)부터 (3,1)까지 회복하여 2만큼 건물의 내구도를 높이면 그림 ③과 같이 2

개의 건물이 파괴되었다가 복구되고 2개의 건물만 파괴되어있는 상태가 된다.

마지막으로 적이 맵의 (0,1)부터 (3,3)까지 공격하여 1만큼 건물의 내구도를 낮추면 그림 ④와 같이 8개의 건물이 더 파괴되어 총 10개의 건물이 파괴된 상태가 된다. (내구도가 0 이하가 된 이미 파괴된 건물도, 공격을 받으면 계속해서 내구도가 하락하는 것에 유의한다)

	0	1	2	3	4
0	1	1	1	1	1
1	3	3	1	1	1
2	1	1	−1	−1	1
3	3	3	1	1	1

③

	0	1	2	3	4
0	1	0	0	0	1
1	3	2	0	0	1
2	1	0	−2	−2	1
3	3	2	0	0	1

④

최종적으로 총 10개의 건물이 파괴되지 않았다.

건물의 내구도를 나타내는 2차원 정수 배열 board와 적의 공격 혹은 아군의 회복 스킬을 나타내는 2차원 정수 배열 skill이 매개변수로 주어진다. 적의 공격 혹은 아군의 회복 스킬이 모두 끝난 뒤 파괴되지 않은 건물의 개수를 return하는 solution 함수를 완성하시오.

제한 사항

- 1 ≤ board 행의 길이 (= N) ≤ 1,000
- 1 ≤ board 열의 길이 (= M) ≤ 1,000
- 1 ≤ board의 원소 (각 건물의 내구도) ≤ 1,000
- 1 ≤ skill 행의 길이 ≤ 250,000
- skill 열의 길이 = 6
- skill의 각 행은 [type, r1, c1, r2, c2, degree] 형태를 가지고 있다.
  - type은 1 혹은 2이다.
    1) type이 1일 경우는 적의 공격을 의미한다. 건물의 내구도를 낮춘다.
    2) type이 2일 경우는 아군의 회복 스킬을 의미한다. 건물의 내구도를 높인다.
  - (r1, c1)부터 (r2, c2)까지 직사각형 모양의 범위 안에 있는 건물의 내구도를 degree만큼 낮추거나 높인다는 뜻이다.
    1) 0 ≤ r1 ≤ r2 < board 행의 길이
    2) 0 ≤ c1 ≤ c2 < board 열의 길이
    3) 1 ≤ degree ≤ 500
    4) type이 1이면 degree만큼 건물의 내구도를 낮춘다.

5) type이 2이면 degree만큼 건물의 내구도를 높인다.

- 건물은 파괴되었다가 회복 스킬을 받아 내구도가 1 이상이 되면 파괴되지 않은 상태가 된다. 즉, 최종적으로 건물의 내구도가 1 이상이면 파괴되지 않은 건물이다.

정확성 테스트 케이스 제한 사항

- 1 ≤ board 행의 길이 (= N) ≤ 100

- 1 ≤ board 열의 길이 (= M) ≤ 100

- 1 ≤ board의 원소 (각 건물의 내구도) ≤ 100

- 1 ≤ skill 행의 길이 ≤ 100

  - 1 ≤ degree ≤ 100

효율성 테스트 케이스 제한 사항

- 주어진 조건 외 추가 제한사항 없다.

입출력 예

board	skill	result
[[5,5,5,5,5],[5,5,5,5,5],[5,5,5,5,5],[5,5,5,5,5]]	[[1,0,0,3,4,4],[1,2,0,2,3,2],[2,1,0,3,1,2],[1,0,1,3,3,1]]	10
[[1,2,3],[4,5,6],[7,8,9]]	[[1,1,1,2,2,4],[1,0,0,1,1,2],[2,2,0,2,0,100]]	6

문제해설

건물의 내구도를 나타내는 2차원 정수 배열 board와 적의 공격 혹은 아군의 회복 스킬을 나타내는 2차원 정수 배열 skill이 주어진다. 적의 공격 혹은 아군의 회복 스킬이 모두 끝난 뒤 파괴되지 않은 건물의 개수를 구하는 문제다. skill에 저장된 스킬의 개수를 K라고 하자.

정확성 테스트 버전은 배열 skill에 저장된 하나의 스킬을 처리할 때, 스킬에 해당하는 board의 직사각형 영역을 모두 갱신한다. 하나의 스킬을 처리하는 데 $O(N*M)$의 시간이 소요된다. 따라서 전체 시간복잡도는 $O(K*N*M)$이다. K, N, M의 최댓값이 100이므로 시간 내에 결과를 출력한다.

효율성 테스트 버전은 하나의 스킬을 처리할 때 2차원 배열 누적 합 알고리즘을 이용한다. 즉, 2차원 배열 board에 대한 행 단위 누적 합과 열 단위 누적 합을 고려하여 하나의 스킬이 나타내는 직사각형 영역의 업데이트를 O(1) 시간복잡도로 빠르게 처리한다. 하나의 스킬에 대한 업데이트에 O(1) 시간이 소요되므로 skill에 저장된 스킬을 모두 처리하는데 O(K)의 시간이 소요된다. skill에 저장된 스킬을 모두 처리한 후 2차원 누적 합을 처리하기 위해 행 단위 누적 합과 열 단위 누적 합을 처리해야 하므로 O(N*M)의 시간이 소요된다. 따라서 전체 시간복잡도는 O(K+N*M)이다. N, M의 최댓값이 1,000이고 K의 최댓값이 250,000이므로 제한 시간 내에 결과가 출력된다.

소스 코드 예시(정확성 테스트 버전)

```python
# 정확성 테스트 버전(O(K*N*M), K: 스킬 개수, N*M: board 크기)
# board[r1..r2][c1..c2] 영역에 공격(degree<0) or 회복(degree>0) 스킬을 적용한다.
def update_board(board, r1, c1, r2, c2, degree):
    for r in range(r1, r2 + 1):
        for c in range(c1, c2 + 1):
            board[r][c] += degree


# board: 건물의 내구도를 나타내는 정수형 2차원 배열
# skill: 적의 공격 혹은 아군의 회복 스킬을 나타내는 배열
#       ([type, r1, c1, r2, c2, degree]를 원소로 갖는다)
# 반환: 적의 공격 혹은 아군의 회복 스킬이 모두 끝난 뒤 파괴되지 않은 건물의 수
def solution(board, skill):
    # skill을 순서대로 적용한다.
    for type, r1, c1, r2, c2, degree in skill:
        if type == 1:
            update_board(board, r1, c1, r2, c2, -degree)
        else:
            update_board(board, r1, c1, r2, c2, degree)

    # 파괴되지 않은(board[i][j]>0) 건물의 수를 answer에 저장한다.
    answer = 0
    for i in range(len(board)):
        for j in range(len(board[i])):
            if board[i][j] > 0:
```

```
                answer += 1
    return answer
```

소스 코드 예시(효율성 테스트 버전)

```python
# 효율성 테스트 버전(O(K+N*M), K: 스킬 개수, N*M: board의 크기)
# board[r1..r2][c1..c2] 영역에 공격(degree<0) or 회복(degree>0) 스킬을 적용한다.
# 행과 열의 누적 합을 이용하여 O(1)에 처리한다.
def update_board(board, r1, c1, r2, c2, degree):
    board[r1][c1] += degree
    if c2 + 1 < len(board[0]):
        board[r1][c2 + 1] -= degree
    if r2 + 1 < len(board):
        board[r2 + 1][c1] -= degree
    if r2 + 1 < len(board) and c2 + 1 < len(board[0]):
        board[r2 + 1][c2 + 1] += degree


# board: 건물의 내구도를 나타내는 정수형 2차원 배열
# skill: 적의 공격 혹은 아군의 회복 스킬을 나타내는 배열
#        ([type, r1, c1, r2, c2, degree]를 원소로 갖는다)
# 반환: 적의 공격 혹은 아군의 회복 스킬이 모두 끝난 뒤 파괴되지 않은 건물의 수
def solution(board, skill):
    # skill 결과를 board_diff에 반영한다. (초깃값: 0)
    board_diff=[[0] * len(board[0]) for _ in range(len(board))]

    # skill을 순서대로 적용한다.
    for type, r1, c1, r2, c2, degree in skill:
        if type == 1:
            update_board(board_diff, r1, c1, r2, c2, -degree)
        else:
            update_board(board_diff, r1, c1, r2, c2, degree)

    # board_diff 각 행의 누적 합을 계산한다.
    for r in range(len(board)):
        for c in range(1, len(board[0])):
```

```
            board_diff[r][c] += board_diff[r][c - 1]

# board_diff 각 열의 누적 합을 계산한다.
for c in range(len(board[0])):
    for r in range(1, len(board)):
        board_diff[r][c] += board_diff[r - 1][c]

# board_diff와 board를 고려하여 파괴되지 않은 건물의 수를 구한다.
answer = 0
for r in range(len(board)):
    for c in range(len(board[0])):
        if board[r][c] + board_diff[r][c] > 0:
            answer+=1
return answer
```

문제 설명

플레이어 A와 플레이어 B가 서로 게임을 한다. 당신은 이 게임이 끝날 때까지 양 플레이어가 캐릭터를 몇 번 움직이게 될지 예측하려고 한다.

각 플레이어는 자신의 캐릭터 하나를 보드 위에 올려놓고 게임을 시작한다. 게임 보드는 1×1 크기 정사각 격자로 이루어져 있으며, 보드 안에는 발판이 있는 부분과 없는 부분이 있다. 발판이 있는 곳에만 캐릭터가 서 있을 수 있으며, 처음 캐릭터를 올려놓는 곳은 항상 발판이 있는 곳이다. 캐릭터는 발판이 있는 곳으로만 이동할 수 있으며, 보드 밖으로 이동할 수 없습니다. 밟고 있던 발판은 그 위에 있던 캐릭터가 다른 곳으로 이동하여 다른 발판을 밟음과 동시에 사라집니다. 양 플레이어는 번갈아 가며 자기 차례에 자신의 캐릭터를 상하좌우로 인접한 4개의 칸 중에서 발판이 있는 칸으로 옮겨야 한다.

다음과 같은 2가지 상황에서 패자와 승자가 정해지며, 게임이 종료된다.

- 움직일 차례인데 캐릭터의 상하좌우 주변 4칸이 모두 발판이 없거나 보드 밖이라서 이동할 수 없는 경우, 해당 차례 플레이어는 패배한다.
- 두 캐릭터가 같은 발판 위에 있을 때, 상대 플레이어의 캐릭터가 다른 발판으로 이동하여 자신의 캐릭터가 서 있던 발판이 사라지게 되면 패배한다.

게임은 항상 플레이어 A가 먼저 시작한다. 양 플레이어는 최적의 플레이를 한다. 즉, 이길 수 있는 플레이어는 최대한 빨리 승리하도록 플레이하고, 질 수밖에 없는 플레이어는 최대한 오래 버티도록 플레이한다. '이길 수 있는 플레이어'는 실수만 하지 않는다면 항상 이기는 플레이어를 의미하며, '질 수밖에 없는 플레이어'는 최선을 다해도 상대가 실수하지 않으면 항상 질 수밖에 없는 플레이어를 의미한다. 최대한 오래 버틴다는 것은 양 플레이어가 캐릭터를 움직이는 횟수를 최대화한다는 것을 의미한다.

아래 그림은 초기 보드의 상태와 각 플레이어의 위치를 나타내는 예시이다.

1	1	1
1 A	1	1 B
1	1	1

위와 같은 경우, 플레이어 A는 실수만 하지 않는다면 항상 이길 수 있다. 따라서 플레이어 A는 이길 수 있는 플레이어이며, B는 질 수밖에 없는 플레이어이다. 다음은 A와 B가 최적의 플레이를 하는 과정을 나타낸다.

- 플레이어 A가 초기 위치 (1, 0)에서 (1, 1)로 이동한다. 플레이어 A가 (0, 0)이나 (2, 0)으로 이동할 경우 승리를 보장할 수 없다. 따라서 무조건 이길 방법이 있는 (1, 1)로 이동한다.
- 플레이어 B는 (1, 1)로 이동할 경우, 바로 다음 차례에 A가 위 또는 아래 방향으로 이동하면 발판이 없어져 패배하게 된다. 질 수밖에 없는 플레이어는 최대한 오래 버티도록 플레이하기 때문에 (1, 1)로 이동하지 않는다. (1, 2)에서 위쪽 칸인 (0, 2)로 이동한다.
- A가 (1, 1)에서 (0, 1)로 이동한다.
- B에게는 남은 선택지가 (0, 1)밖에 없다. 따라서 (0, 2)에서 (0, 1)로 이동한다.
- A가 (0, 1)에서 (0, 0)으로 이동한다. 이동을 완료함과 동시에 B가 서 있던 (0, 1)의 발판이 사라지고, B가 패배한다.
- 만약 과정 2에서 B가 아래쪽 칸인 (2, 2)로 이동하더라도 A는 (2, 1)로 이동하면 된다. 이후 B가 (2, 1)로 이동, 다음 차례에 A가 (2, 0)으로 이동하면 B가 패배한다.

위 예시에서 양 플레이어가 최적의 플레이를 했을 경우, 캐릭터의 이동 횟수 합은 5이다. 최적의 플레이를 하는 방법은 여러 가지일 수 있으나 이동한 횟수는 모두 5로 같다.

문제

게임 보드의 초기 상태를 나타내는 2차원 정수 배열 board와 플레이어 A의 캐릭터 초기 위치를 나타내는 정수 배열 aloc, 플레이어 B의 캐릭터 초기 위치를 나타내는 정수 배열 bloc이 매개변수로 주어진다. 양 플레이어가 최적의 플레이를 했을 때, 두 캐릭터가 움직인 횟수의 합을 return하도록 solution 함수를 완성하시오.

제한 사항

- 1 ≤ board의 세로 길이 ≤ 5
- 1 ≤ board의 가로 길이 ≤ 5
- board의 원소는 0 또는 1이다.
  - 0은 발판이 없음을, 1은 발판이 있음을 나타낸다.
  - 게임 보드의 좌측 상단 좌표는 (0, 0), 우측 하단 좌표는 (board의 세로 길이 − 1, board의 가로 길이 − 1)이다.
- aloc과 bloc은 각각 플레이어 A의 캐릭터와 플레이어 B의 캐릭터 초기 위치를 나타내는 좌표값이며 [r, c] 형태이다.
  - r은 몇 번째 행인지를 나타낸다.

- 0 ≤ r < board의 세로 길이
- c는 몇 번째 열인지를 나타낸다.
- 0 ≤ c < board의 가로 길이
- 초기 보드의 aloc과 bloc 위치는 항상 발판이 있는 곳이다.
- aloc과 bloc이 같을 수 있다.
• 상대 플레이어의 캐릭터가 있는 칸으로 이동할 수 있다.

board	aloc	bloc	result
[[1, 1, 1], [1, 1, 1], [1, 1, 1]]	[1, 0]	[1, 2]	5
[[1, 1, 1], [1, 0, 1], [1, 1, 1]]	[1, 0]	[1, 2]	4
[[1, 1, 1, 1, 1]]	[0, 0]	[0, 4]	4
[[1]]	[0, 0]	[0, 0]	0

문제해설

게임 보드의 초기 상태를 나타내는 2차원 정수 배열 board와 플레이어 A의 초기 위치를 나타내는 정수 배열 aloc, 플레이어 B의 초기 위치를 나타내는 정수 배열 bloc이 주어진다. 양 플레이어가 최적의 플레이를 했을 때, 두 캐릭터가 움직인 횟수의 합을 반환하는 문제다.

양 플레이어가 움직일 수 있는 모든 경우를 재귀 함수로 구현하면 된다. 재귀 함수의 파라미터에 현재 보드 상태, 현재 움직일 플레이어의 위치, 다음번에 움직일 플레이어의 위치를 저장한다. 재귀 함수는 첫 번째 플레이어가 이기는 경우와 지는 경우를 구분하여 결괏값을 반환한다.

board의 세로 길이를 n, board의 가로 길이를 m이라 하자. 플레이어가 상하좌우 4가지 방향으로 이동할 수 있으므로 시간복잡도는 $O(4^{nm})$이다. n, m의 최댓값이 5이므로 4^{25}의 시간이 소요된다. 하지만 현재 플레이어가 밟고 있던 발판이 이동과 동시에 사라지기 때문에 경우의 수가 $O(4^{nm})$보다 훨씬 작아진다. 따라서 제한 시간 내에 결과가 출력된다.

소스 코드 예시

```python
# 좌표 (r, c)가 board 안에 있으면 True, 아니면 False를 반환한다.
def in_range(board, r, c):
    return 0 <= r and r < len(board) and 0 <= c and c < len(board[0])


# 입력
#  - board: 현재 보드 상태, (r1, c1): 첫 번째 플레이어 위치, (r2, c2): 두 번째 플레이어 위치
#  - 현재 첫 번째 플레이어가 움직일 차례임
# 출력
#  - 첫 번째 플레이어가 이길 경우, 최소 이동 횟수
#  - 첫 번째 플레이어가 질 경우, (최대 이동 횟수) * -1
#  - 첫 번째 플레이어가 이동할 수 없는 경우 0
def solve(board, r1, c1, r2, c2):
    # dd: 상, 하, 좌, 우 이동 시 (행, 열) 변화량
    # nxt: 상, 하, 좌, 우 이동 결과를 저장 (이동 횟수)
    dd = [[-1, 0], [1, 0], [0, -1], [0, 1]]
    nxt=[]

    # 첫 번째 플레이어가 상, 하, 좌, 우로 이동해 본다.
    for dr, dc in dd:
        # 첫 번째 플레이어의 다음 위치: (nr, nc)
        nr, nc = r1 + dr, c1 + dc

        # board를 벗어난 경우: 이동 불가
        if in_range(nr, nc) == False:
            continue

        # 발판이 없는 경우: 이동 불가
        if board[nr][nc] == 0:
            continue

        # 첫 번째 플레이어가 (r1, c1)에서 (nr, nc)로 이동한다.
        # 기존 위치(r1, c1)에 있는 발판이 사라진다.
        # 두 번째 플레이어가 이동할 차례이므로, 서로 위치를 바꾼다.
        board[r1][c1] = 0
        ret = solve(board, r2, c2, nr, nc)
```

```python
        # 기존 위치(r1, c1)에 있는 발판을 다시 복구시킨다. (back-tracking)
        board[r1][c1] = 1

        # 현재 이동에 대한 결과(이동 횟수)를 저장한다.
        nxt.append(ret)

    # 기저 사례 - 1 : 첫 번째 플레이어가 이동할 수 없는 경우 0을 반환한다.
    # 즉, 첫 번째 플레이어가 지는 경우이며 이동 횟수는 0이다.
    if len(nxt) == 0:
        return 0

    # 기저 사례 - 2
    # 두 플레이어가 같은 위치에 있고, 첫 번째 플레이어가 이동할 수 있는 경우임
    # 첫 번째 플레이어가 1회 이동 후 첫 번째 플레이어가 승리한다.
    if r1 == r2 and c1 == c2:
        return 1

    # 이동 횟수 기준으로 오름차순 정렬한다.
    nxt.sort()

    # 첫 번째 플레이어가 지는 경우 (두 번째 플레이어가 항상 이김)
    # 이동 횟수를 최대화한다.
    if nxt[0] > 0:
        return -(nxt[-1] + 1)

    # 첫 번째 플레이어가 이기는 경우 (두 번째 플레이어가 지는 경우가 있음)
    # 이동 횟수를 최소화한다.
    ret = None
    for i in range(len(nxt)):
        if nxt[i] <= 0:
            ret = nxt[i]
    return -ret + 1


# board: 현재 보드 상태, aloc: 플레이어 A 위치, bloc: 플레이어 B 위치
def solution(board, aloc, bloc):
    # board: 현재 보드 상태, aloc: 첫 번째 플레이어(A) 위치
    # bloc: 두 번째 플레이어(B) 위치
    answer = solve(board, aloc[0], aloc[1], bloc[0], bloc[1])
    return abs(answer)
```

신규 아이디 추천

난이도 ★☆☆☆ 시간제한 10초 메모리제한 1024MB 2021 KAKAO BLIND RECRUITMENT

문제 설명

카카오에 입사한 신입 개발자 네오는 "카카오계정개발팀"에 배치되어, 카카오 서비스에 가입하는 유저들의 아이디를 생성하는 업무를 담당하게 되었다. "네오"에게 주어진 첫 업무는 새로 가입하는 유저들이 카카오 아이디 규칙에 맞지 않는 아이디를 입력했을 때, 입력된 아이디와 유사하면서 규칙에 맞는 아이디를 추천해주는 프로그램을 개발하는 것이다. 다음은 카카오 아이디의 규칙이다.

- 아이디의 길이는 3자 이상 15자 이하여야 한다.
- 아이디는 알파벳 소문자, 숫자, 빼기(-), 밑줄(_), 마침표(.) 문자만 사용할 수 있다.
- 단, 마침표(.)는 처음과 끝에 사용할 수 없으며 또한 연속으로 사용할 수 없다.

"네오"는 다음과 같이 7단계의 순차적인 처리 과정을 통해 신규 유저가 입력한 아이디가 카카오 아이디 규칙에 맞는 지 검사하고 규칙에 맞지 않은 경우 규칙에 맞는 새로운 아이디를 추천해 주려고 한다. 신규 유저가 입력한 아이디가 new_id라고 한다면,

1단계 new_id의 모든 대문자를 대응되는 소문자로 치환한다.
2단계 new_id에서 알파벳 소문자, 숫자, 빼기(-), 밑줄(_), 마침표(.)를 제외한 모든 문자를 제거한다.
3단계 new_id에서 마침표(.)가 2번 이상 연속된 부분을 하나의 마침표(.)로 치환한다.
4단계 new_id에서 마침표(.)가 처음이나 끝에 위치한다면 제거한다.
5단계 new_id가 빈 문자열이라면, new_id에 "a"를 대입한다.
6단계 new_id의 길이가 16자 이상이면, new_id의 첫 15개의 문자를 제외한 나머지 문자들을 모두 제거한다. 만약 제거 후 마침표(.)가 new_id의 끝에 위치한다면 끝에 위치한 마침표(.) 문자를 제거한다.
7단계 new_id의 길이가 2자 이하라면, new_id의 마지막 문자를 new_id의 길이가 3이 될 때까지 반복해서 끝에 붙인다.

문제

신규 유저가 입력한 아이디를 나타내는 new_id가 매개변수로 주어질 때, "네오"가 설계한 7단계의 처리 과정을 거친 후의 추천 아이디를 return 하도록 solution 함수를 완성하시오.

제한 사항

- new_id는 길이가 1 이상 1,000 이하인 문자열이다.
- new_id는 알파벳 대문자, 알파벳 소문자, 숫자, 특수문자로 구성되어 있다.

• new_id에 나타날 수 있는 특수문자는 −_.~!@#$%^&*()=+[{]}:?,⟨⟩/로 한정된다.

no	new_id	result
예1	"...!@BaT#*..y.abcdefghijklm"	"bat.y.abcdefghi"
예2	"z-+.^."	"z--"
예3	"=.="	"aaa"
예4	"123_.def"	"123_.def"
예5	"abcdefghijklmn.p"	"abcdefghijklmn"

문제해설

신규 유저가 입력한 아이디를 나타내는 new_id가 매개변수로 주어질 때, "네오"가 설계한 7단계의 처리 과정을 거친 후의 추천 아이디를 구하는 구현 문제이다.

문자열을 이용해서 각 단계를 처리하면 된다. 1단계는 lower() 함수를 이용하여 대문자를 소문자로 치환한다. 2단계는 isalpha(), isdigit() 함수와 in 연산자를 이용하여 알파벳 소문자, 숫자, 빼기(−), 밑줄(_), 마침표(.)를 제외한 모든 문자를 제거한다. 3단계는 in 연산자와 반복문을 이용하여 문자열 '..'가 존재하는 동안 replace 함수로 문자열 '..'을 문자열 '.'으로 치환하면 된다. 4단계는 문자열 인덱싱 [1:], [:−1]를 이용하여 맨 앞, 맨 뒤에 있는 마침표(.)를 제거한다. 5단계는 len() 함수로 문자열 길이를 확인하고 0인 경우 문자열을 'a'로 만든다. 6단계는 len() 함수로 문자열 길이를 확인하고 문자열 인덱싱을 이용해서 원하는 문자열을 추출하면 된다. 7단계는 len() 함수와 반복문을 이용하여 문자열의 길이가 3 이상이 될 때까지 반복해서 문자열의 마지막 문자를 끝에 붙인다.

입력으로 주어진 new_id의 길이를 n이라고 하자. 1단계부터 7단계까지 각 단계별 수행 시간은 O(n)이다. 따라서 전체 시간복잡도는 O(n)이다. n의 최댓값이 1,000이므로 제한 시간 내에 결과가 출력된다.

소스 코드 예시

```
# newid: 신규 유저가 입력한 아이디
```

```python
# "네오"가 설계한 7단계의 처리 과정을 거친 후의 추천 아이디를 반환한다.
def solution(new_id):
    # answer: 추천 아이디 저장
    answer = ''

    # 1단계: new_id의 모든 대문자를 대응되는 소문자로 치환한다.
    new_id = new_id.lower()

    # 2단계: new_id에서 알파벳 소문자, 숫자, 빼기(-), 밑줄(_), 마침표(.)를 제외한
    #        모든 문자를 제거한다.
    for c in new_id:
        if c.isalpha() or c.isdigit() or c in ['-', '_', '.']:
            answer += c

    # 3단계: answer에서 마침표(.)가 2번 이상 연속된 부분을 하나의 마침표(.)로 치환한다.
    while '..' in answer:
        answer = answer.replace('..', '.')

    # 4단계: answer에서 마침표(.)가 처음이나 끝에 위치한다면 제거한다.
    if answer[0] == '.' and len(answer) > 1:
        answer = answer[1:]
    if answer[-1] == '.':
        answer = answer[:-1]

    # 5단계: new_id가 빈 문자열이라면, new_id에 "a"를 대입한다.
    if len(answer) == 0:
        answer = 'a'

    # 6단계: answer의 길이가 16자 이상이면, answer의 첫 15개의 문자를 제외한
    #        나머지 문자들을 모두 제거한다.
    # 만약 제거 후 마침표(.)가 answer의 끝에 위치한다면 끝에 위치한 마침표(.)를 제거한다.
    # 주의: 초기에 주어진 answer의 길이가 15이고 끝에 마침표가 위치한 경우에는
    #        마침표를 제거하면 안 된다.
    if len(answer) > 15:
        if answer[14] == '.':
            answer = answer[0:14]
        else:
```

```
        answer = answer[0:15]


    # 7단계: answer의 길이가 2 이하라면, answer의 마지막 문자를 answer의 길이가
    #        3이 될 때까지 반복해서 끝에 붙인다.
    while len(answer) <= 2:
        answer += answer[-1]


    return answer
```

9-16 메뉴 리뉴얼

난이도 ★★☆☆ **시간제한** 10초 **메모리제한** 1024MB 2021 KAKAO BLIND RECRUITMENT

문제 설명

레스토랑을 운영하던 스카피는 코로나19로 인한 불경기를 극복하고자 메뉴를 새로 구성하려고 고민하고 있다.

기존에는 단품으로만 제공하던 메뉴를 조합해서 코스요리 형태로 재구성해서 새로운 메뉴를 제공하기로 결정했다. 어떤 단품메뉴들을 조합해서 코스요리 메뉴로 구성하면 좋을지 고민하던 "스카피"는 이전에 각 손님들이 주문할 때 가장 많이 함께 주문한 단품메뉴들을 코스요리 메뉴로 구성하기로 했다.

단, 코스요리 메뉴는 최소 2가지 이상의 단품메뉴로 구성하려고 한다. 또한, 최소 2명 이상의 손님으로부터 주문된 단품메뉴 조합에 대해서만 코스요리 메뉴 후보에 포함하기로 했다.

예를 들어, 손님 6명이 주문한 단품메뉴들의 조합이 다음과 같다면(각 손님은 단품메뉴를 2개 이상 주문해야 하며, 각 단품메뉴는 A ~ Z의 알파벳 대문자로 표기한다),

손님 번호	주문한 단품메뉴 조합
1번 손님	A, B, C, F, G
2번 손님	A, C
3번 손님	C, D, E
4번 손님	A, C, D, E
5번 손님	B, C, F, G
6번 손님	A, C, D, E, H

가장 많이 함께 주문된 단품메뉴 조합에 따라 "스카피"가 만들게 될 코스요리 메뉴 구성 후보는 다음과 같다.

코스 종류	메뉴 구성	설명
요리 2개 코스	A, C	1번, 2번, 4번, 6번 손님으로부터 총 4번 주문됐다.
요리 3개 코스	C, D, E	3번, 4번, 6번 손님으로부터 총 3번 주문됐다.
요리 4개 코스	B, C, F, G	1번, 5번 손님으로부터 총 2번 주문됐다.
요리 4개 코스	A, C, D, E	4번, 6번 손님으로부터 총 2번 주문됐다.

문제

각 손님들이 주문한 단품메뉴들이 문자열 형식으로 담긴 배열 orders, "스카피"가 추가하고 싶어 하는 코스요리를 구성하는 단품메뉴들의 개수가 담긴 배열 course가 매개변수로 주어질 때, "스카피"가 새로 추가하게 될 코스요리의 메뉴 구성을 문자열 형태로 배열에 담아 return 하도록 solution 함수를 완성하시오.

- orders 배열의 크기는 2 이상 20 이하이다.
- orders 배열의 각 원소는 크기가 2 이상 10 이하인 문자열이다.
  - 각 문자열은 알파벳 대문자로만 이루어져 있다.
  - 각 문자열에는 같은 알파벳이 중복해서 들어있지 않다.
- course 배열의 크기는 1 이상 10 이하이다.
  - course 배열의 각 원소는 2 이상 10 이하인 자연수가 오름차순으로 정렬되어 있다.
  - course 배열에는 같은 값이 중복해서 들어있지 않다.
- 정답은 각 코스요리 메뉴의 구성을 문자열 형식으로 배열에 담아 사전 순으로 오름차순 정렬해서 return 한다.
  - 배열의 각 원소에 저장된 문자열 또한 알파벳 오름차순으로 정렬되어야 한다.
  - 만약 가장 많이 함께 주문된 메뉴 구성이 여러 개라면, 모두 배열에 담아 return 하면 된다.
  - orders와 course 매개변수는 return 하는 배열의 길이가 1 이상이 되도록 주어진다.

입출력 예

orders	course	result
["ABCFG", "AC", "CDE", "ACDE", "BCFG", "ACDEH"]	[2,3,4]	["AC", "ACDE", "BCFG", "CDE"]
["ABCDE", "AB", "CD", "ADE", "XYZ", "XYZ", "ACD"]	[2,3,5]	["ACD", "AD", "ADE", "CD", "XYZ"]
["XYZ", "XWY", "WXA"]	[2,3,4]	["WX", "XY"]

문제해설

각 손님들이 주문한 단품 메뉴들이 문자열 형식으로 담긴 배열 orders, "스카피"가 추가하고 싶어 하는 코스요리를 구성하는 단품 메뉴들의 개수가 담긴 배열 course가 매개변수로 주어질 때, "스카피"가 새로 추가하게 될 코스요리의 메뉴 구성을 문자열 형태로 구하는 문제이다. 재귀 함수를 이용한 완전 탐색으로 해결할 수 있다.

orders에 있는 단품 메뉴를 조합한 코스요리를 만들고, 만들어진 코스요리의 개수를 구한다. 재귀 함수를 이용한 완전 탐색을 이용하여 orders에 있는 단품 메뉴의 모든 조합을 구하면 된다. 코스요리에 포함된 단품 메뉴 수를 인덱스로 갖는 1차원 리스트를 만든다.

(아래 소스 코드 예시에서 mp에 해당함) 리스트의 원소는 코스요리명을 키로 갖고 주문한 수를 값으로 갖는 딕셔너리다. 딕셔너리에서 주문한 수가 가장 많은 코스요리명을 각 배열 인덱스에 대해서 구하면 된다.

 orders에 있는 단품 메뉴의 수를 n이라고 하자. course에 있는 단품 메뉴의 최댓값을 k라고 하자. n개에서 k개를 골라서 코스요리를 만들기 때문에 시간복잡도는 $O(_nC_k)$다. n의 최댓값이 20, k의 최댓값이 10이다. $_{20}C_{10}$은 대략 200,000이기 때문에 제한 시간 내에 결과가 출력된다.

소스 코드 예시

```python
# mp[코스요리 문자열 길이][코스요리] : 코스요리(문자열)를 주문한 손님 수
mp = [{} for _ in range(12)]

# src[idx] ~ src[n-1]에서 cnt개를 골라서 dst에 append한다.
# n은 문자열 src의 길이를 의미한다.
def build_menu(src, idx, cnt, dst):
    # n: 문자열 src의 길이, remain: 아직 탐색하지 않은 문자열 길이
    n = len(src)
    remain = n - idx

    # 아직 탐색하지 않은 문자열 길이보다 cnt가 더 큰 경우
    # 추가로 진행하지 않는다. (back-tracking)
    if remain < cnt:
        return

    # 기저 사례 1 - 문자열 src를 모두 탐색한 경우
    if idx == n or cnt == 0:
        # 원하는 길이의 코스요리를 탐색한 경우
        if cnt == 0:
            s=''.join(dst)
            # 코스요리가 mp에 처음 등록된 경우
            if mp[len(dst)].get(s, 0) == 0:
                mp[len(s)][s] = 1
            # 코스요리가 mp에 이미 등록된 경우
```

```
            else:
                mp[len(s)][s] += 1
        return

    # case 1: src[idx]를 dst에 포함하지 않는 경우
    build_menu(src, idx + 1, cnt, dst)

    # case 2: src[idx]를 dst에 포함하는 경우
    dst.append(src[idx]);
    build_menu(src, idx + 1, cnt - 1, dst);
    dst.pop();

# orders: 각 손님들이 주문한 단품메뉴 목록
# course: 코스요리를 구성하는 단품 메뉴들의 개수가 담긴 배열
def solution(orders, course):
    answer = []

    # 각 손님들의 단품 메뉴들을 알파벳 기준으로 오름차순으로 정렬한다.
    for i in range(len(orders)):
        orders[i] = ''.join(sorted(orders[i]))

    # 각 손님들의 단품 메뉴에 대하여 k개(course의 원소) 단품으로 구성된
    # 모든 코스요리를 만든다.
    for od in orders:
        for sz in course:
            s = []
            build_menu(od, 0, sz, s)

    # k개(course의 원소) 단품으로 구성된 모든 코스요리를 탐색한다.
    for sz in course:
        # 길이가 sz인 코스요리를 주문한 최대 손님 수를 mx에 저장한다.
        mx = -1
        for key, value in mp[sz].items():
            mx = max(mx, value)

        # 2명 이상 주문해야 한다.
        if mx < 2:
```

```
            continue

        # 길이가 sz이고 손님 수가 mx인 코스요리를 answer에 넣는다.
        for key, value in mp[sz].items():
            if value == mx:
                answer.append(key)

    # 사전 순으로 오름차순으로 정렬한다.
    answer.sort()
    return answer
```

9-17 | **순위 검색**

난이도 ★★☆☆   시간제한 10초   메모리제한 1024MB   2021 KAKAO BLIND RECRUITMENT

문제 설명

• 본 문제는 정확성과 효율성 테스트 각각 점수가 있는 문제다.

카카오는 하반기 경력 개발자 공개채용을 진행 중에 있으며 현재 지원서 접수와 코딩테스트가 종료되었다. 이번 채용에서 지원자는 지원서 작성 시 아래와 같이 4가지 항목을 반드시 선택하도록 하였다.

• 코딩테스트 참여 개발언어 항목에 cpp, java, python 중 하나를 선택해야 한다.
• 지원 직군 항목에 backend와 frontend 중 하나를 선택해야 한다.
• 지원 경력구분 항목에 junior와 senior 중 하나를 선택해야 한다.
• 선호하는 소울푸드로 chicken과 pizza 중 하나를 선택해야 한다.

인재영입팀에 근무하고 있는 니니즈는 코딩테스트 결과를 분석하여 채용에 참여한 개발팀들에 제공하기 위해 지원자들의 지원 조건을 선택하면 해당 조건에 맞는 지원자가 몇 명인지 쉽게 알 수 있는 도구를 만들고 있다. 예를 들어, 개발팀에서 궁금해하는 문의사항은 다음과 같은 형태가 될 수 있다.

• 코딩테스트에 java로 참여했으며, backend 직군을 선택했고, junior 경력이면서 소울푸드로 pizza를 선택한 사람 중 코딩테스트 점수를 50점 이상 받은 지원자는 몇 명인가?

물론 이 외에도 각 개발팀의 상황에 따라 아래와 같이 다양한 형태의 문의가 있을 수 있다.

• 코딩테스트에 python으로 참여했으며, frontend 직군을 선택했고, senior 경력이면서 소울푸드로 chicken을 선택한 사람 중 코딩테스트 점수를 100점 이상 받은 사람은 모두 몇 명인가?
• 코딩테스트에 cpp로 참여했으며, senior 경력이면서 소울푸드로 pizza를 선택한 사람 중 코딩테스트 점수를 100점 이상 받은 사람은 모두 몇 명인가?
• backend 직군을 선택했고, senior 경력이면서 코딩테스트 점수를 200점 이상 받은 사람은 모두 몇 명인가?
• 소울푸드로 chicken을 선택한 사람 중 코딩테스트 점수를 250점 이상 받은 사람은 모두 몇 명인가?
• 코딩테스트 점수를 150점 이상 받은 사람은 모두 몇 명인가?

즉, 개발팀에서 궁금해하는 내용은 다음과 같은 형태를 갖는다.

• [조건]을 만족하는 사람 중 코딩테스트 점수를 X점 이상 받은 사람은 모두 몇 명인가?

지원자가 지원서에 입력한 4가지의 정보와 획득한 코딩테스트 점수를 하나의 문자열로 구성한 값의 배열 info, 개발팀이 궁금해하는 문의조건이 문자열 형태로 담긴 배열 query가 매개변수로 주어질 때, 각 문의조건에 해당하는 사람들의 숫자를 순서대로 배열에 담아 return 하도록 solution 함수를 완성하시오.

- info 배열의 크기는 1 이상 50,000 이하이다.
- info 배열 각 원소의 값은 지원자가 지원서에 입력한 4가지 값과 코딩테스트 점수를 합친 "개발언어 직군 경력 소울푸드 점수" 형식이다.
  - 개발언어는 cpp, java, python 중 하나이다.
  - 직군은 backend, frontend 중 하나이다.
  - 경력은 junior, senior 중 하나이다.
  - 소울푸드는 chicken, pizza 중 하나이다.
  - 점수는 코딩테스트 점수를 의미하며, 1 이상 100,000 이하인 자연수이다.
  - 각 단어는 공백문자(스페이스 바) 하나로 구분되어 있다.
- query 배열의 크기는 1 이상 100,000 이하이다.
- query의 각 문자열은 "[조건] X" 형식이다.
  - [조건]은 "개발언어 and 직군 and 경력 and 소울푸드" 형식의 문자열이다.
  - 언어는 cpp, java, python, – 중 하나이다.
  - 직군은 backend, frontend, – 중 하나이다.
  - 경력은 junior, senior, – 중 하나이다.
  - 소울푸드는 chicken, pizza, – 중 하나이다.
  - '–' 표시는 해당 조건을 고려하지 않겠다는 의미이다.
  - X는 코딩테스트 점수를 의미하며 조건을 만족하는 사람 중 X점 이상 받은 사람은 모두 몇 명인지를 의미한다.
  - 각 단어는 공백문자(스페이스 바) 하나로 구분되어 있다.
  - 예를 들면, "cpp and – and senior and pizza 500"은 "cpp로 코딩테스트를 봤으며, 경력은 senior이면서 소울푸드로 pizza를 선택한 지원자 중 코딩테스트 점수를 500점 이상 받은 사람은 모두 몇 명인가?"를 의미한다.

info	query	result
["java backend junior pizza 150","python frontend senior chicken 210","python frontend senior chicken 150","cpp backend senior pizza 260","java backend junior chicken 80","python backend senior chicken 50"]	["java and backend and junior and pizza 100","python and frontend and senior and chicken 200","cpp and – and senior and pizza 250","– and backend and senior and – 150","– and – and – and chicken 100","– and – and – and – 150"]	[1,1,1,1,2,4]

문제해설

지원자가 지원서에 입력한 4가지 정보와 획득한 코딩테스트 점수를 원소로 갖는 배열 info, 개발팀이 궁금해하는 문의 조건이 문자열 형태로 담긴 배열 query가 매개변수로 주어질 때, 각 문의 조건에 해당하는 지원자 수를 구하는 문제다.

정확성 테스트는 매 문의 조건마다 info 배열에서 조건에 해당하는 지원자 중 X점 이상 받은 사람을 구하는 구현 알고리즘으로 해결하면 된다. 문의 조건을 순차적으로 처리하면서 지원자가 문의 조건에 해당하는지 확인한다. 개발언어, 지원 직군, 지원 경력, 선호하는 소울푸드 항목을 딕셔너리로 관리하면 효율적으로 구현할 수 있다.

효율성 테스트는 성능 개선을 위하여 지원자들을 그룹별로 적절하게 미리 분류하여 전처리해야 한다. 즉, (food, career, job, language)를 지원한 지원자들의 코딩테스트 점수 목록을 갖는 score[food][career][job][language] 리스트를 만든다. 이진 탐색을 위해 점수 목록은 오름차순으로 정렬한다. 매 문의 조건마다 info 배열에서 조건에 해당하는 지원자 중 X점 이상 받은 사람의 수를 score[food][career][job][language]에서 이진 탐색으로 구한다.

info 배열의 크기를 n, query 배열의 크기를 m이라고 하자. 전처리로 배열 score를 만드는 데 O(n)의 시간이 소요된다. 문의 조건 query를 처리하는 데 O(mlogn)의 시간이 소요된다. 따라서 전체 시간복잡도는 O(n+mlogn)이므로 제한 시간 내에 결과가 출력된다.

소스 코드 예시(정확성 테스트 버전)

```python
# 언어, 직군, 경력, 소울푸드 문자열을 숫자로 변환
mp = {}

# 지원자 정보를 저장하는 배열.
# 배열의 원소는 [언어, 직군, 경력, 소울푸드, 점수] 형태의 배열이다.
applicant = []

# 지원자 정보 문자열 str를 [언어, 직군, 경력, 소울푸드, 점수] 형태의 배열로 변환한다.
def split_info(str) :
    # 공백을 기준으로 나눈다.
    s = str.split(' ')

    # 문자열을 숫자로 변환하여 배열 형태로 반환한다.
    return [mp[s[0]], mp[s[1]], mp[s[2]], mp[s[3]], int(s[4])]

# 문의 조건 문자열 str을 (언어, 직군, 경력, 소울푸드, 점수) 형태의 배열로 변환한다.
def split_query(str) :
    # 공백을 기준으로 나눈다.
    s = str.split(' ')

    # 문자열을 숫자로 변환하여 배열 형태로 반환한다.
    return[mp[s[0]], mp[s[2]], mp[s[4]], mp[s[6]], int(s[7])]

# qry: 문의 조건, app: 지원자 정보
# 지원자가 문의 조건에 해당하면 True, 아니면 False를 반환한다.
def is_ok(qry, app):
    for i in range(4):
        if qry[i] != 0  and qry[i] != app[i]:
            return False
    return True

# info: 지원자 정보가 저장된 배열.
# 배열의 원소는 '언어 직군 경력 소울푸드 점수' 형태의 문자열이다.
# query: 문의 조건이 저장된 배열.
# 배열의 원소는 '언어 직군 경력 소울푸드 점수' 형태의 문자열이다.
def solution(info, query):
```

```python
# mp 설정
# '-' : 모두 해당
mp["-"] = 0

# key: 언어
mp["cpp"] = 1
mp["java"] = 2
mp["python"] = 3

# key: 직군
mp["backend"] = 1
mp["frontend"] = 2

# key: 경력
mp["junior"] = 1
mp["senior"] = 2

# key: 소울푸드
mp["chicken"] = 1
mp["pizza"] = 2

# applicant 만들기
for x in info:
    applicant.append(split_info(x))

# 문의 조건을 순차적으로 처리한다.
answer = []
for q in query:
    v = split_query(q)

    # 문의 조건 query[i]에 맞는 지원자 수를 구한다.
    cnt = 0
    for a in applicant:
        if is_ok(v, a) and v[4] <= a[4]:
            cnt += 1
    answer.append(cnt)
return answer
```

소스 코드 예시(효율성 테스트 버전)

```python
import bisect

# score[food][career][job][language] : (food, career, job, language) 지원자들의
#                              코딩테스트 점수 목록을 저장하는 배열
# food : -/ chicken / pizza
# career : -/ junior / senior
# job : -/ backend / frontend
# language : -/ cpp / java / python
score = [[[[[] for _ in range(4)] for _ in range(3)] for _ in range(3)]
for _ in range(3)]

# 언어, 직군, 경력, 소울푸드 문자열을 숫자로 변환
mp = {}

# 지원자 정보 문자열 str를 [언어, 직군, 경력, 소울푸드, 점수] 형태의 배열로 변환한다.
def split_info(str) :
    # 공백을 기준으로 나눈다.
    s = str.split(' ')

    # 문자열을 숫자로 변환하여 반환한다.
    return [mp[s[0]], mp[s[1]], mp[s[2]], mp[s[3]], int(s[4])]

# 문의 조건 문자열 str를 [언어, 직군, 경력, 소울푸드, 점수] 형태의 배열로 변환한다.
def split_query(str) :
    # 공백을 기준으로 나눈다.
    s = str.split(' ')

    # 문자열을 숫자로 변환하여 반환한다.
    return[mp[s[0]], mp[s[2]], mp[s[4]], mp[s[6]], int(s[7])]

# qry: 문의 조건, app: 지원자 정보
# 지원자가 문의 조건에 해당하면 True, 아니면 False를 반환한다.
def is_ok(qry, app):
    for i in range(4):
        if qry[i] != 0 and qry[i] != app[i]:
            return False
```

```
        return True


# info: 지원자 정보가 저장된 배열.
# 배열의 원소는 '언어 직군 경력 소울푸드 점수' 형태의 문자열이다.
# query: 문의 조건이 저장된 배열.
# 배열의 원소는 '언어 직군 경력 소울푸드 점수' 형태의 문자열이다.
def solution(info, query):
    # mp 설정
    # '-' : 모두 해당
    mp["-"] = 0

    # key: 언어
    mp["cpp"] = 1
    mp["java"] = 2
    mp["python"] = 3

    # key: 직군
    mp["backend"] = 1
    mp["frontend"] = 2

    # key: 경력
    mp["junior"] = 1
    mp["senior"] = 2

    # key: 소울푸드
    mp["chicken"] = 1
    mp["pizza"] = 2

    # score 배열 만들기. 모든 지원자의 코딩테스트 점수를 score 배열의 해당 위치에 삽입
    for v in info:
        x = split_info(v)
        for lang in range(4):
            for job in range(3):
                for career in range(3):
                    for food in range(3):
                        y = [lang, job, career, food]
                        if is_ok(y, x):
```

```
        score[food][career][job][lang].append(int(x[4]));
```

이진 탐색을 위해 점수 목록을 오름차순으로 정렬한다.

```
for lang in range(4):
    for job in range(3):
        for career in range(3):
            for food in range(3):
                score[food][career][job][lang].sort()
```

문의 조건을 순차적으로 처리한다.

```
answer = []
for v in query:
    # 문의 조건 q에 해당하는 사람들의 수를 구한다.
    q = split_query(v)
    lang = q[0]; job = q[1]; car = q[2]; food = q[3]; point = q[4];
    x = len(score[food][car][job][lang]) - bisect.bisect_left(score[food][car][job]
    [lang], point)
    answer.append(x)
return answer
```

9-18 │ 합승 택시 요금

난이도 ★★★☆   시간제한 10초   메모리제한 1024MB   2021 KAKAO BLIND RECRUITMENT

문제 설명

• 본 문제는 정확성과 효율성 테스트 각각 점수가 있는 문제다.

밤늦게 귀가할 때 안전을 위해 항상 택시를 이용하던 무지는 최근 야근이 잦아져 택시를 더 많이 이용하게 되어 택시비를 아낄 방법을 고민하고 있다. "무지"는 자신이 택시를 이용할 때 동료인 어피치역시 자신과 비슷한 방향으로 가는 택시를 종종 이용하는 것을 알게 되었다. "무지"는 "어피치"와 귀가 방향이 비슷하여 택시 합승을 적절히 이용하면 택시요금을 얼마나 아낄 수 있을지 계산해 보고 "어피치"에게 합승을 제안해 보려고 한다.

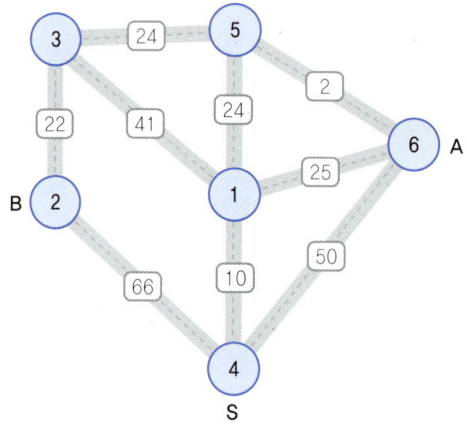

위 예시 그림은 택시가 이동 가능한 반경에 있는 6개 지점 사이의 이동 가능한 택시노선과 예상요금을 보여주고 있다. 그림에서 A와 B 두 사람은 출발지점인 4번 지점에서 출발해서 택시를 타고 귀가하려고 한다. A의 집은 6번 지점에 있으며 B의 집은 2번 지점에 있고 두 사람이 모두 귀가하는 데 소요되는 예상 최저 택시요금이 얼마인지 계산하려고 한다.

• 그림의 원은 지점을 나타내며 원 안의 숫자는 지점 번호를 나타낸다.
  – 지점이 n개일 때, 지점 번호는 1부터 n까지 사용된다.
• 지점 간에 택시가 이동할 수 있는 경로를 간선이라 하며, 간선에 표시된 숫자는 두 지점 사이의 예상 택시요금을 나타낸다.
  – 간선은 편의상 직선으로 표시되어 있다.
  – 위 그림 예시에서 4번 지점에서 1번 지점으로(4→1) 가거나, 1번 지점에서 4번 지점으로(1→4) 갈

때 예상 택시요금은 10원으로 동일하며 이동 방향에 따라 달라지지 않는다.

- 예상되는 최저 택시요금은 다음과 같이 계산된다.
  - 4→1→5 : A, B가 합승하여 택시를 이용한다. 예상 택시요금은 10+24 = 34원이다.
  - 5→6 : A가 혼자 택시를 이용한다. 예상 택시요금은 2원이다.
  - 5→3→2 : B가 혼자 택시를 이용한다. 예상 택시요금은 24+22 = 46원이다.
  - A, B 모두 귀가 완료까지 예상되는 최저 택시요금은 34+2+46 = 82원이다.

문제

지점의 개수 n, 출발지점을 나타내는 s, A의 도착지점을 나타내는 a, B의 도착지점을 나타내는 b, 지점 사이의 예상 택시요금을 나타내는 fares가 매개변수로 주어진다. 이때 A, B 두 사람이 s에서 출발해서 각각의 도착지점까지 택시를 타고 간다고 가정할 때, 최저 예상 택시요금을 계산해서 return 하도록 solution 함수를 완성하시오.

만약, 아예 합승하지 않고 각자 이동하는 경우의 예상 택시요금이 더 낮다면, 합승하지 않아도 된다.

제한 사항

- 지점 개수 n은 3 이상 200 이하인 자연수이다.
- 지점 s, a, b는 1 이상 n 이하인 자연수이며, 각기 서로 다른 값이다.
  - 즉, 출발지점, A의 도착지점, B의 도착지점은 서로 겹치지 않는다.
- fares는 2차원 정수 배열이다.
- fares 배열의 크기는 2 이상 n×(n−1)/2 이하이다.
  - 예를 들어, n = 6이라면 fares 배열의 크기는 2 이상 15 이하이다. (6×5/2 = 15)
  - fares 배열의 각 행은 [c, d, f] 형태이다.
  - 지점 c와 d 사이의 예상 택시요금이 f원이라는 뜻이다.
  - 지점 c, d는 1 이상 n 이하인 자연수이며, 각기 서로 다른 값이다.
  - 요금 f는 1 이상 100,000 이하인 자연수이다.
  - fares 배열에 두 지점 간 예상 택시요금은 1개만 주어집니다. 즉, [c, d, f]가 있다면 [d, c, f]는 주어지지 않는다.
- 출발지점 s에서 도착지점 a와 b로 가는 경로가 존재하는 경우만 입력으로 주어진다.

입출력 예

n	s	a	b	fares	result
6	4	6	2	[[4, 1, 10], [3, 5, 24], [5, 6, 2], [3, 1, 41], [5, 1, 24], [4, 6, 50], [2, 4, 66], [2, 3, 22], [1, 6, 25]]	82
7	3	4	1	[[5, 7, 9], [4, 6, 4], [3, 6, 1], [3, 2, 3], [2, 1, 6]]	14
6	4	5	6	[[2,6,6], [6,3,7], [4,6,7], [6,5,11], [2,5,12], [5,3,20], [2,4,8], [4,3,9]]	18

문제해설

　지점의 개수 n, 출발지점 s, A의 도착지점 a, B의 도착지점 b, 지점 사이의 예상 택시요금을 나타내는 fares가 매개변수로 주어진다. 이때, A, B 두 사람이 s에서 출발해서 각각의 도착지점까지 택시를 타고 가는 최저 택시요금을 구하는 문제다.

　플로이드-워샬 알고리즘을 이용하여 모든 정점 쌍 사이의 최단 경로를 구한다. 모든 정점 k에 대해서 s~k까지 합승하고, k~a 와 k~b는 각자 이동하는 경우를 고려하여 정답을 구한다.

　플로이드-워샬 알고리즘의 시간복잡도는 $O(n^3)$이다. 모든 노드 k에 대해 정답을 구하는 데 $O(n)$의 시간이 소요된다. 따라서 전체 시간복잡도는 $O(n^3)$이므로 제한 시간 내에 결과가 출력된다.

소스 코드 예시(정확성+효율성 테스트 버전)

```python
# E: 간선 정보(인접 행렬), D: 최단 거리(플로이드-워샬 알고리즘에 사용됨)
INF = int(1e8)
E = [[INF]*204 for _ in range(204)]
D = [[0]*204 for _ in range(204)]


# n: 지점의 개수, s: 출발지점, a: A의 도착지점, b: B의 도착지점
# fares: 지점 사이의 예상 택시요금
def solution(n, s, a, b, fares):
    # E[i][i]를 0으로 초기화한다.
    for i in range(1, n + 1):
        E[i][i] = 0

    # fares를 이용하여 간선 정보 E를 만든다.
    for u, v, w in fares:
        E[u][v] = E[v][u] = w

    # floyd-warshall 알고리즘을 이용하여 모든 정점 쌍 사이의 최단 거리 D를 구한다.
    for i in range(1, n + 1):
        for j in range(1, n + 1):
```

```
            D[i][j] = E[i][j]
for k in range(1, n + 1): # k: 거쳐 가는 정점
    for i in range(1, n + 1): # i: 출발 정점
        for j in range(1, n + 1): # j: 도착 정점
            # k를 중간에 거쳐 가는 경로가 더 짧은 경우임
            if D[i][k] + D[k][j] < D[i][j]:
                D[i][j] = D[i][k] + D[k][j]


# 정답을 구하여 answer에 저장한다.
# s ~ k까지 합승하고, k ~ a와 k ~ b는 각자 이동하는 모든 경우를 고려한다.
# s = k이면 합승하지 않는 경우임
answer = INF
for k in range(1, n + 1):
    ret = D[s][k] + D[k][a] + D[k][b]
    answer = min(answer, ret)


return answer
```

9-19 광고 삽입

난이도 ★★★☆   시간제한 10초   메모리제한 1024MB   2021 KAKAO BLIND RECRUITMENT

문제 설명

카카오TV에서 유명한 크리에이터로 활동 중인 죠르디는 환경 단체로부터 자신의 가장 인기 있는 동영상에 지구온난화의 심각성을 알리기 위한 공익광고를 넣어 달라는 요청을 받았다. 평소에 환경 문제에 관심을 가지고 있던 "죠르디"는 요청을 받아들였고 광고효과를 높이기 위해 시청자들이 가장 많이 보는 구간에 공익광고를 넣으려고 한다. "죠르디"는 시청자들이 해당 동영상의 어떤 구간을 재생했는지 알 수 있는 재생구간 기록을 구했고, 해당 기록을 바탕으로 공익광고가 삽입될 최적의 위치를 고를 수 있었다. 광고는 재생 중인 동영상의 오른쪽 아래에서 원래 영상과 동시에 재생되는 PIP(Picture in Picture) 형태로 제공된다.

다음은 "죠르디"가 공익광고가 삽입될 최적의 위치를 고르는 과정을 그림으로 설명한 것이다.

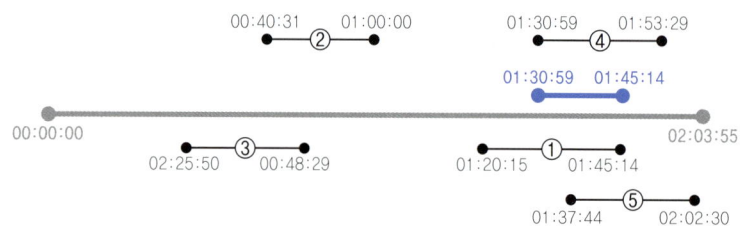

- 그림의 가운데 굵은 선은 광고를 검토 중인 "죠르디" 동영상의 전체 재생 구간을 나타낸다.
  - 위 그림에서 "죠르디" 동영상의 총 재생시간은 02시간 03분 55초이다.
- 선 ①, ②, ③, ④는 각 시청자들이 "죠르디"의 동영상을 재생한 구간의 위치를 표시하고 있다.
  - 선의 가운데 숫자는 각 재생 기록을 구분하는 ID를 나타낸다.
  - 선에 표기된 왼쪽 끝 숫자와 오른쪽 끝 숫자는 시청자들이 재생한 동영상 구간의 시작 시각과 종료 시각을 나타낸다.
  - 위 그림에서 3번 재생 기록은 00시 25분 50초부터 00시 48분 29초까지 총 00시간 22분 39초 동안 죠르디의 동영상을 재생했다.
  - 위 그림에서 1번 재생 기록은 01시 20분 15초부터 01시 45분 14초까지 총 00시간 24분 59초 동안 죠르디의 동영상을 재생했다.
- 파란색 선은 "죠르디"가 선택한 최적의 공익광고 위치를 나타낸다.
  - 만약 공익광고의 재생시간이 00시간 14분 15초라면, 위의 그림처럼 01시 30분 59초부터 01시 45분 14초까지 공익광고를 삽입하는 것이 가장 좋다. 이 구간을 시청한 시청자들의 누적 재생시

간이 가장 크기 때문이다.

– 01시 30분 59초부터 01시 45분 14초까지의 누적 재생시간은 다음과 같이 계산된다.

1) 01시 30분 59초부터 01시 37분 44초까지: 4번, 1번 재생 기록이 두 차례 있으므로 재생시간의 합은 00시간 06분 45초 × 2 = 00시간 13분 30초

2) 01시 37분 44초부터 01시 45분 14초까지 : 4번, 1번, 5번 재생 기록이 세 차례 있으므로 재생시간의 합은 00시간 07분 30초 × 3 = 00시간 22분 30초

3) 따라서 이 구간 시청자들의 누적 재생시간은 00시간 13분 30초 + 00시간 22분 30초 = 00시간 36분 00초이다.

문제

"죠르디"의 동영상 재생시간 길이 play_time, 공익광고의 재생시간 길이 adv_time, 시청자들이 해당 동영상을 재생했던 구간 정보 logs가 매개변수로 주어질 때, 시청자들의 누적 재생시간이 가장 많이 나오는 곳에 공익광고를 삽입하려고 한다. 이때, 공익광고가 들어갈 시작 시각을 구해서 return 하도록 solution 함수를 완성하시오. 만약, 시청자들의 누적 재생시간이 가장 많은 곳이 여러 곳이라면, 그 중에서 가장 빠른 시작 시각을 return하도록 한다.

제한 사항

- play_time, adv_time은 길이 8로 고정된 문자열이다.
  - play_time, adv_time은 HH:MM:SS 형식이며, 00:00:01 이상 99:59:59 이하이다.
  - 즉, 동영상 재생시간과 공익광고 재생시간은 00시간 00분 01초 이상 99시간 59분 59초 이하이다.
  - 공익광고 재생시간은 동영상 재생시간보다 짧거나 같게 주어진다.
- logs는 크기가 1 이상 300,000 이하인 문자열 배열이다.
  - logs 배열의 각 원소는 시청자의 재생 구간을 나타낸다.
  - logs 배열의 각 원소는 길이가 17로 고정된 문자열이다.
  - logs 배열의 각 원소는 H1:M1:S1-H2:M2:S2 형식이다.
    1) H1:M1:S1은 동영상이 시작된 시각, H2:M2:S2는 동영상이 종료된 시각을 나타낸다.
    2) H1:M1:S1는 H2:M2:S2보다 1초 이상 이전 시각으로 주어진다.
    3) H1:M1:S1와 H2:M2:S2는 play_time 이내의 시각이다.
  - 시간을 나타내는 HH, H1, H2의 범위는 00~99, 분을 나타내는 MM, M1, M2의 범위는 00~59, 초를 나타내는 SS, S1, S2의 범위는 00~59까지 사용된다. 잘못된 시각은 입력으로 주어지지 않는다. (예: 04:60:24, 11:12:78, 123:12:45 등)
  - return 값의 형식
    1) 공익광고를 삽입할 시각을 HH:MM:SS 형식의 8자리 문자열로 반환한다.

play_time	adv_time	logs	result
"02:03:55"	"00:14:15"	["01:20:15-01:45:14", "00:40:31-01:00:00", "00:25:50-00:48:29", "01:30:59-01:53:29", "01:37:44-02:02:30"]	"01:30:59"
"99:59:59"	"25:00:00"	["69:59:59-89:59:59", "01:00:00-21:00:00", "79:59:59-99:59:59", "11:00:00-31:00:00"]	"01:00:00"
"50:00:00"	"50:00:00"	["15:36:51-38:21:49", "10:14:18-15:36:51", "38:21:49-42:51:45"]	"00:00:00"

문제해설

"죠르디"의 동영상 재생 시간 길이 play_time, 공익광고의 재생 시간 길이 adv_time, 시청자들이 해당 동영상을 재생했던 구간 정보 logs가 매개변수로 주어진다. 시청자들의 누적 재생 시간이 가장 많은 곳을 구하는 문제다.

시간 $i \sim i+1$구간에 동영상을 재생한 시청자 수 A_i를 누적 합으로 빠르게 구한다. A_i에 대한 누적 합을 이용하여 adv_time 시간 구간에 대한 시청자 수를 모두 구하고, 이 중에서 최대 구간을 구하면 된다.

구간 정보 logs의 크기를 n, play_time을 m이라고 하자. A_i를 구하는 데 $O(n+m)$의 시간이 소요된다. A_i에 대한 누적 합을 이용하여 정답을 구하는 데 $O(m)$의 시간이 소요된다. 따라서 전체 시간복잡도는 $O(n+m)$이므로 제한 시간 내에 결과가 출력된다.

소스 코드 예시

```
# A[i] : 시간 구간 i ~ i+1구간에 동영상을 재생한 시청자 수
# B[i] : A[0] + A[1] + ... + A[i] (배열 B는 배열 A에 대한 누적 합을 저장함)
# P: 동영상 재생 시간(단위: 초), T: 광고 재생 시간(단위: 초)
# 100시간 * 60분 * 60초 = 360,000초
A = [0] * 360004
```

```python
B = [0] * 360004
P = T = None


# HH:MM:SS 형태의 문자열을 초 단위의 정수로 반환한다.
def convert_time(str):
    h = int(str[0:2]); m = int(str[3:5]); s = int(str[6:8])
    return h * 3600 + m * 60 + s


# play_time: "죠르디"의 동영상 재생 시간 길이
# adv_time: 공익광고의 재생 시간 길이
# logs: 시청자들이 해당 동영상을 재생했던 구간 정보
def solution(play_time, adv_time, logs):
    # P, T를 구한다.
    P = convert_time(play_time)
    T = convert_time(adv_time)

    # 시청자 재생 구간을(logs) 이용하여 시간 구간별 시청자 수를 구한다. (누적 합 이용)
    for log in logs:
        # s: 시작 시각, e: 종료 시각
        s = convert_time(log)
        e = convert_time(log[9:])

        # 시간 구간 [s..e] 구간에 동영상을 재생한 시청자 수를 1만큼 증가한다.
        # 누적 합을 이용하여 O(1)에 처리한다.
        A[s] +=1; A[e] -= 1

    # 누적 합이 적용된 A를 완성한다.
    for i in range(1, P + 1):
        A[i] += A[i - 1]

    # 배열 A에 대한 누적 합 배열 B를 만든다.
    B[0] = A[0]
    for i in range(1, P + 1):
        B[i] = B[i - 1] + A[i]

    # 길이가 T인 모든 시간 구간 중에서 시청자 수의 최댓값을 구한다.
```

```
# (x, y): 현재까지의 정답(x: 시작 시각, y: 시청자 수)
#  - 초깃값: (x, y) = (0, B[T - 1])
# i: 현재 탐색 중인 시작 시각(초깃값: 1)
x = 0; y = B[T - 1]
i = 1
while i + T <= P:
    # sum: 시간 구간 [i .. i+T]에 동영상을 재생한 시청자 수
    sum = B[i + T - 1] - B[i - 1]
    if sum > y:
        y = sum
        x = i
    i += 1

# 정답 x초를 '시:분:초' 형태로 변경하여 반환한다.
h = x // 3600
m = (x - h * 3600) // 60
s = x % 60
answer = '%02d:%02d:%02d' % (h, m, s)
return answer
```

9-20 | 카드 짝 맞추기

난이도 ★★★☆　　**시간제한** 10초　　**메모리제한** 1024MB　　2021 KAKAO BLIND RECRUITMENT

문제 설명

게임 개발자인 베로니는 개발 연습을 위해 다음과 같은 간단한 카드 짝맞추기 보드게임을 개발해 보려고 한다.

게임이 시작되면 화면에는 카드 16장이 뒷면을 위로하여 4×4 크기의 격자 형태로 표시되어 있다. 각 카드의 앞면에는 캐릭터 그림이 그려져 있으며, 8가지의 캐릭터 그림이 그려진 카드가 각기 2장씩 화면에 무작위로 배치되어 있다.

유저가 카드를 2장 선택하여 앞면으로 뒤집었을 때 같은 그림이 그려진 카드면 해당 카드는 게임 화면에서 사라지며, 같은 그림이 아니라면 원래 상태로 뒷면이 보이도록 뒤집힌다. 이와 같은 방법으로 모든 카드를 화면에서 사라지게 하면 게임이 종료된다. 게임에서 카드를 선택하는 방법은 다음과 같다.

- 카드는 커서를 이용해서 선택할 수 있다.
  - 커서는 4×4 화면에서 유저가 선택한 현재 위치를 표시하는 "굵고 테두리 상자"를 의미한다.
- 커서는 [Ctrl] 키와 방향키에 의해 이동되며 키 조작법은 다음과 같다.
  - 방향키 ←, ↑, ↓, → 중 하나를 누르면, 커서가 누른 키 방향으로 1칸 이동한다.
  - [Ctrl] 키를 누른 상태에서 방향키 ←, ↑, ↓, → 중 하나를 누르면, 누른 키 방향에 있는 가장 가까운 카드로 한 번에 이동한다.
    1) 만약, 해당 방향에 카드가 하나도 없다면 그 방향의 가장 마지막 칸으로 이동한다.
  - 만약, 누른 키 방향으로 이동 가능한 카드 또는 빈 공간이 없어 이동할 수 없다면 커서는 움직이지 않는다.
- 커서가 위치한 카드를 뒤집기 위해서는 [Enter] 키를 입력한다.
  - [Enter] 키를 입력해서 카드를 뒤집었을 때
    1) 앞면이 보이는 카드가 1장뿐이라면 그림을 맞출 수 없으므로 두 번째 카드를 뒤집을 때까지 앞면을 유지한다.
    2) 앞면이 보이는 카드가 2장이 된 경우 두 개의 카드에 그려진 그림이 같으면 해당 카드들이 화면에서 사라지며, 그림이 다르다면 두 카드 모두 뒷면이 보이도록 다시 뒤집힌다.

"베로니"는 게임 진행 중 카드의 짝을 맞춰 몇 장 제거된 상태에서 카드 앞면의 그림을 알고 있다면, 남은 카드를 모두 제거하는데 필요한 키 조작 횟수의 최솟값을 구해 보려고 한다. 키 조작 횟수는 방향키와 [Enter] 키를 누르는 동작을 각각 조작 횟수 1로 계산하며, [Ctrl] 키와 방향키를 함께 누르는 동작 또한 조작 횟수 1로 계산한다.

다음은 카드가 몇 장 제거된 상태의 게임 화면에서 커서를 이동하는 예시이다. 다음 그림에서 빈칸은 이미 카드가 제거되어 없어진 칸을 의미하며, 그림이 그려진 칸은 카드 앞면에 그려진 그림을 나타낸다.

- 예시에서 커서는 두 번째 행, 첫 번째 열 위치에서 시작하였다.
- [Enter] 입력, ↓ 이동, [Ctrl]+→ 이동, [Enter] 입력 = 키 조작 4회
- [Ctrl]+↑ 이동, [Enter] 입력, [Ctrl]+← 이동, [Ctrl]+↓ 이동, [Enter] 입력 = 키 조작 5회
- [Ctrl]+→ 이동, [Enter] 입력, [Ctrl]+↑ 이동, [Ctrl]+← 이동, [Enter] 입력 = 키 조작 5회

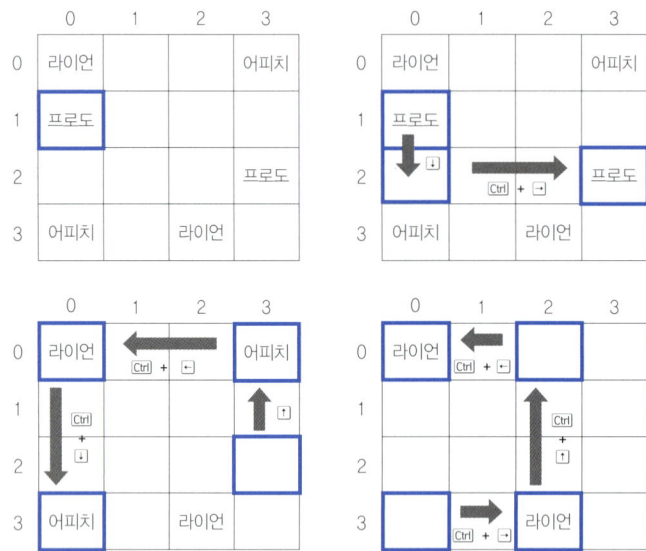

위와 같은 방법으로 커서를 이동하여 카드를 선택하고 그림을 맞추어 카드를 모두 제거하기 위해서는 총 14번(방향 이동 8번, [Enter] 키 입력 6번)의 키 조작 횟수가 필요하다.

문제

현재 카드가 놓인 상태를 나타내는 2차원 배열 board와 커서의 처음 위치 r, c가 매개변수로 주어질 때, 모든 카드를 제거하기 위한 키 조작 횟수의 최솟값을 return하도록 solution 함수를 완성하시오.

제한 사항

- board는 4×4 크기의 2차원 배열이다.
- board 배열의 각 원소는 0 이상 6 이하인 자연수이다.
  - 0은 카드가 제거된 빈칸을 나타낸다.
  - 1부터 6까지의 자연수는 2개씩 들어있으며 같은 숫자는 같은 그림의 카드를 의미한다.

－ 뒤집을 카드가 없는 경우(board의 모든 원소가 0인 경우)는 입력으로 주어지지 않는다.

- r은 커서의 최초 세로(행) 위치를 의미한다.
- c는 커서의 최초 가로(열) 위치를 의미한다.
- r과 c는 0 이상 3 이하인 정수이다.
- 게임 화면의 좌측 상단이 (0, 0), 우측 하단이 (3, 3)이다.

입출력 예

board	r	c	result
[[1,0,0,3],[2,0,0,0],[0,0,0,2],[3,0,1,0]]	1	0	14
[[3,0,0,2],[0,0,1,0],[0,1,0,0],[2,0,0,3]]	0	1	16

문제해설

현재 카드가 놓인 상태를 나타내는 2차원 배열 board와 커서의 처음 위치 r, c가 주어질 때, 모든 카드를 제거하기 위한 키 조작 횟수의 최솟값을 구하는 문제다.

카드를 제거하는 모든 순서를 시도해 본다. 이것은 모든 순열을 탐색하는 permutations( ) 함수를 이용하면 된다. 카드를 제거하는 하나의 순서에 대해서 정해진 순서에 맞게 카드를 제거하는 최소 키 조작 횟수를 구한다. 최소 키 조작 횟수는 너비 우선 탐색을 이용해서 다음에 제거할 카드를 최소한의 키 조작 횟수로 제거하면서 구한다.

board에 있는 서로 다른 카드 번호의 수를 n, board의 크기를 m이라고 하자. 카드 번호는 1부터 6이므로 n = 6이고 board의 크기는 4 × 4이므로 m = 16이다. 모든 순열을 탐색하는 데 $O(n!)$ 시간이 소요된다. 카드를 제거하는 하나의 순서에 대해 최소 키 조작 횟수를 구하는 데 $O(n*m)$의 시간이 소요된다. $O(n)$개의 카드를 순서대로 제거하고, 하나의 카드를 제거하기 위하여 너비 우선 탐색을 실행하는 데 $O(m)$의 시간이 걸리기 때문이다. 따라서 전체 시간복잡도는 $O(n!*n*m)$이다. n = 6, m = 16이므로 제한 시간 내에 결과가 출력된다.

소스 코드 예시

```
from queue import Queue
```

```python
import copy
from itertools import permutations

# (r, c)가 board 내에 위치하면 True, 아니면 False를 반환한다.
def in_range(r, c):
    return 0 <= r < 4 and 0 <= c < 4


# board[src] -> board[dst]로 가는 최단 거리를 반환한다.
def get_move_count(board, src, dst):
    # dd: 좌/우/상/하 이동 시 (행, 열) 변화량
    # visited[r][c]: (r, c) 위치를 방문한 경우 1, 안한 경우 0(초깃값)
    # dist[r][c]: src에서 (r, c)까지의 최단 거리
    dd = [[0, -1], [0, 1], [-1, 0], [1, 0]]
    visited = [[0] * 4 for _ in range(4)]
    dist = [[0] * 4 for _ in range(4)]

    # Q: 너비 우선 탐색에 사용되는 큐 (위치를 저장한다)
    Q = Queue()

    # 시작 위치 src를 큐에 넣는다.
    Q.put(src)
    dist[src[0]][src[1]] = 0
    visited[src[0]][src[1]] = 1

    while Q.empty() == False:
        # (r, c): 큐의 맨 앞에 있는 값
        r, c = Q.get()

        # 목적지에 도달한 경우, enter를 누르고 종료한다.
        if r == dst[0] and c == dst[1]:
            return dist[r][c] + 1

        # 좌/우/상/하 방향키를 누르는 경우
        for dr, dc in dd:
            # 다음 위치 (nr, nc)를 아직 방문하지 않은 경우 방향키를 눌러서 방문한다.
            nr = r + dr; nc = c + dc
            if in_range(nr, nc) == True and visited[nr][nc] == 0:
```

```
                Q.put([nr, nc])
                dist[nr][nc] = dist[r][c] + 1
                visited[nr][nc] = 1


        # [Ctrl] + 좌/우/상/하 방향키를 누르는 경우
        for dr, dc in dd:
            # 누른 키 방향에 있는 가장 가까운 카드로 한 번에 이동한다.
            nr = r; nc = c
            while True:
                # 이웃한 칸이 board 밖인 경우 멈춘다.
                if in_range(nr + dr, nc + dc) == False:
                    break

                # 이웃한 칸으로 이동한다.
                # 이동한 칸에 카드가 있는 경우 멈춘다.
                nr += dr; nc += dc
                if board[nr][nc] != 0:
                    break

            # (nr, nc)를 아직 방문하지 않은 경우 [Ctrl] + 방향키를 눌러서 방문한다.
            if visited[nr][nc] == 0:
                Q.put([nr, nc])
                dist[nr][nc] = dist[r][c] + 1
                visited[nr][nc] = 1


    return int(1e8)


# board: 현재 카드가 놓인 상태를 나타내는 2차원 배열
# (r, c): 커서의 처음 위치
def solution(board, r, c):
    # X: 카드의 위치 목록을 저장하는 배열
    # arr: 모든 카드 번호를 저장
    X = [[] for i in range(7)]
    arr = []
    for i in range(4):
        for j in range(4):
            # (i, j) 위치에 카드가 없음
```

```python
            if board[i][j] == 0:
                continue

            # 카드 번호를 배열 arr에 최초 한번 추가한다.
            if len(X[board[i][j]]) == 0:
                arr.append(board[i][j])

            # 카드 위치를 추가한다.
            X[board[i][j]].append((i, j))

# n: 카드 번호 개수
n = len(arr)

# 카드 번호의 모든 순열을 시도하면서 ans에 정답을 저장한다.
ans = int(1e9)
for p in permutations(arr):
    # board를 _board에 복사한다.
    _board = copy.deepcopy(board)

    # d[i][0]: 캐릭터가 X[p[i]][0] -> X[p[i]][1] 순서로 이동하는 경우 최소 키 조작 횟수
    # d[i][1]: 캐릭터가 X[p[i]][1] -> X[p[i]][0] 순서로 이동하는 경우 최소 키 조작 횟수
    d = [[0]*2 for _ in range(n)]

    # (r, c)에서 X[p[0]]으로 이동하는 경우의 최소 키 조작 횟수
    # 이동 후에 X[p[0]] 카드를 제거한다.
    d[0][0] = get_move_count(_board, (r, c), X[p[0]][0]) + get_move_count(_board,
        X[p[0]][0], X[p[0]][1])
    d[0][1] = get_move_count(_board, (r, c), X[p[0]][1]) + get_move_count(_board,
        X[p[0]][1], X[p[0]][0])
    _board[X[p[0]][0][0]][X[p[0]][0][1]] = _board[X[p[0]][1][0]][X[p[0]][1][1]] = 0

    # p[1]번 카드부터 p[n-1]번 카드 순으로 처리한다.
    for i in range(1, n):
        # X[p[i-1]]에서 X[p[i]][0] -> X[p[i]][1] 순서로 이동
        d[i][0] = min(d[i-1][0] + get_move_count(_board, X[p[i-1]][1], X[p[i]][0]), \
            d[i-1][1] + get_move_count(_board, X[p[i-1]][0], X[p[i]][0])) + \
            get_move_count(_board, X[p[i]][0], X[p[i]][1])
```

```
        # X[p[i-1]]에서 X[p[i]][1] -> X[p[i]][0] 순서로 이동
        d[i][1] = min(d[i-1][0] + get_move_count(_board, X[p[i-1]][1], X[p[i]][1]), \
            d[i-1][1] + get_move_count(_board, X[p[i-1]][0], X[p[i]][1])) + \
            get_move_count(_board, X[p[i]][1], X[p[i]][0])

        # X[p[i]] 카드를 제거한다.
        _board[X[p[i]][0][0]][X[p[i]][0][1]] = _board[X[p[i]][1][0]][X[p[i]][1][1]] = 0

    # 정답을 갱신한다.
    ans = min(ans, d[n-1][0], d[n-1][1])

return ans
```

9-21 | 매출 하락 최소화

난이도 ★★★★ | 시간제한 10초 | 메모리제한 1024MB | 2021 KAKAO BLIND RECRUITMENT

문제 설명

유통전문회사 카카오상사의 오너인 제이지는 새로운 사업 아이템을 구상하기 위해 전문경영인(CEO)인 프로도에게 회사의 경영을 부탁했다.

"카카오상사"는 직원들을 여러 개의 팀 단위로 조직을 구성하고 있으며 아래 그림은 CEO를 포함하여 10명의 직원과 4개의 팀으로 구성되어 있는 회사 조직도를 보여주고 있다.

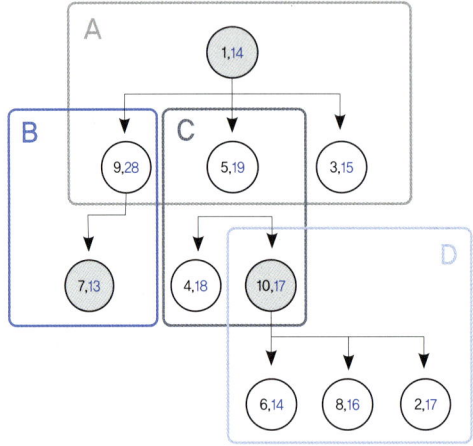

그림의 조직도는 다음과 같이 설명할 수 있다.

- 각 원들은 각각의 직원 1명을 표시하고 있으며, CEO를 포함하여 총 10명의 직원을 표시하고 있다.
- 원 안에 적힌 두 개의 숫자는 직원의 정보를 담고 있다. 왼쪽 숫자는 직원번호이고 직원을 식별할 수 있도록 1번부터 순서대로 발급되는 일련번호이며, 오른쪽 숫자는 해당 직원의 하루평균 매출액을 나타낸다. 위 그림에서 1번 직원은 14원을, 9번 직원은 28원의 하루평균 매출액을 기록하고 있다.
- CEO를 포함하여 모든 직원은 팀장 또는 팀원이라는 직위를 가지고 있으며 그림에서는 팀장과 팀원의 관계를 화살표로 표시하고 있다. 화살표가 시작되는 쪽의 직원은 팀장, 화살표를 받는 쪽의 직원은 팀원을 의미한다.
  - 직원번호 1번은 회사의 CEO로 고정되어 있으며, CEO는 항상 팀장이고 팀원일 수 없어 화살표를 받는 쪽이 될 수 없다.
  - 반면, CEO를 제외한 나머지 모든 직원들은 다른 누군가로부터 정확히 1개의 화살표를 받게 된다.
  - 한 직원은 최대 2개의 팀에 소속될 수 있다. 만약 어떤 직원이 두 개의 팀에 소속되어 있다면, 반

드시 하나의 팀에서는 팀장, 나머지 팀에서는 팀원이어야 한다. 팀장을 겸임하거나 두 개의 팀에서 팀원이 될 수는 없다. 예를 들어 10번 직원은 D팀의 팀장이면서 동시에 5번 직원이 팀장으로 있는 C팀에 속한 팀원이다.

- 5번, 9번, 10번 직원은 받는 쪽의 화살표와 시작하는 화살표가 모두 있으므로 팀장인 동시에 팀원이다.

- 2번, 3번, 4번, 6번, 7번, 8번 직원은 시작하는 화살표가 없고 받는 쪽의 화살표만 있으므로 팀장이 아니며 오직 팀원이다.

- 1번 직원인 CEO는 받는 쪽의 화살표가 없고 시작하는 화살표만 있으며 항상 팀원이 아닌 팀장이다.

- 그림의 조직도에는 A, B, C, D 총 4개의 팀이 존재하며, 각각 1번, 9번, 5번, 10번 직원이 팀장 직위를 담당하게 된다.

"제이지"는 자신이 구상한 새로운 사업 아이템에 대해 직원들에게 설명하고자 하루 일정으로 워크숍을 계획하고 있다. 단, 모든 직원을 참석시킬 수 없어 아래와 같은 기준으로 워크숍에 참석할 직원들을 선발하려고 한다.

• 워크숍에서 교육받은 내용은 전 직원들에게 공유되어야 하므로 모든 팀은 최소 1명 이상의 직원을 워크숍에 참석시켜야 한다.

• 워크숍 기간 동안, 회사의 매출 손실을 최소화하는 것이 중요하므로 워크숍에 참석하는 직원들의 하루평균 매출액의 합이 최소가 되어야 한다.

그림의 조직도에서 회색으로 색칠된 1번, 7번, 10번 직원을 워크숍에 참석시키면 모든 팀에서 최소한 명 이상의 직원을 참석시킨 것이 되며, 해당 직원들의 하루평균 매출액의 합은 44(14+13+17)원이다. 10번 직원은 C팀과 D팀 모두에 속해 있으므로 두 팀에서 모두 참석한 것으로 인정된다.

문제

직원들의 하루평균 매출액 값을 담은 배열 sales, 직원들의 팀장-팀원의 관계를 나타내는 2차원 배열 links가 매개변수로 주어집니다. 이때 모든 팀에서 최소 한 명 이상 워크숍에 참석하면서 참석하는 직원들의 하루평균 매출액의 합을 최소로 하려고 한다. 그렇게 최소화된 매출액의 합을 구해서 return 하도록 solution 함수를 완성하시오.

제한 사항

• sales 배열의 크기는 2 이상 300,000 이하이다. sales 배열의 크기는 CEO를 포함한 전체 직원 수와 같다.

- sales 배열은 각 직원들의 하루평균 매출액을 담고 있으며, 1번 직원부터 직원번호 순서대로 주어진다.

– sales 배열의 각 원소의 값은 0 이상 10,000 이하인 정수이다.
- links 배열의 크기는 sales 배열의 크기 – 1이다. 즉, 전체 직원 수보다 1이 작다.
- links 배열의 각 원소는 [a, b] 형식이다.
   – a는 팀장의 직원번호, b는 a팀장이 관리하는 팀원의 직원번호이며, a와 b는 서로 다른 자연수이다.
   – 1 ≤ a ≤ sales 배열의 크기이다.
   – 2 ≤ b ≤ sales 배열의 크기이다.
   – 직원번호 1은 CEO로 정해져 있고 CEO는 항상 팀장이므로 b ≠ 1이다.
   – links 배열로 만들어지는 조직도는 하나의 트리 구조 형태이다.
- 정답으로 return 되는 값은 $2^{31}-1$ 이하인 자연수임이 보장된다.

입출력 예

sales	links	result
[14, 17, 15, 18, 19, 14, 13, 16, 28, 17]	[[10, 8], [1, 9], [9, 7], [5, 4], [1, 5], [5, 10], [10, 6], [1, 3], [10, 2]]	44
[5, 6, 5, 3, 4]	[[2,3], [1,4], [2,5], [1,2]]	6
[5, 6, 5, 1, 4]	[[2,3], [1,4], [2,5], [1,2]]	5
[10, 10, 1, 1]	[[3,2], [4,3], [1,4]]	2

문제해설

직원들의 하루평균 매출액을 담은 배열 sales, 직원들의 팀장–팀원의 관계를 나타내는 배열 links가 주어진다. 이때, 모든 팀에서 최소 한 명 이상의 직원이 워크숍에 참석하면서 참석하는 직원들의 하루평균 매출액의 합을 최소로 하려고 한다. 그렇게 최소화된 매출액의 합을 구하는 문제다.

트리에 동적계획법을 적용하는 문제로 Tree DP라고 부르기도 한다. i번 정점이 루트인 서브 트리에서 i번 정점이 워크숍에 불참하는 경우의 최적해를 D[i][0]이라고 하자. i번 정점이 루트인 서브 트리에서 i번 정점이 워크숍에 참석하는 경우의 최적해를 D[i][1]이라고 하자. 1번 정점부터 D의 값을 구해 나간다. 자식 정점의 D 값을 이용해서 부모 정점의 D 값을 구하자. D값을 구하는 방식은 소스 코드의 주석을 참고하자.

직원의 수를 n이라고 하자. 1번 정점부터 모든 정점에 대한 값 D를 구하는 데 O(n)의 시간이 걸린다. 따라서 제한 시간 내에 결과가 출력된다.

소스 코드 예시

```
# E : 간선 정보(인접 리스트), 정점의 최대 수: 300,000
E = [[] for _ in range(300004)]

# D[i][0] : i번 정점이 루트인 서브 트리에서 i번 정점이 워크숍에 불참하는 경우의 최적해
# D[i][1] : i번 정점이 루트인 서브 트리에서 i번 정점이 워크숍에 참석하는 경우의 최적해
#  - child_sum[i] = sum(min(D[k][0], D[k][1])) {k: i의 모든 자식 정점}
#  - D[i][1] = sales[i] + child_sum[i]
#  - i의 모든 자식 정점 k에 대해 D[k][0] >= D[k][1]을 만족하는 k가 한 개라도 있다면:
#    D[i][0] = child_sum[i]
#  - i의 모든 자식 정점 k에 대해 D[k][0] >= D[k][1]을 만족하는 k가 한 개도 없다면:
#    D[i][0] = child_sum[i] + min(D[k][1] - D[k][0])
D = [[0]*2 for _ in range(300004)]

# 정점 r이 루트인 서브 트리에 대해서 D[r][0]과 D[r][1]을 구한다.
def solve(r, sales):
    # diff_mn: min(d[k][1] - d[k][0]) (k는 r의 자식 정점)
    # is_zero_larger: 위 설명에서 D[k][0] >= D[k][1]을 만족하는 k가 존재하면 1,
    # 아니면 0을 저장
    child_sum = 0
    diff_mn = int(2e9)
    is_zero_larger = 0

    # r의 모든 자식 정점에 대한 D 값을 구한다.
    for c in E[r]:
        # r의 자식 정점 c에 대한 D 값을 구한다.
        solve(c, sales)

        # child_sum을 갱신한다.
        child_sum += min(D[c][0], D[c][1])

        # is_zero_larger를 갱신한다.
        if D[c][0] >= D[c][1]:
            is_zero_larger = 1

        # diff_mn을 갱신한다.
```

```python
            if D[c][0] <= D[c][1]:
                diff_mn = min(diff_mn, D[c][1] - D[c][0])

        # D[r][1]을 설정한다.
        D[r][1] = child_sum + sales[r - 1]

        # leaf node인 경우
        if len(E[r]) == 0:
            D[r][0] = 0
        # k가 존재하는 경우
        elif is_zero_larger == 1:
            D[r][0] = child_sum
        # k가 존재하지 않는 경우
        else:
            D[r][0] = child_sum + diff_mn


# sales: 직원들의 하루평균 매출액을 나타내는 배열
# links: 직원들의 팀장-팀원의 관계를 나타내는 배열
def solution(sales, links):
    # links를 이용하여 인접 리스트 E를 만든다.
    for p, c in links:
        E[p].append(c)

    # 1번 정점부터 Tree DP를 수행한다.
    solve(1, sales)

    # 1번 정점이 워크숍에 참석하는 경우와 참석하지 않는 경우 중 최솟값을 반환한다.
    return min(D[1][0], D[1][1])
```

주사위 굴리기 2

난이도 ★★★☆　**시간제한** 2초　**메모리제한** 1024MB　**삼성 SW 역량 테스트**

문제

크기가 N×M인 지도가 존재한다. 지도의 오른쪽은 동쪽, 위쪽은 북쪽이다. 지도의 좌표는 (r, c)로 나타내며, r는 북쪽으로부터 떨어진 칸의 개수, c는 서쪽으로부터 떨어진 칸의 개수이다. 가장 왼쪽 위에 있는 칸의 좌표는 (1, 1)이고, 가장 오른쪽 아래에 있는 칸의 좌표는 (N, M)이다. 이 지도의 위에 주사위가 하나 놓여있으며, 주사위의 각 면에는 1보다 크거나 같고, 6보다 작거나 같은 정수가 하나씩 있다. 주사위 한 면의 크기와 지도 한 칸의 크기는 같고, 주사위의 전개도는 아래와 같다.

주사위는 지도 위에 윗면이 1이고, 동쪽을 바라보는 방향이 3인 상태로 놓여있으며 좌표는 (1, 1)이다. 지도의 각 칸에도 정수가 하나씩 있다. 가장 처음에 주사위의 이동 방향은 동쪽이다. 주사위의 이동 한 번은 다음과 같은 방식으로 이루어 진다.

- 주사위가 이동 방향으로 한 칸 굴러간다. 만약, 이동 방향에 칸이 없다면, 이동 방향을 반대로 한 다음 한 칸 굴러간다.
- 주사위가 도착한 칸 (x, y)에 대한 점수를 획득한다.
- 주사위의 아랫면에 있는 정수 A와 주사위가 있는 칸 (x, y)에 있는 정수 B를 비교해 이동 방향을 결정한다.
  - A > B인 경우 이동 방향을 90도 시계 방향으로 회전시킨다.
  - A < B인 경우 이동 방향을 90도 반시계 방향으로 회전시킨다.
  - A = B인 경우 이동 방향에 변화는 없다.

칸 (x, y)에 대한 점수는 다음과 같이 구할 수 있다. (x, y)에 있는 정수를 B라고 했을 때, (x, y)에서 동서남북 방향으로 연속해서 이동할 수 있는 칸의 수 C를 모두 구한다. 이때 이동할 수 있는 칸에는 모두 정수 B가 있어야 한다. 여기서 점수는 B와 C를 곱한 값이다.

보드의 크기와 각 칸에 있는 정수, 주사위의 이동 횟수 K가 주어졌을 때, 각 이동에서 획득하는 점수의 합을 구해 보자.

이 문제의 예제 1부터 7은 같은 지도에서 이동하는 횟수만 증가시키는 방식으로 구성되어 있다. 예제 8은 같은 지도에서 이동하는 횟수를 매우 크게 만들었다.

입력

첫째 줄에 지도의 세로 크기 N, 가로 크기 M (2 ≤ N, M ≤ 20), 그리고 이동하는 횟수 K(1 ≤ K ≤

1,000)가 주어진다.

둘째 줄부터 N개의 줄에 지도에 쓰여 있는 수가 북쪽부터 남쪽으로, 각 줄은 서쪽부터 동쪽 순서대로 주어진다. 지도의 각 칸에 쓰여 있는 수는 10 미만의 자연수이다.

출력

첫째 줄에 각 이동에서 획득하는 점수의 합을 출력한다.

예제 입력 1

```
4 5 1
4 1 2 3 3
6 1 1 3 3
5 6 1 3 2
5 5 6 5 5
```

예제 출력 1

```
4
```

가장 처음에 주사위의 이동 방향은 동쪽이다. 따라서 첫 이동에서 주사위는 (1, 1)에서 (1, 2)로 이동한다. 주사위가 오른쪽으로 한 칸 굴러가고 주사위의 전개도는 다음과 같이 변한다.

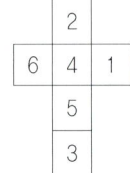 

(1, 2)에는 1이 있고, (1, 1)에서 동서남북 방향으로 연속해서 이동할 수 있는 칸은 총 4개이다. 따라서 4점을 획득한다.

주사위의 아랫면에는 3이 있고, (1, 2)에는 1이 있다. 아랫면에 있는 수가 더 크기 때문에, 이동 방향을 90도 시계 방향으로 회전시켜 남쪽이 된다.

예제 입력 2

```
4 5 2
4 1 2 3 3
6 1 1 3 3
5 6 1 3 2
5 5 6 5 5
```

예제 출력 2

```
8
```

주사위의 이동 방향은 남쪽이기 때문에, 주사위는 (1, 2)에서 (2, 2)로 이동한다. (2, 2)에서 획득하는 점수도 4점이기 때문에, 현재까지 획득한 점수의 합은 8점이 된다. 주사위의 전개도는 다음과 같아진다.

주사위의 아랫면에는 5가 있고, (2, 2)에는 1이 있다. 아랫면에 있는 수가 더 크기 때문에 이동 방향은 90도 시계 방향으로 회전된 서쪽이 된다.

예제 입력 3

```
4 5 3
4 1 2 3 3
6 1 1 3 3
5 6 1 3 2
5 5 6 5 5
```

예제 출력 3

```
14
```

주사위는 서쪽으로 이동해 (2, 2)에서 (2, 1)로 이동한다. (2, 1)에서 획득하는 점수는 6점이다. 그 이유는 (2, 1)에서 동서남북 방향으로 연속해서 이동할 수 있는 칸이 (2, 1) 하나밖에 없기 때문이다.

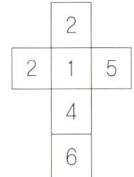

(2, 1)에 도착한 이후 주사위의 전개도는 위와 같다.

주사위의 아랫면과 (2, 1)에 같은 수가 있기 때문에 이동 방향은 변하지 않는다.

예제 입력 4

```
4 5 4
4 1 2 3 3
6 1 1 3 3
5 6 1 3 2
5 5 6 5 5
```

예제 출력 4

```
18
```

현재 이동 방향은 3번째 이동과 같은 서쪽이다. (2, 1)의 서쪽에는 칸이 없다. 따라서 이동 방향을 동쪽으로 바꾸고 이동한다. (2, 1)의 동쪽에는 (2, 2)가 있기 때문에 (2, 2)로 이동한다. (2, 2)에 대한 점수는 4점이고, 획득한 점수의 합은 18점이 된다. 이동을 마친 후 주사위의 전개도는 다음과 같다.

주사위의 아랫면에는 5, (2, 2)에는 1이 있다. 아랫면에 있는 수가 더 크기 때문에, 이동 방향을 90도 시계 방향으로 회전시킨다. 따라서 이동 방향이 동쪽에서 90도 시계 방향으로 회전해 남쪽이 된다.

예제 입력 5

```
4 5 5
4 1 2 3 3
6 1 1 3 3
5 6 1 3 2
5 5 6 5 5
```

예제 출력 5

```
24
```

(2, 2)에서 남쪽으로 이동하면 (3, 2)로 이동하게 된다. (3, 2)에는 6이 있는데, 여기서 얻을 수 있는 점수는 6점이다.

4	1	2	3	3
6	1	1	3	3
5	6	1	3	2
5	5	6	5	5

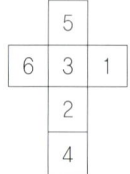

주사위의 전개도는 위와 같다.

주사위의 아랫면에 있는 수 4는 (3, 2)에 있는 수 6보다 작다. 이 경우 이동 방향은 90도 반시계 방향으로 회전시켜야 한다. 현재 이동 방향이 남쪽이었기 때문에, 회전시킨 이동 방향은 동쪽이 된다.

예제 입력 6

```
4 5 6
4 1 2 3 3
6 1 1 3 3
5 6 1 3 2
5 5 6 5 5
```

예제 출력 6

```
28
```

(3, 2)에서 동쪽으로 한 칸 이동하면 (3, 3)에 도착한다. (3, 3)에서는 4점을 획득한다. 주사위의 전개도는 다음과 같다. 아랫면에 있는 수와 주사위가 있는 칸에 있는 수가 같다. 이동 방향은 변하지 않는다.

예제 입력 7

```
4 5 7
4 1 2 3 3
6 1 1 3 3
5 6 1 3 2
5 5 6 5 5
```

예제 출력 7

```
43
```

(3, 3)에서 동쪽으로 한 칸 이동하면 (3, 4)에 도착한다. (3, 4)의 점수는 15이고, 현재까지 획득한 점수

의 합은 43점이다. (3, 4)에 도착했을 때 주사위의 전개도는 다음과 같다.

4	1	2	3	3
6	1	1	3	3
5	6	1	3	2
5	5	6	5	5

	5	
6	3	1
	2	
	4	

예제 입력 8

```
4 5 1000
4 1 2 3 3
6 1 1 3 3
5 6 1 3 2
5 5 6 5 5
```

예제 출력 8

```
3901
```

문제해설

크기가 N×M인 지도위에 주사위가 하나 놓여있다. 주사위를 이동 방향으로 한 칸 굴리고, 다음 위치를 설정하고, 회전시키고, 다음 방향을 설정하는 작업을 일정 횟수만큼 진행한다. 주사위가 도착한 칸에 있는 점수를 획득한다. 주사위를 모두 굴리고 난 후 획득한 점수 합을 구하는 문제다.

주사위를 굴리고, 다음 위치를 설정하고, 회전시키고, 다음 방향을 설정하는 기능을 함수로 작성하자.

주사위를 굴리는 함수를 알아보자. 주사위의 전개도를 2차원 배열에 저장하고 동서남북 이동 시 주사위 전개도를 알맞게 변경한다.

다음 위치와 방향을 설정하는 함수를 알아보자. 현재 위치와 방향을 이용해서 다음 위치를 설정하고, 주사위와 지도의 값을 참고하여 다음 방향을 변경시킨다.

회전시키는 함수를 알아보자. 주사위와 지도의 값을 참고하여 적절하게 회전시킨다.

주사위를 굴리는 함수의 시간복잡도는 O(1)이다. 다음 위치와 방향을 설정하는 함수의 시간복잡도는 O(1)이다. 함수를 K번 실행하는 데 소요되는 시간은 O(K)이다. 획득하는 점수를 계산하는 데 O(N*M)의 시간이 소요되므로 전체 시간복잡도는 O(K+N*M)이다. N, M의 최댓값이 20, K의 최댓값이 1000이므로 제한 시간 내에 결과가 출력된다.

소스 코드 예시

```python
# 동쪽(0), 남쪽(1), 서쪽(2), 북쪽(3) 이동 시 (행, 열) 변화량
dd = [ [0, 1], [1, 0], [0, -1], [-1, 0] ]

# A: 지도 정보, B: 획득하는 점수, C: 주사위 전개도, (N, M): 지도 크기, K: 이동 횟수
# visited: 깊이 우선 탐색에서 방문 여부를 나타냄
# 아래에서 24는 N, M의 최댓값, 6은 주사위에 적힌 숫자의 최댓값과 관련이 있다.
A = [[0] * 24 for _ in range(24)]
B = [[0] * 24 for _ in range(24)]
C = [[0] * 6 for _ in range(6)]
N = 0; M = 0; K = 0
visited = [[0] * 24 for _ in range(24)]

# (r, c)가 지도 A 안에 있으면 True, 아니면 False를 반환한다.
def in_range(r, c):
        return 1 <= r <= N and 1 <= c <= M

# (r, c)와 연속으로 인접한 칸 중에서 A[r][c]의 값과 같은 값을 갖는 칸의 개수를 반환한다.
def dfs(r, c):
    global visited

    # A[r][c] 1칸을 나타냄
    ret = 1
    visited[r][c] = 1

    # 아직 방문하지 않은 인접한 칸을 탐색한다.
    for dr, dc in dd:
            nr = r + dr; nc = c + dc
            if in_range(nr, nc) == True and visited[nr][nc] == 0 and A[r][c] == A[nr][nc]:
                    ret += dfs(nr, nc)

    return ret

# 다음 위치를 설정한다.
# x: 현재 및 다음 위치 정보(x[0]: r, x[1]: c, x[2]: d)
def get_next_pos(x):
```

```python
    # 현재 위치 및 방향
    r, c, d = x[0], x[1], x[2]

    # 다음 위치
    nr = r + dd[d][0]; nc = c + dd[d][1]

    # 지도 범위를 벗어난 경우, 방향을 반대로 변경한다.
    if in_range(nr, nc) == False:
            d = (d + 2) % 4
            nr = r + dd[d][0]
            nc = c + dd[d][1]

    x[ : ] = [nr, nc, d]

# 주사위 C를 방향 d로 회전시킨다.
def rotate_cube(d):
    # 동쪽
    if d == 0:
            t = C[4][2]
            C[4][2] = C[2][3]
            C[2][3] = C[2][2]
            C[2][2] = C[2][1]
            C[2][1] = t
    # 서쪽
    elif d == 2:
            t = C[4][2]
            C[4][2] = C[2][1]
            C[2][1] = C[2][2]
            C[2][2] = C[2][3]
            C[2][3] = t
    # 남쪽
    elif d == 1:
            t = C[4][2]
            C[4][2] = C[3][2]
            C[3][2] = C[2][2]
            C[2][2] = C[1][2]
            C[1][2] = t
```

```
                        # 북쪽
            else:
                        t = C[4][2]
                        C[4][2] = C[1][2]
                        C[1][2] = C[2][2]
                        C[2][2] = C[3][2]
                        C[3][2] = t


# A[r][c]와 주사위 아랫면 기반으로 방향 d를 업데이트한다.
def update_dir(r, c, d):
        # a: 주사위의 아랫면에 있는 정수, b: A[r][c]의 값
        a = C[4][2]; b = A[r][c]

        # 90도 시계 방향으로 회전
        if a > b:
                d = (d + 1) % 4
        # 90도 반시계 방향으로 회전
        elif a < b:
                d = (d - 1 + 4) % 4

        return d


# 입력
N, M, K = map(int, input().split())
for i in range(1, N + 1):
        x = list(map(int, input().split()))
        A[i][1:] = x[:]


# B를 만든다.
for i in range(1, N + 1):
        for j in range(1, M + 1):
                # visited 배열을 0으로 초기화한다.
                for r in range(1, N + 1):
                        for c in range(1, M + 1):
                                visited[r][c] = 0
                B[i][j] = dfs(i, j) * A[i][j]
```

```
# 초기 주사위 전개도 설정
C[1][2] = 2
C[2][1] = 4; C[2][2] = 1; C[2][3] = 3
C[3][2] = 5
C[4][2] = 6

# K번 이동을 시뮬레이션한다.
# (x[0], x[1]) : 현재 위치(초깃값은 (1, 1)), x[2] : 현재 방향(초깃값은 동쪽)
ans = 0; x = [1, 1, 0]
for _ in range(K):
    # 주사위가 이동 방향으로 한 칸 굴러간다.
    # x를 다음 위치로 설정하고, 주사위를 x[2] 방향으로 회전시킨다.
    get_next_pos(x)
    rotate_cube(x[2])

    # 주사위가 도착한 칸 (x, y)에 대한 점수를 획득한다.
    ans += B[x[0]][x[1]]

    # 다음 방향을 설정한다.
    x[2] = update_dir(x[0], x[1], x[2]);

print(ans)
```

문제

유난히 추운 날씨가 예상되는 이번 겨울을 대비하기 위해 구사과는 온풍기를 설치하려고 한다. 온풍기의 성능을 테스트하기 위해 구사과는 집을 크기가 R×C인 격자판으로 나타냈고, 1×1 크기의 칸으로 나눴다. 구사과는 뛰어난 코딩 실력을 이용해 각 칸 (r, c)의 온도를 실시간으로 모니터링하는 시스템을 개발했다. (r, c)는 r행 c열을 의미한다.

구사과의 성능 테스트는 다음과 같은 작업이 순차적으로 이루어지며, 가장 처음에 모든 칸의 온도는 0이다. 문제의 그림에서 빈칸은 온도가 0인 칸을 의미한다.

* 집에 있는 모든 온풍기에서 바람이 한 번 나옴
* 온도가 1 이상인 가장 바깥쪽 칸의 온도가 1씩 감소
* 온도가 조절됨
* 초콜릿을 하나 먹는다.
* 조사하는 모든 칸의 온도가 K 이상이 되었는지 검사. 모든 칸의 온도가 K이상이면 테스트를 중단하고, 아니면 1부터 다시 시작한다.

집에 있는 모든 온풍기에서 바람이 한 번 나오는 과정을 설명하면 [그림 1]과 같다.

[그림 1]은 크기가 7×8인 집에 온풍기가 (3, 1)에 설치되어 있는 상황이다. 온풍기는 바람이 나오는 방향이 있는데, 그 방향은 오른쪽, 왼쪽, 위, 아래 중 하나이다. 온풍기에서 따뜻한 바람이 한 번 나오면, 다음과 같은 영역의 온도가 칸에 적힌 값만큼 증가하게 된다. 아래 그림은 오른쪽 방향으로 바람이 나온 예시이며, 온풍기에서 바람이 나오는 방향에 따라 [그림 2]를 회전시켜서 해당하는 방향으로 바람이 나왔을 때 증가하는 온도를 구할 수 있다.

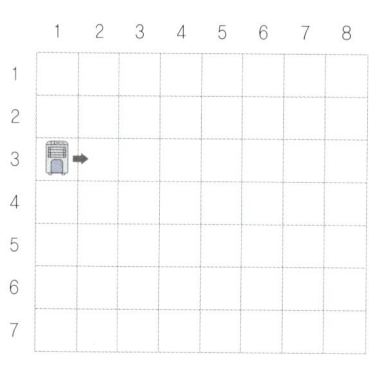

[그림 1]

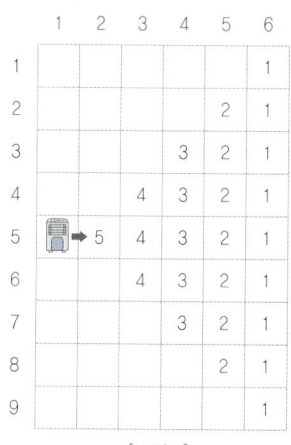

[그림 2]

온풍기에서 바람이 한 번 나왔을 때, 온풍기의 바람이 나오는 방향에 있는 칸은 항상 온도가 5도 올라간다. 그다음 이 바람은 계속 다른 칸으로 이동해 다른 칸의 온도를 위의 그림과 같이 상승시키게 된다. 어떤 칸 (x, y)에 온풍기 바람이 도착해 온도가 k (> 1)만큼 상승했다면, (x-1, y+1), (x, y+1), (x+1, y+1)의 온도도 k-1만큼 상승하게 된다. 이때 그 칸이 존재하지 않는다면, 바람은 이동하지 않는다. 온풍기에서 바람이 한 번 나왔을 때, 어떤 칸에 같은 온풍기에서 나온 바람이 여러 번 도착한다고 해도 온도는 여러 번 상승하지 않는다.

[그림 1]의 상태에서 온풍기 바람이 한 번 불었다면, 증가하는 온도의 양은 [그림 3]과 같다.

(3, 5)는 (3, 4), (2, 4), (4, 4)에서 바람이 이동할 수 없기 때문에 온도가 상승하지 않는다.

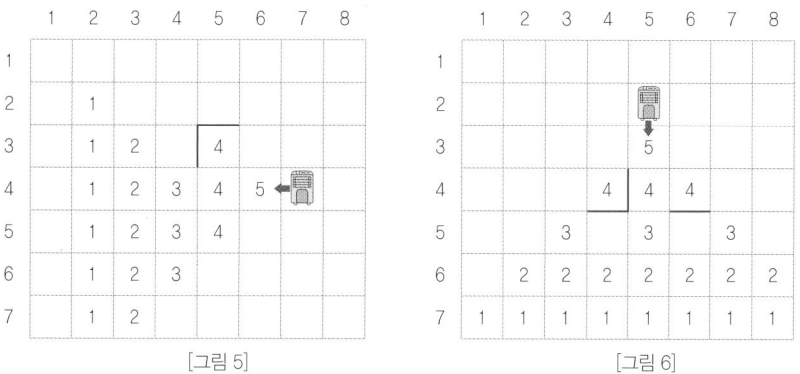

만약 바람의 방향이 왼쪽인 온풍기가 (4, 7)에 있고, (3, 4)와 (3, 5) 사이에 벽, (2, 5)와 (3, 5) 사이에 벽이 있는 경우라면 온풍기에서 바람이 한 번 나왔을 때 [그림 5]와 같이 온도가 상승한다. [그림 6]은 바람의 방향이 아래인 온풍기가 (2, 5)에 있고, (4, 4)와 (4, 5) 사이, (4, 4)와 (5, 4) 사이, (4, 6)과 (5, 6) 사이에 벽이 있는 경우이다.

구사과의 집에는 온풍기가 2대 이상 있을 수도 있다. 이 경우 각각의 온풍기에 의해서 상승한 온도를 모두 합한 값이 해당 칸의 상승한 온도이다.

예를 들어, [그림 7]은 [그림 6]과 같은 벽을 가지고 있는 집에서 바람이 방향이 위인 온풍기가 (7, 5)에 있는 경우이고, [그림 8]은 [그림 6]과 같은 벽을 가지고 있는 집에서 바람의 방향이 아래인 온풍기가 (2, 5)에 있고, 바람의 방향이 위인 온풍기가 (7, 5)에 있는 경우이다. [그림 8]은 같은 벽을 가지고 있는 집에서 [그림 6]의 온풍기와 [그림 7]의 온풍기가 동시에 설치된 상황이기 때문에, 각 칸의 상승한 온도는 두 그림의 값을 더한 값과 같다. 온풍기가 있는 칸도 다른 온풍기에 의해 온도가 상승할 수 있기 때문에 [그림 8]에서 온풍기의 위치는 표시하지 않았다.

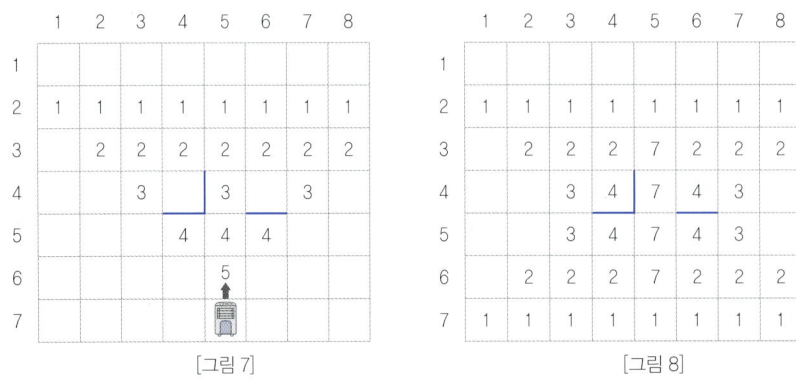

[그림 7]　　　　　　　[그림 8]

온도가 조절되는 과정은 다음과 같다.

모든 인접한 칸에 대해서 온도가 높은 칸에서 낮은 칸으로 [(두 칸의 온도의 차이)/4]만큼 온도가 조절된다. 온도가 높은 칸은 이 값만큼 온도가 감소하고, 낮은 칸은 온도가 상승한다. 인접한 두 칸 사이에 벽이 있는 경우에는 온도가 조절되지 않는다. 이 과정은 모든 칸에 대해 동시에 발생한다. 다음은 온도 조절의 예시이다.

(1, 1)에서 (1, 2)와 (1, 3)으로 공기가 섞인다.

(2, 2)와 (3, 2) 사이에 벽이 있기 때문에, (3, 2)는 온도가 그대로 유지된다.

모든 칸에 대해서 동시에 온도의 조절이 발생한다.

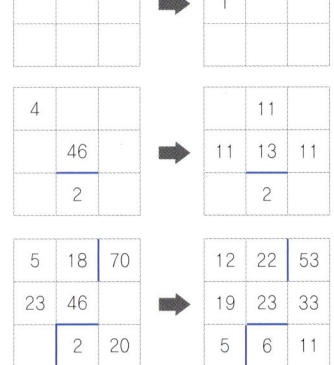

가장 바깥쪽 칸은 1행, R행, 1열, C열에 있는 칸이다. 예를 들어, [그림 9]와 같은 경우 가장 바깥쪽 칸의 온도가 1씩 감소하면 [그림 10]과 같이 된다. 온도가 0인 칸은 온도가 감소하지 않는다.

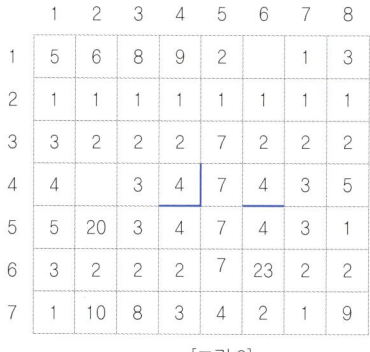

[그림 9]　　　　　　　　　　　[그림 10]

방의 크기와 방에 설치된 온풍기의 정보, 벽의 위치와 조사하려고 하는 칸의 위치가 주어진다. 구사과가 먹은 초콜릿의 개수를 출력한다.

입력

첫째 줄에 세 정수 R, C, K가 주어진다. 둘째 줄부터 R개의 줄에 방의 정보가 주어진다. i번째 줄의 j번째 정수는 (i, j)의 정보를 의미하며 다음 중 하나이다.

- 0: 빈칸
- 1: 방향이 오른쪽인 온풍기가 있음
- 2: 방향이 왼쪽인 온풍기가 있음
- 3: 방향이 위인 온풍기가 있음
- 4: 방향이 아래인 온풍기가 있음
- 5: 온도를 조사해야 하는 칸

다음 줄에는 벽의 개수 W가 주어진다. 다음 W개의 줄에는 벽의 정보가 주어지며, 이 정보는 세 정수 x, y, t로 이루어져 있다. t가 0인 경우 (x, y)와 (x−1, y) 사이에 벽이 있는 것이고, 1인 경우에는 (x, y)와 (x, y+1) 사이에 벽이 있는 것이다.

출력

구사과가 먹는 초콜릿의 개수를 출력한다. 만약, 먹는 초콜릿의 개수가 100을 넘어가면 101을 출력한다.

제한

- $2 \le R, C \le 20$
- $1 \le K \le 1{,}000$
- 온풍기는 하나 이상 있고, 온도를 조사해야 하는 칸도 하나 이상 있다.
- $0 \le W \le R \times C$
- $1 < x \le R, 1 \le y \le C$ (t = 0)
- $1 \le x \le R, 1 \le y < C$ (t = 1)

- 온풍기가 있는 칸과 바람이 나오는 방향에 있는 칸 사이에는 벽이 없다.
- 온풍기의 바람이 나오는 방향에 있는 칸은 항상 존재한다.
- 같은 벽이 두 번 이상 주어지는 경우는 없다.

예제 입력 1

```
7 8 1
0 0 0 0 0 0 0 0
0 0 0 0 4 0 0 0
0 0 0 0 0 0 0 0
0 0 5 5 0 0 0 0
0 0 0 0 0 5 0 0
0 0 0 0 0 0 0 0
0 0 0 0 3 0 0 0
3
4 4 1
5 4 0
5 6 0
```

예제 출력 1

```
1
```

예제 입력 2

```
7 8 5
0 0 0 0 0 0 0 0
0 0 0 0 4 0 0 0
0 0 0 0 0 0 0 0
0 0 5 5 0 0 0 0
0 0 0 0 0 5 0 0
0 0 0 0 0 0 0 0
0 0 0 0 3 0 0 0
3
4 4 1
5 4 0
5 6 0
```

예제 출력 2

```
2
```

예제 입력 3

```
7 8 7
0 0 0 0 0 0 0 0
0 0 0 0 4 0 0 0
0 0 0 0 0 0 0 0
0 0 5 5 0 0 0 0
0 0 0 0 0 5 0 0
0 0 0 0 0 0 0 0
0 0 0 0 3 0 0 0
3
4 4 1
5 4 0
5 6 0
```

예제 출력 3

```
3
```

예제 입력 4

```
7 8 70
0 0 0 0 0 0 0 0
0 0 0 0 4 0 0 0
0 0 0 0 0 0 0 0
0 0 5 5 0 0 0 0
0 0 0 0 0 5 0 0
0 0 0 0 0 0 0 0
0 0 0 0 3 0 0 0
3
4 4 1
5 4 0
5 6 0
```

예제 출력 4

```
53
```

	1	2	3	4	5	6	7	8
1	31	37	43	50	54	54	52	48
2	37	42	53	60	67	65	61	55
3	42	52	60	72	82	81	72	66
4	46	56	70	76	98	90	81	73
5	50	62	75	92	100	97	85	76
6	52	61	74	86	94	91	85	77
7	52	60	68	78	85	82	78	73

예제 입력 5

```
7 8 1000
0 0 0 0 0 0 0 0
0 0 0 0 4 0 0 0
0 0 0 0 0 0 0 0
0 0 5 5 0 0 0 0
0 0 0 0 0 5 0 0
0 0 0 0 0 0 0 0
0 0 0 0 3 0 0 0
3
4 4 1
5 4 0
5 6 0
```

예제 출력 5

```
101
```

예제 입력 6

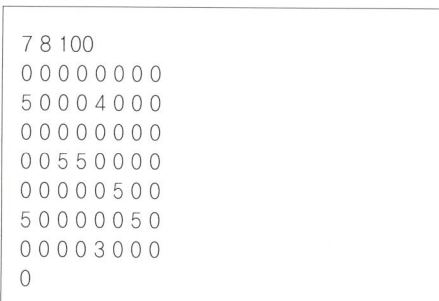

```
7 8 100
0 0 0 0 0 0 0 0
5 0 0 0 4 0 0 0
0 0 0 0 0 0 0 0
0 0 5 5 0 0 0 0
0 0 0 0 0 5 0 0
5 0 0 0 0 0 5 0
0 0 0 0 3 0 0 0
0
```

예제 출력 6

```
93
```

예제 입력 7

```
7 8 100
0 0 0 0 0 0 5 0
5 4 4 4 4 4 4 0
0 0 0 0 0 0 0 0
0 0 5 5 0 0 0 0
0 0 0 0 0 5 0 0
5 0 0 0 0 0 5 0
0 0 0 0 3 0 0 0
3
4 4 1
5 4 0
5 6 0
```

예제 출력 7

```
35
```

예제 입력 8

```
7 8 1000
0 0 0 0 0 0 5 0
5 4 4 4 4 4 4 0
0 0 0 0 0 0 0 0
0 0 5 5 0 0 0 0
0 0 0 0 0 5 0 0
5 0 0 0 0 0 5 0
0 0 0 0 3 0 0 0
3
4 4 1
5 4 0
5 6 0
```

예제 출력 8

```
101
```

예제 입력 9

```
7 8 1000
0 0 0 0 0 0 0 0
4 4 4 4 4 4 4 4
0 0 0 0 0 5 0 0
0 0 5 5 0 0 5 0
0 0 0 0 0 5 0 0
5 0 0 0 0 0 5 0
3 3 3 3 3 3 3 3
3
4 4 1
5 4 0
5 6 0
```

예제 출력 9

```
94
```

문제해설

 R×C인 격자판으로 되어있는 집이 있다. 여러 개의 온풍기를 이용하여 집 온도를 변경한다. 온풍기에서 바람이 나오고, 집 온도가 조절되는 작업이 반복된다. 조사하는 모든 칸의 온도가 K 이상이 되는 최소 작업 횟수를 구하는 문제이다.

 온풍기에서 바람이 나오고, 집 온도가 조절되는 기능을 함수로 작성하자.

 온풍기에서 바람이 나오는 함수를 알아보자. 각 온풍기로 인한 온도 변화량의 합을 구하면 된다. 하나의 온풍기로 인해 전파되는 온도 정보를 (행 번호, 열 번호, 온도) 형태로 큐에 넣고 너비 우선 탐색으로 온도 변화량을 구한다.

 집 온도가 조절되는 함수를 알아보자. 집의 모든 칸에 대해서 온도 변화량을 임시 배열을 이용하여 구한다.

 집의 행의 크기를 N, 열의 크기를 M, 작업 횟수를 T라고 하자. 최초 1회 온도 변화량을 구하는 데 $O(N^2 M^2)$ 시간이 소요된다. 온풍기 개수가 $O(N*M)$이고 하나의 온풍기에 대한 너비 우선 탐색 소요 시간이 $O(N*M)$이기 때문이다.

 온풍기에서 바람이 나오는 함수의 시간복잡도는 $O(N*M)$이고, 집 온도가 조절되는 함수의 시간복잡도도 $O(N*M)$이다. 함수가 T번 실행되는 시간은 $O(T*N*M)$이다. 따라서 전체 시간복잡도는 $O(N^2 M^2 + T*N*M)$이다. T의 최댓값이 100, N의 최댓값이 20, M의 최댓값이 20이므로 제한 시간 내에 결과가 출력된다.

소스 코드 예시

```
from queue import Queue

# 방향: 오른쪽(1), 왼쪽(2), 위쪽(3), 아래쪽(4)
RIGHT = 1; LEFT = 2; UP = 3; DOWN = 4
R_MASK = (1 << RIGHT)
L_MASK = (1 << LEFT)
U_MASK = (1 << UP)
D_MASK = (1 << DOWN)
```

```python
# 오른쪽(1), 왼쪽(2), 위쪽(3), 아래쪽(4) 이동 시 (행, 열) 변화량
dd = [[0, 0], [0, 1], [0, -1], [-1, 0], [1, 0]]

# (N, M): 집의 크기(N: 행의 개수, M: 열의 개수)
# A: 현재 집 온도, B: 온풍기로 인한 온도 변화량, C: 온풍기 방향(1 ~ 4) 또는 온도 조사(5)
# W: 벽의 정보 (0: 벽이 없음, bit-1 on: 오른쪽에 벽이 있음, bit-2 on: 왼쪽에 벽이 있음,
#      bit-3 on: 위쪽에 벽이 있음, bit-4 on: 아래쪽에 벽이 있음)
# 아래에서 24는 집의 크기 N, M의 최댓값과 관련 있음
N = 0; M = 0; K = 0
A = [[0] * 24 for _ in range(24)]
B = [[0] * 24 for _ in range(24)]
C = [[0] * 24 for _ in range(24)]
W = [[0] * 24 for _ in range(24)]

# 위치 (r, c)가 집 안에 있으면 True, 아니면 False를 반환한다.
def in_range(r, c):
    return 1 <= r <= N and 1 <= c <= M

# (sr, sc) 위치에 d 방향의 온풍기가 있는 상황에서 온도 변화를 B에 반영한다.
def build_B_sub(sr, sc, d):
    global A, B, C, W, N, M, K
    visited = [[0] * 24 for _ in range(24)]

    # 온도가 전파되는 정보(행 번호, 열 번호, 온도)를 queue에 저장한다.
    Q = Queue()

    # 온풍기 바로 다음 위치는 5도 올라감
    Q.put([sr + dd[d][0], sc + dd[d][1], 5])
    visited[sr + dd[d][0]][sc + dd[d][1]] = 1

    # 큐가 빌 때까지 진행한다.
    while Q.empty() == False:
        # 큐의 맨 앞에 있는 정보를 r, c, t에 저장한다.
        r, c, t = Q.get()

        # 온도 변화를 B에 반영한다.
        B[r][c] += t
```

```python
        # 현재 온도 변화가 1도이므로, 더 전파되지 않는다.
        if t == 1:
                continue

        # d 방향으로 전파 시킨다.
        # 오른쪽 방향
        if d == RIGHT:
                nr = r - 1; nc = c + 1
                if in_range(nr, nc) == True and visited[nr][nc] == 0 and \
                        (W[r][c] & U_MASK) == 0 and (W[nr][nc] & L_MASK) == 0:
                        Q.put([nr, nc, t - 1])
                        visited[nr][nc] = 1


                nr = r
                if in_range(nr, nc) == True and visited[nr][nc] == 0 and \
(W[r][c] & R_MASK) == 0:
                        Q.put([nr, nc, t - 1])
                        visited[nr][nc] = 1


                nr = r + 1
                if in_range(nr, nc) == True and visited[nr][nc] == 0 and \
                        (W[r][c] & D_MASK) == 0 and (W[nr][nc] & L_MASK) == 0:
                        Q.put([nr, nc, t - 1])
                        visited[nr][nc] = 1

        # 왼쪽 방향
        elif d == LEFT:
                nr = r - 1; nc = c - 1
                if in_range(nr, nc) == True and visited[nr][nc] == 0 and \
                        (W[r][c] & U_MASK) == 0 and (W[nr][nc] & R_MASK) == 0:
                        Q.put([nr, nc, t - 1])
                        visited[nr][nc] = 1


                nr = r
                if in_range(nr, nc) == True and visited[nr][nc] == 0 and \
(W[r][c] & L_MASK) == 0:
                        Q.put([nr, nc, t - 1])
                        visited[nr][nc] = 1
```

```
                    nr = r + 1
                    if in_range(nr, nc) == True and visited[nr][nc] == 0 and \
                            (W[r][c] & D_MASK) == 0 and (W[nr][nc] & R_MASK) == 0:
                            Q.put([nr, nc, t - 1])
                            visited[nr][nc] = 1
            # 위쪽 방향
            elif d == UP:
                    nr = r - 1; nc = c - 1
                    if in_range(nr, nc) == True and visited[nr][nc] == 0 and \
                            (W[r][c] & L_MASK) == 0 and (W[nr][nc] & D_MASK) == 0:
                            Q.put([nr, nc, t - 1])
                            visited[nr][nc] = 1


                    nc = c
                    if in_range(nr, nc) == True and visited[nr][nc] == 0 and \
            (W[r][c] & U_MASK) == 0:
                            Q.put([nr, nc, t - 1])
                            visited[nr][nc] = 1


                    nc = c + 1
                    if in_range(nr, nc) == True and visited[nr][nc] == 0 and \
                            (W[r][c] & R_MASK) == 0 and (W[nr][nc] & D_MASK) == 0:
                            Q.put([nr, nc, t - 1])
                            visited[nr][nc] = 1
            # 아래쪽 방향
            else:
                    nr = r + 1; nc = c - 1
                    if in_range(nr, nc) == True and visited[nr][nc] == 0 and \
                            (W[r][c] & L_MASK) == 0 and (W[nr][nc] & U_MASK) == 0:
                            Q.put([nr, nc, t - 1])
                            visited[nr][nc] = 1


                    nc = c
                    if in_range(nr, nc) == True and visited[nr][nc] == 0 and \
            (W[r][c] & D_MASK) == 0:
                            Q.put([nr, nc, t - 1])
                            visited[nr][nc] = 1
```

```
                    nc = c + 1
                    if in_range(nr, nc) == True and visited[nr][nc] == 0 and \
                            (W[r][c] & R_MASK) == 0 and (W[nr][nc] & U_MASK) == 0:
                            Q.put([nr, nc, t - 1])
                            visited[nr][nc] = 1


# B를 만든다.
def build_B():
    global A, B, C, W, N, M, K
    # 모든 온풍기를 탐색한다.
    for r in range(1, N + 1):
        for c in range(1, M + 1):
            if 0 < C[r][c] < 5:
                build_B_sub(r, c, C[r][c])


# 입력을 받는다.
N, M, K = map(int, input().split())
for r in range(1, N + 1):
    x = list(map(int, input().split()))
    C[r][1:] = x[:]


w = int(input())
for _ in range(w):
    r, c, t = map(int, input().split())


    # A[r][c]와 A[r-1][c] 사이에 벽이 있음 (A[r][c] 위쪽, A[r-1][c] 아래쪽)
    if t == 0:
        W[r][c] |= U_MASK
        W[r - 1][c] |= D_MASK
    # A[r][c]와 A[r][c+1] 사이에 벽이 있음 (A[r][c] 오른쪽, A[r][c+1] 왼쪽)
    else:
        W[r][c] |= R_MASK
        W[r][c + 1] |= L_MASK


# B를 만든다.
build_B()
```

```python
# 최대 100번 작업을 진행한다.
for step in range(1, 101):
    # 1. 집에 있는 모든 온풍기에서 바람이 한 번 나옴
    for r in range(1, N + 1):
        for c in range(1, M + 1):
            A[r][c] += B[r][c]


    # 2. 온도가 조절됨
    # 온도 변화량을 배열 X에 저장한다.
    X = [[0] * 24 for _ in range(24)]
    for r in range(1, N + 1):
        for c in range(1, M + 1):
            # 오른쪽
            nr = r; nc = c + 1
            if in_range(nr, nc) == True and (W[r][c] & R_MASK) == 0:
                if A[r][c] - A[nr][nc] > 0:
                    diff = (A[r][c] - A[nr][nc]) // 4
                else:
                    diff = -((A[nr][nc] - A[r][c]) // 4)
                X[r][c] -= diff
                X[nr][nc] += diff


            # 아래
            nr = r + 1; nc = c
            if in_range(nr, nc) == True and (W[r][c] & D_MASK) == 0:
                if A[r][c] - A[nr][nc] > 0:
                    diff = (A[r][c] - A[nr][nc]) // 4
                else:
                    diff = -((A[nr][nc] - A[r][c]) // 4)
                X[r][c] -= diff
                X[nr][nc] += diff


    # 온도 변화량 X를 A에 반영한다.
    for r in range(1, N + 1):
        for c in range(1, M + 1):
            A[r][c] += X[r][c]
```

```python
# 3. 온도가 1 이상인 가장 바깥쪽 칸의 온도가 1씩 감소한다.
for c in range(1, M + 1):
        if A[1][c] >= 1: A[1][c] -= 1
        if A[N][c] >= 1: A[N][c] -= 1
for r in range(2, N):
        if A[r][1] >= 1: A[r][1] -= 1
        if A[r][M] >= 1: A[r][M] -= 1


# 5. 조사하는 모든 칸의 온도가 K 이상이 되었는지 검사.
# 모든 칸의 온도가 K 이상이면 테스트를 중단하고, 아니면 1부터 다시 시작한다.
is_ok = 1
for r in range(1, N + 1):
        for c in range(1, M + 1):
                if C[r][c] == 5 and A[r][c] < K:
                        is_ok = 0
if is_ok:
        print(step)
        sys.exit()


# 만약, 먹는 초콜릿의 개수가 100을 넘어가면 101을 출력한다.
print(101)
```

9-24 | 마법사 상어와 복제

난이도 ★★★☆ 　시간제한 2초 　메모리제한 1024MB 　삼성 SW 역량 테스트

문제

마법사 상어는 파이어볼, 토네이도, 파이어스톰, 물복사버그, 비바라기, 블리자드 마법을 할 수 있다. 오늘은 기존에 배운 물복사버그 마법의 상위 마법인 복제를 배웠고, 4×4 크기의 격자에서 연습하려고 한다. (r, c)는 격자의 r행 c열을 의미한다. 격자의 가장 왼쪽 윗 칸은 (1, 1)이고, 가장 오른쪽 아래 칸은 (4, 4)이다.

격자에는 물고기 M마리가 있다. 각 물고기는 격자의 칸 하나에 들어가 있으며, 이동 방향을 가지고 있다. 이동 방향은 8가지 방향(상하좌우, 대각선) 중 하나이다. 마법사 상어도 연습을 위해 격자에 들어가 있다. 상어도 격자의 한 칸에 들어가 있다. 둘 이상의 물고기가 같은 칸에 있을 수도 있으며, 마법사 상어와 물고기가 같은 칸에 있을 수도 있다.

상어의 마법 연습 한 번은 다음과 같은 작업이 순차적으로 이루어진다.

- 상어가 모든 물고기에게 복제 마법을 시전한다. 복제 마법은 시간이 조금 걸리기 때문에, 아래 5번에서 물고기가 복제되어 칸에 나타난다.
- 모든 물고기가 한 칸 이동한다. 상어가 있는 칸, 물고기의 냄새가 있는 칸, 격자의 범위를 벗어나는 칸으로는 이동할 수 없다. 각 물고기는 자신이 가지고 있는 이동 방향이 이동할 수 있는 칸을 향할 때까지 방향을 45도 반시계 회전시킨다. 만약, 이동할 수 있는 칸이 없으면 이동을 하지 않는다. 그 외의 경우에는 그 칸으로 이동을 한다. 물고기의 냄새는 아래 3에서 설명한다.
- 상어가 연속해서 3칸 이동한다. 상어는 현재 칸에서 상하좌우로 인접한 칸으로 이동할 수 있다. 연속해서 이동하는 칸 중에 격자의 범위를 벗어나는 칸이 있으면, 그 방법은 불가능한 이동 방법이다. 연속해서 이동하는 중에 상어가 물고기가 있는 같은 칸으로 이동하게 된다면, 그 칸에 있는 모든 물고기는 격자에서 제외되며, 제외되는 모든 물고기는 물고기 냄새를 남긴다. 가능한 이동 방법 중에서 제외되는 물고기의 수가 가장 많은 방법으로 이동하며, 그러한 방법이 여러가지인 경우 사전 순으로 가장 앞서는 방법을 이용한다. 사전 순에 대한 문제의 하단 노트에 있다.
- 두 번 전 연습에서 생긴 물고기의 냄새가 격자에서 사라진다.
- 1에서 사용한 복제 마법이 완료된다. 모든 복제된 물고기는 1에서의 위치와 방향을 그대로 갖게 된다.

격자에 있는 물고기의 위치, 방향 정보와 상어의 위치, 그리고 연습 횟수 S가 주어진다. S번 연습을 모두 마쳤을 때, 격자에 있는 물고기의 수를 구해 보자.

첫째 줄에 물고기의 수 M, 상어가 마법을 연습한 횟수 S가 주어진다. 둘째 줄부터 M개의 줄에는 물고기의 정보 f_x, f_y, d가 주어진다. (f_x, f_y)는 물고기의 위치를 의미하고, d는 방향을 의미한다. 방향은 8 이하의 자연수로 표현하고, 1부터 순서대로 ←, ↘, ↑, ↗, →, ↘, ↓, ↙ 이다. 마지막 줄에는 s_x, s_y가 주어지며, 상어가 (s_x, s_y)에 있음을 의미한다.

격자 위에 있는 물고기의 수가 항상 1,000,000 이하인 입력만 주어진다.

S번의 연습을 마친 후 격자에 있는 물고기의 수를 출력한다.

• 1 ≤ M ≤ 10

• 1 ≤ S ≤ 100

• 1 ≤ f_x, f_y, s_x, s_y ≤ 4

• 1 ≤ d ≤ 8

• 두 물고기 또는 물고기와 상어가 같은 칸에 있을 수도 있다.

예제 입력 1	예제 출력 1
5 1 4 3 5 1 3 5 2 4 2 2 1 6 3 4 4 4 2	9

격자의 초기 상태는 다음 그림 ①과 같으며, 상어가 있는 칸은 배경색이 어두운 칸, 물고기는 방향으로 표시했다. 물고기가 한 칸 이동하면 그림 ②와 같다.

상어는 [상, 상, 상]으로 이동한다. 이때 (3, 2)에 있는 물고기가 격자에서 제외된다. 물고기의 냄새가 있는 칸은 그림 ③과 같이 배경의 색이 파란색이다. 이제 그림 ④와 같이 복제 마법이 완료된다.

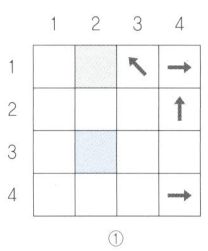

①

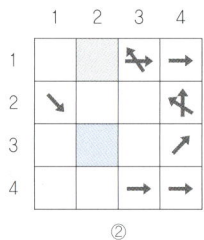

②

예제 입력 2

```
5 2
4 3 5
1 3 5
2 4 2
2 1 6
3 4 4
4 2
```

예제 출력 2

```
13
```

예제 1의 상태에서 연습을 한 번 더 해야 한다. 물고기가 한 칸 이동하면 다음 그림 ①과 같다.

상어는 [우, 우, 하]로 이동한다. (2, 4)에도 상어의 냄새가 있으나 상어의 위치와 겹쳐 그림 ②에는 표시하지 않았다. 아직 격자에서 사라질 냄새는 없으며, 복제 마법이 완료되면 다음 그림 ③과 같다.

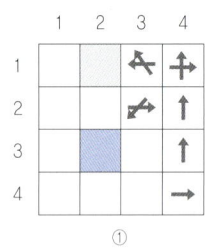

①

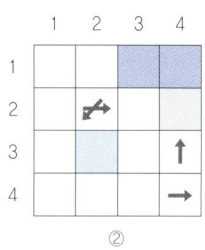

②

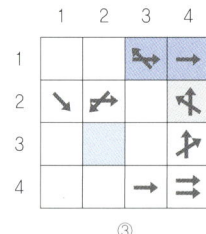

③

예제 입력 3

```
5 3
4 3 5
1 3 5
2 4 2
2 1 6
3 4 4
4 2
```

예제 출력 3

```
17
```

예제 2의 상태에서 연습을 한 번 더 해야 한다. 물고기가 한 칸 이동하면 그림 ①과 같다.

상어는 [좌, 좌, 상]으로 이동한다. 여기서 9마리의 물고기가 격자에서 제외된다. 첫 번째 연습에서 생긴 냄새가 격자에서 사라진다. 상어가 있는 칸에는 어두운 배경 대신 그림 ②와 같이 상어를 표시했다. 복제 마법이 완료되면 격자의 상태는 그림 ③과 같아진다.

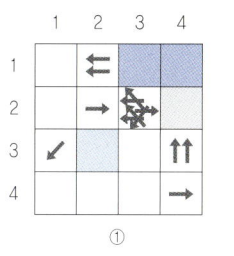

① ② ③

예제 입력 4

```
5 5
4 3 5
1 3 5
2 4 2
2 1 6
3 4 4
4 2
```

예제 출력 4

```
35
```

예제 입력 5

```
5 26
4 3 5
1 3 5
2 4 2
2 1 6
3 4 4
4 2
```

예제 출력 5

```
640240
```

예제 입력 6

```
1 10
1 1 1
4 4
```

예제 출력 6

```
26
```

예제 입력 7

```
8 100
1 1 1
1 1 2
1 1 3
1 1 4
1 1 5
1 1 6
1 1 7
1 1 8
1 1
```

예제 출력 7

```
8
```

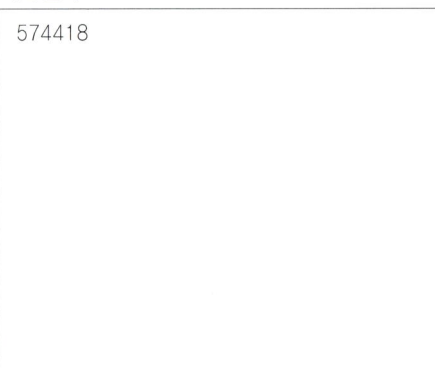

```
10 25
1 1 1
1 1 2
1 1 3
1 1 4
1 1 5
1 1 6
1 1 7
1 1 8
2 1 1
2 1 1
2 1
```

```
574418
```

노트

상어의 이동 방법 중 사전 순으로 가장 앞서는 방법을 찾으려면 먼저, 방향을 정수로 변환해야 한다. 상은 1, 좌는 2, 하는 3, 우는 4로 변환한다. 변환을 모두 마쳤으면, 수를 이어 붙여 정수로 하나 만든다. 두 방법 A와 B가 있고, 각각을 정수로 변환한 값을 a와 b라고 하자. a<b를 만족하면 A가 B보다 사전 순으로 앞선 것이다.

예를 들어, [상, 하, 좌]를 정수로 변환하면 132가 되고, [하, 우, 하]를 변환하면 3430 된다. 132 < 343이기 때문에, [상, 하, 좌]가 [하, 우, 하]보다 사전 순으로 앞선다.

총 4^3 = 64가지 방법을 사전 순으로 나열해보면 [상, 상, 상], [상, 상, 좌], [상, 상, 하], [상, 상, 우], [상, 좌, 상], [상, 좌, 좌], [상, 좌, 하], [상, 좌, 우], [상, 하, 상], …, [우, 하, 하], [우, 하, 우], [우, 우, 상], [우, 우, 좌], [우, 우, 하], [우, 우, 우] 이다.

문제해설

마법사 상어는 4×4 크기의 격자에서 복제 마법을 연습한다. 상어가 모든 물고기에게 복제 마법을 시전하고, 모든 물고기가 한 칸 이동하고, 상어가 연속해서 3칸 이동하는 과정을 일정 횟수만큼 반복한다. 복제 마법 연습이 완료된 후 격자에 있는 물고기의 수를 출력하는 문제다.

모든 물고기에게 복제 마법을 시전하고, 모든 물고기가 한 칸 이동하고, 상어가 연속해서 3칸 이동하는 함수를 작성하자.

모든 물고기에게 복제 마법을 시전하는 함수를 알아보자. 격자에 있는 모든 물고기를 임시 배열에 저장하고 1회 마법 연습의 끝 부분에서 임시 배열을 격자에 적용한다.

모든 물고기가 한 칸 이동하는 함수를 알아보자. 모든 칸에 있는 물고기를 탐색하면서 이동할 수 있는 방향을 찾아서 이동시켜서 임시 배열에 저장한다. 임시 배열에 저장된 물고기를 원래 배열에 복사한다.

상어가 연속해서 3칸 이동하는 함수를 알아보자. 3칸 이동하는 모든 경우를 탐색하면서 제외되는 물고기 수의 최댓값을 구한다.

격자의 크기를 N, 이동 방향의 개수를 D라고 하자. N=4, D=8이다. 복제 마법을 시전하는 함수의 시간복잡도는 $O(N^2D)$이다. 모든 물고기를 한 칸 이동하는 함수의 시간복잡도는 $O(N^2D^2)$이다. 상어가 연속해서 3칸 이동하는 함수의 시간복잡도는 $O(D^3)$이다. 상어는 상하좌우 네 가지 방향으로 움직이지만, $O(D^3)$이라고 표현해도 큰 무리는 없다. 함수를 1회 실행하는 시간은 $O(N^2D^2+D^3)$이다. 따라서 전체 시간복잡도는 $O(SN^2D^2+SD^3)$이다. N=4, D=8, S의 최댓값은 100이므로 제한 시간 내에 결과가 출력된다.

소스 코드 예시

```
# 물고기의 이동 방향
LEFT = 1; LEFT_UP = 2; UP = 3; RIGHT_UP = 4; RIGHT = 5; RIGHT_DOWN = 6; DOWN = 7; LEFT_
DOWN = 8

# 물고기가 이동하는 방향에 대한 (행, 열) 변화량
dd=[ [0, 0], [0, -1], [-1, -1], [-1, 0], [-1, 1], [0, 1], [1, 1], [1, 0], [1, -1] ]

# N x N 격자, (Sr, Sc): 상어의 현재 위치
N = 4; Sr = 0; Sc = 0

# A[r][c][d]: (r, c) 위치에 d 방향으로 있는 물고기의 수. (1<= d <=8)
# A[r][c][0]: (r, c) 위치에 있는 모든 방향의 물고기 수의 합
# C[r][c][step]: step 번째 연습에 (r, c) 위치에 냄새가 남지 않는 경우 0, 남는 경우 1
# X: 복제 마법에 사용됨
A = [ [[0] * 10 for _ in range(5)] for _ in range(5) ]
C = [ [[0] * 104 for _ in range(5)] for _ in range(5) ]
```

```python
X = [ [[0] * 10 for _ in range(5)] for _ in range(5)]


# (r, c)가 격자 안에 있으면 True, 아니면 False를 반환한다.
def in_range(r, c):
    return 1 <= r <= N and 1 <= c <= N


# 1. 상어가 모든 물고기에게 복제 마법을 시전한다.
# A를 X에 복사한다.
def copy_A():
    global A, X, N
    for r in range(1, N + 1):
        for c in range(1, N + 1):
            for d in range(9):
                X[r][c][d] = A[r][c][d]


# 5. 1에서 사용한 복제 마법이 완료된다.
# 모든 복제된 물고기는 1에서의 위치와 방향을 그대로 갖게 된다.
def paste_A():
    global A, X, N
    for r in range(1, N + 1):
        for c in range(1, N + 1):
            for d in range(9):
                A[r][c][d] += X[r][c][d]


# step 번째 연습에서 냄새로 인해 (r, c) 위치에 갈 수 없는 경우 1, 아닌 경우 0을 반환한다.
def is_smell(step, r, c):
    # 첫 번째 step에서는 격자에 냄새가 없다.
    if step == 1:
        return 0

    # 두 번째 step에서는 첫 번째 step에서 발생한 냄새만 확인하면 된다.
    if step == 2:
        return C[r][c][1]

    # 바로 직전 step, 전전 step 냄새는 아직 남아있다.
    return C[r][c][step - 1] | C[r][c][step - 2]
```

```python
# 2. 모든 물고기가 한 칸씩 이동한다. (step: 현재 단계)
def move_fish(step):
    global A, C, X, N, Sr, Sc

    # T: 물고기를 이동시킬 때 임시로 사용 (초깃값: 0)
    T = [[[0] * 10 for _ in rang7e(5)] for _ in range(5)]

    # 물고기를 (r, c, d) 단위로 이동시킨다.
    # 모든 A[r][c][d]를 이동시켜서 임시로 T에 저장한다.
    for r in range(1, N + 1):
        for c in range(1, N + 1):
            for d in range(1, 9):
                # 이동시킬 물고기가 없는 경우
                if A[r][c][d] == 0: continue

                # 물고기를 이동시킬 수 있는 방향을 찾는다.
                # 8개 방향을(i: 현재 방향) 탐색한다.
                nr, nc, nd, i = 0, 0, 0, 0
                while i < 8:
                    nd = d - i;
                    if nd <= 0: nd += 8
                    nr = r + dd[nd][0]; nc = c + dd[nd][1]
                    if in_range(nr, nc) == True and not(nr ==
                    Sr and nc == Sc) and is_smell(step, nr, nc)
                    == 0:
                        break
                    i += 1

                # 이동할 수 없는 경우 현재 위치에 남는다.
                if i == 8:
                    nr, nc, nd = r, c, d

                # (r, c, d)에 있는 물고기를 (nr, nc, nd)로 이동시킨다.
                T[nr][nc][nd] += A[r][c][d]
                T[nr][nc][0] += A[r][c][d]

    # T를 A에 복사한다.
```

```python
            for r in range(1, N + 1):
                for c in range(1, N + 1):
                    for d in range(9):
                        A[r][c][d] = T[r][c][d]


# (r, c) 위치에 있는 물고기를 모두 제거한다.
def reset_A(r, c):
    global A
    for d in range(9):
        A[r][c][d] = 0


# 상어가 이동하는 방향(상(0), 좌(1), 하(2), 우(3))에 대한 (행, 열) 변화량
xx = [[-1, 0], [0, -1], [1, 0], [0, 1]]


# 상어가 (Sr, Sc)에서 d1 -> d2 -> d3 방향으로 이동할 경우, 제외되는 물고기 수를 반환한다.
# 주의 사항 : 같은 위치의 물고기를 두 번 방문할 경우,
# 제외되는 물고기 수를 한 번만 반영해야 한다.
def get_sum(d1, d2, d3):
    visited = [[0] * 5 for _ in range(5)]
    visited[Sr + xx[d1][0]][Sc + xx[d1][1]] = 1
    visited[Sr + xx[d1][0] + xx[d2][0]][Sc + xx[d1][1] + xx[d2][1]] = 1
    visited[Sr + xx[d1][0] + xx[d2][0] + xx[d3][0]][Sc + xx[d1][1] + xx[d2][1] +
    xx[d3][1]] = 1

    ret = 0
    for r in range(1, N + 1):
        for c in range(1, N + 1):
            if visited[r][c]:
                ret += A[r][c][0]
    return ret


# 3. 상어가 연속해서 3칸 이동한다. (step: 현재 연습 단계)
#  - 방향 : 상(0), 좌(1), 하(2), 우(3)
def move_shark(step):
    global A, C, X, N, Sr, Sc
    x, y, z, mx = 0, 0, 0, -1
```

```
# i: 첫 번째 이동 방향, j: 두 번째 이동 방향, k: 세 번째 이동 방향
# 연속해서 이동하는 칸 중에 격자의 범위를 벗어나는 칸이 있으면, 그 방법은 불가
능한 이동 방법이다.
for i in range(4):
        r = Sr + xx[i][0]; c = Sc + xx[i][1]
        if in_range(r, c) == False: continue
        for j in range(4):
            r = Sr + xx[i][0] + xx[j][0]; c = Sc + xx[i][1] + xx[j][1]
            if in_range(r, c) == False: continue
            for k in range(4):
                r = Sr + xx[i][0] + xx[j][0] + xx[k][0]; c = Sc +
                xx[i][1] + xx[j][1] + xx[k][1]
                if in_range(r, c) == False: continue
                s = get_sum(i, j, k)
                if s > mx:
                    mx, x, y, z = s, i, j, k


# 상어가 물고기가 있는 칸으로 이동하면, 해당 칸에 있는 모든 물고기는 격자에서
# 제외되며, 제외된 모든 물고기는 물고기 냄새를 남긴다.
r = Sr + xx[x][0]; c = Sc + xx[x][1]
if A[r][c][0] > 0:
        reset_A(r, c)
        C[r][c][step] = 1


r += xx[y][0]; c += xx[y][1]
if A[r][c][0] > 0:
        reset_A(r, c)
        C[r][c][step] = 1


r += xx[z][0]; c += xx[z][1]
if A[r][c][0] > 0:
        reset_A(r, c)
        C[r][c][step] = 1


# 상어의 현재 위치를 (r, c)로 변경한다.
Sr, Sc = r, c
```

```python
# M: 물고기의 수, S: 상어가 마법을 연습한 횟수
M, S = map(int, input().split())
for _ in range(M):
    r, c, d = map(int, input().split())
    A[r][c][d] += 1
Sr, Sc = map(int, input().split())


# A[r][c][0] = sum(A[r][c][1..8])
for r in range(1, N + 1):
    for c in range(1, N + 1):
        for d in range(1, 9):
            A[r][c][0] += A[r][c][d]


# 연습을 S 번 진행한다.
for step in range(1, S + 1):
    # 1. 상어가 모든 물고기에게 복제 마법을 시전한다.
    copy_A()

    # 2. 모든 물고기가 한 칸 이동한다.
    move_fish(step)

    # 3. 상어가 연속해서 3칸 이동한다.
    #  - 방향 : 상(0), 좌(1), 하(2), 우(3)
    move_shark(step)

    # 5. 1에서 사용한 복제 마법이 완료된다.
    #    모든 복제된 물고기는 1에서의 위치와 방향을 그대로 갖게 된다.
    paste_A()

ans = 0
for r in range(1, N + 1):
    for c in range(1, N + 1):
        ans += A[r][c][0]
print(ans)
```

9-25 어항 정리

난이도 ★★★★　시간제한 2초　메모리제한 1024MB　삼성 SW 역량 테스트

마법사 상어는 그동안 배운 마법을 이용해 어항을 정리하려고 한다. 어항은 정육면체 모양이고, 한 변의 길이는 모두 1이다. 상어가 가지고 있는 어항은 N개이고, 가장 처음에 어항은 일렬로 바닥 위에 놓여있다. 어항에는 물고기가 한 마리 이상 들어있다. [그림 1]은 어항 8개가 바닥 위에 놓여있는 상태이며, 칸에 적힌 값은 그 어항에 들어있는 물고기의 수이다. 편의상 어항은 정사각형으로 표현했다.

[그림 1]

어항을 한 번 정리하는 과정은 다음과 같이 이루어져 있다.

먼저, 물고기의 수가 가장 적은 어항에 물고기를 한 마리 넣는다. 만약, 그러한 어항이 여러 개라면 물고기의 수가 최소인 어항 모두에 한 마리씩 넣는다. 위 예시의 경우 물고기의 수가 가장 적은 어항에는 물고기가 2마리 있고, 그러한 어항은 2개가 있다. 따라서 2개의 어항에 물고기를 한 마리씩 넣어 [그림 2]와 같아진다.

[그림 2]

이제 어항을 쌓는다. 먼저, 가장 왼쪽에 있는 어항을 그 어항의 오른쪽에 있는 어항의 위에 올리면 [그림 3]과 같이 된다.

[그림 3]

이제 2개 이상 쌓여있는 어항을 모두 공중 부양시킨 다음, 전체를 시계 방향으로 90도 회전시킨다. 이후 공중 부양시킨 어항을 바닥에 있는 어항의 위에 올려놓는다. 바닥의 가장 왼쪽에 있는 어항 위에 공중 부양시킨 어항 중 가장 왼쪽에 있는 어항이 있어야 한다. 이 작업은 공중 부양시킨 어항 중 가장 오른쪽에 있는 어항의 아래에 바닥에 있는 어항이 있을 때까지 반복한다.

먼저, [그림 4]와 같이 어항이 놓인 상태가 변하고, 한 번 더 변해서 [그림 5]와 같이 된다.

[그림 4]

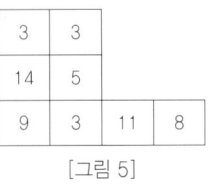
[그림 5]

[그림 5]에서 한 번 더 어항을 공중 부양시키는 것은 불가능하다. 그 이유는 [그림 6]과 같이 공중 부양시킨 어항 중 가장 오른쪽에 있는 어항의 아래에 바닥에 있는 어항이 없기 때문이다.

[그림 6]

공중 부양 작업이 모두 끝나면, 어항에 있는 물고기의 수를 조절한다.

모든 인접한 두 어항에 대해 물고기 수의 차이를 구한다. 이 차이를 5로 나눈 몫을 d라고 하자. d가 0보다 크면, 두 어항 중 물고기의 수가 많은 곳에 있는 물고기 d 마리를 적은 곳에 있는 곳으로 보낸다. 이 과정은 모든 인접한 칸에 대해 동시에 발생한다. 이 과정이 완료되면 [그림 7]이 된다.

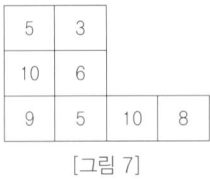
[그림 7]

이제 다시 어항을 바닥에 일렬로 놓아야 한다. 가장 왼쪽에 있는 어항부터, 그리고 아래에 있는 어항부터 가장 위에 있는 어항까지 순서대로 바닥에 놓아야 한다. [그림 8]이 바닥에 다시 일렬로 놓은 상태이다.

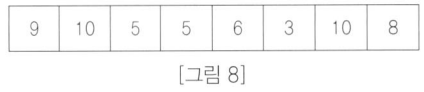
[그림 8]

다시 공중 부양 작업을 해야 한다. 이번에는 가운데를 중심으로 왼쪽 N/2개를 공중 부양시켜 전체를 시계 방향으로 180도 회전시킨 다음, 오른쪽 N/2개의 위에 놓아야 한다. 이 작업은 두 번 반복해야 한다. 두 번 반복하면 바닥에 있는 어항의 수는 N/4개가 된다. [그림 9]는 이 작업을 1번 했을 때, [그림 10]은 다시 한 번 더 했을 때이다.

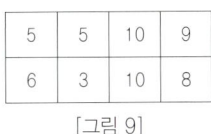
[그림 9]

여기서 다시 위에서 한 물고기 조절 작업을 수행하고, 바닥에 일렬로 놓는 작업을 수행한다. [그림 10]에서 조절 작업을 마친 결과는 [그림 11]이 되고, 여기서 다시 바닥에 일렬로 놓는 작업을 수행하면 [그림 12]가 된다.

[그림 10]   [그림 11]   [그림 12]

어항의 수 N, 각 어항에 들어있는 물고기의 수가 주어진다. 물고기가 가장 많이 들어있는 어항과 가장 적게 들어있는 어항의 물고기 수 차이가 K 이하가 되려면 어항을 몇 번 정리해야 하는지 구해 보자.

입력

첫째 줄에 N, K가 주어진다. 둘째에는 어항에 들어있는 물고기의 수가 가장 왼쪽에 있는 어항부터 순서대로 주어진다.

출력

물고기가 가장 많이 들어있는 어항과 가장 적게 들어있는 어항의 물고기 수 차이가 K 이하가 되려면 어항을 몇 번 정리해야 하는지 출력한다.

제한

- 4 ≤ N ≤ 100
- N은 4의 배수
- 0 ≤ K ≤ 10
- 1 ≤ 각 어항에 들어있는 물고기의 수 ≤ 10,000

예제 입력 1

```
8 7
5 2 3 1 4 9 2 11 8
```

예제 출력 1

```
1
```

예제 입력 2

```
8 4
5 2 3 14 9 2 11 8
```

예제 출력 2

```
2
```

정리를 두 번 하면 다음과 같아진다.

| 5 | 5 | 6 | 9 | 6 | 8 | 9 | 9 |

예제 입력 3

```
8 3
5 2 3 14 9 2 11 8
```

예제 출력 3

```
3
```

정리를 3번 하면 다음과 같아진다.

| 9 | 9 | 6 | 6 | 9 | 6 | 8 | 6 |

예제 입력 4

```
8 2
5 2 3 14 9 2 11 8
```

예제 출력 4

```
4
```

정리를 4번 하면 다음과 같아진다.

| 8 | 7 | 7 | 9 | 7 | 9 | 7 | 9 |

예제 입력 5

```
8 1
5 2 3 14 9 2 11 8
```

예제 출력 5

```
5
```

예제 입력 6

```
8 0
5 2 3 14 9 2 11 8
```

예제 출력 6

```
6
```

예제 입력 7

```
4 0
1 10000 1 10000
```

예제 출력 7

```
7
```

예제 입력 8

```
16 0
1 1 10000 1 2 3 10000 9999 10 9 8 10000 5 4 3 1
```

예제 출력 8

```
13
```

문제해설

마법사 상어는 어항을 정리하려고 한다. 상어가 가지고 있는 어항은 N개이고, 가장 처음에 어항은 일렬로 바닥 위에 놓여있다. 어항에 물고기를 한 마리 넣기, 어항 쌓기, 물고기의 수를 조절, 어항을 바닥에 일렬로 놓기, 공중 부양 2회, 물고기의 수 조절, 어항을 바닥에 일렬로 놓기를 조건이 만족 될 때까지 반복한다. 조건이 만족 될 때까지 반복한 횟수를 구하는 문제다.

어항에 물고기를 한 마리 넣기, 어항 쌓기, 물고기의 수를 조절, 어항을 바닥에 일렬로 놓기, 공중 부양 2회, 물고기의 수 조절, 어항을 바닥에 일렬로 놓기를 함수로 작성하자.

어항에 물고기를 한 마리 넣는 함수를 알아보자. 물고기 수의 최솟값을 구한다. 물고기 수가 최솟값과 같은 어항에 물고기를 한 마리 넣는다.

어항 쌓기 함수를 알아보자. 어항이 쌓여있는 열 단위로 공중 부양해서 쌓는다.

물고기의 수를 조절하는 함수를 알아보자. 모든 어항을 탐색하면서 이웃한 어항의 물고기 수를 조절한다.

어항을 바닥에 일렬로 놓기 함수를 알아보자. 어항이 쌓여있는 열 단위로 일렬로 내려 놓는다. 공중 부양 함수를 알아보자. 가운데를 중심으로 왼쪽 N/2개를 쌓는다.

모든 함수의 시간복잡도는 O(N)이다. 어항을 정리하는 횟수를 M이라고 하면 전체 시간 복잡도는 O(NM)이다. N의 최댓값을 100이고 M은 크지 않은 값이기 때문에 제한 시간 내에 결과가 출력된다.

소스 코드 예시

```
# N: 어항의 수
# A: 어항에 들어있는 물고기의 수
#  - A[i][j]는 왼쪽에서 i번째에 있고(i번째 열) 밑에서 j번째에 있는(j번째 행) 물고기의
수를 저장한다.
# B: 물고기의 수를 조절할 때 사용
# S[i]: 왼쪽에서 i번째에 있는 어항의 개수
N = 0; K = 0
A = [[0] * 100 for _ in range(100)]
```

```
B = [[0] * 100 for _ in range(100)]
S = [0] * 100


# 물고기가 가장 많이 들어있는 어항과 가장 적게 들어있는 어항의 물고기 수 차이가
# K 이하이면 True, 아니면 False를 반환한다.
def is_ok():
    global N, K, S


    # mx, mn: 물고기 수의 최댓값, 최솟값
    mx, mn = 0, int(1e9)
    for i in range(N):
            for j in range(S[i]):
                    mx = max(mx, A[i][j])
                    mn = min(mn, A[i][j])
    return mx - mn <= K


# 1. 물고기의 수가 가장 적은 어항에 물고기를 한 마리 넣는다.
def add_one_fish():
    global N, A


    # mn: 물고기 수의 최솟값
    mn = int(1e9)
    for i in range(N):
            mn = min(mn, A[i][0])


    # 물고기 수가 mn인 어항에 물고기를 한 마리 넣는다.
    for i in range(N):
            if A[i][0] == mn:
                    A[i][0] += 1


# 2. 어항 쌓기
# src 열에 있는 어항 정보를 dst 열에 복사한다.
def move_column(src, dst):
    global A, S
    for i in range(S[src]):
            A[dst][i] = A[src][i]
    S[dst] = S[src]
```

```python
# A[0] ~ A[e]를 오른쪽에 쌓는다.
def build_up_sub(e):
    global N, K, A, B, S
    # A[e]부터 A[0] 순서로 공중 부양시켜서 오른쪽에 쌓는다.
    for i in range(e, -1, -1):
        # A[i][0]부터 위쪽 방향으로 순서대로 오른쪽에 쌓는다.
        j = e + 1; k = 0
        while k < S[i]:
            A[j][S[j]] = A[i][k]
            S[j] += 1
            j += 1
            k += 1

    # A[0] ~ A[e]를 제거한다. 즉, A[e+1]~A[N-1]을 왼쪽 끝으로 shift 시킨다.
    i = 0; j = e + 1
    while j < N:
        # j 열에 있는 어항 정보를 i 열에 복사한다.
        move_column(j, i)
        i += 1; j += 1

    # 어항의 열의 수를 갱신한다.
    N = N - e - 1


def build_up():
    global N, S
    while True:
        # 어항의 개수가 1개인 첫 번째 열 번호 i를 찾는다.
        i = 1
        while i < N:
            if S[i] == 1: break
            i += 1

        # A[0] ~ A[i-1]을 오른쪽에 쌓는다.
        # S[0]이 너무 큰 경우 종료한다.
        #  - 공중 부양시킨 어항 중 가장 오른쪽에 있는 어항의
        #    아래 바닥에 있는 어항이 없는 경우이다.
        if S[0] > N - i: break
```

```
                build_up_sub(i - 1)


# 3. 물고기의 수를 조절한다.
# A[r1][c1], A[r2][c2] 물고기 수를 조절한다.
def adjust_fish_sub(r1, c1, r2, c2):
    global A, B
    if A[r1][c1] > A[r2][c2]:
            diff = (A[r1][c1] - A[r2][c2]) // 5
            B[r1][c1] -= diff
            B[r2][c2] += diff
    else:
            diff = (A[r2][c2] - A[r1][c1]) // 5
            B[r1][c1] += diff
            B[r2][c2] -= diff


def adjust_fish():
    global N, A, B, S

    # B: 물고기 변화량을 임시로 저장한다. (초깃값: 0)
    for r in range(N):
            for c in range(S[r]):
                    B[r][c] = 0


    # A[r][c] 기준으로 오른쪽과 위쪽 어항을 조절한다.
    for r in range(N):
            for c in range(S[r]):
                    # 오른쪽
                    if r < N - 1 and c < S[r + 1]:
                            adjust_fish_sub(r, c, r + 1, c)


                    # 위쪽
                    if c + 1 < S[r]:
                            adjust_fish_sub(r, c, r, c + 1)


    # 임시로 저장된 B를 A에 적용한다.
    for r in range(N):
            for c in range(S[r]):
```

```
                         A[r][c] += B[r][c]


# 4. 어항을 바닥에 일렬로 놓는다.
def spread_fish():
    global N, K, A, B, S
    # 어항을 일렬로 놓아서 B에 임시 저장한다.
    # k: 어항의 크기
    k = 0
    for i in range(N):
        for j in range(S[i]):
            B[k][0] = A[i][j]
            k += 1


    # 임시로 저장된 B를 A에 복사한다.
    N = k
    for i in range(N):
        A[i][0] = B[i][0]
        S[i] = 1


# 5. 가운데를 중심으로 왼쪽 N/2개를 공중 부양하여 이동시킨다.
def build_up_half():
    global N, K, A, B, S


    # A[0] ~ A[e]를 오른쪽으로 이동시킨다.
    # 맨 위쪽 어항부터 아래쪽 어항 순서로 이동시킨다.
    e = (N // 2) - 1
    for c in range(S[0] - 1, -1, -1):
        # 가운데 어항부터 맨 왼쪽 어항 순서로 오른쪽으로 이동시킨다.
        r1 = e; r2 = e + 1
        while r1 >= 0:
            A[r2][S[r2]] = A[r1][c]
            S[r2] += 1
            r1 -= 1; r2 += 1


    # A[0] ~ A[e]를 제거한다. 즉, A[e+1] ~ A[N-1]을 맨 왼쪽으로 shift 시킨다.
    r1 = 0; r2 = e + 1
    while r2 < N:
```

```
                    # r2 열에 있는 어항 정보를 r1 열에 복사한다.
                    move_column(r2, r1)
                    r1 += 1; r2 += 1

            # 어항 크기를 반으로 줄인다.
            N = N // 2

# 입력
N, K = map(int, input().split())
x = list(map(int, input().split()))
for i in range(N):
        A[i][0] = x[i]
        S[i] = 1


step = 0
while true:
        # 물고기가 가장 많이 들어있는 어항과 가장 적게 들어있는 어항의 물고기 수 차이가
        # K 이하인지 확인
        if is_ok() == True:
                break

        # 1. 물고기의 수가 가장 적은 어항에 물고기를 한 마리 넣는다
        add_one_fish()

        # 2. 어항 쌓기
        build_up()

        # 3. 물고기의 수를 조절한다.
        adjust_fish()

        # 4. 어항을 바닥에 일렬로 놓는다.
        spread_fish()

        # 5. 가운데를 중심으로 왼쪽 N/2개를 공중 부양 2회 진행
        build_up_half()
        build_up_half()
```

```
        # 3. 물고기의 수를 조절한다.
        adjust_fish()

        # 4. 어항을 바닥에 일렬로 놓는다.
        spread_fish()
        step += 1


print(step)
```

| 난이도 ★★★☆ | 시간제한 1초 | 메모리제한 1024MB | 삼성 SW 역량 테스트 |

문제

상어 초등학교에는 교실이 하나 있고, 교실은 N×N 크기의 격자로 나타낼 수 있다. 학교에 다니는 학생의 수는 N^2명이다. 오늘은 모든 학생의 자리를 정하는 날이다. 학생은 1번부터 N^2번까지 번호가 매겨져 있고, (r, c)는 r행 c열을 의미한다. 교실의 가장 왼쪽 위 칸은 (1, 1)이고, 가장 오른쪽 아래 칸은 (N, N)이다.

선생님은 학생의 순서를 정했고, 각 학생이 좋아하는 학생 4명도 모두 조사했다. 이제 다음과 같은 규칙을 이용해 정해진 순서대로 학생의 자리를 정하려고 한다. 한 칸에는 학생 한 명의 자리만 있을 수 있고, $|r_1-r_2| + |c_1-c_2| = 1$을 만족하는 두 칸이 (r_1, c_1)과 (r_2, c_2)를 인접하다고 한다.

- 비어있는 칸 중에서 좋아하는 학생이 인접한 칸에 가장 많은 칸으로 자리를 정한다.
- 1을 만족하는 칸이 여러 개이면, 인접한 칸 중에서 비어있는 칸이 가장 많은 칸으로 자리를 정한다.
- 2를 만족하는 칸도 여러 개인 경우에는 행의 번호가 가장 작은 칸으로, 그러한 칸도 여러 개이면 열의 번호가 가장 작은 칸으로 자리를 정한다.

예를 들어, N = 3이고, 학생 N^2명의 순서와 각 학생이 좋아하는 학생이 다음과 같은 경우를 생각해 보자.

학생의 번호	좋아하는 학생의 번호
4	2, 5, 1, 7
3	1, 9, 4, 5
9	8, 1, 2, 3
8	1, 9, 3, 4
7	2, 3, 4, 8
1	9, 2, 5, 7
6	5, 2, 3, 4
5	1, 9, 2, 8
2	9, 3, 1, 4

가장 먼저, 4번 학생의 자리를 정해야 한다. 현재 교실의 모든 칸은 빈칸이다. 2번 조건에 의해 인접한 칸 중에서 비어있는 칸이 가장 많은 칸인 (2, 2)이 4번 학생의 자리가 된다.

다음 학생은 3번이다. 1번 조건을 만족하는 칸은 (1, 2), (2, 1), (2, 3), (3, 2)이다. 이 칸은 모두 비어있는 인접한 칸이 2개이다. 따라서 3번 조건에 의해 (1, 2)가 3번 학생의 자리가 된다.

	3	
	4	

다음은 9번 학생이다. 9번 학생이 좋아하는 학생의 번호는 8, 1, 2, 3이고, 이 중에 3은 자리에 앉아있다. 좋아하는 학생이 가장 많이 인접한 칸은 (1, 1), (1, 3)이다. 두 칸 모두 비어있는 인접한 칸이 1개이고, 행의 번호도 1이다. 따라서 3번 조건에 의해 (1, 1)이 9번 학생의 자리가 된다.

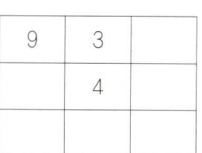

9	3	
	4	

이번에 자리를 정할 학생은 8번 학생이다. (2, 1)이 8번 학생이 좋아하는 학생과 가장 많이 인접한 칸이기 때문에, 여기가 그 학생의 자리이다.

9	3	
8	4	

7번 학생의 자리를 정해보자. 1번 조건을 만족하는 칸은 (1, 3), (2, 3), (3, 1), (3, 2)로 총 4개가 있고, 비어있는 칸과 가장 많이 인접한 칸은 (2, 3), (3, 2)이다. 행의 번호가 작은 (2, 3)이 7번 학생의 자리가 된다.

9	3	
8	4	7

이런식으로 학생의 자리를 모두 정하면 다음과 같다.

9	3	7
8	4	7
5	6	1

이제 학생의 만족도를 구해야 한다. 학생의 만족도는 자리 배치가 모두 끝난 후에 구할 수 있다. 학생의 만족도를 구하려면 그 학생과 인접한 칸에 앉은 좋아하는 학생의 수를 구해야 한다. 그 값이 0이면 학생의 만족도는 0, 1이면 1, 2이면 10, 3이면 100, 4이면 1000이다.
학생 만족도의 총합을 구해 보자.

입력

첫째 줄에 N이 주어진다. 둘째 줄부터 N^2개의 줄에 학생의 번호와 그 학생이 좋아하는 학생 4명의 번호가 한 줄에 하나씩 선생님이 자리를 정할 순서대로 주어진다.
학생의 번호는 중복되지 않으며, 어떤 학생이 좋아하는 학생 4명은 모두 다른 학생으로 이루어져 있다. 입력으로 주어지는 학생의 번호, 좋아하는 학생의 번호는 N^2보다 작거나 같은 자연수이다. 어떤 학생이 자기 자신을 좋아하는 경우는 없다.

출력

첫째 줄에 학생 만족도의 총합을 출력한다.

제한

- $3 \leq N \leq 20$

예제 입력 1

```
3
4 2 5 1 7
3 1 9 4 5
9 8 1 2 3
8 1 9 3 4
7 2 3 4 8
1 9 2 5 7
6 5 2 3 4
5 1 9 2 8
2 9 3 1 4
```

예제 출력 1

```
54
```

예제 입력 2

```
3
4 2 5 1 7
2 1 9 4 5
5 8 1 4 3
1 2 9 3 4
7 2 3 4 8
9 8 4 5 7
6 5 2 3 4
8 4 9 2 1
3 9 2 1 4
```

예제 출력 2

```
1053
```

문제해설

상어 초등학교에는 N×N 크기의 격자로 나타낼 수 있는 교실이 하나 있다. 학교에 다니는 학생의 수는 N²명이고 1번부터 N²번까지 번호가 매겨져 있다. 주어진 규칙을 맞게 정해진 순서대로 학생의 자리를 정하고, 학생의 만족도 합을 구하는 문제다.

입력에 주어진 학생 순서대로 학생 자리를 정한다. 한 학생이 앉을 자리를 정할 때 교실의 모든 격자에 대해 규칙에 가장 적합한 자리를 찾는다. 모든 학생의 자리가 정해지면 각 학생의 만족도를 구하고 만족도 합을 출력하면 된다.

한 학생의 자리를 구하는 데 $O(N^2)$의 시간이 소요된다. 학생 숫자가 N²이므로 전체 시간복잡도는 $O(N^4)$이다. N의 최댓값이 20이므로 제한 시간 내에 결과가 출력된다.

소스 코드 예시

```python
# dd: 상, 하, 좌, 우 이동 시 (행, 열) 변화량
# point: 만족도 점수
dd = [[-1, 0], [1, 0], [0, -1], [0, 1]]
point = [0, 1, 10, 100, 1000]


# N: 교실 크기, A[r][c]: 교실 (r, c) 위치에 앉은 학생 번호
# B[i]: i번 학생이 좋아하는 학생 번호 목록
# 최대 학생 수 20을 기준으로 A, B의 크기를 정한다.
N = 0
A = [[0] * 21 for _ in range(21)]
B = [[] for _ in range(401)]


# 위치 (r, c)가 교실 안에 있으면 True, 아니면 False를 반환한다.
def in_range(r, c):
    return 1 <= r <= N and 1 <= c <= N


# x번 학생 자리를 정한다.
# y: x번 학생이 좋아하는 학생 번호 목록
def set_student(x, y):
    # x번 학생 자리 정보
    # (mx_r, mx_c): 학생 위치, mx_empty: 이웃한 자리 중 빈자리의 개수
    # mx_favorate: 이웃한 자리 중 친구가 있는 자리의 개수
    mx_r = 1; mx_c = 1; mx_empty = -1; mx_favorate = -1;

    # x번 학생이 앉을 수 있는 모든 자리 (r, c)를 탐색한다.
    for r in range(1, N + 1):
        for c in range(1, N + 1):
            # x번 학생을 빈자리에 앉혀야 한다.
            if A[r][c] != 0:
                continue

            # empty: 이웃한 자리 중 빈자리의 개수
            # favorate: 이웃한 자리 중 친구가 있는 자리의 개수
            empty = 0
            favorate = 0
```

```
                    for dr, dc in dd:
                        nr = r + dr; nc = c + dc
                        if in_range(nr, nc) == False:
                            continue
                        if A[nr][nc] == 0:
                            empty += 1
                        elif A[nr][nc] in y:
                            favorate += 1


        # 학생 자리를 아래 순서대로 정한다.
        # 1. 비어있는 칸 중에서 인접한 칸에 좋아하는 학생이
        # 가장 많은 칸으로 자리를 정한다.
        # 2. 1을 만족하는 칸이 여러 개이면, 인접한 칸 중에서
        # 비어있는 칸이 가장 많은 칸으로 자리를 정한다.
        # 3. 2를 만족하는 칸도 여러 개이면, 행의 번호가
        # 가장 작은 칸으로, 그러한 칸도 여러 개이면 열의 번호가
        # 가장 작은 칸으로 자리를 정한다. (r, c)를 오름차순으로
        # 탐색하기 때문에 아래 조건문에서 따로 확인할 필요는 없다.
        if mx_favorate < favorate or (mx_favorate == favorate and mx_
            empty < empty):
                mx_r = r; mx_c = c; mx_empty = empty; mx_favorate =
                    favorate


    # x번 학생을 교실 (mx_r, mx_c) 위치에 앉힌다.
    A[mx_r][mx_c] = x


# 입력받은 순서대로 학생 자리를 정한다.
N = int(input())
for _ in range(N * N):
    b = list(map(int, input().split()))
    B[b[0]] = b[1:]

    # b[0]번 학생 자리를 정한다.
    set_student(b[0], b[1:])


# 만족도의 총합을 ans에 저장한다.
ans = 0
```

```
for r in range(1, N + 1):
    for c in range(1, N + 1):
        # favorate: (r, c)에 이웃한 자리 중 친구가 있는 자리의 개수
        favorate = 0
        for dr, dc in dd:
            nr = r + dr; nc = c + dc
            if in_range(nr, nc) == True and (A[nr][nc] in B[A[r][c]]):
                favorate += 1
        ans += point[favorate]

print(ans)
```

난이도 ★★★☆　**시간제한** 1초　**메모리제한** 1024MB　**삼성 SW 역량 테스트**

> **문제**

상어 중학교의 코딩 동아리에서 게임을 만들었다. 이 게임은 크기가 N×N인 격자에서 진행되고, 초기에 격자의 모든 칸에는 블록이 하나씩 들어있고, 블록은 검은색 블록, 무지개 블록, 일반 블록이 있다. 일반 블록은 M가지 색상이 있고, 색은 M 이하의 자연수로 표현한다. 검은색 블록은 −1, 무지개 블록은 0으로 표현한다. (i, j)는 격자의 i번 행, j번 열을 의미하고, |r1−r2| + |c1−c2| = 1을 만족하는 두 칸 (r1, c1)과 (r2, c2)를 인접한 칸이라고 한다.

블록 그룹은 연결된 블록의 집합이다. 그룹에는 일반 블록이 적어도 하나 있어야 하며, 일반 블록의 색은 모두 같아야 한다. 검은색 블록은 포함되면 안 되고, 무지개 블록은 얼마나 들어있든 상관없다. 그룹에 속한 블록의 개수는 2보다 크거나 같아야 하며, 임의의 한 블록에서 그룹에 속한 인접한 칸으로 이동해서 그룹에 속한 다른 모든 칸으로 이동할 수 있어야 한다. 블록 그룹의 기준 블록은 무지개 블록이 아닌 블록 중에서 행의 번호가 가장 작은 블록, 그러한 블록이 여러 개면 열의 번호가 가장 작은 블록이다.

오늘은 이 게임에 오토 플레이 기능을 만들려고 한다. 오토 플레이는 다음과 같은 과정이 블록 그룹이 존재하는 동안 계속해서 반복되어야 한다.

- 크기가 가장 큰 블록 그룹을 찾는다. 그러한 블록 그룹이 여러 개라면 포함된 무지개 블록의 수가 가장 많은 블록 그룹, 그러한 블록도 여러 개라면 기준 블록의 행이 가장 큰 것을, 그것도 여러 개이면 열이 가장 큰 것을 찾는다.
- 1에서 찾은 블록 그룹의 모든 블록을 제거한다. 블록 그룹에 포함된 블록의 수를 B라고 했을 때, B^2 점을 획득한다.
- 격자에 중력이 작용한다.
- 격자가 90도 반시계 방향으로 회전한다.
- 다시 격자에 중력이 작용한다.

격자에 중력이 작용하면 검은색 블록을 제외한 모든 블록이 행의 번호가 큰 칸으로 이동한다. 이동은 다른 블록이나 격자의 경계를 만나기 전까지 계속된다. 다음은 N = 5, M = 3인 경우의 예시이다.

2	2	−1	3	1
3	3	2	0	−1
0	0	0	1	2
−1	3	1	3	2
0	3	2	2	1

여기서 찾을 수 있는 크기가 가장 큰 블록 그룹을 다음과 같이 색으로 표시했다.

2	2	-1	3	1
3	3	2	0	-1
0	0	0	1	2
-1	3	1	3	2
0	3	2	2	1

블록 그룹이 제거되면 다음과 같이 변하고, 점수 82점을 획득한다.

2	2	-1	3	1
		2	0	-1
			1	2
-1		1	3	2
		2	2	1

중력이 작용하면 다음과 같이 변한다.

		-1	3	1
		2	0	-1
2			1	2
-1		1	3	2
	2	2	2	1

90도 반시계 방향으로 회전한 결과는 다음과 같다.

1	-1	2	2	1
3	0	1	3	2
-1		2	1	2
				2
		2	-1	

다시 여기서 중력이 작용하면 다음과 같이 변한다.

1	-1			
3		2	2	1
-1		1	3	2
		2	1	2
	0	2	-1	2

오토 플레이가 모두 끝났을 때 획득한 점수의 합을 구해 보자.

입력

첫째 줄에 격자 한 변의 크기 N, 색상의 개수 M이 주어진다.

둘째 줄부터 N개의 줄에 격자의 칸에 들어 있는 블록의 정보가 1번 행부터 N번 행까지 순서대로 주

어진다. 각 행에 대한 정보는 1열부터 N열까지 순서대로 주어진다. 입력으로 주어지는 칸의 정보는
−1, 0, M 이하의 자연수로만 이루어져 있다.

출력

첫째 줄에 획득한 점수의 합을 출력한다.

제한

- 1 ≤ N ≤ 20
- 1 ≤ M ≤ 5

예제 입력 1

```
5 3
2 2 -1 3 1
3 3 2 0 -1
0 0 0 1 2
-1 3 1 3 2
0 3 2 2 1
```

예제 출력 1

```
77
```

예제 입력 2

```
6 4
2 3 1 0 -1 2
2 -1 4 1 3 3
3 0 4 2 2 1
-1 4 -1 2 3 4
3 -1 4 2 0 3
1 2 2 2 2 1
```

예제 출력 2

```
125
```

예제 입력 3

```
4 3
1 1 1 3
3 2 3 3
1 2 -1 3
-1 -1 1 1
```

예제 출력 3

```
33
```

문제해설

상어 중학교의 코딩 동아리에서 N×N인 격자에서 게임을 진행한다. 모든 칸에는 블록이
하나씩 들어있고, 블록은 검은색 블록, 무지개 블록, 일반 블록이 있다. 일반 블록은 M가
지 색상이 있다. 블록들을 제거하고, 블록들에 중력을 적용하고, 회전하면서 게임이 진행

된다. 제거된 블록을 기준으로 점수가 부여되며 게임 종료 후 누적 점수를 출력하는 문제다.

블록들을 제거하고, 중력을 적용하고, 회전하는 기능을 각각 함수로 작성한다.

블록들을 제거하는 함수를 알아보자. 이웃한 블록을 탐색하면서 블록 그룹의 크기를 구한다. 발견된 블록 그룹 중에서 크기가 가장 큰 블록 그룹을 제거하고 획득한 점수를 누적하여 더한다.

블록들에 중력을 적용하는 함수를 알아보자. 1열부터 N열 순서로 열 단위로 중력을 적용한다. 하나의 열에 중력을 적용할 때는 아래쪽 격자부터 중력을 적용한다.

격자가 90도 반시계 방향으로 회전하는 함수를 알아보자. 모든 격자에 대하여 90도 반시계 방향으로 회전할 때의 위치에 기존 값을 임시 배열에 저장한다. 임시배열이 완성되면 임시배열을 격자에 저장한다.

게임이 종료될 때까지 반복된 횟수를 K라고 하자. 블록들을 제거하는 함수는 $O(N^4)$, 블록들에 중력을 적용하는 함수는 $O(N^3)$, 블록들을 회전하는 함수는 $O(N^4)$ 시간이 소요된다. 이런 함수들이 K번 호출되기 때문에 시간복잡도는 $O(K*N^3)$이다. 게임이 1회 진행될 때 제거되는 블록이 최소 2개이므로 K의 값은 $O(N^2)$이다. 따라서 전체 시간복잡도는 $O(N^6)$이다. N의 최댓값이 20이므로 제한 시간 내에 결과가 출력된다.

소스 코드 예시

```python
# dd: 상, 하, 좌, 우 이동 시 (행, 열) 변화량
dd = [[-1, 0], [1, 0], [0, -1], [0, 1]]

# N: 격자의 한 변의 크기, M: 일반 블록 색상의 개수
# A: 블록의 정보(-2: 빈 블록, -1: 검은색, 0: 무지개, M 이하의 자연수: 일반 블록)
# B: A를 90도 반시계 방향으로 회전할 때 임시로 사용됨
N = 0; M = 0
A = [[0] * 21 for _ in range(21)]
B = [[0] * 21 for _ in range(21)]

# 위치 (r, c)가 격자 내에 있으면 True, 아니면 False를 반환한다.
def in_range(r, c):
```

```
        return 1 <= r <= N and 1 <= c <= N


# (r, c)에 인접한 block group의 정보를 (무지개 블록 수, 일반 블록 수) 형태로 반환한다.
# color: 기준 블록 색상, visited: 재귀 함수에서 (r, c) 위치의 방문 여부를 check할 때 사용
def get_size(r, c, color, visited):
    global N, M, A, B
    visited[r][c] = 1

    # (무지개 블록 수, 일반 블록 수)를 나타냄
    ret=[0, 0]

    # (r, c)에 무지개 블록이 있는 경우
    if A[r][c] == 0:
        ret[0] += 1
    # (r, c)에 일반 블록이 있는 경우
    else:
        ret[1] += 1

    # 이웃한 블록을 탐색한다.
    for dr, dc in dd:
        nr, nc = r + dr, c + dc

        # 격자의 범위를 벗어남
        if in_range(nr, nc) == False:
            continue

        # 이미 방문함
        if visited[nr][nc] == 1:
            continue

        # 검은색 블록이나 빈 블록이 포함되면 안 됨
        if A[nr][nc] == -1 or A[nr][nc] == -2:
            continue

        # 일반 블록의 색은 모두 같아야 함
        if A[nr][nc] != 0 and A[nr][nc] != color:
            continue
```

```
                      # (nr, nc) 위치를 시작점으로 하여 DFS를 수행함
                      v = get_size(nr, nc, color, visited)
                      ret[0] += v[0]
                      ret[1] += v[1]

       return ret

# 2. 1에서 찾은 블록 그룹에 포함된 모든 블록을 제거한다.
# (r, c): 블록 그룹의 시작 위치, color: 기준 블록의 색깔
def fill_zero(r, c, color):
       global N, M, A, B

       # (r, c) 위치에 있는 블록이 제거되어 빈 블록으로 변경된다.
       A[r][c] = -2

       # 이웃한 블록을 탐색한다.
       for dr, dc in dd:
               nr, nc = r + dr, c + dc

               # 격자의 범위를 벗어남
               if in_range(nr, nc) == False:
                       continue

               # 검은색 블록이나 빈 블록은 블록 그룹에 포함되면 안 됨
               if A[nr][nc] == -1 or A[nr][nc] == -2:
                       continue

               # 일반 블록의 색은 모두 같아야 함
               if A[nr][nc] != 0 and A[nr][nc] != color:
                       continue

               # (nr, nc)를 시작 위치로 하여 블록을 제거함
               fill_zero(nr, nc, color)

# 무지개 블록이 있는 위치에 대하여 visited를 0으로 초기화한다.
def reset_visited(visited):
       global N, M, A, B
```

```python
        for r in range(1, N + 1):
                for c in range(1, N + 1):
                        if A[r][c] == 0:
                                visited[r][c] = 0


# 1. 크기가 가장 큰 블록 그룹을 찾는다
# 2. 1에서 찾은 블록 그룹의 모든 블록을 제거한다.
# 3. 획득한 점수를 반환한다.
def find_erase_bg():
    global N, M, A, B
    # 1. 크기가 가장 큰 블록 그룹을 찾는다.
    # (mx_r, mx_c): 크기가 가장 큰 블록 그룹의 기준 블록 위치
    # mx: 크기가 가장 큰 블록 그룹에 있는 (무지개 블록 수, 일반 블록 수)
    # (r, c): 기준 블록의 위치를 나타낸다.
    #  - 기준 블록은 무지개 블록이 아닌 블록 중에서 행 번호가 가장 작은 블록,
    #    그러한 블록이 여러 개면 열 번호가 가장 작은 블록이다.
    mx_r = -1; mx_c = -1
    mx = [ -1, -1 ]
    visited = [[0] * 21 for _ in range(21)]
    for r in range(1, N + 1):
        for c in range(1, N + 1):
                        # 검은색 블록, 빈 블록, 무지개 블록은 기준 블록이 아님
                        # 이미 방문한 블록이면 추가 탐색하지 않는다.
                        if A[r][c] == -1 or A[r][c] == -2 or A[r][c] == 0 or \
                            visited[r][c] == 1:
                                continue

                        # 무지개 블록이 있는 위치에 대해 visited를 0으로 초기화한다.
                        reset_visited(visited)

                        # (r,c)에 인접한 block group의 정보를
                        # (무지개 블록 수, 일반 블록 수) 형태로 반환한다.
                        ret = get_size(r, c, A[r][c], visited)

                        # 그룹에 속한 블록의 개수는 2 이상이어야 한다.
                        if ret[0] + ret[1] < 2:
                                continue
```

```
                        # 크기가 가장 큰 블록 그룹을 찾는다.
                        # 그러한 블록 그룹이 여러 개라면
                        # 포함된 무지개 블록의 수가 가장 많은 블록 그룹을,
                        # 그러한 블록도 여러 개라면 기준 블록의 행이 가장 큰 것을,
                        # 그것도 여러 개이면 열이 가장 큰 것을 찾는다.
                        if mx[0] + mx[1] < ret[0] + ret[1] or (mx[0] + mx[1] == ret[0]
                            + ret[1] and mx[0] <= ret[0]):
                            mx_r = r; mx_c = c; mx[0] = ret[0]; mx[1] = ret[1]

        # 블록 그룹이 존재하지 않음
        if mx_r == -1:
            return 0

        # 2. 1에서 찾은 블록 그룹의 모든 블록을 제거한다.
        fill_zero(mx_r, mx_c, A[mx_r][mx_c])

        # 획득한 점수를 반환한다.
        return (mx[0] + mx[1]) * (mx[0] + mx[1])

# 3. 격자에 중력이 작용한다.
def apply_gravity():
        global N, M, A, B
        # 열 단위로 중력이 작용한다.
        for c in range(1, N + 1):
                # 하나의 열은 아래쪽 격자부터 중력이 작용한다.
                for r in range(N - 1, 0, -1):
                        # 검은색 블록이나 빈 블록은 중력이 작용 안 한다.
                        if A[r][c] == -1 or A[r][c] == -2:
                                continue

                        # A[r][c] 블록이 떨어질 위치 (x, c)를 찾는다.
                        # A[r][c] 와 연결된 연속된 빈 공간의 끝부분에 떨어진다.
                        x = r + 1
                        while x <= N:
                                if A[x][c] != -2:
                                        break
                                x += 1
```

```
                            x -= 1

                            # (x, c)가 존재하는 경우
                            if r != x:
                                    # (r, c)에 있는 블록이 (x, c)에 떨어진다.
                                    A[x][c] = A[r][c]

                                    # (r, c)는 빈 블록이 된다.
                                    A[r][c] = -2


# 4. 격자가 90도 반시계 방향으로 회전한다.
def rotate_blocks():
        global N, M, A, B
        for r in range(1, N + 1):
                for c in range(1, N + 1):
                        B[N - c + 1][r] = A[r][c]

        for r in range(1, N + 1):
                for c in range(1, N + 1):
                        A[r][c] = B[r][c]


# 입력
N, M = map(int, input().split())
for r in range(1, N + 1):
        x = list(map(int, input().split()))
        for c in range(N):
                A[r][c + 1] = x[c]


ans = 0
while True:
        # 1. 크기가 가장 큰 블록 그룹을 찾는다
        # 2. 1에서 찾은 블록 그룹의 모든 블록을 제거한다.
        ret = find_erase_bg()

        # 블록 그룹이 더 없는 경우 종료한다.
        if ret == 0:
                break
```

```python
    # 획득한 점수를 ans에 더한다.
    ans += ret

    # 3. 격자에 중력이 작용한다.
    apply_gravity()

    # 4. 격자가 90도 반시계 방향으로 회전한다.
    rotate_blocks()

    # 3. 격자에 중력이 작용한다.
    apply_gravity()

print(ans)
```

9-28 마법사 상어와 비바라기

난이도 ★★★☆   시간제한 1초   메모리제한 1024MB   삼성 SW 역량 테스트

문제

마법사 상어는 파이어볼, 토네이도, 파이어스톰, 물복사버그 마법을 할 수 있다. 오늘 새로 배운 마법은 비바라기이다. 비바라기를 시전하면 하늘에 비구름을 만들 수 있다. 오늘은 비바라기를 크기가 N ×N인 격자에서 연습하려고 한다. 격자의 각 칸에는 바구니가 하나 있고, 바구니는 칸 전체를 차지한다. 바구니에 저장할 수 있는 물의 양에는 제한이 없다. (r, c)는 격자의 r행 c열에 있는 바구니를 의미하고, A[r][c]는 (r, c)에 있는 바구니에 저장되어 있는 물의 양을 의미한다.

격자의 가장 왼쪽 위 칸은 (1, 1)이고, 가장 오른쪽 아래 칸은 (N, N)이다. 마법사 상어는 연습을 위해 1번 행과 N번 행을 연결했고, 1번 열과 N번 열도 연결했다. 즉, N번 행의 아래에는 1번 행이, 1번 행의 위에는 N번 행이 있고, 1번 열의 왼쪽에는 N번 열이, N번 열의 오른쪽에는 1번 열이 있다.

비바라기를 시전하면 (N, 1), (N, 2), (N−1, 1), (N−1, 2)에 비구름이 생긴다. 구름은 칸 전체를 차지한다. 이제 구름에 이동을 M번 명령하려고 한다. i번째 이동 명령은 방향 d_i와 거리 s_i로 이루어져 있다. 방향은 총 8개의 방향이 있으며, 8개의 정수로 표현한다. 1부터 순서대로 ←, ↙, ↑, ↗, →, ↘, ↓, ↗ 이다. 이동을 명령하면 다음이 순서대로 진행된다.

- 모든 구름이 d_i 방향으로 s_i칸 이동한다.
- 각 구름에서 비가 내려 구름이 있는 칸의 바구니에 저장된 물의 양이 1 증가한다.
- 구름이 모두 사라진다.
- 2에서 물이 증가한 칸 (r, c)에 물복사버그 마법을 시전한다. 물복사버그 마법을 사용하면, 대각선 방향으로 거리가 1인 칸에 물이 있는 바구니의 수만큼 (r, c)에 있는 바구니의 물이 양이 증가한다.
  - 이때는 이동과 다르게 경계를 넘어가는 칸은 대각선 방향으로 거리가 1인 칸이 아니다.
  - 예를 들어, (N, 2)에서 인접한 대각선 칸은 (N−1, 1), (N−1, 3)이고, (N, N)에서 인접한 대각선 칸은 (N−1, N−1)뿐이다.
- 바구니에 저장된 물의 양이 2 이상인 모든 칸에 구름이 생기고, 물의 양이 2 줄어든다. 이때 구름이 생기는 칸은 3에서 구름이 사라진 칸이 아니어야 한다.

M번의 이동이 모두 끝난 후 바구니에 들어있는 물의 양의 합을 구해 보자.

입력

첫째 줄에 N, M이 주어진다.

둘째 줄부터 N개의 줄에는 N개의 정수가 주어진다. r번째 행의 c번째 정수는 A[r][c]를 의미한다.

다음 M개의 줄에는 이동의 정보 d_i, s_i가 순서대로 한 줄에 하나씩 주어진다.

첫째 줄에 M번의 이동이 모두 끝난 후 바구니에 들어있는 물의 양의 합을 출력한다.

제한

- $2 \leq N \leq 50$
- $0 \leq A[r][c] \leq 100$
- $1 \leq s_i \leq 50$
- $1 \leq M \leq 100$
- $1 \leq d_i \leq 8$

예제 입력 1

```
5 4
0 0 1 0 2
2 3 2 1 0
4 3 2 9 0
1 0 2 9 0
8 8 2 1 0
1 3
3 4
8 1
4 8
```

예제 출력 1

```
77
```

구름이 있는 칸은 파란색으로 표시했고, 물이 증가한 칸은 회색으로 표시했다.

0	0	1	0	2
2	3	2	1	0
4	3	2	9	0
1	0	2	9	0
8	8	2	1	0

첫 번째 이동은 구름이 1번 방향(←)으로 3칸 이동해야 한다. 구름이 이동한 후는 다음과 같다.

0	0	1	0	2
2	3	2	1	0
4	3	2	9	0
1	0	2	9	0
8	8	2	1	0

구름이 있는 칸에 비가 1씩 내리고, 구름은 사라진다.

0	0	1	0	2
2	3	2	1	0
4	3	2	9	0
1	0	3	10	0
8	8	3	2	0

(4, 3)은 대각선 4개의 방향 모두에 물이 있다. 따라서 물의 양이 4 증가해 7이 된다. (4, 4)는 대각선 2개의 방향(╲, ╱)에 물이 있다. 물의 양은 2 증가하고, 12가 된다. (5, 3)은 대각선으로 거리가 1인 칸이 2개(╲, ╱) 있고, 이 중에서 1개(╱)만 물이 있다. 따라서 물의 양은 3에서 4로 변한다. (5, 4)도 방향 1개(╲)만 물이 있기 때문에 물의 양이 3이 된다.

이제 구름이 있었던 칸을 제외한 나머지 칸 중에서 물의 양이 2 이상인 칸에 구름이 생긴다. 구름이 생기면 물의 양이 2만큼 줄어든다.

0	0	1	0	2
2	3	2	1	0
4	3	2	9	0
1	0	7	12	0
8	8	4	3	0

0	0	1	0	0
0	1	0	1	0
2	1	0	7	0
1	0	7	12	0
6	6	4	3	0

두 번째 이동이 끝난 후의 상태는 다음과 같다.

2	1	1	0	0
0	1	0	1	2
5	4	5	5	0
4	5	12	15	0
4	4	0	1	0

다음은 세 번째 이동이 끝난 후의 상태이다.

4	2	4	0	2
0	1	0	1	0
3	2	3	3	0
2	3	17	13	0
2	2	0	1	0

모든 이동이 끝난 최종 상태는 다음과 같다.

2	4	2	2	4
3	1	0	5	3
1	0	1	1	0
0	1	22	11	0
4	5	0	3	2

예제 입력 2

```
5 8
0 0 1 0 2
2 3 2 1 0
0 0 2 0 0
1 0 2 0 0
0 0 2 1 0
1 9
2 8
3 7
4 6
5 5
6 4
7 3
8 2
```

예제 출력 2

```
41
```

2	1	1	0	0
1	0	3	7	1
1	1	9	0	0
0	1	4	0	2
2	1	2	1	1

예제 입력 3

```
5 8
100 100 100 100 100
100 100 100 100 100
100 100 100 100 100
100 100 100 100 100
100 100 100 100 100
8 1
7 1
6 1
5 1
4 1
3 1
2 1
1 1
```

예제 출력 3

```
2657
```

100	104	104	104	100
104	112	112	119	99
109	112	105	112	104
99	112	119	112	104
100	104	104	99	104

문제해설

마법사 상어는 크기가 N×N인 격자에서 비바라기 마법을 연습한다. 격자의 각 칸에는 물이 저장된다. 비바라기를 시전하면 하늘에 비구름을 만들 수 있다. 구름을 이동시키고, 구름이 사라지고, 물복사버그 마법을 사용하고, 구름이 생성되는 과정을 일정 횟수만큼 반복한다. 마법 연습이 끝난 후 격자에 있는 물의 양을 구하는 문제다.

모든 구름을 이동시키고, 물복사버그 마법을 사용하고, 구름이 생성되는 기능을 함수로 작성하자.

모든 구름을 이동시키는 함수를 알아보자. 나머지 연산자를 이용하여 모든 구름을 d 방향으로 s칸 이동시키면 된다.

물복사버그 마법 함수를 알아보자. 첫 번째로 각 구름이 있는 칸의 물의 양을 1만큼 증가시키고 구름을 제거한다. 물이 증가한 칸에 대해서 물복사버그 마법을 시전한다. 즉, 대각선 방향으로 거리가 1인 칸에 물이 있는 칸만큼 물의 양이 증가한다.

구름이 생성되는 함수를 알아보자. 모든 격자를 탐색하면서 물의 양이 2 이상이고 구름이 사라지지 않은 칸이면 구름을 생성시킨다.

모든 구름을 이동시키는 함수는 구름의 수에 비례하는 시간이 소요된다. 구름의 수는 $O(N^2)$ 이므로 시간복잡도는 $O(N^2)$이다. 물복사버그 마법 함수의 시간복잡도는 $O(N^2)$이다. 구름이 생성되는 함수의 시간복잡도는 $O(N^2)$이다. 따라서 함수들이 M번 실행되기 때문에 전체 시간복잡도는 $O(M*N^2)$이다. N의 최댓값이 20, M의 최댓값이 100이므로 제한 시간 내에 결과가 출력된다.

소스 코드 예시

```python
import copy

# dd: 구름이 이동하는 방향에 대한 행/열 변화량
dd = [[0, 0], [0, -1], [-1, -1], [-1, 0], [-1, 1], [0, 1], [1, 1], [1, 0], [1, -1]]


# N: 격자의 크기, M: 구름 이동 횟수
# A: 격자에 있는 물의 양, B: 현재 모든 구름의 위치 (r, c)를 저장
# C[r][c]: 3에서 (r, c) 위치에 구름이 사라진 경우 1, 아닌 경우 0을 저장
# 아래에서 50은 N의 최댓값을 의미한다.
N , M = 0, 0
A = [[] for _ in range(50)]
B = []
C = [[0] * 50 for _ in range(50)]


# 위치 (r, c)가 격자 내에 있으면 True, 아니면 False를 반환한다.
def in_range(r, c):
```

```python
        return 0 <= r < N and 0 <= c < N


# 1. 모든 구름이 d 방향으로 s칸만큼 이동한다.
def move_cloud(d, s):
        # B에 저장된 구름을 이동시켜서 임시로 V에 저장한다.
        global B
        V = [ ]
        for r, c in B:
                nr = (r + dd[d][0] * s) % N
                nc = (c + dd[d][1] * s) % N
                if nr < 0:
                        nr += N
                if nc < 0:
                        nc += N
                V.append([nr, nc])

        # V에 임시로 저장된 구름을 B에 저장한다.
        B.clear()
        B = copy.deepcopy(V)


# 2. 각 구름에서 비가 내려 구름이 있는 칸의 바구니에 저장된 물의 양이 1만큼 증가된다.
# 3. 구름이 모두 사라진다.
# 4. 2에서 물이 증가한 칸 (r, c)에 물복사버그 마법을 시전한다.
def add_one_water():
        global A, B, C

        # 2. 각 구름에서 비가 내려 구름이 있는 칸의 바구니에 저장된 물의 양이 1만큼 증가된다.
        for r, c in B:
                A[r][c] += 1

        # 3. B에 저장된 모든 구름 (r, c)가 사라진다. 사라진 구름의 C[r][c]=1이 된다.
        for r in range(N):
                for c in range(N):
                        C[r][c] = 0
        for r, c in B:
                C[r][c] = 1
```

```python
# 4. 2에서 물이 증가한 칸(r, c)에 물복사버그 마법을 시전한다.
for r, c in B:
        d = [[-1, -1], [-1, 1], [1, -1], [1, 1]]
        for dr, dc in d:
                nr = r + dr; nc = c + dc
                if in_range(nr, nc) == True and A[nr][nc] > 0:
                        A[r][c] += 1


    # 3. 구름이 모두 사라진다.
    B.clear()


# 5. 바구니에 저장된 물의 양이 2 이상인 모든 칸에 구름이 생기고, 물의 양이 2만큼 줄어든다.
# 이때 구름이 생기는 칸은 3에서 구름이 사라진 칸이 아니어야 한다.
def build_cloud():
    global A, B, C
    for r in range(N):
            for c in range(N):
                    if A[r][c] >= 2 and C[r][c] == 0:
                            B.append([r, c])
                            A[r][c] -= 2


# 입력을 받는다.
N, M = map(int, input().split())
for r in range(N):
    A[r] = list(map(int, input().split()))


# 비바라기 시전
B.append([N - 1, 0]); B.append([N - 1, 1])
B.append([N - 2, 0]); B.append([N - 2, 1])


# M번의 이동을 순서대로 처리한다.
for _ in range(M):
    d, s = map(int, input().split())

    # 1. 모든 구름이 d 방향으로 s칸 이동한다.
    move_cloud(d, s)
```

```
        # 2. 각 구름에서 비가 내려 구름이 있는 칸의 바구니에 저장된 물의 양이 1만큼 증가된다.
        # 3. 구름이 모두 사라진다.
        # 4. 2에서 물이 증가한 칸 (r, c)에 물복사버그 마법을 시전한다.
        add_one_water()

        # 5. 바구니에 저장된 물의 양이 2 이상인 모든 칸에 구름이 생기고, 물의 양이 2만큼
        # 줄어든다. 이때 구름이 생기는 칸은 3에서 구름이 사라진 칸이 아니어야 한다.
        build_cloud()

ans = 0
for r in range(N):
    for c in range(N):
        ans += A[r][c]
print(ans)
```

난이도 ★★★☆　시간제한 1초　메모리제한 1024MB　삼성 SW 역량 테스트

문제

마법사 상어는 파이어볼, 토네이도, 파이어스톰, 물복사버그, 비바라기 마법을 할 수 있다. 오늘 새로 배운 마법은 블리자드이고, 크기가 N×N인 격자에서 연습하려고 한다. N은 항상 홀수이고, (r, c)는 격자의 r행 c열을 의미한다. 격자의 가장 왼쪽 위 칸은 (1, 1)이고, 가장 오른쪽 아래 칸은 (N, N)이며 마법사 상어는 ((N+1)/2, (N+1)/2)에 있다.

일부 칸과 칸 사이에는 벽이 세워져 있으며, 다음은 N = 3, 5, 7인 경우의 예시이다. 실선은 벽이고, 점선은 벽이 아니다. 칸에 적혀있는 수는 칸의 번호이다.

N = 3

N = 5

N = 7

가장 처음에 상어가 있는 칸을 제외한 나머지 칸에는 구슬이 하나 들어갈 수 있다. 구슬은 1번 구슬, 2번 구슬, 3번 구슬이 있다. 같은 번호를 가진 구슬이 번호가 연속하는 칸에 있으면, 그 구슬을 연속하는 구슬이라고 한다. 다음은 N = 7인 경우 예시이다.

블리자드 마법을 시전하려면 방향 d_i와 거리 s_i를 정해야 한다. 총 4가지 방향 ↑, ↓, ←, →가 있고, 정수 1, 2, 3, 4로 나타낸다. 상어는 d_i 방향으로 거리가 s_i 이하인 모든 칸에 얼음 파편을 던져 그 칸에 있는 구슬을 모두 파괴한다. 구슬이 파괴되면 그 칸은 구슬이 들어있지 않은 빈칸이 된다. 얼음 파편은 벽의 위로 떨어지기 때문에, 벽은 파괴되지 않는다.

다음 예시는 방향은 아래, 거리는 2인 경우이다.

<table>
<tr><td>3</td><td>2</td><td>1</td><td>3</td><td>2</td><td>3</td></tr>
<tr><td>2</td><td>1</td><td>2</td><td>1</td><td>2</td><td>1</td></tr>
<tr><td>2</td><td>1</td><td>1</td><td>상어</td><td>2</td><td>1</td><td>1</td></tr>
<tr><td>3</td><td>3</td><td>2</td><td>3</td><td>2</td><td>2</td></tr>
<tr><td>3</td><td>3</td><td>3</td><td>1</td><td>3</td><td>2</td></tr>
<tr><td>2</td><td>3</td><td>2</td><td>2</td><td>3</td><td>3</td></tr>
</table>

파란으로 표시된 칸에 얼음 파편이 떨어진다.

<table>
<tr><td>3</td><td>2</td><td>1</td><td>3</td><td>2</td><td>3</td></tr>
<tr><td>2</td><td>1</td><td>2</td><td>1</td><td>2</td><td>1</td></tr>
<tr><td>2</td><td>1</td><td>1</td><td>상어</td><td>2</td><td>1</td><td>1</td></tr>
<tr><td>3</td><td>3</td><td>2</td><td></td><td>2</td><td>2</td></tr>
<tr><td>3</td><td>3</td><td>3</td><td></td><td>3</td><td>2</td></tr>
<tr><td>2</td><td>3</td><td>2</td><td>2</td><td>3</td><td>3</td></tr>
</table>

구슬이 파괴된 후

만약 어떤 칸 A의 번호보다 번호가 하나 작은 칸이 빈칸이면, A에 있는 구슬은 그 빈칸으로 이동한다. 이 이동은 구슬이 더 이동하지 않을 때까지 반복된다. 따라서 구슬이 파괴된 후에는 빈칸이 생겨 구슬이 이동하고, 구슬이 모두 이동한 결과는 다음과 같다.

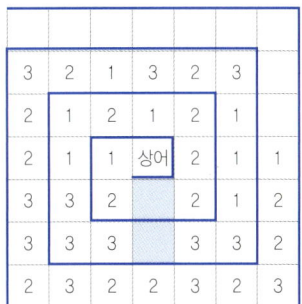

이제 구슬이 폭발하는 단계이다. 폭발하는 구슬은 4개 이상 연속하는 구슬이 있을 때 발생한다. 다음은 왼쪽 그림은 위의 상태에서 폭발하는 구슬이 들어있는 칸을 파란색과 회색으로 표시한 것이고, 오른쪽 그림은 구슬이 폭발한 후의 상태이다.

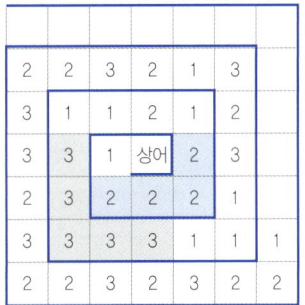

구슬이 폭발하기 전

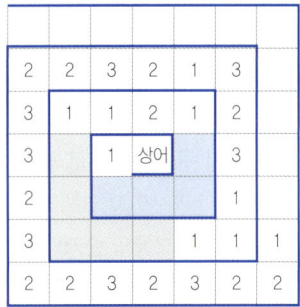

구슬이 폭발한 후

구슬이 폭발해 빈칸이 생겼으니 다시 구슬이 이동한다. 구슬이 이동한 후에는 다시 구슬이 폭발하는 단계이고, 이 과정은 폭발하는 구슬이 더 없을 때까지 반복된다. 구슬이 폭발한 후의 상태에서 구슬이 이동하면 다음과 같다.

위의 상태는 4개 이상 연속하는 구슬이 있기 때문에 구슬이 다시 폭발하게 된다.

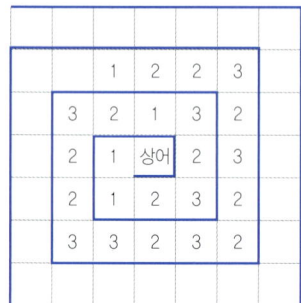

구슬이 폭발하기 전   구슬이 폭발한 후

이제 폭발한 구슬이 더 없으므로 구슬이 변화하는 단계가 된다. 연속하는 구슬은 하나의 그룹이라고 한다. 다음은 1번 구슬은 회색, 2번 구슬은 파란색, 3번 구슬은 검은색으로 표시한 그림이다.

하나의 그룹은 두 개의 구슬 A와 B로 변한다. 구슬 A의 번호는 그룹에 들어있는 구슬의 개수이고, B는 그룹을 이루고 있는 구슬의 번호이다. 구슬은 다시 그룹의 순서대로 1번 칸부터 차례대로 A, B의 순서로 칸에 들어간다. 다음 그림은 구슬이 변화한 후이고, 색은 구분하기 위해 위의 그림에 있는 그룹의 색을 그대로 사용했다. 만약, 구슬이 칸의 수보다 많아 칸에 들어가지 못하는 경우 그러한 구슬은 사라진다.

마법사 상어는 블리자드를 총 M번 시전했다. 시전한 마법의 정보가 주어졌을 때, 1×(폭발한 1번 구슬의 개수) + 2×(폭발한 2번 구슬의 개수) + 3×(폭발한 3번 구슬의 개수)를 구해 보자.

입력

첫째 줄에 N, M이 주어진다. 둘째 줄부터 N개의 줄에는 격자에 들어있는 구슬의 정보가 주어진다. r번째 행의 c번째 정수는 (r, c)에 들어있는 구슬의 번호를 의미한다. 어떤 칸에 구슬이 없으면 0이 주어진다. 상어가 있는 칸도 항상 0이 주어진다. 다음 M개의 줄에는 블리자드 마법의 방향 d_i와 거리 s_i가 한 줄에 하나씩 마법을 시전한 순서대로 주어진다.

출력

첫째 줄에 1×(폭발한 1번 구슬의 개수) + 2×(폭발한 2번 구슬의 개수) + 3×(폭발한 3번 구슬의 개수)를 출력한다.

제한

- $3 \leq N \leq 49$ • N은 홀수   • $1 \leq M \leq 100$ • $1 \leq d_i \leq 4$ • $1 \leq s_i \leq (N-1)/2$
- 칸에 있는 구슬이 K개라면, 구슬이 들어있는 칸의 번호는 1번부터 K번까지이다.
- 입력으로 주어진 격자에는 4개 이상 연속하는 구슬이 없다.

예제 입력 1

```
7 1
0 0 0 0 0 0 0
3 2 1 3 2 3 0
2 1 2 1 2 1 0
2 1 1 0 2 1 1
3 3 2 3 2 1 2
3 3 3 1 3 3 2
2 3 2 2 3 2 3
2 2
```

예제 출력 1

```
28
```

예제 입력 2

```
7 4
0 0 0 2 3 2 3
1 2 3 1 2 3 1
2 3 1 2 3 1 2
1 2 3 0 2 3 1
2 3 1 2 3 1 2
3 1 2 3 1 2 3
1 2 3 1 2 3 1
1 3
2 2
3 1
4 3
```

예제 출력 2

```
0
```

2	1	1	1	2	1	3
1	2	1	1	1	3	1
3	1	3	1	2	1	2
1	2	1	상어	1	2	1
1	1	3	1	1	1	3
1	3	1	1	3	1	1
2	1	1	1	3	1	1

첫 번째 블리자드 후

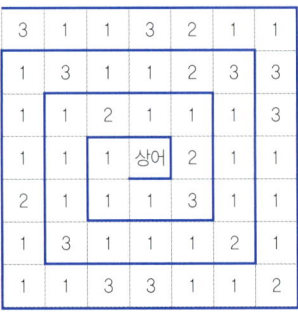

3	1	1	3	2	1	1
1	3	1	1	2	3	3
1	1	2	1	1	1	3
1	1	1	상어	2	1	1
2	1	1	1	3	1	1
1	3	1	1	1	2	1
1	1	3	3	1	1	2

두 번째 블리자드 후

2	1	1	2	3	2	1
2	2	1	3	1	1	3
1	1	1	2	2	3	2
1	2	2	상어	1	2	1
3	3	1	1	3	1	1
3	1	1	3	1	1	2
1	1	2	3	1	2	3

세 번째 블리자드 후

2	1	3	1	2	1	1
1	1	1	3	1	1	1
3	2	2	2	3	2	3
1	1	2	상어	1	3	1
1	1	2	2	1	2	2
2	2	1	3	2	1	1
2	2	1	2	3	2	1

네 번째 블리자드 후

예제 입력 3

```
7 4
1 1 1 2 2 2 3
1 2 2 1 2 2 3
1 3 3 2 3 1 2
1 2 2 0 3 2 2
3 1 2 2 3 2 2
3 1 2 1 1 2 1
3 1 2 2 2 1 1
1 3
2 2
3 1
4 3
```

예제 출력 3

```
39
```

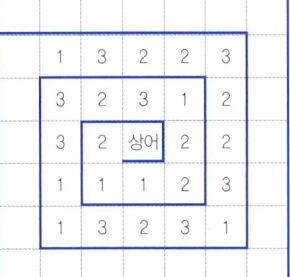

첫 번째 블리자드 후

두 번째 블리자드 후

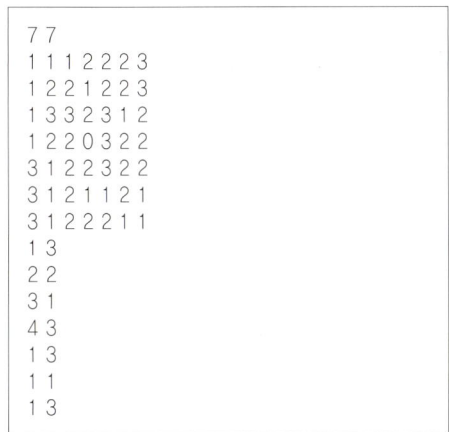

<table>
</table>

세 번째 블리자드 후　　　　　　　네 번째 블리자드 후

예제 입력 4

```
7 7
1 1 1 2 2 2 3
1 2 2 1 2 2 3
1 3 3 2 3 1 2
1 2 2 0 3 2 2
3 1 2 2 3 2 2
3 1 2 1 1 2 1
3 1 2 2 2 1 1
1 3
2 2
3 1
4 3
1 3
1 1
1 3
```

예제 출력 4

```
62
```

문제해설

마법사 상어는 크기가 N×N인 격자에서 블리자드 마법을 연습한다. 마법사 상어는 얼음 파편을 던져 구슬을 파괴하고, 구슬을 이동시키고, 구슬을 폭파시키고, 구슬을 변화시키는 기능을 일정 횟수만큼 진행한다. 폭파된 구슬 개수 기반으로 점수가 부여된다. 마법 연습이 끝난 후 부여된 점수를 출력하는 문제다.

N×N인 격자를 1차원 배열로 펼쳐서 프로그래밍하면 구현이 용이하다. N×N인 격자를 마법사 상어가 이동하는 순서대로 1차원 배열에 펼치면 된다. 구슬을 파괴하고, 구슬을 이동시키고, 구슬을 폭파시키고, 구슬을 변화시키는 기능을 함수로 작성하자.

구슬을 파괴하는 함수를 알아보자. 1차원으로 펼친 배열에서 얼음 파편이 던져지는 위치를 파괴하면 된다.

구슬을 이동시키는 함수를 알아보자. 1차원으로 펼친 배열에서 구슬 위치를 찾는다. 찾은 구슬이 들어갈 빈 공간을 찾아서 이동시킨다.

구슬을 폭파시키는 함수를 알아보자. 1차원으로 펼친 배열에서 길이가 4 이상인 숫자가 같은 모든 연속 구간을 찾아서 폭파시킨다.

구슬을 변화시키는 함수를 알아보자. 1차원으로 펼친 배열에서 숫자가 같은 모든 연속 구간을 찾아서 변화시킨다.

구슬을 파괴하는 함수의 시간복잡도는 $O(N)$이다. 구슬을 이동시키는 함수의 시간복잡도는 넉넉히 잡아서 $O(N^4)$이다. move_thing_fast() 함수를 이용하여 $O(N^2)$으로 수행 시간을 줄일 수 있지만 $O(N^2)$으로 줄이지 않아도 통과할 수 있다.

구슬을 폭파시키는 함수의 시간복잡도는 $O(N^2)$이다. 구슬을 변화시키는 함수의 시간복잡도는 $O(N^2)$이다. 따라서 모든 함수를 1회 실행하는 데 넉넉히 잡아 $O(N^4)$의 시간이 소요된다.

함수를 M번 실행하기 때문에 전체 시간복잡도는 $O(M*N^4)$이다. N의 최댓값이 49, M의 최댓값이 100이고 구슬을 이동시키는 함수의 시간복잡도가 $O(N^4)$보다 작기 때문에 제한 시간 내에 결과가 출력된다.

소스 코드 예시

```
# N: 격자의 크기, M: 마법사 상어가 블리자드를 시전하는 횟수, A: 칸에 있는 구슬 번호(0: 빈 공간)
# B: 칸의 번호(초기 상어 위치: 0), C: 배열 A를 칸의 번호(B)에 맞게 일렬로 펼친 결과를 저장
# D: 구슬이 폭발할 때 임시로 사용됨
# ans[i]: 폭발한 i번 구슬의 개수
# 아래에서 50, 2500은 N의 최댓값 49와 연관이 있다.
N, M = 0, 0
A = [[] for _ in range(50)]
B = [[0] * 50 for _ in range(50)]
C = [0] * 2500
D = [0] * 2500
ans = [0] * 4
```

```python
# 위치 (r, c)가 격자 내에 있으면 True, 아니면 False를 반환한다.
def in_range(r, c):
    return 0 <= r < N and 0 <= c < N


# B, C를 만든다.
def build_BC():
    global A, B, C

    # 좌, 하, 우, 상 이동 시 (행, 열) 변화량
    dd = [[0, -1], [1, 0], [0, 1], [-1, 0]]

    # 이동하는 상어 정보
    # (r, c): 상어의 위치, d: 상어의 방향(좌: 0, 하: 1, 우: 2, 상: 3)
    # remain_move: 상어가 이동해야 할 거리
    # total_move: 현재 step 단계에서 이동해야 할 총거리
    # step: 1단계 / 2단계. total_move를 1단계, 2단계로 나누어 총 2단계 이동한다.
    # 상어의 초기 상태: 위치(정 가운데), 이동 방향(좌), 이동해야 할 거리(1),
    #                  이동해야 할 총거리(1), 단계(1단계)
    r = c = N // 2; d = 0; cnt = 0
    remain_move = total_move = 1
    step = 1

    # 격자를 벗어날 때까지 B와 C를 만든다.
    while True:
        # 격자를 벗어난 경우, B와 C를 만드는 작업이 완료됨
        if in_range(r, c) == False:
            break

        # B[r][c]에 cnt를 저장. C[cnt]에 A[r][c]를 저장
        B[r][c] = cnt
        C[cnt] = A[r][c]
        cnt += 1

        # 현재 방향으로 1만큼 이동한다.
        r = r + dd[d][0]; c = c + dd[d][1]
        remain_move -= 1
```

```python
            # 다음 방향 및 위치를 설정한다.
            # 1단계, 2단계가 모두 완료되어 total_move를 1 증가시킴
            if remain_move == 0 and step == 2:
                    total_move += 1
                    remain_move = total_move
                    step = 1
                    d = (d + 1) % 4
            # 1단계가 완료되어 2단계로 전환
            elif remain_move == 0:
                    remain_move = total_move
                    step = 2
                    d = (d + 1) % 4


# 2. 구슬을 이동시킨다. (O(N⁴))
def move_thing_slow():
    global C

    # 빈 공간의 개수
    empty = 0

    # i: 현재 탐색 위치
    for i in range(1, N * N):
            # i번 위치에 구슬이 없음
            if C[i] == 0:
                    empty += 1
                    continue

            # C[i] 구슬을 옮길 빈 공간이 없으므로 구슬이 이동하지 않는다.
            if empty == 0:
                    continue

            # C[i] 구슬을 옮길 위치 C[j]를 찾는다.
            for j in range(1, i):
                    if C[j] == 0:
                            break
            C[j] = C[i]
            C[i] = 0
```

```
# 2. 구슬을 빠르게 이동시킨다.
# 투 포인터(현재 탐색 위치, 빈 공간 위치)를 이용하여 O(N²)에 모든 구슬을 이동시킨다.
def move_thing_fast():
    global C

    # i : 현재 탐색 위치, j : 빈 공간 위치
    i = 1; j = 1
    while i < N * N:
        # i번 위치에 구슬이 있음
        if C[i] != 0:
            # 빈 공간이 있으므로 i번 위치에 있는 구슬을 j번 위치로 이동시킨다.
            if i != j:
                C[j] = C[i]
                C[i] = 0

            # 빈 공간 위치를 한 칸 오른쪽으로 이동시킨다.
            j += 1

        # 현재 위치를 한 칸 오른쪽으로 이동시킨다.
        i += 1


# 3. 구슬을 파괴한다.
# 파괴된 구슬이 있는 경우 1, 없는 경우 0을 반환한다.
def explode_thing_sub():
    global C, ans

    # 숫자가 같은 모든 연속 구간 [i .. j)를 파괴한다.
    # ret: 1(파괴된 구슬이 있는 경우), 0(파괴된 구슬이 없는 경우)
    i = 1; j = 0; ret = 0
    while i < N * N:
        # 빈 공간은 시작 위치가 될 수 없다.
        if C[i] == 0:
            i += 1
            continue

        # 숫자가 같은 연속 구간 [i .. j)를 찾는다.
```

```
                        for j in range(i + 1, N * N):
                            if C[i] != C[j]:
                                break

                        # 연속 구간의 길이가 4 이상인 경우만 파괴한다.
                        if j - i >= 4:
                            # 파괴된 C[i]번 구슬의 개수를 (j - i)만큼 증가시킨다.
                            ans[C[i]] += j - i

                            # [i.. j) 구간을 빈 공간으로 만든다.
                            for k in range(i, j):
                                C[k] = 0

                            ret = 1

                        # 시작 위치 i를 j로 설정한다.
                        i = j

        return ret

def explode_thing():
    while True:
                        # 구슬을 파괴한다.
                        if explode_thing_sub() == 0:
                            break

                        # 2. 구슬을 이동시킨다.
                        move_thing_slow()

# 4. 구슬이 변화하는 단계
def change_thing():
    global C, D

        # 배열 C에 있는 구슬이 변화된 상태를 D에 임시로 저장한다.
        # 숫자가 같은 모든 연속 구간 [i .. j)를 탐색한다.
        # k: 파괴된 정보가 저장될 D의 위치
        i = 1; j = 0; k = 1
```

```python
    while i < N * N:
            # 빈 공간은 시작 위치가 될 수 없다.
            if C[i] == 0:
                    i += 1
                    continue

            # 파괴된 정보를 저장할 여유 공간이 없다.
            if k >= N * N - 1:
                    break;

            # 숫자가 같은 연속 구간 [i .. j)를 찾는다.
            for j in range(i + 1, N * N):
                    if C[i] != C[j]:
                            break

            # 연속 구간의 길이, 구슬 번호를 저장한다.
            D[k] = j - i; k += 1
            D[k] = C[i]; k += 1

            # 시작 위치 i를 j로 설정한다.
            i = j

    # D에 임시로 저장된 정보를 C에 복사한다.
    for i in range(k):
            C[i] = D[i]
    for i in range(k, N * N):
            C[i] = 0


# 입력
N, M = map(int, input().split())
for r in range(N):
    A[r] = list(map(int, input().split()))

# B, C를 만든다.
build_BC()

# 마법을 M 번 진행한다.
```

```python
for _ in range(M):
    d, s = map(int, input().split())

    # 마법 방향별 행, 열 변화량(상:1, 하:2, 좌:3, 우:4)
    dd = [[0, 0], [-1, 0], [1, 0], [0, -1], [0, 1]]

    # 1. 얼음 파편을 던져 그 칸에 있는 구슬을 모두 파괴한다.
    r = c = N // 2
    for _ in range(s):
        r = r + dd[d][0]; c = c + dd[d][1]
        C[B[r][c]] = 0

    # 2. 구슬을 이동시킨다.
    move_thing_slow()

    # 3. 구슬을 파괴한다.
    explode_thing()

    # 4. 구슬이 변화하는 단계
    change_thing()

print(ans[1] + 2 * ans[2] + 3 * ans[3])
```

Part 3

부록

부록 A

코딩테스트를 위한 파이썬 문법

 **자료형**

자료형이란 프로그래밍을 할 때 쓰이는 숫자, 문자열 등 자료 형태로 사용하는 것을 의미한다. 자료형은 프로그램의 기본이면서 핵심이다. 파이썬에서 지원하는 여러 가지 자료형을 알아보자.

문자열 자료형

문자열(String)이란 문자들을 모아 놓은 문자들의 집합을 의미한다. 예를 들어, 다음과 같은 것들이 문자열이다.

준랩(1157번, 1740번, 1741번, 1742번, 1746번, 1747번, 1748번)

```
"Hello"
"안녕하세요"
"a"
"2023-03-01"
'1234567890'
```

문자열 만들기

1. 큰따옴표(")로 양쪽 둘러싸기

"Hello Python"

2. 작은따옴표(')로 양쪽 둘러싸기

'즐거운 알고리즘'

문자열 연결 연산자: +

준랩(1158번, 1159번)

```
x = 'python'
y = " 알고리즘"
x + y
```

+ 기호로 두 개의 문자열을 연결할 수 있다. x + y는 'python 알고리즘'이 된다.

문자열 반복 연산자: *

준랩(1160번, 1161번, 1162번, 1743번, 1744번, 1745번, 1749번, 1750번, 1751번)

```
x = 'python'
y = "알고리즘"
x * 3
2 * y
```

* 기호는 문자열을 숫자만큼 반복해서 출력한다. x * 3은 'pythonpythonpython', 2 * y 는 "알고리즘알고리즘"이 된다.

문자열 인덱싱: [ ]

문자열 인덱싱(Indexing)은 문자열 내부의 문자 하나를 선택하는 연산자이다. 문자를 선택하기 위하여 대괄호([ ]) 안에 선택할 문자의 위치를 지정하며, 이 위치를 인덱스라고 한다. 이때 인덱스는 0부터 시작한다.

p	y	t	h	o	n
[0]	[1]	[2]	[3]	[4]	[5]

문자열 "python"

대괄호 안의 숫자를 음수로 입력하면 뒤에서부터 선택할 수 있다. 이때 인덱스는 -1부터 시작한다.

p	y	t	h	o	n
[-6]	[-5]	[-4]	[-3]	[-2]	[-1]

문자열 "python"

준랩(1163번, 1164번, 1165번)

```
x = 'python'
y = "알고리즘"
x[0] + x[2]
y[-3] + y[-2]
```

x[0]은 'p', x[2]는 't'이므로 x[0]+x[2]는 'pt'가 된다. y[-3]은 '고', y[-2]='리'이므로 y[-3]+y[-2]는 '고리'가 된다.

문자열 슬라이싱: [:]

문자열 슬라이싱은 문자열의 특정 범위를 선택할 때 사용되는 연산자이다. 즉, 문자열의 첫 번째 문자부터 네 번째 문자까지 선택한다든가, 세 번째 문자부터 마지막 문자까지 선택한다든가 하는 것이다. 범위는 대괄호 안에 위치를 콜론으로 구분해서 지정한다.

준랩(1166번, 1167번, 1168번)

```
x = 'python'
x[1:3]
x[0:4]
x[1:]
x[:3]
x[:]
```

x[1:3]은 x[1]부터 x[3] 이전까지의 문자열을 의미한다. 즉, x[1:3]은 x[1], x[2]로 구성된 문자열 'yt'이다. x[0:4]는 x[0], x[1], x[2], x[3]으로 구성된 문자열 'pyth'이다. x[1:]은 x[1]부터 마지막 문자까지 선택한다. 즉, x[1:]은 x[1], x[2], x[3], x[4], x[5]로 구성된 문자열 'ython'이다. x[:3]은 x[0]부터 x[3] 이전까지의 문자열을 의미한다. 즉, x[:3]은 x[0], x[1], x[2]로 구성된 문자열 'pyt'이다. x[:]은 x에 있는 모든 문자를 선택한다. 즉, x[:]은 x[0], x[1], x[2], x[3], x[4], x[5]로 구성된 문자열 'python'이다.

문자열 길이 구하기: len( ) 함수

문자열의 길이를 구할 때는 len( ) 함수를 이용한다.

준랩(1173번, 1174번)

```
x = 'python'
y = "알고리즘"
len(x)
len(y)
```

문자열 x에는 x[0], x[1], x[2], x[3], x[4], x[5] 여섯 개의 문자가 있으므로 len(x)은 6이다. 문자열 y에는 y[0], y[1], y[2], y[3] 네 개의 문자가 있으므로 len(y)는 4이다.

대소문자 바꾸기: upper(), lower() 함수

upper( ) 함수는 문자열의 알파벳을 대문자로 변경하고 lower( ) 함수는 문자열의 알파벳을 소문자로 변경한다.

준랩(1730번, 1731번, 1732번, 1733번)

```
x = 'Python Programming'
x.upper()
x.lower()
```

x.upper( )는 'PYTHON PROGRAMMING' 문자열을 반환하고 x.lower( )는 'python programming'을 반환한다.

대소문자 구성 파악하기: islower( ), isupper( )

islower( ) 함수는 문자열이 소문자로만 구성되어 있는지 확인한다. isupper( ) 함수는 문자열이 대문자로만 구성되어 있는지 확인한다.

준랩(1175번, 1176번, 1177번, 1178번)

```
x = 'PYTHON'
y = 'programming'
x.islower()
y.islower()
x.isupper()
y.isupper()
```

x.islower( )는 문자열 x가 소문자로만 구성되어 있는지 확인한다. x='PYTHON'에는 대문자가 포함되어 있으므로 x.islower( )는 False를 반환한다. y.islower( )는 문자열 y가 소문자로만 구성되어 있는지 확인한다. y='programming'은 소문자로만 구성되어 있으므로 y.islower( )는 True를 반환한다. x.isupper( )는 문자열 x가 대문자로만 구성되어 있는지 확인한다. x='PYTHON'은 대문자로만 구성되어 있으므로 x.isupper( )는 True를 반환한다. y.isupper( )는 문자열 y가 대문자로만 구성되어 있는지 확인한다. y='programming'은 소문자가 포함되어 있으므로 False를 반환한다.

in 연산자

in 연산자는 문자열 내부에 특정 문자열이 존재하는지 확인해 준다. 문자열에 특정 문자열이 존재하면 True, 아니면 False를 반환한다.

준랩(1179번, 1180번)

```
x = 'python programming'
'python' in x
'pro' in x
'PYTHON' in x
```

문자열 x에 'python'이 존재하므로 'python' in x는 True를 반환한다. 문자열 x의 중간 부분에 'pro'가 존재하므로 'pro' in x는 True를 반환한다. in 연산자는 알파벳 대소문자를 구분하기 때문에 'PYTHON' in x는 False를 반환한다.

문자열 나누기: split()

문자열을 특정한 문자를 기준으로 잘라서 나눌 때 split() 함수를 사용한다. split() 함수로 잘라서 나눈 결과는 리스트(배열) 형태로 반환된다.

준랩(1184번, 1185번, 1186번, 1187번)

```
x = 'python programming world'
x.split(' ')
```

x.split(' ')은 x='python programming world'를 공백(' ')을 기준으로 나눈다. x를 공백을 기준으로 나누면 'python', 'programming', 'world'가 된다. x.split()도 동일하게 동작한다.

숫자 자료형

숫자는 수를 나타낸다. 파이썬에서 숫자는 소수점이 없는 숫자와 소수점이 있는 숫자로 구분된다. 소수점이 없는 숫자를 정수형이라 하고, 소수점이 있는 숫자를 실수형이라고 한다.

- 소수점이 없는 정수(integer): −10, 0, 10, 2023
- 소수점이 있는 실수(floating point): −10.1, 0.0, 10.2, 2023.1234

사칙 연산자: +, −, *, /

+는 더하기, −는 빼기, *는 곱하기, /는 나누기를 의미한다.

준랩(1065번, 1066번)

```
x = 7
y = 2
```

```
x + y
x - y
x * y
x / y
```

x+y=7+2=9이다. x - y=7 - 2=5이다. x*y=7*2=14이다. x/y=7/2=3.5이다.

정수 나누기 연산자: //

// 연산자는 / 연산자와 유사하지만, 숫자를 나누고 소수점 이하의 자릿수를 떼어 버린 후 정수 부분만 남기는 연산자이다.

```
x = 7
y = 2
x // y
y // 2
```

x//y=7//2=3이다. 7/2=3.5에서 정수 부분 3이 정답이다. y//2=2//2=1이다. 2/2=1.0에서 정수 부분 1이 정답이다.

나머지 연산자: %

나머지 연산자 %는 나머지를 구하는 연산자이다. 즉, x % y는 x를 y로 나누었을 때의 나머지를 의미한다.

```
x = 7
y = 2
x % y
```

x%y=7%2=1이다. 즉, 7을 2로 나눈 몫은 3이고 나머지는 1이므로 7%2는 1이 된다.

제곱 연산자: **

수학에서 x^y을 파이썬에서는 x**y로 구할 수 있다.

준랩(1181번, 1182번)

```
x = 7
y = 2
x**y
y**x
```

x**y=7**2=7^2=49이다. y**x=2**7=2^7=128이다.

리스트 자료형

리스트(list)의 사전적 의미는 '목록'이며, 파이썬에서 리스트는 여러 가지 자료를 모아서 저장할 수 있는 자료 구조를 의미한다. 파이썬의 리스트는 C나 Java에서의 배열과 유사하다.

리스트 만들기

리스트는 대괄호([ ]) 안에 원소를 넣어서 만들 수 있고 원소 사이에 쉼표(,)를 넣는다. 리스트에는 여러 종류의 자료를 넣을 수 있다.

준랩(1190번, 1191번)

```
x = [1, 2, 3, 4, 5]
y = [1, 'python', '알고리즘', 2, 3.0]
z = []
a = [0] * 5
```

x는 1, 2, 3, 4, 5 다섯 개의 원소를 갖는 리스트이다. y는 숫자, 문자열을 원소로 갖는 자료형이다. z는 비어 있는 리스트이다. a는 다섯 개의 0을 원소를 갖는 리스트 [0, 0, 0, 0, 0]이다.

리스트 인덱싱: [ ]

리스트 인덱싱(Indexing)은 리스트 내부의 원소 하나를 선택하는 연산자이다. 리스트 원소를 선택하기 위하여 대괄호([ ]) 안에 선택할 원소의 위치를 지정하며, 이 위치를 인덱스라고 한다. 이때 인덱스는 0부터 시작한다.

1	2	3	4	5	6
[0]	[1]	[2]	[3]	[4]	[5]

리스트 [1, 2, 3, 4, 5, 6]

대괄호 안의 숫자를 음수로 입력하면 뒤에서부터 선택할 수 있다. 이때 인덱스는 -1부터 시작한다.

1	2	3	4	5	6
[-6]	[-5]	[-4]	[-3]	[-2]	[-1]

리스트 [1, 2, 3, 4, 5, 6]

준랩(1734번, 1735번)

```
x = [1, 2, 3, 4, 5, 6]
x[0] + x[2]
x[-3] + x[-2]
```

$x[0]=1$, $x[2]=3$이므로 $x[0]+x[2]=1+3=4$이다. $x[-3]=4$, $x[-2]=5$이므로 $x[-3]+x[-2]=4+5=9$이다.

리스트 슬라이싱: [:]

리스트 슬라이싱은 리스트의 특정 범위를 선택할 때 사용되는 연산자이다. 즉, 리스트의 첫 번째 원소부터 네 번째 원소까지 선택한다든가, 세 번째 원소부터 마지막 원소까지 선택한다든가 하는 것이다. 범위는 대괄호([ ]) 안에 위치를 콜론으로 구분해서 지정한다.

준랩(1736번, 1737번, 1738번, 1739번, 1756번, 1757번, 1764번, 1765번)

```
x = [1, 2, 3, 4, 5, 6]
x[1:3]
x[0:4]
x[1:]
x[:3]
x[:]
```

x[1:3]은 x[1]부터 x[3] 이전까지의 리스트 원소를 의미한다. 즉, x[1:3]은 x[1], x[2]로 구성된 리스트 [2, 3]이다. x[0:4]는 x[0], x[1], x[2], x[3]으로 구성된 리스트 [1, 2, 3, 4]이다. x[1:]은 x[1]부터 마지막 원소까지 선택한다. 즉, x[1:]은 x[1], x[2], x[3], x[4], x[5]로 구성된 리스트 [2, 3, 4, 5, 6]이다. x[:3]은 x[0]부터 x[3] 이전까지의 리스트 원소를 의미한다. 즉, x[:3]은 x[0], x[1], x[2]로 구성된 리스트 [1, 2, 3]이다. x[:]은 x에 있는 모든 원소를 선택한다. 즉, x[:]은 x[0], x[1], x[2], x[3], x[4], x[5]로 구성된 리스트 [1, 2, 3, 5, 6]이다.

리스트 길이 구하기: len( ) 함수
리스트의 길이를 구할 때는 len( ) 함수를 이용한다.

```
x = [1, 2, 3, 4, 5, 6]
y = [1, 'python', '알고리즘', 2, 3.0]
len(x)
len(y)
```

리스트 x에는 x[0], x[1], x[2], x[3], x[4], x[5] 여섯 개의 원소가 있으므로 len(x)은 6이다. 리스트 y에는 y[0], y[1], y[2], y[3], y[4] 다섯 개의 원소가 있으므로 len(y)는 5이다.

리스트에 원소 추가하기: append( ) 함수
리스트의 끝에 원소를 추가할 때는 append( ) 함수를 사용한다. 리스트의 중간에 원소를 추가하는 insert( ) 함수도 있지만, append( ) 함수가 insert( ) 함수에 비해서 빠르기 때문에 코딩테스트에서는 append( ) 함수를 사용하는 것이 좋다.

```
x = []
x.append(1)
x.append(2)
```

처음에 리스트 x는 비어 있다. 비어 있는 리스트 x의 끝에 1, 2를 순서대로 추가하기 때문에 x=[1, 2]가 된다.

리스트에서 원소 제거하기: pop( ) 함수

pop( )은 리스트의 맨 마지막 원소를 돌려주고 그 원소를 삭제한다. del( ), remove( ) 함수로 리스트 내부에 있는 원소를 삭제할 수 있지만, pop( )에 비해서 느리기 때문에 코딩테스트에서는 pop( )을 사용하는 것이 좋다.

```
x = []
x.append(1)
x.append(2)
print(x.pop())
x.append(3)
x.append(4)
print(x.pop())
print(x)
```

처음에 리스트 x는 비어 있다. 비어 있는 리스트 x의 끝에 1, 2를 순서대로 추가하기 때문에 아래 그림과 같이 x=[1, 2]가 된다.

1	2
[0]	[1]

이 상태에서 x.pop( )을 하면 맨 마지막 원소 x[1]=2를 반환하고 x[1]이 제거된다. print(x.pop( ))은 2를 출력하고 x는 아래와 같이 변경된다.

1
[0]

리스트 x의 끝에 3, 4를 순서대로 추가하면 아래 그림과 같이 x=[1, 3, 4]가 된다.

1	3	4
[0]	[1]	[2]

이 상태에서 x.pop( )을 하면 맨 마지막 원소 x[2]=4를 반환하고 x[2]가 제거된다. print(x.pop( ))은 4를 출력하고 x는 아래와 같이 변경된다.

1	3
[0]	[1]

print(x)는 [1, 3]을 출력한다.

리스트 원소 모두 제거하기: clear( ) 함수

리스트 내부의 모든 원소를 제거할 때는 clear( ) 함수를 사용한다.

```
x = [1, 2, 3, 4, 5, 6]
x.clear()
```

x.clear( )가 실행된 후 x의 모든 원소가 제거되어 x는 [ ]가 된다.

최소, 최대, 합계 함수: min( ), max( ), sum( )

min( ), max( ), sum( )은 리스트에서 최솟값, 최댓값, 합계를 구하는 함수이다.

```
x = [1, 3, 5, 2, 4, 6]
min(x)
min(x[1:4])
max(x)
max(x[1:4])
sum(x)
sum(x[1:4])
```

x=[1, 3, 5, 2, 4, 6]에서 최솟값은 x[0]=1이므로 min(x)는 1이다. x[1:4]는 x[1], x[2], x[3]이므로 x[1:4]=[3, 5, 2]이다. min(x[1:4])=min([3, 5, 2])=2가 된다. x=[1, 3, 5, 2, 4, 6]에서 최댓값은 x[5]=6이므로 max(x)는 6이다. x[1:4]는 x[1], x[2], x[3]이므로 x[1:4]=[3, 5, 2]이다. max(x[1:4])=max([3, 5, 2])=5가 된다. x=[1, 3, 5, 2, 4, 6]에서 x[0]부터 x[5]까지의 합은 1+3+5+2+4+6=21이므로 sum(x)는 21이다. x[1:4]는 x[1], x[2], x[3]이므로 x[1:4]=[3, 5, 2]이다. sum(x[1:4])=sum([3, 5, 2])=10이 된다.

in 연산자

in 연산자는 리스트 내부에 특정 값이 있는지 확인해 준다. 리스트에 특정 값이 존재하면 True, 아니면 False를 반환한다.

```
x = [1, 2, 3, 4, 5, 6]
1 in x
2 in x
7 in x
```

리스트 x에 1, 2가 존재하므로 1 in x, 2 in x는 참(True)을 의미한다. 리스트 x에는 7이 없으므로 7 in x는 거짓(False)을 의미한다.

리스트 for 반복문

for 반복문을 이용하여 리스트 원소를 참조할 수 있다. 리스트 이외에도 문자열, 딕셔너리, 범위 등도 for 반복문을 사용할 수 있다.

준랩(1202번, 1203번)

```
x = [1, 2, 3, 4, 5, 6]
for a in x:
    print(a)
```

리스트 x에 있는 원소를 x[0]부터 x[5] 순서대로 참조하여 출력한다. 즉, 1, 2, 3, 4, 5, 6을 순서대로 한 줄씩 출력한다.

딕셔너리 자료형

딕셔너리(Dictionary)는 키(key)를 기반으로 값(value)을 저장하는 자료 구조로 키(key)가 값(value)으로 맵핑되어 있는 순서가 없는 집합이다.

딕셔너리 만들기

딕셔너리는 중괄호({})로 선언하고, '키: 값' 형태를 쉼표(,)로 구분해서 만든다. 키는 문자열, 숫자 등을 사용할 수 있고 주로 문자열이 사용된다. 아래 딕셔너리 x를 확인해 보자.

```
x = {
    "출판사": "상상아카데미",
    "저자": "윤성환"
}
```

"출판사", "저자"가 키에 해당되고 "상상아카데미", "윤성환"이 값에 해당된다. 즉, 출판사는 상상아카데미, 저자는 윤성환을 의미한다.

딕셔너리 원소 접근하기

딕셔너리의 특정 키에 접근할 때는 딕셔너리 뒤에 대괄호([])를 붙이고 대괄호 내부에 키를 입력하면 된다. 대괄호로 특정 키에 접근할 때는 딕셔너리에 해당 키가 존재해야 한다. 딕셔너리에 키가 존재하지 않으면 아래에 설명할 get( ) 함수를 사용하면 된다.

```
x = {
    "출판사":"상상아카데미",
    "저자":"윤성환"
}
x['출판연도'] = 2023
x['출판사']
x['저자']
x['출판연도']
```

x['출판사']는 '상상아카데미', x['저자']는 '윤성환', x['출판연도']는 2023을 의미한다.

딕셔너리에 값 추가 및 제거하기

딕셔너리에 값을 추가할 때는 키를 기반으로 값을 입력하면 된다.

```
x = { }
x['출판사'] = '상상아카데미'
x['저자'] = '윤성환'
x['출판연도'] = 2023
```

x는 비어 있는 딕셔너리에서 '출판사'는 '상상아카데미', '저자'는 윤성환, '출판연도'는 2023인 딕셔너리로 변경된다.

딕셔너리에서 값을 제거할 때는 del 키워드에 제거하고자 하는 키를 지정하면 된다.

```
x = { }
x['출판사'] = '상상아카데미'
x['저자'] = '윤성환'
x['출판연도'] = 2023
del x['출판연도']
```

'출판사'는 '상상아카데미', '저자'는 '윤성환', '출판연도'는 2023인 딕셔너리 x에서 '출판연도'를 제거하여 '출판사'는 '상상아카데미', '저자'는 '윤성환'인 딕셔너리 x로 변경된다.

in 연산자

준랩(1199번, 1200번)

in 연산자는 딕셔너리 내부에 특정 키(key)가 있는지 확인해 준다. 딕셔너리에 특정 키가 존재하면 True, 아니면 False를 반환한다.

```
x = {
    "출판사": "상상아카데미",
    "저자": "윤성환"
}
'출판사' in x
'저자' in x
'출판연도' in x
```

딕셔너리 x에 '출판사' 키가 존재하므로 '출판사' in x는 True를 반환한다. 딕셔너리 x에 '저자' 키가 존재하므로 '저자' in x는 True를 반환한다. 딕셔너리 x에 '출판연도' 키가 존재하지 않으므로 '출판연도' in x는 False를 반환한다.

get( ) 함수

딕셔너리에 존재하지 않는 키에 접근할 때는 get( ) 함수를 사용하면 된다.

```
x = {
    "출판사": "상상아카데미",
    "저자": "윤성환"
}
value1 = x.get('출판사')
value2 = x.get('출판연도')
```

x에 '출판사' 키가 존재하기 때문에 value1은 '상상아카데미'가 된다. x에 '출판연도' 키

는 존재하지 않기 때문에 value2=None이 된다. None은 다른 언어의 NULL과 유사한 개념으로 값이 없거나 정의되지 않았음을 의미한다.

딕셔너리 for 반복문

for 반복문을 이용하여 딕셔너리 키를 참조할 수 있다.

```python
x = {
    "출판사": "상상아카데미",
    "저자": "윤성환"
}
for key in x:
    print(key, x[key])
```

for 반복문을 이용하여 딕셔너리 x에 있는 모든 키를 참조할 수 있다. key와 x[key]를 출력하기 때문에 '출판사 상상아카데미', '저자 윤성환'이 한 줄씩 출력된다.

items( ) 함수와 반복문

items( ) 함수를 사용해서 딕셔너리 원소를 (키, 값) 형태로 접근할 수 있다.

```python
x = {
    "출판사": "상상아카데미",
    "저자": "윤성환"
}
for key, value in x.items():
    print(key, value)
```

딕셔너리 x의 x.items( )를 반복문과 같이 이용해서 x의 모든 키와 값에 접근할 수 있다. 결과는 위의 예제와 동일하게 '출판사 상상아카데미', '저자 윤성환'이 한 줄씩 출력된다.

범위 자료형

리스트, 딕셔너리 외에 for 문과 함께 사용되는 범위(range) 자료형을 알아보자.

0부터 x−1까지 범위

range(x)는 0부터 x−1까지의 정수의 범위를 만든다.

준랩(1202번, 1203번, 1204번, 1205번)

```
for i in range(5):
    print(i)
```

위의 예제에서 range(5)는 0, 1, 2, 3, 4를 만들고 for 문을 통해서 i에 0부터 4까지 순서 대로 저장되면서 print(i)가 실행된다. 즉, 0, 1, 2, 3, 4가 한 줄씩 출력된다.

x부터 y−1까지 범위

range(x, y)는 x부터 y−1까지의 정수의 범위를 만든다.

준랩(1206번, 1207번, 1208번, 1209번)

```
for i in range(2, 5):
    print(i)
```

위의 예제에서 range(2, 5)는 2, 3, 4를 만들고 for 문을 통해서 i에 2부터 4까지 순서대 로 저장되면서 print(i)가 실행된다. 즉, 2, 3, 4가 한 줄씩 출력된다.

x부터 y−1까지 z 만큼씩의 범위

range(x, y, z)는 x부터 y − 1까지의 정수의 범위를 만드는데, 앞뒤의 숫자가 z만큼 차이 가 난다. 즉, range(1, 10, 2) 1부터 9까지 2만큼씩 증가하는 정수의 범위이다. 즉, 1, 3, 5, 7, 9가 된다.

준랩(1210번, 1211번, 1212번, 1213번, 1572번, 1573번, 1760번, 1761번)

```
for i in range(2, 10, 2):
    print(i)
```

range(2, 10, 2)는 2부터 9까지 2씩 증가하는 정수의 범위이므로 2, 4, 6, 8이 한 줄씩 출력된다.

반대로 반복하기

큰 숫자에서 작은 숫자로 반복하는 경우를 알아보자. 즉, 9, 7, 5, 3, 1처럼 큰 숫자 9에서 작은 숫자 1로 반복하는 경우이다. range(x, y, z)에서 z값이 음수가 되고 x에서 y+1까지 절댓값 z만큼 감소하는 정수의 범위이다. 즉, range(9, 0, −2)는 9부터 1까지 2씩 감소하는 정수의 범위가 되므로 9, 7, 5, 3, 1이 된다.

준랩(1754번, 1755번, 1762번, 1763번)

```python
for i in range(5, 0, -1):
    print(i)
```

위 예제에서 range(5, 0, −1)은 5부터 1까지 1씩 감소하는 정수 범위이므로 5, 4, 3, 2, 1이 된다. 따라서 i = 5, 4, 3, 2, 1 순서로 for 문이 실행되어 5, 4, 3, 2, 1이 순서대로 한 줄씩 출력된다.

```python
for i in range(10, 1, -3):
    print(i)
```

위 예제에서 range(10, 1, −3)은 10부터 2까지 3씩 감소하는 정수 범위이므로 10, 7, 4가 된다. 따라서 i=10, 7, 4 순서로 for 문이 실행되어 10, 7, 4가 순서대로 한 줄씩 출력된다.

변수

변수는 어떤 값을 저장하는 공간으로 값을 저장할 때 사용하는 식별자이다. 변수에는 정수, 실수, 문자열 같은 자료형의 데이터를 저장할 수 있다.

복합 대입 연산자

복합 대입 연산자는 자료형에 적용하는 기본 연산자와 = 연산자를 같이 사용하는 연산자이다.

숫자에 적용할 수 있는 복합 대입 연산자는 다음과 같다.

연산자 이름	설명
+=	숫자를 더한 후 대입
-=	숫자를 뺀 후 대입
*=	숫자를 곱셈한 후 대입
//=	숫자를 정수 나눗셈 후 대입
%=	숫자의 나머지를 구한 후 대입
**=	숫자의 제곱을 구한 후 대입

다음 예제를 통해 확인해 보자.

```
x = 7
y = 2
x += y
x -= y
x *= y
x //= y
x **= y
x %= y
```

x+=y는 x+=2와 같다. x에 2를 더한 후 결과를 x에 대입한다. x=7이므로 7+2=9를 x에 저장한다. x-=y는 x-=2와 같다. x에 2를 뺀 후 결과를 x에 대입한다. x=9이므로 9-2=7 을 x에 저장한다. x*=y는 x*=2와 같다. x는 7이므로 7*2=14를 x에 저장한다. x//=y는 x//=2와 같다. x는 14이므로 14//2=7이 x에 저장된다. x**=y는 x**=2와 같다. x는 7이 므로 7**2=7^2=49를 x에 저장한다. x%=y는 x%=2와 같다. x는 49이므로 49%2=1을 x에 저장한다.

문자열에도 아래 복합 대입 연산자를 적용할 수 있다.

연산자 이름	설명
+=	두 개의 문자열을 연결한 후 대입
*=	문자열을 반복한 후 대입

다음 예제를 통해 확인해 보자.

```
x = 'python'
y = "알고리즘"
x += y
y *= 3
```

x+=y는 x+y 결과를 x에 저장한다. x+y='python'+'알고리즘'='python알고리즘'을 x에
저장한다. y*=3은 y를 세 번 반복한 후 결과를 y에 저장한다. y*3='알고리즘'*3='알고리
즘알고리즘알고리즘'을 y에 저장한다.

② 조건문

조건문은 프로그램을 작성할 때 프로그램의 흐름을 제어하여 코드를 실행하거나 실행
하지 않게 만들고 싶을 때 사용하는 문법이다. 조건문을 이용하면 조건에 따라서 프로그
램의 로직을 설정할 수 있다. 예를 들어, 정수형 변수 x의 값이 1일 때만 x에 5를 더하는
예시를 생각해 보자. 아래와 같이 if 문을 이용하여 소스 코드를 작성할 수 있다.

```
if x == 1:
    x += 5
```

if 문의 기본 구조
파이썬에서 조건문을 작성할 때 if, elif, else 문을 이용하여 다음과 같은 형태로 작성한
다. elif와 else 문은 경우에 따라서 생략할 수 있다. 경우에 따라서 elif를 여러 개 사용할
수 있다.

```
if 조건문1:
    수행할 문장1
    수행할 문장2
    ...
elif 조건문2:
    수행할 문장a
    수행할 문장b
    ...
else:
    수행할 문장A
    수행할 문장B
    ...
```

조건문1이 참이면 수행할 문장1, 수행할 문장2, …가 순서대로 실행된다. 조건문1이 거짓이고 조건문2가 참이면 수행할 문장a, 수행할 문장b, …가 순서대로 실행된다. 조건문1, 조건문2가 모두 거짓이면 수행할 문장A, 수행할 문장B, …가 순서대로 실행된다.

간단한 구조부터 복잡한 구조까지 예제를 통해 확인해 보자.

```
if x == 1:
    print(x)
```

if 문만 있는 가장 간단한 구조이다. x의 값이 1인 경우에만 x의 값을 출력하고 x의 값이 1이 아니면 x값을 출력하지 않는다.

준랩(1214번, 1215번, 1216번)

```
if x == 1:
    print(x)
else:
    print(x*10)
```

if, else 문으로 구성된 예제이다. x의 값이 1이면 x의 값인 1을 출력하고 x의 값이 1이 아니면 x의 값에 10을 곱한 x*10을 출력한다.

준랩(1217번, 1218번, 1219번, 1220번)

```
if x == 100:
    y = 200
    z = 300
elif x == 10:
    y = 20
    z = 30
else:
    y = 2
    z = 3
```

if, elif, else 문으로 구성된 예제이다. 정수형 변수 x의 값이 100이면 y에 200, z에 300을 저장한다. x의 값이 10이면 y에 20, z에 30을 저장한다. x의 값이 100과 10이 모두 아니면 y에 2, z에 3을 저장한다.

비교 연산자

비교 연산자는 두 값의 비교를 이용하여 코드의 흐름을 제어할 때 사용한다. if 문에 사용할 수 있는 비교 연산자는 다음과 같으며, 예제를 통해서 확인해 보자.

비교 연산자	설명
x == y	x와 y가 서로 같으면 참(True), 그렇지 않으면 거짓(False)을 의미한다.
x != y	x와 y가 서로 다르면 참(True), 그렇지 않으면 거짓(False)을 의미한다.
x > y	x가 y보다 크면 참(True), 그렇지 않으면 거짓(False)을 의미한다.
x >= y	x가 y보다 크거나 같으면 참(True), 그렇지 않으면 거짓(False)을 의미한다.
x < y	x가 y보다 작으면 참(True), 그렇지 않으면 거짓(False)을 의미한다.
x <= y	x가 y보다 작거나 같으면 참(True), 그렇지 않으면 거짓(False)을 의미한다.

준랩(1223번, 1224번)

```
x=1
y=2
if x==y:
```

```
        print(1)
    if x!=y:
        print(2)
    if x > y:
        print(3)
    if x >=y:
        print(4)
    if x < y:
        print(5)
    if x <= y:
        print(6)
```

x=1, y=2이므로 x==y는 거짓, x!=y는 참, x>y는 거짓, x>=y는 거짓, x<y는 참, x<=y는 참이다. 따라서 2, 5, 6이 한 줄씩 출력된다.

논리 연산자

논리 연산자는 두 개의 논리값 사이의 연산을 할 때 사용된다. 파이썬은 and, or, not 세 가지 논리 연산자를 지원한다. 예제를 통해 확인해 보자.

논리 연산자	설명
x and y	x와 y가 모두 참(True)이면 참(True), 그렇지 않으면 거짓(False)을 의미한다.
x or y	x와 y중에 하나 이상 참(True)이면 참, 둘 다 거짓(False)이면 거짓(False)을 의미한다.
not x	x가 참(True)이면 거짓(False), 거짓(False)이면 참(True)을 의미한다.

준랩(1225번, 1226번)

```
x=1
y=2
if x==1 and y==1:
    print(1)
if x==1 or y==1:
    print(2)
if not (x==1):
    print(3)
```

x==1은 참, y==1은 거짓이므로 x==1 and y==1(참 and 거짓)은 거짓이 되어 1은 출력이 안 된다. x==1 or y==1(참 or 거짓)은 참이므로 2는 출력된다. not (x==1) (not 참)은 거짓이므로 3은 출력이 안 된다.

3 반복문

반복문은 특정 소스 코드를 반복적으로 실행할 때 사용된다. 파이썬 반복문에는 for 문과 while 문이 있다. for 문은 정해진 횟수만큼 특정 소스 코드를 반복할 때 사용된다. while 문은 어떤 조건이 만족 될 때까지 특정 소스 코드를 반복할 때 사용된다. for 문은 1절 자료형에서 다루었으므로 여기에서는 while 문을 알아보자.

정해진 횟수 반복

for 문과 같이 while 문으로도 정해진 횟수만큼 특정 소스 코드를 반복할 수 있다. 정해진 횟수를 반복할 때 for 문과 while 문을 선택해서 사용할 수 있다.

준랩(1227번, 1228번)

```python
s = 0
i = 1
while i <= 10:
    s += i
    i += 1
print(s)
```

위의 예제는 i=1부터 시작하여 i<=10이 만족 되는 동안 s+=1과 i+=1이 실행된다. 따라서 i는 1, 2, 3, 4, 5, 6, 7, 8, 9, 10 순서로 값이 저장되고 s에는 모든 i 값의 합이 저장된다. 즉, 1부터 10까지의 합 55가 s에 저장되어 print(s)는 55를 출력한다.

참고로 위의 코드는 for 문으로 아래와 같이 작성할 수 있다. range(1, 11)은 1부터 10까지의 정수 범위를 나타내므로 s에는 1부터 10까지의 합 55가 저장된다.

```python
s = 0
for i in range(1, 11):
    s += i
print(s)
```

break/continue 키워드

break, continue는 반복문 내부에서만 사용할 수 있는 키워드이다. break는 반복문을 벗어날 때 사용하는 키워드이다. continue는 현재 반복의 남은 소스 코드를 생략하고, 다음 반복으로 넘어갈 때 사용하는 키워드이다.

```python
i = 1
while True:
    if i < 10:
        i += 1
        continue
    if i > 100:
        break
    if i % 3 == 0:
        print(i)
    i += 1
```

위 예제는 while 문을 이용하여 10보다 크거나 같고 100보다 작거나 같은 3의 배수를 출력하는 소스 코드이다. while 문에 있는 조건식은 True이기 때문에 항상 참이다. 첫 번째 if 문에서 i가 10보다 작으면 i를 1만큼 증가시키고 continue 키워드를 이용하여 아래에 있는 소스 코드를 실행하지 않고 다음 반복으로 넘어간다. 두 번째 if 문에서 i가 100보다 크면 break 키워드를 이용하여 반복문을 벗어난다. 세 번째 조건문을 이용하여 i가 3의 배수(i를 3으로 나눈 나머지가 0)이면 i를 출력한다. 위 예제를 for 문을 이용하여 아래와 같이 range()를 이용하여 간단하게 작성할 수 있다.

```
for i in range(10, 101):
    if i % 3 == 0:
        print(i)
```

range(x, y, z)를 이용하면 아래와 같이 더 간단하게 작성할 수 있다.

```
for i in range(12, 101, 3):
    print(i)
```

4 함수

특정 기능을 갖는 소스 코드가 반복적으로 사용될 때 함수를 이용하여 효율적으로 프로그래밍할 수 있다. 이런 상황에서 함수를 사용하지 않으면 특정 기능을 실행할 때마다 소스 코드를 반복적으로 작성해야 하므로 프로그램의 크기가 비효율적으로 커지게 된다. 코딩테스트에서 테스트 케이스가 입력이 되면 입력된 테스트 케이스 만큼 특정 알고리즘을 수행한 결과를 반복적으로 출력하는 문제가 출제되는 경우가 많다. 이런 경우 특정 알고리즘을 함수로 작성하여 테스트 케이스가 입력될 때마다 함수를 호출하면 된다.

함수의 기본

함수는 def 키워드로 정의한다. 매개변수와 return 문은 상황에 따라 생략할 수 있다.

```
def 함수명(매개변수, 매개변수, ...):
    실행할 소스 코드
    return 반환 값
```

매개변수로 전달된 숫자 x, y의 합을 반환하는 함수는 다음과 같다. add(3, 7)은
3+7=10을 반환한다.

준랩(1237번, 1238번, 1239번)

```python
def add(x, y):
    return x + y
add(3, 7)
```

매개변수로 전달된 리스트 x의 모든 원소의 합을 반환하는 함수는 다음과 같다. 이
함수는 리스트 자료형에 언급된 sum() 함수와 같은 결과를 반환한다. add_list(x)는
1+2+3+4=10을 반환한다.

준랩(1240번, 1241번, 1242번)

```python
def add_list(x):
    ret = 0
    for a in x:
        ret += a
    return ret
x = [1, 2, 3, 4]
add_list(x)
```

함수 밖에 있는 변수를 변경할 때는 global 키워드를 사용해야 한다. 아래 두 가지 예제
를 통해서 global 키워드 역할을 알아보자.

첫 번째는 global 키워드가 없는 경우에 대해 알아보자.

```python
x=1
def func():
    x=2
    print(x)
func()
print(x)
```

func( ) 함수 안에서 x=2를 실행할 때 x는 func( ) 함수 안에서만 사용되는 변수이다. 따라서 func( ) 함수 안에서 x=2를 실행하면 func( ) 함수 안에서 사용되는 x는 2로 변경되고 func( ) 함수 밖에 있는 x는 변경되지 않는다. func( ) 함수에서 print(x)는 func( ) 함수에 있는 x의 값 2를 출력한다. 마지막 줄에 있는 print(x)는 func( ) 함수 밖에 있으므로 첫 번째 줄에 있는 x의 값인 1이 출력된다. 따라서 2와 1이 순서대로 한 줄씩 출력된다.

두 번째는 global 키워드가 있는 경우를 알아보자.

```
x=1
def func():
    global x
    x=2
    print(x)
func()
print(x)
```

func( ) 함수 안에서 x=2를 실행할 때 x는 첫 번째 줄에 있는 변수 x이다. 따라서 func( ) 함수 안에서 x=2를 실행하면 첫 번째 줄에 있는 변수 x가 2로 변경된다. func( ) 함수에서 print(x)는 첫 번째 줄에 있는 x의 값 2를 출력한다. 마지막 줄에 있는 print(x)는 func( ) 함수가 호출된 후에 실행되므로 2가 출력된다. 왜냐하면, 첫 번째 줄에서 x는 1로 초기화되었지만 func( ) 함수에서 x는 2로 변경되었기 때문이다. 따라서 2와 2가 순서대로 한 줄씩 출력된다.

⚙5 입출력

코딩테스트에서는 문제를 해결하기 위한 데이터가 입력으로 주어진다. 문제에 주어진 입력을 받아서 정답을 출력하는 소스 코드를 작성해야 한다. 파이썬에서는 input( ) 함수를 이용하여 입력을 받는다. input( ) 함수는 한 줄을 문자열로 입력받는다. input( ) 함수로 여러 가지 데이터를 입력받는 방법을 알아보자

문자열 입력받기

input() 함수는 한 줄을 문자열로 입력받는다. 아래는 하나의 문자열을 입력받아서 출력하는 예제이다.

준랩(1015번, 1016번)

```
x = input()
print(x)
```

문자열 'python'을 입력하면 x='python'이 되어 print(x)는 'python'을 출력한다.

숫자 입력받기

input() 함수로 숫자 한 개를 입력받아보자. input() 함수는 문자열을 반환하기 때문에 int() 함수를 이용해서 문자열을 숫자로 변환해야 한다. 예제를 통해서 알아보자. 아래는 한 개의 숫자를 입력받아서 출력하는 예제이다.

준랩(1041번, 1042번)

```
n = int(input())
print(n)
```

숫자 3입 입력하면 input()은 문자열 '3'을 반환한다. int('3')은 문자열 '3'을 숫자 3으로 변환한다. 결론적으로 n = int(input())에서 n에 정수 3이 저장된다. print(n)은 숫자 3을 출력한다.

이번에는 하나의 숫자와 여러 개의 문자열을 입력받는 예제를 알아보자.

```
n = int(input())
x = []
for i in range(n):
    a = input()
    x.append(a)
```

아래와 같이 입력되면 n=2가 된다. x=[]로 초기화된다. range(2)는 0, 1이기 때문에 i 가 0, 1인 상태로 반복문이 2회 실행된다. i=0인 경우 a='python'이 되고 x.append(a)를 실행하면 x=['python']이 된다. i=1인 경우 a='programming'이 되고 x.append(a)를 실행 하면 x=['python', 'programming']이 된다. 따라서 위의 프로그램을 실행한 후 아래와 같이 데이터를 입력하면 x=['python', 'programming']이 된다.

```
2
python
programming
```

여러 개의 숫자 입력받기

input(), map(), split() 함수를 이용하여 공백으로 구분된 여러 개의 숫자를 입력받아 보자. input() 함수로 입력받은 문자열을 split() 함수를 이용하여 공백을 기준으로 나누어 서 리스트로 만든다. map() 함수를 이용하여 리스트에 저장된 모든 문자열에 int() 함수를 적용하여 숫자로 변환한다. 아래 예제로 사용 방법을 확인해 보자.

준랩(1002번, 1003번, 1004번, 1005번, 1043번, 1044번)

```
x = list(map(int, input().split()))
print(x)
```

입력으로 '1 2 3 4 5'가 주어지면 input()은 문자열 '1 2 3 4 5'를 반환한다. split() 함수 는 문자열 '1 2 3 4 5'를 공백을 기준으로 문자열 '1', '2', '3', '4', '5'로 나눈다. map(int)는 나누어진 문자열 '1', '2', '3', '4', '5'를 숫자 1, 2, 3, 4, 5로 변환한다. list() 함수는 숫자 1, 2, 3, 4, 5를 리스트 [1, 2, 3, 4, 5]로 변환한다. 즉, x=[1, 2, 3, 4, 5]가 되고 print(x)는 1, 2, 3, 4, 5를 출력한다.

하나의 변수 출력하기

print(x) 함수를 이용하여 한 줄에 변수 x의 값을 출력할 수 있다. 아래 예제는 변수 x에

10을 저장하고 print(x)를 이용하여 x에 저장된 값 10을 출력한다.

```
x = 10
print(x)
```

여러 개의 변수를 한 줄에 출력하기

여러 개의 변수를 콤마로 구분하여 print( ) 함수를 호출하면 변수의 값을 공백으로 구분하여 출력한다. 아래 예제는 x, y, z에 저장된 값을 공백으로 구분하여 한 줄에 출력한다. 즉, 10 20 30이 출력된다.

```
x = 10
y = 20
z = 30
print(x, y, z)
```

여러 개의 줄에 출력하기

print( ) 함수는 줄 바꿈을 포함하기 때문에 print( ) 함수를 연속해서 호출하면 여러 개의 줄에 값이 출력된다. 아래 예제는 x, y, z에 저장된 값을 세 개의 줄에 출력한다. 즉, 첫 번째 줄에 x의 값 10을 출력하고 두 번째 줄에 y의 값 20을 출력하고 세 번째 줄에 z의 값 30을 출력한다.

```
x = 10
y = 20
z = 30
print(x)
print(y)
print(z)
```

⚙️ 6 주요 라이브러리 사용법

코딩테스트에서 여러 가지 자료 구조와 함께 유용하게 사용될 수 있는 파이썬 라이브러리를 알아보자.

join 함수

join 함수는 리스트를 구분자를 포함한 문자열로 일정하게 합쳐주는 역할을 한다. join 함수는 문자열을 다룰 때 유용하게 사용할 수 있는 함수이니 꼭 기억하기 바란다.

첫 번째로 ''.join(리스트) 형태를 알아보자. 앞에 있는 문자열 ''가 빈 문자열이므로 리스트의 원소를 앞에서부터 순서대로 합쳐서 문자열로 반환해 준다. 예제를 통해 확인해 보자.

```
x = ['1', '2', '3', '4', '5']
y = ['출판사', '상상아카데미', '저자', '윤성환']
a = ''.join(x)
b = ''.join(y)
```

x는 다섯 개의 문자열 '1', '2', '3', '4', '5'를 원소로 갖는 리스트이다. ''.join(x)는 x의 원소들을 앞에서부터 순서대로 합친다. 즉, '1', '2', '3', '4', '5'를 순서대로 합친 '12345'를 반환하므로 a='12345'가 된다.

y는 네 개의 문자열 '출판사', '상상아카데미', '저자', '윤성환'을 원소로 갖는 리스트이다. ''.join(y)는 y의 원소들을 앞에서부터 순서대로 합친다. 즉, '출판사', '상상아카데미', '저자', '윤성환'을 순서대로 합친 '출판사상상아카데미저자윤성환'을 반환하므로 b='출판사상상아카데미저자윤성환'이 된다.

두 번째로 '구분자'.join(리스트) 형태를 알아보자. 리스트의 원소를 앞에서부터 순서대로 합쳐서 만들어진 문자열을 반환해 준다. 이때 리스트의 원소와 원소 사이에 '구분자'에 들어온 구분자를 넣어서 하나의 문자열로 합친다. 예제를 통해 확인해 보자.

```
x = ['1', '2', '3', '4', '5']
y = ['출판사', '상상아카데미', '저자', '윤성환']
a = '_'.join(x)
b = ' '.join(y)
```

'_'.join(x)는 x의 원소들을 앞에서부터 순서대로 합칠 때 '_'를 구분자로 사용한다. 따라서 a='1_2_3_4_5'가 된다. ' '.join(y)는 y의 원소들을 앞에서부터 순서대로 합칠 때 공백(' ')을 구분자로 사용한다. 따라서 b='출판사 상상아카데미 저자 윤성환'이 된다.

sort() 함수

sort() 함수는 리스트를 정렬하는 함수이다. 아래 예제는 x=[2, 1, 3]을 정렬하여 x=[1, 2, 3]을 만든다.

준랩(1758번, 1759번, 1766번, 1767번)

```
x = [2, 1, 3]
x.sort()
```

sorted() 함수

sorted() 함수는 sort() 함수와 유사하게 리스트를 정렬하는 함수이다. sort() 함수는 리스트 자체를 정렬하고 sorted() 함수는 정렬된 리스트를 반환하는 차이가 있다. 아래 예제는 x=[2, 1, 3]을 정렬한 [1, 2, 3]을 y에 저장한다. sorted() 함수 호출 이후에도 x=[2, 1, 3]은 변경되지 않는다.

준랩(1021번, 1022번, 1023번, 1024번, 1025번, 1026번)

```
x = [2, 1, 3]
y = sorted(x)
```

sorted() 함수를 이용하여 문자열을 정렬해 보자. x는 'python'을 저장하는 문자열이

```
```

다. sorted(x)는 문자열 x를 정렬하여 리스트로 변환한다. y=['h', 'n', 'o', 'p', 't', 'y']가 된
다. z=''.join(y)는 리스트 y=['h', 'n', 'o', 'p', 't', 'y']의 모든 원소를 합쳐서 하나의 문자열
'hnopty'를 만들어서 z에 저장한다. 즉, x='python'을 정렬한 'hnopty'를 z에 저장한다.

```
x='python'
y = sorted(x)
z = ''.join(y)
```

itertools 라이브러리

코딩테스트에 순열과 조합을 이용하여 푸는 문제가 자주 등장한다. itertools 라이브러
리를 이용하면 순열과 조합을 쉽게 구현할 수 있다.

첫 번째로 permutations( ) 함수를 이용하여 리스트 ['a', 'b', 'c']에서 2개를 뽑아 나열하
는 모든 경우를 출력해 보자.

```
from itertools import permutations
x = ['a', 'b', 'c']
y = list(permutations(x, 2))
```

from itertools import permutations를 이용하여 itertools 패키지에 있는 permutations( )
함수를 가져온다. list(permutations(x, 2))는 x에 있는 세 개의 문자열 'a', 'b', 'c'에서 2개
를 뽑아 나열하는 모든 순열 ('a', 'b'), ('a', 'c'), ('b', 'a'), ('b', 'c'), ('c', 'a'), ('c', 'b')를 리
스트로 변환하여 y에 [('a', 'b'), ('a', 'c'), ('b', 'a'), ('b', 'c'), ('c', 'a'), ('c', 'b')]를 저장한다.

두 번째로 permutations( ) 함수를 이용하여 리스트 ['a', 'b', 'c']에서 3개를 뽑아 나열하
는 모든 경우를 출력해 보자.

```
from itertools import permutations
x = ['a', 'b', 'c']
y = list(permutations(x, 3))
```

list(permutations(x, 3))는 x에 있는 세 개의 문자열 'a', 'b', 'c'에서 3개를 뽑아 나열하는 모든 순열 ('a', 'b', 'c'), ('a', 'c', 'b'), ('b', 'a', 'c'), ('b', 'c', 'a'), ('c', 'a', 'b'), ('c', 'b', 'a')를 리스트로 변환하여 y에 [('a', 'b', 'c'), ('a', 'c', 'b'), ('b', 'a', 'c'), ('b', 'c', 'a'), ('c', 'a', 'b'), ('c', 'b', 'a')]를 저장한다.

세 번째로 combinations()함수를 이용하여 리스트 ['a', 'b', 'c']에서 순서를 고려하지 않고 2개를 뽑는 모든 경우를 출력해 보자.

```
from itertools import combinations
x = ['a', 'b', 'c']
y = list(combinations(x, 2))
```

from itertools import combinations를 이용하여 itertools 패키지에 있는 combinations() 함수를 가져온다. list(combinations(x, 2)) 함수는 x에 있는 세 개의 문자열 'a', 'b', 'c'에서 순서를 고려하지 않고 2개를 뽑는 모든 조합 ('a', 'b'), ('a', 'c'), ('b', 'c')를 리스트로 변환하여 y에 [('a', 'b'), ('a', 'c'), ('b', 'c')]를 저장한다.

우선순위 큐

우선순위 큐는 각 원소들이 우선순위를 가지고 있는 자료형이다. 우선순위 큐에서 높은 우선순위를 가진 원소는 낮은 우선순위를 가진 원소보다 먼저 처리된다. 우선순위 큐는 하나의 원소를 추가하는 함수와 가장 높은 우선순위를 가진 원소를 큐에서 제거하고 반환하는 함수를 지원한다.

첫 번째로, PriorityQueue() 함수를 이용하여 우선순위 큐를 이용하는 방법을 알아보자. 우선순위 큐에 원소를 추가하는 함수는 put(), 가장 높은 우선순위를 가진 원소를 큐에서 제거하고 반환하는 함수는 get()이다. 가장 작은 원소가 우선순위가 가장 높다. 예제를 통해서 확인해 보자.

```
from queue import PriorityQueue
```

```
q = PriorityQueue()
q.put(2)
q.put(1)
q.put(3)
x = q.get()
y = q.get()
z = q.get()
```

    from queue import PriorityQueue를 이용하여 queue 패키지에 있는 PriorityQueue( ) 함수를 가져온다. q=PriorityQueue( )를 이용하여 PriorityQueue 객체를 q에 저장한다. q.put( ) 함수를 이용하여 2, 1, 3을 순서대로 우선순위 큐 q에 넣는다. x=q.get( )는 1, 2, 3중 우선순위가 가장 높은 1을 q에서 제거하고 반환하여 x에 저장한다. y=q.get( )는 2, 3 중 우선순위가 가장 높은 2를 q에서 제거하고 반환하여 y에 저장한다. z=q.get( )는 3중에서 우선순위가 가장 높은 3을 q에서 제거하고 반환하여 z에 저장한다. 즉, x=1, y=2, z=3 이 저장된다.

    두 번째로 heaqq를 이용하여 우선순위 큐를 이용하는 방법을 알아보자. 우선순위 큐에 원소를 추가하는 함수는 heapq.heappush( ), 가장 높은 우선순위를 가진 원소를 큐에서 제거하고 반환하는 함수는 heapq.heappop( )이다. 가장 작은 원소가 우선순위가 가장 높다. 예제를 통해서 확인해 보자.

```
import heapq
hq = []
heapq.heappush(hq, 2)
heapq.heappush(hq, 1)
heapq.heappush(hq, 3)
x = heapq.heappop(hq)
y = heapq.heappop(hq)
z = heapq.heappop(hq)
```

import heapq를 이용하여 heapq 패키지를 가져온다. hq = []를 이용하여 빈 리스트 hq를 선언한다. heapq.heappush() 함수를 이용하여 2, 1, 3을 순서대로 우선순위 큐 hq 에 넣는다. x=heapq.heappop(hq)는 1, 2, 3중 우선순위가 가장 높은 1을 hq에서 제거하고 반환하여 x에 저장한다. x=heapq.heappop(hq)는 2, 3중 우선순위가 가장 높은 2를 hq에서 제거하고 반환하여 y에 저장한다. x=heapq.heappop(hq)는 3에서 우선순위가 가장 높은 3을 hq에서 제거하고 반환하여 z에 저장한다. 즉, x=1, y=2, z=3이 저장된다.

bisect

bisect는 이진 탐색을 쉽게 구현하게 해주는 라이브러리이다. 이진 탐색은 코딩테스트 에서 성능을 개선할 때 주로 사용된다. bisect는 정렬된 리스트에서 특정 원소를 로그 시간 에 찾을 때 사용된다. bisect 라이브러리는 bisect_left(), bisect_right() 함수를 제공한다.

bisect_left(x, a)는 정렬된 리스트 x에서 정렬된 순서를 유지하면서 리스트 x에 a를 삽 입할 가장 왼쪽 인덱스를 반환한다. bisect_right(x, a)는 정렬된 리스트 x에서 정렬된 순서 를 유지하면서 리스트 x에 a를 삽입할 가장 오른쪽 인덱스를 반환한다. 예제를 통해서 확 인해 보자.

```
from bisect import bisect_left
x = [1, 2, 2, 3, 3, 3, 4, 4, 4, 4, 10]
p0 = bisect_left(x, 0)
p1 = bisect_left(x, 1)
p2 = bisect_left(x, 2)
p3 = bisect_left(x, 3)
p4 = bisect_left(x, 4)
p5 = bisect_left(x, 5)
p10 = bisect_left(x, 10)
p11 = bisect_left(x, 11)
```

from bisect import bisect_left를 이용하여 bisect 패키지에 있는 bisect_left() 함수를 가 져온다. x는 정렬된 리스트 [1, 2, 2, 3, 3, 3, 4, 4, 4, 4, 10]이다.

정렬된 순서를 유지하면서 x에 0을 삽입하는 가장 왼쪽 인덱스는 0이다. 즉, x[0]=1 위치에 0을 삽입하면 된다. 따라서 p0=bisect_left(x, 0)에서 p0=0이다.

정렬된 순서를 유지하면서 x에 1을 삽입하는 가장 왼쪽 인덱스는 0이다. 즉, x[0]=1 위치에 1을 삽입하면 된다. 따라서 p1=bisect_left(x, 1)에서 p1=0이다.

정렬된 순서를 유지하면서 x에 2를 삽입하는 가장 왼쪽 인덱스는 1이다. 즉, x[1]=2 위치에 2를 삽입하면 된다. 따라서 p2=bisect_left(x, 2)에서 p2=1이다.

정렬된 순서를 유지하면서 x에 3을 삽입하는 가장 왼쪽 인덱스는 3이다. 즉, x[3]=3 위치에 3을 삽입하면 된다. 따라서 p3=bisect_left(x, 3)에서 p3=3이다.

정렬된 순서를 유지하면서 x에 4를 삽입하는 가장 왼쪽 인덱스는 6이다. 즉, x[6]=4 위치에 4를 삽입하면 된다. 따라서 p4=bisect_left(x, 4)에서 p4=6이다.

정렬된 순서를 유지하면서 x에 5를 삽입하는 가장 왼쪽 인덱스는 10이다. 즉, x[10]=10 위치에 5를 삽입하면 된다. 따라서 p5=bisect_left(x, 5)에서 p5=10이다.

정렬된 순서를 유지하면서 x에 10을 삽입하는 가장 왼쪽 인덱스는 10이다. 즉, x[10]=10 위치에 10을 삽입하면 된다. 따라서 p10=bisect_left(x, 10)에서 p10=10이다.

정렬된 순서를 유지하면서 x에 11을 삽입하는 가장 왼쪽 인덱스는 11이다. 즉, x[10]=10 바로 다음 위치에 11을 삽입하면 된다. 따라서 p11=bisect_left(x, 11)에서 p11=11이다.

```python
from bisect import bisect_right
x = [1, 2, 2, 3, 3, 3, 4, 4, 4, 4, 10]
p0 = bisect_right(x, 0)
p1 = bisect_right(x, 1)
p2 = bisect_right(x, 2)
p3 = bisect_right(x, 3)
p4 = bisect_right(x, 4)
p5 = bisect_right(x, 5)
p10 = bisect_right(x, 10)
p11 = bisect_right(x, 11)
```

from bisect import bisect_right를 이용하여 bisect 패키지에 있는 bisect_right() 함수를 가져온다. x는 정렬된 리스트 [1, 2, 2, 3, 3, 3, 4, 4, 4, 4, 10]이다.

정렬된 순서를 유지하면서 x에 0을 삽입하는 가장 오른쪽 인덱스는 0이다. 즉, x[0]=1 위치에 0을 삽입하면 된다. 따라서 p0=bisect_right(x, 0)에서 p0=0이다.

정렬된 순서를 유지하면서 x에 1을 삽입하는 가장 오른쪽 인덱스는 1이다. 즉, x[1]=2 위치에 1을 삽입하면 된다. 따라서 p1=bisect_right(x, 1)에서 p1=1이다.

정렬된 순서를 유지하면서 x에 2를 삽입하는 가장 오른쪽 인덱스는 3이다. 즉, x[3]=3 위치에 2를 삽입하면 된다. 따라서 p2=bisect_right(x, 2)에서 p2=3이다.

정렬된 순서를 유지하면서 x에 3을 삽입하는 가장 오른쪽 인덱스는 6이다. 즉, x[6]=4 위치에 3을 삽입하면 된다. 따라서 p3=bisect_right(x, 3)에서 p3=6이다.

정렬된 순서를 유지하면서 x에 4를 삽입하는 가장 오른쪽 인덱스는 10이다. 즉, x[10]=10 위치에 4를 삽입하면 된다. 따라서 p4=bisect_right(x, 4)에서 p4=10이다.

정렬된 순서를 유지하면서 x에 5를 삽입하는 가장 오른쪽 인덱스는 10이다. 즉, x[10]=10 위치에 5를 삽입하면 된다. 따라서 p5=bisect_right(x, 5)에서 p5=10이다.

정렬된 순서를 유지하면서 x에 10을 삽입하는 가장 오른쪽 인덱스는 11이다. 즉, x[10]=10 바로 다음 위치에 11을 삽입하면 된다. 따라서 p10=bisect_right(x, 10)에서 p10=11이다.

정렬된 순서를 유지하면서 x에 11을 삽입하는 가장 오른쪽 인덱스는 11이다. 즉, x[10]=10 바로 다음 위치에 11을 삽입하면 된다. 따라서 p11=bisect_right(x, 11)에서 p11=11이다.

큐

큐(queue)는 선입선출, FIFO(First In First Out) 기반의 자료 구조이다. 큐를 사용하면 데이터를 추가한 순서대로 제거할 수 있기 때문에 주로 너비 우선 탐색(BFS, Breath First Search)에 사용된다. 큐는 맨 끝에 원소를 추가하는 enqueue, 맨 앞쪽 원소를 삭제하는 dequeue 연산을 지원한다. Collections 모듈의 deque, queue 모듈의 Queue 클래스를 이용하여 큐를 사용하는 방법을 알아보자.

첫 번째로 Collections 모듈의 deque을 이용한 큐를 알아보자. deque.append() 함수를 이용하여 큐의 맨 끝에 원소를 추가할 수 있고, deque.popleft() 함수를 이용하여 맨 앞쪽 원소를 삭제하고 반환한다. 예제를 통해서 확인해 보자.

```python
from collections import deque
queue = deque([1])
queue.append(2)
queue.append(3)
x = queue.popleft()
y = queue.popleft()
z = queue.popleft()
```

from collections import deque를 이용하여 collections 패키지에 있는 deque() 함수를 가져온다. queue=deque([1])를 실행하면 하나의 원소 1이 포함된 큐 queue가 생성된다. queue.append(2), queue.append(3)을 순서대로 실행하면 2, 3이 순서대로 queue에 삽입된다. x=queue.popleft()는 큐에 맨 처음 삽입된 1이 x에 저장되고 queue에서 1이 제거된다. y=queue.popleft()는 두 번째로 삽입된 2가 y에 저장되고 queue에서 2가 제거된다. z=queue.popleft()는 세 번째로 삽입된 3이 z에 저장되고 queue에서 3이 제거된다.

두 번째로 queue 모듈의 Queue 클래스를 이용한 큐를 알아보자. 큐에 데이터를 추가할 때 put() 함수를 사용하고, 데이터를 삭제할 때 get() 함수를 사용한다. 예제를 통해서 확인해 보자.

```python
from queue import Queue
q = Queue()
q.put(1)
q.put(2)
q.put(3)
x = q.get()
y = q.get()
z = q.get()
```

from queue import Queue를 이용하여 queue 패키지에 있는 Queue( ) 함수를 가져온다. q=Queue( )를 실행하면 비어 있는 큐 q가 생성된다. q.put(1), q.put(2), q.put(3)을 순서대로 실행하면 1, 2, 3이 순서대로 큐에 삽입된다. x=q.get( )은 큐에 맨 처음 삽입된 1이 x에 저장되고 큐에서 1이 제거된다. y=q.get( )은 두 번째로 삽입된 2가 y에 저장되고 큐에서 2가 제거된다. z=q.get( )은 세 번째로 삽입된 3이 z에 저장되고 큐에서 3이 제거된다.

부록 B

코딩테스트 경향 및 취업가이드

1 코딩테스트 경향

코딩테스트의 용도는 기업 채용 시험에 응시한 응시자가 주어진 문제를 정확히 이해하고 문제를 추상화하여 자료 구조와 알고리즘으로 설계하고 파이썬, C, C++, Java와 같은 프로그래밍 언어로 프로그래밍할 수 있는지 테스트하기 위함이다.

코딩테스트에 나오는 문제는 배열, 문자열, 딕셔너리, 큐, 그래프, 트리와 같은 잘 알려진 자료 구조와 구현, 완전 탐색, 누적 합, 이진 탐색, 수학, 너비 우선 탐색, 최단 경로, 동적 계획법과 같은 알고리즘으로 설계할 수 있는 문제들이 나온다. 문자열, 숫자, 리스트, 딕셔너리 자료형, 조건문, 반복문, 함수, 입출력, 주요 라이브러리를 알고 설계한 알고리즘을 파이썬과 같은 프로그래밍 언어로 프로그래밍할 수 있는 수준의 코딩테스트 문제가 출제된다.

이 책은 2021~2023년 카카오, 삼성 코딩테스트 기출 문제를 기반으로 독자들이 코딩테스트 기출 문제들을 잘 풀 수 있도록 저자가 새롭게 만든 문제들을 수록했다. 이 책에 수록된 문제를 정확히 이해하고 스스로 프로그래밍할 수 있으면 코딩테스트에 합격할 수 있다고 생각된다. 코딩테스트를 어렵게 생각하지 않고 문제를 이해하고 어떻게 풀지 설계하고 프로그래밍 언어로 프로그래밍하는 재미있는 작업으로 생각하면 좋을 것이다.

기업의 코딩테스트 이외에도 정보 올림피아드와 같은 경진대회에서도 알고리즘 문제가 출제된다. 경진대회에 출제되는 알고리즘 문제는 기업 코딩테스트 문제보다 수준이 매우 높다. 기업 코딩테스트와 경진대회에 출제되는 알고리즘 문제의 난이도를 5단계로 분류할 수 있다. 난이도 1이 가장 쉽고 난이도 5가 가장 높은데, 일반적으로 난이도 1부터 5까지를 브론즈(Bronze) 레벨, 실버(Silver) 레벨, 골드(Gold) 레벨, 플래티넘(Platinum) 레벨, 다이아몬드(Diamond) 레벨이라고 부른다.

기업의 코딩테스트에서는 난이도 1에서 3까지의 문제가 주로 출제된다. 경진대회에서는 난이도 3에서 5까지의 문제가 주로 출제된다. 이 책을 읽고 기업 코딩테스트를 준비하는 독자들은 난이도 1부터 3까지의 문제를 빠르고 정확하게 풀 수 있어야 한다. 난이도별 문제 수준 차이가 크기 때문에 난이도 1부터 3까지 순서대로 문제를 풀어보면 좋을 것이다. 경진대회에 나가는 독자들은 난이도 4와 5에 나오는 어려운 자료 구조와 알고리즘도 함께 공부하면 좋을 것이다.

이 책에 주어진 문제 풀이를 암기하기보다는 어떠한 흐름으로 풀이가 진행되는지를 이해하고, 다른 방법으로 풀 수는 없는지에 대해 고민해 보면 도움이 될 것 같다. 같은 문제인데 입력의 크기 n의 최댓값에 따라서 난이도가 달라지는 경우도 있다. n의 최댓값이 작은 경우보다 큰 경우의 난이도가 높아진다. 이런 문제는 n의 최댓값이 작은 문제부터 큰 문제 순으로 공부하면 좋다. 이 책에서는 이러한 순서로 문제를 해결할 수 있도록 가이드하고 있다.

⚙️2 '네카라쿠배' 문제 유형 분석

2-1 카카오 코딩테스트

카카오 코딩테스트에는 총 7개의 문제가 출제되며, 개발 언어는 C++, Java, JavaScript, Kotlin, Python, Swift 총 6가지가 제공된다. 문제는 쉬운 난이도부터 어려운 난이도순으로 배치된다. 쉬운 난이도는 난이도 1을 의미하고 어려운 난이도는 난이도 3을 의미한다.

미리 준비된 테스트 케이스를 모두 해결하는지 확인하는 정확성 테스트와 성능 최적화 알고리즘을 이용하여 정해진 시간 내에 테스트 케이스를 모두 통과하는지 확인하는 효율성 테스트가 주어진다. 총 7개의 문제 중 1~2개 문제가 정확성 테스트와 효율성 테스트가 같이 주어지고 나머지 문제는 정확성 테스트만 주어진다.

2023년 카카오 코딩테스트

2023년 카카오 코딩테스트는 2022년 9월 24일 토요일 오후 2시부터 7시까지 5시간 동안 온라인으로 진행되었다. 올해는 효율성 테스트 문제없이 7문제가 출제되었고, 난이도는 작년과 비슷했다. 모든 문제가 테스트 케이스를 모두 통과해야 정답으로 인정되었고 부분 점수는 부여되지 않았다. 난이도 1 브론즈 레벨 1문제, 난이도 2 실버 레벨 2문제, 난이도 3 골드 레벨 3문제, 난이도 4 플래티넘 레벨 1문제가 출제되었다. 1번 문제부터 7번 문제까지 어떤 문제가 출제되었는지 알아보자.

문제 1. 개인정보 수집 유효기간

1번 문제는 난이도 1 브론즈 레벨 수준의 문제다. 정답률은 40%다.

오늘 날짜를 나타내는 today, 약관의 유효기간을 담은 1차원 배열 terms, 개인정보를 저장한 1차원 배열 privacies가 매개변수로 주어질 때, 파기해야 할 개인정보의 번호를 오름차순으로 구하는 구현 문제이다.

개인정보의 유효기간은 딕셔너리와 같은 해시 테이블로 관리한다. 날짜를 비교할 때 매개변수로 주어진 문자열 형태보다는 일 단위의 정수로 변환하면 쉽게 비교할 수 있다.

문제 2. 택배 배달과 수거하기

2번 문제는 난이도 2 실버 레벨 수준의 문제다. 정답률은 29%다.

트럭에 실을 수 있는 재활용 택배 상자의 최대 개수 cap, 배달할 집의 개수 n, 각 집에 배달할 재활용 택배 상자의 개수를 담은 1차원 정수 배열 deliveries, 각 집에서 수거할 빈 재활용 택배 상자의 개수를 담은 1차원 정수 배열 pickups가 매개변수로 주어질 때, 트럭 하나로 모든 배달과 수거를 마치고 물류창고까지 돌아올 수 있는 최소 이동 거리를 구하는 그리디(Greedy) 문제이다.

다음과 같은 전략의 그리디(Greedy) 알고리즘으로 해결하자.

1. 배달 또는 수거할 택배 상자가 남은 가장 먼 집부터 배달 또는 수거를 진행한다.

2. 물류창고에서 가장 먼 집으로 이동할 때는 택배를 최대 개수로 배달만 진행하고, 물류창고로 돌아올 때는 최대 개수로 수거만 한다.

문제 3. 이모티콘 할인행사

3번 문제는 난이도 2 실버 레벨 수준의 문제다. 정답률은 33%다.

카카오톡 사용자 수 n명의 구매 기준을 담은 2차원 정수 배열 user, 이모티콘 m개의 정가를 담은 1차원 정수 배열 emoticons가 매개변수로 주어질 때, 행사 목적을 최대한으로 달성했을 때의 이모티콘 플러스 서비스 가입자 수와 이모티콘 매출액을 구하는 문제이다.

첫 번째로 이모티콘 플러스 서비스 가입자를 최대한 늘려야 하고, 두 번째로 이모티콘 판매액을 최대한 늘려야 한다. n, m이 크지 않기 때문에 각 이모티콘의 할인율을 10%, 20%, 30%, 40% 4가지 모두 시도해 보는 완전 탐색으로 해결하면 된다.

문제 4. 표현 가능한 이진 트리

4번 문제는 난이도 3 골드 레벨 수준의 문제다. 정답률은 27%다.

이진 트리로 만들고 싶은 수를 담은 1차원 정수 배열 numbers가 주어지면, numbers에 주어진 순서대로 하나의 이진 트리로 해당 수를 표현할 수 있다면 1을, 표현할 수 없다면 0을 1차원 정수 배열에 담아 반환하는 수학, 재귀, 트리 문제이다.

아래와 같은 순서로 문제를 해결해 보자.

1. 10진수를 2진수로 변환한다. 2진수를 포화 이진트리로 표현해야 하므로 변환된 2진수의 비트 개수가 $2^k - 1$의 형태가 되도록 앞부분에 0을 추가한다.

2. 2진수 b를 포화 이진 트리로 표현한다. b의 중간 비트를 루트 노드, 왼쪽 비트들을 왼쪽 서브 트리, 오른쪽 비트들을 오른쪽 서브 트리로 표현한다. 이때 b의 중간 비트가 0이면 이진 트리로 표현할 수 없고, 중간 비트가 1이면 왼쪽 서브 트리 결과와 오른쪽 서브 트리 결과의 논리곱(and)이 정답이 된다. (즉, 왼쪽 및 오른쪽 서브 트리를

모두 만들 수 있으면 1, 그렇지 않으면 0이다)

문제 5. 표 병합

5번 문제는 난이도 3 골드 레벨 수준의 문제다. 정답률은 22%다.

실행할 명령어들이 담긴 1차원 문자열 배열 commands가 매개변수로 주어지면, commands의 명령어들을 순서대로 실행하였을 때, "PRINT r c" 명령어에 대한 실행 결과를 순서대로 구하는 문제이다.

DSU (Disjoint Set Union, 서로소 집합) 자료구조와 2차원 배열을 활용한 구현 문제이다. 표의 크기가 크지 않기 때문에 DSU 대신 2차원 배열을 사용할 수도 있다. 병합된 셀들을 하나의 대표 셀로 관리하고, UPDATE, PRINT를 대표 셀로 접근하면 된다.

문제 6. 미로 탈출 명령어

6번 문제는 난이도 3 골드 레벨 수준의 문제다. 정답률은 27%다.

격자의 크기를 뜻하는 정수 n, m, 출발 위치를 뜻하는 정수 x, y, 탈출지점을 뜻하는 정수 r, c, 탈출까지 이동해야 하는 거리를 뜻하는 정수 k가 매개변수로 주어질 때, 미로를 탈출하기 위한 경로를 구하는 수학, 그리디, 동적 계획법 문제이다.

배열 D를 선언하고, 탈출지점에서 출발하여 이동할 수 있는 모든 경우를 재귀 함수를 통해 이동하여 D 값을 구한다. D 값을 이용하여 그리디 알고리즘으로 사전 순으로 가장 빠른 경로로 이동한다.

문제 7. 1, 2, 3 떨어트리기

7번 문제는 난이도 4 플래티넘 레벨 수준의 문제다. 정답률은 4%다.

트리의 각 노드들의 연결 관계를 담은 2차원 정수 배열 edges, 각 노드별로 만들어야 하는 숫자의 합을 담은 1차원 정수 배열 target이 매개변수로 주어지면, target대로 리프 노드에 쌓인 숫자의 합을 맞추기 위해 숫자를 떨어트리는 모든 경우 중 가장 적은 숫자를 사용하며 그중 사전 순으로 가장 빠른 경우를 구하는 그래프, 그리디 문제이다.

첫 번째로 1, 2, 3 수의 종류를 고려하지 않고 가장 적은 숫자로 target대로 리프 노드에 숫자를 쌓는 경우를 구한다. 두 번째로, 가장 적은 숫자를 target대로 쌓기 위한 수의 종류를 그리디 알고리즘을 이용하여 구한다.

2022년 카카오 코딩테스트

2022년 카카오 코딩테스트는 2021년 9월 11일 토요일 오후 2시부터 7시까지 5시간 동안 온라인으로 진행되었다. 6번 문제를 제외한 나머지 문제는 테스트 케이스를 모두 통과해야 정답으로 인정되었고, 부분 점수는 부여되지 않았다. 6번 문제에는 효율적인 풀이를 구현해야 통과되는 효율성 테스트가 추가되었고, 효율성 테스트는 정확성 테스트와 별도의 점수가 부여되었다. 난이도 1 브론즈 레벨 1문제, 난이도 2 실버 레벨 3문제, 난이도 3 골드 레벨 3문제가 출제되었다. 1번 문제부터 7번 문제까지 어떤 문제가 출제되었는지 살펴보자.

문제 1. 신고 결과 받기

1번 문제는 난이도 1 브론즈 레벨 수준의 문제다. 정답률은 80%다.

게시판 불량 이용자를 신고하고 처리 결과를 메일로 발송하는 시스템에 대한 문제다. 이용자의 ID가 담긴 문자열 배열 id_list, 각 이용자가 신고한 이용자의 ID 정보가 담긴 문자열 배열 report, 정지 기준이 되는 신고 횟수 k가 매개변수로 주어질 때, 각 유저별로 처리 결과 메일을 받은 횟수를 배열에 담아 return 하도록 solution 함수를 완성하는 문제다.

이 문제는 해시와 리스트 자료구조를 활용하여 프로그래밍할 수 있는지 묻는 문제다. report를 하나씩 처리하면서 각 유저가 누구에게 신고를 당했는지 목록을 만든다. 이 목록을 기반으로 정지된 ID를 정하고 각 유저별 받은 메일의 수를 구하면 된다.

문제 2. k 진수에서 소수의 개수 구하기

2번 문제는 난이도 2 실버 레벨 수준의 문제다. 정답률은 55%다.

양의 정수 n을 k 진수로 변환한다. 변환된 수를 0을 기준으로 분리한다. 분리된 수 중에서 소수의 개수를 구하는 문제다.

이 문제는 진법 변환 후에 변환된 숫자를 0을 기준으로 분리하고, 분리된 숫자를 소수 판별하는 프로그램을 작성하면 된다.

문제 3. 주차 요금 계산

3번 문제는 난이도 2 실버 레벨 수준의 문제다. 정답률은 73%다.

주차장의 요금표와 차량이 들어오고(입차) 나간(출차) 기록이 주어졌을 때, 차량별로 주차 요금을 계산하는 문제다.

이 문제는 문자열 처리 능력과, 주어진 주차 요금표를 코드를 통해 정확히 구현할 수 있는지를 확인하는 문제다. 특히, 입/출차 시각과 누적 주차 시간을 모두 '분'단위로 환산하여 저장하면 효율적으로 프로그래밍할 수 있다.

문제 4. 양궁 대회

4번 문제는 난이도 2 실버 레벨 수준의 문제다. 정답률은 21%다.

카카오배 양궁 대회가 열렸다. 어피치가 화살 n발을 다 쏜 후이고 라이언이 화살을 쏠 차례다. 라이언이 어피치를 가장 큰 점수 차이로 이기기 위해서 n발의 화살을 어떤 과녁 점수에 맞혀야 하는지를 구하는 문제다.

이 문제는 완전 탐색, 구현 문제다. 라이언이 n발의 화살을 쏘는 모든 경우를 재귀 함수로 구현하면 된다.

문제 5. 양과 늑대

5번 문제는 난이도 3 골드 레벨 수준의 문제다. 정답률은 7%다.

이진 트리 모양 초원의 각 노드에 늑대 또는 양이 한 마리 놓여 있다. 이 초원의 루트 노드에서 출발하여 각 노드를 돌아다니며 양을 모으려고 한다. 돌아다니며 모은 양의 수보다 늑대의 수가 같거나 더 많아지면 안 된다. 모은 양의 수의 최댓값을 구하는 문제다.

이 문제는 재귀 함수를 이용한 완전 탐색으로 해결하면 된다. 현재 방문한 노드 집합을 관리하면서 모든 경우를 재귀 함수로 탐색하면 된다.

문제 6. 파괴되지 않은 건물

6번 문제는 정확성 테스트와 효율성 테스트가 주어진다. 난이도 3 골드 레벨 수준의 문제다. 정답률은 정확성 테스트는 51%, 효율성 테스트는 1%다.

N×M 크기의 행렬 모양의 게임 맵이 주어진다. 이 맵에는 내구도를 가진 건물이 각 칸마다 하나씩 있다. 적은 이 건물들을 공격하여 파괴하려고 한다. 건물은 적의 공격을 받으면 내구도가 감소하고 내구도가 0 이하가 되면 파괴된다. 반대로, 아군은 회복 스킬을 사용하여 건물들의 내구도를 높이려고 한다. 적의 공격과 아군의 회복 스킬은 항상 직사각형 모양이다. 건물의 내구도를 나타내는 2차원 정수 배열 board와 적의 공격 혹은 아군의 회복 스킬을 나타내는 2차원 정수 배열 skill이 주어진다. 적의 공격 혹은 아군의 회복 스킬이 모두 끝난 뒤 파괴되지 않은 건물의 개수를 구하는 문제다.

이 문제는 2차원 배열에서 구간의 변화를 효율적으로 처리 하는게 핵심이다. 정확성 테스트는 구간 변화를 완전 탐색으로 처리하면 된다. 효율성 테스트는 구간 변화를 누적 합 개념을 이용하여 효율적으로 처리하면 된다.

문제 7. 사라지는 발판

7번 문제는 난이도 3 골드 레벨 수준의 문제다. 정답률은 1%다.

플레이어 A와 플레이어 B가 서로 게임을 한다. 문제에 주어진 규칙에 맞게 양 플레이어가 플레이를 한다. 이 게임이 끝날 때까지 양 플레이어가 캐릭터를 몇 번 움직이게 될지 구하는 문제다.

이 문제는 재귀 함수를 이용한 완전 탐색으로 해결하면 된다. 현재 보드 상태, 양 플레이어의 위치를 관리하면서 모든 경우를 재귀 함수로 탐색하면 된다.

2021년 카카오 코딩테스트

2021년 카카오 코딩테스트는 2020년 9월 12일 토요일 오후 2시부터 7시까지 5시간 동안 온라인으로 진행되었다. 모든 문제는 테스트 케이스를 모두 통과해야 풀이한 것으로 인정되고 부분 점수는 부여되지 않았다. 일부 문제는 정확성 테스트 외에 같은 문제라도 입력값의 크기에 따라 효율적인 풀이를 구현해야 통과되는 효율성 테스트가 추가되었고, 효율성 테스트는 정확성 테스트와 별도의 점수가 부여되도록 배점이 설계되었다. 난이도 1 브론즈 레벨 1문제, 난이도 2 실베 레벨 2문제, 난이도 3 골드 레벨 4문제가 출제되었다. 1번 문제부터 7번 문제까지 어떤 문제가 출제되었는지 알아보자.

문제 1. 신규 아이디 추천

1번 문제는 난이도 1 브론즈 레벨 수준의 문제다. 정답률은 57%다.

신규 유저가 입력한 아이디를 나타내는 new_id가 매개변수로 주어질 때, "네오"가 설계한 7단계의 처리 과정을 거친 후의 추천 아이디를 출력하는 구현 문제다.

이 문제는 가장 낮은 난이도에 해당하는 몸풀기 문제다. 1~7단계에서 지시하는 대로 구현하면 되기 때문에, 특별한 알고리즘보다는 정확한 구현이 필요한 문제다.

문제 2. 메뉴 리뉴얼

2번 문제는 난이도 2 실버 레벨 수준의 문제다. 정답률은 25%다.

레스토랑을 운영하던 스카피는 단품으로만 제공하던 메뉴를 조합해서 코스요리 형태로 재구성하여 새로운 메뉴를 제공하기로 했다. 이전에 각 손님들이 주문할 때 가장 많이 함께 주문한 단품 메뉴들을 코스요리 메뉴로 구성하기로 했다. 각 손님들이 주문한 단품 메뉴들이 문자열 형식으로 담긴 배열 orders가 주어지면 새로 추가하게 될 코스요리의 메뉴 구성을 문자열 형태로 배열에 담아 반환하는 문제다.

이 문제는 단품 메뉴의 모든 조합을 재귀 함수로 구하는 완전 탐색 문제다. 주어진 각 단품 메뉴에서 가능한 모든 조합을 만들고, 각 조합의 개수를 센다. 각 조합별로 개수를 셌다면, 문자열의 길이가 같은 조합 중 가장 많이 나타난 조합을 찾으면 된다.

문제 3. 순위 검색

3번 문제는 정확성 테스트와 효율성 테스트가 주어진다. 난이도 2 실버 레벨 수준의 문제다. 정답률은 정확성 테스트는 44%, 효율성 테스트는 4%다.

카카오는 하반기 경력 개발자 공개채용 지원자가 지원서에 입력한 4가지의 정보와 획득한 코딩테스트 점수를 하나의 문자열로 구성한 값의 배열 info, 개발팀이 궁금해하는 문의 조건이 문자열 형태로 담긴 배열 query가 매개변수로 주어질 때, 각 문의 조건에 해당하는 지원자 수를 순서대로 배열에 담아 반환하는 문제다. 정확성 테스트는 구현 문제이며, 효율성 문제는 자료 구조, 구현, 이분 탐색 문제다.

정확성 테스트는 매 문의 조건마다 info 배열에서 조건에 해당하는 지원자들 중 X점 이상 받은 사람을 구하면 된다. 효율성 테스트의 경우 주어진 시간 내에 실행이 완료되어야 하므로, 최적화된 구현 방법이 필요하다. 지원자들을 그룹별로 적절하게 미리 분류하여 전처리한다. 매 문의 조건마다 지원자들을 info 배열에서 찾지 않고 전처리된 정보를 이분 탐색하면서 빠르게 처리하면 된다.

문제 4. 합승 택시 요금

4번 문제는 정확성 테스트와 효율성 테스트가 주어진다. 난이도 3 골드 레벨 수준의 문제다. 정답률은 정확성 테스트는 9%, 효율성 테스트는 7%다.

"무지"는 "어피치"와 귀가 방향이 비슷하여 택시 합승을 적절히 이용하여 택시 요금을 아끼려고 한다. "무지"와 "어피치"가 합승할 경우, 택시 요금의 최솟값을 구하는 문제다.

이 문제는 그래프 최단 경로 문제다. 플로이드-워셜 알고리즘을 이용하여 최단 경로를 구하고, 모든 지점에 대해서 무지와 어피치가 합승하는 경우를 고려하여 택시 요금의 최솟값을 구하면 된다.

문제 5. 광고 삽입

5번 문제는 난이도 3 골드 레벨 수준의 문제다. 정답률은 1%다.

"죠르디"의 동영상 재생시간 길이 play_time, 공익광고의 재생시간 길이 adv_time, 시청자들이 해당 동영상을 재생했던 구간 정보 logs가 매개변수로 주어질 때, 시청자들의 누적 재생시간이 가장 많이 나오는 곳을 구하는 문제다.

이 문제는 누적 합을 이용하여 성능을 최적화하는 문제다. 시청자 재생 구간 logs를 이용하여 각 시각별로 시청자 수를 구한다. adv_time 시간 구간에 대한 시청자 수를 모두 구하여 최대 구간을 구하면 된다.

문제 6. 카드 짝 맞추기

6번 문제는 난이도 3 골드 레벨 수준의 문제다. 정답률은 1%이다.

게임 개발자인 베로니는 카드 짝맞추기 보드게임을 개발하고 있다. 현재 카드가 놓인 상태를 나타내는 2차원 배열 board와 커서의 처음 위치 r, c가 매개변수로 주어질 때, 모든 카드를 제거하기 위한 키 조작 횟수의 최솟값을 구하는 문제다.

이 문제는 모든 경우를 시도하는 완전 탐색과 너비 우선 탐색을 이용하는 문제다. 카드를 제거하는 모든 순서를 순열을 이용하여 시도하고 이 중에서 최소 키 조작 횟수를 구하면 된다. 카드를 제거하는 하나의 순서에 대해서 정해진 순서에 맞게 카드를 제거한다. 카드를 제거하는 최소 횟수는 너비 우선 탐색을 이용한다.

문제 7. 매출 하락 최소화

7번 문제는 난이도 3 골드 레벨 수준의 문제다. 정답률은 1%다.

직원들의 하루평균 매출액 값을 담은 배열 sales, 직원들의 팀장-팀원의 관계를 나타내는 2차원 배열 links가 주어진다. 이때, 모든 팀에서 최소 한 명 이상 워크숍에 참석하면서, 참석하는 직원들의 하루평균 매출액의 합을 최소로 하려고 한다. 그렇게 최소화된 매출액의 합을 구하는 문제다.

이 문제는 트리에서 동적 계획법을 이용하는 고난이도 문제다. 모든 노드 i에 대해서, i번 노드가 루트인 서브트리에서, i번 노드가 워크숍에 불참하는 경우의 최적해와 i번 노드가 워크숍에 참석하는 경우의 최적해를 구하는 방식의 동적 계획법을 이용하면 된다. 1번 노드부터 DP 테이블을 채워 나가면 된다.

2-2 삼성 코딩테스트

삼성 코딩테스트는 삼성에 지원하는 SW와 관련된 직무 지원자가 응시하는 시험이다. 삼성 소프트웨어 역량 테스트라는 이름으로 시행되고 있으며 다른 직군 지원자가 응시하는 GSAT 대신 치르는 역량 평가다. 삼성 소프트웨어 역량 테스트는 SW 문제에 대한 이해와 코딩까지의 종합적인 SW 문제 해결 역량을 측정하며, C, C++, Java, Python 프로그래밍 언어를 이용하여 주어진 SW 문제를 해결하면 된다. 응시자가 제출한 소스 코드가 사전에 준비된 테스트 케이스를 통과해야 한다. 또한, 제출한 소스 코드가 지정된 시간 내에 결과를 출력해야 한다.

삼성 소프트웨어 역량 테스트는 3시간 동안 2문제를 풀어내야 한다. 시험에 통과하기 위해 2개의 문제를 모두 완벽하게 풀 필요는 없다. 2개의 문제를 모두 완벽하게 풀면 좋지만 그렇지 않아도 통과되는 경우가 많다. 삼성 코딩테스트에는 구현, 완전 탐색, 너비 우선 탐색 문제가 주로 나온다. 삼성 소프트웨어 역량 테스트 응시 전에 이 책에 수록된 기출 문제, 핵심 알고리즘, 실전 문제를 꼭 풀어보기 바란다. 가장 최근에 어떤 문제가 출제되었는지 알아보자.

상어 초등학교

상어 초등학교에는 교실이 하나 있고, 교실은 N×N 크기의 격자로 나타낼 수 있다. 오늘은 모든 학생의 자리를 정하는 날이다. 주어진 규칙에 맞게 정해진 순서대로 학생의 자리를 정하고, 학생의 만족도 합을 구하는 문제다.

이 문제는 난이도 3 골드 레벨 수준의 문제다. 골드 레벨도 5단계로 나눌 수 있는데, 이 문제는 골드 레벨 중에서 가장 쉬운 난이도에 속한다. 이 문제는 배열을 이용한 구현 문제다. 학생들을 정해진 순서대로 규칙에 맞게 자리를 정한다. 모든 학생의 자리가 정해지면 각 학생의 만족도를 구하고 만족도 합을 출력하면 된다.

상어 중학교

이 문제는 크기가 N×N인 격자에서 진행되는 게임이다. 초기에 격자의 모든 칸에는 블록이 하나씩 들어있고, 블록은 검은색 블록, 무지개 블록, 일반 블록이 있다. 블록들을 제거하고, 블록들에 중력을 적용하고, 회전하면서 게임이 진행된다. 제거된 블록을 기준으로 점수가 부여되며 게임 종료 후 점수를 출력하는 문제다.

이 문제는 난이도 3 골드 레벨 수준의 문제다. 골드 레벨 5단계 중에서 어려운 난이도에 속한다. 이 문제는 배열과 재귀 함수를 이용한 구현 문제다. 블록들을 제거하고, 중력을 적용하고, 회전하는 기능을 각각 함수로 작성하면 효율적으로 구현할 수 있다.

마법사 상어와 비바라기

크기가 N×N인 격자에서 비바라기 마법을 연습한다. 격자의 각 칸에는 물이 저장된다. 비바라기를 시전하면 하늘에 비구름을 만들 수 있다. 구름을 이동시키고, 구름이 사라지고, 물복사 버그 마법을 사용하고, 구름이 생성되는 과정을 일정 횟수만큼 반복한다. 마법 연습이 끝난 후 격자에 있는 물의 양을 구하는 문제다.

이 문제는 난이도 3 골드 레벨 수준의 문제다. 골드 레벨 5단계 중에서 쉬운 난이도에 속한다. 이 문제는 배열을 이용한 구현 문제다. 모든 구름을 이동시키고, 물복사 버그 마법을 사용하고, 구름이 생성되는 기능을 함수로 작성하면 효율적으로 구현할 수 있다.

마법사 상어와 블리자드

마법사 상어는 크기가 N×N인 격자에서 블리자드 마법을 연습한다. 마법사 상어는 얼음 파편을 던져 구슬을 파괴하고, 구슬을 이동시키고, 구슬을 폭파시키고, 구슬을 변화시키는 기능을 일정 횟수만큼 진행한다. 폭파된 구슬 개수 기반으로 점수가 부여된다. 마법 연습이 끝난 후 부여된 점수를 출력하는 문제다.

이 문제는 난이도 3 골드 레벨 수준의 문제다. 골드 레벨 5단계 중에서 가장 어려운 난이도에 속한다. 이 문제는 배열을 이용한 구현 문제다. 구슬을 파괴하고, 이동시키고, 폭파시키고, 변화시키는 기능을 함수로 작성하면 효율적으로 구현할 수 있다.

주사위 굴리기 2

크기가 N×M인 지도위에 주사위가 하나 놓여져 있다. 주사위를 이동 방향으로 한 칸 굴리고, 다음 위치를 설정하고, 회전시키고, 다음 방향을 설정하는 작업을 일정 횟수만큼 진행한다. 주사위가 도착한 칸에 있는 점수를 획득한다. 주사위를 모두 굴리고 난 후 획득한 점수 합을 구하는 문제다.

이 문제는 난이도 3 골드 레벨 수준의 문제다. 골드 레벨 5단계 중에서 중간 난이도에 속한다. 이 문제는 배열과 재귀 함수를 이용한 구현 문제다. 주사위를 굴리고, 다음 위치를 설정하고, 회전시키고, 다음 방향을 설정하는 기능을 함수로 작성하면 효율적으로 구현할 수 있다.

온풍기 안녕!

R×C인 격자판으로 되어있는 집이 있다. 여러 개의 온풍기를 이용하여 집 온도를 변경한다. 온풍기에서 바람이 나오고, 집 온도가 조절되는 작업이 반복된다. 조사하는 모든 칸

의 온도가 K 이상이 되는 작업 횟수를 구하는 문제다.

이 문제는 난이도 4 플래티넘 레벨 수준의 문제다. 플래티넘 레벨 5단계 중에서 가장 쉬운 난이도에 속한다. 이 문제는 배열을 이용한 구현 문제다. 온풍기에서 바람이 나오고, 집 온도가 조절되는 기능을 함수로 작성하면 효율적으로 구현할 수 있다.

마법사 상어와 복제

마법사 상어는 4×4 크기의 격자에서 복제 마법을 연습한다. 상어가 모든 물고기에게 복제 마법을 시전하고, 모든 물고기가 한 칸 이동하고, 상어가 연속해서 3칸 이동하는 과정을 일정 횟수만큼 반복한다. 복제 마법 연습이 완료된 후 격자에 있는 물고기의 수를 출력하는 문제다.

이 문제는 난이도 3 골드 레벨 수준의 문제다. 골드 레벨 5단계 중에서 가장 어려운 난이도에 속한다. 이 문제는 배열을 이용한 구현 문제다. 복제 마법을 시전하고, 물고기가 한 칸 이동하고, 상어가 연속해서 3칸 이동하는 기능을 함수로 작성하면 효율적으로 구현할 수 있다.

어항 정리

마법사 상어는 어항을 정리하려고 한다. 상어가 가지고 있는 어항은 N개이고, 가장 처음에 어항은 일렬로 바닥 위에 놓여 있다. 어항에 물고기를 한 마리 넣기, 어항 쌓기, 물고기의 수를 조절, 어항을 바닥에 일렬로 놓기, 공중 부양 2회, 물고기의 수 조절, 어항을 바닥에 일렬로 놓기를 조건이 만족 될 때까지 반복한다. 조건이 만족 될 때까지 반복한 횟수를 구하는 문제다.

이 문제는 난이도 4 플래티넘 레벨 수준의 문제다. 플래티넘 레벨 5단계 중에서 가장 쉬운 난이도에 속한다. 이 문제는 배열을 이용한 구현 문제다. 어항에 물고기를 한 마리 넣기, 어항 쌓기, 물고기의 수를 조절, 어항을 바닥에 일렬로 놓기, 공중 부양 2회, 물고기의 수 조절, 어항을 바닥에 일렬로 놓기 기능을 함수로 작성하면 효율적으로 구현할 수 있다.

3 서류전형에서 면접까지 프로세스

기업은 주어진 프로젝트를 잘 이해하고 유관 부서 및 동료들과 잘 협업하여 좋은 솔루션을 개발할 수 있는 실력 있는 개발자를 채용하고자 한다. 이러한 실력 있는 개발자를 뽑기 위해서 각 회사에서는 최적화된 채용 프로세스를 적용하고 있다. 기업에서는 개발자 이외에도 여러 직군의 직원을 채용하고 있다. 다양한 채용 프로세스 중에서 개발자 신입 채용 프로세스를 살펴보자. 일반적으로 신입 개발자 채용 프로세스는 다음과 같은 순서로 진행된다.

구체적인 채용 프로세스는 회사마다 다를 수 있다. 코딩테스트 난이도를 단계별로 높여 가며 여러 차례 진행할 수도 있고 한 번의 코딩테스트로 진행할 수도 있다. 기술 면접과 인성 면접을 하루에 볼 수도 있고 기술 면접과 인성 면접을 다른 날에 볼 수도 있다. 기술 면접에서 코딩테스트에 나온 문제를 자료 구조, 알고리즘, 시간 복잡도 관점에서 설명하는 경우도 있다. 기술 면접을 하기 전에 코딩테스트에 나온 문제를 복기하면서 면접 때 어떻게 설명할지 준비하는 것이 좋다.

채용 프로세스 이해

기업은 제품을 만들어서 이윤을 창출해야 한다. 기업이 좋은 제품을 만드는데 필요한 인력을 채용 프로세스를 통해서 채용하게 된다. 기업마다 만드는 제품이 다르고 기업 문화도 다르다. 제품을 개발하는 개발 기간과 직원 교육 환경도 다르다. 독자들이 지원하는 회사가 어떤 제품을 개발하고 기업 문화는 어떠한지 직원 교육 환경은 어떤지 파악하는 게 좋다.

일반적으로 대기업에 입사하면 입사 후에 업무 진행에 필요한 교육을 많이 받을 수 있다. 대기업에 입사 후 제품 개발에 필요한 기술이 바로 없다고 하더라도 문제 해결 능력이 뛰어나고 향후 발전 가능성이 높다고 판단되는 직원이 채용될 수 있는 환경이다. 이에 비해 빠르게 제품을 개발해야 하는 스타트업이나 중소기업은 입사 후 제품 개발에 필요한 기술을 보유한 직원을 채용할 가능성이 높다. 대기업에 지원하는 독자는 문제 해결 능력, 알고리즘, 자료 구조, 컴퓨터 공학 지식, 프로젝트 경험을 서류 전형이나 기술 면접 때 잘 표현하면 좋다. 스타트업이나 중소기업에 지원하는 독자는 알고리즘, 컴퓨터 공학 지식 이외에도 지원하는 회사에 필요한 기술을 보유하고 있음을 채용 프로세스 동안 잘 표현하면 좋다.

코딩테스트

코딩테스트에 대한 내용은 이 책에서 주로 다루는 주제이다. 여러 개의 주어진 문제를 제한 시간 내에 자료 구조, 알고리즘을 설계하고 프로그래밍 언어로 구현한다. 코딩테스트 기출 문제를 풀어보고 온라인 저지에서 기출 문제 수준의 문제를 풀어보면서 자신감을 갖고 코딩테스트에 임하면 된다.

기술 면접

저자도 삼성전자에 다닐 때 기술 면접 위원으로 많이 참여하였다. 위에서 언급한 바와 같이 대기업에서는 지금 당장 회사 제품 개발에 필요한 기술을 보유하고 있지 않아도 문제 해결 능력과 알고리즘 능력이 뛰어나서 앞으로 회사 제품 개발에 도움이 되는지를 면접 때 확인한다. 코딩테스트에 나온 문제를 정확히 이해하고 자료 구조, 알고리즘, 시간 복잡도를 고려하면서 코딩했는지 확인한다. 응시자가 보유하고 있는 컴퓨터 공학 지식을 대학교 때 배우는 지식수준에서 질문한다. 현대 사회의 소프트웨어는 매우 방대하기 때문에 개발자들과의 협업도 중요하다. 대학교 때 협업 과제를 진행한 경우 면접 때 협업 과정을 잘 이야기하면 좋은 점수를 받을 수도 있다. 스타트업 기술 면접에서는 회사 제품에 필요한 소프트웨어 기술을 공부하는 것이 좋다. 회사 제품 개발에 필요한 프론트엔드 기술과 백엔드 기술이 무엇이고 본인이 보유하고 있는 기술이 무엇인지 파악하면 좋다. 내가 보유하고 있지 않은 기술이 있으면 공부를 해서 면접에 임하면 좋다.

④ 개발직군 취업과 이직을 위한 가이드

회사에는 많은 직군이 있다. S/W를 개발하는 S/W 개발자, H/W를 개발하는 H/W 개발자, 제품 디자인을 개발하는 디자이너, 제품을 테스트하는 테스트 직군, 제품을 기획하는 기획 직군 등 많은 직군이 있다. 이 중에서 S/W 개발자는 제품을 동작시키는 S/W를 개발하는 멋진 직군이다.

내가 개발한 S/W가 세상에 판매가 되어 수많은 사용자가 사용하는 상상을 해보자. 정말 멋진 일이 아닐 수 없다. 내가 개발한 S/W에 버그가 있어서 사용자들이 불편을 느낄 수도 있지만, 내가 만든 S/W를 사용자들이 편리하고 만족하면서 사용하는 것만큼 만족스러운 일이 없을 것이다.

내가 만든 제품을 100명이 사용할 때와 10,000명이 사용할 때와 1억 명, 10억 명 이상이 사용할 때를 생각해 보자. 100명이 사용할 때는 제품의 성능이나 버그가 문제가 되지 않을 수도 있다. 10,000명이 사용할 때는 간헐적으로 성능이나 안정성 문제가 발생할 수도 있다. 하지만 1억 명, 10억 명 이상의 사용자가 사용할 경우에는 성능이나 안정성 문제가 더욱 중요하다. 그렇기 때문에 코딩테스트를 통해서 문제를 정확히 이해하고 모든 경우의 테스트 케이스를 고려하여 자료 구조와 알고리즘을 설계하는지 확인하는 것이다. 또한, 입력의 크기가 매우 큰 경우에 대해서 효율적으로 자료구조와 알고리즘을 설계하여 성능을 개선할 수 있는지 확인한다.

쉬운 일은 아니지만, S/W 개발자로서 내가 개발한 S/W에 대한 모든 입력을 예상하고 성능이 문제가 되지 않도록 개발해야 한다.

⑤ 개발직군 커리어패스 구축을 위한 조언

저자는 20여 년간 대기업에서 소프트웨어를 개발하고 리더로서 조직을 이끌었다. 오랫동안 좋은 개발자로서 커리어패스를 쌓기 위해서는 개발하는 동안에도 전공 공부를 지속적으로 열심히 해야 한다.

　알고리즘, 자료구조 공부는 모든 개발자에게 필요한 소양이기 때문에 알고리즘 관련 도서로 이론을 공부하고 온라인 저지에서 알고리즘 문제를 꾸준히 풀어야 하고, 구글 코드 잼, 페이스북 해커컵 대회와 같은 유명한 알고리즘 대회에도 참여하면 좋다. 알고리즘 이외에도 컴퓨터 공학 지식도 관련 도서, 논문을 통해서 공부해야 한다. 다른 개발자와의 협업을 통해 지식을 서로 공유하면서 지식의 범위를 넓혀가야 한다.

　개발 기간이 10년 정도가 되면 프로젝트와 팀을 리딩하면서 S/W 개발을 리딩하는 리더가 되는것도 좋다. 내가 개발한 S/W도 멋지지만 내가 리딩한 팀에서 개발한 S/W도 멋지기 때문이다.

코딩테스트, 챗GPT와 함께 공부하기

챗GPT를 활용하여 코딩테스트를 준비하는 방법을 알아보자. 챗GPT는 OpenAI에서 개발한 자연어 처리 모델이다. 이 모델은 대규모 데이터를 학습하여 질문을 하면 대답을 해주는 서비스이다. 챗GPT는 http://chat.openai.com/chat 사이트에 접속하여 가입한 후 사용할 수 있다.

코딩테스트를 준비하는 것이 어렵다고 느껴질 때 챗GPT를 통해 도움을 받으면 효과적으로 공부할 수 있다.

활용 1. 문제에 대한 풀이법 작성

ChatGPT를 이용하여 원하는 프로그래밍 언어로 문제에 대한 풀이법을 작성할 수 있다. 예를 들어, [2-2-1] 짝수 번째 문자열 문제에 대한 풀이법을 작성해 보자.

챗GPT에게 질문하기

 다음 문제를 파이썬으로 풀어줘(시간 제한: 1초, 메모리 제한: 128MB):

문제

알파벳 대소문자로 구성된 문자열 A가 주어진다. 문자열 A에서 홀수 번째에 있는 문자를 모두 제거한 후 남은 문자를 기존 순서를 유지하면서 이어 붙인 문자열을 B라고 하자. 예를 들어, 문자열 A='aAbBc'에서 첫 번째 문자 'a', 세 번째 문자 'b', 다섯 번째 문자 'c'를 제거한 후 남은 문자 'A', 'B'를 순서대로 이어 붙인 문자열 'AB'가 문자열 B이다. 입력으로 문자열 A가 주어지면 문자열 B를 출력하자.

입력

첫 번째 줄에 문자열 A가 주어진다.

출력

첫 번째 줄에 문자열 B를 출력한다.

제한 사항

3 ≤ 문자열 A 길이 ≤ 1,000

챗GPT 답변

 아래는 주어진 문제를 파이썬으로 푸는 코드입니다.

```python
A = input()
B = ''.join([A[i] for i in range(len(A)) if i % 2 != 0])
print(B)
```

이 코드는 입력으로 문자열 A를 받고, 홀수 번째에 있는 문자를 모두 제거한 후 남은 문자를 기존 순서를 유지하면서 이어 붙인 문자열 B를 구합니다. 문자열 A의 길이가 최대 1,000이기 때문에 위 코드는 충분히 제한 시간과 메모리 내에서 실행될 것입니다.

이제 챗GPT가 잘 작성해준 예시 코드를 준랩을 통해 테스트하면 다음과 같이 테스트를 통과하는 것을 확인할 수 있다.

채점번호	사용자ID	별명	문제ID	채점결과	메모리사용량	실행시간	제출언어	코드용량	제출시간
44108			1076	모두 맞음 AC:0%	15224 KiB	23 ms	Python/Edit	192 bytes	2023-07

> **TIP** 챗GPT를 활용한 풀이는 난이도가 높은 문제나 서술형 문제는 아직 완벽하게 코드를 작성하지 못한다. 단, 문제의 입력조건, 출력 조건, 제한 사항 등 문제에 도움이 되는 내용이 많으면 많을수록 정확도가 높아질 수 있다. 따라서 명확한 코드 소스를 얻기 위해서는 챗GPT에게 질문하는 프롬프트를 최대한 구체적으로 작성해야 한다.

활용 2. Python 소스 코드를 다른 언어(C언어 등)로 변환

코딩테스트는 파이썬을 활용하여 문제를 풀이하는 비율이 높지만, C언어, JAVA, C# 등 다른 언어로도 풀이할 수 있다. 하지만 모든 언어를 공부하는 것이 사실상 불가능하기에 주력언어를 제외한 다른 언어들은 챗GPT를 통해 확인해 볼 수 있다.

활용 1에서 작성해 준 예시 코드를 다른 프로그래밍 언로로 작성해 달라고 챗GTP에 요청하면 다음과 같이 소스 코드를 작성해 준다.

챗GPT에게 질문하기

 위 코드를 C언어로 다시 풀어줘

챗GPT 답변

 다음은 주어진 문제를 C 언어로 풀어주는 코드입니다.

```c
#include <stdio.h>
#include <string.h>

int main() {
    char A[1001];
    scanf("%s", A);

    char B[501];
    int j = 0;
    for (int i = 0; i < strlen(A); i++) {
        if (i % 2 != 0) {
            B[j] = A[i];
            j++;
        }
    }
    B[j] = '\0';
    printf("%s\n", B);
    return 0;
}
```

코드를 간단히 설명하면 다음과 같습니다:

1. 문자열 A를 입력받기 위해 문자열을 저장할 char 배열 A[1001]을 선언합니다. (문자열 길이는 최대 1000으로 제한됩니다.)
2. 문자열 B를 생성하기 위해 문자열을 저장할 char 배열 B[501]을 선언합니다. 홀수 번째 문자만 저장하기 때문에 B의 길이는 A의 절반 이하로 제한됩니다.
3. 반복문을 사용하여 A의 홀수 번째 문자를 B에 복사합니다. 이때, j 변수를 사용하여 B의 현재 인덱스를 추적합니다.
4. 문자열 B의 끝을 나타내는 널 문자 '\0'를 추가합니다.
5. 결과를 출력하기 위해 printf를 사용하여 B를 출력합니다.

챗GPT에게 질문하기

 위 코드를 JAVA로 다시 풀어줘

챗GPT 답변

 다음은 주어진 문제를 JAVA로 풀어준 코드입니다.

```java
import java.util.Scanner;

public class Main {
    public static void main(String[] args) {
        Scanner scanner = new Scanner(System.in);
        String A = scanner.nextLine();

        StringBuilder B = new StringBuilder();
        for (int i = 0; i < A.length(); i++) {
            if (i % 2 != 0) {
                B.append(A.charAt(i));
            }
        }
        System.out.println(B.toString());
    }
}
```

코드를 간단히 설명하면 다음과 같습니다:

1. Scanner를 사용하여 문자열 A를 입력받습니다.
2. StringBuilder를 사용하여 문자열 B를 생성합니다.
3. 반복문을 사용하여 A의 홀수 번째 문자를 B에 추가합니다.
4. B.toString()을 사용하여 문자열 B를 얻습니다.
5. 결과를 출력하기 위해 System.out.println을 사용하여 B를 출력합니다.

그 밖에도 챗GPT에게 다른 언어로 풀이 방법을 물어보면 그에 따른 답변을 해준다.

활용 3. 소스 코드의 해석 요청하기

잘 작성된 소스 코드라 할지라도 이해하는 것이 어려울 수 있다. 챗GPT를 이용하여 소스 코드에 대한 설명을 요청하면 다음과 같이 코드를 해석하여 설명해 준다.

예를 들어, [2-1-1] 배열 원소 개수 구하기 문제의 소스 코드에 대한 설명 챗GPT에 요청하면 다음과 같은 답변을 얻을 수 있다.

다음 파이썬 코드에 대한 설명을 작성해줘:

```python
def solution(n, A, k):
    answer = 0
    for a in A:
        if a == k:
            answer += 1
    return answer

n, k = map(int, input().split())
A = list(map(int, input().split()))
print(solution(n, A, k))
```

챗GPT 답변

주어진 파이썬 코드는 다음과 같은 기능을 수행하는 함수와 코드입니다:

함수

• solution(n, A, k): 주어진 리스트 A에서 특정 값 k의 개수를 세는 함수입니다. n은 리스트 A의 길이입니다. 함수는 개수를 센 후 그 값을 반환합니다.

코드

1. n과 k를 입력받습니다. n은 리스트 A의 길이, k는 개수를 세고자 하는 특정 값입니다.
2. 리스트 A를 입력받습니다.
3. solution(n, A, k) 함수를 호출하여 A에서 k의 개수를 세고 그 결과를 변수 answer에 저장합니다.
4. answer 값을 출력합니다.

위의 코드는 주어진 리스트 A에서 특정 값 k의 개수를 세는 간단한 기능을 수행합니다. 입력으로 주어지는 n과 A를 이용하여 함수를 호출하고, 그 결과를 출력합니다.

주어진 코드는 단순한 로직을 가지고 있으며, 시간 복잡도는 입력 리스트 A의 길이에 비례합니다. 따라서 주어진 시간제한 내에서 충분히 실행될 수 있습니다.

또한, 소스 코드를 더 잘 이해하기 위해 코드에 주석 작성을 요청하면 주석이 추가된 소스 코드를 작성해 준다.

소스 코드에 대해 주석을 작성해줘

챗GPT 답변

 주석을 추가하여 코드를 설명하면 다음과 같습니다:

```python
def solution(n, A, k):
    answer = 0  # 결과를 저장할 변수 초기화
    for a in A:  # 리스트 A의 각 원소에 대해서 반복
        if a == k:  # 현재 원소가 k와 같으면
            answer += 1  # 결과 변수를 1 증가시킴
    return answer  # 결과 반환

n, k = map(int, input().split())  # n과 k를 입력받음
A = list(map(int, input().split()))  # 리스트 A를 입력받음
print(solution(n, A, k))  # solution 함수를 호출하여 결과 출력
```

위 코드는 solution 함수를 정의하고, 그 함수를 호출하여 결과를 출력하는 내용을 가지고 있습니다. 코드의 주요 부분에 대한 주석을 추가하였습니다:

- solution 함수: 주어진 리스트 A에서 특정 값 k의 개수를 세는 함수입니다.
- answer: 결과를 저장할 변수로 초기값은 0으로 설정됩니다.
- for a in A: 리스트 A의 각 원소에 대해 반복합니다.
- if a == k: 현재 원소 a가 k와 같으면 조건을 만족하므로 아래 코드가 실행됩니다.
- answer += 1: 결과 변수 answer를 1 증가시킵니다.
- return answer: 결과 변수 answer를 반환합니다.
- n, k = map(int, input().split()): n과 k를 입력받습니다.
- A = list(map(int, input().split())): 리스트 A를 입력받습니다.
- print(solution(n, A, k)): solution 함수를 호출하여 결과를 출력합니다.

활용 4. 디버깅 요청하기

프로그래밍을 하다 보면 내가 작성한 소스 코드가 예상과 달리 오답(error)이 나오는 난 감한 경우가 발생할 수 있다. 이럴 때 작성한 코드를 챗GPT에 제공하며 오류가 있는지 물어보면 다음과 같이 디버그를 수행해 준다.

챗GPT에게 질문하기

 다음 파이썬 코드에 오류가 있는지 확인해줘:

```
def solution(A, B):
    for b in B:
        A=b.replace(b, b.lower())
    return A
A=input()
B=list((str, iunput()))
print(solution(A, B))
```

챗GPT 답변

 주어진 파이썬 코드에는 몇 가지 오류가 있습니다. 주어진 코드를 수정하여 올바르게 동작하도록 변경해 보겠습니다:

```python
def solution(A, B):
    for b in B:
        A = A.replace(b, b.lower())
    return A

A = input()
# 수정: 올바른 입력 함수와 map을 사용하여 리스트 생성
B = list(map(str, input().split()))

print(solution(A, B))
```

주요 수정 사항은 다음과 같습니다:

1. B=list((str, iunput())) -> B = list(map(str, input().split())): 올바른 입력 함수인 input()을 사용하고, split() 함수로 입력을 공백 기준으로 분리하여 리스트를 생성합니다.
2. A=b.replace(b, b.lower()) -> A = A.replace(b, b.lower()): replace() 함수를 사용하여 문자열 A에서 b를 b.lower()로 대체합니다.
3. print(solution(A, B)): 수정 없음.

수정된 코드는 주어진 입력을 올바르게 처리하고 함수를 호출하여 결과를 출력합니다.

이렇게 코딩테스트에서 챗GPT를 활용할 수 있는 몇 가지 방법에 대해 알아보았다.

인공지능 및 딥러닝 기술의 발전에 따라 챗GPT를 여러 분야에 활용하는 방법도 매우 다양해지고 있다. 이에 따라 챗GPT를 코딩테스트에 활용하는 것, 그리고 더 나아가 코딩과 알고리즘에 대해서도 챗GPT를 일상처럼 쉽게 활용할 날이 머지않았다고 생각한다.

한 권으로 끝내는
코딩테스트

1판 1쇄 펴냄 | 2023년 8월 14일

지은이 | 윤성환
발행인 | 김병준
편 집 | 윤영철·김경찬
마케팅 | 김유정·차현지
발행처 | 상상아카데미

등록 | 2011. 10. 27. 제406-2011-000127호
주소 | 서울시 마포구 독막로6길 11, 우대빌딩 2, 3층
전화 | 02-6953-7747(편집), 02-6925-4188(영업)
팩스 | 02-6925-4182
전자우편 | main@sangsangaca.com
홈페이지 | http://www.sangsangaca.com

ISBN 979-11-85402-45-1 (93000)